KB201869

宗御製訓民正音

製졩ᄂᆞᆫ 글지ᅀᅳᆯ씨니 御엉製졩ᄂᆞᆫ 님금 지ᅀᅳ샨 그리라 訓훈ᄋᆞᆫ ᄀᆞᄅᆞ칠씨오 民민ᄋᆞᆫ 百ᄇᆡᆨ姓셩이오 音음ᄋᆞᆫ 소리니 訓훈民민正졍音음ᄋᆞᆫ 百ᄇᆡᆨ姓셩 ᄀᆞᄅᆞ치시논 正졍ᄒᆞᆫ 소리라

之징語ᅌᅥᆼ音음이

國귁ᄋᆞᆫ 나라히라 之징ᄂᆞᆫ 입겨지라 語ᅌᅥᆼᄂᆞᆫ 말ᄊᆞ미라

나랏 말ᄊᆞ미 中듕國귁에 달아

乎홍中듕國귁ᄒᆞ야

異잉ᄂᆞᆫ 다ᄅᆞᆯ씨라 乎홍ᄂᆞᆫ 아모 ᄒᆞ논 겨체 ᄡᅳᄂᆞᆫ 字ᄍᆞᆼㅣ라 中듕國귁ᄋᆞᆫ 皇황帝뎽 겨신 나라히니 우리 나랏

文문字ᄍᆞᆼ와로 서르 ᄉᆞᄆᆞᆺ디 아니ᄒᆞᆯᄊᆡ

런젼ᄎᆞ로 어린 百ᄇᆡᆨ姓셩이 니르고

ᄒᆞᇙ배 이셔도

내 이ᄅᆞᆯ 爲윙ᄒᆞ야 어엿비

二ᅀᅵᆼ十씹八밣ᄋᆞᆫ 스믈여들비라 新신ᄋᆞᆫ 새라 制졩ᄂᆞᆫ ᄆᆡᇰᄀᆞᄅᆞᆯ씨라

새로 스믈여듧 字ᄍᆞᆼᄅᆞᆯ ᄆᆡᇰᄀᆞ노니

欲욕使ᄉᆞᆼ人ᅀᅵᆫ人ᅀᅵᆫᄋᆞ로 易ᅌᅵᆼ習씹

便뼌於ᅙᅥᆼ日ᅀᅵᇙ用용耳ᅀᅵᆼ니라 使ᄉᆞᆼᄂᆞᆫ ᄒᆡᅇᅧ

리라 人ᅀᅵᆫᄋᆞᆫ 사ᄅᆞ미라 易ᅌᅵᆼᄂᆞᆫ 쉬ᄫᅳᆯ씨라 習씹ᄋᆞᆫ 니길씨라 便뼌ᄋᆞᆫ 便뼌安한ᄒᆞ

ㅣ라 於ᅙᅥᆼᄂᆞᆫ 아모그ᅌᅦ ᄒᆞᄂᆞᆫ 겨체 ᄡᅳᄂᆞᆫ 字ᄍᆞᆼㅣ라 日ᅀᅵᇙᄋᆞᆫ 나리라 用용ᄋᆞᆫ ᄡᅳᆯ씨라 耳ᅀᅵᆼ

ᄂᆞᆫ ᄯᆞᄅᆞ미라 ᄒᆞᄂᆞᆫ ᄠᅳ디라

사ᄅᆞᆷ마다 ᄒᆡᅇᅧ 수ᄫᅵ 니겨 날로 ᄡᅮ메

便뼌安한킈 ᄒᆞ고져 ᄒᆞᇙ ᄯᆞᄅᆞ미니라

宗御製訓民正音

製졩ᄂᆞᆫ 글 지ᅀᅳᆯ 씨니 御엉製졩ᄂᆞᆫ 님금 지ᅀᅳ샨 그리라 訓훈ᄋᆞᆫ ᄀᆞᄅᆞ칠 씨오 民민ᄋᆞᆫ 百ᄇᆡᆨ姓셩이오 音음ᄋᆞᆫ 소리니 訓훈民민正졍音음ᄋᆞᆫ 百ᄇᆡᆨ姓셩 ᄀᆞᄅᆞ치시논 正졍ᄒᆞᆫ 소리라

國귁之징語엉音음이

國귁ᄋᆞᆫ 나라히라 之징ᄂᆞᆫ 입겨지라 語엉ᄂᆞᆫ 말ᄊᆞ미라

나랏 말ᄊᆞ미 中듕國귁에 달아

異잉乎홍中듕國귁ᄒᆞ야

異잉ᄂᆞᆫ 다ᄅᆞᆯ 씨라 乎홍ᄂᆞᆫ 아모그에 ᄒᆞ논 겨체 ᄡᅳᄂᆞᆫ 字쫑ㅣ라 中듕國귁ᄋᆞᆫ 皇황帝뎽 겨신 나라히니 우리 나랏

文문字쫑와로 서르 ᄉᆞᄆᆞᆺ디 아니ᄒᆞᆯᄊᆡ

이런 젼ᄎᆞ로 어린 百ᄇᆡᆨ姓셩이 니르고져

ᄒᆞᇙ배 이셔도

新신ᄋᆞᆫ 새라 制졩ᄂᆞᆫ 밍ᄀᆞᄅᆞᆯ 씨라 二ᅀᅵᆼ十씹八밣ᄋᆞᆫ 스믈여들비라

새로 스믈여듧 字쫑ᄅᆞᆯ 밍ᄀᆞ노니

欲욕使ᄉᆞᆼ人신人신으로 易잉習씹

便뼌於헝日싏用용耳ᅀᅵᆼ니라 使ᄉᆞᆼᄂᆞᆫ ᄒᆡ여ᄒᆞ

리라 人신ᄋᆞᆫ 사ᄅᆞ미라 易잉ᄂᆞᆫ 쉬ᄫᅳᆯ 씨라 習씹ᄋᆞᆫ 니길 씨라 便뼌ᄋᆞᆫ 便뼌安한ᄒᆞᆯ 씨라 於헝ᄂᆞᆫ 아모그에 ᄒᆞ논 겨체 ᄡᅳᄂᆞᆫ 字쫑ㅣ라 日ᅌᅵᇙᄋᆞᆫ 나리라 用용ᄋᆞᆫ ᄡᅳᆯ 씨라

ᄂᆞᆫ ᄯᆞᄅᆞ미라 ᄒᆞ논 ᄠᅳ디라

사ᄅᆞᆷ마다 ᄒᆡᅇᅧ 수ᄫᅵ 니겨 날로 ᄡᅮ메

便뼌安한킈 ᄒᆞ고져 ᄒᆞᇙ ᄯᆞᄅᆞ미니라

역사신문

신문으로 엮은 한국 역사

조선전기(1392년~1608년)

3

사계절

이 책을 만든 사람들

감수위원 남지대(서원대)
검토위원 조동근(경동고 교사)
박진동(덕수산업정보고 교사)
남궁원(서울사대부고 교사)
이화연(경서중 교사)
집 필 박주현(서울대 대학원 역사교육과)
자료 협조 및 자문
서울 시립대 서울학 연구소
시사만평 이은홍
삽 화 김종도 이철원 김상섭 이은홍
만 화 이바구
지 도 전크리에이티브
표 지 박현숙디자인

교 정 강윤재 최옥미 조경숙
제 작 조영준
미 술 이은홍 송춘희
연 구 김성환
기 획 우지향
편 집 최영재
편 집 인 김경택

역사신문 발간에 부쳐

우리가 신문보도를 통해서 그날 그날 일어난 사건을 접하고, 해설기사를 보면서 그 사건의 성격을 이해하며, 사설을 읽고 그 시시비비를 가릴 수 있듯이, 역사신문을 봄으로써 과거의 역사를 생생한 오늘의 일로 느끼면서도 깊이 있게 이해하도록 하자는 것입니다.

우리는 흔히 '역사'에 대해 서로 다른 두 가지 상을 갖게 됩니다. 역사란 오늘의 우리 모습을 비춰 주고, 내일의 삶에 방향을 제시해 주는 거울 같은 것이라는 거창한 명제가 우리들 의식 한 켠에 늘 자리잡고 있습니다. 그러나 다른 한편, 역사를 단순히 흘러간 옛날 이야기로 치부하거나 골치 아픈 연대기를 외우는 지겨운 과목쯤으로 생각하는 경우도 적지 않습니다. 이처럼 역사에 대해 상반된 상을 갖게 되는 것은 역사를 역사답게 배우지 못했던 교육 여건의 결과이기도 하지만, 역사를 올바로 이해할 수 있도록 도와 주는 자료나 매체가 풍부하지 못한 데에도 원인이 있습니다.

역사란 결코 박제화된 먼 과거의 연대기가 아닐 것입니다. 인류는 유사 이래 서로 이해관계를 다투며 각 시대마다 그 시대의 사회체제와 생활양식을 만들고, 또 이것을 떠받쳐 주는 사상을 엮어왔는 바, 그 총체가 바로 역사라고 할 수 있습니다. 또한 오늘 우리들의 삶도 바로 이 역사의 연속선상에서 이루어지고 있습니다. 그러기에 우리는 과거의 태반 속에서 태어난 역사의 자식인 것입니다.

그러나 이 점을 확연하게 깨닫게 해주는 책은 그리 많지 않은 것 같습니다. 통사류의 개설서나 교과서는 역사의 전 시기를 체계적으로 서술하는 것이 목표이다 보니 너무 추상적이고 어려워, 지식대중들이나 학생들이 역사를 자신의 삶과 관련하여 생생하게 이해하는 데에는 큰 도움을 주지 못하고 있습니다. 그런 반면 이야기 형식으로 꾸며진 역사책들은 흔히 흥미 위주의 이야기들을 모아놓은 데 그치는 경우가 많아 과거 사람들의 삶에 흥미를 갖게 하지만, 각 시대의 실상을 체계적이고 객관적으로 파악하게 하는 데에는 미흡할 수밖에 없다고 생각합니다.

우리가 역사를 신문형식으로 편찬하기로 한 것은 이처럼 비어 있지만 가장 중요한 자리를 채우는 좋은 방법이 아닐까 하는 생각에서입니다. 먼 과거의 역사를 마치 우리가 날마다 주위에서 일어나는 사건을 신문을 통해서 보는 것처럼 쉽고 생생하게 이해할 수 있을 거라는 생각입니다. 말하자면 우리가 신문보도를 통해서 그날그날 일어난 사건을 접하고, 해설기사를 보면서 그 사건의 성격을 이해하며, 사설을 읽고 그 시시비비를 가릴 수 있듯이, 역사신문을 봄으로써 과거 역사를 생생한 오늘의 일로 느끼면서도 깊이 있게 이해하도록 하자는 것입니다.

우리 역사신문편찬위원회는 이런 목표를 이루기 위해 지난 3년여 동안 함께 모여 수많은 논의를 거치며 집필과 편집작업을 거듭하여 우리 역사를 모두 130여 호의 신문으로 편찬하게 되었습니다. 선례가 없이 처음 만드는 신문이라서 기사의 내용이나 편집체제가 애초의 의도를 살리기에 미흡한 점이 적지 않으리라 생각되어 걱정이 앞서기도 합니다.

그러나 그런 가운데서도 우리 역사를 자기 것으로 이해하고자 하는 지식대중들이나 역사를 가르치고 배우는 교사와 학생 모두에게 바른 역사이해의 길잡이가 되었으면 하는 마음 간절합니다.

역사신문편찬위원 일동

역사신문 읽는 법

(1) 역사신문은 중요한 역사적 사건을 중심으로 전후 몇십 년, 간혹 몇백 년을 한 호의 신문에 포괄하고 있습니다. 그래서 어쩔 수 없이 수십 년 동안 일어난 일을 한 호의 신문에 실었고 기사 내용도 몇십 년을 한 시간대로 간주하고 쓰여진 경우가 있습니다.

(2) 역사신문 기본호는 4면으로 구성되어 있습니다.

4면의 예

1면에는 해당 시기의 주요 사건의 보도기사들을 역사적 중요도에 따라 크기를 달리하여 실었습니다.
2면에는 1면 기사 가운데 중요한 비중을 갖는 사건의 배경과 역사적 맥락 등을 이해하도록 하는 해설성 기사와 사설, 만평 등을 실었습니다.
3면에는 1면의 관련기사나 생활,경제기사를 주로 실었습니다.
4면에는 문화 관련기사와 해외소식을 주로 실었습니다.

(3) 역사신문의 기사들은 이런 성격을 갖고 있습니다.

역사신문

숙종, "강력한 왕권 확립하겠다"

기사제목 : 기사제목은 역사의 사실을 전달하면서도 이를 당시 살았던 사람들의 생각을 통해 이해하도록 뽑았습니다. 주요 기사의 제목만을 쭉 읽어 보아도 한 시대의 흐름을 알 수 있을 것입니다. 물론 기억에도 오래 남습니다.

연표 : 1면 제호 옆의 연표를 보면 해당 호에 주로 어떤 사건들이 일어났는가를 파악할 수 있습니다. 또 주요 사건의 관련기사가 몇 면에 실려 있는가가 표기되어 있어 신문의 목차 역할도 합니다.

연대표 : 1면 하단의 간단한 연대표를 보면 해당 호의 주요 사건이 각 시대의 전체 흐름 가운데에서 어떤 위치와 맥락에 있는지 참조할 수 있습니다.

관련기사 각 호의 주요 기사에 대해서는 반드시 관련 해설이나 관계 인물과 인터뷰 등을 하여 그 내용을 역사적 관점에서 다각도로 이해할 수 있도록 하였습니다.

참조기사 : 앞뒤 호로 연결되는 사건이나 정책 등에 대해서는 참조기사 표시를 하여 역사적 흐름의 이해를 돕고 있습니다.

사설 : 사설에서는 각 시대의 주요 사건을 오늘의 관점에서가 아니라, 그 시대를 살았던 사람들의 관점에서 시비를 가려 평가하였습니다. 오늘날 흔히 논란이 되고 있는 역사적 쟁점을 그 시대인의 눈으로 보는 데에 도움이 될 것입니다.

찾아보기 : 책 말미의 찾아보기는 신문에 실린 각 시대의 주요 사건, 인물, 제도, 정책, 유물 등의 내용을 사전처럼 쉽게 찾아볼 수 있도록 그 게재 위치를 표시한 것입니다. 필요할 때마다 여러 가지 용도로 활용하세요.

(4) 역사신문을 읽고 이렇게 해 보세요.

(1) 역사신문의 사설을 읽고 논평이나 비판을 써 보면 그 주제에 대한 자신의 생각을 정리하는 데에 도움이 됩니다.

(2) 관심 있게 읽은 기사에 대해 독자투고를 써 보면, 역사적 사실이 먼 과거에 일어났던 남의 일이 아니라 바로 자신의 일임을 느끼게 됩니다.

(3) 만평을 보고 자신의 소감을 써 보거나 자신이 직접 만평을 그려봐도 재미있습니다.

(4) 특정기사를 광고문으로 만들어보는 것도 흥미로운 일입니다.

일러두기

1. 역사적 사실에 대한 고증이나 평가 가운데 역사학계에서 이론(異論)이 있는 경우, 고등학교 국사교과서를 기준으로 삼았으며, 국사교과서와는 다르지만 중요하다고 생각되는 견해에 대해서는 독자투고 등의 형식으로 소개하고자 했다.
2. '역사신문' 의 기사는 모두 사실(史實)에 기초하여 집필하였으나, 신문의 형식상 필요한 경우 사실의 범위 내에서 가공한 부분도 있다.
3. 사설은 기본적으로 역사적 입장을 견지하였으며, 구체적인 사항에 대한 평가는 '역사신문' 의 견해에 입각한 것임을 밝힌다.
4. 용어나 지명은 가능한 한 해당 시기의 명칭을 사용하는 것을 원칙으로 하였으나, 현재 확인할 수 없는 경우는 현재의 명칭을 그대로 썼다.
5. 역사상의 인물 모습은 가능한 한 초상화나 인물화를 사용하였다. 그런 자료가 남아 있지 않은 경우에는 임의로 그렸음을 밝혀둔다.
6. 꼭 필요한 경우 외에는 한자를 생략하였다. 중요한 용어나 인명 등에 대해서는 책 말미의 '찾아보기' 에 한자를 병기하였다.
7. '찾아보기' 는 신문의 각 면을 4등분하여 좌 · 우, 상 · 하의 차례대로 가, 나, 다, 라로 세분하여 표시하였다.

역사신문 3권 차례

역사신문

새 왕조 조선, 새 역사 열다

이성계 왕위에 오르다 … "과감한 개혁으로 이상국가 건설하자"

1392년 7월 17일 이성계가 개경의 수창궁에서 왕위에 오름으로써 4백50여 년 동안 지속된 고려왕조는 막을 내리고 새로운 왕조가 출범하게 됐다. 새 왕조의 국호는 조선.

위화도 회군 이후 숨가쁘게 돌아가던 정국은 전왕조의 마지막 임금인 공양왕의 자진 사퇴에 이은 새 왕조의 출범으로 일단락됐다. 이른바 '역성혁명'이라고 불린 이번 왕조교체는 도평의사사의 의결을 거쳐 선양의 형식을 취해 평화적으로 이루어졌다. 태조는 즉위교서를 통해 민심안정을 위한 여러 조치들을 시행할 뜻을 밝히고, 곧이어 새로운 정치기반 조성작업에 착수, 이후 각종 제도개혁을 과감하게 추진할 것으로 예상된다.

새 왕조의 출범을 놓고 대다수 백성들이 "예상했던 일"이라는 반응을 보이고 있는 가운데, 산적한 국내의 여러 문제가 새 정부의 과감한 개혁을 통해 해결되기를 열망하고 있다. 현재 새 왕조 출범에 따른 고려왕족과 고려 지배계층의 처리문제, 여러 기본제도의 개선 등 주요 현안을 비롯한 건국작업은 일단 순조롭게 진행되고 있는 것으로 보인다. 또 관심을 끌던 중국측의 조선 건국 승인문제도 별다른 문제 없이 해결된 것으로 알려졌다.

정가의 관심은 신왕조의 제도개혁에 건국 지지세력의 이해와 요구가 반영될 수 있는지의 여부에 집중되고 있다. 새 정부의 핵심 관료들은 개혁의 성공 여부가 이후 정국안정에 주요 변수가 될 것으로 보고 "개혁의 고삐를 바싹 당겨 이상적인 국가체제를 건설할 것"이라는 의욕을 보이고 있다. **관련기사 2·3면**

하늘이 아래로 내려보시어
덕 있는 이에게 사랑을 모으셨네.
빼어난 인물을 임금으로 삼아
백성의 안녕을 바랐네.
저 고려라는 나라야말로
그 정사가 아름답지 못하였더라.
우리 님으로 대신하게 하니
모든 백성이 기쁜 마음으로
복종하도다.
권근 씀

역사신문 새 왕조 출범에 부쳐

민의 성장을 토대로 한 진정한 왕도정치를 구현하라

5백여 년간 지속돼오던 고려왕조가 막을 내리고 바야흐로 조선왕조가 닻을 올렸다. 고려의 멸망과 조선의 건국은 단순한 왕조의 교체를 넘어서서 우리사회 전반의 체제적인 재편을 의미한다는 점에서 역사적 전환기라 할 수 있을 것이다. 우리는 이러한 역사적 전환을 맞이하여 몇가지 감회를 피력하지 않을 수 없다.

우리는 우선 조선왕조가 고려사회의 흐트러졌던 통치질서를 정비하여 집권체제를 강화하는 방향으로 체제를 재편하려 한다는 점에서 그 역사적 의미를 주목하고자 한다. 전국 각 지방을 국왕을 정점으로 일사불란하게 다스려나갈 수 있도록 지방제도를 대폭 정비하려는 것도 그 일환으로 받아들여진다. 이와 함께 주자학을 국가의 통치이념으로 수용하여 사회질서를 새롭게 수립하려 하는 것도 그런 차원에서 모색된 것으로 보여진다. 또 국왕의 명에 따라 국가 공식 법전인 「경제육전」이 공포된 점은 이제까지의 집권자나 관리의 자의적인 통치로부터 객관적 기준에 의한 통치, 즉 법치에의 길을 열고자 한다는 점에서 그 의미가 큰 것으로 생각된다.

그러나 우리는 여기서 이러한 역사발전의 저변에 있는 민의 성장에 더욱 주목하고자 한다. 고려 후기 이래의 사회혼란과 수탈 속에서도 백성들은 각자의 생업의 현장에서 자신들의 땀과 노력으로 수확을 늘리고 생활을 개선하면서 묵묵히 역사의 수레바퀴를 밀어 왔다. 역성혁명을 주도한 사대부들이 사회를 새롭게 재편하려는 것도 따지고 보면 이러한 발전의 바탕 위에서 그것을 일정한 방향으로 수렴하여 체제화 하려는 것이라고 볼 수 있을 것이다. 따라서 조선왕조의 정당성과 장래는 새로운 체제가 얼마나 민들의 삶을 넉넉하고 편안하게 해줄 수 있느냐에 달려 있다 해도 과언이 아니다. 이제 민의 마음을 사로잡지 않고는 국가의 존립이 가능하지 않는 시대가 된 것이다.

'왕도정치'를 역설한 맹자는 "군주는 하늘이 주는 자리요, 동시에 백성이 주는 자리"라고 했다. 민은 나라의 구성요소이자 다스림의 대상이지만 동시에 나라의 근본이기도 하다는 말이다. 따라서 나라의 다스림은 반드시 민의 뜻과 마음에 바탕을 두고 이루어져야 하는 것이다. '민본정치'가 필요한 까닭이 여기에 있다. 이제 새왕조는 새 역사를 열어감에 있어 그 좌표를 진정한 '민본'의 구현에 둘 것을 촉구하는 바이다.

이성계, "변방의 장수가 국왕이 되다"

포용력 크고 고도의 정치감각 지닌 인물

▲출신배경 및 유년기 이성계의 먼 조상은 전주지방의 호족으로 소위 '권문세족'이라고 할 만한 집안은 되지 못한다. 그래서 지금도 쟁쟁한 가문 출신들은 왕실을 '국족'이라 부르며 은근히 멸시하는 경향이 있다. 이성계의 집안이 영흥지방을 근거지로 하여 동북면에 기반을 닦기 시작한 것은, 그의 선조 이안사가 원나라 지배 아래 여진인이 살고 있던 남경(간도지방)에서 원나라의 지방관이 된 뒤부터다.

1335년 이자춘과 그 부인 최씨의 둘째 아들로 출생한 이성계는 콧마루가 높고 풍채가 좋았다. 또 어려서부터 총명, 담대했으며 활을 잘 쏘기로 유명했다.

▲승전 일지 이성계의 무용담에는 거의 언제나 신기에 가까운 궁술이 등장한다. 적장의 투구꼭지를 쏘아 투구를 벗겼다든가, 한 그루 배나무에 달린 배를 화살 단 한 발로 모두 떨어뜨려 손님을 대접했다든가 하는 것이 그 예다. 그의 주요 전승기록은 다음과 같다. 강계만호 박의의 반란 진압(1361), 개경을 침범한 홍건적 소탕(1361), 동북지방에 침입한 북원의 나하추(1362)와 여진의 삼선·삼개군 격퇴(1364), 2차에 걸친 원의 동녕부(만주 개원지방) 침입(1370) 방어, 강릉·덕원·강화·지리산·운봉 등지에서 왜구 섬멸(1372~1380).

▲성품과 주변의 평가 몸종 출신 계모를 극진하게 대하고 배다른 형제와도 우애 있게 지내는 등 주변 사람에 대한 포용력이 큰 것으로 소문나 있다. 자기 밑에 딸린 군사들에게도 늘 부드럽고 점잖게 대해 그의 막사가 '천국'이라는 것은 이미 잘 알려진 이야기. 전쟁터에서 이성계와 싸우던 도중 그의 너그러움에 감동, 부하가 된 적군도 상당수다. 이성계의 군사력은 충성으로 뭉쳐진 '진정한 사병'이라는 것이 주변의 평가.

운봉에서 왜구를 섬멸한 후 병사들이 이 지역 특산물인 대나무가 보통 나무보다 가벼우니 이 기회에 장막기둥을 모두 대나무로 바꾸자고 말했을 때 이성계는, "대는 백성들이 심은 것이고 우리가 본래 꾸려가지고 온 것이 아니다"라며 병사들의 건의를 일축했는데, 이는 백성의 물건은 털끝 하나라도 건드리지 않는다는 그의 평소 신념을 보여주는 일화 중의 하나다. 그가 백성들 사이에서 존경받는 것은 출전하는 싸움마다 승리를 거두는 데에도 이유가 있지만, 그의 군사가 민폐를 안 끼치는 정예부대라는 점도 크게 작용했다는 게 중평이다.

▲정치가로서의 자질 이성계가 유학자가 아닌 것은 분명하지만 유학에 대해 '일자무식'이 아니라는 사실도 비교적 잘 알려져 있다. 싸움터에서도 틈이 나면 강릉 출신 선비 유경을 불러 경서와 역사책을 토론하기를 즐긴 것으로 전해지며, 1382년 여진족 호바투의 침략을 물리친 후 변방의 경비대책을 건의했을 때나 1388년 요동정벌을 반대하는 '4불가론'을 펼쳤을 때 그의 주장은 매우 논리정연했다. 권문세족 축출→보수파 무장 처치→건국에 이르는 과정에서 이색, 최영, 정몽주 등과 단계별로 적절한 선에서 협력하고 결정적인 순간에 제거한다든가 개혁파 사대부들의 이해와 요구를 수용, 발빠른 정책(예를 들면 1391년의 과전법 개혁)을 밀고 나가 개혁파 사대부의 지지를 이끌어낸 것 등은 그가 고도의 정치력을 가졌다는 것을 잘 보여준다.

홍건적과 왜구 소탕으로
신망과 명성 얻어
…
위화도 회군으로
정치적 실권 장악,
개혁파 사대부 추대로
마침내 조선왕조 개창

이성계 왕위 추대 과정 스케치

"말을 타고 피해버리고 싶은 심정" … 수차례 고사 끝에 왕위에 올라

위화도 회군 때부터 이성계의 왕위 추대를 계획해온 정도전, 조준 등은 남은, 조인옥, 그리고 이성계의 다섯째 아들 이방원과 함께 신왕조 개창을 모의, 시중 배극렴을 앞세워 왕대비의 지시문 형식으로 공양왕을 물러나게 하는 데 성공. "지금 임금은 어리석고 둔해 나라와 백성을 맡을 수 없다"는 배극렴의 말에 공양왕은 "나는 본래 하고 싶지 않았는데 여러 신하들이 억지로 나를 왕으로 세웠던 것이다. 똑똑치 못한 내가 그동안 신하들의 비위에 어찌 거슬리지 않았겠는가"라며 두 줄기 눈물을 흘렸을 뿐 곧 순순히 옥새를 왕대비에게 맡기고 원주로 떠남.

이에 정도전, 조준, 배극렴 등 52명이 옥새를 받들고 이성계의 집으로 찾아갔으나 이성계는 문을 닫고 이들을 받아들이지 않음. 해질 무렵까지 기다리던 배극렴 일행은 문을 밀치고 들어가 대청마루 위에 옥새를 놓았고 이성계가 나타나자 52명의 일행 외에도 길을 메울 정도로 따라온 많은 관리들이 북을 치고 만세를 부르며 절을 해 이성계는 결국 수창궁으로 들어감. 이성계는 대궐 안으로 들어가서도 왕좌에 앉지 않고 기둥 안쪽에 서서 신하들의 축하인사를 받았는데 "내가 몸만 건강하다면 말을 타고 피해버리기라도 하겠지만 마침 병으로 손발도 제대로 놀리지 못하는 때에 이렇게 되었다. 경들은 각기 마음과 힘을 합하여 덕이 없는 이 사람을 도와야 할 것"이라며 겸손하고 조심스러운 태도로 일관.

이성계는 "예로부터 새 왕조를 세운다는 것은 하늘의 뜻 없이는 되지 않는 것"이라며 여러 차례 거절한 끝에 왕위에 올랐다.

위화도 회군에서 조선왕조 개창까지

국왕과 신진사대부 간의 권력분배 문제가 향후 정치쟁점

정가에서는 현정국을 주도하고 있는 조선왕조 건국의 실세들을 급진파 신진사대부와 신흥무인세력의 연합혁명세력으로 보고 있다. 이들은 처음에는 권문세족, 다음에는 온건파 사대부를 제거하면서 현재와 같은 왕조교체라는 혁명적 정국을 조성해왔다.

막강한 경제력을 토대로 권력의 핵심을 장악하고 있던 권문세족과의 첫대결은 지난 1388년(우왕14년), 이인임, 임견미, 염흥방 등의 축출이었다. 이들을 제거하기 위해 이성계는 양심적 권문세족으로 일정한 세력을 갖고 있는 최영측과 전술적으로 연합했다. 하지만 이성계는 개혁의 순항을 위해 권문세족의 이익을 대표하는 최영마저도 제거하게 된다. 국왕의 신임을 받고 있는 1인자 최영을 제거하기 위해서 비정상적인 방법이 불가피했고, 그 귀결점은 바로 위화도 회군이라는 쿠데타적 사건이었다.

이후 권문세족들의 경제적 토대를 그대로 둔 개혁은 공염불에 불과하다는 급진파 사대부들의 일치된 인식으로 제기된 것이 이른바 사전(私田)개혁 문제다. 권문세족들이 소유하고 있는 대농장들을 원천적으로 해체, 그들의 경제적 토대를 일거에 와해시키자는 것이다. 이 문제를 놓고 사대부세력 내부에서 급진파에 반기를 드는 온건론이 제기돼 개혁은 일시 주춤하는 듯했다. 온건론의 이색은 "우리가 개혁에 동참한 것은 합리적인 관료가 운영하는 유교국가를 만들기 위해서다. 문제해결은 제도혁파에 있는 것이 아니라 개개인의 윤리 도덕 회복에 있다"며 급진적 사전개혁에 반대의 입장을 분명히 했다. 이에 대해 급진파의 이행은 "이색 등 온건론자들의 주장은 사실 자신들의 기득권을 지키기 위한 궤변에 불과하다. 그들이 계속 개혁에 제동을 건다면 우리는 그들을 제거하고 나갈 수밖에 없다"며 개혁의 지속을 강력하게 주장하고 나왔다. 결국 급진파는 1389년 창왕 축출과 함께 온건론자들을 축출했고, 1392년 새 왕조 개창으로 수년간에 걸친 개혁과정은 완성됐다.

1380년대 말 이래 숨가쁘게 전개돼온 이러한 정치상황 속에서 정도전, 조준 등 신진사대부와 이성계, 남은 등 신흥무인세력은 절묘한 협력체제를 이루어왔다. 신진사대부들은 사회모순에 대한 분석과 비판을 담당하는 이론가로서의 역할을 충실히 수행했고, 신흥무인세력은 세력 갈등이 정점에 이르렀을 때마다 적시에 개혁세력을 옹호, 보위하는 역할을 해왔다.

앞으로 국왕세력과 신진사대부세력 간에 권력을 어떻게 분배할 것인가가 중요한 정치적 쟁점이 될 것이며, 그에 맞추어 조선왕조의 집권체제가 구체적 모습을 드러낼 것으로 전망된다.

그림마당

이은홍

대담 정도전 對 조준 유교적 이상사회 건설을 위하여

"위민과 민본의 새 역사 열어가야 한다"

정도전(鄭道傳) 1337년 충청도 단양 產. 이색 문하에서 수학. 1370년 성균관 박사. 1388년 위화도회군 후 조준 등과 전제개혁안을 건의하고 구세력 제거. 조준, 남은 등과 이성계를 추대. 호는 삼봉(三峰).

조준(趙浚) 1374년 문과 급제 후 권신들의 발호에 실망, 은둔하여 경사(經史)를 공부. 1388년 전제개혁 상소를 잇달아 올림. 이듬해 전제개혁 단행. 이성계 추대의 일등공신. 호는 우재(吁齋).

"전국 백성들을 국가가 직접 장악하고 통치하는 집권체제를 강화해야"

"성리학을 통치 이념으로 삼아 사회 전체의 기강을 세워나가야"

정도전 고려말은 상층부의 권문세족들이 국가기구를 장악, 부와 권력을 독점하고 농민들에 대한 수탈을 일삼아 정상적인 국가운영이 불가능한 상황이었다. 지방세력이라고 할 수 있는 사대부들이 새로운 왕조를 개창하려 한 것도 이런 혼란과 모순을 근본적으로 척결하기 위해서다.

조준 나는 성리학이 새로운 통치이념으로 자리잡아야 할 당위성으로 고려 후기 이래 꾸준히 지속되어온 민의 성장에 주목하고 있다. 농업생산력의 발달로 이제 일반 농민들도 한 가족이 노력하면 일 년 농사로 어느 정도 안정된 생활이 가능한 단계에 이르렀다. 이제 이들을 적극적으로 포용, 나라를 떠받치는 근간으로 삼아야 하는 시대가 됐다. 이들이 그런 역할을 충실히 수행하도록 교화할 수 있는 이념과 실천윤리의 확립이 시급하다. 새 왕조에 들어서 위민(爲民)과 민본(民本)을 강조하는 것도 바로 이런 역사적 요청 때문이다.

정 그렇다. 이를 위해선 무엇보다 먼저 그들의 생업인 농업경영이 안정적으로 이루어져야 한다. 새 왕조는 국왕으로부터 수령방백에 이르기까지 민본(民本)과 농본(農本)을 나라 다스리는 근간으로 삼아야 할 것으로 본다. 여러 가지 권농정책에 힘써야 할 뿐만 아니라 이들을 과도한 수탈로부터 보호하기 위해 수취체제를 정비하는 한편, 흉년이나 재해로부터 살아남도록 하기 위해 환곡제도를 운영하는 등 적극적인 정책을 마련해야 할 것이다.

조 백성들이 생업에 전념하고 나라에 봉공하도록 이들을 훈민(訓民)하여 교화(敎化)하는 일 또한 매우 중요하다.

정 민본을 기본으로 한 치민(治民)과 교화(敎化)가 이루어지게 하려면 이들 백성들을 나라가 직접 장악하고 통치해나갈 수 있도록 집권체제를 강화해야 한다. 정치운영 방식이 고려에서는 귀족적이었다면, 조선에서는 훨씬 더 관료적인 지배가 이루어져야 한다는 생각이다. 고려처럼 각 지방 호족이나 귀족들의 재량과 자율을 허용하고 그들을 통해서 백성을 지배하는 것이 아니라, 국왕이 직접 전국에 수령을 파견하여 일원적으로 통치하는 집권관료체제를 확립해야 한다는 것이다.

조 맞다. 그러한 상황은 인치(人治)로부터 법치(法治)로 나아가는 데 있어 한 단계의 진전이다. 이러한 정치가 시행되려면 당연히 정부조직과 행정의 각 분야에 걸쳐 각종 제도와 규범이 시급히 마련돼야 한다. 통치는 일관되고 통일된 법전체제에 의해 객관적 기준에 따라 일사불란하게 이루어져야 한다.

정 여기서 강조해야 할 것은 이러한 치민의 주체가 사대부라는 점이다. 국왕은 "대천리물(代天理物)"이라 하여 이념적으로는 하늘을 대신하여 만백성을 다스리는 초월적 존재로 규정되지만, 현실적인 관계에서 보자면 그는 사대부를 대표하고 상징하는 존재라고 할 수 있다. 국정운영은 사대부들의 여론을 적극적으로 참작하고 반영하는 가운데 이루어져야 하며, 사대부들의 국정 참여가 원활하게 이루어질 때 국왕의 권위도 세워지는 것이라고 생각한다.

조 그러나 통치의 실권을 재상이 행사해야만 하는가에 대해서는 의견이 다를 수 있다. 이 문제는 차후에 다시 논의하기로 하자.

한편 경제적으로 사전개혁을 단행, 새로 과전법을 제정했지만 이 제도가 얼마나 오래 지속될 수 있을지는 의문이다. 한정된 수조지로 갈수록 늘어나는 관료들의 지위를 계속적으로 보장한다는 것은 불가능한 상황이다. 지금 생산력이 높아지면서 땅에 대한 소유권이 점차 강화되는 추세에 있으므로 사대부들도 이제 나라에서 받는 수조지 대신 자신의 땅에서 농업경영에 힘쓰는 경향이 나타날 것으로 보인다.

정 나라의 근본을 튼튼히 하기 위해서는 나라에 세금 내고 군역을 지는 사람의 수가 많아야 한다. 고려말 이래 불법으로 노비가 된 사람들을 다시 양인으로 환원하고 이들의 생활안정을 위한 대책도 세워야 한다.

조 나라를 안정시키기 위해서는 사회기강과 윤리의 확립도 중요한데 이를 위해서 가족윤리의 정립이 무엇보다 필요하다. 생산력의 발전에 따라 농민들은 고려 때처럼 공동체적 유대에 의지하여 농사를 짓기보다는 가족 단위로 한 해 농사를 짓는 경향이 커지고 있다.

따라서 가족의 안정을 위한 가족질서를 확립하는 일은 중요한 과제가 되고 있다. 삼강(三綱)의 도리를 강조하는 것도 그 일환인데, 나라 전체로 보면 임금이 신하를 이끌어 가듯이 한 가정에서도 남편은 아내를, 아버지는 아들을 이끌어가는 분별이 있어야 한다. 다시 말해 가부장적 가족질서를 확립하고 이를 통해 사회 전체의 기강을 세워나가야 한다.

새 정부에 거는 기대

▲신진사대부

이제 사대부들이 정치의 주체가 되어야 한다. 그러기 위해서는 과거시험 활성화를 통한 능력 위주의 관리선발과 신하들의 언론권 보장이 필요하다. 그리고 성리학이 온 백성의 실천윤리로 자리잡을 수 있도록 불교나 각종 민간신앙을 정리하는 일 등이 시급하다.

▲농민

노비가 되면서까지 피하고 싶은 것이 무거운 역 부담이다. 소가 없어 사람이 쟁기를 끌고, 먹을 게 다 떨어져 종자까지 남아나지 않는 상황에서 결국 가을에 풍년이 들어도 빚 갚고 나면 두 손에 남는 것이 없다. 앞으로 자기 소유지가 많고 적음에 따라 군역부담을 지운다니 걱정이다.

▲사노비

우리 주인은 최근 노비 가격이 두당 면포 2백 필로 오르니까 몰락한 양인과 자기 노비를 결혼시켜 노비 수를 늘리는 야비한 방법을 쓰고 있다. 노비가 양인이 될 수 있는 길을 좀더 열어주었으면 한다.

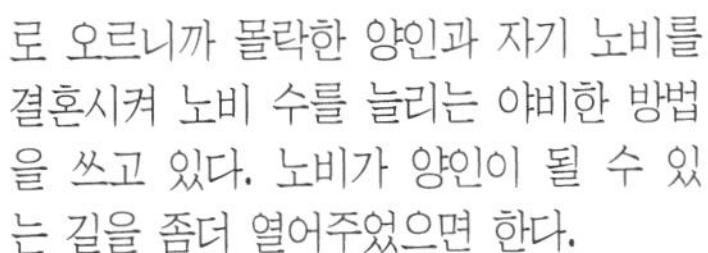

▲관영수공업자

30개 관아에 직접 속해 무기를 생산하고 양반들의 생필품을 공급하고 있는 전문가인 우리를 천민 취급하는 것은 부당하다. 게다가 민간용품을 만들 때에는 세금으로 쌀 1말씩을 거두어가니 이는 너무한 처사다.

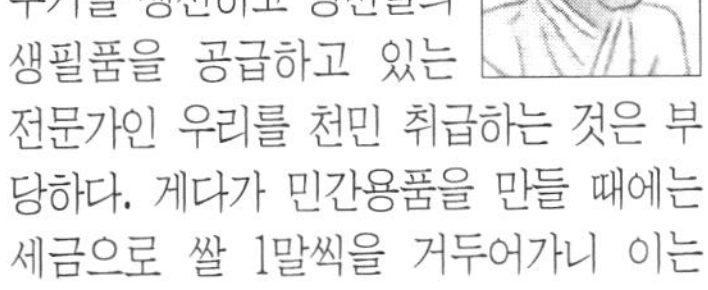

▲상인

앞으로 한양에서 장사를 하려면 허가를 받아 지정된 장소에서 지정된 물건을 팔아야 한다는데 세금이나 적었으면 좋겠다. 또 한양의 시전상인 관리를 담당할 경시서가 아무쪼록 도량형이나 가격 감독에 너무 빡빡하게 굴지 말았으면 한다.

조선 건국을 보는 각국의 반응

명나라 "양국간 사절 왕래 등 여러 의무를 잘 지켜달라"

새 나라의 이름을 '조선'으로 지정해 보낸 것은 조선이라는 명칭이 유래가 깊고 아름답기 때문이다. 모쪼록 하늘의 뜻과 민심에 맞게 통치를 잘하고 지금까지 유지해온 사절 왕래, 그에 따르는 여러 의무를 굳이 말하지 않더라도 잘 지켜주기 바란다.

왜 "선의의 상인들을 위해 개항장을 늘려달라"

남북조 대립이 막 끝나, 우리도 새출발을 하는 같은 입장이다. 양국의 새로운 장을 열어가자. '왜구'라고 부르는 우리 백성들 때문에 관계가 험악해진 경우가 있었으나, 순수 무역을 하려는 선의의 상인을 위해 개항장을 좀더 늘려줬으면 좋겠다.

여진 "이성계는 원래 우리와 가까운 사이, 기대가 크다"

이성계는 어렸을 때부터 우리 부족과 이웃으로 지냈으며 개국공신 이지란도 우리 부족 출신이므로 여·조 관계 발전에 기대가 크다. 무역소 설치와 생필품의 안정적인 교역, 그리고 우리측 인사의 한양 자유왕래가 보장되었으면 한다.

유구 "국제 무역관계에서 조선의 역할 기대"

양국관계는 이제 걸음마 단계지만 친선관계가 앞으로도 계속되었으면 한다. 남방의 산물과 중국-일본을 연결하는 우리의 무역권에서 조선도 중요한 역할을 맡아주길 기대한다.

조선 개국의 주역들

주요 개국공신 프로필

배극렴(68세) 공신 중 최고령자. 옥새를 갖고 이성계의 집으로 찾아가 국왕으로 추대한 것 외에는 특별한 공로를 세운 것이 없는데도 개국공신 명단의 첫머리에 기록된 것은 "배씨 성을 가진 사람이 이씨를 돕는다"는 도참설이 백성들 사이에 널리 퍼져 있는 것을 의식한 결과라는 것이 중론.

조준(47세) 어학 실력으로 출세했다는 점에서 다른 권문세족과는 유형을 달리하는 인물. 집안이 어려워 여러 형제 중에 과거에 합격한 사람이 한 사람도 없는 것을 한탄하는 어머니의 호소를 듣고 분발하여 과거에 합격한 효자. 역사에 밝고 도량이 넓다. 건국의 발판이 된 전제개혁안 기초를 담당.

정도전(51세) 어머니와 부인 쪽에 천인의 피가 섞여 있어서 관직에 오르는데 어려움을 겪었고, 구귀족세력과의 의견충돌로 9년간 유배와 유랑생활을 했던 인물. 유배생활 중 사회모순이 가장 극심했던 경기도와 호남지방에서 하층 민중과의 직접 접촉을 통해 왕조 교체 필요성에 확신을 가진 것으로 보인다. 벗 권근이 따뜻한 온돌에서 화로를 끼고 앉아 미인 곁에서 책을 읽는 것을 가장 즐거운 일이라고 하자, 평원에서 사냥하는 것이 가장 즐겁다고 말할 정도로 야성적이고 무인적인 기질이 다분한 이색적인 인물. 위화도회군 5년 전에 직접 이성계를 찾아가 건국 논의의 물꼬를 튼 것으로 유명하며, 현재 새 왕조의 기틀을 닦는 개혁작업 추진에 여념이 없는 정부내의 '실세'로 이성계의 즉위교서도 그의 작품.

남은(39세) 경상도 의령 출신. 집안이 몹시 가난하여 형인 남재의 경우 한 필의 말과 노비 한 명 밖에 없었으며 동생인 남실은 지금도 아침밥을 겨우 먹을 정도. 위화도에서 군사를 돌리는 것을 앞장서서 건의했고, 호방한 성격에 구속받는 것을 싫어하는 편. 삼척에서 왜구를 격퇴할 때에는 10명만을 이끌고 성밖에 나가 싸운 일화가 말해주듯이 모험을 좋아하는 무인형. 정도전과 절친한 사이.

이지란(62세) 원래 이름은 두란첩목아로 여진 사람. 이성계의 직속부하로 공민왕 때 자기 휘하의 1백여 호를 이끌고 북청에 와서 살다가 이성계의 사병이 됐음. 이씨 성을 받아 청해 이씨의 시조가 됨.

가상 체험 우리사회 어떻게 바뀌어지나

생활로 다가오는 유교 정신 … "속박과 규제의 시대냐, 아니면 예와 조화의 시대냐?"

유학적 능력 중시 시대 온다 … 농업 생산성 혁명적 발전 예고 … 많은 사회 규정과 절차, 공식화, 객관화 될 듯

"이제부터 부처나 귀신에 절하는 대신 조상을 섬겨라. 그리고 관직에 오르고자 하는 사람은 유교경전에 달통해야만 할 것이다. 또 백성들은 자신의 신분증명표인 호패를 언제 어디서나 반드시 소지하고 있어야만 낭패 보는 일이 없을 것이다."

새 왕조 출범과 함께 세금도 다소 줄었고 가까운 동네에까지 국가에서 파견된 관리들이 요모조모를 살피고 있어 주변 상황에 뭔가 새로운 변화가 있을 것으로 감지된다. 새 시대를 맞아 과연 무엇이 어떻게 바뀌게 될까.

금수 아닌 인간의 삶을 살아야

우선 일반 백성들은 "모름지기 사람이 짐승과 어떻게 다른가"에 대해 심각하게 고민을 해두는 편이 좋을 것 같다. 태조가 즉위교서 곳곳에서 강조한대로 나라에서는 '백성 풍속 바로잡기'에 적극적으로 나서 삼강오륜으로 대표되는 유교적 교의를 국민생활에 뿌리내리기 위해 엄청난 노력을 기울이고 있기 때문이다. 당분간은 웃어른들 앞에 선 허튼 언행을 삼가는 것이 신상에 좋겠다. 특히 젊은 과부들은 조신하게 근신하는 편이 좋다. 남정네들은 예전과 같이 술 한잔 걸치고 지나가는 아낙에게 농지거리를 던지다가는 날벼락이 떨어질 것이다.

조상에 대한 제사는 정해진 절차에 따라 깍듯하게 치뤄야 하며 부모님이 돌아가시게 되면 3년간 부모의 묘를 지켜야 비난받지 않을 것이다. 일반적인 관혼상제, 집안예절에 관한 규칙들을 정리한 서적을 널리 배포할 예정이라고 정부 관련 부처에서는 밝히고 있다.

한편 국가에서는 유교적 인간상을 구체적으로 실천한 백성들은 크게 포상한다는 방침이다. 충신, 효자, 의리남, 절개녀 등을 선발, 상을 주고 기념비 등도 건립해줄 작정이다.

공부 열심히 해야 양반체면 유지

그리고 양반 자제들은 당분간 목숨 걸고 공부에 진력해야 한다. 이젠 집안배경만으로 관직에 진출하긴 힘들다. 또 현직관리들에게만 국가의 녹이 지급되니 아버지 때의 양반집 살림규모를 유지하려면 대를 이어 과거에 턱턱 붙지 않고서는 살림 유지가 쉽지 않을 것이다. 공부 내용도 그리 만만한 것은 아니다. 유학경전의 수준이 날로 높아지고 있기 때문이다. 훌륭한 독선생을 구하기 어렵다면 이름난 선생을 찾아 유학을 가든지 주변의 서당이라도 이용해야 할 것이다.

만약 유교경전에 큰 자신감이 없다면 무과시험을 준비하는 것도 좋겠다. 이제부터는 과거시험에서 문·무과가 나뉘어져 무과생을 정식 선발하게 된다. 물론 그저 몸만 튼튼하다고 무과시험에 급제할 수는 없다. 국가관리가 되는 데 유교적 소양은 필수적인 것이므로 일정 수준의 유학교육은 반드시 필해야 한다.

고려말부터 일부 양반들이 농사에 관심을 갖고 열심히 농업경영에 나서는 풍조가 일기 시작했었는데, 이런 현상은 앞으로 보다 보편화될 듯하다. 예전처럼 정치적 권력을 이용, 마구 땅을 늘려나가는 일은 찾아보기 힘들어지는 대신, 알뜰하게 자기 땅에서 더 많은 생산을 내기 위해 노력한다든지, 주변 땅을 개간한다든지 하는 데 더욱 관심을 기울이는 양반들이 늘 것 같다.

끼니 걱정 덜 수 있을지도…

국가에서는 이러한 자영농·지주층에 큰 관심을 갖고 있으며 최근 발전하고 있는 농업기술을 일반에 보급하기 위해 권농관을 각지에 파견하는 한편, 농업기술서를 제작, 농촌 지도에 활용할 계획을 검토중이다. 요즈음의 농법은 보다 다양해지고 전문화되는 추세다. 이들 선진 농업기술의 습득은 곧 생산량 증대로 이어져 가계에 큰 보탬이 될 것이다. 민관이 합심하여 농업발전을 위해 쏟는 노력이 결실을 거둔다면 많은 백성들이 끼니를 크게 걱정하지 않고 넘어가는, 획기적인 생활수준 향상을 맞이하는 시대가 우리세대에 도래할지도 모른다는 기대를 가져본다.

그리고 우리사회는 많은 부분의 절차와 규정들이 공식화·객관화되어갈 것으로 보인다. 나라에서는 지방관리 숫자를 대폭 늘려 도-군-면-리로 이어지는 전국 직접 관할체제를 구축하려 하고 있고, 모든 백성에게 호패를 지급하여 모든 신원을 파악, 조세와 일반행정 지도에 이용하려고 한다. 일반 백성에 대한 행정규제들도 한층 강화될 전망이며, 이젠 토지생산성이 어느 정도 수준에 올라 있는만큼 토지 등급도 전면 재조정할 예정이다.

스님과 무당, 당분간 몸조심해야

국가에서 불법 탈법의 온상이 되어버린 불교계에 대한 대대적인 사정을 벼르고 있는만큼 이제 거리에서 스님을 뵈올 기회는 줄어들 것 같고, 주변의 사찰들도 하나 둘 심산유곡으로 조용히 자리를 옮길 것으로 보인다. 그리고 일반 무속신앙에 대한 단속도 진행될 것 같아 무당들의 생계도 걱정된다. 또 요란하고 음탕한 노랫가락도 자취를 서서히 감출 것 같고, 한동안은 형식미가 강조되는 예와 조화의 세계에 더 큰 관심을 가져야 할 것 같다는 것이 예술문화계의 전망이다. 그리고 당분간 우리 조선 백성들의 삶은 도덕사회 실현을 위한 거대한 실험에 볼모로 잡혀 있게 될지도 모르겠다. 진정한 도덕적 이상사회가 도래하여 모두가 그 안에서 행복한 삶을 누리게 될지, 아니면 형식과 규제만이 앞서 인간본성이 질식당하는 사회가 될지는 좀더 지켜볼 일이다. 어쨌든 새 왕조 출범과 더불어 건강한 사회기풍이 우리사회에 자리잡게 되었으면 좋겠다는 바람이다.

이성계 즉위교서 중 민생관련 주요 내용

"하늘이 백성을 내면서 통솔하는 사람을 세우는 것은 잘 살도록 보살펴주고 편안하게 다스리라는 것이다. … 나는 '나라는 반드시 덕있는 사람에게 돌아가게 마련이고 임금의 자리는 오랫동안 비워둘 수 없다. 큰 공과 덕으로 중앙과 지방의 인심이 쏠리고 있는 사람이 임금의 자리를 바로잡아서 백성의 마음을 가라앉혀야 한다'는 도평의사사 관리들의 의견에 따라 마지못하여 왕위에 올랐다. 이제 백성들에게 도움이 될 일들을 다음과 같이 이야기하겠다."

▲문과와 무과의 시험제도를 정비하고, 좌주-문생 제도를 없앤다.
▲성년식과 결혼식, 장사와 제사에 관한 풍속을 바로잡는다.
▲충신, 효자, 의리 있는 남자와 절개를 지킨 여자를 표창한다.
▲홀아비, 과부, 고아, 자식 없는 노인을 구제한다.
▲서울에 올라와서 심부름하는 지방의 아전, 즉 기인을 없앤다.
▲수군의 부역을 면제시켜주고 봉족을 더 붙여준다.
▲호포는 일체 거두지 않는다.
▲음죽에 있는 둔전을 제외한 모든 둔전을 없앤다.
▲형벌에 관한 규정으로는 대명률을 따른다.
▲토지제도는 과전법을 시행하기로 한다.

1392년(홍무 25년) 7월 정미일 국왕 이성계

우리 고을 살림, 앞으로 어떻게 운영되나?

"중앙정부에서 파견한 관리가 대민업무 일반을 관장"

각 고을을 다스리는 제도가 크게 정비될 거라고 하는데?

앞으로는 속현이나 향·소·부곡을 없애고 모두 군·현으로 통폐합하여 국가에서 직접 수령을 파견할 예정입니다. 또 장차 군·현마다 읍(邑)을 중심으로 동·서·남·북의 방면에 따라 면(面)을 두려고 합니다.

앞으로는 호구파악을 국가가 직접하고 통제도 점차 강화할 거라는데?

면·리의 각 호구 및 각 호내의 인구수 혹은 인정수(人丁數)를 파악하는 기초 장부를 작성해서 인구의 이동과 감소·증가를 한눈에 알아볼 수 있게 할 예정입니다. 생산기반이 전혀 없는 하층농민이 흘러들어오면 가능한 한 원거주지로 돌려보내는 것이 원칙이지만 유이민이라고 하더라도 새로 정착한 땅을 개간해서 국역을 부담할 정도가 되면 굳이 원거주지로 돌려보내지는 않을 예정입 니다.

자연재해를 당했을 때 종자와 양식을 빌려주는 의창곡(義倉穀)을 대출받으려면 어떻게 해야 하나?

우선 자격심사를 받아야 합니다. 농사짓는 땅이나 재산과 노비의 많고 적음에 따라 등급을 정한 뒤, 홀아비나 과부, 고아나 무의탁 노인, 하층농민이 우선적인 대부 대상으로 선정됩니다.

생산력의 지역적 편차가 크다던가 답험의 기준을 정하는 문제 등 과전법의 미비점이 많은 실정인데 앞으로 전세액을 정하는 일관된 기준으로 어떤 것을 계획중인가?

아직 지역간의 농업생산력 차이가 큰 편이니까 일종의 소지역(郡縣) 단위의 정액수세법으로하되 땅의 비옥도[田分等制]와 농사의 풍흉[年分等制]을 고려하는 제도가 필요합니다. 지방관리가 그해 농사를 살필 수 있어야 면 단위까지 연분등제가 실시될 수 있는만큼 지방행정체제가 완비돼야 객관적 기준을 가진 정액세제가 출현할 수 있겠지요.

새로운 토지제도 과전법 시행

관원 및 국가기구에 용도, 등급에 따라 수조권 지급
사전 상당수 공전으로, 농장 예속 농민은 양인으로 환원

앞으로 국가기구·관료 등에게 용도와 관등의 높고 낮음에 따라 수조권을 나누어준다. 정부의 이 같은 결정으로 고려말 첨예한 문제였던 사전개혁 작업은 일단락됐다.

전제개혁을 부르짖는 조준의 세 차례에 걸친 끈질긴 상소와 이에 맞서는 구세력의 정계 축출, 남부 6도의 양전과 토지문서 소각이라는 극적인 과정을 거쳐 1391년(공양왕 3년) 5월 과전법이 공포, 시행되었다. 이 과정에서 몰수된 사전(私田) 중 상당수가 공전으로 귀속됨으로써 국가수조지의 확대뿐만 아니라, 농장에 예속되어 있던 농민이 국가의 부역 부담자로 환원됨으로써 국가 재정 확보 역시 기할 수 있을 것으로 전망된다.

경기(京畿)에는 관리의 과전(科田)이, 그외의 지방에는 한량관의 군전이 설정됐다. 이에 따라 교주도·양광도·서해도에서 각각 6, 16, 9현을 떼어와 13현에 불과하던 경기를 44개현으로 확대 개편하는 작업이 잇따라 시행됐다.

이번 조치의 의의에 대해 한 관리는 "지배층 사대부에 대한 수조지의 분급과 수조권에 근거한 토지점유 및 농민지배의 원리는 고려 때 전시과의 원리와 크게 다를 바가 없지만, 수조지의 획득이나 전수를 국가기관이 담당한다거나 수조과정의 문란을 국가가 감시한다는 점에서 일종의 국가적 토지분급제의 회복으로 보면 된다"고 설명했다. 참조기사 2권 20호 3면

문답으로 풀어보는 과전법

"수조지 1결당 논은 쌀 30말, 밭은 잡곡 30말 걷을 수 있다"

수조지를 받을 수 있는 사람은 어떤 사람들입니까? 경작자인 농민도 받나요?

국가에 충성하는 대가로 관리에게 지급하는 것이기에 농민은 해당되지 않지요. 현직관리에게 과전을 지급하는 것은 당연하고 그외에 지방 거주 유력자에게는 군전을, 수절한 관리의 아내나 자녀에게 수신전이나 휼양전을 지급하고 있는 것은 그만큼 양반관인층의 신분을 보장하려는 것입니다.

왕실에서도 수조권을 받고 있는데, 그 규모는 어떻습니까?

왕실의 왕자 앞으로 지급되는 것이 2백50~3백 결 정도로 그 규모가 가장 크다고 볼 수 있겠지요. 그 외에도 국가 수조지로 중앙 각사의 일용잡비 조달을 위한 공해전, 성균관이나 향교에 분급한 학전(學田), 각도의 역에 지급한 역전(驛田) 등이 있습니다.

남편 사망 후 수신전을 받은 여자가 팔자를 고치면 어떻게 됩니까?

재가한 여자는 절개를 상실한 셈이므로 그 토지는 몰수되는 것이 원칙입니다.

남자 자손이 없고 미망인만 있을 경우는 어떻게 됩 니까?

원칙적으로 여자는 직역 담당자가 아니므로 자격이 없지만 이 경우 미망인도 남편의 과(科)에 준하여 과전을 지급받을 수 있습니다.

선처(先妻)와 후처(後妻), 적실 자손과 후실 자손이 있을 경우, 그리고 부인이 노비나 기생과 같은 천인신분인 경우는 어떻게 되지요?

과전은 염치를 지키게 해주는 의미를 가지므로 당연히 선처나 적실 자손에게 자격이 주어집니다. 물론 천인신분의 여자나 그 자손은 대상에서 제외됩니다.

관리가 받은 수조지라고 하더라도 땅을 경작하고 있는 사람은 농민일 텐데, 이들이 부담해야 하는 조세의 양은 어떻습니까?

공·사전을 막론하고 1결당 논에서는 쌀 30말, 밭에서는 잡곡 30말이지요. 농민들은 일반 공전인 경우에는 국가에, 수조권을 설정당한 사전인 경우에는 해당 수조권자에게 납부하면 됩니다.

관리는 한성에 있고 그 관리의 수조지는 경기에 있을 경우, 농민은 조세를 어떻게 납부해야 합니까?

약 1백50리의 거리내에서 관리가 납부처를 지정하면 그곳까지 농민이 운반해야 합니다. 조세 외에도 짚이나 숯, 섶까지 가져다 바쳐 실제 부담은 1/6~1/5에 육박, 경기 농민들의 불만이 많을 것으로 보입니다.

3년 공사 끝에 성균관 완공

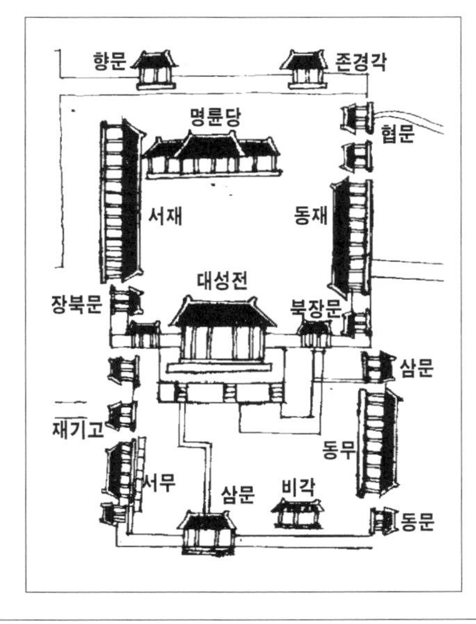

1398년 올해 완공된 건물은 어떤 것들인가.

대성전, 명륜당, 동재, 서재, 식당, 양현고 등이다.

각각의 건물들의 쓰임새는.

대성전은 문묘 안에 공자의 위패를 모신 곳이며, 명륜당은 유생들이 글을 배우고 익히는 곳이다. 한편 유생들이 기거하는 기숙사로 동재와 서재가 있으며 이들은 아침과 저녁 식사 때마다 식당에 비치된 명부인 도기에 서명하여 출석을 점검받을 예정이다. 양현고는 이들이 먹을 식량을 공급하는 기관이다.

성균관 유생들에 대한 대우가 파격적이라는 생각이 드는데.

유생들은 기숙사 생활을 하는 동안 음식과 학용품 등의 생활필수품 일체를 국가로부터 지급받고 있다.

그 비용은 어떻게 충당되는가.

국가에서 내려준 학전(學田)과 외거노비들의 노동력으로 충당될 예정이다. 이미 조선이 개국된 해에 1천35결의 학전을 받았다. 노비도 개국초에 약 3백 명 정도였는데 이들은 고려 충렬왕 때 성균관을 재건하는데 공이 컸던 안향이 기증한 사노비의 후손들이다.

성균관의 기능에 대해 말해달라.

인재양성의 기능과 함께 선현에 대한 제사의 기능 두 가지이다. 주자학을 연구, 보급하면서 인재를 양성함으로써 우리왕조의 통치철학과 관료체제를 강화한다는 점에 주안점이 있다고 볼 수 있다.

달라지는 정책, 미리 살펴본다 1외교 2정치 3경제 4신분

조선 외교 제일의 원칙 '사대교린'

새 왕조가 서면서 내세운 외교의 원칙은 바로 '사대교린'이다.

현재 명은 조선의 건국을 일단 인정했으나 얼마전 조선이 받아들인 여진의 유민을 돌려보내라는 요구를 한 적이 있고, 외교문서의 내용이 불손하다 하여 작성자를 명에 보내라거나 사신의 입국을 허용하지 않는 등 '큰 나라'로서의 위세를 부리고 있는 실정이다. 또한 명의 조공요구도 만만치 않아서 벌써부터 처녀 진상이나 금·은의 채굴문제로 정부 관계자들은 골머리를 썩고 있다.

이에 대해 정부내에서는 정도전을 주축으로 '요동정벌론'까지 대두되고 있는 실정이지만, 최근 정부는 '사대'라는 명분으로 명과 친선관계를 맺어 안보체제를 확립하는 한편 선진문물을 수입하는 수단으로 이용하여 '실리'를 취하는 쪽으로 정책방향을 잡은 것으로 알려지고 있다.

일본의 경우 일본내 정국이 안정되면서 그동안 우리측이 계속 추진해온 왜구 토벌조치가 서서히 효과를 나타내고 있다. 반면에 평화적으로 왕래하는 무역인구가 급격하게 늘어나 새로운 대일본정책의 수립이 필요한 시점이다. 개항장과 입국 선박 수, 입국인 수의 지정, 입국증명서 발급, 입국사신 접대비용의 문제 등이 법적인 해결을 기다리고 있고 무역에 있어서도 정부의 대략적인 입장 표명이 시급한 상태이다. 또 현재 대조선 무역을 주도적으로 이끌어가고 있는 대마도인들이 일방적으로 대규모의 교역을 요구하고 있어 이에 대한 입장 정리도 필요하다.

여진에 대해서는 조선 여인과의 혼인 권장, 귀화할 경우의 관직 보장, 식량과 토지의 제공 등 각종 회유책을 통해 변방을 안정시키는 동시에 여진 출신인 이지란을 파견하여 공주(孔州)와 갑주(甲州)에 성을 쌓고(1393), 정도전을 보내어 동북면 일대의 경계를 확정짓고 공주에 경원부를 설치(1398)하는 등 군사적인 측면에서의 경계도 게을리하지 않고 있다. 제기된 현안 가운데 하나는 사신을 통한 공무역만으로는 경제적 욕구가 충족되지 않는 여진인들이 계속 요구해오고 있는 국경지방 무역소의 설치안이다. 현재 무역소의 적당한 후보지로 꼽히고 있는 곳은 경원, 경성 등인데, 정부는 무역소를 통해 생활필수품인 식량과 소금 등을 거래하면 불필요한 충돌을 예방할 수 있고 무역소가 여진의 동태를 살피는 기지로 이용될 수 있다고 보고 무역소 설치를 적극 추진중이다.

저항하는 고려 왕족·관리 숙청

정부, 민심수습 왕권안정 위해 강경책으로 선회

1394년 전왕조 고려의 일부 관리들이 왕씨 일부와 연결하여 새 왕조에 대한 반역을 모의하고 있다는 정보를 입수한 정부는 한동안 육지 거주가 허용됐던 왕씨를 다시 섬으로 추방하다가 이송 도중 물에 빠뜨려 죽이고 내륙에 숨어 있던 왕씨 일족까지 찾아내서 처단하는 등 고려왕족과 관리에 대한 탄압을 가속화시키고 있다.

그동안 정부는 왕조 교체에 대한 반발을 최소화하기 위해 고려왕족과 관리들에 대해 비교적 관대하고 온건한 태도를 유지해왔다. 신왕조에 끝까지 굽히지 않은 길재, 원천석 등 고려 유신에 대해서도 별다른 처벌을 내리지 않음으로써 고려 유신의 태도에 크게 신경을 쓰지 않는 신왕조의 자신감을 보여왔었다.

정부가 고려왕족에 대해 유화책에서 강경책으로 급선회한 것은 개국초의 민심수습과 왕권의 안정을 위해서 불가피하다는 판단이 내부적으로 섰기 때문으로 추측되나, 왕씨 일족의 씨를 말려버린 이번 조치는 평화적 왕조 교체가 유종의 미를 거두는 데에 큰 오점을 남겼다는 것이 일반적인 평가이다.

명, 조선 건국 승인

국내문제 해결도 벅찬 명나라, 몽고에만 관심 집중

1392년 10월 명측이 새 왕조 출범을 승인했다. 몇 년전 철령위 설치문제와 여진 유민의 송환문제를 둘러싸고 전쟁위기까지 치달았기 때문에 새 왕조의 출범을 놓고 주목을 끌었던 명측이 큰 시비없이 조선의 건국을 인정하고 "빨리 새 나라 이름의 후보만 올리면 곧 이름을 지어주겠다"며 호의적으로 나온 것은 "명이 간섭하고 싶지 않아서가 아니라 간섭할 여유가 없기 때문"이라는 분석이다. 명은 현재 건국된 지 20여 년이 조금 지난 신생국이어서 국내정치를 정비하는 데 여념이 없고, 몽고족의 잔당인 북원토벌이 현안이므로 아직은 몽고족이 관심의 초점이 될 수밖에 없는 상황이다.

한양, 새 도읍지로 결정

명당 요건 완벽 … 공주 계룡산 제쳐

1394년 많은 우여곡절 끝에 한양이 신왕조의 도읍으로 결정됐다. 관계자에 따르면 수도 선정을 놓고 한양은 공주 계룡산과 끝까지 치열한 경합을 벌인 것으로 알려졌다.

신왕조 건국 이후 도읍지의 자격 요건으로는 크게 ▲양반관료의 충분한 거주 공간 확보 ▲왕실 호위군사 주둔에 적합 ▲비생산 인구의 활동에 필요한 물품조달의 원활성 ▲징수미 운반 등 교통여건의 편리가 제시됐는데 이를 거의 완벽하게 만족시킨 것이 한양이다. 또한 한양이 풍수가들 사이에서 나무 목자 성을 가진 구세주가 나타나 백성을 구제할 수 있는 명당으로 지목되어온 것도 한양 천도에 한몫을 한 듯하다.

한양이 두각을 나타내기 시작한 것은 일찍이 백제가 미아리 부근을 수도로 정하여 하북 위례성이라고 부르면서 시작됐다. 이후 삼국간에 한강 유역을 확보하기 위한 치열한 쟁탈전이 전개됐고, 신라의 진흥왕은 이곳에 신주를 설치, 중국과의 해상교통로로 이용, 삼국통일의 기반을 닦은 것은 유명한 사실이다.

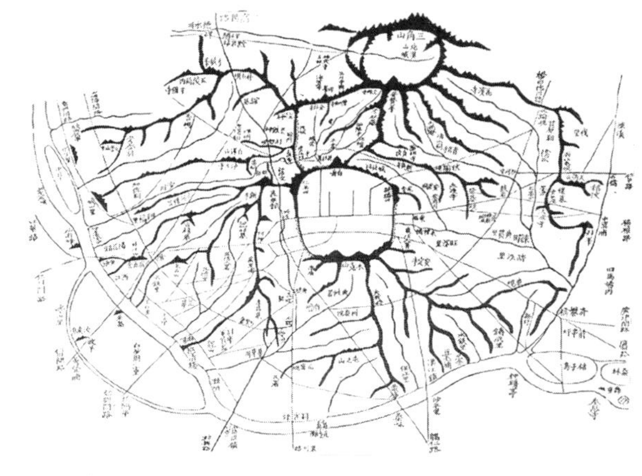

신주는 그뒤 '북한주→한산주→한주'로 이름이 바뀌다가 한양군으로 됐으니 현재의 한양이라는 명칭은 그 유래가 매우 깊은 편이다. 전왕조에서는 남경으로 승격됐고 숙종때에는 한양 땅이 도읍의 터전이 될 수 있는 '길지'라는 풍수지리설에 따라 인근 주민을 이주시키고 남경신궁까지 짓는 등 남경천도 계획이 추진되기도 했으나 왕의 죽음으로 무산된 바 있다.

이성계는 즉위 후 승려인 무학대사와 경기좌우도 관찰사 하륜 등 중신들의 의견에 따라 한양을 새로운 도읍지로 결정, 한양부를 한성부로 개칭(1395)했고 이듬해 행정구역을 설정하여 도성과 문루를 짓는 대공사를 재빨리 완공하여 새 도읍지로 이사를 서두른 것으로 알려졌다.

행정구역은 도성과 성저로 구성되는데 도성은 성안의 땅으로 궁궐, 관아, 도로, 하수도, 시장 등의 위치가 이미 정해진 상태이고 성저는 성벽으로부터 사방 10리에 해당하는 지역으로 북쪽은 북한산, 남쪽은 한강 노도, 동쪽은 양주의 송계원·대현(우이천)·중랑포·장안평, 서쪽은 양화도·고양의 덕수원(응암동)·모래내·난지도에 이른다. 도성은 크게 동·서·남·북·중의 5부로 나누었고, 이를 다시 52방으로 구분하고 그 아래 계·동·통을 두어 '계획도시' 한양의 기본 뼈대는 일단 잡혔다고 볼 수 있다. 상점이 들어설 행랑과 배수구 공사가 곧 착공을 기다리고 있는 상태여서 앞으로 5년 안에 갖가지 편의시설을 갖춘 한양의 모습을 볼 수 있으리라 기대된다.

한양 경복궁, 종묘, 성곽 공사 일 단계 완성

1395년 국왕의 한양천도 때 결정 후 곧바로 추진된 새 서울 건설이 신도궁궐조성도감(新都宮闕造成都監)의 책임 하에 경복궁, 종묘, 성곽이 완성되면서 그 윤곽을 드러내고 있다.

경복궁은 앞쪽에 정무를 집행하는 5간의 근정전(勤政殿)과 좌우·전후의 행랑을 배치하고 뒤쪽에 국왕의 침실을 두어 전형적인 전조후침(前朝後寢)의 원칙을 따라 설계됐는데 이후 각종 건물 공사는 계속 진행될 예정이다. 한편 11만 8천70명이 동원되어 북악산에서 응봉을 지나 낙산을 거쳐 다시 북악산에 이르는 주위 40리에 성을 쌓아 이루어진 성곽 공사는 건국 직후 개성 성곽을 수축한 경험을 기초로 했기 때문에 비교적 빨리 완공될 수 있었던 것으로 보인다.

앞으로 관청가나 행랑, 다리, 학교 등이 완공되면 계획도시 한양의 질서 정연한 모습이 드러나는 것도 시간문제라는 것이 공사관계자들의 말이다.

천상열차분야지도(天象列次分野之圖)

조선왕조의 권위 상징 위한 새 천문도

1395년(태조 4) 새로운 천문도 천상열차분야지도가 권근, 유방택 등 11명 학자들의 수년간의 노력 끝에 모습을 드러냈다. "새왕조가 하늘의 뜻에 의해 세워졌다는 점을 강조하기 위해서는 그 권위의 상징으로 새 천문도가 필요하다"는 국왕의 요구에 따라 만들어진 이 천문도는 가로 122.8㎝, 세로 200.9㎝의 흑요석에 새겨졌다.

제일 윗부분에 둥글게 원을 그려 하늘을 나타내고 그 안에 1464개의 별들을 새겨 넣었는데, 이 별들의 숫자는 3세기 초에 중국에서 만들어진 삼가성도(三家星圖)의 별 숫자와도 거의 일치를 보이고 있다.

정도전, 「조선경국전」 저술

국가운영의 기본되는 법률을 주요 내용으로

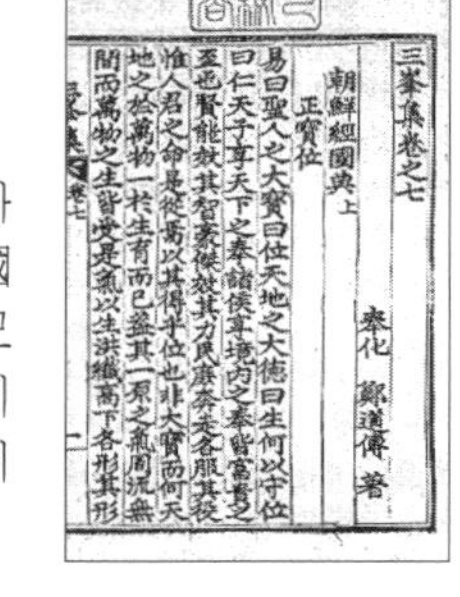

1394년 정도전이 유교국가 건국이념을 정리하기 위한 헌장 법전으로 「조선경국전(朝鮮經國典)」을 저술했다. 이 책은 「주례」의 6전체제를 모델로 하여 통치규범을 제시하되, 중국 역대의 제도를 절충하고 그것을 다시 조선의 현실에 맞게 조정한 것이다.

국가 공식 법전, 「경제육전」 공포

1397년(태조 6) 12월 국가의 공식 법전인 「경제육전」이 공포되었다. 태조의 명을 받은 조준은 1388년(우왕 14)부터 1396년(태조 5)까지의 법령과 장차 시행할 법령을 수집, 분류하여 「경제육전」을 편찬했다.

이번에 공포된 「경제육전」은 이·호·예·병·형·공전의 육전과 그 이하의 여러 강목으로 나뉘어져 있다. 즉위 이후 태조는 법전 편찬의 의지를 수차례 밝혀왔으나 실제 법전 정비는 용이하지 않았던 관계로, 그동안은 그때그때 발표된 법령을 모아서 사용해왔다.

「경제육전」은 국가 공식 법전이 갖추어야 할 필수사항이 누락되어 있는 등 몇 가지 결점이 있으나 법치국가로서의 첫걸음을 내딛는 데 하나의 초석이 될 것으로 보인다.

해외 소식

명, 북원 정벌에 나서

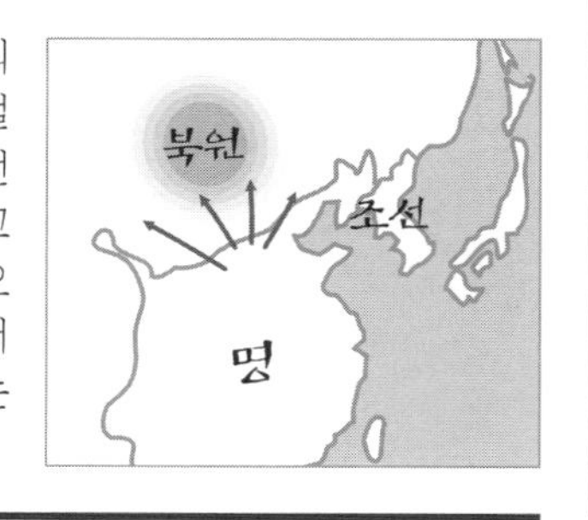

최근 명의 남옥(南玉) 장군이 원의 잔존세력인 북원에 대해 대대적인 정벌에 나섰다. 중국 북방에 산재하고 있던 북원세력은 별다른 저항 없이 항복하고 있으며 일부 세력은 우량하, 타타르, 오이라트의 3개 부족으로 찢어지면서 동·북·서 3방향으로 밀려나고 있다는 소식이다.

이성계와 무학대사

해몽으로 맺어진 인연

이성계가 안변의 고승 무학대사를 찾아가 "꿈에 우연히 쓰러진 집에 들어갔다가 서까래 셋을 등에 짊어지고 나왔습니다. 도무지 무슨 꿈인지 알 수 없군요"라고 하자 무학은 잠시 생각하다가 "세 서까래를 짊어졌으니 왕(王)자가 분명하오이다. 후일 왕가와 인연이 있을 꿈이외다"라고 했다 한다. 이성계는 등극한 후 2년 만에 무학을 왕사로 삼고 그가 있던 토굴터에 임금이 될 꿈을 해석했다는 뜻을 가진 석왕사(釋王寺)라는 절을 지어 보답했다. 이후 무학은 도읍 터를 고르는 일에 핵심적인 역할을 하게 됐다는 설이 있는데…….

무학이 한양땅을 도읍터로 정한 뒤 대궐을 지으려고 여러 번 시도했으나 번번이 허물어졌다. 상심한 무학이 어느 곳을 지나는데, 어떤 노인이 논을 갈면서 소를 나무라기를, "이랴, 이 무학이보다 미련한 놈의 소!"라고 했다. 놀란 무학이 노인에게 까닭을 물었더니 "한양땅이 학터인데 등에 무거운 짐을 실었으니 학이 날개를 칠 것 아니냐, 그러니까 궁궐이 무너진다. 성부터 쌓으면 학의 날개가 눌려져 꼼짝 못하므로 대궐이 무너지지 않는다"라고 했다는 것이다. 무학이 그 말대로 하여 대궐을 완성하게 됐다는 말이 있다.

개풍 두문동에 큰 불 '두문불출(杜門不出)'

경기도 개풍의 광덕산 골짜기 두문동에서 커다란 산불이 발생했는데 인근 지역에 이 산불과 관련해 심상치 않은 유언비어가 유포되고 있다. 이성계가 고려 공양왕을 폐위시키고 새 왕조 조선을 창건하자 신규, 조의생, 임선미 등 72인의 고려 충신들이 관복을 벗어던지고 이곳 두문동에 들어가 은거하며 조선왕조에의 참여를 완강히 거부하고 있었다는 것이다. 이에 조선 조정에서는 파문이 확산될 것을 두려워해, 두문동을 포위하고 산불을 내 그들이 불타 죽도록 했다는 것이 유언비어의 대체적인 내용이다. 인근 주민들에 따르면 이 사건 이후 '한 곳에 틀어박혀 나오지 않는다'는 말을 '두문불출한다'고 줄여 말하는 것이 일반화되고 있다고 한다.

역사신문

이방원, 국정장악에 성공

왕자의 난 일으켜 정도전세력 완전 제거
강력한 국왕 집권 체제 정비에 나설 듯

태조의 다섯째 아들 방원이 두 차례의 정변을 통해 국가권력을 장악하는 데 성공했다. 이로써 국왕 중심의 국정운영이냐 아니면 강력한 재상 중심의 국정이냐를 놓고 첨예하게 대립했던 이방원과 정도전 세력 간의 치열한 정치적 암투는 결국 이방원의 승리로 끝나게 됐다.

관련기사 2면

1398년 이방원은 자신의 사병을 동원, 정도전과 남은 등을 처치하고 세자 방석을 폐위시켜 귀양보내는 도중에 그 형인 방번과 함께 살해하여 자신의 정치적 입지를 강화했다. 정도전·조준 등의 소수 인사에게 권력이 집중되고 사병 혁파 논의로 인해 자신의 권력기반이 와해될 것을 우려한 이방원은 태조의 둘째 아들 방과를 정종으로 내세우고 자신은 배후실력자로서 정국을 장악하는 데 성공한 것이다.

이후 1400년 이방원은 태조의 넷째 아들 방간과 개경에서 무력충돌, 치열한 시가전 끝에 방간을 체포하는 데 성공했다. 이로써 공신세력과 왕실 내부의 갈등이 얽혀 일어난 두 차례 왕자의 난은 이방원의 권력장악으로 완전히 막을 내리게 됐다. 제2차 왕자의 난 당시 왕위계승 서열에서 동생 방원에게 밀린 데 불만을 품은 방간이 아들 맹종과 더불어 보·기병 수백 명을 거느리고 개경 시가에 진을 치자 방원 역시 이지란·이화의 도움을 받아 동대문·선죽교·남산에서 치열한 접전을 벌였다. 양측은 선죽교 다리 위에서 팽팽히 맞섰는데 이천우의 군대와 이저가 이끄는 경상도 시위군(侍衛軍)의 가세로 방원측의 군사력이 우세해지면서 방간은 생포당해 유배길에 올랐다.

한편 이후 정국운영 방안에 대해서는 여러 가지 추측이 무성하지만 일단은 사병 혁파가 가장 큰 과제로 떠오를 것으로 보인다. 실제로 이번에 왕자의 난에서 충돌한 군사들은 1년전 "몇몇 충성스러운 종친과 소수의 훈신에게만 사병을 허용한다"는 조치에 따라 방간·방원·이우 등이 지역별로 장악했던 사병집단이다. 당시 방원은 강원도와 동북면을, 방간은 풍해도와 서북면을, 이우는 경상도와 전라도를 맡아 병사들을 양성해온 것으로 알려져 있다.

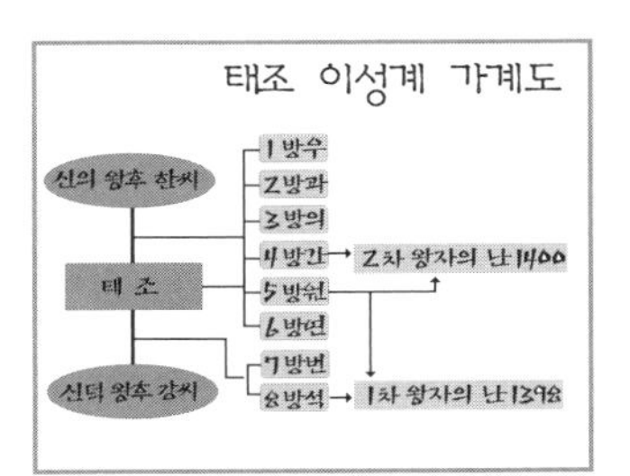

이방원이 자신의 측근을 동원, 선제공격으로 기선을 제압하면서부터 시작된 제2차 왕자의 난은, 왕위계승 서열에서 동생 방원에게 밀린 방간이 불만을 품고 군사적으로 대응함에 따라 동대문, 선죽교, 남산 등이 전쟁터로 변하는 상황으로 전개됐다. 선죽교 위에서 치열한 접전을 벌이던 양세력은 남산 쪽으로 올라갔던 방원의 군사가 전투에 가세하면서부터 전세가 방원 쪽으로 기울어져 방간측은 결국 스스로 항복하게 됐다.

이방원, 사병 혁파 지시 … 국왕에 군사권 집중된다

1400년(정종 2년) 실제적인 권력을 장악한 이방원은 종친과 훈신의 사병을 혁파하는 한편, 지방의 절제사를 없애고 그 소속의 군사를 의흥삼군부에 소속시키도록 조치함으로써 국왕으로의 병권 집중이라는 건국 이래의 오랜 논란거리가 일단락됐다.

개국 직후부터 선왕인 태조가 의흥삼군부를 설치하여 군사권의 통제를 꾀했으나 일부 종친들의 사병 양성이 계속 허용됨으로써 왕위다툼이 사병을 기반으로 한 무력충돌로까지 전개되었던 것을 고려해볼 때 이번 개혁은 강력한 왕권확립 의지에서 나온 것으로 보인다. 사병 혁파 발표 직후 사병을 소유하고 있는 상당수 종친과 훈신들은 이번 조치에 대해 "국왕과 세자의 사병부터 없애라"며 반발하고 있는데, 정부는 이들에 대한 처벌을 강화하는 한편 국왕 자신이 호위군사를 삼군부에 소속시켜 '사병의 공병화'에 대한 정부의 굳은 의지를 분명히 했다.

지방제도 대폭 개편, 전국을 8도로

속군·속현, 향, 소, 부곡 등급 재심사하고 지방관 파견키로

향리세력 약화, 중앙집권화 가속될 듯

1413(태종 13) 정부는 전국을 8도(경기·충청·전라·경상·황해·강원·평안·함길)로 나누고 속군, 속현에 현감을 파견하는 것을 골자로 한 지방제도 개편을 단행했다. ▲군현의 등급 정리 ▲속현, 향, 소, 부곡의 정리라는 큰 줄기를 갖는 이번 개편의 목적에 대해 "정비된 군현제를 통해 향리세력의 약화와 중앙집권을 이루는 것"이라고 정부측 관계자는 밝혔다.

관련기사 3면

전왕조 때부터 오랜 과제였던 일반 군현, 속현, 향, 부곡의 승격·하락 기준이 아직 완전히 마련되지는 않았지만 속현, 향, 소, 부곡의 주읍화가 현재 꾸준히 진행중이다. 지난 수년간 왜구의 피해로 토착세력의 기반이 허약해 큰 저항이 없었던 전라도가 지금 현재 가장 앞선 진척도를 보이고 있다.

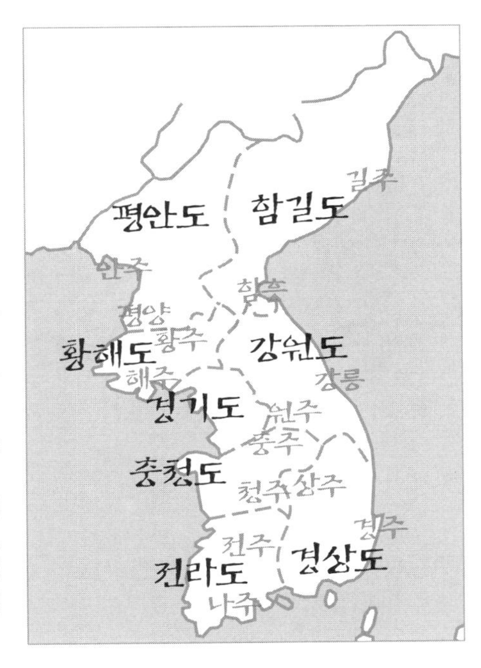

"노비, 절반씩 나눠가져라"

소송 건수 1만 넘어 … 노비중분법 적용키로

1414년(태종 14) 건국초부터 노비관계 소송이 폭주해왔는데, 정부에서는 앞으로 근거자료가 불충분하거나 승패가 번복되어왔던 소송에 대해서는 재판 당사자들이 노비를 절반씩 나누어갖도록 하는 방침을 정했다. 그동안 정부당국은 날로 쌓여가는 노비소송으로 골머리를 앓아왔는데 사회안정을 위해서는 이에 대한 조속한 관결이 시급하다고 판단, 관결 가능한 것은 근거자료에 따라 관결하되, 자료가 불분명하여 시비가 분분한 사건에 대해서는 이런 원칙에 따라 조속히 소송을 매듭짓기로 한 것이다.

한 정부관리는 "노비변정도감에 현재 접수되어 있는 소송만도 1만여 건으로 도감의 15개 방에서 한 달에 10건씩 처리한다고 해도 한 해 동안에 다 끝낼 수 없는 형편"이라며 "가족간의 소송이 대부분인 노비재판에 매달리는 것은 '국력 낭비'라는 것이 조정대신들 대부분의 판단"이라고 밝혔다. 앞으로 재판이 끝난 낡은 노비문서는 모두 불살라지며, 노비의 수가 적어 절반으로 나눌 수 없는 경우에는 나중에 태어나는 노비로 채워주고, 건장한 노비와 늙거나 약한 노비를 잘 섞어서 소송당사자에게 분배키로 정부 방침이 정해졌다고 해당관리는 밝혔다.

이번 정부 방침에 몇몇 이해당사자들이 반발하고 있지만 "노비문제는 국가재정의 이해가 달린 문제라기보다는 노비소유주간의 재산싸움일 뿐"이라는 정부의 입장은 큰 변화가 없을 것으로 보인다.

역사신문

수령의 자질이 문제다

장기적 안목에서 관료충원책 세워야

정부는 전국을 8도로 재편하고 군현을 정비하면서 속군과 속현에도 현감을 파견하는 등 전국에 일원적인 통치체제를 구축하는 데 박차를 가하고 있다. 이처럼 지방제도를 대대적으로 정비하는 것은 중앙집권체제를 강화하려는 작업의 일환으로, 조선사회가 고려와는 확연히 다른 사회가 될 것임을 말해주고 있다. 앞으로는 전국 각 고을에 국왕이 임명한 수령을 파견하여 이들이 그 고을을 다스리도록 한다는 것이다. 따라서 새로 마련된 지방제도의 성패는 이들 수령의 자질 여하에 달렸다고 할 수 있다. 그런데 고려시대에 중앙에서 파견한 수령이 1백30여 명이었던 데 비해, 이번에 개편된 체제에서는 파견할 수령이 3백 명을 훨씬 넘어 과연 정부가 그만큼의 인력수요를 감당할 수 있을지 의문이다.

임시방편으로 자질을 갖추지 못한 수령을 임명하게 될 경우 향촌사회에는 엄청난 폐해가 발생할 수 있다. 정부 관리에 의하면 현재 수령의 가장 시급한 임무는 농민층의 호구파악에 주력하여 조세수입을 늘리고 국역(國役)부담층을 최대한 확대하는 것이라고 한다. 그런데 이것은 지방 유지층인 품관(명예관직)이나 향리들의 이해와 충돌할 여지가 다분한 문제다. 조세와 국역의 부담을 한사코 회피하고자 하는 이들을 수령이 제압하지 못할 경우, 일부 수령들은 그 부족분을 일반 농민들에게 전가시키려 할지도 모른다. 또 심히 우려되는 것이지만, 수령이 이들 지방 토착세력과 결탁하여 부정을 저지를 수도 있다.

또 수령은 목민관(牧民官)으로서 향촌사회의 질서를 유지시키고 민을 교화시키는 역할을 하게 돼있다. 그러기 위해서는 유교적 소양이 갖춰져 있어야 함은 물론 인격적으로 지방민들로부터 존경을 받아야 한다. 그런데 이러한 자질에 미달하는 수령이 파견될 경우, 그 지방에 대한 통치권은 여전히 품관이나 향리층과 같은 기존 유지들의 손아귀에 장악당하게 될 것이다. 이는 지방관 파견의 궁극적 목적을 훼손하는 중대사가 아닐 수 없다.

이러한 우려가 실제로 현실화되지 않게 하기 위해서는 당연히 자질을 갖춘 수령들을 임용해야 하나 그 수가 절대적으로 부족한 현실인 것이다. 이 문제를 당장에 해결할 길은 없다. 장기적 안목을 가지고 교육기관을 설립하고 그곳에서 인재를 생산해내야 한다. 개혁 실세인 정도전도 「경제문감」에서 수령의 자질 중 으뜸은 덕이고 그 다음이 능력이라고 했다. 유교적 덕목으로 무장한 유능한 수령은 하늘에서 떨어지는 것이 아니라 계획적으로 키워내야 한다는 점을 현집권층은 명심해야 할 것이다.

1, 2차 왕자의 난, 배경과 이후 전망

국정운영과 왕위계승 둘러싸고 건국 주도세력 내에 이해 얽혀
이방원 즉위 임박 … 강력한 국왕 중심 집권체제 성립될 듯

두 차례에 걸쳐 일어난 왕자의 난은 건국 초기 조선왕조가 당면했던 두 가지 문제가 복합적으로 작용해 발생했다. 하나는 세자책봉을 둘러싼 왕실 내부의 갈등이고, 또 하나는 향후 조선의 국정운영의 원리를 둘러싼 정치적 대립이다.

태조의 여덟 아들 중 다섯째인 방원은 건국과정에서 큰 역할을 수행했다. 그는 자신의 사병을 키웠고, 야심과 재질이 뛰어나 주위에 인재들이 모여들어 자연히 왕위계승을 노리고 있었다. 그러나 태조는 막내인 방석을 세자로 책봉하고 정도전으로 하여금 그를 보좌토록 함으로써 왕실 내부에서는 세자책봉을 둘러싼 갈등이 발생했다.

그런데 이 갈등은 건국 이후 조선의 정국이 국왕을 중심으로 운영되어야 하는가, 아니면 재상을 중심으로 운영돼야 하는가의 정치적 쟁점과 직결되는 문제였다.

정도전을 중심으로 남은, 심효생 등은 강력한 중앙집권적 관료체제를 수립하고 소수의 재상들이 실질적으로 정치를 운용해가야 한다는 구상을 갖고 있었다. 이러한 정국 흐름에 가장 위협을 느낀 것이 이 방원인데, 그는 태조의 아들로서 개국과정에 중요한 역할을 수행했으면서도 공신으로 책봉되지도 못했고 세자의 자리마저 방석에게 내준 형편이었다. 강력한 왕권확립을 추구하는 그에게 정도전이 추진하는 재상 중심의 집권체제는 자신의 사병혁파는 물론, 장차 왕실의 위상마저 위협하는 것으로 보였던 것이다.

1차 왕자의 난은 이처럼 정치적 위기에 몰린 이방원이 선제공격을 가함으로써 일어났으며, 이로 인해 이방원이 실질적인 권력을 장악하게 되었다는 것이 대체적인 분석이다.

이에 비해 2차 왕자의 난은, 형 방과를 왕(정종)으로 즉위시켰지만 막후에서 실권을 장악하고 있던 방원이 자신의 왕위계승에 도전해온 형 방간의 세력을 숙청한 사건으로, 이제 이방원의 왕위 즉위가 임박한 것으로 관측되고 있다.

따라서 향후 정국은 그를 중심으로 왕권강화와 중앙집권체제의 정비에 박차가 가해지리라는 것이 정가의 공통된 견해이다.

인터뷰 차기 국왕 예약한 이방원

"왕실의 권위와 힘을 확고히 해야 한다"

지금 세간에는 당신이 세자의 자리마저 방석에게 빼앗기자 정치적 실권을 만회하기 위해 정도전, 남은 등을 기습공격했다는 소문이 무성하다.

아버님의 병세가 위독하자 정도전 일파가 왕자들을 궁중으로 불러들여 일거에 죽일 계획을 모의하고 있어 할 수 없이 거사, 이들을 일망타진한 것이다.

사건의 경위도 석연치 않은데다 권력을 차지하기 위해 형제를 죽였다고 여론이 좋지 않다.

그 점은 나에게도 가슴을 도려내는 아픔이다. 죽은 방번, 방석이나 형 방간이 불쌍하다. 방석은 어린 나이에 세자가 되어 정도전의 손아귀에 쥐여 있고, 방간 형은 박포의 꾀임에 빠져 나를 죽이려 했으니 이래 가지고서야 어찌 왕실의 체통과 권위가 설 수 있겠는가.

정도전과는 건국과정에서 서로 긴밀하게 협력했던 것으로 알려졌는데 어떤 계기로 서로 등을 돌리게 됐는가.

1392년 정몽주 일파가 아버님이 해주에서 사냥을 하다 말에서 떨어져 자리에 누운 것을 기화로 공양왕에게 참소, 정도전 이하 급진파 사대부들을 유배시키는 등 상황이 위급하게 돌아갈 때 내가 정몽주를 제거함으로써 국면이 반전됐고, 그 후 새 왕조 개창의 전기가 마련됐다. 그후 아버님의 등극을 추진하는 과정에서도 나는 정도전과 힘을 합쳐 일을 무난히 성사시켰다. 그러나 나는 개국공신 책봉에서 제외됐다. 이는 필시 나를 경계하는 정도전의 작용 때문이라고 생각한다. 그는 평소 자신이 조선왕조 창업의 주역이라고 생각, 왕실을 우습게 여겨왔다. 재상(宰相)이 정치를 전담해야 한다는 그의 주장이 이 점을 잘 말해주고 있다. 방석이 세자가 된 것도 어린 그를 책봉하고 자신이 권력을 전담하겠다는 흉계 때문이 아닌가. 왕실의 권위와 힘을 확고히 하기 위해서는 정도전 같은 무리들을 용납할 수 없었다.

곧 당신이 왕으로 즉위할 것으로 보는 사람들이 많다. 앞으로 어떤 정치를 하려 하는가.

정종께서 아들이 없어 내가 그 세자가 된만큼, 왕위를 계승하는 것은 온당한 것 아닌가. 앞으로 유교의 명분에 비추어 합당하게 국정을 운영할 생각이다.

그림마당
이은홍

취재 수첩

함흥차사

지금 항간에는 함흥차사라는 말이 유행하고 있다. 심부름 갔다 돌아오지 않으면 함흥차사가 됐다고들 한다. 사연을 알아본즉 이렇다. 두 차례나 계속된 왕자의 난으로 자식들 사이에 살육전이 벌어지고 그 와중에서 가장 사랑하던 아들 방번과 방석을 잃은 태조는 다섯째 아들 방원에게 정나미가 떨어져 이듬해 고향 함흥으로 들어가 칩거하고 말았다. 국왕으로 즉위한 태종은 뒤늦게 불효를 깨닫고 여러 차례 사신을 보내 돌아오기를 간청했으나 그때마다 태조는 아예 사신까지 죽여버림으로써 아들 방원에 대한 노여움을 나타냈다. 그통에 애꿎은 사신들만 죽어갔고 이 소문이 알려지자 함흥차사란 말이 유행하고 있다.

함흥차사로 희생된 대표적인 인물은 박순(朴淳)이다. 그는 태조가 국왕이 되기 훨씬 전부터 알고 있던 신하로, 태조를 찾아가 밤새워 술을 마시며 방원을 용서할 것을 간청, 태조의 마음을 반쯤 돌릴 수 있었다. 이튿날 그가 돌아가자 측근들이 그도 죽여야 한다고 강권하는 바람에 태조는 며칠간 뜸을 들였다가 그가 용흥강을 건넜으리라 생각, 자객에게 용흥강을 이미 건넜으면 죽이지 말라고 명했다. 자객이 가보니 불행하게도 박순은 도중에 병을 얻어 며칠을 지체, 마악 용흥강을 건너기 위해 나룻배에 오르고 있었다.

결국 태조는 무학대사가 찾아가 마음을 달래어 겨우 한양으로 돌아왔다. 하지만 새 왕조의 전도를 보는 것 같아 씁쓸한 마음을 떨칠 수 없다. 앞으로 조선왕실에 이런 일이 또 일어나지 말란 법이 있겠는가. 권력은 인륜을 넘어서는 것인가.

지방제도 개편단행의 배경과 의미

민의 성장 및 촌락의 발달과 정부의 집권력 강화가 맞물려

태종 즉위 이후 대대적으로 실시하고 있는 지방제도 개편작업은 몇 가지 점에서 고려와는 다른 신왕조의 면모를 잘 나타내주고 있다.

첫째는 중앙집권체제가 고려 때보다 훨씬 강화되고 있다는 것이다. 고려 때에는 각 지방에 할거하고 있는 지방세력의 세력권을 어느 정도 인정하고, 이들 지방세력의 크기에 따라 주(州), 부(府), 군(郡), 현(縣) 등으로 그 지방의 지위와 명칭을 달리하여 차등적으로 지배했다. 그러나 조선왕조는 이들 지방 토착세력의 존재를 부정하고 각 지역의 모든 민들을 국왕이 직접 파견한 수령을 통해 일원적으로 지배하고자 하는 것이다. 지방제도의 정비작업은 토착세력이 비교적 미약한 전라도지역부터 진척되고 있는 점이 이를 잘 말해주고 있다. 조선왕조 들어 그만큼 집권력이 강화되고 있음을 알 수 있는 것이다.

또 고려시대에는 아직 정착되지 못했던 도(道)가 조선왕조에 들어와 본격적으로 지방행정 단위로 정착되기에 이르렀다. 이는 전국을 8개의 지역으로 나누어 군현 위에 중간단계의 행정조직을 둠으로써 국왕의 전일적인 전국통치에 효율성을 기하고자 마련된 제도라고 할 수 있다.

이와 함께 조선정부는 고려시기 전국적으로 산재해 있던 속현이나 향·소·부곡 등을 폐지하고 이를 통폐합하여 군현으로 정비했다. 이는 그만큼 중앙집권화가 진전되고 있음을 말해주는 것이기도 하지만, 그것이 가능하게 된 데에는 지방촌락과 지방민의 성장이 있었다. 고려 중기 이후 꾸준히 계속되어온 농업생산력의 향상과 이에 따른 민의 성장 및 자연촌락의 성장은 각 지역에 대한 균일하고 일원적인 지배가 가능하게 된 배경이 된 것이다.

수령이 지켜야 할 7가지 덕목

정부는 수령 자질 평가기준을 마련, 5차례에 걸쳐 수령의 업무 수행 능력을 평가, 인사에 반영할 것이라고 밝혔다. 인사고과 결과 성적 모두가 '상'이면 일계급 특진, '상'이 셋이면 적절한 자리로 옮기며, '중'이 셋이면 파직된다.

하나, 농사와 양잠을 일으켜라

둘, 호구 증가를 위해 노력하라

셋, 교육을 진흥시켜라

넷, 군역 부과는 공평하게 하고 때때로 군사훈련을 실시하라

다섯, 부역은 공평하게 부과하라

여섯, 사송(詞訟)은 신속히 처리

일곱, 간사한 무리를 제거한다

미니 해설

8도 이름, 어떻게 정했나?

전국을 8도로 나누면서 8개의 도 이름이 지어졌다. 도 이름은 어떻게 지어졌을까?

고려 때는 각지에 유력한 호족들이 살고 있는 곳을 큰 고을로 삼아 주위의 속현이나 향·소·부곡 같은 작은 고을을 다스리도록 했다. 그리하여 몇 개의 큰 지역권이 형성됐고 중앙정부는 이것을 중심으로 전국을 다스렸는데, 이를 당시에 계수관이라고 했다. 충주, 청주, 경주, 상주, 진주, 전주, 나주, 황주, 해주, 강릉, 원주, 평양 등이 대표적 계수관.

이번에 도를 설치하면서 그 이름은 바로 그 지역의 중요 계수관의 머리글자를 따서 정하게 된 것이다. 충청도는 충주와 청주, 경상도는 경주와 상주, 전라도는 전주와 나주, 강원도는 강릉과 원주, 황해도는 황주와 해주, 평안도는 평양과 안주, 함길도는 함흥과 길주의 머리글자를 따서 만들었다.

달라지는 정책 미리 살펴본다 1 외교 2 정치 3 경제 4 신분

유교덕치 표방하며 집권 관료국가 건설

이념적으로 내거는 이상적인 정치는 민본사상이 바탕이 된 유교적 덕치주의지만 보다 실제적인 내용을 본다면 집권적 관료국가의 건설이 추진되고 있다는 것을 알 수 있다. 통치기구는 크게 중앙직과 지방직, 문관직과 무관직으로 나뉘게 됐고 중앙의 기본적인 정치구조는 의정부와 6조체제를 중심으로 그 직무에 따라 행정분담이 이루어지도록 마련될 전망이다. 지방행정 조직으로 부·목·군·현을 두고 고려 때와는 달리 말단 행정구역까지 지방관을 파견하여 각 지역의 세력가인 향리를 무력화시키는 방향으로 정책이 수립되고 있는 중이다.

현재 가장 민감한 문제로 나타나고 있는 것은 권력의 정상을 둘러싼 국왕과 재상간의 다툼이다. 새 왕조는 급명과 사대부와 농민·군사의 지지를 업고 세워졌기 때문에 신하들, 특히 공신들의 입김이 매우 센 편이다. 두 차례에 걸친 왕자의 난을 통해 왕좌에 오른 태종은 고려 이래 계속돼온 대신들의 합좌의 전통을 고치고 국왕직속의 관료기구를 통해 행정 전반의 장악을 시도할 것으로 보인다. 이러한 정책은 의정부의 약화와 6조의 강화로 나타날 가능성이 크며 기능별로 분권화된 관료체제의 정착이 일차적 목표가 될 것이다.

대신들이 가지고 있는 군사권의 분산은 이미 이루어졌으며, 군사조직은 5위를 기간으로 하는 중앙군이 편제될 예정이다. 지방군 조직의 윤곽은 아직 드러나지 않고 있지만 지역단위의 방위체제로 운영될 가능성이 많으며, 군인의 역(役)은 양인 개병(良人皆兵)과 병농일치(兵農一致)라는 원칙이 내부적으로 확정된 상태이다.

왕권의 강화라는 태종의 계획이 어느 정도 효과를 거둘 수 있는가는 아직 미지수다. 명나라처럼 아예 재상제도를 없애지 못하고 있는 것을 통해서도 알 수 있듯이 광범위한 사대부의 공론정치를 지향하는 세력이 만만치 않기 때문이다. 이후 정국운영은 국왕과 재상 사이에서 타협점을 찾는 방향에서 이루어질 가능성이 크다.

사원 소유 토지 국가가 몰수

약 6만 결 규모 … 국가재정에 큰 도움될 듯

1406년(태종 6) 건국 직전 실시된 사전개혁에서 제외됐던 사원전을 국가수조지에 귀속시키는 조치가 단행돼 불교계에 큰 파문이 일고 있다. 이와 함께 승려 소유 토지의 타인 상속이 금지되고, 각 사찰당 승려 거주 수가 제한되며, 승려당 토지 2결·노비 1인 외 나머지는 몰수하여 토지는 군자감에, 노비는 전농사로 편입하는 등의 조치도 잇달아 단행될 예정이다.

몰수된 사원전은 약 5, 6만 결로서 국가재정 확충에 도움을 줄 것으로 기대되며 고리대, 제지, 양조에까지 손을 대서 눈쌀을 찌푸리게 하던 사원의 기세는 한풀 꺾일 것으로 보인다. 태종 즉위 직후부터 활발히 논의되던 사원전 혁파문제는 사실 그 시행 시기가 일반의 예상보다는 뒤늦은 것인데, 이에 대해 이번 개혁의 실무작업을 맡았던 한 관리는 "개인적으로 불교에 호의적이었던 태조의 반대 때문"이라고 그 이유를 밝혔다.

"종로·안국동 일대, 상업 중심지 된다"

시전 건설 완공, 대규모 상가 형성될 듯

1412년(태종 12년) 종로 부근에서 창덕궁 입구에 이르는 총 8백칸 규모의 상가를 비롯해 종루에서 광화문, 숭례문, 숭인문의 각 방향에 이르는 방사형의 상가가 완공됐다. 이번 상가 건설은 이미 정종 때 계획돼 기초설계까지 마쳤으나 수도를 개성으로 옮기는 바람에 중단됐던 사업인데, 이번에 다시 한양으로 돌아오면서 태종의 지시로 건설이 재개돼 불과 1년여 만에 완공을 보게 된 것이다. 앞으로 안국동 일대 상가지역은 상업 중심지로 급부상할 전망이다.

그동안에는 성안 곳곳에서 상인들이 무질서하게 영업을 해왔으나 이제는 이 안국동 일대 상가를 중심으로 모든 상인들이 집결하게 될 것으로 보인다.

이번 건설을 관장한 주무관청인 경시서(京市署)의 관리에 따르면 "임의로 영업을 하는 것은 철저하게 금지된다. 이곳에 입주할 상인들은 반드시 허가를 받아야 하고, 영업세를 내야 한다"며 아울러 "상거래 질서는 현행 법전인 「대명률」의 상법조항을 기준으로 한다"고 말하고 있다. 이에 대해 상인들 일부에서는 "경기 전망이 뚜렷한 것도 아닌데 너무 엄격하게 법적용을 하는 것은 무리"라는 의견도 제시하고 있다.

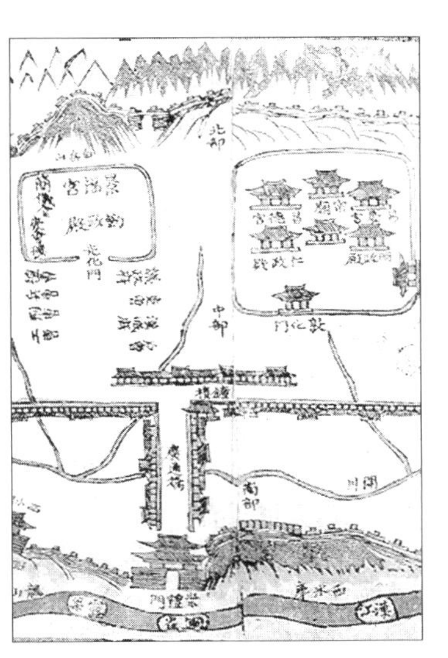

삼남지방 조세, 배로 운반하기로

해상 대형 사고 예방 위한 세부지침 마련

1401년 8월 경상도를 제외한 삼남지방의 조세는 모두 배로 실어나른다는 정부 방침이 오랜 논란 끝에 결정돼 이후 조세운반이 보다 용이해질 것으로 보인다.

조선 땅은 지형상 높은 산과 깊은 강이 많아 육운(陸運)이 발달하기 어려웠고, 조세를 선박으로 운반하는 조운(漕運)의 편리함이 일찍 인정돼 고려왕조 때 제도적으로 자리를 잡았고 그 이전인 통일신라 때도 부분적으로 행해져왔다. 왜구 침입으로 한때 조운이 중단됐으나 건국 직후부터 파괴된 창고의 수리와 새 창고의 건설에 나서 서해안 예성강 입구부터 남해안 섬진강 입구에 이르는 해안 9곳에 조창이 설립되는 등 조운은 빠른 시일내에 정상화되고 있었으나, 최근 일어난 조운선 침몰사고로 수많은 인명과 재산손실이 나면서 다시 육운으로 정부 방침이 바뀐 바 있다.

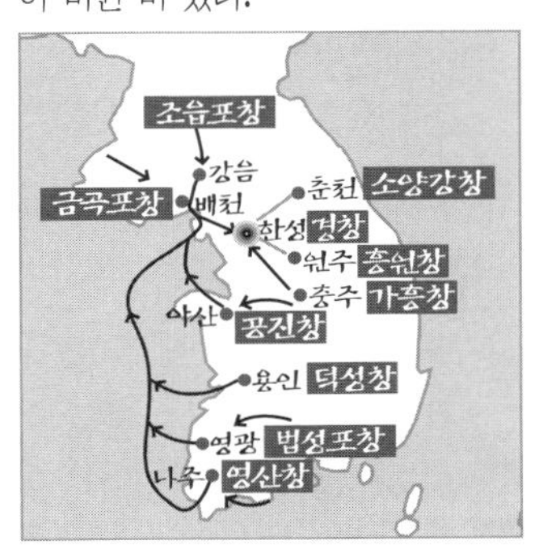

조선왕조의 심장, 웅장한 모습 드러내다

경복궁·종묘·창덕궁 잇달아 완공 … 궁궐과 도성 제 모습 갖춰

경복궁이 정궁 … 태종은 창덕궁에서 기거하며 집무

지난 1395년(태조4) 경복궁과 종묘가 완공된 직후 계속된 도성(都城) 축조 사업이 다음해인 1396년 2월 28일에 완공됐고, 이어 태종이 개성에서 한양으로 재천도하면서 이번에 이궁(離宮)인 창덕궁을 경복궁의 3분의 1 규모로 건설해 왕조의 궁궐과 도성이 제 모습을 완전히 갖추게 됐다.

태종은 앞으로 창덕궁에 기거하면서 집무를 할 계획이다. 이는 그가 방석, 방번 두 형제의 목숨을 앗은, 생각하고 싶지 않은 과거가 경복궁에 서려 있기 때문이라는 것이 왕실관계자들의 말이다. 그러나 궁궐의 위용이나 규모로 봐서 경복궁이 정궁(正宮)이고 창덕궁이 이궁(離宮)인 것만은 변함이 없다.

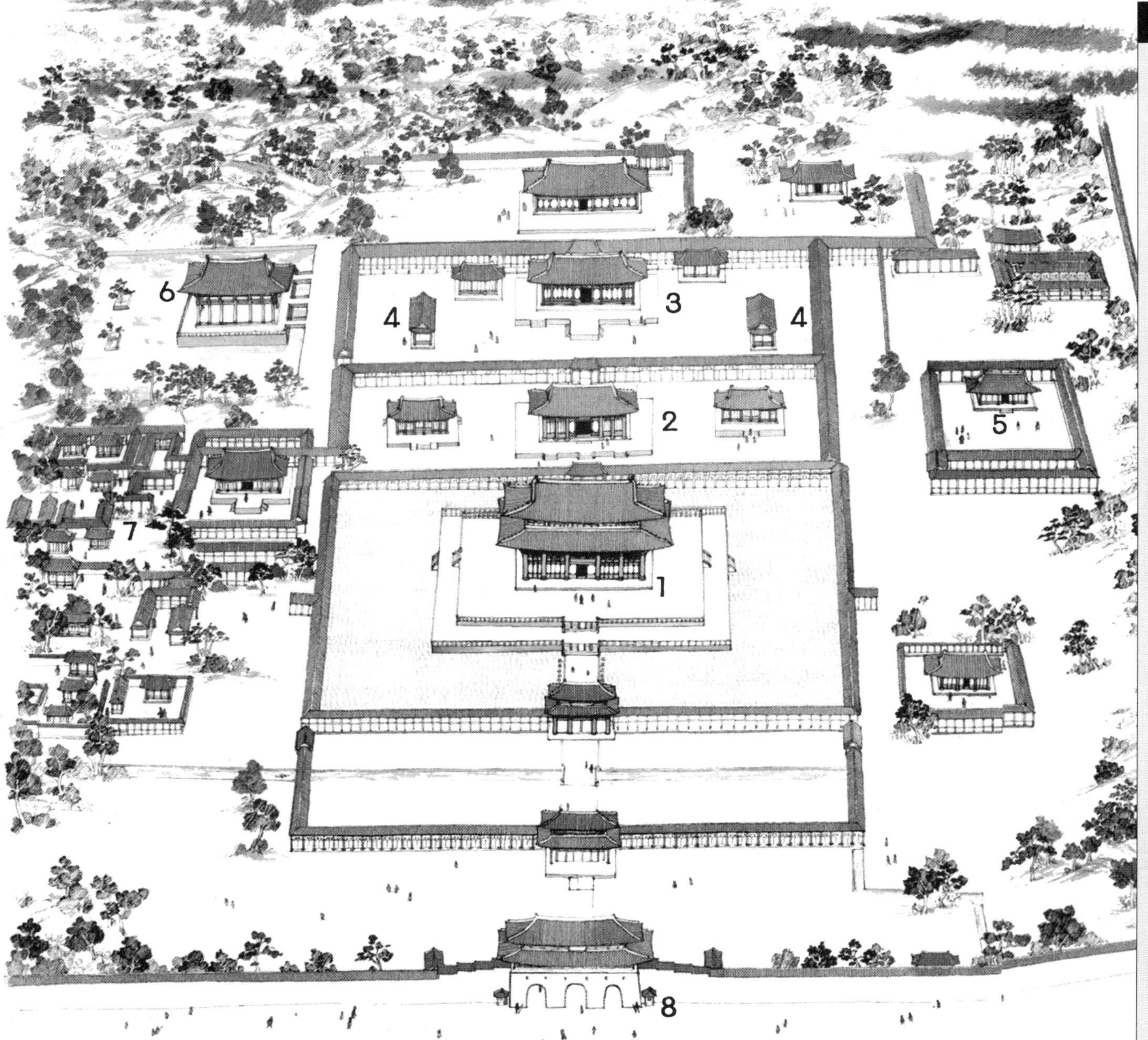

궁궐 주요부 안내

1 근정전(勤政殿)
신하들의 조하(朝賀)를 받고 정령(政令)을 반포하는 정전(正殿). 넓은 앞뜰이 조정(朝廷)으로 좌우 품계석에 따라 백관들이 늘어선다. 근정전 안에는 국왕이 좌정하는 옥좌가 있다.

2 사정전(思政殿)
국왕이 평소에 집무를 보는 곳. "깊이 생각하여 이치를 깨달아 정치를 펴라는 뜻".

3 강녕전(康寧殿)
국왕의 침전. 「書經」에 나오는 5복 중 하나인 강녕(건강하고 평안함)에서 따왔다.

4 연생전(延生殿), 경성전(慶成殿)
강녕전의 좌우에 위치하여 강녕전을 보좌하는 기능을 담당.

5 동궁(東宮)
세자가 거처하는 곳. 동쪽에 있어 동궁이라 했지만 동궁=세자로 명칭이 굳어짐.

6 경회루(慶會樓)
연못 속에 세운 2층 누각으로 나라에 경사가 있을 때 연회를 베푸는 장소.

7 궐내 각사
주로 근정전 서쪽 행랑 밖에 위치하고 있으며 주방, 의류 관계 부서 및 승지, 내시 등 국왕 비서급 관리들의 처소 그리고 중추원, 3군부 등 왕실 수비대가 차지하고 있다.

8 광화문 밖 6조거리
좌우에 의정부, 3군부, 6조, 사헌부 등 정부 주요부서들이 자리잡고 있다.

풍수로 본 경복궁, 그리고 이름의 유래

명당 가운데 명당 …
주변 지세와 절묘한 조화를 이뤄
시경의 한 구절
"군자 만년 큰 복을 누리리라"에서
이름 유래

경복궁 북문 신무문을 나서 산자락을 올라 내려다보면, 뒤로는 도봉에서 삼각산과 응봉을 거쳐 백악(북악)으로 내려오는 웅장한 산세가 든든하고, 앞으로는 가슴 시원하게 탁 트인 개활지로 청계천이 가로질러 흐르며 좌로는 인왕산, 우로는 낙타산(낙산)이 호위하고 있어 듣던 바대로 명당임을 알 수 있다. 이곳에서 보이는 경복궁은 웅장함보다는 주변 지세와의 절묘한 조화와 아울러 잘 짜여진 법도를 느끼게 해준다. 이는 자연과의 조화를 이상으로 삼아온 우리 철학에 「주례(周禮)」의 궁궐 축조원칙을 적절히 가미시킨 때문이 아닐까?

경복궁의 명칭은 「시경」의 "술에 취하고 덕에 배부르니 군자 만년 큰복을 누리리라(旣醉以酒 旣飽以德 君子萬年 介爾景福)"는 귀절에서 맨끝 두자를 따온 것이다. 그리고 궁 동쪽의 종묘와 서쪽의 사직단 그리고 남북 일직선 상으로 배치된 궁궐 구조는 「주례」「고공기(考工記)」에 제시된 좌묘우사(左廟右社), 전조후침(前朝後寢), 3문3조(三門三朝)의 원리에 충실하다. 전(殿)마다 문과 행랑으로 엄격하게 구분해놓은 것을 보면 새 왕조가 과연 분수와 질서를 중시하는 유교국가임을 알 수 있다.

창덕궁의 건물 배치와 규모

지형 살려 평지 이용 건축

경복궁은 백악을 배경으로 하고 있다면 창덕궁은 그 옆 나즈막하고 평퍼짐한 응봉에 의지하고 있다. 경복궁의 동쪽에 있어 흔히 동궐이라고 부른다.

창덕궁 터는 경복궁 터와 달리 낮은 구릉을 끼고 있어, 경복궁과 같이 네모 반듯하게 대칭형으로 짓지 않고 지형을 그대로 살린 채 평지를 활용해 건물을 배치했다. 정문인 돈화문이 서남쪽 귀퉁이에 치우쳐 있고 정전 및 부속건물들이 그곳에서 동북방향으로 휘어져 자리잡고 있는 것이 그 이유다.

현재 창덕궁은 총 2백87간으로 경복궁의 7백75간에 비하면 3분의 1밖에 되지 않는다. 따라서 왕실측은 앞으로 필요에 따라 계속 추가 건설이 이루어질 것이라고 말하고 있다.

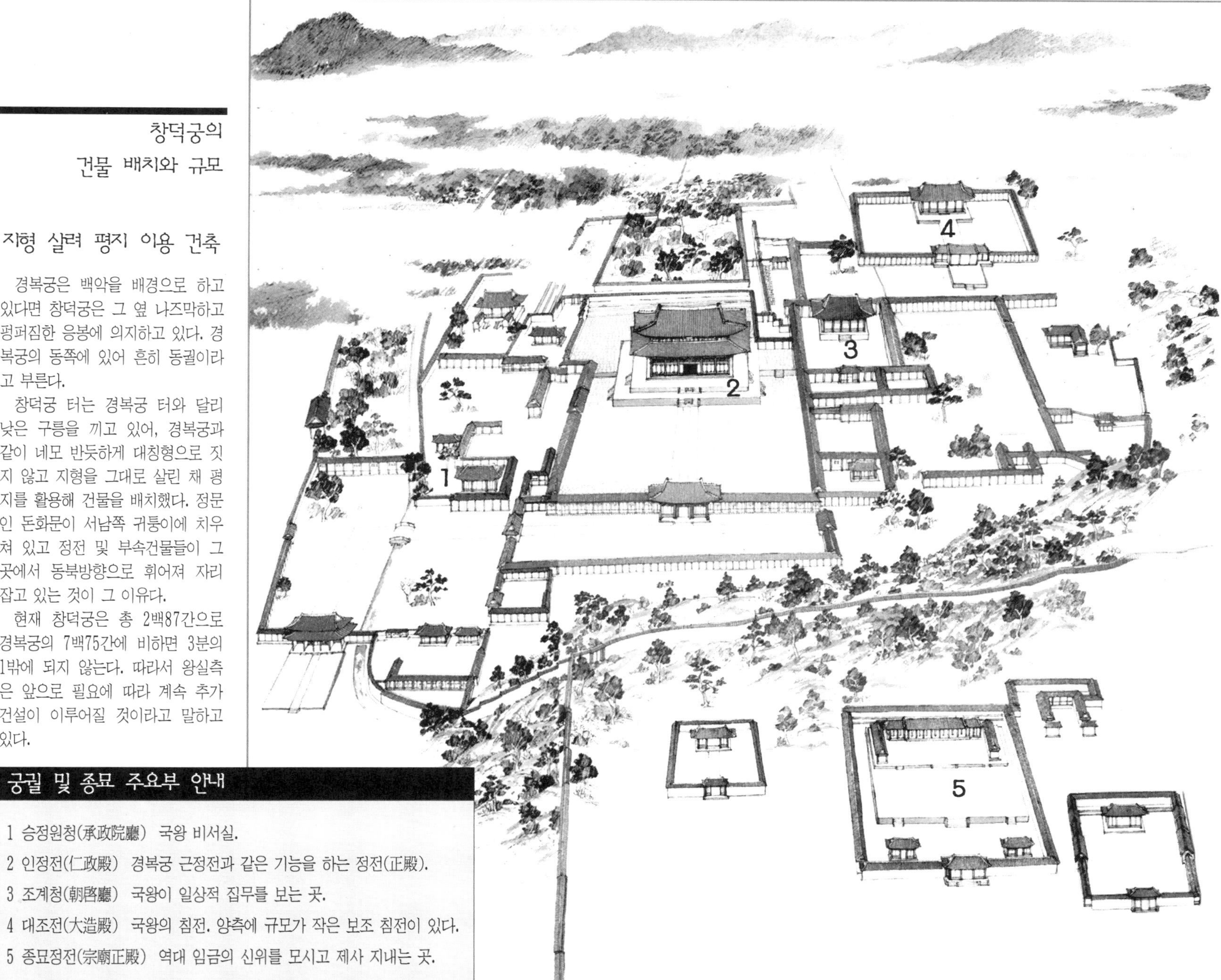

궁궐 및 종묘 주요부 안내

1 승정원청(承政院廳) 국왕 비서실.
2 인정전(仁政殿) 경복궁 근정전과 같은 기능을 하는 정전(正殿).
3 조계청(朝啓廳) 국왕이 일상적 집무를 보는 곳.
4 대조전(大造殿) 국왕의 침전. 양측에 규모가 작은 보조 침전이 있다.
5 종묘정전(宗廟正殿) 역대 임금의 신위를 모시고 제사 지내는 곳.

궁궐 안 사람들
궁녀와 내시

지지 않는 궁궐의 꽃, 궁녀

4, 5살에 입궁, 평생을 궁궐에서 보내 … '국왕의 은혜', 평생의 꿈

구중 궁궐 안에서 국왕 일가 시중을 전담하는 궁중여관(宮中女官). 이름하여 궁녀다. 품계는 정5품 '상궁'에서 종9품 '주변궁'까지 10등급이고, 소속부서는 지밀, 소주방, 세답방 등 7개소가 있다. 지밀(至密)은 글자 그대로 지극히 비밀스러운 곳, 바로 국왕 내외의 침전에서 시중을 드는 부서다. 특히 국왕에게 올라가는 음식물은 반드시 이곳을 거쳐 이상유무를 검증받아야 한다. 소주방(燒廚房)은 수라상을 준비하는 부서이고 세답방은 빨래방. 부서위계는 뚜렷해서 국왕과 가장 가까이 지내는 지밀이 최상급 부서다. 지밀의 수석상궁은 궁녀 전체의 장인 것은 물론, 조정대신들도 함부로 대하지 못할 정도로 위세가 지엄하다.

궁녀는 대개 4, 5살 때 입궁한다. 간혹 열 살 넘어 입궁하는 경우도 있지만 이때는 궁중 의녀가 앵무새의 생피를 팔목에 발라 처녀성을 감별한다. 피가 묻어나야 처녀라는 데…. 어린 딸을 입궁시킨 부모는 빨래감을 내가고 버선을 넣어주는 등 일체의 뒷바라지를 해야 한다. 이후 각 상궁이나 내인들에게 맡겨져 그들의 자식처럼 자라고 교육받는다. 일생 아이를 낳지 못하는 궁녀들로서는 양자를 들인 셈.

입궁 후 15년 정도 지나면 관례(冠禮)를 치르는데 이는 성년식이자 신랑 없는 결혼식이다. 이후 마음이 맞는 두 궁녀가 짝을 이뤄 외로움을 달래며 한방에서 살아가게 된다. 그러다 국왕의 손길이 닿게 되면 더 이상 궁녀가 아니라 내명부(內命婦 : 일명 후궁)로 승격되고 종4품 숙원(淑媛)에서 정1품 빈(嬪)까지 품계가 내려진다. 이것이 궁녀들 일생의 꿈이지만 정말 꿈만으로 끝나는 경우가 대부분. 그러다보니 극히 일부지만 이들 사이에 '대식(對食)'이라고 하는 동성애가 행해지기도 한다는 후문. 궁녀는 궁궐에서 일생을 마치지 않는다. 늙고 병들게 되면 궁을 나가 본가로 돌아가야 한다. 그러나 집으로 돌아가도 한번 궁녀는 영원한 궁녀. 혼인을 해서도 안되고 첩이 돼서도 안된다. 궁궐에서 자라나 궁궐에서 핀 꽃, 궁녀들. 비록 궁궐 밖 보이지 않는 곳에서 외로이 지더라도 마지막 순간까지 궁궐을 향해야 한다.

"궂은 일은 모두 내게", 궁궐잡부 내시

궁궐내 여성문제 원천봉쇄, 고자 선발 … 고위직은 양자 두기도

궁녀와 함께 궐내에서 상주하는 또 하나의 집단이 내시다. 세간에서는 이들을 내시라고도 하고 환관이라고도 하지만 내시(內侍)는 정식 관직명이고 환관은 고려시대 이래 궁중에서 잡일을 담당하는, 생리적으로 고자인 자들을 통칭하는 말.

이들이 담당하는 일은 음식물 감독, 궐문 수위, 청소, 잡심부름 등이다. 업무 자체는 중요하지 않지만 이들은 항상 궁궐에 거주하며 국왕 측근에서 일한다는 점에서 엄격한 자격이 요구된다.

익히 아다시피 우선 고자여야 한다. 궁녀들과 항상 접촉하며 일하고 궁궐에서 숙식을 하기 때문에 여성과 문제를 일으킬 여지를 아예 원천적으로 없애기 위한 것이다. 내시들 중 다수는 선천적 고자지만 일부는 일부러 수술하여 거세한 자들도 있다. 일부러 거세하는 풍조는 고려 말기에 환관들이 득세하여 권세와 부를 맘껏 누렸던 데서 생겨난 것이 아닌가 싶다.

그러나 내시들이 권세와 부의 대명사인 것은 이젠 옛말. 조정에서는 고려 말기와 같은 내시들의 횡포를 방지하기 위해 내시들의 정치 참여를 엄격히 금지하고 있다. 품계는 원칙적으로는 종2품까지 오를 수 있게 돼 있지만, 당상관(종3품) 이상 진급에는 국왕의 특지가 필요하기 때문에 사실상 하급직에 머무르는 경우가 대부분이다.

한편 이들은 처나 첩도 거느리고 가계 계승을 위해 양자를 들이는 것이 일반적인데, 일반인의 경우 양자는 반드시 동성(同姓)에서 들이도록 돼 있지만 이들에게는 특별히 이성(異姓)의 양자도 들일 수 있도록 특혜를 베풀어주고 있다.

일반인들이 이들 내시를 보기는 쉽지 않으나 궁궐 밖 효자동과 강남 잠실에 가면 간혹 볼 수 있다. 효자동에는 내시들의 사가(私家)가 밀집해 있는데, 동 이름 자체가 환관의 별칭인 화자(火者)를 따서 화자동이라 부르다 효자동으로 굳어진 것. 또 강남 잠실은 국책 양잠사업 지역인데 일꾼이 모두 여자라 정부에서 감독관을 파견할 때 주로 내시를 파견하고 있다.

"억울하면 두드려라"

신문고 설치 … 반역사건 등 직소 가능

1401년(태종 1) 억울한 사람의 사정을 살피고 반역사건을 예방하는 한편 왕이 행차할 때마다 백성들이 왕 앞에 나와 하소연하는 사태를 막기 위해 신문고가 설치됐다.

이번 조치로 억울한 일이 있는 백성은 누구나 일단 자신이 거주하는 관청에 알리고 해당관청에서 받아들이지 않을 경우 직접 신문고를 두드려 국왕에게 호소할 수 있게 됐다. 접수된 사건은 사헌부에서 사실규명을 해서 억울한 일을 해결해주도록 규정되어 있는데, 절차를 어겼거나 사사로운 원한으로 다른 사람을 모함하는 데 신문고를 사용했을 경우는 북을 친 사람이 처벌을 받게 된다.

한편 반역음모를 고발하는 경우에는 까다로운 절차를 거치지 않고 직접 신문고를 치도록 하였다. 이번 신문고 설치에 대해 일각에서는 '정부가 민의 언로를 통제하기 위한 것 아니냐'는 불평도 없지 않다고 한다.

이용 절차

- 정치문제나 민생문제에 관해 청원하고자 할 때는 먼저 의정부에 신고하라. 만일 의정부에서 그 내용이 기각될 경우 북을 울려 국왕에게 직소할 수 있다.
- 억울한 사정이 있는 자는 각 지역 행정 책임자에게 먼저 고발해야 한다. 여기서 받아들여지지 않았을 때 사헌부에 상고하고, 여기서도 민원이 해결되지 않았을 경우에 한해 북을 울려 직소할 수 있다.
- 반역, 반란 등 국가의 안녕을 저해하는 음모를 인지했을 경우에는 즉시 와서 북을 울리도록 한다.

정치, 민생문제 청원: → 의정부 → 신문고
민원 상소: → (서울) 한성부 해당관리 → 사헌부 → 신문고
→ (지방) 수령, 감사 → 사헌부 → 신문고
반란음모 고발: → 신문고

처리 규정

청원 — 심사 후 건의 수용 또는 기각
상소 — 법률에 의거 판단. 이유 있을 경우 일선 지방관 처벌, 이유 없을 경우 상소자 처벌.
고발 — 사실로 판명될 경우 토지 2백 결, 노비 20구 포상하고, 관직이 있는 사람은 3등 승급 조치하며, 무직자는 6품 관직으로 등용, 천민은 양인으로 만들어 7품 관직을 하사한다. 그리고 범인이 소유한 모든 재물과 부동산, 노비를 고발자에게 지급한다. 만일 무고로 판명될 경우에는 법에 의거, 고발자를 심판한다.

주자소 설치 … 유교경전 보급, 활기 띨 듯

1403년 2월 활자를 주조하여 책을 찍어내는 일을 전문적으로 담당하는 관청인 주자소가 설치되고 첫 작업으로 동활자인 계미자 완성에 박차를 가하고 있어 향후 출판문화가 활기를 띠게 될 것으로 예상된다.

중앙의 관청이 서적출판을 담당하기 시작한 것은 고려왕조의 서적포까지 거슬러올라가는데 최근까지 남아 있었던 서적원이 그 후신이다. 서적원에서 일했던 관계자는 "건국 후 각종 개혁에 밀려 서적원에서 활자를 주조하여 인쇄하는 것은 엄두도 못내고 목활자와 목판으로 당장 필요한 책만 그때그때 발간하고 있어 학문에 뜻을 둔 이들의 독서 수요를 서적공급이 따라가지 못했다"며 주자소 설치는 "나라에서 이미 '숭유'를 표방한 상태에서 독서를 널리 권장하기 위해서는 다양한 책을 찍어 널리 보급해야 한다는 조정내의 인식이 한몫을 한 것"이라고 말했다.

세계지도 '혼일강리역대국도지도' 만들었다

"우리나라와 중국이 비정상적으로 크지만 동양에선 뛰어난 지도"

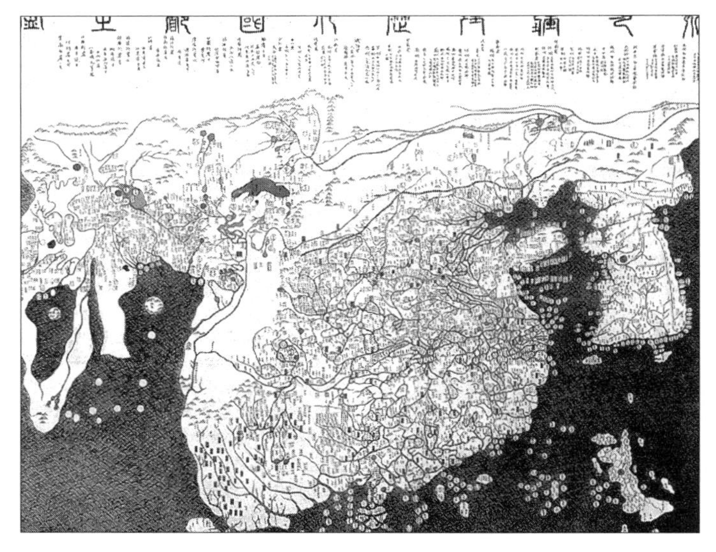

1402년 아시아, 유럽, 아프리카를 포함하는 세계지도가 처음으로 만들어져 세간의 관심을 모으고 있다. 좌정승 김사형과 우정승 이무, 이회 등은 중국에서 그려진 세계지도 '성교광피도'와 '혼일강리도'를 들여와서 이 지도에 우리나라와 일본을 추가하여 새로이 '혼일강리역대국도지도'를 만들었다고 한다. 이 지도에 그려진 우리나라와 중국은 다른 대륙에 비해 크게 그려져 있으며, 특히 중국은 더욱 그러하다. 이 지도는 현재로서는 동양에서 가장 뛰어난 세계지도라는 평가를 받고 있다.

투고

충신은 두 임금을 섬기지 않는다

길재

고려가 망한 후 금오산에 은거한 지 10년이 조금 못 되는 지금, 세자의 스승으로 일해달라는 조정의 부름을 받았으나 이를 받아들일 수 없으므로 거절의 이유와 지금의 나의 심정을 신문 지면을 통해 밝혀보겠다.

충성을 바쳐온 나라의 멸망을 당하여 주변의 친구들은 하나 둘 조정의 부름을 받아 새 왕조의 신하가 되니 "충신은 두 임금을 섬기지 않는다"는 옛말이 무색할 지경이다. 어젯밤 꿈에 나타난 한 중의 "너의 벗이던 모든 벼슬아치들이 변신했다. 너는 어찌하겠느냐"는 물음에 나는 내 처신에 대해 진지하게 생각해보게 되었다.

물론 정도전, 권근과 같이 자신을 수양하는 데서 그치지 않고 나라를 평안하게 하는 데 노력하는 유학자의 길도 있겠지만, 그런 현실주의가 도리를 벗어나게 되면 사회는 약육강식의 어지러운 세상이 되기 쉽다. 부국강병을 꾀한다는 명분 아래 현실에 대한 지나친 집착으로 빚어질 수 있는 문제를 한발 떨어진 위치에서 비판하고 학문의 본질 자체를 탐구하는 유학자 역시 급격한 변화의 시기일수록 더욱 필요한 것이 아닐까?

"충신은 두 임금을 섬기지 않는다"는 어찌보면 낡은 표어를 자꾸 내세우는 것은 내가 절개를 지켰다는 이름을 후세에 남기고 싶어서가 아니라, 신하가 나아가고 물러나는 도리와 백성을 가르침에 모범이 될 수 있기 때문이다. 어진 임금이 인재를 쓸 때에는 그 자질의 정도를 중히 여겨야 하고 충신이 임금을 섬길 때는 나아가고 물러남의 마땅함과 부당함을 헤아려야 한다. 그래야만 임금은 함부로 사람을 부른다는 놀림을 받지 않고, 벼슬아치는 구차하게 벼슬길에 나아간다는 비웃음을 면할 수 있다. 앞으로 나는 한적한 곳에서 학생들을 가르치며 여생을 보내고자 하니 억지로 벼슬을 권하는 일은 이제 그만두었으면 한다.

해외 소식

"면죄부 장사꾼, 탐욕스러운 교황을 처단하라"

프라하대학 교수 후스, 반 교황운동 전개

1412년 어느날 체스코 왕국의 수도 프라하에 한 무리의 사람들이 나타났다. 주교 복장을 한 사람이 종이 두루마리를 높이 쳐들고 "속죄권을 발급합니다!"라고 외쳤다. "여러분, 이것만 있으면 죄를 면죄받을 수 있습니다. 오늘은 특별히 무료로 발급해드리겠습니다. 교황께서는 해적질을 하여 많은 돈을 벌었기 때문에 더 이상 돈을 넣어둘 곳이 없습니다."

이는 바로 로마 교황청이 신자들에게 속죄권을 파는 것에 반대하는 독특한 시위행진이다. 현재 부패할 대로 부패한 교회에서는 '속죄권'을 대량으로 인쇄하여 신자들에게 '죄악'의 크기에 따라 그것을 사게 해 말썽을 빚고 있다. 이번 시위는 이런 종교계의 비리를 개혁하고자 한 것으로 그 주모자는 프라하대학의 교장인 후스 교수와 그의 학생 제롬으로 밝혀졌다.

시위 소식은 곧바로 체스코 국왕에게 전해졌는데, 그는 교회의 토지를 몰수하여 자기와 귀족들의 영지를 확장할 수 있기 때문에 교회개혁에 대한 후스의 주장을 줄곧 지지해 왔지만, 시민들이 이번 시위를 기화로 반란을 일으킬까 두려워 시위에 참가한 3명의 청년을 사형에 처했다.

사망자 장례식이 또 시위운동으로 번질 것으로 예상되는 가운데 후스에 대한 교회와 국왕의 조치가 어떻게 내려질지 귀추가 주목되고 있다. 후스에 대한 조처가 가혹할 경우 종교개혁운동은 유럽 전역으로 들불처럼 확대될 것이라는 게 현지 전문가들의 의견이다.

역사신문

태종, 중앙집권 강력 추진

6조직계제 도입, 지방통치 강화, 인구조사 시행

'민심 끌어안기'를 고려하지 않을 수 없었던 건국 직후의 어수선한 분위기가 정리되면서 정치·경제·사회 각 부문별로 중앙집권화 정책이 강력하게 추진되고 있다.

중앙 정치부문에서는 의사결정의 효율성과 기능별 분화를 고려한 6조직계제가 실시되면서 보다 안정적인 정국운영이 가능해질 전망이다. 그동안 "국토가 천 리도 되지 못하면서 재상의 수는 중국보다 몇 배나 더 많다"고 못마땅해하던 많은 관리들이 실무를 담당하는 6조의 기능강화에 긍정적인 반응을 보이고 있다.

또 지방행정에서도 중앙의 명령이 마을의 일개 농민에게도 전달될 수 있도록 수령권을 강화하여 군현 하부에 대한 파악과 통제를 강화해 나가고 있는데, 관 주도의 향촌사회 질서 확립정책이 강구되면서 국가적 차원에서 '지방세력 죽이기'가 진행 중이다. 수령 이모씨는 "품관, 향리 등 지방사회의 기반을 바탕으로 유세를 부리는 토호층의 부세 및 국역 부담의 회피, 농민에게 떠넘기기 및 농민에 대한 자의적인 침탈을 규제하는 것이 중요하다"며 "이러한 규제가 실효를 거두면 농민생활이 안정되면서 부세 및 국역 부담 계층을 확보하는 데 어려움이 없을 것"이라고 전망했다.

재지품관층이 나름의 향촌질서 모색을 위해 군현마다 설치해나가던 유향소가 1406년에 된서리를 맞은 이래 지방에 대한 국가적 통제는 본격화되고 있다. 유향소에 모인 사람들이 수령권을 모욕하고 백성을 못살게 군다는 것이 유향소 설립 금지의 주된 이유였다.

관 주도의 향촌질서 정립운동 속에서 백성들에 대한 파악 역시 중요한 현안으로 떠오르고 있다. 1404년 5월, 1406년 10월 연달아 전국의 논밭과 호구 수에 대한 보고가 있었고, 1414년에는 호적자료 정리 기준이 발표됐다. 정부는 군역을 지는 정(丁:16~60세 남자)의 확보에 주력하기 위해 사조(四祖:증조부·조부·부·외조부)와 자식들, 동생과 조카, 노비에 이르기까지 가족 수를 해마다 기록해서 그 문서를 각 고을, 관찰사가 있는 감영, 호조에 한 벌씩 배치하는 꼼꼼한 인구조사를 해마다 실시키로 했다.

그밖에 과전법 체계 속에서 수조권자가 수조액을 결정하던 답험권이 폐지되고 국가가 위임한 관리가 이를 맡게 된 것, '민간에서 생산되는 쌀과 베를 화폐로 사용하는 것은 화폐발행의 이권을 민간에 맡겨두는 것'이라는 생각 속에 '화폐발행이야말로 국가의 무궁한 이익의 원천'이라며 저화 유통을 강행한 것도 경제부문에서의 중앙집권화 선상에 놓여 있다고 볼 수 있다. 관련기사 2면

과전법 개정

경기도 사전 축소 … 답험권은 관에서 행사토록

1417년 7월 (태종 17) 관리에게 지급된 경기도내 사전 12만여 결 중 4만여 결을 환수, 공전으로 전환하는 한편, 답험권(풍·흉을 점검하여 조세액을 결정하는 권한)을 수조권자가 아닌 국가가 파견한 관리가 갖도록 하는 조치를 내렸다. 이에 따른 사전 부족분 4만 결은 충청도에 8천여 결, 전라·경상도에 각 1만 6천여 결씩 배정해 보충하도록 했다.

사전 환수조치의 배경은 공전에서 거둔 세금을 중앙으로 수송하는 과정에서 여러 문제가 제기돼 온 데 있다. 이에 따라 경기도로 공전을 옮기려 했으나 경기도에 수조권을 기득하고 있는 양반관료들의 저항에 부딪쳐 번번이 무산돼왔다. 그러나 조세 곡물을 중앙으로 운반하는 조운선 사고가 빈발해 한 해에 1만여 석이 침수되고 수군 수천여 명이 죽거나 부상당하는 일이 잦아지자 이번에 전격적으로 조치를 내린 것이다. 관련기사 4면

복무 형태 이원화로 군역제 정비

1415년 11월 신분 고하를 막론하고 16세 이상 60세 이하의 양인(丁)이면 의무적으로 국방의 의무를 지는 군역이 최근 그 운영체제를 갖추었다. 이에 따르면 모든 양인 장정을 정병(正兵)과 봉족(奉足)으로 나누어 군역을 지게 한다는 것이다. 신체가 건강하고 비교적 부유한 자는 호수(戶首) 또는 정병이 되어 서울에 올라와 궁궐을 지키거나 지방의 요새지에서 군역을 담당하도록 했다. 여기에서 제외된 자는 봉족이라 하여 정병에 대한 재정적인 지원을 하도록 했다. 이것은 모든 장정이 현역으로 복무할 경우 토지경작에 필요한 노동력 등이 부족하여 농업 경제기반이 흔들리기 때문이다. 관련기사 2면

저화, 가치하락 지속

1402년 지폐인 저화의 강제 유통정책이 재개된 지 여러 해가 지났으나 저화의 가치는 계속 하락세를 면치 못하고 있다. 이에 1410년 정부에서는 민간의 교환수단인 5승포를 짜는 것조차 금지했고 한양과 개경에 국가보유 현물과 저화를 교환하는 관청을 설치하는 한편, 곤장 1백 대 이하의 형을 받은 죄인이 저화를 통해 형을 면제받게 하거나 공장세, 행상세, 노비신공 등의 세금을 급납하는 등 갖가지 노력을 기울여왔다.

그러나 화폐의 액면가치보다는 실질가치를 중시하는 일반 백성들의 성향과 저화 자체의 크기(4치×1자 6치), 나쁜 종이질에 따르는 사용상의 불편으로 인해 화폐로서의 저화의 인기는 매우 낮은 형편이다.

현재 저화의 가치는 명목상으로 '저화 1장=5승포 한 필 혹은 쌀 두 말'로 정해져 있는데, 이처럼 규모가 커 거래에 전혀 도움이 안 되는 화폐단위 때문에 백성들은 저화 사용을 아주 불편해하고 있다. 관련기사 3면

신과거법 제정

과거시험은 예조, 유학교육은 성균관에서 …

1417년 정부는 신과거법을 마련해 그동안 성균관에서 담당하던 과거업무를 예조로 이관했다. 따라서 문과(文科)와 생원(生員)시험은 모두 예조에서 주관하게 되었다.

이로써 그동안 유학교육과 관리선발의 역할을 겸하던 성균관은 이제 유학교육의 총본산으로서 인재양성에만 전념하게 됐다. 즉 생원시에 합격한 유생을 받아들여 장차 훌륭한 관리가 될 수 있도록 유학의 진리를 닦게 할 예정이다. 성균관 관계자는 이를 "생원 합격은 입학의 문이요, 문과 급제는 관직의 길"이라고 하여 성균관이 생원시에 합격한 사람들의 문과시험 준비기관이 될 것임을 시사했다.

한편 정부는 1392년 고려시대의 명경과와 제술과를 문과로 통합하고 이듬해 무과를 신설하여 문무 양반관료를 선발하는 제도적 장치를 마련한 바 있다. 관련기사 4면

전국 호구조사 결과

1406년 통계

역사신문

중앙집권체제 운영의 방향

국가 스스로의 규제 장치도 필요하다

중앙관제와 지방행정 개편, 부세제도 개정 등 집권적 관료국가의 바탕이 되는 각종 제도 정비가 진행중이다. 중앙관제의 경우 6조 직계제가 마련됨으로써 각종 업무의 효율성 증진이 예상되고 있으며 각 지방의 대부분의 군현에 수령이 파견됨으로써 보다 일원적인 전국 통치가 기대되고 있다. 또한 일반 백성들의 생활과 보다 밀접한 관계를 갖는 부세제도는 과전법에서의 관답험 실시를 필두로 농민생활의 안정을 기하는 쪽으로 손질 작업이 한창이다.

이러한 정비 작업은 '관청 업무의 기능별 분화', '의사 결정의 합리화', '자의적 수탈의 종식'과 같은 구호를 내걸고 태종의 강력한 주도하에 추진되고 있기 때문에 비교적 빠른 속도로 실행에 옮겨지고 있다. 물론 정부 내에서의 논의과정에서 반대가 없는 것은 아니다. 농사의 풍흉을 점검해서 조세량을 결정하는 답험권을 수령이나 경차관에 귀속시키는 것에 대해 수조권을 가지고 있는 관리들의 반발이 거세게 일어났던 것이 그 단적인 예이다. 그럼에도 불구하고 이러한 반발들이 힘을 가지지 못하는 이유는 지금의 제도 정비 작업들이 고려말 이래의 '변화된 상황'을 어느 정도 수용하는 방향으로 진행되고 있기 때문이다.

전 왕조에서 속현 및 수취체제 운영상의 차별이 가해진 부곡제 지역에 대한 저항이 확대되는 현상을 지켜본 신흥사대부세력들이 새 왕조를 세우면서 주로 속현 및 부곡제 지역을 정리하고 수령과 관찰사를 비롯한 외관제 정비에 나선 것도 사회모순의 소극적인 무마가 아니라 적극적인 대응의 필요성을 느꼈기 때문이라고 할 수 있다. 이는 또한 사회 변동에서 격화된 농민의 성장과 항쟁으로 재지적 기반이 크게 위협받게 되면서 야기된 위기상황을 탈피하려는 정치적 모색의 의미 또한 가지는 것이다.

그런데 일단 왕조 교체를 통해 위기를 넘겼다고 해서 백성에 대한 직접적인 지배만을 강조하고 관권 일변도의 정책만을 밀고 나간다면 향촌사회내부의 반발이 다시 거세어질 수밖에 없다. 실제로 최근 수령들이 향촌의 품관들을 위협하고 조종하면서 자신의 비행에 대한 논의조차도 부민고소금지법 위반이라고 몰아세우며 자의적으로 형벌을 가하고 보복하는 사태까지 빚어지고 있다. 중앙집권적인 관료정치가 힘을 가지려면 일사불란한 '상명하달' 뿐만 아니라 향촌민들이 억울한 일을 상부에 알릴 수 있는 통로와 관권 내부의 자기규제 장치 또한 필요하다는 점을 다시 한번 강조하고 싶다.

6조직계제 실시의 정치적 의미와 이후 전망

국왕을 정점으로 6조가 국정 총괄할 듯

1414년 정계를 강타한 6조직계제 발표는 국왕이 국정을 직접 챙기겠다는 의지 표시로서 태종이 정도전을 제거하면서부터 준비해온 야심작이라는 평가를 받고 있다.

이로써 그동안 6조를 산하에 두고 국정을 총괄해온 기관인 의정부는 명목만의 기구로 전락할 가능성이 높아졌다. 원래 태조가 의정부의 전신인 고려의 도평의사사를 그대로 둔 것은, 바로 도평의사사가 자신을 국왕으로 추대했으며 건국 초기 중요 시기에 권력의 중추로서 막대한 기능을 수행했기 때문이었다. 그러나 이제 건국작업이 어느 정도 기틀을 잡은 상황에서 태종은 도평의사사를 계승한 의정부 대신들을 왕권을 제약하는 존재로 규정하기에 이른 것으로 보인다. 실제로 지난 제1차 왕자의 난에서 태종이 정도전을 단호하게 제거한 것은 그가 건국공신의 위세를 업고 이른바 '재상 중심의 국정운영론'을 들고 나온 데 대한 보복이었다는 것이 정가의 통설이다.

따라서 앞으로는 국왕을 정점으로 6조가 사실상 국정을 총괄하게 될 전망이다. 실제로 6조의 각 판서는 직급이 정3품에서 정2품으로 상향 조정됐고 90여 관아가 6조의 관할기구로 편입됐으며, 이에 반해 의정부는 인원 및 기구가 대폭 축소됐다. 이를테면 문무관의 인사는 이전에는 의정부의 좌·우정승이 관장했으나 앞으로는 문관인사는 이조에서, 무관인사는 병조에서 관장하게 된다.

그런데 이번 조치는 정치적 의미 외에 행정체계의 정비라는 점에서도 중요한 의미를 갖는다. 정부에서는 새로운 행정체계와 연관시켜 관직제도를 개정하는 한편, 인사고과제도도 마련하고 있다. 그러나 정계 일각에서는 이번 조치가 얼마나 지속적으로 운영될지에 대해 의문을 표시하고 있다. 즉 정세가 바뀌면 의정부의 위상이 다시 부상할 가능성은 얼마든지 있다는 것이다.

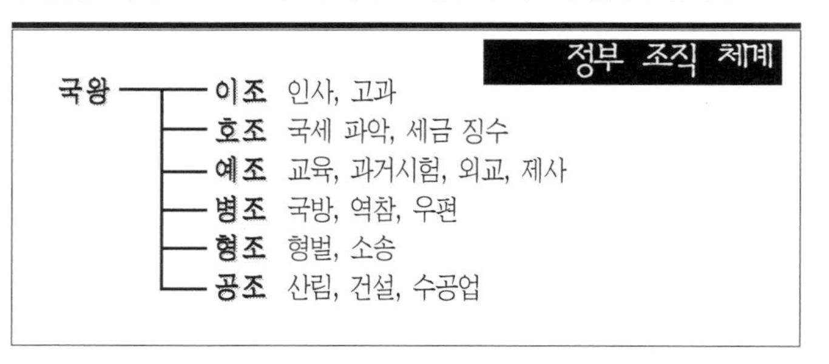

정부 조직 체계
국왕
이조 인사, 고과
호조 국세 파악, 세금 징수
예조 교육, 과거시험, 외교, 제사
병조 국방, 역참, 우편
형조 형벌, 소송
공조 산림, 건설, 수공업

알아봅시다 군대, 언제 어떻게 가야 합니까

군역 담당관리를 만나 이번에 확정된 군역체제가 이전의 고려시대와 어떻게 달라졌는지 알아보았다.

군역을 부담하는 형태에 두 가지가 있다고 하는데.

하나는 현역에 복무하는 정군(正軍)이고, 다른 하나는 정군을 경제적으로 보조하는 봉족(奉足), 혹은 보인(保人)이다. 정군은 육군 또는 수군에 복무하는데 복무기간중에는 요역이 면제되며 봉족이 할당된다.

고려시대에도 이와 비슷한 제도가 있었던 걸로 아는데.

고려시대에는 군호가 현역에서 군역을 지는 대가로 국가에서 군인전이라는 땅을 지급했다. 군호는 상경하여 항상 머물고 있었기 때문에 양호(養戶) 두 명을 붙여 이들로 하여금 경작을 맡도록 해 여기서 나오는 수입으로 생활은 물론 군복, 무기까지도 모두 마련했다.

그렇다면 이번에 마련된 봉족제는 어떻게 다른가?

고려시대와 다른 점은 봉족이 군인전(軍人田)을 경작해 정군을 보조하는 것이 아니라 정군에게 포(布)를 바쳐서 돕는다는 것이다.

현역으로 가는 경우 얼마동안 복무해야 하는가?

한 사람이 일 년 내내 근무하는 것이 아니고 일 년에 두 달씩 번갈아 가면서 해당군영에 가서 복무하면 된다. 그래서 번상(番上)이라고 한다.

현역 복무의 경우 별다른 대우는 없는가?

일정기한 후 영직(影職:벼슬이름만 주는 관직)일망정 품계를 준다.

이번에 마련된 군역 운영방식에서 예상되는 폐단은 없는가?

신분 고하를 막론하고 모든 양인이 군역을 담당하도록 되어 있지만, 사실 앞으로 신분분화가 촉진되면 세력을 가진 관리나 양반지주들이 군역을 기피하려 들 것이다.

그림마당

이은홍

당분간 이걸 차고 다니게!
내… 연락함세!!
이
예
병
형

달라지는 정책, 미리 살펴본다 1외교 2정치 3경제 4신분

중농억상 정책이 기본 줄기

경제정책의 기본과제로는 중농정책이 단연 압도적이다. 신진사대부들은 유교의 왕도정치를 표방하고 나섰으므로 백성의 생활안정을 중요시하고 있으며, 특히 백성의 대다수를 차지하는 농민의 생활안정에 많은 관심을 쏟고 있기 때문이다. 조선왕조 건국 직전부터 실시된 과전법은 애당초 이상이라 생각했던 토지의 균등분배를 이루지는 못했지만, 농민의 조세부담을 줄이고 수취과정을 합리화하는 효과를 거두었고, 이러한 정책방향은 앞으로도 변함이 없을 것이다. 또한 정부는 농업생산력을 높이기 위하여 토지개간, 수리시설의 확충, 종자개량, 농업기술의 혁신에도 주력할 방침이다.

수공업과 상업은 자유로운 활동이 억제될 것으로 보인다. 정부의 한 관리는 "재화의 수량과 종류를 자유로운 활동에 맡겨두면 사치와 낭비가 조장되고 농업이 피폐해져 빈부 차가 커질 우려가 있다"며 상공업 통제를 역설한다. 이렇게 되면 전국의 수공업자들은 각 관청에 소속되어 일정기간 동안 국가가 필요로 하는 물품을 의무적으로 제조해야 생계를 유지할 수 있을 것이다. 상업의 경우, 이미 시전상인들이 특정물품에 대한 독점판매권을 갖는 대신 관청에서 필요로 하는 물품을 공급하는 의무를 지는 체제가 이루어져 자유로운 상업활동이 발붙일 자리는 거의 없다고 할 수 있다. 다만 지방에서는 보부상과 같은 행상을 중심으로 비교적 자유로운 교역이 이루어지고 있는데, 이러한 활동이 과연 활발한 시장형성으로까지 발전할 수 있는가에 대해서는 아직 확실한 결론을 내리기 어려운 상태이다.

농민의 경작권은 고려왕조 때보다 더 보장되고 있지만, 국가에 대해 전세, 공납, 역의 의무를 지는 것은 고려왕조 때와 마찬가지로 변함이 없다. 현재는 현물로 바치는 것을 원칙으로 하는 공납이 전세보다 부담이 큰 상태이며, 부역의 경우 신분제에 기초하여 운영되는 측면이 강하기 때문에 힘없는 농민들만 피해를 입을 가능성이 많다.

좌담 화폐유통은 불가능한 꿈인가?

"현실경제 무시한 화폐유통 정책은 재고돼야"

민간교역의 편리와 국가재정의 확보라는 두 마리 토끼를 잡기 위해 시도된 저화보급 정책은 물가의 폭등과 조정에 대한 백성의 불신이라는 상처만을 남긴 채 일단 좌절됐다. 역사신문에서는 저화유통의 배경과 시행과정, 저화유통의 실패원인 등에 대해 저화사용론 주창자 하륜씨, 저화발행처인 사섬서(司贍署) 관리 양백호씨, 시전상인 김한돌씨, 농민 이만수씨와 이야기를 나눠보았다.

사회 고려 때의 실패를 알고 있으면서 화폐발행을 시도한 이유는 무엇이며 '저화'가 지폐의 형태를 띠게 된 이유는 무엇입니까?

하륜 고려 이래 화폐의 기능을 담당한 것으로 5승포(五升布)와 쇄은(碎銀)이 있는데, 5승포는 품질이 나빠져가고 있는 상태이며 쇄은은 민간에서 만들어내는 것이므로 국가재정에는 전혀 도움이 되지 않습니다. 백성들이 물건을 편리하게 바꿀 수 있도록 지폐를 발행했는데, 지폐 발행 이유로는 발행비용이 매우 싸다는 것과 금은 등의 원료가 부족했다는 점, 운반성이나 저장성에서 유리하다는 점을 들 수 있을 것입니다.

김한돌 정부는 재정확보에 혈안이 돼 손쉽게 재정수입을 늘리는 방법으로 저화를 발행한 것이 틀림없다고 봅니다. 나는 꾸준히 5승포를 사용하여왔는데 한번도 불편을 느껴본 적이 없습니다.

사회 정부의 적극적인 의지에도 불구하고 저화가 유통되지 못한 요인이 어디에 있을지요?

양백호 한양과 개성에 화매소(貨賣所)를 설치하여 저화를 보급하였고 관리들의 녹봉 일부를 저화로 지급했습니다. 또 세금 일부를 저화로 거두어들였고 저화 이외에는 5승포와 같은 다른 물품화폐들을 사용하지 못하게 했습니다. 그런데 백성들 입장에서는 불편한 점이 많았던 것 같습니다. 단적인 예로 화매소가 없는 지방에서 지방관들이 화폐관련 업무를 제대로 수행하지 않는 바람에 저화가 필요한 백성들이 먼 길을 왔다갔다해야 했습니다.

이만수 더 큰 문제는 나라에서 저화만을 유일한 화폐로 만들기 위해 5승포의 사용은 물론 생산까지 금지해 우리 농가의 부업인 옷감짜기로 얻는 수입은 많이 줄어들었다는 거죠. 소득이 준만큼 우리가 시장 나가서 물건 살 일도 줄어들고 그만큼 저화가 쓰일 일도 줄어드는 것 아닙니까? 또 규정상 저화 1장이 쌀 두 말에 달하니 그런 고액지폐를 내가 평소에 만질 일은 별로 없습니다. 그리고 마침 이 자리에 시전상인이 있으니 하는 말인데 도대체 상인들은 저화를 받으려 하지를 않습니다.

김 저화를 사용하지 않는 상인들을 처벌까지 하는 상황에서도 우리가 포(布) 사용을 계속한 데에는 이유가 있습니다. 저화와 포를 함께 사용해도 좋다고 했다가 또 금방 저화만 사용하라고 했다가 이제는 새로운 동전이 만들어질 것이라는 소문까지 돌고 있으니 어떤 말을 믿고 저화로 매매를 할 수 있겠습니까?

양 매년 회수되는 저화가 4만8천 장에 달한다고 하니 저화를 남발한 것은 인정합니다. 저화가치가 자꾸 떨어지니까 정부보유의 물품을 저화를 받고 방매하여 남발된 저화 회수에 애쓰고 있습니다.

김 지금의 화폐문제는 농민이나 상인들의 의식부족 때문만은 아닙니다. 상인들의 유통망은 꽤 발달해 있는 편이고 우리경제는 이미 자급자족의 단계를 벗어나 있습니다. 정부의 정책에 좀더 일관성이 있었으면 합니다. 머지않아 사용하기 편한 화폐가 우리 상인들 손에 의해 만들어질지도 모릅니다.

"호패법 논란" 양인 감소, 부작용 속출, 실시반대론 거세

호구파악과 유랑민 방지를 위해 지난 1413년 16세 이상의 남자에게 일종의 신분증으로 발급한 호패를 둘러싸고 폐지론과 실시론이 팽팽히 맞서고 있다.

부역의 안정적 조달과 신분질서의 확립, 향촌의 안정유지까지 책임질 수 있는 '묘책'으로 큰 기대를 받던 호패제도가 실시된 지 불과 몇년 만에 폐지론이 등장하게 된 것은, 양인들이 호패를 받으면 과중한 각종의 역을 부담해야 한다는 생각에서 호패받기를 기피, 세력가에게 자신의 몸을 위탁하여 노비가 되는 사례가 속출해서 양인수가 오히려 감소하는 현상이 나타났기 때문이다. 향후 호패법 위반 단속으로 인한 민심의 소란을 강조하는 호패폐지론과 역 부담인구 확보의 필요성을 역설하는 호패실시론 중 어느 쪽으로 결정이 내려질지 관심이 모아지고 있다.

"상업이윤은 국가가 …"

상인들의 공상세, 행상세 크게 인상

1415년 4월 (태종 15) 수공업자와 상인들에게 매월 부과하는 공상세(工商稅)가 상승국면을 보이는 가운데 지난 5년간 특히 행상세가 큰 폭으로 오른 것으로 나타났다. 여러 지역을 돌아다니면서 주로 농촌사회에서 구하기 어려운 여러 가지 수공업제품과 소금, 생선 등의 수산물을 농부민들에게 제공하는 행상들의 활동이 활발해지면서 정부에서는 이들의 이익을 환수하고 지방에서의 상업활동 통제를 위해 허가제와 징세제를 꾸준히 시행해왔다. 현재 정부내에서는 "공상(工商)의 무리가 삿갓, 놋그릇, 가죽제품 등을 짊어지거나 머리에 이고서 여러 도에 횡행하고 마을에 출입하여, 어리석은 백성을 속이고 꾀어 물가가 오르게 하니 백성들이 편하게 살아갈 수 없다"는 식의 '보따리장수(行商 중 陸商) 비판론'이 거세다.

물론 좀더 대규모 행상인 선상(船商)들의 활동도 매우 활발하다. 함길도 오진(五鎭)의 선상처럼 자기 고장에서 풍부하게 생산되는 생선, 미역 등의 해산물을 싣고 남부지방에 가서 면포로 바꾸어 북부지역에 비싼 값으로 팔아 이득을 보는 매우 짭짤한 부등가 교환에 열을 올리고 있는 경우도 있고, 조세운송과정에 참여해서 개인의 재화도 운반·판매해주는 '꿩 먹고 알 먹고'파도 있다고 알려져 있다.

정부는 농민들의 상업으로 전업증가, 상인들의 속임수나 부등가 교환의 문제에 우려를 나타내며 '억상(抑商)'정책을 표명하면서도 행상들의 상업활동에서 발생하는 이익을 일정 부분 장악하기 위해 지방 상업에 대한 허가제와 징세제를 강화해가고 있는 것으로 보인다.

서얼차대법 검토중

첩 자손, 관직임용 제한

1415년(태종 15) 정부는 첩 자손에 대한 사회적 차별을 제도화시키는 방안에 대해 검토중이라고 밝혔다. 정부측은 ▲문·무 2품 이상의 양인첩(良人妾) 자손은 정3품, 천인첩(賤人妾) 자손은 정5품에 한하고 ▲6품 이상의 양인첩자손은 정4품, 천인첩자손은 정6품에 한하여 임용하는 내용이 법제화될 것이라고 했다.

첩의 대부분이 천인, 특히 여종출신이 많다는 이유로 서얼에 대한 사회적 차별이 이미 널리 행해지고 있는 상황에서 이번 조치는 많은 아내들간에 본처·후처 논쟁인 적(嫡)·첩 구별 분쟁에 불을 당길 것으로 보인다. 건국초 국역 기반확대의 목적으로 공·사노비가 양인 남자에게 시집가서 낳은 아이는 아버지 신분을 따라 양인이 되게 하는 종부법(從父法)이 제정돼 양반의 천첩소생이 양인이 되는 것은 제도적으로 보장된 바 있다.

가뭄 극심, 정부 각 부처 대책마련 부심

궁녀 감축, 제방건축, 이앙법 금지

1417년(태종 17) 건국 이래 최대의 가뭄으로 논물이 마르고 밭작물이 타들어가는 등 큰 흉작이 예상되고 있다. 특히 최근 들어 밭을 논으로 바꾸는 작업이 대대적으로 실시되던중이라 가뭄피해는 훨씬 심각한 것으로 알려졌다.

나라에서는 흙으로 용을 만들어 놓고 제사를 지내거나, 장님을 시켜서 언제 비가 올지 점치게 하는 등 갖가지 방법을 동원하여 비를 부르려고 애쓰고 있다.

국왕 역시 의례적이나마 자신의 덕이 없음을 탓하면서 각 지방에서 왕실에 바치는 음식을 중단시키고 궁녀 수를 줄이는 등 "하늘을 감동시켜 비가 내릴 수만 있다면 무엇이든 하겠다"며 여러가지 노력을 기울이고 있지만 아직은 큰 효험을 보지 못하고 있다.

한편 호조에서는 이윤의 제방건축 건의를 받아들여 장기적인 가뭄대책을 논의하고 있으며, 지방에 파견되는 수령들은 제방의 수문을 열고 닫는 법, 봄 가을에 저수지의 물을 절약하는 법을 반드시 익힌 뒤 각자의 부임지로 떠나도록 하는 규칙 또한 마련했다.

그밖에 큰 가뭄이 들었을 때 한해 농사를 완전히 망칠 수 있는 이앙법이 경상도지방에서 시행되고 있다는 소식을 접한 국왕은 이앙법 금지령을 선포, 이번 가뭄이 몰고온 파장은 의외로 커져가고 있다.

지방 소식

벽골제, 새 단장

1418년(태종 18) 가뭄이나 홍수에 대비하고, 농토에 적당량의 물을 공급하기 위해서는 저수지와 제방만큼 요긴한 것이 없다. 현재 전라도 김제에서는 백제시대에 처음 쌓은 벽골제를 보수하고 다시 쌓는 공사가 마무리 단계에 있다는 소식이다.

3년전 전라도 관찰사 박습의 건의로 다시 쌓기 시작한 벽골제는 2년 전에 큰 골격이 이루어졌으나, 몇몇 곳의 물길이 튼튼하지 못해서 전김제군 지사 김방이 다시 파견되어 재공사에 착수, 이번에 완공을 보게 된 것이다.

벽골제의 제방 높이는 약 4.3m, 윗변 너비가 7.5m, 밑변 너비가 17.5m이며 5개의 수문의 너비는 4.2m, 사용된 돌기둥 한 개의 무게만도 약 8톤에 달하며 저수지 수면이 최고에 달할 때 물을 댈 수 있는 농지는 1천2백만 평에 이른다. 이웃 고부지방의 눌제의 건축으로 3천만 평의 농지가 새로 생겨난 것까지 합하면 많은 인구에 비해 부족한 농지로 골머리를 앓던 지방관의 근심이 상당 부분 덜어질 것으로 보인다.

새로 확보된 농지를 개간하기 위해서는 기존의 주민만으로는 인원이 부족해서 얼마전 혁파된 사원의 남자 노비 8백여 명을 벽골제와 눌제 주변으로 이주시키고 소 2백 마리를 주어서 국영 농장을 설치할 계획이다. 또한 농사에 좋다는 얼음과 눈이 섞인 물을 겨울에 저장하게 하는 한편, 제방을 얼마나 쌓고 물을 얼마나 저장했는가를 지방수령 평가항목에 넣어서 승진에 반영하기로 하는 등 새 단장을 끝낸 벽골제를 둘러싸고 정부는 여러 가지 의욕적인 정책을 추진중이다.

알림 성균관 학생 대모집

유학교육의 최고학부 성균관은 이번 관제개혁으로 이제 교육에만 전념하게 되었습니다. 대과급제를 바라는 8도의 인재들은 성균관에 와서 유학의 진리를 탐구하십시오. 생원시에 합격한 사람과 지방학교에서 추천된 사람에 한하여 입학이 허용됩니다.

생원시 실시 안내

1차 시험(初試)
선발인원 출신 도별로 다음과 같다. 한양 2백 명 경기 60명 경상 1백 명 충청 90명 전라 90명 강원 45명 황해 35명 평안 45명 함길 35명
시험과목 「사서」 해석, 「오경」 해설
시험장소 한성거주 학생은 예조와 성균관 비천당
지방거주 학생은 각 도별로 지정된 읍

2차 시험(復試)
선발인원 1백 명
응시자격 1차 시험 합격자
시험장소 예조와 성균관 비천당
시험과목 「사서」 해석, 「오경」 해설
시험일자 매 3년 2, 3월

※ 추천 4학과 지방향교에서 성적우수자를 추천할 수 있음.

합격자 발표 시험장소에 방으로 걸어 발표.
합격자에게는 대궐에서 합격증으로 백패(白牌)를 수여하고 술과 다과를 베풀 예정.

투고

도대체 신문고는 뭐하는 북인가?

백성들의 억울함을 풀어주기 위해 신문고가 설치된 지 20년이 다 되어가는데 얼마나 많은 백성들이 신문고를 이용해봤는지, 아니 신문고가 있다는 것을 알고나 있는지 참으로 의심스럽다.

원래 신문고는 신분에 관계없이 누구나 이용할 수 있도록 규정되어 있지만, 신문고가 대궐에 매달려 있는데다가 북을 치기까지의 절차가 까다로우니 주로 한양에 거주하는 양반들이나 이용하고 있는 실정이다. 간신히 북을 치는 데 성공하였다고 하더라도 혹시 절차를 어긴 것이 있거나 진술이 이후에 허위로 판결을 받으면 오히려 처벌을 받으니 '혹 떼려다 혹 붙일 것'을 각오한 용감한(?) 사람만이 북을 칠 결심을 하게 된다. 들리는 소문에 의하면 일단 북을 지키는 관리에게 진술서를 제출하고 거주지 확인을 받은 후에야 북에 손을 댈 수 있도록 하자는 의정부의 건의가 있었다고 하니 치라고 걸어놓은 북을 왜 그렇게 싸고도는지 이해가 안 간다.

또 그나마 '귀하신' 북이 울리는 경우를 보면 대부분이 양반들의 노비, 재산 다툼이니 신문고가 전백성의 청원, 상소, 고발시설로서 제 구실을 하고 있다는 데 동의할 사람은 아무도 없을 것이다.

남산골에서 정문식

과전법 개정소식을 듣고

"농민이 토지 버리면 조세는 누가 내며 양반들 곡식은 누가 대나"

그동안 사실 우리 경기도의 농민들은 다른 지방의 농민들보다 두 배, 세 배 힘들게 살아왔습지요. 농사의 '농'자도 모르는 관리들이 우리땅에 와서는 자기네들이 받은 수조지랍시고 얼토당토않게 많은 조세를 내라고 하지. 그뿐인가. 왕실을 호위하고 있는 지방(경기도)이랍시고 왕실에서 쓸 땔나무나 숯, 말 여물은 우리에게서 모두 거두어가니, 어디 우리네 식구들 밥숟갈이나 뜰 수 있었겠소! 그런데 어제 듣자하니 경기도에 있는 관리들의 사전을 다른 지방으로 나누어 지급하고, 수조권을 가진 자가 직접 풍흉의 정도를 정할 수 있었던 권리도 없앤다고 하니, 때늦긴 했지만, 나라를 위해서도 다행이라는 생각이오. 경기의 민심을 잃고서 어찌 천하의 민심을 얻을 수 있으리오. 모두 망하고 떠나버리면 국가를 운영할 조세는 누가 낼 것이며, '선비입네' 하는 관리들이 비단옷 벗어던지고 농사지으려 하지도 않을 것이고, 금지옥엽 같은 왕비와 궁녀들이 우리가 하던 군대 일을 대신하지도 못할 테니……. 결국 우리가 입에 풀칠이라도 하고 땅이라도 열심히 경작해 한 해 수확을 거둬야 나라가 제대로 돌아갈 것이라는 생각에서 이번 조치가 나온 것 아닙니까?

경기도 농민 박씨

부부생활 안내

일부다처에서 일부일처로, 단, 첩은 얼마든지 …

여러 처를 거느리는 풍습은 고려 말기부터 있어온 일이지만 이제부터 여러 처를 거느리는 것은 일체 금지된다. 고려 때의 일부다처 풍습은 몽고풍을 무비판적으로 받아들인 측면과 인구증식 정책하에서 다산(多産)이 미덕으로 치부된 측면이 뒤섞이면서 일부 부유층에서 성행했지만 오늘의 시점에서는 유교적 가족질서를 정립하는데 결정적 장애요소로 떠올랐기 때문이다.

앞으로 천상천하에 처는 오로지 한 사람이다. 다만 첩은 제한 없이 거느릴 수 있다. 그러나 처와 첩 사이에는 법률상 실제상으로 뛰어넘을 수 없는 확고한 선이 그어진다. 따라서 현재 여러 처를 거느리고 있는 양반들은 이 제도에 따라 처와 첩을 명확하게 구분해놓아야 한다. 이는 재산상속 문제로 피터지게 집안 싸움을 벌이는 일이 잦아 사회문제로까지 비화되고 있는 현실을 바로잡기 위한 것이기도 하다.

물론 처와 첩을 구분하여 맞아들인 경우는 문제가 없다. 첩을 먼저 거느린 뒤 본처를 맞아들였더라도 처·첩의 서열에 변화는 있을 수 없다.

그러나 여러 처를 거느리고 있는 경우 문제는 간단하지가 않다. 한 사람만 남기고 나머지는 당장 첩으로 강등시키는 일은 현실적으로 쉬운 일이 아니다. 이번 조치를 입안한 것으로 알려진 대사헌 유관도 이 문제 때문에 골머리를 앓고 있다면서 "이미 여러 처를 거느리고 있는 사람들을 당장 어쩔 수는 없다. 그러나 적처(適妻)는 오직 한 사람이어야 한다는 것만은 양보할 수 없는 유교규범이다. 지금 당장 정하기가 곤란하다면 나중에 종신토록 함께 산 처를 적처로 삼아 족보에 올려야 할 것"이라고 말한다.

한편 이번 조치로 첩에 대한 사회적 천대는 더욱 강화될 전망이다. 그러나 유관은 "첩을 천시하게 되는 요인은 이미 첩 자신에게 내재돼 있다. 첩은 대부분 계집종 출신 아니냐"고 강변하고 있다. 흔히 첩의 자식을 서얼이라고 부르는데 이는 양첩의 자식 서(庶)와 천첩의 자식 얼(孼)을 합친 말이다. 그런데 이 '얼'자에는 '재앙'이라는 뜻과 '움트다'라는 두 가지 뜻이 있어 재미있다. 천한 여인이 요행히 귀한 남자를 만나 아이를 낳았으니 이는 '재앙'일까 '새싹이 움트는' 일일까.

해외 소식

종교개혁의 첫 횃불, 후스 결국 화형대에 오르다

보헤미아의 프라하대학 학장으로, 영국 옥스포드대학 위클리프의 학설을 지지, 교황과 성직자의 타락과 면죄부 발행을 비난하고, 교회의 의식이나 교리가 성경에서 멀리 벗어났다고 주장하던 종교개혁가 후스가 화형에 처해졌다.

1414년 콘스탄츠 공의회에서 심문을 받던 후스는 회의 결정에 대한 무조건 복종을 거부, 이단으로 몰려 화형대에 올랐는데 후스의 처형 후 소위 후스파가 형성되어 종교의 자유를 주장하는 신앙운동에 머무르지 않고 보다 국민적인 교회를 세우려는 보헤미아 민족운동으로까지 번질 조짐을 보이고 있다.

이런 식의 종교운동이 계속될 경우 '교황의 보편지배'라는 이념이 유럽에서 차지하고 있던 자리는 계속 좁아질 것으로 보여 교황청에서는 30년간 계속돼 온 '교회의 대분열(프랑스 아비뇽과 로마에서 두 명의 교황이 각자의 정통성을 주장하며 공존한 시기)'을 서둘러 종식시키는 등 대책 마련에 고심중이다.

역사신문

"이제는 '民本'이다"

세종, 권농·교화 정책 추진에 발벗고 나서

"부농만 더 살찌우는 정책", 일부선 비판

건국 이후의 숨가쁜 정국이 진정되고 전국적 정책을 자신있게 추진할 수 있을 만큼 중앙집권화가 상당히 진척된 가운데, 세종 즉위 이후 백성이 입고 먹는 문제, 백성을 가르치는 '훈민(訓民)'의 문제와 같은 각종 민본정책이 의욕적으로 추진되고 있다. 백성을 나라의 근본으로 소중히 여기는 민본, 혹은 애민(愛民)정책은 건국 직후부터 표방돼왔지만 백성들의 농업생산 증가나 교육 등 구체적인 생활의 문제에까지 관심을 쏟으며 적극적으로 정책을 추진한 것은 아니었다.

현재의 적극적인 민본정책에 대해 고위관리 김모씨는 "농업생산력의 향상이 꾸준히 이루어지고 있는 현상황에서 권농정책은 조세 수입원의 확대를 위해서도 필요하다"며 "향촌의 지주나 부유한 농민들에게 충효와 같은 유교도덕을 통한 교화를 이룩해 지방사회 지배의 중간담당자로 만드는 정책을 연구 중"이라고 말했다. 권농정책과 훈민정책은 국가의 지방행정력을 총동원해서 이루어지고 있는데, 실제로 학교를 일으켜서 인재를 키우고 농업을 권장하여 백성을 넉넉하게 하는 것이 '애민(愛民)'의 제일선에 나와 있는 수령의 가장 주요한 임무로 강조되고 있다.

한편 정부는 특히 논농사의 확대, 땅을 놀리지 않는 상경전(常耕田)의 증가에 주력하고 있는데 이를 위해 수리시설의 보급, 선진 농법의 보급에 박차를 가하고 있다. 최근 발간된 「농사직설」은 농업 선진 지역인 경상도 등 남부지역의 농법을 전국에 보급시키기 위한 일종의 농업교육서이다. 세종은 백성에게 농사의 모범을 보이기 위해 상징적인 의미로 설치한 적전(籍田)에서 다수확 품종개발을 시도하는 한편, 기후조건의 정밀한 관측을 위해 각종 과학기구 개발에도 박차를 가하고 있다.

또 비료 주는 방법의 개발로 쉬는 땅이 줄어들면서 정부의 과세방식도 변화하고 있다. 새로운 세제인 공법(貢法)을 기초한 세종의 민본정책 보좌관 김모씨는 "농토를 쉬게 하는 것을 인정하지 않고 일률적으로 세액을 정한 것은, 농민들이 각성해서 이에 걸맞게 생산하도록 하려는 의도도 있다"며 "이는 우리 농업의 성장을 반영하는 것이기도 하다"고 말했다. 김모씨는 또 "국가 재정을 튼튼히 하기 위한 권농정책에서 주된 배려의 대상이 되는 것은 일정한 자기소유 토지를 갖고 있는 농민"이라고 밝히고 "이들을 충성스런 백성으로 교화하기 위한 향교교육의 확대, 정부의 뜻을 전달할 수 있는 쉬운 문자의 개발, 그림으로 보는 충효 윤리서적의 보급 등을 계획중"이라고 밝혔다.

하지만 이와 같은 정부의 민본정책 방향에 대해 전직 고위관리 최모씨는 "소규모 토지에서 꾸준히 농사를 지으면서 품종개량까지 이루어내는 소농들에 대한 배려가 없는 한, 토지가 부를 축적하는 수단으로 더욱 중시되고 있는 지금, 치열해질 농지쟁탈전에서 소농들은 탈락할 수밖에 없다"며 상층농민 위주의 권농책에 우려를 나타내고, 현재의 민본정책은 "지주와 부유한 농민의 경제적 안정과 이들에 대한 지배를 바탕으로 한 체제안정 이념일 뿐 모든 백성을 위한 민본은 아닌 것 같다"고 지적했다.

관련기사 3·4·5면

패문제경직도(佩文齊耕織圖) : 민본과 애민을 강조하고 있는 임금이 이를 실천하기 위해 백성들의 생업과 생활의 여러 면모를 볼 수 있는 이런 그림을 걸어두고 늘 자성하는 마음을 갖는다고 한다.

최초의 우리 농서 「농사직설」 간행

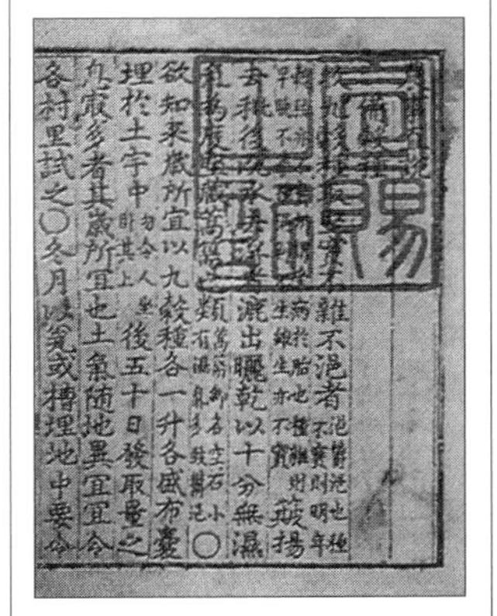

전국 지방관리에게 배포 농민 농업교육서로 활용

1429년(세종 11) 우리 풍토에 맞는 농서 「농사직설(이하 직설)」이 발간됐다. 1년전 농업 선진지대인 충청·전라·경상도의 농법을 조사하라는 세종의 지시로 해당 도 관찰사들은 경험 많은 농부들의 증언을 수집, 중앙에 간추려 보냈고 이를 정초·변효문이 편집, 「직설」을 발행했다.

편집자 변효문은 "발농사 중심의 중국 농서는 이미 이두로 번역까지 된 상태지만 논농사가 확대되는 시점에서 논농사를 본격적으로 다룬 새로운 서적이 필요했다"며 "삼남지방의 선진농법이 빠른 시일내에 전국에 확산돼서 생산력을 높이고 농민생활을 안정시키는 데 기여할 수 있기를 희망한다"고 밝혔다. 「직설」은 각도 감사, 주·부·군현, 서울의 전·현직 관리 2품 이상에게 배포돼 농민교육의 교과서로 활용될 전망이다.

관련기사 4면

"과전법 수조 규정에 문제 많다", 개선책 마련 한창

새로운 수조 규정인 공법 제정될 듯

과전법의 수조 규정에서 문제가 많다는 지적에 따라 새로운 수조 규정인 공법(貢法)의 마련을 둘러싼 논의가 한창이며 이에 대한 대규모 설문조사까지 시행되고 있다. 현재 문제가 되고 있는 과전법 수조 규정은 ▲농부의 손을 기준으로 실시된 양전의 비객관성 ▲도 단위로 토지의 비옥도를 평가한 상중하 등급의 부정확성 ▲대부분의 토지가 하등전으로 과소평가되면서 나타난 수조액의 감소 ▲농사의 풍흉 평가과정인 답험(踏驗)의 불공정 등이다.

과전법에서 수조액은 1/10로 규정되어 있지만 농사의 잘되고 못됨에 따라 수조액은 조정과정을 거치게 되는데 이러한 '답험'의 과정에서 수령의 위임을 받은 향리가 향촌 유력자에게는 유리하게, 힘없는 농민에게는 불리하게 평가하는 문제점도 지적돼왔다. 현재 정부에서는 토지의 비옥도에 따라 6등급으로 나눈 토지에다가 풍흉에 따른 9등급을 기준으로 일정량을 과세하는 공법의 체제를 거의 확정지은 상태이다. 공법안을 마련한 관리 정씨는 "이제 전국적으로 일정량의 세를 부과하는 것이 농업생산력의 진전에 부응하는 것이며 국고 수입 증대의 지름길"이라며 양전의 기준척을 새로 마련하는 등 합리적인 세제운영이 필수적 이라고 말했다.

반면 공법에 대한 반발도 만만치 않다. 특히 척박한 토지를 소유하고 있는 하층농민들은 공법 자체가 일정량의 조세수취를 목표로 하기 때문에 부담을 느끼고 있으며, 가능한 한 재해로 인한 손실을 인정하지 않으려는 공법내의 진황전 규정에 불만을 표하고 있다.

관련기사 3면

"우리글 만들고 있다"

세종 지시로 집현전 학사들 실무 연구 진행

정부에서는 세종의 특별지시에 따라 집현전 학자들을 중심으로 음운연구가 활발하게 진행되고 있다. 아직 공개되지는 않았지만 집현전 내에 박팽년, 최항, 신숙주, 성삼문, 강희안, 이개 등을 중심으로 '바른 음'을 연구하는 기획팀이 운영되고 있으며, 이곳에서 연구하는 음운은 한자뿐만 아니라 몽고, 여진, 왜의 말글까지 광범위하다는 소식이다.

세종이 이렇게 음운 연구에 특별한 관심을 기울이는 이유는, 무엇보다도 한자를 사용하면서도 한자에 대한 우리 발음이 통일돼 있지 않고 이를 표기할 수단이 없어 제도정비와 학문연구에 불편이 많기 때문이라는 후문이다. 현재 성삼문과 신숙주는 십여 차례나 요동을 방문해 명의 저명한 언어학자 황찬에게서 음운관계 자문을 받고 있다. 최근 명의 음운연구 수준은 상당히 높아 이를 잘 소화해내기만 하면 독창적인 우리글을 만들어낼 날도 머지않을 것이라는 게 이들 학자들의 말이다.

역사신문

'민'의 지평을 넓혀라

하층농민 소외시키는 '민본'은 곤란

'민본'은 이제 세종 정권의 '간판'이 된 느낌이다. 세종이 〈여민락〉을 지어 백성들과 더불어 즐기고자 한 것도 '민본의식'에서 나온 것이고, 잇따른 농업진흥책을 펴는 것도 백성들의 생활수준을 향상시키겠다는 간절한 '민본정책'에서 나온 것이다. 이렇게 중앙에서는 민본을 외쳐대지만 농촌현장에 가보면 실상은 중앙에서 생각하는 만큼 '민본세상'이 아니다. 어디에 원인이 있는 것일까.

문제의 핵심은 현정부의 '민본'정책이 글자 그대로의 '민' 전체를 대상으로 하는 것이 아니라 특정계층의 '민'에 한정돼 있다는 데 있다. 「농사직설」에서 제시하고 있는 현란한 신농법은 적어도 남의 땅을 붙여먹고 있는 소작인이나 소도, 변변한 농기구도 없는 영세농에게는 그림의 떡일 뿐이다. 정액수납 세제로 개편된 공법에서도 하층농민들은 법규상의 세액감면에도 불구하고 실질적으로는 더욱 더 세액부담 증가의 위험성에 노출되게 됐다. 결국 세종의 '민본정책'이란 게 일정한 토지와 재산을 기득하고 있는 중농 이상의 층에 한정돼 있다는 사실이 여실히 드러나고 있는 것이다.

정부에서는 중농 이상의 층이 일단 생산규모 발전을 선도하면 그 뒤를 하층농민도 따르게 될 것이라는 이른바 '불균형 성장이론'을 강변할지 모른다. 아니면 우선 떡을 크게 만들어놓고 나중에 분배를 생각하자고 할지 모른다. 그러나 우리는 그러한 정책이 결국 농민층을 부익부 빈익빈으로 양극분해시킴으로써 사회모순을 확대재생산할 가능성이 더 높다고 본다. 왜냐하면 일단 한 쪽으로 편재되기 시작한 부는 정치권력과 합세하여 그 방향으로 가속도를 추진하게 마련이어서 그 방향을 역전시키는 일이 극히 어렵다는 것이 바로 역사가 가르쳐주는 교훈이기 때문이다. 굳이 역사의 교훈을 들추지 않더라도 최근 전국 각지에서 도적떼의 출몰이 급증하고 있는 것을 보라. 바로 하층농민들의 처지를 국왕의 성은이 미치지 않는 그늘진 곳으로 방치한 결과인 것 이다.

〈서경〉에서 "민은 나라의 근본이다"라고 하고, 맹자가 '민에 대한 어진 정치'를 강조할 때, 그 민에 어떤 구별을 두지는 않았을 것이다. 세종은 "뿌리 깊은 나무는 바람에 아니 흔들린다"는 구절을 자주 암송한다고 한다. 그렇다. 민은 국가의 근본이자 뿌리이고, 민의 고통을 어루만지는 정치를 펼 때 태평성대가 오는 것이다. 정부는 민본정책을 상·하층 농민 모두를 보듬는 유교적 왕도정치와 인정(仁政)의 수준으로까지 확장해야 할 것이다.

그림마당

이은홍

정가 이모저모

뜨는 태양, 기우는 태양 …

▲세종 집권초인 지금, 조정내에서는 상왕(上王)파와 현왕(現王)파가 서로 갈등을 빚고 있다. 이는 태종이 아직 살아 있는 가운데 세종에게 왕위를 물려주게 됨으로써 생긴 현상. 태종은 세종에게 양위를 했으면서도 아직 외교권과 군사권을 장악하고 있어 한 하늘에 두 태양이 있는 꼴이라고들 한다. 한쪽은 떠오르는 태양이고 다른 한쪽은 기우는 태양이라고나 할까.

회의 중심으로 국정 운영

▲세종의 즉위 이후 조선왕조의 정치운영 방식이 크게 바뀌고 있다. 태종 때에는 주로 몇 사람의 중신들과 국정을 논의하는 것이 관례였다.

이에 반해 세종 때부터는 국가의 대소사를 조정의 대소 신료들이 회의를 열어 활발하게 논의하고, 이런 회의를 거쳐 의견을 수렴하는 정치운영 방식이 관행으로 정착되어가고 있다고.

"죄수에게 얼음 주라"

▲요즈음처럼 무더운 한여름에는 감옥의 죄수들에게 얼음이 지급되는가 하면 관청의 노비들에게도 출산휴가가 주어진다고. 이런 조치는 세종의 특별지시로 이루어진 것인데, 백성을 생각하는 그의 마음이 얼마나 깊은가를 잘 보여주는 실례라는 것이다. 세종은 집권 초기 가뭄이 극심하여 피해가 심각했을 때도 대대적으로 의창곡을 풀어 이를 구휼하기도 했다.

세종, 궁궐 안에 집현전 설치

유교이념 진작, 제도 정비 위한 인재 양성

1420년 세종은 조선왕조의 유교이념을 진작시키고 이를 제도적으로 정비할 인재를 양성하기 위해 그동안 유명무실했던 집현전을 궁궐 안에 새로 설치했다.

이에 따라 집현전 직제가 마련됐고 뛰어난 젊은 학자들을 선발하여 학사로 임명, 이들을 학문연구에 전념토록 할 것으로 알려졌다. 정부관계자는 "집현전의 설치목적이 학자의 양성과 문풍(文風)의 진작에 있는 만큼, 이들의 학문연마에 최대한의 특혜를 베풀 것"이라고 언명하고, "앞으로 집현전에는 각종 서적을 구입 또는 인쇄하여 소장토록 할 것이며 필요하다면 학사들에게 휴가를 주어 절간에 들어가서 독서에 전념할 수 있도록 할 예정"임을 밝혔다.

현재의 정계 사정상 집현전 학사들은 학문연구를 바탕으로 국왕의 측근에서 주로 경연에 참여하기도 하고 각종 제도와 의식을 정비할 뿐만 아니라 외교문서 작성, 사신접대, 편찬사업, 나아가 사관(史官)의 역할까지 하게 되리라는 게 정가의 일반적인 관측이다.

이에 따라 실력 있는 젊은 학자들이 너나없이 집현전 학사로 발탁되기를 바라고 있는 것으로 알려졌다.

경연제도 활성화 … 매일 진행

직제확대, 삼정승·참판·승지 등 참여

국초 이래 계속돼온 경연이 세종 즉위 후 직제가 확대되면서 활성화돼, 지금은 날마다 거르지 않고 경연이 행해지고 있다. 세종은 경연관 직제를 확충해 경연관으로 의정부 삼정승이 겸하는 영사 3인, 판서와 참판급의 지사와 동지사 각각 3인, 여섯 승지와 집현전 학사가 겸하는 참찬관 7인과 집현전 관원이 겸하는 시강관, 시독관, 검토관을 두었다.

강의교재는 「사서」, 「오경」, 「자치통감」, 「자치통감강목」을 기본서로 하고 「성리대전」, 「근사록」, 「소학」, 「대학연의」, 「정관정요」 등을 사용한다. 강의방식은 시강관·시독관이 교재를 읽고 설명하면 왕이 질문도 하고 다른 참석자들이 보충설명을 하며, 강의가 끝난 뒤에는 당면한 정치문제를 토론하기도 한다.

경연제도는 원래 중국 한나라 때 유학자들이 황제에게 오경을 강의했던 데서 비롯된 것으로, 임금에게 경사(經史)를 가르쳐 유교의 이상정치를 실현하는 것을 표방하고 실시됐다. 우리나라에서는 고려 예종 때 처음 실시됐으나 활발하지 못했고, 조선시대 유교이념이 국정교학(國定敎學)이 되면서 경연이 활성화되기 시작했다.

국왕의 24시 "보통 체력 아니고서는 성군되기 어렵다"

국왕의 삶은 일반인들이 생각하는 것과는 달리 고달프다. 마음대로 할 수 있는 자유시간은 거의 없는 편. 국가의 위신이 한몸에 있으므로 행동에 제약도 많다. 보는 눈이 많아 낮잠을 즐기거나 잡기를 하며 노는 시간이란 아예 없고 주로 듣는 말이 "아니되옵니다"이다. 게다가 최다 하루 네 차례의 경연에 시달려야 한다. 물론 세종 같은 이는 이에 기꺼이 임했다고 한다. 아래의 일과표는 표준적으로 제시될 수 있는 우리 국왕의 하루일과다. 물론 여기에도 약간의 개인차는 있다. 그리고 통상 주강과 석강은 생략된다.

일과	시간
기상	오전 5시
기상 직후 간단한 식사를 한다. 죽 한 사발 정도	
6품관 이상의 중앙관서 관리들과 조회(5일마다)	6시
조회가 없는 날은 6품관 이상의 신료들과 회의(상참 常參)	
당상관으로부터 여러 보고를 듣는 시사(視事)시간	
아침 경연인 조강(朝講)	
아침식사	
식사 전후로 왕실 어른들을 찾아 문안인사를 한다	
현안이 있을 경우 해당관리를 불러 논의(引見)	정오
낮 경연시간 (주강)	
상소 검토 등의 일상 집무를 한다	오후 3시
한가한 날은 이 시간을 이용, 체력단련을 한다	
사냥이나 활쏘기. 건국 초기 국왕들은 격구를 즐겼다	
저녁 경연시간 (석강)	7시
저녁식사	
휴식 및 독서	
밤 경연시간(야대 夜待)	
취침	11시

북방 개척시대 개막되다

압록강·두만강변에 4군·6진 설치

대규모 농민 이주정책도 추진

두만강변(1434년)과 압록강변(1433년)에 군사기지 건설이 본격화되고 벼농사에 익숙한 남도 백성들의 이주도 계획되고 있어 북방 개척의 열기가 서서히 달아오르고 있다. 관련기사 5면

▲두만강 유역 1434년 정부는 석막의 영북진을 백안수소(伯顔愁所)에 옮겨 종성군으로 하고 여진족 침입의 위험성이 가장 큰 알목하에 회령진을 신설하여 '부'로 승격시키는 한편, 부거에 있던 경원부를 회질가(會叱家)로 옮기기로 하고 구체적인 작업에 착수했다.

지난 몇 년간 계속된 여진족의 침입으로 기존의 경원부마저 용성(龍城)으로 후퇴시키자는 주장이 우세한 가운데서도 국왕인 세종은 "조종(祖宗)의 옛땅을 한치도 줄일 수 없다"며 영토유지에 대한 강한 의지를 보여 함길도 절제사 김종서를 중심으로 군사적 거점 확보를 시작한 것이다. 이후 두만강 하류 남안의 군사적 요충지에는 계속 진(鎭)을 설치할 예정인데 그 대상지역은 종성·온성·회령·경원·경흥·부령 등이다.

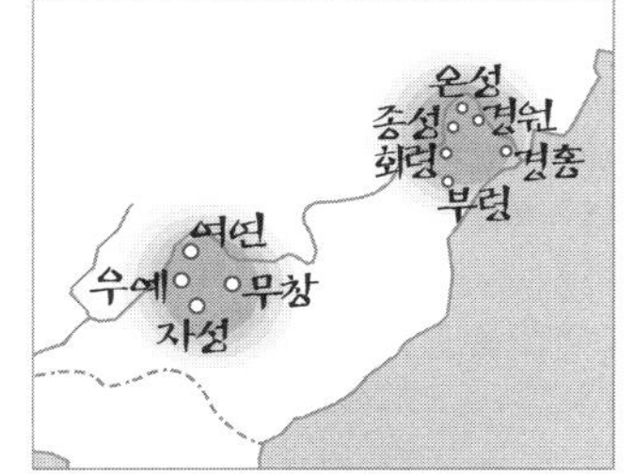

▲압록강 유역 1433년(세종 15) 평안도 절제사 최윤덕은 도진무, 김효성 등과 함께 황해·평안도 병사 1만 5천 명을 이끌고 압록강 상류의 여진족 정벌길에 올랐다.

1432년 시작된 건주위 추장 이만주의 침입을 계기로 시작된 이번 정벌은 여진족을 영토내에서 내모는 단순한 토벌이 아니라, 보다 안정적인 군사적 거점마련을 목표로 한다는 점에서 두만강 유역의 '진(鎭)'설치와 맥락을 같이 한다.

한편 원정길에 오른 최윤덕은 "이 지방은 여연·강계와도 거리가 멀고 교통이 불편하여 위급할 때는 대비하기 어렵다"고 상부에 보고, 그 결과 여연·강계 중간에 위치한 자작리(자성)에 성을 쌓아 자성군이라 하고 여연의 남촌, 강계 북촌의 민호를 떼어붙이고 강계부에 속하게 하는 작업이 진행중이다.

이미 설치된 여연군, 자성군 외에 우예와 무창에도 군(郡)이 설치될 예정인데, 이들 지역은 두만강 유역의 진(鎭)들에 비해 교통이 불편하고 여진과의 충돌이 보다 빈번해서 군량의 운송과 수비에 어려움을 겪을 것으로 예상된다.

달라지는 정책, 미리 살펴본다 1외교 2정치 3경제 4신분

농민층 안정과 양인확보에 총력

고려왕조는 공민(公民)으로서 국가재정의 근간을 담당해오던 농민이 권문세족들의 사민(私民)으로 되면서 걷잡을 수 없는 혼란에 빠졌다. 새 왕조 조선은 이전 농민의 법제적 신분을 조정해 다시 공민으로 되돌리려는 노력에 박차를 가할 것으로 보인다. 1414년 노비종부법의 실시도 이런 양인확보책의 일환이었다. 그러나 사회전체로 보면 양인 신분과 천인신분 간의 구별은 엄격하게 시행될 것으로 보이며, 나아가 일종의 노심자(勞心者)인 지배층과 노력자(勞力者)인 피지배층을 다시 세분하면서 전체 사회안정을 정치적 명분으로 내세울 것이다.

우선 산업별 인구의 재배치, 신분 확인을 통한 전국의 경제인구 정리라는 의미를 갖는 호적 정리작업을 추진할 전망이다. 그리하여 대다수의 인구를 국가재정을 담당하는 안정된 농민으로 정착시킬 수 있을 것으로 기대된다.

물론 지배신분층내에서도 최고 관료집단과 그 이하 계층간에 구별을 둘 것으로 보인다. 예를 들어 문과의 향시(鄕試), 성균관시 등에서 일차 합격자 비율을 경기도에 많이 배당함으로써 한성에 거주하는 양반관료의 자손들에게 혜택을 주는 장치 등이 고안될 수 있을 것이다.

농민, 상인, 수공업자는 이미 양인으로 포함됐다. 고려시기에 향·소·부곡의 특수업에 종사하면서 천인시됐던 주민들도 향·소·부곡을 일반 군현화하는 과정에서 자연스럽게 양인으로 흡수되어왔다. 노비의 경우 고려 때의 사원소속 노비 대부분이 국가기관에 소속되어 공노비가 됐으며 그 수효는 21만여 구에 달하고 있다. 주인에 의해 매매, 증여, 상속되는 사노비의 처지는 크게 나아질 것으로 보이지 않으며 부모 가운데 어느 한쪽이라도 노비이면 그 자식은 모두 노비가 되는 일천즉천(一賤則賤)의 원칙이 당분간은 적용될 것이다.

"토지 소유 규모로 가호(家戶) 대소 구분"

정부, 부세부과 기준으로 호등제 도입

1436년 7월 (세종 18) 역의 부과나 공물의 부과, 진휼미의 배급 기준으로 사용되는 각 가호(家戶)의 대소 구분이 토지의 면적으로 나누어지게 되었다. 이전까지는 사람 수(16세 이상~60세 이하의 남자)에 의해 이루어져왔었다. 따라서 이번 조치는 우리나라의 전반적인 토지생산력이 일괄적으로 가호를 구분하는 기준으로 활용될 만큼의 수준에 달했음을 보여주는 것으로 평가되고 있다.

각도 고을의 호적에서 토지 50결을 대호(大戶), 30결 이상을 중호(中戶), 10결 이상을 소호(小戶), 6결 이상을 잔호(殘戶), 5결 이하를 잔잔호(殘殘戶)로 하며, 서울은 가옥의 칸수를 기준으로 40칸 이상은 대호, 30칸 이상은 중호, 10칸 이상은 소호, 5칸 이상은 잔호, 4칸 이하는 잔잔호로 구분하는 기재방침이 시행된다. 물론 지역 사정에 따라서 호등제의 기준은 변경될 수밖에 없을 것으로 보인다. 실제로 호등제 발표 이후 강원도 감사는 새로 마련된 호등제에 따르면 강원도 양인 농민의 절대다수(85.1%)가 잔호·잔잔호에 속하게 된다며 20결 이상을 대호, 10결 이상을 중호, 6결 이상을 소호, 3결 이상을 잔호, 3결 미만을 잔잔호로 하는 기준 변경을 이미 승인받은 상태이다.

삼강행실도

1434년, 우리나라와 중국의 서적에서 군신·부자·부부 관계에 모범이 될 만한 충신·효자·열녀의 행실에 관한 이야기를 모아 만든 그림책이 출간됐다. 이 책은 세종의 명에 따라 설순(偰循) 등이 만든 것으로 중국 권부의 「효행록」에 우리나라 옛 사실들을 첨가, 백성들에게 유교윤리를 심어주기 위해 만들었다. 그림은 안견·최경·안귀생 등 유명화가들이 그렸다.

대마도 정벌 … 피납 조선인 구출

충청 해안 왜구침입에 대한 보복조치

1419년 7월 지난 5월 충남 해안지역에서 발생했던 왜구의 약탈행위와 관련, 정부는 대마도 정벌에 나서, 적병 1백14명을 목베어 죽이고 가옥 약 2천 호와 1백여 척의 선박을 불태우는 전과를 올려 피납된 중국인과 조선인을 구출했다.

지난 5월 충남 비인현 도두음곶에 왜구가 침입, 당시 도두음곶을 지키던 우리 군사 대부분이 전사하는 사태가 발생하자, 당시 군사권을 쥐고 있던 태종은 대마도에 군사를 파견했으며, 국내 거주 왜인에 대해서도 흉악한 자 21명을 베어 죽이는 등 예방적 조치와 함께 대마도주의 사신을 함길도로 보내고 경상도 거주 왜인은 포로로 삼았다.

일본전문가들은 "합법적인 통상을 원하는 왜인의 증가에 대비, 개항장과 대일무역에 대한 구체적인 정부방침이 마련되어야 한다"고 말하고 있다.

취재 수첩

공법 공방전

1428년(세종 10년) 이후 불붙기 시작한 공법 논의는 얼마전 실시된 대규모 설문조사에서 거의 절정에 이른 듯하다. 결과는 설문대상자 17만2천6백48명 중 찬성 9만8천6백45명, 반대 7만4천3명으로 나타났으며 도별로 보면 경기·경상·전라 3도는 찬성을 표했으며 평안·함경·강원도는 반대쪽에 가담한 것으로 집계됐다.

공법은 찬성론자들의 말처럼 답험관들의 중간 부정을 일소하여 국고의 수입을 증대시키고 정액수취를 지향하는 보다 합리적인 세제이다. 그러나 설문조사에서도 드러났듯이 공법 자체가 정액수취를 목표로 하고 있기 때문에 비옥한 토지가 많은 하삼도지역은 유리하지만 토질이 떨어지는 중부 이북지방은 불리하다. 또 비옥한 토지를 소유한 부농층의 환영은 받아도 척박한 토지를 소유한 빈농들의 반대는 거셀 수밖에 없다.

전국적인 양전으로 인해 결부제라는 동일한 척도로 토지를 파악하게 된 것, 그리고 농업생산면에서 중부 이북지방이 일정한 발전을 보인 것은 분명히 공법과 같은 일률적인 전세(田稅)운영이 가능할 정도로 우리의 농업현실이 발전한 것을 보여준다. 하지만 객관적 현실의 진전에 뿌듯해하기 전에 공법실시가 가져올 폐단도 생각해봐야 할 것이다. 가난한 농민일수록 척박한 땅을 갖게 마련이어서 자칫 땅을 묵히거나 자연재해를 입기 쉬운데, 이들의 형편에 대한 세심한 평가가 이루어지지 않는다면 이들은 '유리걸식'하게 될 것이다. 한때 한전론까지 생각했던 정부가 결국 부세제도의 개선을 통해 토지문제·농업문제를 개선하는 방향으로 선회한 끝에 나온 것이 공법이라면, 국가재정의 증가뿐만 아니라 빈한한 소농의 처지를 고려한 보완조치를 강구해야 할 것이다.

「농사직설」이 보여주는 우리의 농업, 농업론

「농사직설」 편찬의 경위와 배경

조세수입 기본인 생산력 발전에 쏟는 국가의 관심 지대

신국가 건설의 기반이 조세수입인만큼 농업생산력의 발전에 대한 국가적 관심은 크다. 현재 정부가 가장 주력하고 있는 부분은 땅을 놀리지 않고 매년 농사를 지을 수 있을 만큼의 농업기술의 성장이며 이를 위한 농법의 개발과 보급이다. 새로운 농작물이나 농업기술을 보급시키는 농업교육 차원에서 가장 효율적이라고 평가하는 것은 농서의 편찬이다.

태종 때에는 「농상집요(農桑輯要)」와 같은 중국 농서에서 긴요한 대목을 발췌, 이두로 주석을 단 「농서(農書)」가 저술됐고, 세종은 즉위 이후 태종의 뜻을 이어받아 특히 평안·함길도 농민의 농업 장려에 힘을 기울였다.

1428년(세종 10)에는 우리 풍토에 맞고 선진기술이 담긴 농서를 편찬, 전국에 선진농업을 전파하기 위해 일단 농업 선진지역인 경상·충청·전라 삼남지방의 감사에게 농법·농업기술을 조사하라는 지시가 내려졌다. 중국 농서로서 널리 참고되고 있는 「농상집요」는 연간 강수량이 500mm에 불과하고 밭농사가 지배적인 화북지방의 농법 위주로 편찬돼 있어서 연간 강수량 1000±300mm, 봄가뭄이 심한 우리의 기후풍토, 그리고 고려말 이래 계속되고 있는 논농사의 확대 상황과는 맞지 않는 측면이 많이 있었기 때문이다.

조사대상은 땅고르기·씨뿌리기·김매기·수확의 방법, 오곡에 알맞은 토양, 잡곡을 섞어 짓는 방법 등이었으며, 조사방법으로는 각 군현의 경험 많은 농민을 방문하여 질문하는 일종의 현지조사가 시행됐다. 공동편찬자 중의 하나인 정초는 "이제 국가 조세수입의 기본이 쌀이고 논에서의 소출이 밭에서의 소출의 두 배에 이르는만큼 논농사는 매우 중요하다"며 "「농사직설」을 통해 전국적으로 농업생산을 안정시키고 이를 바탕으로 조세수입을 확고히 하려는 정부의 의지는 확고하다"고 전했다.

올 한 해 농사, 다같이 해봅시다

월	할 일
1월	농구를 다스리고 농우를 살펴 먹여서 거름 재워놓고 밤이면 새끼 꼰다
2월	개천을 쳐올리고 살진 밭 갈아엎어 춘묘를 많이 깐다
3월	물고를 깊이 치고 도랑 막아 물을 대 모판을 만들어 날마다 살펴본다
4월	면화를 많이 심고 수수, 녹두, 참깨도 심으며 거름할 풀도 벤다
5월	문앞에 터를 닦고 낫도 손을 본다 보리추수 하고나면 집안이 풍성하다
6월	봄보리, 밀 키우며 콩, 팥과 조, 기장도 재배한다
7월	김매기에 열중하고 거름 풀 많이 베어 더미지어 모아놓는다
8월	백곡이 이삭팬다. 안팎 마당 닦아놓고 면화도 한아름 딴다
9월	추수가 시급하다, 벼 타작 끝난 후엔 틈을 내 콩밭도 돌본다
10월	무 배추 캐어서 김장을 준비한다 알밤도 얼지 않게 간수하자
11월	얼마는 씨앗으로 빼어놓고 땅값과 품값도 갚아야 한다
12월	떡쌀은 몇 말이요 술쌀은 몇 말인가 건강에 유의하라

▲볍씨뿌리기 경상도 농민 김모씨

좋은 씨앗을 고르는 것이 중요하다. 우선 키질을 해서 쭉정이를 버리고 물에 담가 뜨는 것을 버려야 한다. 눈 녹은 물이나 오줌을 담은 나무통에 씨앗을 담갔다가 햇볕에 말리는 과정을 세 번 반복하면 씨앗 자체에 거름을 주는 효과를 거둘 수 있다. 봄가뭄이 심하면 벼를 밭작물처럼 기르는 방법을 시도해보시라. 벼의 묘가 싹트고 성장하는 과정에서 땅 표면을 긁어주면 잡초제거와 수분증발 방지를 할 수 있다.

▲돌려짓기 전라도 농민 정모씨

보리(大麥)·밀(小麥)을 수확한 뒤 곧바로 이 그루터기를 갈아엎고 콩(大豆)·팥(小豆)을 파종하는 맥-두의 그루갈이는 돌려짓기 방법 중에서도 특히 권장할 만하다. 또 기장·콩·조·메밀(木麥)을 수확하기 전에 풀을 베어두었다가 수확이 끝나면 풀을 밭에다 두껍게 깔고 불을 지른 다음, 곧바로 보리·밀을 파종하고 재가 흩어지기 전에 갈아엎는 방법도 있다.

▲사이짓기 경상도 농민 안모씨

한 치의 땅도 아쉬운 사람은 곡식이 자라고 있는 사이사이에 다른 곡식을 심는 사이짓기를 시도해볼 만하다. 보리 사이에 콩·조를 심거나 콩·메밀 사이에 보리를 심으면 밭의 묘(畝) 사이사이 땅까지 놀리지 않을 수 있을 뿐 아니라, 가뭄이나 물난리가 나더라도 혹시 한 가지 곡식이나마 건질 수 있기 때문이다.

▲거름주기 충청도 농민 유모씨

비료제조법 중 가장 대표적인 것은 역시 분회(糞灰)다. 사람의 똥과 아궁이에서 나온 재를 섞어 건조시킨 숙분(熟糞)과 우마의 외양간 밖에 웅덩이를 파서 확보한 우마의 분뇨에다 벼껍질 등을 태워 얻은 재를 섞어서 만든 요회(尿灰)가 그것인데, 이 분회는 직접 여러 작물의 종자와 골고루 섞어서 함께 뿌림으로써 적은 비료로 최대의 효과를 거둘 수 있다.

▲땅고르기 경상도 농민 이모씨

가을갈이는 깊게, 봄갈이는 얕게 하는 것은 상식이다. 특히 가을갈이는 흙의 표면이 희어질 때까지 기다려야 하는데, 그 이유는 아직 흙에 남아 있는 수분을 증발시켜야 하기 때문이다. 원래 내 장기는 못자리 만드는 것이다. 먼저 물을 빼고 버드나무 가지의 연한 부분을 썰어서 두껍게 편 다음 발로 밟아 흙을 완전히 풀리게 해야 연약하고 어린 벼가 잘 자랄 수 있다.

▲김매기 전라도 농민 신모씨

모가 반 자쯤 자라면 3~4차례 김을 매되 모 사이의 흙 표면을 주물러서 연하게 하는 것이 좋다. 기장이나 조의 경우, 호미로 잡초를 제거하고 줄기 밑둥 둘레에 흙을 조금 쌓아주는 것, 즉 북을 주는 것이 좋다. 내가 생각하기에 호미야말로 김매기를 위해 태어난 도구라고 할 만큼 그 성능이 만족스럽다.

인터뷰 「직설」 편찬자 정초

"부농을 위한 농서라는 비판 … 국가 경영의 입장에선 어쩔 수 없는 것"

「농사집요」가 조건이 좋고 오랫동안 경작해온 소규모 토지에 많은 노력을 기울이는 집약적 경영을 바람직한 것으로 보는 반면, 「농사직설」은 신전을 개발함으로써 경영규모를 확대하는데 큰 관심을 보이고 있는 것 같다.

사실이다. 왜구를 피해 산속으로 피난갔던 농민들이 해안가로 돌아오고 산골짜기에 한정되어 있던 수전이 수리시설의 개발로 평평한 저습지까지 확대되는 현상황에서 신전개간은 계속 장려되어야 한다.

경영규모를 제한하는 표현이 없는 것은 농토를 둘러싼 '무한경쟁'을 은근히 장려하는 것 같다. 신전개간에 적극적일 수 있는 농민은 지주나 일부 부유층이라는 점에서 「농사직설」의 주독자층에서 노비농민과 같은 광범위한 무전농민(無田農民)은 제외되고 있다는 인상을 받는다.

지주나 부유한 농민에게 경영 확대의 길을 열어주고 이들을 중심으로 농업생산을 운영해나가려는 것이 정부의 기본방침이다. 현재 활발히 진행되고 있는 해안가·저습지의 대규모 신전개발이나 대대적으로 실시되고 있는 북방사민 정책에서 실제적인 농업 개발을 할 수 있는 사람들은 중상층농민 내지는 대지주가 될 수밖에 없으므로 이들에 대한 정부의 배려는 당연한 것 아닌가? 또 재지지주나 부유한 농민과 같은 향촌사회의 유력자들을 적절히 이용하고 장악하면 이들에게 목을 매달고 있는 하층농민들은 자연히 따라오게 돼 있으니 얼마나 좋은가? 그리고 현실적으로 봐도 농기구나 농업노동력을 많이 보유하지 못한 하층농민에게는 기대를 걸고 농업개발을 맡길 수 있는 부분이 거의 없고 국역담당면에서도 튼튼한 기반이 되지 못한다.

「농사직설」의 농업기술이 부농층의 농업생산을 표본으로 한 것이라는 말이 있던데. 특히 부농이 아니면 소를 갖기 어려운 현상황에서 따비나 쇠스랑이 아닌 소가 끄는 쟁기질을 이야기하고 거름주는 법에서도 소의 똥이 자연스럽게 언급되는 것은 가난한 농민들의 처지를 염두에 두지 않은 것이라는 지적이 있다.

가난한 소농층에 대한 배려가 전혀 없는 것은 아니다. 흉년에도 피해가 그리 심하지 않은 기장·메밀 재배에 대한 소상한 설명, 소토지 소유자를 위한 사이짓기의 설명, 화경(火耕)농법의 장려 등이 그 예다.

우리 농민 어떻게 살고 있나?

농촌사회가 크게 달라지고 있다. 여러 가지 새로운 농업기술이 발전함에 따라 논농사가 늘어날 뿐만 아니라, 농업생산력도 놀랍게 성장하고 있다. 또 정부에서도 다방면에 걸친 권농정책을 시행하여 농업발전은 가속화될 전망이다. 농업이 발전하는 만큼 농민들 사이에 계층간의 격차도 커지고 있고, 정부에 내는 세 부담도 만만치 않은 실정이다. 변모하는 농촌과 농민들의 생활상을 간략하게 살펴보기로 한다.

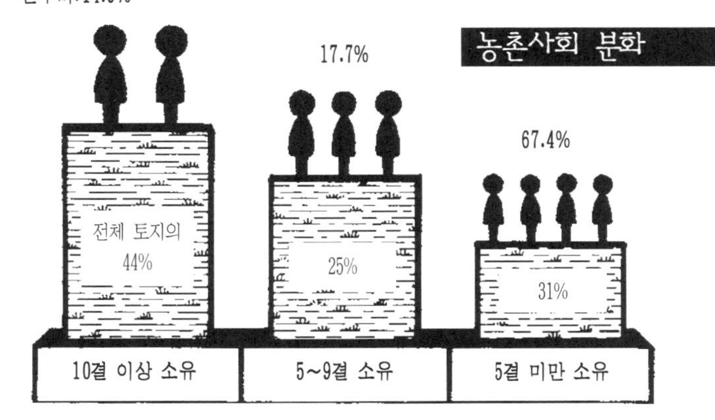

농촌사회 분화

농업발전의 혜택이 모두에게 골고루 돌아가는 것은 아니다. 농업생산력은 늘어나지만 이로 인해 부유해지는 농민이 있는가 하면 점점 더 가난해지는 농민들도 많아지고 있다. 이 표는 강원도지역의 농민층 분화양상을 조사한 자료인데, 경상·전라·충청도의 경우는 이보다 더 심할 것으로 보인다.

논농사와 밭농사의 분포

고려말 이래로 농업기술이 발전하면서 밭을 논으로 바꾸어 논농사를 행하는 지역이 점차 늘어나는 추세다. 특히 최근 들어 평야가 발달한 전라·경상·충청도 지역을 중심으로 논농사가 크게 늘고 있다.

수전비율
55% 이상
35~55%
15~35%
15% 이하

농민들의 부담

양인농민이 나라에 져야 할 세금과 군역부담은 결코 가볍지 않다. 전세·군역·공납·요역 외에 고을의 관아에서 거두어가는 잡세도 적지 않다. 세금과 역의 양은 대체로 농민들이 갖고 있는 토지의 면적에 준한다.

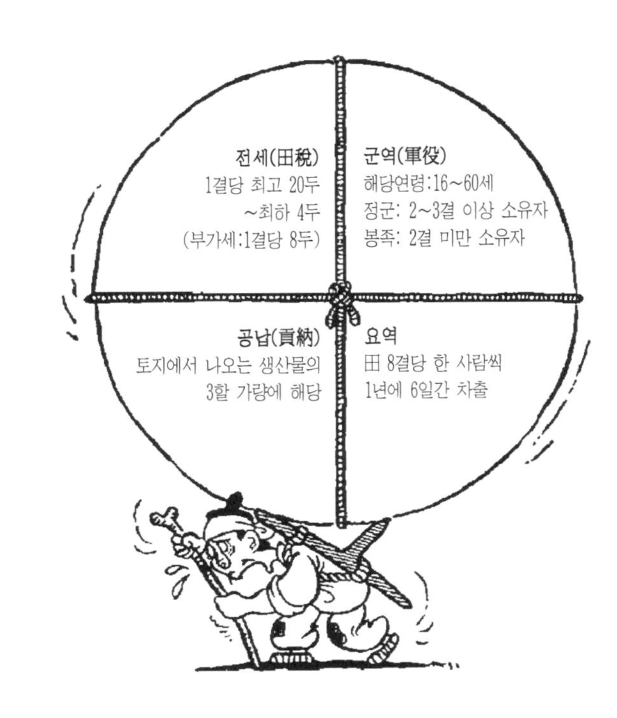

농민의 계층별 생활상

토지가 많은 부유한 농민과 토지가 적은 가난한 농민은 가족 수, 가옥구조, 생활정도 등 모든 면에서 차이가 났다. 대부분의 농민들은 겨우 1결 내외의 토지를 갖고 자기 가족의 노동으로 농사를 짓고 살아가고 있다.

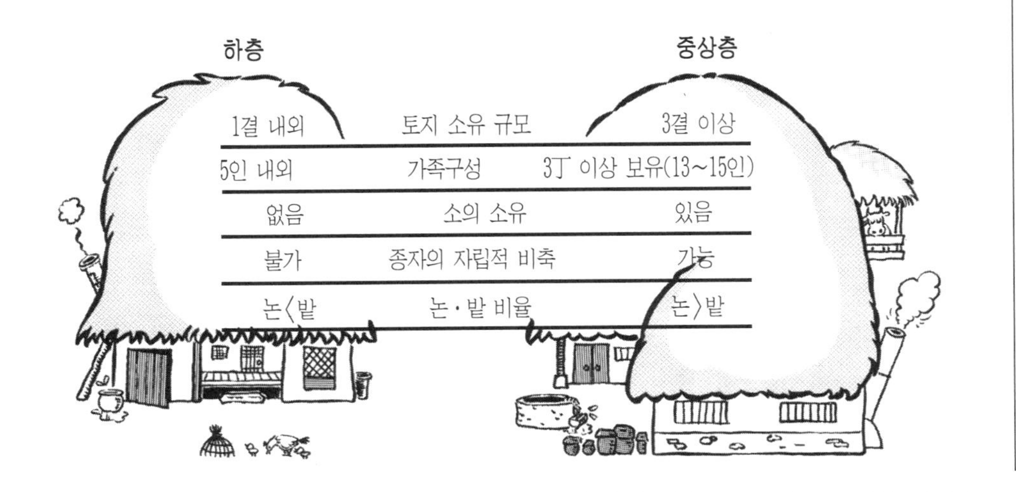

하층		중상층
1결 내외	토지 소유 규모	3결 이상
5인 내외	가족구성	3丁 이상 보유(13~15인)
없음	소의 소유	있음
불가	종자의 자립적 비축	가능
논〈밭	논·밭 비율	논〉밭

신백정, 사회적응 못하고 도적화

유목민족 후예에게 농사짓기 강요로 저항 불러

1428년 4~5월 황해도 강음·곡산지역과 경기의 송림, 평안도의 상원·삼등 등지에서 신백정(新白丁)들이 떼를 지어 관리에 항거하고 도둑질을 하는 사건이 빈번하게 발생, 조정이 대책마련에 고심하고 있다.

"강음현 천신사의 탑고개에서 신백정 20여 명이 말을 타고 불을 지르며 도둑질을 하는데 남녀 모두 활을 능숙하게 다루고 실제 사로잡힌 한 여자는 남자옷을 입고 있기까지 했다"는 황해도 감사의 보고에서 나타나듯, 말갈·거란 등 유목민의 후예인 '재인·화척'의 무리들이다. 태종 때 이들에게 토지를 주고 농사를 짓도록 하였으며, 세종 때엔 이들을 백정이라고 불렀다. 그러나 이들은 유목민족의 생활습관을 버리지 못하고 유랑생활을 하면서 생활이 어려워지면 약탈·방화·살인 행각을 벌여 그동안 여러 차례 사회적 물의를 빚어왔다.

재인·화척들의 주요 생업수단은 도살·사냥·육류판매·버들고리와 가죽제품의 제작과 같이 일반적으로 천시를 받는 직종인데다가 혈통문제까지 겹쳐, 일반 양인들도 정부의 혼인권장을 무시한 채 함께 살기를 꺼려하고 있는 형편이다. 원래 유목민인 이들에게 농사를 강요하는 것 자체가 무리인데다가 사회적인 천대까지 겹쳐 이들의 항거는 이미 예상된 일이었다.

신백정들은 그동안 "토지를 지급하여 농사를 짓게 하고 말총·뿔 등의 공물을 면제시켜주는 것만으로는 부족하다"며 "우리들의 호적을 따로 작성해서 출생·사망·도망을 점검하고 여행까지 통제하는 것 자체가 차별"이라고 주장하고 있다.

大火災 당국, 고의 방화로 추정, 수사착수

1426년 2월 15~16일 한성의 궁중기관인 인수부와 감옥인 전옥서에서 번지기 시작한 불길로 42명이 사망하고 민가 2천여 호, 경시서 및 북쪽 행랑, 전옥서가 소실되는 대화재사건이 발생했다.

화재가 발생한 양일간 강한 서북풍이 계속 불어 불길 진압에 어려움을 겪었는데, 확인된 사망자는 현재까지 23명이지만 불에 타서 이미 재가 된 사람까지 합하면 사망자가 얼마나 될지는 알 수 없는 형편이다.

또 불길이 인근 고급주택가로 번지는 과정에서 혼란을 틈타 많은 도적 행위가 있었다.

의금부에서는 일단 이번 화재를 고의적인 방화로 보고 수사를 진행, 현재 용의자로 양인인 장원만과 이영생을 체포했고, 이들의 자백을 통해 밝혀진 공범 김천용과 노비인 진내, 근내, 돌이, 역관인 김영기의 행방을 추적하고 있다.

당국이 처음부터 이번 화재를 계획적인 범죄로 보고 수사를 시작한 이유는 한양 성곽 수축공사에 동원된 백성들의 불만이 위험수위에 달해 있는 점에 비추어 이들의 모의에 의한 고의적인 방화로 추정하기 때문이라고 한다.

종군기 두만강 너머 여진족을 바라보며

6진 개척에 동원된 갑사 김성식

이곳은 사람살기 힘든 곳 … 고향갈 날 언제일까

이곳에 오기 전 여진족들은 매우 탐욕스럽다는 이야기를 들은 적이 있다. 과연 실제로 겪어보니 그들은 사람과 가축만 훔쳐가는 것이 아니라 곡식 낟가리와 백성들이 사는 움집에까지 불을 질렀다. 평안도 관찰사 박안신이 조정에 올린 변경방어책이 얼마전부터 우리 진지에도 배포돼, 낮에는 방벽과 함정을 만드느라 바쁘고 밤에는 강에 나가 망을 보느라 잠을 설치고 있다. 말이 다닐 수 있는 길에 나무를 찍어 막아놓고 강기슭에는 말뚝과 가시가 얽힌 장애물을 설치하며 그 안쪽에는 구덩이를 파 그 위에 풀과 나무를 덮어 위장하는 작업도 만만치 않다. 여진족의 가죽배보다 비교적 튼튼한 우리 배를 적에게 빼앗기지 않도록 지키는 일도 중요한 나의 임무이다.

두만강 너머 여진족을 바라보면서 내가 요즘 가장 많이 생각하는 것은 물론 고향에 두고 온 식구들이지만, 둘째는 여진족의 본거지를 소탕하는 작전에 대한 것이다. 그들은 농사철을 틈타 닥치는 대로 일하는 백성들을 죽이고 붙잡아가니 보고를 받고 우리가 출동하면 이미 '상황 끝'이 돼버린다. 적의 주요 도강지역에 배를 1~2척씩 정박시켜두었다가 적의 침범이 있을 경우 즉시 추격한다면 이들을 잡는 것은 그리 어려운 문제가 아닐 텐데 우리 상관은 도대체 머리를 어디에 쓰고 있는지 알 수가 없다.

내가 있는 경원은 백성을 이주시키는 사민정책이 제일 먼저 시작(1433년)된 곳이지만 5년이 다 되어가는 지금도 백성들의 생활은 그리 풍족하지 못한 것 같다. 함경도 남쪽의 소농과 빈농이 1차 사민의 대상이었는데 이주한 첫해에 가뭄이 들고 폭설이 내려 가축들이 많이 죽어버렸고 다음해에는 전염병이 돌아 죽은 사람이 매우 많았다. 정부는 향리에게 벼슬길을 열어주는 등 여러 가지 특혜를 베풀겠다고 선전하고 있지만 아무도 북쪽으로 가고 싶어하지 않는다고 한다. 어쨌든 이곳은 사람이 살만한 곳은 못 되는 것 같다. 고향생각에 젖어 오늘도 나는 두만강을 뒤로 하고 고향 하늘쪽을 바라본다.

자동 시보 물시계 '자격루' 개발 … 우리 과학사의 일대 쾌거

"움직임이 귀신 같다", 보는 이마다 탄성

최근 중국유학을 마치고 귀국한 장영실이 최첨단 시보장치인 자격루를 완성, 왕실을 비롯한 서운관 관계자들은 "우리나라 과학기술의 질적 도약을 보여준 대사건"이라고 흥분하고 있다. 경복궁 경회루 남쪽 보루각에 설치된 이 자격루는 이전의 물시계와는 달리 사람 손이 가지 않아도 때가 되면 인형이 나와 종을 때려 시보를 알려주는 획기적인 발명품이다.

4개의 물항아리, 2개의 원통형 청동물받이, 시보장치의 세 부분으로 구성돼 있으며, 물받이와 시보장치 사이는 쇠구슬을 이용한 동력전달장치로 연결돼 있다. 시보장치 내부는 복잡한 기계구조로 돼 있는데 기본적으로는 일정한 시간이 지나 항아리에 물이 차면 잣대가 떠오르면서 쇠구슬을 밀고, 이 쇠구슬이 떨어지면서 연쇄적으로 기계들을 작동시키게 돼 있다. 해뜬 다음부터 해질 때까지는 하루를 12등분한 '시'를 기준으로 시보하고, 해진 다음부터 해뜰 때까지의 밤시간은 5경으로 나누어 시보한다. 낮시간은 매시 정각에 시보장치 맨 위의 나무인형이 종을 한번 쳐서 알리는데 시마다 구별을 주기 위해 종을 칠 때 12지신을 나타내는 각 동물 모형이 시보장치 중간에 있는 구멍에 나타난다. 그리고 밤시간인 5경은 별도장치를 해서 인형이 매 경마다 경의 수만큼 북을 치고, 경과 경 사이의 5점에는 점의 수만큼 징을 친다(밤시간은 총 5경 25점).

이러한 자동 시보를 지켜본 이들은 그 움직임이 "귀신과 같아서" 모두 벌어진 입을 다물지 못했다는 후문이다. 그러나 자격루가 궁궐 안에 위치하고 있어 시보 소리가 시내 중심의 종루까지 들리지는 않아 광화문에서 종루 사이 5개 소에 중간전달용 종을 설치하기로 했다.

장영실은 세종의 특명을 받고 중국에 가서 중국 및 아라비아의 각종 시계장치를 연구하여 자격루 제작에 반영한 것으로 알려졌다. 세종은 그의 공로를 높이 사 천인이지만 정4품 벼슬을 내릴 예정이다.

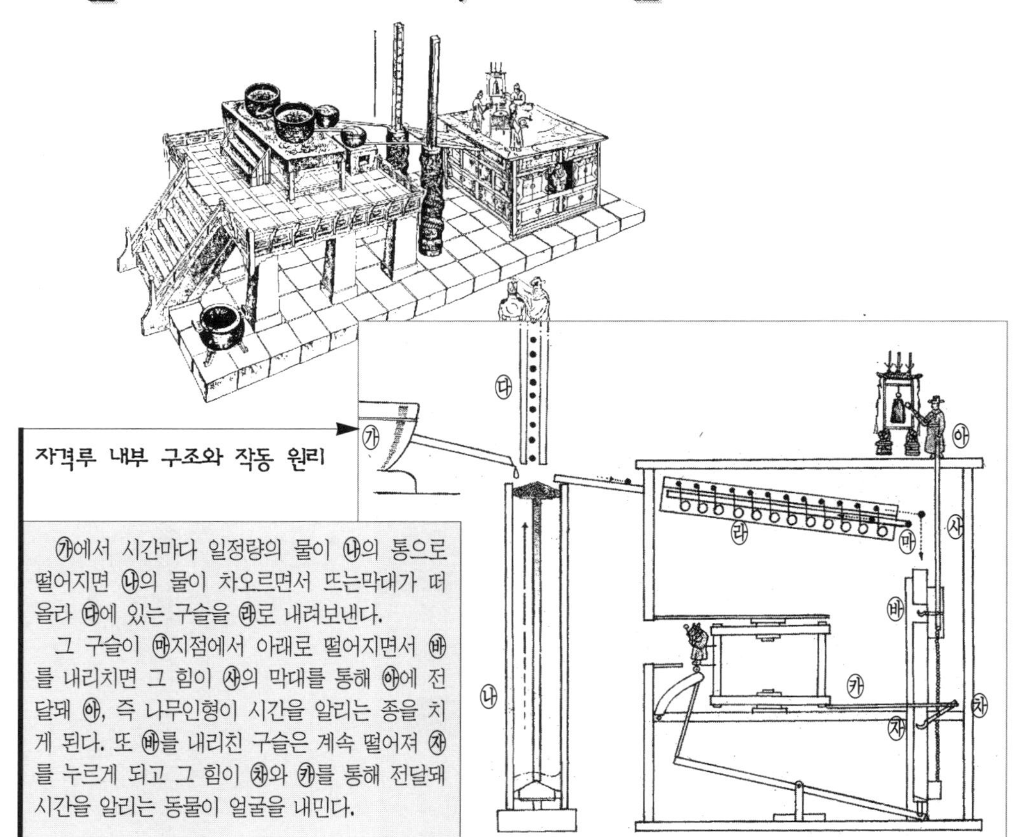

자격루 내부 구조와 작동 원리

㉮에서 시간마다 일정량의 물이 ㉯의 통으로 떨어지면 ㉯의 물이 차오르면서 뜨는막대가 떠올라 ㉰에 있는 구슬을 ㉱로 내려보낸다.
그 구슬이 ㉲지점에서 아래로 떨어지면서 ㉳를 내리치면 그 힘이 ㉴의 막대를 통해 ㉵에 전달돼 ㉵, 즉 나무인형이 시간을 알리는 종을 치게 된다. 또 ㉳를 내리친 구슬은 계속 떨어져 ㉶를 누르게 되고 그 힘이 ㉷와 ㉸를 통해 전달돼 시간을 알리는 동물이 얼굴을 내민다.

인터뷰 발명왕 장영실

자격루, 옥루 등 물시계와 간의, 혼천의 등 천체관측 기구, 그리고 앙부일구를 비롯한 여러 가지 해시계는 물론 최근 인쇄기계 개발에도 손을 대고 있는 만능기술자 장영실. 중국계 귀화인과 기생 사이에서 태어나 동래현에서 관노비로 있었으나 세종의 눈에 띄어 전격 중국 유학 후 궁중기술자로 일하고 있다. 현재 정5품 행사직(行司直).

"첨단 과학지식과 우리의 전통과학을 접목"

우리나라 과학기술을 한 단계 올려놓았다는 평가를 받고 있는데.

부친의 영향을 많이 받은 것 같다. 부친은 원래 중국 절강성 소항주 분이다. 중국에는 세계 각국의 문물이 유입되고 있고 특히 아라비아측의 과학기술이 많이 소개되고 있다. 나는 그러한 세계 최첨단 과학지식을 우리 전래의 전통과학과 접목시키려고 해왔을 뿐이다.

현재 우리의 과학기술 수준은 어느 정도인가.

그동안 우리 과학기술은 일상생활과 직접 관련된 응용기술 면에서 많이 발달해왔다. 도자기 제조기술이라든가 인쇄술 등이 그렇다. 하지만 최근에는 원리를 밝히는 관측 및 이론 분야에서도 발전의 가능성이 열리고 있다. 특히 천문학 분야는 눈부신 발전을 하고 있다.

과학발전에 장애가 되고 있는 것은 무엇이라고 보는가.

과학이나 기술에 종사하는 사람을 천하게 여기는 것부터 고쳐야겠다. 또 우리 조상들의 과학기술 유산을 자랑스럽게 생각해야 한다. 거기서부터 과학에 대한 애착심이 싹틀 것으로 본다.

천인출신으로 높은 관직에까지 올랐는데, 주위의 반대는 없었는가.

국왕께서는 일찍부터 미천한 나를 발탁, 천인 신분을 면하게 해주려고 하셨지만 일부 조정대신들의 반대가 있었다. 결국 일부 대신들이 과거 전례를 조사, 나에 대한 면천과 관직수여가 가능하다는 해석을 내려줬다.

문화시평

시간개념의 혁신에 부쳐

의원이 환자의 맥박을 잴 때 기준 시간은 어떻게 정해야 할까? 기방에 놀러간 김서방이 기생 화선이와 방에서 즐긴 시간은 어떻게 산정해서 돈을 받아내야 할까? 더 심각한 예를 들어보자. 농촌에서 저수지물을 다섯 사람 논에 순차적으로 똑같이 대기로 했는데 어떻게 동일한 시간분배를 할 수 있을까?

새 왕조가 들어서고 사회 각 부문이 급속하게 발전하고 있는 오늘날, 시간개념도 과거와는 달리 객관적 정밀성을 가질 것을 요구받고 있다. 우리는 태어나서 죽을 때까지를 한 단위로 일생을 마친다. 네 쪽짜리 귤은 네 번에 먹지만 여덟 쪽짜리 귤은 여덟 번에 나누어 먹을 수 있다. 이와 같이 우리 일생도 그것을 잘게 쪼개 쓸수록 그만큼 다양하고 풍부한 삶이 되는 것이다.

최근 정부에서 자격루라는 정밀한 자동물시계를 제작하고 칠정산내편을 편찬하여 새 달력을 배포한 것도 이러한 시대적 요구를 반영한 것이다. 중국 고전 「주례」에는 "무릇 통치자는 역법을 만들어 백성에게 시를 알려주라"는 구절이 나온다. 우리 백성들은 언제 일어나 일하고 언제 잠자리에 들 것인지, 언제 씨를 뿌리고 언제 수확할 것인지 정밀한 지표가 없다. 나라에서 시각을 알려줘야만 하루와 일 년 생활을 꾸려나갈 수 있는 것이다.

물론 지금까지도 해시계와 물시계가 있어 신라대에는 봉덕사종을, 고려대에는 송도 남문에 걸린 연복사종을 쳐 시보를 알려왔다. 시골에서는 대개 절에서 향불 타는 시간을 기준으로 치는 종소리로 시각을 인식해왔다. 그러나 이것들은 그 정확도가 떨어질 뿐만 아니라 사람이 하는 일이라 실수도 많았다. 더욱이 해가 없는 밤시간 동안에는 오로지 물시계에 의존할 수밖에 없고 또 밤의 길이가 매일마다 변화하므로 정밀한 물시계의 개발은 시대적 요청이었다고 할 수 있다. 세종께서도 밤시간을 알리는 관리들이 시보를 잘못했을 경우 중벌을 받게 돼 있어 전전긍긍해하는 것을 안타깝게 여겨왔다는 것은 널리 알려진 일이다.

매시, 매각, 매분을 정확하게 자동으로 시보하는 자격루, 간편하게 휴대하고 다닐 수 있는 현주일귀, 관측기준 지점을 중국이 아니라 우리나라로 삼아 만든 정밀달력 칠정산내편. 이것들로 인해 우리는 이제 시간을 이전보다 훨씬 더 유용하게 활용할 수 있게 됐다. 1년은 365.2425일, 1달은 29.530593일, 1일은 12시, 12시는 100각, 1각은 100분, 1분은 100초…. 잘게 쪼개진 이 시각들 속에 갖가지 빛깔의 아기자기한 삶을 담아보자.

해외 소식

명나라 정화(鄭和), 대규모 함대 이끌고 남해 원정

정화가 이끄는 중국의 해양함대가 여러 차례에 걸쳐 동남아시아, 인도, 페르시아만, 아라비아반도는 물론 멀리 아프리카 동부해안까지 원정하는 큰 성과를 올리고 있다. 정화의 원정은 명나라가 중국을 통일한 국력을 바탕으로 이루어진 것인데, 1405년 시작된 정화의 첫번째 해양원정에는 62척의 배와 2만7천8백명의 인원이 동원되어 그 규모와 중국의 조선술·항해술에 모두들 압도되고 있다는 소식이다. 명나라가 이처럼 해외원정을 추진한 것은 이미 오래전부터 해외로 그 세력을 확장시켜나갔었고 향료 등 남방 물산의 무역을 확대시키기 위해서라고 한다. 남해원정으로 중국은 세계지리에 대한 지식이 풍부해졌을 뿐 아니라 향후 동남아시아 여러 지역에 대한 정치·경제적 영향력을 갖게 될 것으로 전망된다.

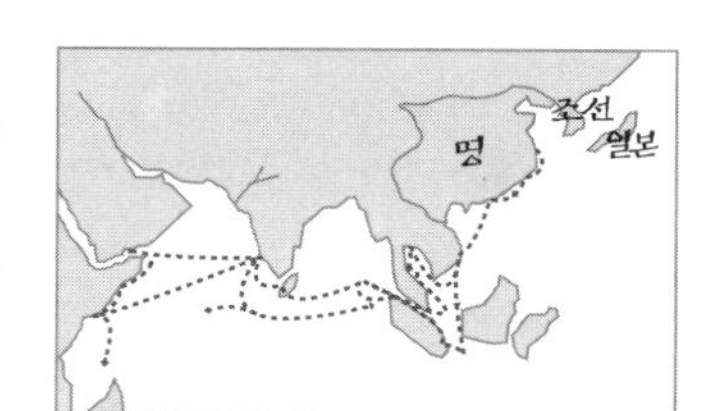

남해원정의 총사령관인 정화는 본명이 마삼보(馬三保)로, 원래 부하라의 무하마드왕의 후예로서 메카에 성지순례까지 다녀온 이슬람교도 하지의 아들이라고 한다. 마(馬)씨는 무하마드의 중국식 표기이다. 그는 어려서 거세되어 명의 영락제의 군대에서 활약하였고 그로부터 정(鄭)씨 성을 하사받았다고 한다.

'의약 신토불이' … 우리 질병 우리 약재로

전통의학서 「향약집성방(鄕藥集成方)」 펴내

우리땅에서 나는 약재를 이용하여 백성들의 질병을 구제하자는 취지로 전국의 민간 향약방을 빠짐없이 수집하여 집대성한 「향약집성방」이 편찬되어 의약업계에 큰 경사로 받아들여지고 있다.

이 책은 세종의 지시로 유효통, 노중례, 박윤덕 등의 학자와 의원이 1년여의 작업 끝에 1433년 완성한 것이다. 이들은 이 책을 편찬하기 위해 먼저 향약과 당재를 비교, 연구하는 한편 각도 각읍에서 생산되는 향약의 실태를 조사한 것으로 알려졌는데, 이 책과 함께 향약의 채취를 시기에 적절하게 하도록 「향약채취월령」을 간행했다.

역사신문

우리 문자 '한글' 완성됐다

우리 문화사의 획기적인 전환점 "누구나 쉽게 문자의 혜택 누린다"

일부 지식인들 반대 상소 … 전면 보급에는 시일 걸릴 듯

1446년 9월 우리도 우리말을 정확히 표기할 수 있는 문자를 비로소 갖게 됐다. 지난 1443년 세종의 주도 하에 만들어졌던 우리 글자 훈민정음(訓民正音)이 3년간의 연구검토 과정을 거쳐 전국에 반포된 것이다. 28자의 자모음 체계로 구성된 훈민정음은 우리말을 가장 자연스럽게 표현할 수 있는 과학적인 문자로, 소리나는 대로 쓸 수 있어 문자마다의 뜻을 알아야만 쓸 수 있는 한문보다 훨씬 익히기가 쉬워, 많은 백성들이 문자의 혜택을 누릴 수 있게 될 전망이다. 세종은 「훈민정음」 서문을 통해 "나랏말이 중국과 달라 어리석은 백성들이 말하고 싶은 것이 있어도 제 뜻을 펴지 못하는 사람이 많다. 내가 이를 딱하게 여겨 새로 28자를 만들었다"고 한글창제의 취지를 밝혔다.

정부는 현재 시가(詩歌)와 각종 경서를 한글로 번역하여 일반에 보급중인데, 여성층과 일반 서민들의 호응도가 높은 것으로 알려지고 있다. 그러나 최만리, 김문 등 상당수 관리들은 훈민정음 창제 이듬해에 "중국과 다른 문자를 만드는 것은 사대의 예에 어긋나며 스스로 오랑캐가 되려는 것"이라며 훈민정음 사용반대 상소를 올리는 등 훈민정음의 보급을 탐탁치 않게 생각하고 있어 한글의 전면적인 보급에는 다소의 어려움이 따를 것으로 보인다.

정부관계자들은 한자음을 바로잡기 위한 지침서인 「동국정운(東國正韻)」 편찬사업이 완료되면 한자 발음의 정확한 표기와 한문해독의 보조기능에 한글이 널리 이용될 수 있을 것이라고 전망하고 있다.

관련기사 2·3·4·6면

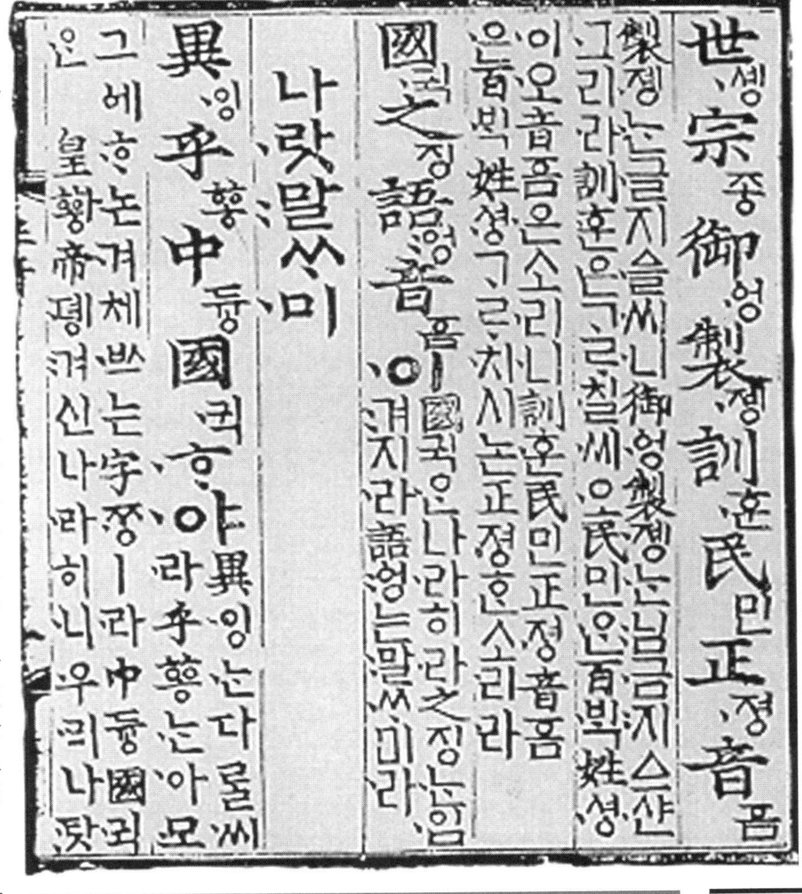
世솅宗종御엉製졩訓훈民민正정音음

製졩는 글지슬씨니 御엉製졩는 님금 지스산 그리라 訓훈은 ᄀᆞᄅᆞ칠씨오 民민은 百ᄇᆡᆨ姓셩이오 音음은 소리니 訓훈民민正정音음은 百ᄇᆡᆨ姓셩 ᄀᆞᄅᆞ치시논 正정ᄒᆞᆫ 소리라

國귁之징語ᅌᅥᆼ音음이

國귁은 나라히라 之징는 입겨지라 語ᅌᅥᆼ는 말ᄊᆞ미라

나랏 말ᄊᆞ미

異잉乎ᅘᅩᆼ中듕國귁ᄒᆞ야

異잉는 다ᄅᆞᆯ씨라 乎ᅘᅩᆼ는 아모 그ᅌᅦ ᄒᆞ논 겨체 ᄡᅳ는 字ᄍᆞᆼㅣ라 中듕國귁은 皇황帝뎽 겨신 나라히니 우리나랏 ...

측우기 제작, 전국 보급

전국 강우량 정확히 분석, 농정 참고 계획

1441년(세종 23년) 8월 18일 새로운 강우량 측정기구인 측우기가 개발돼 경회루 부근 마전교(馬前橋) 서쪽 얕은 물 가에 설치됐다. 정부는 측우기로 전국의 강우량을 정확히 분석, 농정에 참고자료로 활용할 계획이다. 측우기는 깊이 2尺(41㎝), 지름 8寸(16㎝)의 철제 원통과 돌로 만든 측우대로 구성돼 있는데 통속에 고인 빗물을 주척(周尺)으로 측량한다.

세종은 각 지방 도 단위 감영에는 철제측우기, 군 단위 관청에는 도자기로 만든 측우기를 설치하고 강우량을 푼(分:약 2mm) 단위까지 측량해 보고할 것과 비가 온 시간, 미우(微雨)에서 폭우(暴雨)에 이르는 8단계로 세분된 비의 종류 등 관련항목을 자세히 기록하라고 지시했다.

관련기사 4면

정부, 공법(貢法) 시행키로 결정 토지측량법, 수세기준 개선된다

토지등급과 풍흉에 따라 세율조정, 토지측량 때 자 사용

1444년(세종 26년) 정부는 오랜 논란 끝에 ▲토지측량시 농부의 손가락이 아닌 주척(周尺)을 사용하고 ▲토지의 비옥도에 따라 전분(田分)을 6등급으로 분류하며 ▲풍흉에 따른 연분(年分)은 9등급으로 나눠 이를 6등전 각각에 적용하는 것 등을 골자로 한 공법을 시행키로 했다. 참조기사 4호 1·3면

또 앞으로 자연재해에 따른 면세 여부는 수령과 감사의 심사를 거쳐 국왕이 최종 결정하게 된다.

이번 조치로 합리적인 토지측량과 수세운영이 이루어질 것으로 기대하고 있는데, 일반 농민들은 앞으로 토지비옥도 평가와 풍흉 평가가 향촌내 세력관계에 상관없이 공정하게 이루어질 것인지를 우려하고 있으며, 재해에 따른 면세 허용 절차가 까다로워진 데 대해선 불만족스럽다는 반응을 보이고 있다.

한편 이번에 마련된 공법은 토지에 대한 양전을 새로 해야 시행할 수 있는 것이어서 앞으로 상당한 시일에 걸쳐 양전이 이루어져야 실시가 가능할 것으로 보인다.

공법 하의 연분(年分)과 수조액

연분	실	수조액	연분	실	수조액
상상(上上)	전실(全實)	20두(斗)	중하(中下)	5분실(5分實)	10두
상중(上中)	9분실(9分實)	18두	하상(下上)	4분실(4分實)	8두
상하(上下)	8분실(8分實)	16두	하중(下中)	3분실(3分實)	6두
중상(中上)	7분실(7分實)	14두	하하(下下)	2분실(2分實)	4두
중중(中中)	6분실(6分實)	12두			

조선-일본 간 무역협정 계해약조 체결

1443년(세종 25년) 정부가 대마도주와 무역에 관한 일반 협정인 계해약조를 체결했다. 일본에 통신사로 파견돼 조약에 서명한 변효문(卞孝文)은 "갈수록 늘어나는 입국 왜인의 접대와 이들의 무리한 교역요구로 인한 우리 정부의 재정부족이 이번 조약 체결의 배경"이라고 말했다.

그동안 정부는 대마도주에게 입국증명서를 발부, 입국 왜인들이 반드시 소지토록 했고 세견선의 숫자도 제한하는 등 교류의 한계를 유지해왔는데 이번 조약으로 그간의 관행이 보다 구속력을 발휘하게 될 전망이다.

계해약조의 주요내용은 다음과 같다. ▲무역선인 세견선은 50척 ▲세사미두(歲賜米斗)는 2백석 ▲왜인의 삼포 체류기간은 20일, 배를 지키는 사람의 체류기간은 50일로 하며 이들에게 식량을 배급한다.

역사신문

훈민정음 반대론은 오류이다

훈민정음 우수성 입증은 백성들이 하는 것

훈민정음 창제작업이 집현전 학자들의 주도로 진행돼온 것은 모두 아는 사실이다. 그런데 훈민정음에 대한 반대론이 바로 집현전 내에서 불거져나와 우리를 놀라게 한다. 그것도 집현전 내 학자들간의 토론과정이 아니라 국왕에 대한 직접적 상소의 형태로 제기된 것은 무언가 토론이 여의치 않은 상황을 반영한다고 보지 않을 수 없다. 우리는 그러한 상황에 일말의 우려를 보내면서 이미 공론화된 훈민정음 반대론에 대해 발언하고자 한다.

최만리, 정창손 등 집현전 고위학자들의 훈민정음 반대론은 훈민정음이 우리의 '중화 중심 세계관'과 '성리학적 학문체계'를 벗어났다고 하는 점을 핵심으로 하고 있다. 그러나 이들은 분명한 논리적 오류를 범하고 있다. 정음 창제를 지시한 국왕 세종이나 창제작업에 참여한 성삼문, 신숙주 등 집현전 학자들 모두가 둘째 가라면 서러워할 성리학 권위자들이고 중화의 우수문화를 본받으려 애쓰고 있는 이들이라는 것은 굳이 증명을 필요로 하지 않는다. 그럼에도 이들에게 '탈중화주의자'라는 딱지를 붙이려 하는 것은 정작 훈민정음 자체에 대한 논의를 봉쇄하는 것으로서 이른바 '우물에 독약 뿌리기'식의 논리적 횡포이다.

또 그들은 '중화의 선진 문화=중화의 글자'라는 잘못된 등식을 강변하고 있다. 그들의 논리에 따른다면 '선진문화=선진 언어'이므로 우리는 글자뿐 아니라 말도 중국 말로 바꾸어야 마땅할 것이다. 그러나 글자는 문화의 구성요소이기는 하지만 문화가 우수하다고 해서 당연히 그 글자도 우수하다는 등식은 성립할 수 없는 것이다. 반대론자들은 오히려 수천 년 동안 사용해온 우리의 말이 글자와 서로 일치하지 않는 불합리성에서 눈을 돌리지 말아야 할 것이다. 또 그들은 "「삼강행실도」를 정음으로 편찬, 배포하면 백성 교화의 효과가 높아질 것이라고 하나 삼강오륜은 인성에 따른것이지 문자와는 관계가 없는것"이라며 효용성에 문제를 제기하고 있다. 그러나 새 글자가 생활에 정착되기까지는 시간이 필요하다. 이제 정음을 만든 지 몇 년도 안 된 상황에서 섣부르게 효용성을 따질 수는 없다.

이렇게 우리는 훈민정음 반대론이 따지고 보면 논리적 오류 투성이라는 것을 지적한다. 그리고 이러한 점이 사전에 집현전 내에서의 토론을 통해 걸러지지 않은 것을 아쉽게 생각한다. 그렇다고는 해도 국왕이 반대상소를 올린 자들을 옥에 가두는 식의 감정적 대응을 보인 것(다음 날 모두 풀어주기는 했지만) 또한 유감스러운 일이다. 훈민정음의 우수성을 입증하는 것은 어차피 백성들이다. 앞으로 민본정책에 더욱 정진할 것을 주문한다.

그림마당

이은홍

훈민정음 창제의 역사적 의의

정부, 문자개발 후 백성과의 거리좁히기에 적극 나서

훈민정음 창제로 우리도 이제 제 글자를 가진 민족의 대열에 합류하게 됐다. 주변 국가들이 몇백 년 전부터 이미 자기 글자를 만들었음에 비추어보면 때늦은 감이 있으나, 창제작업을 주도한 학자들이 말한 "늦게 만들어진만큼 가장 완벽한 글"이라는 주장은 설득력이 있다.

우리는 그동안 한자를 변용한 이두를 써왔다. 그러나 이두는 써놓고 보면 그것이 이두인지 한자인지 구별할 방법이 없어 엄밀하게 우리 글이라고는 할 수 없었다. 최근에는 구결(口訣)이라 하여 한자의 부수나 획을 따와서 조사와 어미로 사용하고 있으나 이는 한자의 보조문자일 뿐이다.

더욱이 국왕 세종이 주목한 것은 한자의 발음이 표준화돼 있지 않다는 사실이다. 牡丹을 두고 혹은 '목단'으로 혹은 '모란'으로 읽는 것 정도는 심각하지 않을 수 있다. 그러나 중요 정부문서 혹은 외교문서의 경우는 문제가 심각할 수 있다. 이 때문에 세종은 일찍부터 음운연구에 관심을 쏟았고 학자들에게 연구작업을 재촉했던 것이다.

한편으로 '바른 음'의 정립은 어진 통치자가 되기 위한 필수요건이기도 하다. 국초 이래 유교적 사회질서를 세우기 위해 노력해온 연장선상에서 보아도 더이상 '바른 음' 제정을 늦출 수는 없는 단계에 왔다. 유교경전 가운데 하나인 「주례」에 이미 "세상만물의 이치는 음양오행일 따름이고 사람의 말소리에도 다 음양의 이치가 있는 것"으로 나와 있고 나아가 "나라를 세우고 나서 통치자는 무릇 정음을 제정해야 한다"고 돼 있기 때문이다.

그러나 다름아닌 바로 이 시점에서 우리글이 만들어지게 된 것은 국내적으로 경제수준이 높아지고 백성들의 의식이 전반적으로 향상돼 그에 따라 문자생활에 대한 요구도 높아져왔다는 사정이 있었기 때문이다.

정부는 앞으로 각종 서적을 훈민정음으로 간행, 배포하고 지방관 선발시험에 훈민정음을 필수과목으로 포함시키는 등 훈민정음이 우리글로 정착되도록 다각적인 노력을 할 예정이다. 이러한 어문정책은 이전의 지방제도 정비, 호패법 실시, 전국적 호구조사 등 백성들 전체를 국가통치의 그물망 안에 단단히 잡아두려는 일련의 중앙집권화 정책과 동일선상에 있는 것이다. 그리고 「삼강행실도」 간행에서 볼 수 있듯이 이 그물망을 통해 전달되는 이념은 두말 할 나위 없이 성리학적 윤리관이다.

인터뷰 훈민정음 창제자, 세종

"한글 창제의 본뜻은 백성을 편하게 해주려는 데 있다"

새로운 문자를 만들게 된 동기는 무엇인가.

한자로는 일반 백성들의 의사소통이 힘들고 책을 읽기도 어려울 뿐만 아니라 죄인을 다스리기도 힘들다. 그리고 기존의 이두로는 충분한 의사표시가 불가능하다. 백성들을 교화하기 위해서는 누구나 쉽게 배울 수 있는 문자가 꼭 있어야 했다.

훈민정음을 표준 중국 한자음 제정을 위한 기초작업으로 보는 시각도 있는데, 맞는가?

사실이다. 지금 우리식 한자발음은 난잡하기 이를데 없어서 맑은 물과 흙탕물이 함께 흐르는 것과 같은 형편이다. 특히 'ㄷ'음이 'ㄹ'음으로 발음되는 경우가 많다. 次第의 '第'(데→례), 牧丹의 '丹'(단→란)이 그 예이다.

백성들의 언어생활 그 자체를 현실로 인정하고 존중해주는 것도 필요하지 않은가.

예(禮)가 천지의 질서라면 악(樂)이란 천지의 조화다. 역대 왕들이 예악을 제정한 것은 백성들의 눈과 귀를 즐겁게 하려는 것이 아니라 백성들을 바른 길로 이끌기 위해서였다. 제멋대로 음을 발음하도록 내버려두어서는 안 되는 이유도 여기에 있다.

훈민정음 창제의 연구과정과 다른 나라 글자 중에서 훈민정음에 영향을 끼친 것은 무엇인가. 「기일성문도」 모방설에 대해서도 해명해주었으면 좋겠다.

집현전의 젊은 학자 신숙주, 성삼문, 최항 등은 유능한 음운학자다. 이들의 연구를 격려하면서 나 자신도 공부를 많이 했다. 「성리대전」과 「홍무정운」, 「고금운회거요」, 「절운지장도」 등이 우리가 참고한 글이다. 원나라에서 독자적으로 파스파문자를 만들어 쓴 것이 나에게 감명을 준 것은 사실이지만 글자를 만든 원리 면에서는 빚진 것이 없다. 「기일성문도」 모방설은 아마 고전자(古篆字) 모방설과 같은 류의 이야기인 것 같은데, 훈민정음은 실제 쓰이는 음소의 분석을 바탕으로 발음기관의 상형원리로 만들어진 글자이다. '상형'으로 글자가 만들어진 '결과'가 고전자와 비슷해진 것이라고 보면 될 것이다.

훈민정음의 창제가 미칠 파장은 매우 클 것 같다. 혹시 지식층의 확대를 바라고 있는가.

당장 큰 변화가 일어나지는 않을 것이다. 일단 백성들에 대한 교화가 좀더 효과적으로 이루어질 수 있을 것이고 각종 번역사업도 활기를 띠게 될 것 같다.

집현전 언론활동 강화될까?

세종, 신병으로 세자 섭정 거론되자 집현전 언관화 경계 발언

최근 세종의 신병으로 세자가 정무를 처리하게 되면서 그를 보좌했던 집현전 학사들이 현실정치 문제에 본격적으로 발언하고 나서 그 귀추가 주목되고 있다.

세자의 정무대행을 위해 설치된 첨사원에 집현전 학사들이 대거 등용되면서 이런 현상이 본격화됐는데, 세종이 이에 제동을 걸고 나섬에 따라 정가의 관심이 증폭되고 있다.

세종의 견제에 대해 집현전 학사들은 "학문과 정치는 체(體)와 용(用)의 관계로 그동안 닦은 학문에 입각하여 현실의 문제를 논하는 것은 순리"라며 "집현전 초기부터 경연을 통해 정치에 대한 원론적인 논의를 했기 때문에 현실문제에 발언하게 되는 것은 자연스러운 것"이라는 반응을 보이고 있다.

이에 대해 정부의 한 관계자는 "그동안 사헌부나 사간원 같은 대간의 언론활동이 활발하지 못했던 점을 감안하면 현재의 정부 구조상 유교정치 이념에 가장 밝고 충실한 이들이 언관으로서 현실문제를 발언하는 것은 당연한 추세"라고 전제하고 앞으로 이들이 정국운영에 중요한 세력으로 자리하게 될 것으로 전망했다.

훈민정음 어떻게 만들어졌나

음양오행의 세계관 바탕으로 발음기관 작동모습 형상화

몽고 파스파문자와 형태 비슷하나 우리 것이 훨씬 쓰기 편리

훈민정음의 창제는 국왕 세종의 음운에 대한 지대한 관심과 그에 따른 집현전 학자들의 다방면에 걸친 풍부한 연구 끝에 결실을 보게 되었다. 집현전 학자들은 주로 중국「성리대전」 속의 〈황극경세서〉와 〈홍무정운〉을 참고한 것으로 알려졌다. 현재 중국측의 음운연구 수준이 상당히 높다는 것은 널리 알려진 사실이다. 그리고 이미 사역원(司譯院)에서 몽고어·여진어·일본어를 번역하고 있었고, 또 이들이 모두 훈민정음과 같은 소리글자이기 때문에 이들 언어들도 당연히 참고대상이 됐을 것이다.

그러나 훈민정음을 관통하고 있는 음운사상은 어디까지나 〈홍무정운〉 등에 나와 있는 중국 전래의 음양오행적 세계관이다. 훈민정음 자음체계는 7음과 청탁(淸濁)의 두 기준으로 배열되는데(표 참조) 이는 〈홍무정운〉의 것과 동일하다. 다만 중국측에서는 하나의 한자음을 기껏해야 두 부분 즉, 자음과 모음으로 구분했을 뿐인데 비해 훈민정음은 훨씬 더 과학적으로 분해했다. 즉 한자 한 글자의 음을 초성·중성·종성 세 부분으로 나누고 이 중 초성과 종성을 자음으로 삼은 것이다. 그러나 훈민정음의 독창성은 글자 그 자체에서 드러난다. 음운체계는 중국을 따랐지만 실제 사용하는 글자는 자음의 경우 목, 혀, 이 등 발음기관의 작동 모습을 기본으로 삼아 그것을 옛 전서체(篆書體) 획을 빌어 간략화한 것이다. 현재 몽고의 파스파문자가 형태상 이와 비슷한데 우리 것이 훨씬 간략해서 쓰기에 편하다. 이웃 일본의 경우 한자 획 중 일부를 그대로 갖다 변형해서 글자로 쓰고 있는데 이는 우리 훈민정음과 비교가 되지 않는다.

모음체계에서는 음양오행적 세계관이 더욱 직접적으로 드러난다. 즉 ·, ㅡ, ㅣ의 기본모음은 각기 천, 지, 인 3재를 형상화한 것이다. 그리고 ㅡ와 ㅣ에 ·를 하나 혹은 두 개 첨가하면서 다양한 모음을 만들어내는데 이를테면 ㅗ와 ㅜ는 천지가 서로 어울리는 모습을, ㅓ와 ㅏ는 하늘이 사람의 힘을 입음을 형상화한 것이다.

이것은 또「주례」의 8괘를 토대로 그려낼 수 있다(그림 참조).

자음 체계

7음 / 청탁	어금닛소리	혓소리	입술소리	잇소리	목구멍소리	반혓소리	반잇소리
전청	ㄱ	ㄷ	ㅂ	ㅈㅅ	ㆆ		
차청	ㅋ	ㅌ	ㅍ	ㅊ	ㅎ		
전탁	ㄲ	ㄸ	ㅃ	ㅉ	ㆅ		
불청불탁	ㆁ	ㄴ	ㅁ		ㅇ	ㄹ	ㅿ

모음 8괘도

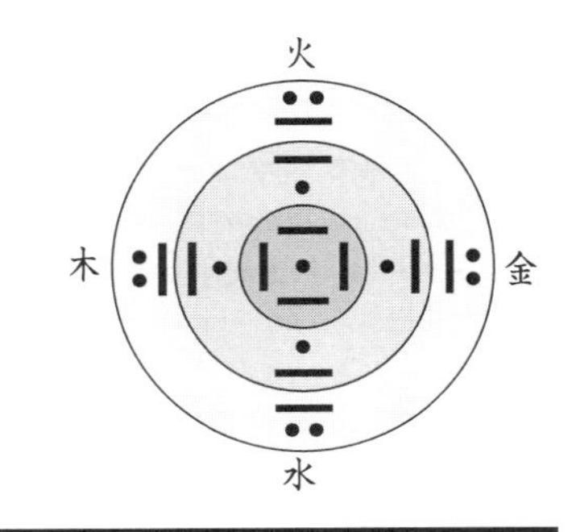

자음 제자원리

한글 자음은 말소리가 나오는 발음기관의 모양을 따서 만들었다.

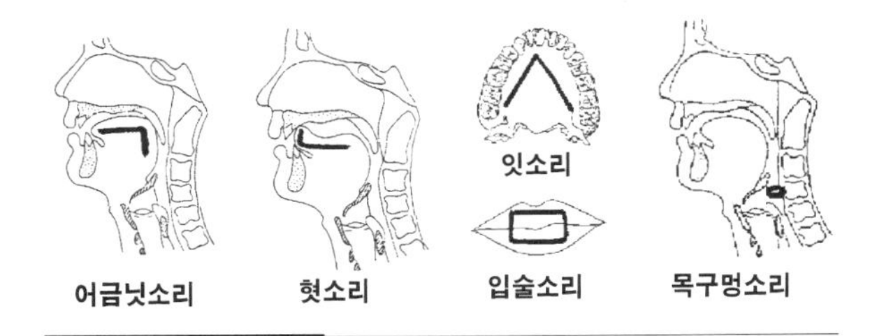

주변국들의 문자

훈민정음은 소리글자로서 그 연원을 거슬러올라가면, 오리엔트 지방 셈족의 아람어에 이른다. 이 아람어는 북방으로는 위글과 몽고를 거쳐 여진문자에 이르렀고, 남방으로는 인도와 티벳을 거쳐 원의 파스파문자에 이른 상태였다. 여진문자와 파스파문자는 모두 소리글자이다. 따라서 훈민정음을 만들 때 이들 문자들을 참고했음은 물론이다.

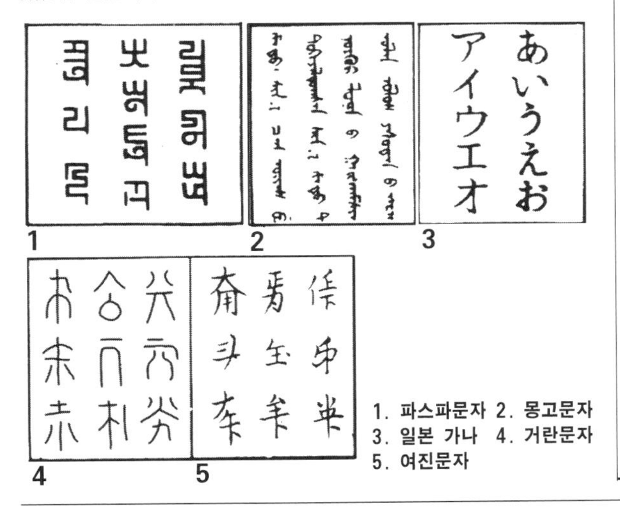

1. 파스파문자 2. 몽고문자 3. 일본 가나 4. 거란문자 5. 여진문자

인터뷰 집현전 학자 성삼문

"명의 선진 음운학과 몽고 파스파문자를 집중 연구했다"

훈민정음을 만들게 된 직접적 동기는 무엇입니까.

무엇보다도 우리말은 있는데 우리글은 없다는 사실 때문입니다. 주변을 보면 여진, 몽고, 왜 등이 모두 제 나라 글을 가지고 있는데 우리만 없었습니다. 이 때문에 백성들과 정부 사이에 문서를 통한 의사소통이 아주 어려웠습니다. 게다가 한자를 쓰고는 있지만 그 발음이 제각각이어서 표준음을 정해야 할 필요성이 절실했습니다.

훈민정음의 가장 큰 장점은 무엇입니까.

한자와는 달리 모든 소리를 소리나는 그대로 표기할 수 있다는 점입니다. 개짖는 소리에서 바람소리까지 표현 못할 소리가 없습니다. 따라서 앞으로 문맹률이 아주 낮아질 것으로 전망됩니다.

여러 나라 글자를 두루 참조한 것으로 알고 있습니다.

음운학에서도 역시 명나라가 선진국입니다. 그들의 〈홍무정운〉과 〈황극경세서〉를 집중적으로 연구했고, 의문나는 점이 있을 때마다 그쪽의 저명한 석학들에게 직접 자문을 구했습니다. 저 자신도 십여 차례에 걸쳐 요동에 가서 황찬 선생에게 자문을 받아왔습니다. 그밖에는 특히 몽고의 파스파문자를 많이 참조했습니다.

훈민정음이 국가의 통치이념인 성리학에 어울리지 않는다는 주장도 있습니다.

순전히 오해에서 비롯된 것입니다. 국왕 세종과 우리 집현전 학자들이「성리대전」을 탐독하고 있다는 것은 널리 알려진 일입니다. 더구나 주자도「역학계몽」에서 "성음(聲音)의 이치를 깨달은 뒤에라야 만물의 이치를 터득하게 된다"고 했습니다. 구체적으로 훈민정음 28자 자체가 음양오행과 예악(禮樂)의 원리에 따라 만들어졌습니다.

앞으로의 계획에 대해 말해주십시오.

우선 한자음을 훈민정음으로 옮긴「동국정운」을 편찬해 앞으로 한자음은 이 책에 의거해 발음하도록 할 것입니다. 아울러 훈민정음판「삼강행실도」를 제작해 일반에 배포할 예정입니다. 이제 경서를 읽을 줄 몰라 예법을 안 지켰다는 변명은 통하지 않을 것입니다. 또 태조의 건국 업적을 찬양하는 노래 〈용비어천가〉 등도 훈민정음으로 만들어 널리 배포할 예정입니다.

최만리 반대상소(요지)

감히 말씀드리고자 합니다.

우선 우리는 예부터 대국 중화의 제도를 본받아 실행해왔습니다. 그런데 그와 아무 관련이 없는 새 글자를 만든 것은 학문에도 정치에도 아무 유익함이 없을 줄로 압니다. 더구나 글자제정은 의견을 두루 청취하면서 시간을 두고 가부를 논해야 마땅한데도 너무 성급하게 발표했습니다. 혹시라도 중국측에서 시비를 걸어올까 두렵습니다. 주변국들이 제 글자를 가지고 있다 하나 그들은 모두 오랑캐족입니다. 우리가 중화의 은혜를 버리고 스스로 오랑캐족에 합류할 수는 없는 일 아닙니까. 더구나 이미 우리는 이두라는 문자를 가지고 있습니다. 이두는 반드시 한자를 익혀야 쓸 수 있기에 오히려 학문에 도움이 됩니다. 만약 관리들이 쉽게 언문만 익히게 된다면 결국에는 한자를 아는 이가 없어질 것입니다. 지금 할 일이 태산같이 많은데 어찌하여 급하지도 않은 언문익히기 부담을 주시는지 이해할 수 없습니다.

언문이 비록 유익하다 할지라도 한낱 기예에 불과합니다. 학업에 정진하고 정신을 연마해야 할 어린 왕자들과 유생들이 시간을 허비해 기예익히기에 몰두한다면 이는 크나큰 국가적 손실입니다. 감히 고하오니 부디 헤아려주시옵소서. **1444년 2월 20일 최만리**

최만리의 훈민정음 반대상소에 대한 정부의 입장

최근 최만리 등 일부 사대부들이 정부가 고심하여 연구한 끝에 발표한 우리글 훈민정음에 대해 반대하는 내용의 상소문을 올린 것은 정부의 본뜻을 이해하지 못한 처사로 심히 유감스러운 일이다.

우선 그들은 앞으로 관리들이 훈민정음 때문에 학문을 소홀히 할 것이라고 하는데 이는 전혀 이치에 맞지 않는 말이다. 한문에 대한 표준음이 정해져 있지 않아 여러모로 불편해한 엄연한 사실을 그들은 애써 외면하고 있다. '牧丹'을 두고 어떤 이는 '목단'으로 어떤 이는 '모란'으로 발음한다. 이러니 똑같이 한문을 공부하고도 서로 뜻이 통하지 않는 결과가 된 것이다.

또 그들은 훈민정음만 가지고 관리를 뽑으면 아무도 성리학을 공부하려 하지 않을 것이라고 하는데 이는 사실을 왜곡한 것이다. 유교경전에 대한 학습과 연구는 국정교학(國定敎學)의 핵심요소이다. 시험과목에 훈민정음을 추가한다는 것이지 훈민정음만으로 관리를 뽑는다고 한 적은 없다.

그리고 장차 한자를 아는 사람이 적어지면 사회기강이 무너지고 문화 전체가 붕괴된다고 주장하는데 이는 지나친 생각이다. 지금까지 우리사회에서 한자는 어차피 한정된 계층에서만 해독이 가능했고, 나머지 일반인들 대다수는 글자를 모르고 살아왔다. 농사와 상업과 수공업에 종사하고 있는 그들에게 모두 일손을 놓고 한자를 배우라고 할 셈인가? 한자에서 소외돼 있는 계층을 위해 훈민정음을 만든 것이다.

정부는 이와 같이 최근의 훈민정음 반대상소가 정부의 정책의지를 잘못 이해하거나 현실인식을 잘못한 데서 나온 것으로 판단한다. 아울러 유교적 사회질서의 확립과 유교사상에 근거한 통치철학은 앞으로 더욱 공고해질 것이다. 훈민정음 창제는 그러한 정부의지와 전혀 모순되는 것이 아님을 확실히 밝혀두는 바이다.

1447년 정월 의정부 영의정 황희

"과학기술 발전의 원동력은 애민중농의 정신"

최근 각종 과학기기 잇달아 개발

"정확한 자연 계측으로 과학 영농 실현"

현재 활발하게 제작되고 있는 각종 과학기기들은 정확하게 하나의 목표, 바로 농업생산력 증대에 맞추어져 있다. 풍흉의 희비를 엇갈리게 하는 것은 무엇인가. 비와 바람, 그리고 절기다. 비와 바람과 절기가 정확한 만큼 농업생산력이 증대되는 것은 당연한 이치다. 비가 많이 와도 적게 와도 농사는 망친다.

그래서 중국과는 다른 기후조건을 가진 우리도 이제 우리 나름의 기준을 가지고 기상관측을 해야할 필요성이 커진 것이다. 측우기가 그래서 만들어졌다. 또 비를 좌우하는 것은 바람이다. 남서쪽에서 바다를 건너오는 바람은 따뜻하고 비를 머금고 있지만, 북동쪽에서 산을 넘어오는 바람은 건조하고 차갑다. 그래서 풍기대를 설치해 풍향과 풍속을 측정하고 있다. 강우와 풍향에 대한 자료가 축적돼도 파종에서 수확에 이르기까지 각 대목에서 때를 잘못 잡으면 농사를 망친다. 그래서 그동안 중국을 관측지점으로 삼아 만든 달력을 쓰다가 이번에 우리땅을 관측중심으로 삼은 칠정산내외편을 만듦으로써 정확한 절기를 알 수 있게 했다. 그리고 이제는 하루 일과에도 시간적 정밀성이 요구된다. 각종 시계가 만들어지고 있는 것은 이런 이유에서다.

이전까지는 주로 인쇄와 화약 분야가 기술발전을 주도해왔으나, 최근의 폭발적인 과학기기 개발로 우리 과학의 지평은 크게 넓어졌다. 그에 따라 이를 담당하는 기술자들의 숫자도 늘어나 이제 하나의 신분계층으로 자리잡을 것으로 전망하는 이들도 있다.

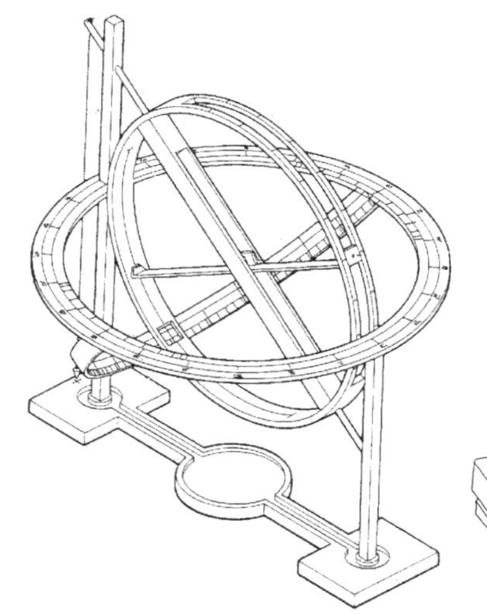

정남일구: 가늠대 구멍을 태양 고도에 맞추면 들어온 햇빛이 적도환에 표시된 눈금으로 떨어진다. 고도와 시각의 상관관계를 통해 나침판 없이도 정남향을 알 수 있다.

현주일구: 바닥을 깊게 파 물을 채운 뒤 고정 나침판을 띄워 정남을 알아낸다. 실 그림자가 가리키는 시판의 눈금이 시각이 된다. 시판은 한면은 춘분에서 추분 사이 용도이고, 뒷면은 추분에서 춘분 사이 용도이다.

천평일구: 현주일구와 구조는 같으나 조립식이어서 휴대가 더욱 간편하다.

최근 개발된 주요 과학기기 일람표

명칭	제작년대	용도	비고
자격루	1433(세종 15)	물시계	자동 시보 장치 부착
간의대	1434(세종 16)	천문관측대	혼천의, 혼상, 규표, 지정표 설치
앙부일구	1437(세종 19)	해시계	공중용 해시계
현주일구	1437(세종 19)	해시계	휴대용
천평일구	1437(세종 19)	해시계	개량형 휴대용
정남일구	1437(세종 19)	해시계	정밀도 높음. 나침판 불필요
옥루	1438(세종 20)	물시계	천체 시계. 물레바퀴 동력 이용
측우기	1442(세종 24)	강우량 측정	
칠정산내외편	1444(세종 26)	천문 달력	

앙부일구

수차에서 천방으로 관개정책 전환

안정적인 '물 대기' 성공할 것인가?

1450년(문종 원년) 끝끝내 수차보급을 이루지 못한 선왕 세종의 뼈아픈 실패를 곁에서 지켜본 국왕이 하천수를 이용한 관개시설인 천방(川防)보급을 주창하고 나서서 화제가 되고 있다.

흔히 보(洑)라고도 불리는 천방은 하천에 나무나 돌, 흙 등을 쌓아서 물의 흐름을 멈추게 하거나 느리게 해서 물을 저장한 뒤, 옆으로 물길을 내서 저장된 물을 끌어다가 관개하는 방식이다. 저장된 물은 홍수 때 넘칠 우려가 있으므로 물에 휩쓸리면 그대로 두었다가 다시 쌓는 것이 특징이다. 천방은 중국 강남지방에서는 수차와 함께 널리 보급되어 있는 상태다. 우리나라에서도 천방이라고 할 만한 것이 그동안 전혀 없었던 것은 아니지만 그 규모가 매우 작아 본격적인 천방이라고 보기는 어려웠다.

"우리나라의 토질이 성기고 샘물의 수위가 낮아 하루종일 물을 대도 곧 물이 빠져 수차보급은 실패로 돌아갔다"고 과거를 회상한 국왕은 "많은 사람이 달라붙어 쌓아야 하고 봄가을로 수리를 해야 하는 제언(堤堰)에 비해 천방은 노

동력이 적게 든다"며 천방의 장점을 강조했다는 후문이다. "경기에서 천방을 쌓아본 결과 곧 물살에 무너져버렸다"며 천방의 유용성을 의심하는 견해도 제기되었지만 국왕은 "경기에서 시험하여 그 실효를 보지 못한 것은 노력을 다하지 않았기 때문이지 어찌 말 못하는 천방의 죄겠냐"며 "이미 남부지방에서는 천방이 조금씩 효과를 내고 있다"라며 반박했다.

인력동원의 규모가 커서 주로 중앙의 권세가에 의해 주도되는 제언축조에 비해 소요인력 규모가 작아 마을주민 자체의 힘으로 충분히 건설할 수 있는 천방의 이용 전망은 비교적 밝다는 것이 농사관계자들의 평이다. 또 천방보급이 확대될 경우 벼농사 성공의 관건이었던 봄가뭄이 극복되는 것도 그리 머지않은 미래라는 것이 관계자들의 예상이다.

상식문답 결부제

수확량을 기준으로 토지의 크기를 정하는 방식

우리나라에서는 땅의 넓이를 잴 때 결부법을 사용한다고 한다. 그런데 결부법에 따르면 같은 1결이라 하더라도 그 면적이 서로 다른 경우가 많은데 왜 그런가?

그것은 결부법의 특징 때문에 그렇다. 우리가 땅의 넓이를 잴 때 흔히 생각할 수 있는 것이 실제 넓이에 따라 그 면적을 계산하는 방법이다. 그렇게 하면 앞서와 같은 혼란은 일어나지 않을 것이다. 그러나 결부법에서는 땅의 면적을 절대적인 넓이를 기준으로 측정하는 것이 아니라, 일정액의 조세를 부과할 수 있는 수확이 나오는 면적을 기준으로 해서 계산하는 것이다. 따라서 땅이 기름지면 적은 면적으로 1결이 되고 땅이 척박하면 넓은 면적이어야 1결이 될 수 있다. 1결의 면적이 달라지는 것은 이 때문이다.

그런데 결부법이라는 명칭은 어떻게 해서 생겼는가?

수확량에 따라 면적을 계산했다는 점을 상기하면 쉽게 이해가 될 것이다. 결부법에 의한 면적 단위로는 결·부·속·파가 있는데 10파가 1속, 10속이 1부, 100부가 1결이 된다. 파(把)란 문자 그대로 벼를 벨 때 한 줌에 해당하고, 속(束)이란 한 묶음을 말하며, 부(負)란 한 짐의 양을 나타낸다. 실제 세금계산에서는 결과 부 단위만 사용해서 결부제라는 이름이 통용되게 되었다.

토지마다 조세율이 달라도 1결의 면적이 달라지지 않겠는가?

모든 토지에 대해 조세율은 동일하다.

같은 1결이라도 비옥도에 따라 그 면적이 차이가 난다는데 어느 정도인가?

가장 비옥한 땅을 1등전이라 하고 가장 척박한 땅을 6등전이라고 하는데, 1등전은 2천9백86평이 1결, 2등전은 3천5백13평, 3등전은 4천2백59평, 4등전은 5천4백23평, 5등전은 7천4백66평, 6등전은 1만 1천9백46평이 1결인 셈이다.

그러면 실제 조세액수는 얼마나 되는가?

조세는 수확량의 1/20을 내는데, 1결당 논은 쌀 20말, 밭은 잡곡 20말을 내면 된다.

각종 서적출간 러시

'민본'사회로 가기 위한 조선문화의 틀 확립

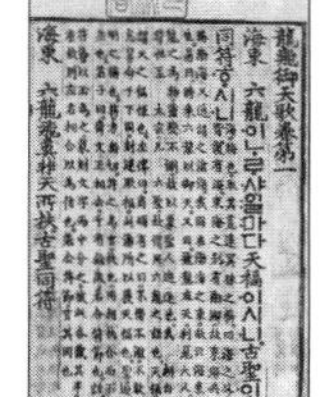
세종어제훈민정음

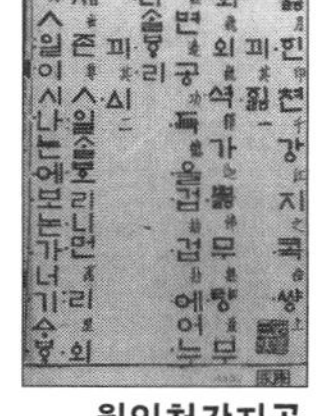
월인천강지곡

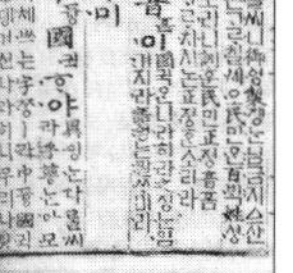
용비어천가

농사직설

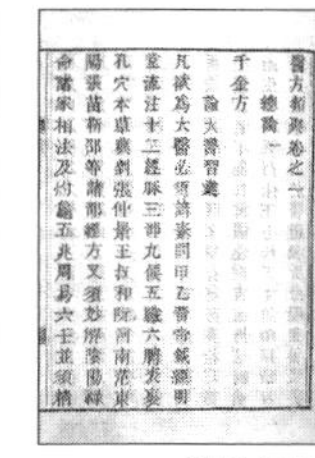
의방유취

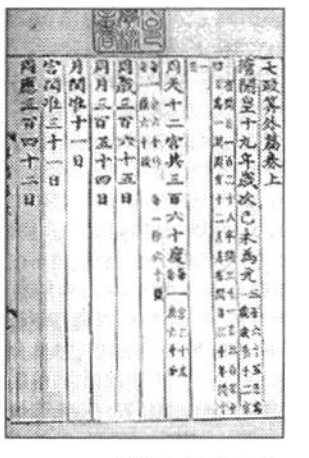
칠정산외편

세종 즉위 후 정치, 법률, 역사, 유교, 문학, 어학, 천문, 지리, 의약, 농업기술 등 광범위한 분야의 책들이 쏟아져나오고 있다. 최근 출간된 책들은 그 종류와 발행부수에 못지 않게 내용에 있어서도 기존의 연구 수준을 종합, 정리해 우리시대의 문화수준을 끌어올리는 데 큰 역할을 한 역작들로 평가받고 있다.

대부분의 책들은 세종의 전폭적인 후원을 받아 집현전 소속 학자들에 의해 편집되고 있는데, 세종은 자신이 직접 책 편집과정에 참여하는 의욕을 보여 화제가 되기도 했다. 「자치통감훈의」 편찬의 경우, 집현전 학자들을 비롯해 53인이나 되는 학자들이 총동원되어 3년에 걸쳐 이룩한 큰 사업이었는데, 이 때 세종은 경연까지 중지하고 밤늦게까지 친히 교정을 봤던 것으로 알려지고 있다.

관련전문가들에 의하면 최근의 활발한 서적출간 움직임은 이전과는 다른 정치이념과 체제를 유지해 가기 위한 목적을 갖고 있는 것으로 알려졌다.

이들은 특히 유교윤리와 의례를 담고 있는 「효행록」이나 「삼강행실록」 등이 사대부층들뿐만 아니라 일반 대중의 생활이념으로 유교를 전파하려는 의도를 가지고 있다고 보고 있다.

한편 「농사직설」의 경우는 이전에 중국의 농법을 정리하는 데 불과했던 수준에서 벗어나, 우리나라의 농업현실을 토대로 씌어진 것이라는 점에서 농업관계자들로부터 호평을 받고 있다. 이 책은 건국초 내세웠던 민본정치의 실현을 위해 국가재정의 근간인 농민생활 안정에 큰 도움을 주고자 국가가 큰 의욕을 갖고 편찬한 것이다.

천문이나 역법에 관계된 서적도 다수 출간됐는데, 이 또한 농업생활에 필요한 정보를 정리했다는 점에서 의미가 있는 것으로 평가되고 있다. 이외에 우리의 역사를 재정리한 역사서와 정치에 귀감이 되는 글을 모아놓은 서적들이 나왔으며, 우리나라의 향약을 종합정리한 의학서적 등이 편찬됐다.

세종 연간에 출간된 주요 서적들

유교윤리와 의례
「효행록」
「삼강행실록」
「오례의주」
「사서언해」

농서
「농사직설」

의약서
「향약집성방」
「의방유취」

지리서
「팔도지리지」

중국법률서
「무원귀주해」

역사서
「자치통감훈의」
「동국세년가」
「국어보정」

정치귀감서
「명황설감」
「치평요람」

천문, 역법
「칠정산내외편」
「제가역상집」

훈민정음 관계서적
「운회언역」
「용비어천가」
「동국정운」

인명 사망사건 경우 검시제 도입키로

최소 2회 이상 검시 … 일선 검시관들 정밀진단 위해 부검요구

최근 정부는 인명 사망사건의 경우 검시제를 도입하기로 하고 그 교본으로 원에서 간행된 법의학 전문서적 「무원록(無冤錄)」을 사용하도록 일선 행정기관에 지침을 내렸다.

이에 따라 앞으로 사망사건의 경우 반드시 검시의견서가 첨부되게 돼 보다 공정한 재판이 이루어질 것으로 보인다.

검시는 우선 초검과 복검 두 차례에 걸쳐 실시되는데 초검은 사건 발생지 지방관이, 복검은 인근지역 지방관이 실시하며 복검자는 사전에 초검자료를 일체 열람할 수 없게 돼 있다. 초검과 복검의 결과가 다르면, 중앙 형조의 낭관 입회 하에 3검을 실시해 초·복검 결과와 대조하여 결정을 내린다. 때에 따라서는 4, 5검으로 이어질 수도 있고 피해자측이 끝내 승복하지 못할 경우 국왕에게까지 상소할 수 있다.

사망사건 중에서도 특히 감옥에서 사망한 죄수, 유배지에서 죽은 죄인, 사망 공노비 등은 반드시 부검을 하도록 했다.

이는 일단 공무원들의 가혹행위로 인한 인명살상을 방지하기 위한 것으로 보인다. 하지만 형조의 한 관리는 "사실은 사망을 가장한 탈출 및 도피를 막으려는 의도 아니냐"는 의혹을 보내고 있기도 하다. 어쨌든 공무원들의 죄인 및 노비에 대한 가혹행위가 일단 자제될 것만은 틀림없을 것 같다.

한편 일선 검시관들은 "육안 검시만으로는 부족하다. 사체를 갈라 안을 들여다볼 수 있다면 훨씬 정밀한 진단이 나올 수 있을 것"이라며 조심스런 희망을 피력하고 있다.

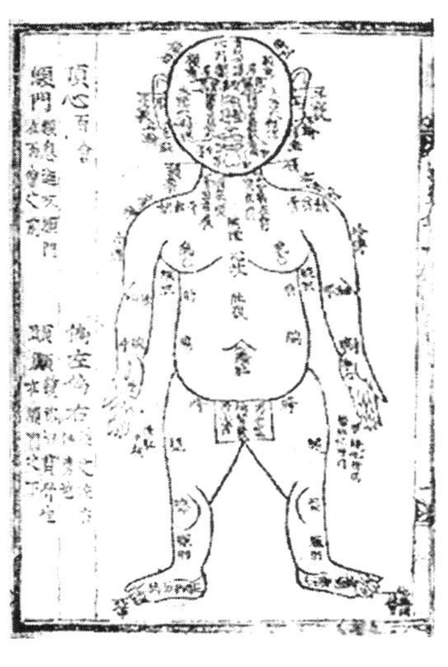
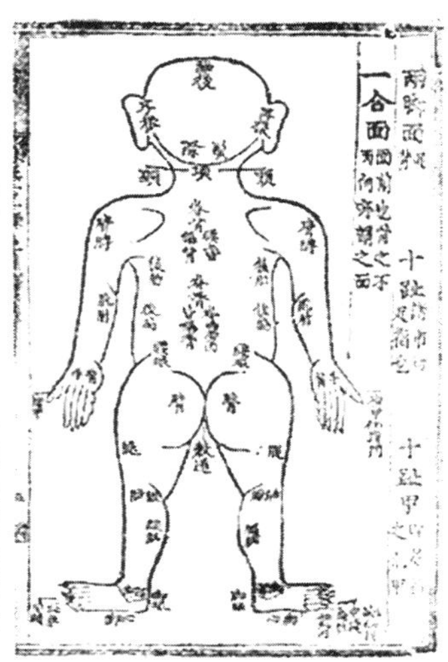
「무원록」에 예시된 검시 부위 명칭

중독사 여부 판정을 위한 사망자 검시 방법

▲ 은수저 집어넣기 은수저를 사망자의 입속 목구멍 깊숙이 집어넣어서 숟가락이 청흑색으로 변하면 중독사로 판단한다. 대개 음독에 사용되는 비산이나 아비산의 혼합물은 은과 접촉하면 청흑색을 나타내기 때문이다. 일단 변색된 숟가락을 다시 쥐엄나무 물에 씻어서 여전히 청흑색이 남아 있는지 여부를 확인하면 더욱 좋다. 쥐엄나무 성분의 하나인 사포신은 세척작용이 있기 때문에 은수저에 달라붙는 여러 잡다한 성분을 제거, 독극물에 의한 반응 여부 확인의 정확성을 높일 수 있다.

▲ 술찌끼와 식초 도포법 중독사한 지 오래된 것으로 추정되는 사망자는 은수저 집어넣기로는 반응이 나타나지 않을 때가 있다. 이때는 더운 술찌꺼기와 식초로 시신을 덮어 열을 내서 위 속의 독물 기운이 올라오게 한 후, 은수저를 집어넣어 변색 여부를 확인한다. 술찌끼의 주요성분과 식초의 초산이 일종의 에스테르를 형성하면 열기와 향을 발산하게 되는데, 이는 독반응을 촉진시킬 뿐만 아니라 시체에서 나는 악취를 줄이는 효과 또한 거둘 수 있다.

▲ 찹쌀밥과 계란 이용법 찹쌀밥과 계란 흰자를 섞어서 오리알 크기로 뭉쳐 식기 전에 시신의 입 속에 재빨리 밀어넣은 뒤, 입·귀·코·엉덩이 등 몸의 모든 구멍을 꽉 막는다. 이후 더운 술찌끼와 식초로 열을 가하면 독극물 사망일 경우 입속의 반죽이 검은색으로 변하고 악취를 낸다.

▲ 닭 실험 흰쌀밥을 사망자의 목구멍 속에 넣어두었다가, 이것을 닭에게 먹여서 닭이 죽으면 독극물에 의한 사망으로 판단해도 된다.

화기 수요 늘면서 첨단 화기 속속 등장

일발다전포, 통신용 신포 등 … 관련 서적도 발행

최근 4군·6진 등 북방지역의 경략이 적극화되면서 화기 수요가 늘어, 이에 대한 체계적인 개발과 정비가 이루어지고 있다. 화기 발명에서 획기적인 것은 화약을 이용하여 한번에 4개의 화살을 발사할 수 있는 일발다전포의 발명으로 이는 실전에 배치돼 여진정벌에 큰 전과를 올렸다. 또 통신용 포인 신포가 만들어졌는가 하면 휴대가 쉬운 소화포도 발명되어 이 방면에 획기적인 발전이 이루어지고 있다.

한편 화포는 각각의 크기와 사정거리에 따라 천자총통·지자총통·현자총통·황자총통으로 명칭을 정하였으며, 장차 전국 해안에 포대를 신설하여 이를 배치할 예정으로 알려졌다. 또 정부에서는 1448년, 이미 완성된 모든 화포의 주조법과 화약사용법을 상세히 기록하고 그림으로 도해하여 「총통등록」을 편찬·간행했다.

영의정 황희 퇴임

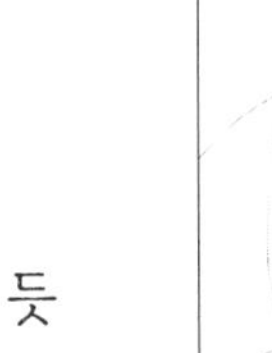

18년 재임 최장수 영의정으로 기록될 듯

1449년(세종 31) 영의정 황희가 관직을 물러나야 할 나이인 70세를 훨씬 넘긴 87세로 60년에 걸친 관직생활을 마감하고 퇴직했다. 특히 세종 아래에서 무려 18년 동안 영의정을 지내 이 기록은 상당기간 깨지기 어려울 것으로 보인다. 그의 관직생활이 결코 순탄하지 않았음에도 불구하고(좌천 두 번, 해직 세 번, 유배 4년) 말년에 장기간 영의정 자리를 지킨 것에 대해 정가에서는 여러 해석을 내놓고 있다.

흔히 거론되는 얘기는 그가 워낙 강직하고 바른말을 잘해서 일시적으로는 배척을 받았지만, 그만큼 사심이 없고 청렴한 이도 드물어 결국 국왕의 총애를 받을 수밖에 없었다는 것이다. 하지만 일부에서는 그것만으로는 설명이 충분하지 않다고 한다. 요컨대 그는 국왕세력과 사대부세력 사이에서 절묘한 중개자 노릇을 해왔다는 것이다. 예를 들어 그는 태종이 양녕대군을 제치고 그 동생 충녕대군(세종)에게 왕위를 물려주려고 하자 사대부세력의 입장에 서서 태종에게 강력히 이의를 제기했다. 그후 세종 밑에 있을 때는 세종이 경복궁 안에 내불당을 지어 유학자들의 강력한 항의에 직면하자 이번에는 오히려 국왕의 편에 서서 대신들을 설득하러 다녔다. 이 과정에서 그는 국왕과 사대부 양측으로부터 신임을 받았고 이것이 그의 장기 재임의 비결이라는 것이다.

한편 그와 가까이 지냈던 한 재상은 "어쨌든 요즘 보기 드물게 청렴결백한 사람인 것만은 높이 사줘야 한다"고 힘주어 말했다. 이 점에 대해 토를 다는 사람은 아무도 없는 것이 사실이다.

문화시평

훈민정음 창제 그 이후 〈용비어천가〉와 〈월인천강지곡〉에 대한 단상

기록문학에서의 한문학의 등장, 이두와 같은 차자표기 문학의 시작에 이어 훈민정음의 창제는 우리 문학사에서는 제3의 물결이다. 우리 글로 된 문학이 이후 어떻게 전개될지 미지수지만 정부에서 훈민정음 창제 직후 펴낸 두 편의 서사시는 문학사의 변화를 예고하고 있다.

훈민정음 반포 1년 전에 완성된 〈용비어천가〉의 저술과 주해 작업에 참여한 정인지 · 권제 · 안지 · 최항 · 박팽년 · 신숙주 등은 대부분 훈민정음 창제에 관여한 사람들이다. "〈용비어천가〉는 건국의 시조들을 찬양하고 조선왕조의 창건을 합리화하는 노래라는 점에서 이전 왕조들의 건국신화와 무엇이 다르냐?"는 항간의 의문에 대해 정인지는 "훈민정음을 표기수단으로 택한 덕분에 잡다하게 변형될 수 있는 설화를 배제하고 엄격하게 다듬은 서사시를 지어 보급할 수 있지 않느냐?"며 웃은 뒤 "〈용비어천가〉의 곡 이름이 '여민락(與民樂)'인만큼 임금의 감화가 백성에게까지 미쳐 함께 노래부르며 즐길 수 있게 되기를 희망한다"고 이야기한다.

용비어천가가 국가적인 이념을 널리 펴기 위해 저술되었다면, 〈월인천강지곡〉은 세종 자신이 아내를 잃은 후 아들 수양대군에게 석가의 일대기를 엮은 한문작품 〈석보상절〉을 짓게 한 후 이를 기초로 직접 지은 곡이라는 점에서 보다 내밀한 작품이다. 세종은 "〈월인천강지곡〉이라는 제목은 부처가 백억세계에 모습을 드러내 교화를 베푸는 것이 마치 달이 즈믄[千] 강에 비친 것과 같다는 뜻으로, 석가가 실제로 보여준 언생이 만리 밖, 천년 전에 있었던 일이지만 지금 당장 보고 듣는 것처럼 나타내는 것이 이 노래를 지은 취지"라고 말했다.

세종의 이러한 의도는 바로 훈민정음이라는 표기수단 때문에 소기의 목적을 달성한 것으로 보인다. 〈월인천강지곡〉을 읽어본 한 승려는 "불경을 통해서 이미 잘 알고 있고 〈석보상절〉에서 산문으로 설명할 때는 예사롭게 보이던 사건도, 우리글로 된 노래로 간추리자 말하지 않은 많은 사연이 함축되어 큰 감명을 받았다"고 소감을 밝혔다. 특히 자연스러운 대화와 치밀한 묘사를 갖추어 산문을 통한 서사적 표현의 좋은 전례를 마련한 것, 그리고 한문경전에서 받아들인 불교용어를 그대로 내놓지 않고 작은 글씨로 주를 달아 되도록이면 쉬운 우리말로 풀어놓은 것은 문학사적으로도 소중한 시도이다.

사실 훈민정음 자체는 '위의 뜻을 아래로 펴기 위해' 만들어진 글자다. 세종이 관심을 가진 것도 한문을 우리말로 번역하는 언해를 통한 백성의 교화이지 우리글로 된 문학의 발전까지 염두에 둔 것은 아니다. 그런데 세종 자신이 짓고 관여한 최초의 작품 〈용비어천가〉와 〈월인천강지곡〉에서 벌써 한글문학만이 풍길 수 있는 향기가 우러나오고 있다.

분청사기 제작 활발 "활달하고 자유로운 아름다움"

소박하고 친숙한 멋, 중소지주층들의 취향 반영

분청사기인화문병 분청사기상감용문항아리

청자와 같은 회색 또는 회흑색의 태토 위에 백토로 분장하여 회청색 유약을 발라 구운 분청사기 제작이 최근 전성기를 구가하고 있다.

고려 말기 왜구의 침입으로 해안가에 주로 위치해 있던 가마들이 문을 닫게 되면서 도공들은 각 지방에서 사대부들의 지원을 받으며 다시 가마에 불을 지필 수 있게 됐다. 도공 이갑수씨는 "분청사기의 경우 태토에는 큰 문제가 없었으나 유약에 청색이 부족하여 백토로 분장하게 된 것"이라며 청자의 변형이라고 할 수 있는 분청사기의 탄생경위를 설명한다. 분청사기를 굽는 가마는 대부분 민간 가마로써 이를 지원한 중소지주층의 취향을 어느 정도 반영하고 있다는 평가다. 분청사기 애호가들은 "분청사기는 두툼하고 탄탄하게 만들어져 힘이 넘치고 소박하고 따스하며 친숙한 맛을 지니고 있다"며 "활달하고 자유분방한 분장이 특색"이라고 말한다.

분청사기는 지방의 특색을 반영, 지역에 따라서 다른 모양과 무늬로 만들어졌는데, 인화무늬와 상감무늬는 경기지방과 그 이남 전역에 걸쳐 발달했으며 박지무늬와 조화무늬는 전라도 지방과 전라도에 인접한 경상도지역에서 찾아볼 수 있다.

분청사기가 지역적인 특색을 강하게 보이는 데 대해 "각 지방마다 깊이 뿌리내리고 있는 상이한 불교전통과 고유한 전통신앙이 은연중에 도자기에 나타난 것"이라는 해석도 있다. 얼마전부터는 문양이 없고 백색만을 입힌 귀얄분청, 담금분청 같은 분청사기 종류도 선을 보이고 있다.

지금 한성은 ?

거주지역 계층 따라 나뉘어져 … 북촌 일대가 양반촌

한성이 새 도읍지로 정해진 것이 1395년 8월, 바깥성과 사대문의 건축은 1395년 12월부터 1397년 9월에 이르는 장기간의 공사 끝에 이루어졌다. 집터는 국가 소유이지만 지상의 집은 사유를 인정하는 것은 고려 때와 마찬가지. 집터의 사용료로 가기세(家基稅)를 내야 한다. 그런데 도로는 집세 대상에서 제외되기 때문에 세금을 물지 않아 도로 위에 임시로 집을 짓는 사람들이 최근 늘고 있다. 이런 가건물은 필요에 따라 철거될 수 있는데 어떤 얌체족은 하루 아침에 본격적인 집으로 바꾸어 다른 사람에게 팔고 자취를 감추어 문제가 되기도 한다.

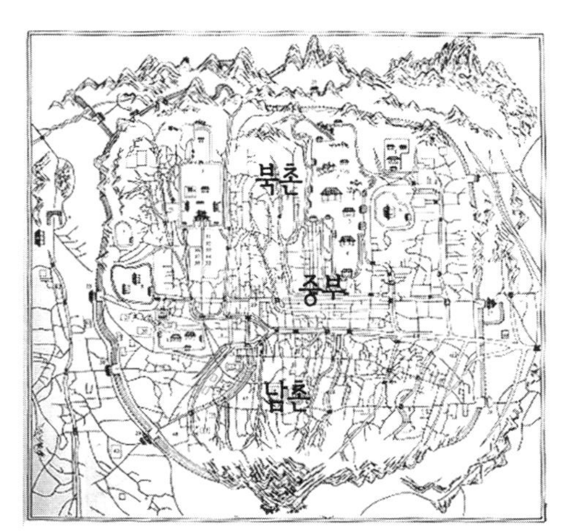

한편 한성부의 거주지역은 계층에 따라 뚜렷이 나뉘어지고 있다. 풍수지리적으로 최상의 집터인 경복궁과 그 다음 가는 창덕궁을 연결하는 선상의 지역인 북악과 봉우리를 연결하는 산줄기의 남록 일대 최고 길지는 북촌(北村)이라고 불리며 권세가들이 모여산다. 이 지역은 양지 바르므로 겨울에는 따뜻하고 배수가 잘 될 뿐만 아니라 남쪽이 넓게 트여 남산의 전망도 좋다.

하급관인이나 양반의 자손이지만 현직관리가 아닌 사람은 남산기슭인 남촌(南村)에 몰려 살고 있다. 음지이긴 하지만 배수가 잘 되고 지하수가 풍부한 장점이 있다. 한성의 중부에는 사역원, 전의감, 도화서, 교서감 등에 다니는 관리들이 집단적으로 살고 이 지역 거주자인 역관, 의관, 화원들은 '중인'이라 불린다.

혜정교에서 창덕궁 입구에 이르는 도로 양측에 있는 시전 행랑은 이미 전국적 상권의 중심지로 자리를 잡아가고 있는데, 이 지역을 중심으로 상인들이 모여 살고 있다. 한편 성벽 바로 밑이나 성밖 변두리는 일반 서민이나 천민들이 수천 호씩 집단으로 거주하는 빈민가를 이루고 있는데 가끔 지방에 큰 흉년이 들면 전국에서 몰려온 사람들이 사대문 밖에 움막을 짓고 살면서 나라의 구휼을 기다리기 때문에 매우 혼잡해지기도 한다.

「고려사」 완성됐다

「고려사절요」도 간행돼

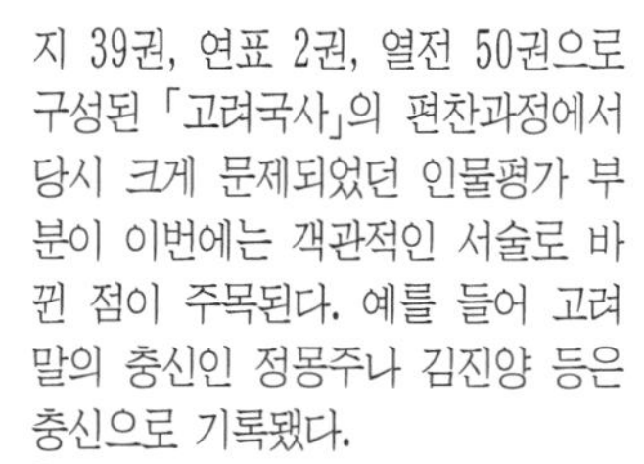

1451, 1452년(문종1 · 2년) 고려시대 역사를 정리한 역사서가 연이어 출간됐다. 「고려사」와 「고려사절요」가 그것인데 전자는 기전체로 후자는 편년체로 서술되어 독자의 관심과 필요에 따라 선택하여 활용할 수 있을 것으로 보인다.

이들 책은 조선 건국 후 태조가 조준, 정도전 등에게 「고려사」의 편찬을 명하면서부터 준비돼온 것으로, 지난 395년에는 편년체로 서술된 37권의 「고려국사」가 편찬된 바 있다. 그러나 「고려국사」는 개국공신들의 주관이 개입된 점이 비판의 대상이 돼, 이후 다섯 번이나 고쳐 쓰는 과정을 거쳐 기전체로 재서술, 이번에 완성된 것이다. 세가 46권, 지 39권, 연표 2권, 열전 50권으로 구성된 「고려국사」의 편찬과정에서 당시 크게 문제되었던 인물평가 부분이 이번에는 객관적인 서술로 바뀐 점이 주목된다. 예를 들어 고려말의 충신인 정몽주나 김진양 등은 충신으로 기록됐다.

「고려사」를 문종에게 바치는 자리에서 김종서는 "「고려사」는 열람하기에 불편하니, 새로이 편년체의 역사서를 펴낼 것"을 건의, 승낙을 받았다. 이에 5개월 만에 「고려사절요」 35권이 완성됐다. 기전체로 된 「고려사」가 연월(年月)의 기록이 누락된 것이 많은 데 비해 「절요」의 모든 기사는 연월순으로 기술돼 사료적 가치가 높다.

해외 소식

금속활자와 인쇄기계 개발로 기계식 대량인쇄에 성공

기계개발자로 단독 등록한 구텐베르크 공동개발권 주장하는 동업자들과 소송중

최근 유럽에서는 금속활자와 인쇄기계가 개발돼 그들의 종교경전인 「성서」를 대량으로 인쇄하는 데 성공해 화제가 되고 있다. 이전에는 주로 손으로 필사하는 것이 일반적이었으나 이번 금속활자 및 인쇄기의 개발로 서적 간행의 속도와 경제성은 비약적으로 향상될 것으로 보인다. 우리도 이미 금속활자를 개발한 바가 있지만, 이들 기계들은 여러 가지 색깔을 표현하는 컬러인쇄가 가능하며 유성잉크를 사용한다는 점에서 우리 것보다는 기술적으로 한발 앞선 것으로 평가되고 있다. 또 제판 및 제본도 기계화되어 사람의 손이 훨씬 덜 간다고 한다.

이 기계로 인쇄한 최초의 서적 1455년판 「성서」에 개발자가 독일인 구텐베르크로 명기돼 있기는 하지만 그의 독자개발인지 동업자들과의 공동개발인지에 관해서는 현재 법정소송중이며, 대체적인 개발 연도는 그로부터 한 10여 년쯤 전일 것으로 알려졌다.

이 기계의 개발자는 막대한 이익을 챙길 전망이지만 현재 구텐베르크와 몇몇 동업자들이 소유권을 두고 서로 소송을 벌이고 있어 그 귀추가 주목되고 있다.

역사신문

수양대군, 정변 일으켜 권력장악

김종서·황보인 등 주살 … 단종 앞날 예측 불허

1453년 10월 현국왕 단종의 삼촌인 수양대군이 정변(계유정난:癸酉靖難)을 일으키고 자기 자신을 정난공신에 봉하는 한편 영의정부사·판이조 병조사·내외병마도통사 등 여러 요직을 겸하여 정권과 병권을 완전히 장악했다. 의정부 대신 김종서·황보인 등이 정변과정에서 살해됐고 수양대군의 정치적 경쟁자인 안평대군은 강화도로 유배된 뒤 사약을 받았다.

수양대군은 돈의문 밖에 사는 좌의정 김종서의 집에 직접 무사를 데리고 가서 면회를 요청, 편지를 건네주고 김종서가 이를 읽는 동안 하인 임얼운을 시켜 철퇴로 내리쳐 쓰러뜨렸으며 영의정 황보인, 병조판서 조극관, 이조판서 민신, 우찬성 이완 등은 대궐에 불러들여 하나씩 살해했다. 부상당한 채 살아남은 김종서는 여자옷을 입고 궁궐문을 한 바퀴 돌았으나 한명회가 무사들을 풀어 각 문을 닫아 걸었기 때문에 궁궐 진입에 실패, 며느리의 친정집에 숨어 있다가 다음날 아침에 발견되어 처형됐다.

정변은 7월부터 주도면밀하게 추진됐으며 핵심인사는 권람·홍윤성·한명회 등인 것으로 알려졌다. 수양대군측은 정변 성공 직후 "왕실에 대한 김종서와 안평대군의 모반음모를 미리 막기 위해서였다"는 해명성 발언을 했지만 현재 김종서, 황보인에게서 뚜렷한 반란계획의 증거는 발견되고 있지 않다.

수양대군의 측근인 한명회는 "대신의 합의체인 의정부가 국왕을 보필하고 국왕과 정사를 협의하는 본연의 임무를 넘어서 권력을 남용해 온 것은 사실이다. 종사를 보전하기 위해서는 보다 강력한 국왕이 필요한 시점에 이른 것일 뿐"이라며 이후 수양대군의 왕위등극을 시사했다. 관련기사 2면

단종 복위 위한 거사계획 사전누설 … 관련자 전원 처형돼

1456년(세조 1) 6월 1일 창덕궁에서 벌어진 명나라 사신 초대잔치를 이용, 세조와 측근 관료를 제거하고 단종을 다시 왕위에 앉히려던 성삼문, 박팽년 등의 거사가 공모자였던 김질의 밀고로 발각돼 관련자 전원이 사형에 처해졌다.

명나라 사신을 접대하는 창덕궁 연회에서 성승(성삼문의 아버지)과 유응부가 별운검(別雲劍:칼을 들고 임금을 호위하는 임시 직책)에 임명된 기회를 틈타 거사하려던 성삼문 등의 계획은 장소가 좁다는 이유로 한명회가 별운검 입시를 폐지시킨 데다가 왕세자가 병으로 불참, 뒤로 미루어지게 되었고 이 사이에 함께 거사를 모의했던 김질이 장인 정창손과 같이 대궐에 나아가 거사계획을 고발한 것으로 알려지고 있다.

격분한 세조는 가담자들을 직접 취조하였는데 모두 늠름한 자세로 "충신은 두 임금을 섬기지 않는다"며 자신들의 행위의 정당성을 강조했고 7일 만에 군기감 앞에서 사형에 처해질 때에도 자신의 심정을 시조로 읊는 등 의연함을 보였다.

계유년(1453년)에 정권을 장악한 수양대군이 왕위에 오른 지 1년 만에 일어난 이번 사건은 출발부터 정통성이 미약했던 현정권에 또다른 정치적 부담으로 남을 전망이다.

인구조사 결과 토대로 군적정비 착수

70만 호에 인구 4백만 … 그동안 누락돼 있던 군역 대상자 크게 늘어날 듯

1462년(세조 8) 전국 인구조사 결과 호 70만, 인구 4백만인 것으로 밝혀져 그동안 누락되어 있던 군역담당자의 숫자가 대폭 증가할 것으로 보이는 가운데, 정부는 작년 7월에 작성된 새로운 호적을 토대로 군역담당자의 명단인 군적(軍籍)파악 작업에 나설 계획이다. 이에 따라 3품 이하 가운데 향교에 적을 둔 학생, 병자를 제외하고 서리나 상공업자, 노비에 이르기까지 16-60세에 이르는 남자들은 일단 모두 군적에 올린다는 방침이 발표됐다.

병조 관리 윤모씨는 "향촌의 세력가들이 긴 울타리를 둘러치고 백성들을 살게 하면서 노비처럼 부리는 경우가 많은데 자수 기간내에 자수하지 않을 경우 전가족을 변방으로 강제 이주시킬 예정"이라며 엄격한 정책시행을 강조하는 한편, "군적에 파악된 숫자가 늘어나면 정군에게 충분한 봉족을 할당할 수 있고 실제 동원 근무일수도 단축이 가능하다"고 말했다.

한편 현재 군역을 피하려고 양민들이 출가해서 중이 되거나 부유한 집의 노비로 들어가고 있으며 유생들은 다투어 향교에 입학하는 사태가 빚어지고 있다.

세조의 군액 증가정책에 비판적인 유생 양모씨는 "현재 인구조사 결과는 지나치게 이상적인 숫자인 것 같다. 무리하게 숫자를 책정해놓을 경우 공납 군역 등이 군현 단위로 시행되는 상황에서 무리가 올 수밖에 없다"고 염려했다. 참조기사 3호 1면

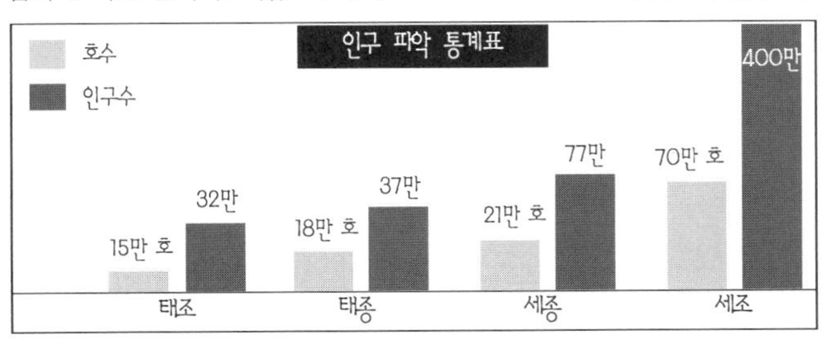

3차례 북방 이주 완료

인구분산, 농지확대 등 기대돼

1461년(세조 7) 남부지방 백성을 평안·강원·황해도로 3차에 걸쳐 이주시킨 사민정책이 완료돼, 향후 성공적인 북방개척이 기대된다.

작년의 1차 사민은 2천2백73호의 이주를 계획했으나 여진의 반란과 신숙주의 정벌로 중단됐고, 2차 사민 역시 농사철이 겹쳐서 4천5백호 이주계획이 부분적으로만 이루어진 바 있으나 올해 3차 사민은 순조롭게 진행되어 모두 1천7백 호, 1만 여 명이 북방에 자리잡게 됐다. 세종 때 북쪽으로 옮겨간 사람들이 매우 고생했다는 사실 때문에 대부분의 사람들이 북방 이주를 기피, 세조는 특별히 「사민절목」을 제정, 유인수단으로 삼고 있다. 그 주요 내용은 ▲양인에게 관직 수여 ▲천인은 양인으로 ▲비옥하고 경작이 가능한 토지불하 등이다. 이번 북방 이주민들의 정착이 성공리에 이루어질 경우 인구분산과 더불어 인적 자원의 균형 있는 배분이 이루어질 것으로 보이며 농지확대와 농법의 보급 전망도 밝다고 할 수 있다.

「사민절목」의 작성에 참여한 한 관리는 "실제적으로 세종 말부터 사민정책의 방향이 전환되고 있다. 빈농이나 소농, 범죄인, 부정한 향리를 뽑아올려 함길·평안도의 인구를 늘리고 군사거점을 확보하는 예전의 방침이 바뀌어, 공법논의와 더불어 남부지방 농법의 북방 전파가 주요 관심사로 대두했고 사민 대상도 중농 이상의 농민으로 바뀌었다"고 밝혔다. 참조기사 4호 3

역사신문

도화서(圖畵署)를 키우자

문인화 편식 보완해줄 참신한 대안

도화서가 공조 소속에서 예조 소속으로 개편된 지 50여 년이 지나면서 최근 안견과 같은 뛰어난 화가가 배출돼 화단의 기대를 모으고 있다. 화가가 수공업자가 아니라 예술가인 것은 당연한 이치로 보이지만 실상을 들여다보면 아직도 화가의 입지가 그렇게 확고한 것은 아니다. 애초에 화가들을 공조에 소속시킨 이 나라 지배층의 사고방식이 아직도 유효한 상태이고, 사대부들의 뿌리 깊은 문인화 우월주의가 화단을 압도하고 있기 때문이다.

우리가 보기에 문인화란 것은 순수한 그림이라기보다는 시와 글과 그림의 합작품이다. 우리가 흔히 보듯이 화선지 위에 수묵 또는 담채로 매란국죽이나 산수화를 그린 뒤 붓글씨로 시나 산문을 곁들여놓은 것이 문인화다. 따라서 문인화에서는 그림은 전체의 일부일 뿐이다. 더구나 그림에 현란한 채색을 쓰는 것은 아주 상스럽고 품위가 떨어지는 것으로 친다. 그림 자체도 변화무쌍한 현실 그대로를 묘사하는 것이 아니라, 자연과 세상을 관조하는 사대부적 감상이 붓의 필치를 통해 드러난다. 붓의 필치를 강조하다보니 그리는 대상은 매란국죽이나 정형화된 산수로 한정돼 있다.

이에 반해 도화서 화가들의 그림은 순수하게 그림일 뿐이다. 안견의 〈몽유도원도〉를 보자. 한편의 장엄한 풍광이고, 보는 이 자신이 그 풍광 속에 몰입되는 느낌을 준다. 물론 상상 속의 자연이지만 풍부한 입체감과 색깔, 그리고 어디에나 존재할 법한 구도이기 때문에 허황된 느낌은 주지 않는다. 여기에 글이나 시를 써넣을 자리는 없다. 풍경의 장엄함과 화사함을 통해서 우리는 작가가 보여주고자 하는 이상적 세계관을 "느낀다." 화선지 한켠에 글이나 시로 그 장엄함과 화사함을 직접화법으로 적어놓았다고 생각해보자. 그림의 '느낌'이 설 자리는 온데간데없어지고 말 것이다.

도화서 화원들의 이러한 화풍은 아마도 그들의 출신이 어엿한 사대부가 아니라, 이른바 중인(中人)인 데서 기인한 것일 게다. 이들은 사대부계층과는 달리 자연을 있는 그대로 묘사하는 기술을 연마해왔다. 사대부측에서는 이들을 기껏해야 초상화 그리는 기술자 정도로 취급하지만, 우리가 보기에 이들의 묘사능력은 보다 감동적인 작품을 선뵈기 위한 필수조건이다. 우리는 문인화에서 선비적 기품을 맛보지만, 또 도화서 화가들 작품에서 생동감 있는 자연 그대로의 모습을 보고 또 다른 감동을 느낀다. 요컨대 문인화와 도화서 화풍은 공존해야 하고, 그래야만 보다 다양한 문화 영역이 개척될 것이다.

그림마당

이은홍

이 나라를 통째로
말아 먹으려느냐 ?!!
수양대군
김종서
단종

세조 집권의 배경과 이후 전망

권력장악 둘러싼 의정부와 왕실 간의 한판 대결
세조, 본격적인 왕권강화체제 정비 서두를 듯

나이 어린 단종이 즉위한 지 5개월 만에 정변을 일으켜 실권을 장악한 수양대군은 단종의 양위를 받아내고 단종복위 계획마저 사전 차단, 앞으로 6조직계제를 부활하고, 집현전과 경연을 폐지하는 등 국왕권 강화조치를 취할 것이 예상된다.

계유정난의 명분이 "의정부 대신들에 의해 좌지우지되는 왕실의 보전"이었던 만큼 단종대 정치에서는 의정부 대신들의 입김이 크게 작용했고 상대적으로 왕권은 위축되어 있는 상태였다. 김종서의 경우 언관들이 대신을 탄핵하거나 국왕에게 건의를 하면 "언관의 언론은 미친 소리니 개의하지 않겠다"거나 "이 사람들이 대신을 해치고자 하니 목을 베는 것이 옳다"는 말을 서슴지 않는 등 국왕을 향한 언론조차 차단해온 것으로 알려져 있다. 국왕 측근의 한 관리는 "대비나 대왕대비가 없어 수렴첨정도 불가능한 상황에서 대부분의 중요한 정무는 어린 단종의 보좌를 문종으로부터 부탁받은 황보인, 김종서의 손을 거쳐 이루어진 것이 사실"이라며 의정부의 권한 비대화를 시인했다.

하지만 왕권의 회복 또는 왕실의 보전이라는 명분에도 불구하고 계유정난은 원칙적으로 정사에서 배제되어 있는 종친이 개인적 야심으로 인해 왕위를 빼앗았다는 비난을 면하기 어려울 것으로 보인다. 현재 대다수 사대부들은 "충신은 두 임금을 섬기지 않는다"는, 소위 사육신의 주장에 공감을 표하고 있다. 이는 세조가 집권과 즉위과정에서 어린 조카와 형제들을 죽인 비윤리적인 상황에서 기인하는 것이기도 하지만, 그보다 문제가 되는 것은 "군주와 백성 사이에 사대부계층과 같은 중간 존재를 용납하지 않겠다"는 식의 전제왕권의 등장 조짐 때문인 것으로 보인다. 이미 세조는 사헌부·사간원의 언론기능은 통제하는 대신 감찰권은 강화함으로써 관료사회 장악을 시도하고 있으며, 수령에 대한 고소금지를 해제함으로써 관료들의 정치적 신분 보장은 허용할 수 없다는 태세를 보이고 있다.

인터뷰 수양대군의 핵심 측근 한명회

"나라 기틀 튼튼히 하자면 강력한 군주가 필요하다"

거사 명분으로 김종서 등의 모반혐의를 들고 있는데 구체적 증거가 있는가? 그들은 문종에게서 단종의 앞날을 부탁받은 원로대신들이 아닌가.

모반에 대한 구체적인 증거가 중요한 게 아니다. 이들은 의정부를 장악하고 육조의 요직에 자기 사람을 기용하고 육조의 사무와 관리선발에까지 간여, 어린 국왕을 허수아비로 만들고 권력을 장악해왔다. 세상에서는 이들에 의한 인사를 '황표정사(黃標政事)'라고 한다. 임금이 어리다보니 관리임용을 결정할 때 스스로 판단하지 못하자, 의정부 대신들이 미리 내정자의 이름에 황색으로 표시하여 임금이 그 표시를 보고 결정하도록 했다. 그래 가지고서야 어찌 종사가 온전할 수 있으며 나라의 기강이 서겠는가?

세간에서는 오히려 수양대군이 평소 야심이 있어 조정의 일에 지나치게 간여하는가 하면 무사들을 길러 앞날을 도모했다고 의심하고 있다.

종친이 정사에 간여하는 것을 금기시하는 것은 평상의 경우에 적용되는 말이다. 지금처럼 어린 임금이 허수아비가 되어 종사가 위태로운 지경에 처해 있는데 어찌 종친이 좌시할 수 있겠는가? 그동안 김종서 등 의정부 대신들의 전횡에 대해서는 집현전 학사들도 크게 불만을 품고 있지 않았는가?

이렇게 된 바에야 어차피 수양대군의 등극은 기정사실이다. 단종의 장래는 어떻게 되나.

왕위는 천명에 의해 결정되는 것인데 누가 감히 이를 말할 수 있겠는가? 그러나 단종을 둘러싸고 또 다시 모반의 움직임이 있다면, 그 불씨를 제거하는 것은 나라의 장래를 위해 어쩔 수 없는 일일 것이다. 한가지 분명한 것은 앞으로의 정치는 국왕의 권위를 확립하고 국왕중심의 강력한 통치체제를 이루어야 한다는 것이다. 나라 세운 지 이제 겨우 60년, 종묘사직을 반석 위에 올려놓기 위해서는 제반 문물제도를 확립하는 일이 시급하고 이를 위해서는 강력한 군주가 필요하다.

당신의 행적도 논란이다. 개국공신의 손자로 과거에 실패, 정상적인 관계진출이 어려워지자 출세를 노려 수양대군 집에 드나든다는 말들이 많다.

글줄이나 읽었다는 사대부들은 나를 업신여겨 칠삭동이라고들 하지만 세상을 경영하는 일이 어찌 말 많은 선비들의 허튼 생각대로 되는 것인가? 사대부들은 현실을 직시하고 앞으로 해야 할 일이 무엇인지를 깊이 생각해야 할 것이다.

취재 수첩

충절의 논리

세조와 그 측근들을 주살하고 단종을 복위시키려던 단종복위 사건은 관련자 전원이 체포되어 끝까지 절조를 굽히지 않고 세조에게 왕위찬탈을 공박하다가 참혹하게 처형당함으로써 무위로 끝났다. 또 이듬해에는 단종마저 세조에 의해 어린 나이에 죽음을 당해 정치적으로는 일단락된 듯하다.

그러나 이 사건을 둘러싸고 사대부들 사이에서는 논의가 분분한 실정이며, 앞으로도 이에 대한 시비는 계속될 것으로 보인다. 현재의 지배적인 여론은 사육신의 행동은 정당한 것으로, 그들은 '忠臣不事二君'이라는 유교덕목에 부합한 충절이라는 것이다. 또 단종의 비극적인 죽음이 알려지면서 일반 백성들 사이에서도 그를 추모하는 여론이 적지 않다.

하지만 일각에서는 다른 각도에서 이 사건을 평가해야 한다는 견해가 대두하고 있다. 조선왕조는 국초 이래로 국왕을 중심으로 한 강력한 집권체제를 추구해왔고, 그 과정에서 어쩔 수 없는 불상사도 있었다. 국초에 있었던 '왕자의 난'이 그 대표적인 예이다. 그러나 태종의 등극으로 비로소 나라의 정사가 개국공신들의 입김으로부터 국왕을 중심으로 한 관료체제에 의해 움직여가게 되었다. 또 그로 말미암아 국가 초창기의 체제정비에 박차를 가할 수 있었으며 세종 임금의 치세도 이런 토대 위에서 가능했다는 것이다. 그런 논리의 연장선상에서, 국가가 아직 초창의 단계에 있는 현재로서는 강력한 왕권을 중심으로 중앙집권체제를 정비하는 일이 시급한 과제이고, 세조와 같은 강력한 인물의 등극도 이런 과제를 수행해야 하는 역사적 추세상 어쩔 수 없는 진통이지 않느냐는 견해가 대두하고 있는 것이다.

유교적 행동윤리에 입각하여 사육신의 행동을 충절로 평가하는 견해가 그 나름의 근거를 갖고 사대부들의 심금을 울리고 있는 것이 사실이다. 하지만 사람에 따라서는 세조의 집권과 사육신의 죽음을 꼭 윤리적인 잣대로만 평가할 수 없다는 주장을 하게 되는 것이다.

국토방위, 진관(鎭管)중심 방어 체제로 개편

행정조직과 군사조직 일치시켜 전국에 그물 같은 방어망

1457년(세조 3) 국방체제가 중앙의 5위체제와 지방의 진관체제로 편성됐다. 이미 2년 전에 군익도(軍翼道)체제를 전국적으로 확장하여 전국의 모든 지역을 군사지역에 포함시킨 세조는 전국적인 국방체제를 꾸준히 구상해온 것으로 알려졌다.

주요한 지역을 중심으로 한 중·좌·우익의 편성체제에서 병렬적인 여러 진을 거진에 소속시키는 것으로 바뀐 것이 이번 개혁의 골자인데, 즉 전국의 행정단위로서의 '읍(邑)'을 동시에 군사조직 단위인 '진(鎭)'으로 편성하여 그 크기에 따라 주진(主鎭), 거진(巨鎭), 제진(諸鎭)으로 나누고 각 읍의 수령이 군사지휘관을 겸하게 하는 것이다.

진관체제의 지휘계통은 육군의 경우 각도에 병마절도사(종2품)가 주진에 있어 도내 지휘권을 갖고 그 아래 대체로 목사(정3품)가 겸직하는 첨절제사의 거진, 그 밑에 대개 군수가 겸직하는 동첨절제사(同僉節制使:종4품) 및 현감·현령의 절제도위(節制都尉:종6품)의 제진으로 이루어진다.

이와 같은 전국적인 방위체제의 실현은 ▲잡다한 병사의 종류를 합하여 정병을 육군의 주력으로 만든 국방병력의 일원화 ▲호패법과 보법의 실시로 인한 인적·물적 국방자원의 확보를 기반으로 이루어질 수 있었던 것으로 보인다.

전국의 주요 주진(主鎭)

전국의 군현제 정비 일단락

일부지역 토착세력 이해 엇갈려 난항 겪기도

속현과 특수 행정구역인 향·소·부곡을 정비하여 일원적인 군현제로 통합하려는 지방행정 제도 개편작업이 마무리 단계에 접어든 가운데, 일부 지역에서는 토착세력 간의 이해가 엇갈려 작업 진척이 난항을 겪고 있다.

정비작업 결과 현의 규모가 커지는 경우, 조세 부담의 증가를 우려한 주민들의 반발이 거세고, 부근 군현의 직속촌으로 편성되는 경우 고유한 세력기반이 흔들릴 것을 우려한 토호들 사이에 '군현 통폐합 반대운동'이 번지고 있는 실정이다. 전국을 일원적인 군현체제로 정비하려는 정부의 노력은 이처럼 지역 토착세력의 이해가 엇갈려 부분적으로 지연되고 있으며, 지방통치에서 수령들의 비중이 커진만큼 자질없는 수령들에 의한 폐해 또한 우려되고 있다.

부녀자 상사(上寺) 금지

'호불(好佛)의 군주'로 자처하던 국왕이 부녀자가 절에 드나드는 것만큼은 두고 볼 수 없다며 부녀자의 상사 금지를 지시했다. 얼마전 홍제원(洪濟院) 돌부처 사건이 국왕의 심기를 불편하게 한 듯하다.

홍제원 앞에 파묻혀 있던 돌부처를 승려 희탄(希坦)이 바로 세워놓은 것이 바로 사건의 발단. 부처가 저절로 일어서는 기적이 일어났다는 소문이 퍼지자 곧 도성 안 사대부가의 부녀자들이 모여들었고, 쌀을 바치며 아들 낳기를 기원하는 '천미기사(薦米祇祀)'가 끊이지 않았다. 그밖에 아들의 장원급제, 무병장수(無病長壽) 등이 부처 앞에 모인 부녀자들의 소원이었다. 물론 이러한 소원들 중 백미(白眉)는 역시 남편을 저주하는 내용.

부녀자의 상사 금지는 이미 『경제육전』에도 실려 있을 만큼 내력이 오랜 규정이다. 얼마전 성녕대군(誠寧大君) 부인 성씨(成氏)가 개골산(皆骨山) 절에 갔다온 사실이 적발돼 해당 사찰의 중이 처벌을 받은 것은 세종 때 정해진 규칙에 따른 것이다. 이번 국왕의 상사 금지 지시는 어느 정도나 효력을 발휘할 수 있을까? 왕실에서 일반 백성들에 이르기까지 절을 찾는 부녀자들의 발길을 하루 아침에 끊을 수 있을까?

둔전(屯田) 신설로 군자(軍資) 보충

1461년 정부는 군대유지 비용을 보충하기 위해 국둔전을 확대할 방침이다. 국둔전 확대는 종래 연해지방에만 영(營)·진(鎭)을 설치 지방군을 주둔시키던 방식에서 내륙지방 곳곳의 요새마다 거진(巨鎭)을 두어 주변 고을을 그 밑으로 편성하는 진관(鎭管)체제로 지방군사조직이 재편성되는 것과 함께 시행될 계획이다. 이번의 국둔전 확대조치는 군역 평준화와 군액의 2배 증가(60만)라는 목표 하에 추진되고 있다.

관둔전의 경우는 일반 농민의 사역 금지와 관노비를 이용한 경작 규칙이 각급 관청에 내려졌고, 관청 크기에 따라 관둔전의 크기도 5-20결로 한정됐다. 관둔전 액수 제한규정을 접한 지방 수령들은 "지방에서 막상 살림을 해보면 늘 경비 부족으로 골머리를 앓는다. 이번의 정액 규정은 농민소유지를 관둔전이 먹어들어가는 것을 방지하려는 조치인 동시에 일종의 둔전개발 책임량도 되는 것 같다"며 이후 정부의 중앙집권정책의 향방에 관심을 보였다. 한편 "농번기에 우선적으로 둔전 경작에 동원되어 정작 내 땅의 농사를 망치는 경우가 많다"며 일종의 부역체제로 운영되는 둔전경영에 불만을 표시해온 농민들은 "차라리 우리에게 소작을 준다면 둔전의 생산량도 늘어날 수 있을 것"이라고 주장하고 있다.

도첩제 완화된다

1457년(세조 3) 3월 승려신분증 도첩이 없는 승려에 대한 단속완화와 도첩발급 과정의 신속화를 포함하는 규정이 발표돼 ▲이미 선사(禪師)의 허락을 받은 자에게는 도첩의 유무를 묻지 않고 ▲정전(丁錢)을 내고 도첩을 받고자 하는 자에게는 지체없이 도첩을 발급하기로 했다. 이번 발표에 대해 일선 관리들은 "도첩제가 해이해지면 부역 동원의 근거도 따라서 허술해지기 마련이다. 공노비가 부역을 피해 삭발을 하는 경우는 다반사다. 더군다나 요즘에는 강도들이 체포를 피해 삭발하여 중이 되기도 하고, 심지어는 중이 환속하여 강도질을 한 뒤 다시 삭발, 중으로 변신하는 경우도 있다"며 우려를 표하고 있다.

단종복위 사건 주모자 국문 취재기

혹독한 고문 … "피와 살이 튀는 밤"

여섯 명의 주모자들, 당당한 태도로 끝내 굴복하지 않아

성삼문

박팽년

이개

하위지

유응부

유성원

성삼문, 이개, 하위지, 유응부 등이 단종복위를 모의하던중 김질과 그의 장인 정창손의 고발로 체포됐다. 김질과 정창손은 애초 함께 거사를 치르기로 결의했으나, 거사가 연기되자 마음을 바꿔 조정에 거사 계획 일체를 폭로한 것으로 알려졌다. 고발 직후, 성삼문을 위시한 연루자들은 한밤중에 줄줄이 체포되어 의금부로 압송됐고, 이 상황을 보고받은 세조는 사건의 중요성을 감안, 밤 늦은 시간에도 의관을 정제하고 친히 국문에 임했다. 혹독한 고문으로 주모자들의 비명과 살이 타는 냄새가 뒤범벅이 된 취조현장에는 주모자들의 의기와 세조의 노기가 격돌하고 있었다.

성삼문: 부친인 도총관 성승과 함께 체포된 그는 집현전 학사로 각종 서적 편찬과 훈민정음 창제에 노력, 일찍이 세종과 문종으로부터 단종의 앞날을 부탁받았다. 세조가 김종서 등을 죽이고 권력을 잡은 후 그를 정난공신 3등에 봉하자 이를 사양했고, 단종이 양위할 때에는 옥새를 끌어안고 통곡했다.

그는 쇠담금질로 허벅지살이 타고 한쪽 팔이 부러지는 혹독한 고문을 당하면서도 당당한 태도로 연루자와 모의과정을 밝혔다. 그는 세조를 '상감'이라 칭하지 않고 끝내 '나으리'라 불렀으며, 신숙주가 죄를 빌고 목숨을 구하라고 하자 선왕의 부탁을 잊었느냐며 불충을 힐난했다. 또한 "그러는 너도 나의 국록을 먹지 않았느냐"는 세조의 추궁에 "나으리가 준 녹은 내집 창고에 쌓아두었으니 모두 가져가라"고 응대했다.

박팽년: 1434년 문과에 급제한 집현전 학사로 경전에 밝아 '집대성'이라 불렸고, 문장과 글씨에 능해 조선의 왕희지로 통했다. 세조가 단종에게 양위를 강요하자 경회루 연못에 뛰어들어 자살을 기도한 단종의 '충성파'.

그 또한 끝내 세조를 '나으리'라 부르며 "忠臣不事二君"을 고집했다. 세조가 "그대가 나에게 이미 '臣'이라고 했는데 이제 '나으리'라고 한들 무슨 소용이 있느냐"고 하자 "나는 상왕의 신하이지 나으리의 신하가 아니오. 내가 충청감사로 있을 때 장계에 한번도 '臣'자를 쓴 일이 없다"고 대꾸했다.

세조가 장계를 확인한 결과 그 말이 사실임이 밝혀지자 그는 더욱 혹독한 고문을 당했다. 그의 재능을 아낀 세조가 모의사실만 부인하면 살려주겠다고 회유했으나 끝내 거부, 그는 고문의 후유증으로 옥에서 죽었다.

이개: 1436년 생원시에 합격한 집현전 학사로 훈민정음과 동국정운 제정에 참여했고 단종이 왕세자일 때 『소학』을 강의. 그는 박팽년, 하위지, 유응부, 유성원과 함께 국문을 받았는데 담금질을 당하면서도 태연한 모습을 잃지 않았다.

그는 형장으로 가면서 다음과 같은 시를 읊었다. "우정(禹鼎: 우임금이 9주를 상징하여 만든 아홉 개의 솥)처럼 소중하게 여겨질 때는 사는 것도 소중하지만 / 홍모(鴻毛)처럼 가벼이 여겨지는 곳에서는 죽는 것도 오히려 영광이네 / 새벽녘까지 잠 못 이루다 중문 밖을 나서니 / 현릉(顯陵: 문종의 능)의 송백이 꿈속에 푸르고나!" 그는 성삼문과 함께 수레에 찢겨죽는 형을 당했다.

하위지: 1438년 문과 합격한 집현전 학사로 『고려사』 개찬에 참여. 세조가 예조참판에 임명했으나, 그도 그해부터 받은 녹봉은 따로 쌓아놓고 먹지 않았다고 한다. 그는 "이미 나에게 반역의 죄명을 씌웠으니 주살하면 될 텐데 무엇을 묻겠다는 말이냐"며 당당히 극형을 받아들였다.

유응부: 무과에 합격한 무장으로 특히 활을 잘 쏘아 세종과 문종이 사랑하였다. 성승과 함께 별운검(別雲劍: 칼을 차고 임금을 옆에서 호위하는 임시 직책)으로 거사 당일 세조 이하 측근들을 주살할 임무를 맡았다. 그는 국문 도중 성삼문을 바라보며 "사람들이 당신과 함께 일을 도모할 수 없다더니 과연 그렇구나"라며, 거사 기회를 놓친 것을 질책했다. 그는 "지난번 연회날 내가 칼을 쓰려고 하였는데 그대들이 후일을 기약하자며 말리더니 결국 일이 이렇게 됐다"며, 세조에게 "이밖에 더 자세히 알고 싶으면 저 쓸모없는 선비들에게 물어보라"고 하고 일체 응대하지 않았다. 세조가 성이 나서 달군 쇠로 그의 배 밑을 지지게 해 기름과 불이 함께 이글이글 타올랐으나 "쇠가 식었으니 다시 달구라"고 하며 버티다가 결국 숨을 거두었다.

유성원: 그밖에 주모자 가운데 한 사람인 유성원은 집현전 학사 출신으로 이개와 함께 단종이 세자일 때 그를 가르쳤고 문종으로부터 단종의 장래를 부탁받았던 인물인데, 성균관에서 사건 탄로 소식을 듣고 칼을 뽑아 스스로 자결했다.

평안도 농민 양지환씨의 농지개척 회고담

내 고향 경상도를 떠난 것이 전임금인 세종의 제4차 평안도 사민이 실시되던 해(1444년: 세종 26)니까 평안도에 정착한 지 벌써 20년이 다 돼간다. 초반기에는 빈농이나 소농을 주로 이주시켰으나 세종 후반기 들어 중농 이상을 이주 대상으로 하는 정책으로 바뀜에 따라 비교적 부유하고 근면한 농부라는 이유로 사민 대상이 되어 평안도 땅에 도착하니, 건조하고 추운 날씨가 지독했다.

대충 초막을 짓고 나니 현지 관리가 경상도 출신이냐고 묻고는 논농사에 익숙할 테니 하천 근처에 자리를 잡고 이웃 사람들에게 논농사짓는 법을 가르쳐주라고 지시를 내리는 것이었다. "그나마 수리시설이 어느 정도 갖추어져 있는 경상도에서도 잦은 가뭄 때문에 논농사를 짓는 것은 쉬운 일이 아닌데 이렇게 나쁜 날씨에서는 밭농사가 되는 것만도 감지덕지해야 한다"고 말대꾸를 하니까, 그 관리 역시 두 눈을 똑바로 뜨고 논농사 개발을 해야 하는 이유를 내 앞에서 조목조목 이야기했다.

어쨌든 내가 선택할 수 있는 유일한 방법은 마른 논에 씨를 뿌렸다가 비가 오면 경작하는 건파(乾播)일 수밖에 없었다. 그런데 워낙 바람이 많고 날씨가 추워, 빨리 논을 갈아 씨를 뿌리고 흙을 덮어 눌러주지 않으면 모두 헛수고가 된다는 것을 여러 번의 실패 끝에 깨닫게 되었다. 그렇게 하려면 일시에 많은 사람이 함께 일하지 않으면 안 되었고 소도 꼭 있어야 했다. 내가 하도 불평을 하니까 관청에서 소를 빌려주기는 했는데 이놈의 소가 남쪽지방 출신이라 북쪽지방의 토양과 북방식의 밭 가는 방법을 낯설어하는 것이었다. 이 소가 적응을 하는 데 무려 3년이 걸렸으니 사람이나 짐승이나 물설고 낯설은 곳에서 고생을 하는 것은 마찬가지인 것 같다. 역시 쌀보다는 기장, 조, 피, 수수 농사가 잘 되었고 품종 역시 늦게 씨뿌리고 일찍 거두는 종자가 아니면 살아남지를 못했다.

원래 이곳은 땅은 넓은데 사람이 적어 매년 농사를 짓지 못하고 한 해 걸러 땅을 놀리고 있는 형편이었는데 매년 농사를 짓는 상경전(常耕田)을 만들라는 지시가 내려왔다. 상경전을 만들어 춘궁기를 넘기게 한다는 명목으로 보리와 밀이 보급대상 곡물로 선정됐다. 보리와 밀이 보급되기 위해서는 상경전이어야 하는데 상경전을 만들기 위해서 보리농사를 지었으니 정말 '하면 된다'로 밀어붙인 무식한 세월이었다. 겨우 먹고 살 만하니까 이번엔 남쪽에서 목화씨가 도착해서 면화를 보급하라는 지시가 내려왔다. 면포가 조세수입의 기준이 된다는 이유에서였다.

한가지 이곳 생활의 좋은 점은 세도를 부리는 토착양반이 적다는 점이다. 이곳은 '높은 양반'들이 적어서 몸은 고달파도 마음은 편했다. 들리는 말로는 북방개척이 어느 정도 성공했다고 한다. 북쪽지방의 인구도 늘고 농업생산량도 성장했고 남방의 군량과 병력지원 없이도 국경방어가 가능해졌다고 한다. 나는 버려진 땅에서 흰머리만 늘었지만 나라에서는 얻은 것이 있는 모양이다. 어쨌든 이제 나는 어엿한 평안도민이고 이곳은 제2의 고향이다.

두 화가와의 대화

같은 시대에 활동했으면서도 출신이나 그림에 대한 생각에 있어 차이점을 보이고 있는 안견과 강희안 두 사람을 만나보았다.

안견(安堅)

최근 몽유도원도를 그려 화제가 되고 있는데 그림 내용에 대해 설명을 부탁드립니다.

비현실적인 신비로운 경치 속에 우리의 실제 현실을 그려내려고 했지요. 끝없이 늘어선 층암절벽과 산봉우리들에 둘러싸인 초가집과 연분홍꽃 만발한 복숭아나무들, 산골짜기의 오솔길과 쪽배들은 바로 우리 주변의 산촌 풍경입니다.

바로 그런 점이 문인화와는 다른 사실주의적 경향을 보인다는 평가를 받게 하는 것 같습니다.

저는 관념적이고 관조적인 화풍보다는 현실을 그대로 보여주는 사실주의적 화풍을 더욱 소중하게 여깁니다. 제가 그린 〈적벽도〉에서 흐르는 강물 위로 배를 저어가는 사공이 웃옷을 벗어제친 모습으로 그려진 것도 하나의 예이지요.

선생은 도화서에서 주로 활동했다고 하는데, 도화서에 대해 조금만 소개해주십시오.

도화서는 예조에 소속된 관청으로 그림 그리는 일을 맡아서 하는 곳입니다. 이곳에서 화원(그림 그리는 사람)을 뽑을 때에는 대나무, 산수, 인물, 화초 등을 시험과목으로 하여 그중 두 가지를 그립니다. 대나무 그림을 제일로 쳐주고 산수가 그 다음이지요.

최근 안견씨가 정4품으로 승진돼, 화단의 큰 화제가 됐었습니다.

화원들은 천한 수공업자와 다를 바 없어 아무리 재주가 뛰어나도 대개 종6품이 최고의 자리지요. 그런데 이번에 제가 그 관례를 깼어요. 이렇게 화원들의 직위가 높아져야 화단이 더욱 발전하리라 봅니다.

강희안(姜希顔)

강희안의 〈고사관수도〉

선생을 문인화의 대표주자라고 세간에서 일컫고 있는데, 문인화의 가장 큰 특징은 무엇입니까?

그림이라는 것은 독자적으로 존재할 수 없다고 봅니다. 시(詩), 서(書), 화(畵)가 삼위일체로 조화를 이룰 때 바로 그 진가를 발휘할 수 있지요. 이때 그림이라는 것은 시나 서에 종속되는 위치에 놓일 수밖에 없지요.

그런 측면에서 본다면 도화원 화원들의 그림을 어떻게 평가하시는지요.

그런 류의 그림은 평가를 내릴 가치도 없지만 굳이 하자면 속되고 천한 류의 것이라고 할 수 있겠지요.

최근 선생께서 그리신 〈고사관수도〉야말로 선생의 화풍을 여실히 보여주고 있는 것 같은데.

그렇습니다. 양반학자 한 사람이 바위에 의지하여 팔짱을 끼고 엎드려 맑고 잔잔한 호수를 내려다보며 생각에 잠겨 있는 장면이야말로 우리 문인들이 명상에 잠겨 자신의 세계를 정리하는 모습이지요.

그런 점이 다른 측면에서 보면 현실을 그대로 보여주기보다는 관조적인 현실도피성을 드러내주는 것 아니냐는 반론도 가능할 것 같은데요.

물론 그런 해석이 있을 수는 있겠지요. 그러나 현실은 현실대로 존재하고, 그 현실을 철학적으로 조망하고 정리해내는 것은 또다른 부분입니다. 모두 다 현실을 좇아서 그 속에 매몰되어 살 수만은 없지 않습니까?

안견의 〈몽유도원도〉

해외 소식

특파원 보고 유럽은 지금 르네상스 열풍 … 피렌체를 찾아가보다

신에서 인간으로 대전환

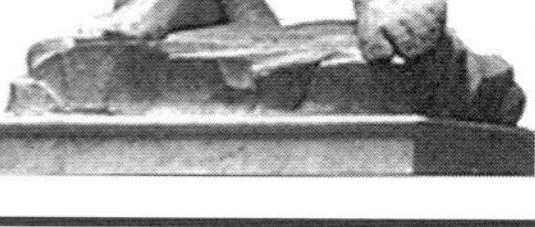

최근 유럽에는 르네상스 열풍이 불고 있다. 옛 그리스시대의 학문과 예술을 오늘에 되살리자는 인문주의 혹은 휴머니즘의 열풍이 유럽사회를 강타하고 있다. 이탈리아를 진원지로 하는 이 열풍의 여파가 어디까지 미칠지 지금으로서는 아무도 예측할 수 없다. 역사신문 특파원이 이 열풍의 현장 피렌체를 찾아가보았다.

집들이 온통 하늘을 찌를 듯이 높이 솟아 있다. 바로 도시 문명의 모습이다. 현재 이곳을 휩쓸고 있는 르네상스 열풍은 눈으로도 금방 확인할 수 있다. 거대한 돔으로 장식된 피렌체 대성당 앞의 다비드상. 미켈란젤로가 조각한 것으로 알몸이 그대로 드러나 있어 우리로서는 쳐다보기에 민망하지만 인간 육체의 근육이 살아 있는 듯 묘사돼 있어 감탄을 절로 자아내게 한다. '르네상스는 신에서 인간으로의 전환'이라는 명제를 웅변으로 보여주는 걸작품이다. 이러한 르네상스 정신은 미술분야에서만 보이는 것이 아니다. 문학에서 단테의 「신곡」, 보카치오의 「데카메론」 그리고 과학에서 코페르니쿠스의 지동설 등 거의 전분야에 걸쳐 나타나고 있다.

이러한 대변화의 동력은 어디서 나오는 것일까? 바로 피렌체와 같은 대도시의 발달이다. 유럽 대부분 지역이 장원을 단위로 농경사회가 유지돼왔다면 이탈리아에서는 바로 도시가 생활의 중심이었다. 대도시는 기본적으로 상업에 의존할 수밖에 없고 상업이 발달할수록 돈이 세상을 지배하게 된다. 이곳 피렌체도 현재 거부 메디치 가문이 실질적인 통치자다. 이들 도시 통치자들은 최근 상업이윤의 극대화를 위해 해로를 통한 상품

교역에 주력하고 있다. 육로에서는 경유지마다 해당지역 영주들에게 통행세를 바쳐야 하고 수송량도 제한되지만, 바다는 세금이 없고 대량으로 운송할 수 있기 때문이다. 이 해상운송이 각종 과학 발전을 자극하고 있다.

길거리에는 몸에 착 달라붙는 옷을 입은 남자들이 눈에 띈다. 최신 유행이라는데 옷차림에 있어서도 르네상스풍의 취향이 그대로 드러나고 있다. 그러나 현재 이탈리아의 정세는 그리 낙관적이지만은 않다. 각 도시가 서로 분립해 경쟁하고 있고, 교황과 세속권력과의 권력투쟁까지 겹쳐 정국은 극히 혼미하다. 최근 마키아벨리가 「군주론」을 출간해 화제가 되고 있는데, 여기서 그는 '강력한 군주가 나와 분열돼 있는 각 도시를 단일국가로 통일해야 하며, 그를 위해서는 수단과 방법상의 논란은 자제돼야 한다'고 주장하고 있다.

역사신문

"왕권이 서야 나라가 선다"

세조, 왕권강화와 중앙집권정책 실시

비대해진 국왕권, 측근 훈구대신들이 떠맡아

국왕 세조는 집권 이래 일관되게 왕권강화와 중앙집권화를 추진하고 있다. 세종 때 부활된 의정부서사제를 폐지하고 6조직계제를 부활해 왕권강화의 틀을 일단 확보했으며, 그를 토대로 5위체제 확립 등 군사제도 개혁, 과전법 폐지와 직전법 실시, 「경국대전」 편찬 등의 정책을 일사천리로 추진해오고 있다.

이러한 정책은 왕권이 윗세대인 태종 때의 공신들의 위세에 눌려 제대로 행사되지 않고서는 나라의 중심이 서지 않는다는 세조의 확고한 신념에서 나온 것이다. 왕실관계자들도 세조가 신료들의 의견을 두루 청취하기보다는 왕명이 일사분란하게 집행되는 데 일차적인 우선순위를 두고 있는 것이 사실이라고 한다. 일부에서는 이를 두고 집권과정이 정당하지 못했기 때문에 신하들이 입을 여는 것에 대해 콤플렉스를 느끼고 있는 것이라고 비난하기도 하지만, 세조의 참모들은 "재상들이 권력을 쥐고 국정을 농단(壟斷)할 때 나라의 운명이 어떠했는가는 우리 역사가 보여주고 있다"며 이러한 비판을 일축한다.

한편 최근 세조는 건강이 나빠지자 측근 신숙주, 한명회, 구치관 등에게 승정원에 상근하면서 6조 업무 및 국정전반을 논의, 처리하도록 조치해 주목을 끌고 있다. 이 제도를 정가에서는 원상제(院相制)라고 하고, 이들 측근 공신들을 원상이라고 부르고 있다. 이는 왕권을 지나치게 집중화하다보니 국왕으로서 감당할 수 있는 한계를 넘어서버렸고, 그 결과 어쩔 수 없이 측근 공신세력들에게 업무 위임을 할 수밖에 없게 된 때문으로 보인다.

그러나 재야의 일부 학자들은 이는 또다른 측근세력을 구축하는 것이자 사실상 의정부를 부활하는 것으로서 정책의 일관성에 어긋나는 것이라고 비판하고 있다.

「경국대전」 편찬작업 한창

호전·형전은 이미 완성돼 일선에서 시행중

각 관청에 내려진 국왕의 명령을 모아놓은 형태의 기존 법전을 극복한 통일적인 법전 편찬작업이 한창이다. 건국초의 「경제육전」과 마찬가지로 이·호·예·병·형·공의 6전(六典) 체제구성을 목표로 진행중인 새 법전 편찬작업은 1460년 호전(戶典), 1461년 형전(刑典)이 완성됐고 나머지 부분에 대한 편찬작업은 현재 진행중이다.

세조는 "여러 왕대에 걸쳐 세운 법조문들이 너무 번잡한데다가 개별적인 사실을 상대로 일일이 해당법률을 만들다보니 항목이 끝없이 늘어나고 있고, 그렇게 해서 만들어진 법률은 일반성이 떨어져서 모든 경우에 널리 적용할 수도 없는 형편"이라며 법전편찬 착수배경을 설명했다. 1461년 7월 15일 이후 법적 효력을 발휘하고 있는 형전의 경우 국왕의 지시와 비준문서를 년월일까지 밝혀서 원문 그대로 수록하던 경제육전과는 달리 항목도 보다 포괄적으로 설정해서 일반성을 가지도록 배려하고 있으며, 「경제육전」 〈형전〉 조항에서 빼낸 노비관련 소송조항은 일시적으로 시행할 임시법인 것을 고려, 본문이 아닌 부록으로 첨부하는 등 국가 공식법전으로서의 모양새에도 세심하게 배려하고 있다. 이번 작업에 참여중인 최항은 "건국초 「경제육전」 이후 태종 때의 「속육전」, 세종 때의 「신속육전」, 「신찬경제속육전」 등 이 그동안의 모든 기존 법조문들을 일일이 검토하여 영구불변의 기준이 될 수 있는 법전을 만들려고 노력중"이라며 "나머지 이·예·병·공전이 갖추어지는 대로 새 법전 「경국대전」을 반포, 우리 법률사의 한획을 긋겠다"고 자신감을 보였다.

"현직관리에만 토지지급" 직전법 실시

각종 공신들 늘어나 토지 부족해져

1466년(세조 12) 현직관리에게만 토지를 지급하고 그 지급량도 이전보다 줄인 직전법(職田法)이 전국적으로 실시된다. 직전은 현직관리에게만 지급하는 것을 원칙으로 하여 전국적인 양전을 통해 일체의 수신전(관리가 사망하였을 경우 수절하는 처가 받는 토지)과 휼양전(사망한 관리의 자녀가 성년이 될 때까지 지급하는 토지)을 파악, 이를 폐지키로 하였다. 그밖에 군전(軍田)이나 실제 직무가 없는 자는 지급대상에서 제외됐으며, 토지의 지급량도 정1품이 1백50결에서 1백10결로, 정·종 9품이 15결에서 10결로 줄어들었다.

정부관계자는 "현국왕의 즉위과정에서 생겨난 많은 공신들에게 공신전·별사전이 주어지면서 과전의 지급이 어려워졌으며 직전법은 그동안 추진되어온 전주(田主)의 수조권에 대한 제약정책의 한 결과"라며 "이제 대다수 관리들은 수조권에 의지하기 보다는 자기 소유지의 수입으로 생활하고 있다"고 말했다.

관련기사 2면

길주 토반 이시애 반란

농민 4만여 명 가담 … 함길도 일대 휩쓸어

"함길도의 수령은 함길도 출신으로 임명해줄 것" 등을 요구

1467년(세조 13) 5월 길주의 토반(土班) 이시애가 길주에 와 있던 함길도 절도사 강효문을 죽이고 반란을 일으켰다. 이에 농민 4만여 명이 가담해 큰 세력을 형성했다.

강효문을 죽인 이시애는 스스로 절도사라 칭하면서 함길도내 유향소에 중앙에서 파견된 관리는 모두 죽이라고 명령하는 한편 길주목사 등을 살해했다. 휘하에 1만이 넘는 군사를 거느린 이시애는 조정에 사람을 보내 "강효문이 신숙주, 한명회 등의 중신과 모의하여 나라에 반역하려 하였으므로 미리 선수를 친 것뿐"이라고 주장하며 "앞으로 본도(本道)의 수령은 본도 사람으로 임명해야 한다"는 요구조건을 내걸어 타지역 출신 관리들에 대한 강한 반감을 표시했다. 관련기사 2면

소식을 접한 국왕은 왕족인 구성군 준(龜城君 浚)을 함길·강원·평안·황해 4도 병마도총사로 임명, 6도 군사 3만여 명을 주어 함흥을 향하여 출발시키고 여의치 않을 때에는 친히 정벌을 감행할 것을 밝히는 등 강경대처 입장을 표명, 이후의 귀추가 주목되고 있다.

공신책정 봇물 … "특권층 형성" 비난여론

최근 이시애의 난을 평정하는 데 공을 세운 남이 등 46명을 적개(敵愾)공신으로 책정했다. 이에 앞서 세조는 자신의 즉위에 공을 세웠다 하여 45명을 좌익(佐翼)공신으로 책정한 바 있다. 또 단종 때의 계유정난에 공을 세운 43명을 정난(靖難)공신으로 책정했는데 이 역시 사실상 세조가 결재한 것으로, 세조대에는 이번 적개공신까지 포함, 모두 3차례의 공신책정이 이루어진 셈이다.

공신에 책정이 되면 공신증명서인 교서(敎書)와 함께 1, 2, 3 각 등급에 따라 노비와 토지를 받게 된다. 또한 가문의 명예일 뿐만 아니라 후손들에게까지 범죄에 대한 면책특권이 주어지는 등 온갖 특혜가 뒤따르게 된다. 특히 정인지, 최항, 권람, 한명회 등은 정난, 좌익 두 공신에 연이어 책정돼 공신 중에 공신이 됐다. 정가에서는 조정의 핵심요직을 장악하고 있는 이들을 가리켜 훈구(勳舊)대신이라고 부르고 있다. 훈구대신들은 모두 세조의 각별한 총애를 받고 있는데 정가에서는 이를 세조가 그만큼 이들 훈구대신들에게 정치를 의존하고 있다는 증거로 보고 있다. 일부에서는 조정이 새로운 특권층을 만들어내고 있다는 비판의 소리를 높이고 있다.

역사신문

'밀어부치기 중앙집권화' 곤란

민의 실정을 헤아려 추진해야

최근 정국을 강타한 함길도 이시애의 난은 국왕 세조가 정력적으로 추진하고 있는 국왕 중심의 중앙집권화 정책이 빚어낸 부작용인 것으로 밝혀지고 있다. 세조는 즉위 이래 의정부의 권한을 대폭 축소하고 6조 업무를 국왕이 직접 결재하는 6조직계제를 강행하고, 5위체제를 통해 일원적 군사제도를 수립하고, 현직관리에게만 토지를 지급하는 직전법을 실시하는 등 그야말로 '중앙집권화 드라이브'를 추진해왔다. 그중에 각지 지방관을 중앙에서 파견하려는 시도는 개국초부터 있어 왔으나, 북부 일부 지방은 지역적 특성상 대상에서 유보돼왔다. 그런데 세조는 이번에 그 중 한 지방인 함길도에 대한 지방관 파견을 강행했고, 그 결과 엄청난 저항에 직면한 것이다.

함길도 농민들이 이시애라는 일개 지방토호의 봉기격문에 적극 호응하여 수만 명이 궐기한 것은 중앙의 정책이 얼마나 안이했던가를 웅변으로 보여주는 것이다. 결과적으로 밝혀진 바에 의하면 중앙에서 파견된 수령들은 온갖 수탈행위를 자행했고, 이에 대한 함길도 농민들의 불만은 진작부터 폭발직전으로 내연돼왔다고 한다. 중앙집권화에만 몰두했지 수령의 자질은 살피지 않은 것이다.

이러한 정책의 난맥상은 중앙정치에서도 나타나고 있다. 개국공신세력들이 포진하고 있는 의정부를 허수아비로 만들고, 의정부가 관할하던 6조를 국왕 자신이 직접 챙기겠다고 6조직계제를 강행했으나, 최근 국왕은 업무부담을 이겨내지 못해 측근세력들에게 권한의 상당 부분을 위임하는 이른바 원상제를 시행하기에 이르렀다. 결국 이는 한명회, 구치관 등 세조의 측근세력이 단순히 개국공신 세력을 대체하는 정도의 효과밖에 낳지 못할 가능성이 높다. 더구나 이들 원상들이 권력의 핵심을 차지하면서 이들의 권력남용과 부정부패에 대한 우려도 갈수록 높아지고 있다. 그 결과 발생하는 피해는 몽땅 백성들의 몫이 될 것임은 너무나도 뻔한 것이다.

우리는 새 왕조 출범 이래 일관되게 추진하고 있는 중앙집권화 정책기조가 국가적 실천강령임을 부정하지 않는다. 그러나 그 과정에서 백성들의 삶의 질이 좋아져야 정책에 정당성이 부여되는 것이다. 오히려 민의 삶이 이전보다 고달파지고 일부 권력층만 살찌운다면 아무리 정책의 의도가 좋아도 정당성이 상실되는 것이다. 국왕 이하 조정의 백관들은 현재 대다수 민들이 처한 상황을 면밀하게 살피고, 민에 대한 중간관리들의 수탈과 횡포를 제거하는 방향으로 중앙집권화가 실시되도록 항상 점검해봐야 할 것이다.

이시애의 반감은 어디에서 비롯됐나

세조의 중앙집권정책, 지방토호의 반발 불러

이시애 난은 세조 집권 이래 추진돼온 중앙집권정책이 함길도 토호들의 존립기반을 해체시키는 데 따른 반발에서 일어났다는 것이 정가의 일반적인 평이다. 이시애는 대대로 길주에서 살아온 지방토호 출신으로, 그의 일족이 함길도 여러 읍에 살고 있고 그 아래 양민과 토지를 많이 축적하여 재산이 수만에 이르는 것으로 알려져 있다. 대북방회유정책 하에 중용되어 1458년(세조 4) 경흥진 병마절제사로 벼슬길에 발을 들여놓은 이시애는, 최근 회령부사로 있다가 올해 모친상을 당해 길주에 머물며 아우 이시합, 매부 이명효와 함께 반란을 모의한 것으로 전해졌다. 자기 고향에는 관리로 파견하지 않는다는 관례와는 달리 함길도지방은 인망 있는 그 지역 토호 중에서 지방관을 임명해왔는데, 그 이유에 대해 이조의 한 관리는 "원래 함길도가 우리 왕조의 왕실 발상지일 뿐만 아니라, 지리적으로 북방이민족과 접하여 있다는 특수사정으로 인한 예외규정"이라고 밝힌 바 있다.

그러던 것이 현국왕의 즉위 후 중앙집권책의 일환으로 북도 출신의 수령을 점차 줄이는 동시에 중앙에서 직접 관리가 파견됐고 호패법의 강화로 지방민의 이주마저 금하자 북도 토호들의 불만 수위는 매우 높아져 있었다. 또한 이번에 가장 먼저 살해된 강효문이 성쌓기를 구실로 농사철에 토목사업을 크게 일으켜 농민들의 원성을 산 것에서 잘 드러나듯, 파견된 관리들이 부정을 저지르고 축재를 일삼아 타지역 출신 관리들에 대한 농민들의 시선도 결코 곱지 않은 편이었다. 게다가 이시애는 자신의 일족을 이용, 타지역 군사가 함경도민을 모두 죽이려 한다는 소문을 퍼뜨려 가뜩이나 흉흉하던 민심에 불을 지핀 것으로 알려졌다.

인터뷰 직전법 실시 배경과 과전제도의 향후 전망

수조권, 더 이상 신분보장책 못 돼

우선 직전법 실시로 과전법 때와 달라진 점을 이야기해달라.

달라진 것은 크게 두 가지이다. 첫째 현직에서 물러나더라도 계속 지급받았던 수조권을 이제부터는 현직자가 아니면 지급받지 못한다. 또 본인의 사후에까지 상속되던 수신전(守信田)이나 휼양전(恤養田)은 아예 폐지하였다. 이것은 수조권이 양반관리의 신분에 대한 생활보장책으로부터 직무에 대한 보상으로 그 성격이 바뀐 것을 뜻하는데, 이는 과전법의 자연스런 발전과정으로 봐도 좋다. 둘째 현직자에게 지급하는 토지 결수도 줄였다. 정1품의 경우 150결에서 110결로 줄었고 정4품은 65결에서 50결로 정9품은 15결에서 10결로 줄었다.

이처럼 직전법을 실시하게 된 배경은 무엇인가?

정부 입장에서는 무엇보다도 관리들에게 수조지로 지급할 땅이 없다는 것이다. 과전법에서는 원칙적으로 과전의 세습을 금지하였으나 수신전이나 휼양전의 명목으로 사실상 세습이 관행화되면서 과전 부족현상이 나타나 아예 수조지를 지급받지 못하는 경우도 많았다.

그러면 앞으로 퇴직한 관리들은 어떻게 생계를 마련할 것인가?

다 알다시피 이젠 양반관리들이라도 나라에서 받는 수조지에 의존하여 생활하는 사람은 별로 없다. 대부분의 관리들이 다 자기 소유지를 갖고 있고 지주로서 이를 경영하여 생활해나가고 있는 실정이다. 그래서 각지에서 사대부들이 황무지를 개간하거나 남의 땅을 사들여 자신의 땅을 늘이는 데 열중하고 있지 않는가. 이젠 양반관리들의 가계에서 수조지에서 받는 수조액보다 자기 땅에서 얻는 수확이 훨씬 큰 비중을 차지하게 되었다. 시대적 추세가 그렇기 때문에 직전법의 실시가 가능한 것이다.

지금 항간에서는 직전법도 얼마 못가 허구화될 것이라는 관측이 많다. 어떻게 전망하는가?

맞는 예측이다. 솔직히 말해서 직전법도 일종의 과도적인 법이라고 생각하면 된다. 관리들의 생활에서 수조액이 차지하는 비중이 줄어들고, 수조권의 권한 자체가 점차 약화되어가고 있는 것이 역사적 추세다. 흉년에 수조액을 감면하는 일도 이제 수조권자가 사사로이 하는 것이 아니라 관에서 일률적으로 하게 되어 있지 않은가. 이를 뒤집어 생각해보면 땅 가진 사람의 권한, 즉 소유권이 그만큼 성장한 것이다. 이젠 농민들도 자신의 땅에 수조권이 설정되어 있다하더라도 더 이상 수조권자의 자의적인 수탈에 당하고만 있지는 않는다. 이런 추세라면 아마 조만간 직전세를 관청에서 직접 거두어 해당관리에게 나누어주는 관수관급제(官收官給制)가 실시될 것이다.

그림마당

이은홍

지금 우리 경제는 … 둔전경영 무엇이 문제인가?

"본래 취지는 간 곳 없고 수령들의 탐욕 채우기 경쟁장이 돼버렸다"

둔전이 권세가의 농장이 되고 있는가 하면 둔전경작에 사역되는 농민들이 강화되는 부역노동에 반발하는 등 기존의 둔전경영 방식이 그 한계를 드러내고 있다.

주로 재상이나 중앙의 고관들인 권세가는 수령과 결탁하여 황무지 개간이라는 명목 하에 둔전에 대한 소유권을 취득, 둔전을 자신의 농장의 일부로 삼고 있다. 호조관리 이모씨는 "원래 관둔전은 그 수입을 관청의 잡비나 수령의 각종 경비에 충당하라고 설정된 토지인데 둔전의 액수가 감소하면서, 수령들은 군량미에 손을 대고 정부의 둔전 관리 조사에 대비, 백성들의 땅을 탈취해서 줄어든 액수를 채우는 경우도 있다"며 한숨을 쉬었다.

본래 변방의 군인이 직접 경작하여 자신의 식량을 마련한다는 것이 둔전의 취지인만큼 북부나 남부 일부에서는 군인의 둔전경영이 계속되고 있다. 각 영(營)·진(鎭)에서 둔전경작에 사역되고 있는 선군(船軍)들은 배의 수리나 소금 굽는 일과 같은 온갖 잡역에 시달리고 있기 때문에 둔전경작을 기피하고 있다. 선군 이모씨는 "둔전에서 수확된 곡식을 수령이 꿀꺽하는 실정이다. 식량을 스스로 부담할지언정 둔전경작은 하지 않겠다. 내 이웃 중에는 선군으로 뽑히자 목을 매어 자살한 사람도 있다"고 사태의 심각성을 전했다. 실제로 전라도에서는 관리 권맹경(權孟慶)이 선군 정아(鄭雅)가 수확물을 상납하지 않는다고 직접 경작지에 나아가 때려 죽이는 보복(?)을 자행하기도 했다.

관청에 배당된 둔전의 경우, 원래는 관청소속 노비가 경작하도록 규정돼 있지만 부족한 노동력 때문에 일반 백성들까지 경작에 동원되고 있다. 현재 일선 수령 일부는 "부역노동에 불만을 품고 있는 농민과 군인들에 의해 경작되는 둔전에서 어떻게 좋은 수확이 나오겠느냐?"며 둔전을 일반 백성에게 대여해서 그 수확의 반을 대가로 지급하는 의견을 제시하고 있고, 정부에서도 이와 같은 병작반수제(竝作半收)의 채택쪽으로 기울고 있다.

수적(水賊) 장영기 "신출귀몰"

정부 관리, "유사 범죄 우려된다" … 검거에 총력

전라도 무안 사람 장영기를 비롯한 40여 명의 도적이 해안가에서 약탈한지 1개월이 지나도록 수사에 진척이 없어 전라·경상 우도절도사 등 해당지역 군관계자들에 대한 책임추궁이 불가피하게 됐다.

최근 전라도 서남해안을 중심으로 활동해 온 장영기 집단의 직접 토벌에 나선 구례 현감은 "장영기 일당이 관리로 가장하여 대낮에도 거리낌없이 나다니고, 반항하는 자는 그 자리에서 죽이는 등 그 수법이 더욱 대담, 잔인해지고 있다"며 "현재 전라도절도사 허종은 장영기를 호랑이처럼 두려워하여 몸을 사리고 있는 형편이니 보다 큰 규모의 중앙군 지원과 충청·전라·경상 3도의 대대적인 협공작전이 필요하다"고 말했다. 얼마전에도 전라도와 경상도 접경지대인 화개동 부근 봉우리에 장영기의 소굴이 있다는 제보를 받은 진주목사 휘하의 관군들이 포위공격을 펼쳤으나, 장영기 일당은 여자들로 하여금 봉우리 위에서 북을 치게 하고 자신들은 봉우리 아래쪽에서 관군을 습격, 포위공격을 무산시킨 바 있다.

현재 장영기 일당은 관군의 추격이 심해지면 몇개 조로 나뉘어 섬으로 도망치고 전열을 정비한 뒤 다시 활동을 시작하는 수적(水賊) 특유의 기동성을 발휘, 관군을 더욱 애먹이고 있는데, 절도사 허종은 "장영기 일당 외에도 낮에는 평민의 옷차림을 하고 있다가 밤에는 왜구의 옷을 입은 채 거도선(居刀船)이라는 빠른 배를 이용, 약탈을 일삼는 무리가 늘고 있다"고 우려를 표했다.

사찰에 강도 출몰 … 승복, 화로 등 훔쳐가

1463년(세조 9) 6월 경기도 고양 정수암에 20여 명의 강도가 침입했다. 정업원(淨業院) 주지인 여승 해민에 따르면 강도 20여 명이 정수암에 나타나 승려들을 위협, 의복 등의 물건을 훔쳐갔으며 불을 지르고 활을 쏜 뒤 달아났다는 것이다.

강도들에 맞서 승려들도 활을 쏘며 대응, 이 과정에서 도적 1명이 죽고 4명은 화살을 맞고 달아났다.

정체모를 도적들이 암자에 침입, 승복이나 화로 등을 훔쳐가는 일이 최근 빈번히 발생하고 있는데 정부는 엄중한 수색으로 대응하고 있다. 현재 선전관(宣傳官) 이하 20여 명이 강성산 진관사와 고양현에 파견되어 수색작업을 벌이고 있다.

"국가 재정 세출예산표 횡간 만들었다"

1464년 세입예산안인 공안의 대폭적인 개정과 함께 국가재정의 세출예산표인 횡간(橫看)이 마련됐다. 고려시대 이래 공안(貢案)을 제정, 세입을 거두는 데 대한 규정은 마련돼 있었지만 지출에 대하여는 일정한 방침이 없었다.

이전까지 사용된 중앙관아의 경비 명세서는 '식례'라고 하는데, 실제의 소요와 부합하는 명세서를 만들고자 하는 노력은 세종 20년에도 있었다. 당시는 총 1백14개 중앙관아 중 43개 관아의 것만 고치는 데 그쳤었다.

'화살촉 화폐' 나왔다

1467년(세조 13) 유사시 화살촉으로 사용할 수 있는 전폐(일명 유엽전·팔방통보)가 주조됐다.

3년 전에 열린 화폐주조 관련회의에서 대다수의 대신들은 전례가 없다는 이유로 전폐를 주조, 유통시키는 것을 반대했으나 국왕은 "옛사람들이 사용하지 않았다 하더라도 국방에 유익하다면 사용하는 것이 마땅하다"며 화폐주조를 지시한 바 있다. 전폐촉의 길이는 1치 8푼, 화살대에 꽂히는 부분인 경(莖)의 길이가 1치 8푼이며 소재는 철이고 교환비율은 전폐 1개에 저화 3장 꼴이다.

기존의 화폐도 유통되지 않는 상황에서 또다시 새로운 화폐를 주조한다는 데 대해 많은 사람들이 의문을 표하고 있는데 "빈번히 발생하는 여진족의 침범 때문에 수우각(水牛角)이나 전죽(箭竹)과 같은 활의 재료확보에 각별한 관심을 보여온 국왕이 화살촉이 될 수 있는 '실용적 화폐'를 만들려 했다"는 게 일부의 해석이다.

토지 원근 새로 측량 인지의·규형 제작

1466년 세조가 땅의 원근을 측량하는 기구로 인지의(印地儀)를 고안했다. 구리를 소재로 둘레에 24방위를 나열하고 그 속을 비워서 기둥을 세운다. 그 기둥에 가로 구멍을 뚫어서 그 위에 동으로 만든 추를 꿰어놓고 그 추를 상하로 움직이면서 땅을 측량한다. 세조는 곧 신하들을 시켜 영릉에 가서 인지의로 측량을 시험하게 할 예정이라고 한다. 최근 만들어진 규형(窺衡)도 이러한 기능을 가진 것인데 앞으로 토지측량을 할 때 유용하게 쓰일 것으로 전망된다.

초점 직전제 실시로 살펴보는 농장확대 실태

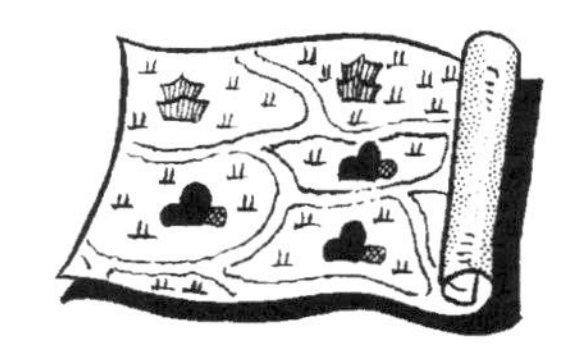

국가에서 양반사대부의 생활기반으로 분급해주었던 과전(科田) 관련 권한이 점차 줄어드는 상황 속에서 과전주(科田主)들은 일단 반발을 보이면서도 노비와 소작농민을 이용한 농장경영 확대에 여념이 없는 표정이다. 경기도에 과전을 가지고 있다는 이모씨는 "얼마전 수조할 때 규격품이 아닌 됫박을 사용했다는 이유로 내 과전의 소유주인 농민이 관아에 고소를 했다. 국가에서 내게 분급해준 과전의 소유권은 사실 그 농민에게 있는만큼 내가 가지는 수조권은 불완전할 수밖에 없으니 앞으로는 내 소유의 땅을 늘리는 데 전념하겠다"고 최근 양반 전주들의 분위기를 전했다.

과전주들의 과도한 수취에 대해 농민들의 반발이 커지면서 나라에서도 이들의 권한을 제약하기 시작했고, 전주들 역시 '진정한' 소유를 찾아 토지의 개간, 구입에 나서고 있다. 안동의 이모씨는 "양반의 살림은 단지 일개 가족의 생계유지가 아니라 제사나 손님맞이, 각종 경조사의 준비 모두를 자급자족으로 꾸려갈 수 있을 정도가 돼야 하므로 그만한 경제력을 갖추려면 농장경영은 필수적"이라며 농장마련의 필요성을 역설했다. 그는 이어서 "규모가 작은 농장도 있지만 대개 농토 외에 노비농민이 거주할 수 있는 건물, 땔나무 채취와 가축사육을 할 수 있는 임야 및 목초지, 곡식을 운반할 수 있는 선박까지 갖추어진 농장도 있다"고 귀띔했다.

강압적으로 농민의 땅을 차지하는 경우도 많다. 얼마전 좌찬성 황수신은 아산의 관둔전을 농장으로 삼아 물의를 일으켰으며, 세종 때의 박수 같은 사람은 현감의 신분이면서도 관아의 노비를 부려서 농장을 조성하는 비리를 저지르기도 했다. 한성에 사는 관리의 경우 고향의 친척들로부터 "좋은 땅이 있는데 생각이 있느냐?"는 식의 제안을 통해 개간이 가능한 곳에 대한 정보를 입수, 본인의 벼슬이나 위세 외에 현지 감사나 수령의 협력 하에 농민을 부려가며 농장을 만들기도 한다.

토지의 확장 외에 노동력의 확보를 위해서 농장주들은 중개자의 알선을 통해 생활이 어려운 농민들을 끌어들이는 것으로 알려져 있다. 김모씨는 "노비는 짐승처럼 자연증식을 통해서 무한히 늘릴 수 있는 것도 아니고 상속과정에서 형제들이 나누어가지기 때문에 숫자가 계속 줄 수밖에 없는 형편이다. 농장에 들어오기를 원하는 농민의 거주지를 알게 되면 도망친 노비를 다시 잡아오는 형식으로 데려오기 때문에 관청의 눈도 피할 수 있다"고 웃으며 말했다. 이렇게 농장에 들어온 농민들은 국역 담당자 파악의 눈길을 피해 노비들과 함께 일하거나 반타작 계약을 맺고 소작농이 된다.

종군기 함길도 이시애 난 현장을 찾아

4만 명 이상의 농민이 참여, 4개월에 걸쳐 정부군에 대항한 함길도 이시애 난은 주도자인 이시애의 체포로 일단 막을 내렸다. 역사신문에서는 주요 전투인 북청, 거산 현장에 함길도 주재기자를 파견, 반군의 집결과 관군과의 대결, 와해과정을 현장에서 기록, 정리해보았다.

▲농민전쟁 전야의 상황 함길도 지역의 대토호들은 남도 양반들에 비해 사회·정치적 지위를 보장받지 못하고 있는 데 대해 불만을 가지고 있는 편이고 이시애도 그러한 토호 중에 한 사람이었다. 이러한 불만에 불을 지핀 것이 1465~66년 이후 추진된 양전과 군액(軍額) 확장계획이다. 국경지대라는 이유로 그동안 비교적 부세부담이 적었던 농민과 토호들 모두에게 대국가 부담의 증가는 큰 충격을 줬고, 가혹하게 부세징수를 재촉한 수령들이 모두 남도 출신이라는 것도 불만의 파장을 확대시켰다.

▲농민군의 집결과 정부군의 진주 이시애가 길주에서 아우 이시합의 첩의 딸이자 관기(官妓)인 산비(山非)를 이용, 순찰중인 절도사 강효문의 침실을 습격, 살해한 지 10여일 만에 21개 군현과 진보의 백성들은 토호들의 지도를 받아 일사불란하게 관헌들을 처단하는 신속함을 보였다. 모여든 홍원 이북 농민 숫자는 2만 명으로 잠정집계됐다.

이시애의 측근들은 "함길도의 지형이 험하고 잘 키운 부대가 있으니 함길도에 독립왕국을 건설하고 잘되면 몇 년간 힘을 키워 한성으로 쳐들어가 중앙정권도 잡아보자"는 생각이 이시애의 본심이라고 말한다.

이시애가 보낸 사람이 한성에 도착한 지 이틀 만인 5월 18일에 한성을 떠난 토벌군은 철령 이남에 머물면서 6월 중순까지는 급격한 진공을 망설였다. 농민군의 사기가 높았던 것도 한 가지 이유였지만 함길도에 원래 심어져 있는 왕실의 먼 일족, 종친, 노복, 공신들이 농민군을 와해해주기를 기대했던 듯싶다.

▲북청전투 6월 19일 홍원, 북청, 갑산 등의 군대 2만 2백여 명은 이명효(이시애의 매부), 이시합의 인솔로 북청읍으로 진출, 군량을 확보한 후 일단 후퇴했다. 6월 23일 밤 이시애의 지휘 하에 농민군 1천6백여 명이 북청읍에 대한 공격을 개시. 관군은 안으로는 목책, 밖으로는 녹각(鹿角:사슴뿔과 같이 대나무로 짜서 만든 적을 막는 물건)을 쌓고 바깥에는 참호까지 파는 등 방어시설을 매우 견고하게 갖추어, 참호로 들어오는 수로를 막고 불화살을 쏘면서 10여 차례 돌격해온 농민군의 공격을 막아낼 수 있었다.

농민군과 관군 사이에는 일단 휴전이 성립됐는데, 7월 3일 도총사 이준은 "지금 적의 기세가 매우 왕성해 지방의 백성들이 다 적에게 붙어 있거나 혹은 산골에 모여 적의 지휘를 받고 있다. 비록 같은 동네 사람이라 할지라도 가담하지 않으면 죽이기 때문에 한 사람도 관군측으로 넘어오는 사람이 없다"는 내용을 상부에 보고했다. 보고를 접한 국왕은 친히 정벌계획을 세우면서 "함경도 백성들은 모두 반역자들이다. 관군은 대량도살을 하든 무엇을 하든 수단방법을 가리지 말고 봉기를 진압하라"고 지시했다.

▲거산전투와 농민군 와해 이후의 상황 북청에서 후퇴한 이명효 부대와 이성에 있던 이시애 부대 5천여 명은 북청 동쪽 68리 마흘령에 진을 쳤고 관군은 거산평원에 진지를 구축했다. 진지 구성을 마친 관군은 다섯 길로 나뉘어 봉우리의 농민군을 공격했는데 농민군은 총통과 활을 마구 쏘고 돌과 나무를 굴려서 완강히 저항했다. 유시(酉時: 오후 5~7시)에 관군은 이시애군의 좌측 허를 찔러 공격함으로써 전세가 관군쪽으로 기울어졌다. 야음을 틈타 이성으로 도망친 이시애는 부하에게 체포돼 8월 12일 처형됐다.

이준은 민심을 자극할 우려가 있다는 이유로 관군의 계속적인 주둔을 반대하고 있지만 대규모 반역의 불안에 시달리고 있는 국왕은 관군 주둔을 고집하고 있는 형편이다. 함길도내 대부분의 병기(兵器)는 평안도로 옮겨졌고 총통(銃筒)과 같은 위력 있는 무기는 한성으로 운반됐다. 민심을 회유하기 위해 올 한해 함길도의 전세와 부역, 공물에 대한 면제 지시 또한 동시에 내려졌다.

양성인간은 인간이 아니다? 사방지 논란

1467년(세조 13) 4월 남성도 여성도 아닌 양성인간이 의금부에 잡혀 들어와 화제가 되고 있다. 화제의 주인공은 사방지. 혐의는 과부 이씨와의 간통이지만 그가 양성인간임이 밝혀지면서 조정에서는 이번 사건의 처리에 고심하고 있다. 단순 간통사건으로 처리하려 했으나 수염이 없고 목소리가 가늘어 혹시나 하고 궁중 여의사에게 진찰을 의뢰한 결과 양성인간임이 밝혀진 것이다. 보고를 접한 국왕은 "사방지는 인간으로 볼 수 없다. 멀리 외방 고을의 영구 노비로 보내 일반 백성들과의 접촉을 일체 금하라"는 지시를 내렸다. 일단은 멀리 충청도 아산 신창현의 공노비로 보낼 것으로 알려지고 있다.

조사과정에서 사방지는 이번의 이씨 외에도 여러 여자와 무차별적으로 애정행각을 벌인 것으로 드러나 충격을 주고 있다. 특히 그와 깊은 관계를 유지했던 중비라는 여승이 아이를 가질까봐 두려워하자, 사방지는 "일전에 먼 고모뻘 되는 유부녀와도 깊은 관계를 가졌으나 임신은 되지 않았다"고 한 것이 밝혀져 그와 관계를 맺은 여인은 더 많을 것으로 추측되고 있다. 이번 사건을 수사한 의금부의 한 관리는 "우리 조선 여성들이 엄격한 유교적 가부장제 때문에 성적 욕망을 억누르고 있지만 내면에는 자유로운 성생활에 대한 갈망이 불타고 있다"며 걱정스런 표정을 지어보였다. 이번 사건이 국왕에게까지 보고된 것도 사방지 개인의 문제 때문이라기보다는 부녀자들의 풍기문란이 주된 요인이었던 것으로 알려지고 있다. 따라서 앞으로 부녀자들의 활동반경은 더욱 위축될 것이라는 관측이 많다.

간경도감 설치, 불경 언해본 간행

세조, 불교에 관심 … 대신들 "억불정책에 위배"

1461년(세조 7) 국왕 세조의 명에 의해 불경간행 기관인 간경도감(刊經都監)이 설치됐다. 이곳에서는 불경과 해설서를 한문으로 간행하는 동시에 일반 백성을 위한 한글본 불경도 간행하게 된다.

고려 때 간행된 불경이 현재 대부분 소실돼 불교계에서는 이번 간경도감 설치에 거는 기대가 큰데, 한글본 불경 언해작업은 불교계뿐 아니라 국문학자들 사이에서도 훈민정음의 실용화 측면에서 관심을 모으고 있다.

간경도감은 개성, 안동, 상주, 진주, 전주, 남원 등에도 분사를 두게 되며 특히 판각작업에 30일 이상 종사한 인부들에게는 승려증명서인 도첩을 내주게 된다.

세조는 불교에 대해 깊은 관심을 보여 1459년에는 한글판 「월인석보」를 간행한 일이 있다. 세조가 불교에 특히 애착을 보이는 것은 자신의 왕위찬탈에 대한 속죄의 마음 때문이라는 것이 정가의 통설이다. 특히 즉위초에 어린 세자가 병으로 죽자 세조는 더욱 더 불교에 귀의하게 된 것으로 알려지고 있다.

한편 조정대신들은 건국초의 숭유억불정책에 정반대되는 세조의 정책에 대해 우려하고 있으며 지난 「월인석보」 간행 때는 대신들 전체가 들고 일어나 반대를 표했다.

토론 「금오신화」 발간을 계기로 살펴본 동서양의 소설 출현과 그 의미

"금오신화가 도달한 소설의 세계는 새로운 세계관과 현실을 반영하고 있다"

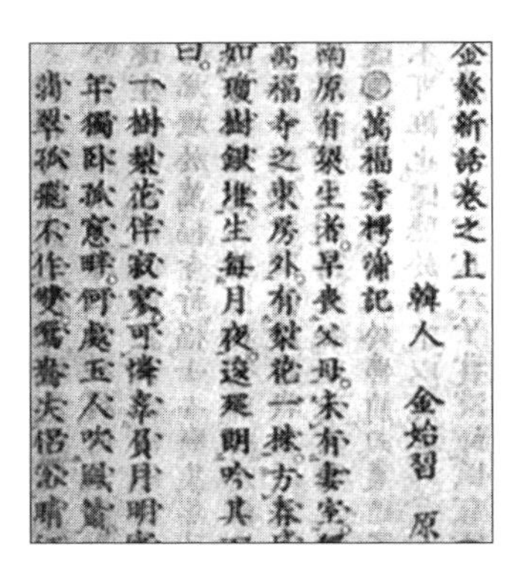

金鰲新話卷之上

韓人 金始習 原

萬福寺樗蒲記

南原有梁生者。早喪父母。未有妻室

萬福寺之東房外。有梨花一株。方春

如瓊樹銀堆。生每月夜。逡巡朗吟其

日。

一樹梨花伴寂寞。可憐辜負月明

年獨臥孤窓畔。何處玉人吹鳳

翡翠孤飛不作雙。鴛鴦失侶浴

최근 간행된 김시습의 「금오신화(金鰲新話)」는 종전의 설화를 계승하면서도 자아와 세계의 팽팽한 대결을 펼쳐보이고 있다는 점에서 그야말로 '새로운 이야기(新話)'라는 평가를 받고 있다. 하지만 일각에서는 「금오신화」가 중국의 구우가 쓴 「전등신화(剪燈新話)」의 모방일 뿐이라는 혹평이 제기되고 있기도 하다.

역사신문에서는 조금 앞서 '새로운 이야기'가 나타나기 시작한 서양의 문학세계와 함께 「금오신화」를 다루어 보고자 한다. 저자인 김시습씨의 토론거부로 좌담에는 김시습의 어린시절 친구이며 현재 영의정인 신숙주씨, 역시 김시습의 친구이며 방랑시인인 홍유손씨, 외국소설에 조예가 깊은 김호수씨가 참석했다.

사회 우선 「금오신화」가 이전의 설화류와 다른 점이 무엇인지 이야기해보았으면 좋겠습니다. 「금오신화」에 실려 있는 이야기에는 전설이나 민담과 마찬가지로 용궁, 저승과 같은 비현실적인 배경이 많고 심지어 귀신까지 등장하고 있습니다.

홍유손 귀신의 존재를 부정했던 그가 비현실적인 소재를 사용한 것은 주제를 부각시키려는 의도가 있었기 때문으로 보입니다. 〈만복사저포기〉나 〈이생규장전〉에서는 사랑에 대한 절실한 요구와 사랑을 성취할 수 없다는 비극을 나타내느라고 죽은 여자와 사랑한다는 역설을 내세운 것이고, 〈남염부주지〉나 〈용궁부연록〉에서 주인공이 저승이나 용궁에 갔다는 것도 주인공의 포부와 능력을 발휘하기 위한 가상적인 설정에 지나지 않습니다.

신숙주 김시습과는 어려서부터 친하게 지낸 사이지만 사상문제에 있어서는 위험한 점이 많다는 것을 지적하지 않을 수 없습니다. 얼마전 그는 "군신·부자 간의 도리는 미리 정해질 수 없고 그들간의 대립적 관계에서 생기는 것이며 화합과 조화 역시 대립을 초월해서 이루어질 수 없다"고 주장, 저를 몹시 놀라게 한 적이 있습니다. 김시습이 비록 현실정치에 불만을 품고 벼슬을 뒤로 하며 방랑하고 있다는 것을 알고 있었지만 하늘의 이치에서 인륜도덕에 이르기까지 일관된 질서를 가지고 있다는 것을 어떻게 부정할 수 있는지 놀라울 따름입니다.

김호수 바로 그 점이 '소설'이라는 새로운 양식을 낳을 수 있었던 원동력입니다. '당위론적인 조화'를 거부할 때 세계를 바꾸려는 자아의 도전이 충분한 근거를 갖게 됩니다.

사회 외국의 경우는 어떤지 궁금합니다.

김 약 백년 전 이탈리아에서 출간된 보카치오의 「데카메론」에는 이미 그 이전의 설화문학과의 차이가 뚜렷이 나타나고 있습니다. 등장인물의 특징, 사회적 배경과 지역적 배경은 한결 날카롭게 개별화되어 있고 추상적인 도덕적 해석은 미리 가하지 않으면서 모든 현상에 제각기 구별되는 도덕적 가치를 부여하는 확고하면서 유연한 비판의식을 보여주고 있거든요.

신 그러고보니 「금오신화」에 나오는 주인공들의 개성이 매우 뚜렷하다는 생각이 듭니다. 「금오신화」의 인물들은 출중한 인품을 지니긴 했지만 현세의 인간을 보여주지요.

홍 인물묘사에 대한 제 의견은 좀 다릅니다. 중국에서 다소 복고적이라는 평을 받는 「전등신화」보다도 「금오신화」의 인간관계는 단순하고 그 결과 다양한 사회상도 반영돼 있지 않습니다. 「금오신화」의 주인공은 모두 문사(文士)인데 고작 지체 높은 집안의 딸과의 관계를 보여주었을 뿐입니다. 반면 「전등신화」에는 강남지방 도시를 배경으로 한 상인층 내지 서민 부자층의 인간관계와 의식세계가 잘 표현되어 있어요.

사회 그런 차이가 나는 것은 지금 우리사회에 상업도시가 발달해 있지 않다거나 상인층이나 서민들이 중요한 역할을 하고 있지 않은 점이 크게 작용한 것 아닐까요?

김 바로 그 점이 중요합니다. 서양에서 소설이 등장하게 된 배경도 중국과 유사하죠. 보카치오의 시대에는 지위가 높지만 봉건적이지 않고 도시귀족층에 속하며 문학에서 삶의 다채로운 현실을 반영하는 사회계급이 이미 등장해 있었거든요.

신 저 개인적으로 '소설'이라는 형식을 그리 좋게 평가하는 편은 아니지만 이제 새로운 형식의 이야기를 요구하게 된 시점에 이르렀다는 점은 인정하지 않을 수 없군요. 다른 사대부들도 소설적인 글을 시도하고 있다는 사실은 이미 더 이상 숨길 일은 아니죠.

사회 「금오신화」가 선구적인 작품이라는 데에는 세 분이 모두 동의하시는 것 같습니다.

「금오신화」가 이룩한 작품세계를 넘어서는, 백성들의 생활과 의식이 보다 잘 반영된 작품이 곧 나오기를 기대해봅니다.

원각사, 1년여 공사 끝에 완성

1465년(세조 11년) 4월 원각사 건립이 1년여의 대공사 끝에 이루어졌다. 악학도감 건물로 쓰이던 예전의 흥법사를 다시 세우면서 이름을 원각사로 지정하여 진행된 이번 공사는 부역군사 2천1백여 명이 동원된 큰 공사였다.

원각사 건립을 위해 부근 인가 2백여 채의 철거도 실시됐는데 집터 보상가로 정포 4천4백여 필, 쌀 1백섬, 보리 1백 섬이 국고에서 지출됐다. 또 범종 주조를 위해 국가보유 구리 2만 4천1백64근 8냥 3천을 포함, 전국에서 부족한 다량의 구리를 사들였으며 50여 명의 장인이 범종 주조에 동원됐다. 내년에 백옥으로 만든 불상과 10층짜리 대리석탑이 완성되면 원각사는 제 모습을 갖추게 될 것으로 보이며 원각사 완공 공로자 포상도 실시될 예정이다.

1464년 5월 효령대군이 회엄사에서 원각법회(圓覺法會)를 열었는데 여래(如來)가 나타나고 수백의 사리분신이 나오는 기적이 일어났다고 한다. 이미 폐사가 돼 악학도감(樂學都監) 건물로 쓰이던 흥법사를 원각사로 만들어야겠다는 국왕의 결심은 바로 여기에서 비롯됐다는 것. 그런데 원각사 건축과정에서 빚어진 각종 사건들 중에는 웃지 못할 일이 많다. 사창(社倉)의 우두머리가 원각사 중을 사칭, 원각사 건립 책임자의 도장을 위조하여 포를 시주하라며 재물을 긁어모은 사건이 대표적이다. 많은 백성들이 이 사기꾼에게 넘어갔다. "포를 많이 내면 천민은 양인으로 만들어주고 유배자는 귀향시켜준다"는 달콤한 유혹에 넘어가지 않을 사람이 누가 있었겠는가?

해외 소식

일본, '오닌의 난' … 전국시대 돌입

1467년 아시카가(足利) 막부의 제8대 쇼군(將軍) 요시마사(義政)의 후계문제를 놓고 대립하던 그의 아들측과 동생측이 전면전에 돌입했다. 이번 '오닌(應仁)의 난'에는 각지의 호족들이 가담하고 있어 전국적 규모의 무력충돌로 이어지고 있다.

일본은 몽고침략 이래 과도한 군비지출로 막부의 전국 통제력이 극도로 악화돼 있던 터라 이번 전쟁으로 막부의 몰락 및 지방호족의 득세는 가속화될 전망이다. 막부는 일본의 왕인 '천황'을 명목상 인물로 만들고 자신들이 실권을 장악해왔는데 이제는 자신들이 명목상 실권자로 전락할 위기에 처한 셈이다.

한편 지방의 각 고쿠(國)통치를 담당하던 슈고(守護) 및 그 하부에서 각 영지를 통치하던 지토(地頭)들은 이번 혼란을 통해 위임통치자가 아닌 자기 지역에 대한 독립적·배타적 지배자로 부상하고 있다. 이들을 센고쿠 다이묘(戰國大名)라고 부르고 있는데 이들은 현재 독자적 법령을 만들고 있고, 산업발달에 경쟁적으로 나서고 있어 부국강병 경쟁의 측면을 보이고 있다.

전국	천황	
⋮		
막부	쇼군	
↓		
쿠니	슈고	다이묘
↓		
영지	지토	다이묘

역사신문

1 직전세를 관수관급하게 함 1470
화장의 풍습 금함
1·2·3 「경국대전」 완성 1471
「국조오례의」 완성 1474
6 서거정, 「동문선」 편찬 1478
4 삼포거주 왜인 날로 증가 1480
서거정, 「동국여지승람」 찬진 1481
4 폐비 윤씨에게 사약을 내림 1482

"人治에서 法治로"

「경국대전」 완성, 객관적이고 통일적인 국가운영 가능해질 듯

우리 고유법 성문화, "통치의 법적 제도 마무리"

1471년(성종 2년) 1월 선왕인 세조의 지시로 작업에 착수한 지 10여년 만에 국가공식 통일법전 「경국대전」이 완성됐다. 이번 「경국대전」의 완성은 국가의 통치가 人治에서 法治로 전환하는 데 중요한 기틀을 마련했다는 점에서 역사적 의의가 크다. 또 「경국대전」은 중국법과 다른 우리 고유의 법을 성문화했다는 점도 큰 의의로 평가된다.

"모든 법이 조화된, 자손만대로 변하지 않을 통치규범의 작성"을 목표로 시작된 「경국대전」 편찬작업에는 최항, 한계희, 노사신 같은 중신들이 참여했으며, 세조는 이를 직접 감독하고 수정하는 열의를 보였다. 1460년에 재정경제의 기본이 되는 〈호전(戶典)〉이 완성됐고, 다음해에 〈형전(刑典)〉, 1466년에는 〈이전(吏典)〉, 〈예전(禮典)〉, 〈병전(兵典)〉, 〈공전(工典)〉이 차례로 제 모습을 갖추었다. 세조가 이의 전면시행을 보류하다가 예종이 반포하기로 하였으나 그의 갑작스런 죽음으로 연기됐었다. 이어서 현국왕 성종이 신숙주, 한명회, 구치관, 최항, 서거정, 정창손, 한계미 등에게 기존의 6전 내용을 분담해서 검토하도록 명령한 지 1년 만에 빛을 보게 된 것이다.

「경국대전」은 건국초에 나온 「경제육전」과 마찬가지로 이·호·예·병·형·공전의 6분법을 따르고 있지만 각 전마다 필요한 항목으로 분류하여 규정하고 조문도 「경제육전」과는 달리 추상화·일반화되어 있다는 점에서 한결 나아졌다는 평이며, 자녀에게 재산을 균등하게 상속하는 법, 토지, 가옥의 사유권 보장 등은 중국의 「대명률」과 다른 독자적인 내용이어서 눈길을 끌고 있다.

이미 세조 때 거의 완성단계에 이르렀던 「경국대전」이 이제야 공표된 것은, 세조와 예종의 갑작스러운 죽음도 한가지 이유가 될 수 있지만 세조가 구상한 왕권중심의 법전체제에 유신들이 반발, 육전상정소를 설치하여 계속 수정을 가하고 빠진 조항을 「속록(續錄)」으로 만드는 작업을 계속했기 때문으로 알려졌다.

관련기사 2·3면
참조기사 7호 1면

경국대전 각 전(典)의 주요내용

이전(吏典)	중앙과 지방관제, 관리의 종류와 임명면직
호전(戶典)	호적, 조세제도, 녹봉, 통화, 부채, 상업, 잠업, 창고, 환곡, 조운, 어장(漁場), 염장(鹽場)에 관한 규정. 토지, 가옥, 노비, 우마(牛馬)에 대한 매매, 등기제도와 이자율에 관한 규정
예전(禮典)	과거, 외교, 제례(祭禮), 상장(喪葬), 묘지, 관인(官印), 상복제도, 혼인 등 친족법 규정
병전(兵典)	군사제도와 군사에 관한 규정
형전(刑典)	형벌, 재판, 노비, 재산상속법에 관한 규정
공전(工典)	도로, 도량형, 식산(殖産)에 관한 규정

"사림, 정계 제3세력으로 자리잡아"

최근 정계진출 활발 … 국왕측근과 공신세력 위협

김종직 중심으로 홍문관에 대거 포진

최근 지방에 경제적 기반을 두고 성리학을 신봉하는 이른바 사림(士林)들이 정계에 대거 진출하고 있어 새로운 현상으로 관심을 끌고 있다. 이들은 주로 영남지방에 근거를 두고 있으며 경제적으로는 중소지주 출신이 많은 것으로 알려져 있다. 현재 이들의 대표주자는 길재의 학통을 이어받은 김종직이다.

기존 정계는 국왕과 그 측근세력을 한 축으로 하고 공신들을 비롯한 재상들을 다른 한 축으로 하여 이 두 축이 때로는 협력하고 때로는 대립하면서 운영돼왔다. 따라서 이들 사림들은 정계에서 제3의 세력으로 자리잡을 전망이어서 그 역할을 주목하지 않을 수 없게 됐다.

이들 사림들이 정계에 진출하게 된 데는 무엇보다도 성종의 배려가 큰 역할을 했다. 즉 세조대에 막강한 세력으로 부상한 훈구대신들이 정치의 주도권을 잡고 있어 성종으로서는 이들이 부담스러운 존재일 수밖에 없었고, 따라서 그들 훈구대신들을 견제할 목적으로 의도적으로 사림들의 정계진출을 유도했다는 것이다. 현재 국정자문과 경연을 담당하는 홍문관에 이들 사림들을 주로 등용하고 있으며, 이에 따라 홍문관의 위상은 점차 높아져갈 것으로 예측되고 있다. 홍문관은 원래 궁중서적 보관을 담당하는 한가한 부서였으나 현재는 세종 때 집현전의 기능을 이어받아 언관(言官)의 역할을 담당하고 있다. 선왕 세조가 집현전을 없애고 그 업무를 예문관에 이관시켜버린 것에 대해 내심 비판적이던 성종이 1478년 홍문관에 이전의 집현전의 핵심기능인 국왕에 대한 자문역할을 부여하는 조치를 취한 것이다.

한편 사림들의 일반적 여론은 훈구대신들에 대해 매우 비판적인 것으로 알려져 있다. 즉 세조의 즉위과정은 유교적 덕목에 비추어 분명히 비판받아 마땅한 것임에도 그들은 그에 빌붙어 권력독점에만 혈안이 돼왔다는 것이다.

그러나 이들 사림들에 대한 인사권이 아직은 훈구대신들의 손에 있어 이들이 정계에서 확고하게 뿌리를 내리려면 넘어야 할 산이 많은 실정이다. 또 이들 사림들의 인적 결합도가 그리 높지 않아 세력이 확대되면서 내부에 분열이 있을 것으로 내다보는 견해도 있다.

관련기사 4면

관수관급제(官收官給制) 시행

"직전세, 관에서 거두어 관에서 지급한다"

1470년(성종 1) 4월 정부가 농민으로부터 직전세(職田稅)를 거두어, 이를 수조권을 분급받은 관리들에게 지급하는 직전세의 관수관급제(官收官給制) 시행이 발표되었다.

이번 조치로 자신의 땅에 직전이 설정되어 있는 농민들은 직전세와 초가(草價)를, 수조권을 가진 관리가 아닌 경창(京倉)에 납부해야 하며 직전의 수조권을 가지고 있던 관리들은 녹봉과 함께 자신의 직전세에 해당하는 분량을 정부로부터 지급받게 된다. 세조 때인 1466년에 직전법이 시행된 이후 직전의 분급대상이 현직자로 한정되고 세습이 불가능해지자 관리들 사이에 "현직에 있을 때 양껏 뽑자"는 심리가 작용, 직전세를 공법(貢法)규정 이상으로 거두는 직전세 남징(濫徵)현상이 사회문제화되어왔다.

관리의 노비들이 직전세를 독촉하거나 볏짚 값으로 1속(束)에 미(米) 한 말을 거두는 등 각종 폐단이 그치지 않자, 1469년 2월에는 직전세를 과다하게 거두는 자는 피해 농민으로 하여금 사헌부에 고소하게 하고 남징한 조세와 물품은 관에서 몰수하는데, 관리가 불응할 경우 아예 전세와 직전을 몰수하는 강력 조치가 취해지기도 했다.

직전법의 실시로 관리의 직접답험권이 사라지고 난 뒤, 그나마 남아 있던 직접 수조의 권한이 이번에 완전히 모습을 감추게 된 데에는 "직접 수조권이 관리에게 있는 이상 남징현상은 근절될 수 없다"는 농민들의 아우성이 크게 작용한 것으로 보인다.

직전세의 관수관급으로 수조권을 근거로 한 전객농민과 토지에 대한 지배권은 사실상 사라지게 되었다.

참조기사 5호 1면, 7호 2·3면

역사신문

양법미의를 살리려면

바른 법 집행 위해 관리 질 향상시켜야

우선 「경국대전」의 완성으로 통치의 법적 기초가 세워진 것을 무척 기쁘게 생각한다. 특히 고법(古法)으로서 현실에 부합하고 민폐(民弊)가 없는 법, 즉 양법미의(良法美意)에 대한 자신감과 실천의지가 표명되어 있고, 정치의 요체는 법치에 있다고 서약한 것은 우리의 법률 역사에서 한단계의 진보라고 해도 무방할 것이다.

「경국대전」의 '전(典)'이라는 글자는 '치(治)', '주(主)'와 통하므로 그 안에는 '통치하고 지킨다', 즉 '규범'이라는 의미가 들어있다. 크게 보아 일종의 규범이라고 할 수 있는 법률은 예로부터 사회제도 문물 풍토의 잣대로 기능해왔다. 삼국시대의 율령이 범죄의 처벌과 국가질서 유지를 위한 규범이었다면 고려 때 각종 시행법은 중앙집권과 가족제도의 유지를 위한 기준이었다. 이제 경국대전에 이르러서는 형법에 대한 관심뿐만 아니라 정치 경제·사회생활 전반에 걸친 성문법의 완성을 보았으니 진정 종합적인 '전(典)'이 성립되었다고 볼 수 있을 것이다.

그 서술형식에 있어서도 「경국대전」은 고도의 추상성과 일반성을 보여주며, 법조문의 내용도 계통적으로 연결되어 있어서 영원히 변하지 않는 조종성헌(祖宗聖憲)으로 삼으려는 정부의 의지와 자신감이 한눈에 들어온다. 이제 필요한 것은 '양법미의'를 어떻게 살려나가는가 하는 문제일 것이다. '고법(古法)이지만 민폐를 일으키는 법은 어떻게 폐지하며 또 새 법은 어떻게 만들어나갈 것인가?'를 고민하지 않으면, 「경국대전」은 시대에 뒤떨어진 법전이 되어 실제 법률생활의 뒷전으로 물러앉게 될 수도 있기 때문이다. 다행히 보충이 필요한 법률의 경우, 일종의 보충 법령집인 '속록(續錄)'의 형식으로 성문화해나갈 예정이라고 하니 조금 안심이 된다. 단 한가지 아쉬운 것은 새로운 법률을 제안할 수 있는 공식적 자격이 관청에 주어져 있다는 점이다. 백성들의 뜻이 반영될 수 있다는 의미에서의 '양법'이 실현될 수 있는 제도적 장치까지 마련된다면 진정한 법치국가로서 손색이 없을 것이다.

끝으로 법이 올바로 집행될 수 있도록 관리들의 자질을 향상시켜야 한다는 이야기를 하고 싶다. 서울에서는 합의심이 이루어져 그나마 다행이지만 지방에서는 수령의 단독관결이 많아 억울하게 죽는 사람까지 있는 형편이다. 양법미의를 살리려면 법전을 만드는 것에 머물러서는 안 되며 실제 백성들의 법생활이 어떻게 이루어져나가고 있는지 끊임없이 점검해 보아야 할 것이다.

「경국대전」 편찬의 의의

법치주의 정립의 일대 전환점
"중앙집권 통치체제의 제도 마무리됐다"

조선왕조 출범 90여년 만에 국가운영의 기초가 되는 종합법전이 선을 보였다. 사회의 질서를 유지하기 위한 규범으로, 위반시 사회적 강제가 따르는 법률은 예전부터 있었지만 「경국대전」의 편찬은 건국 후 꾸준히 추진돼온 법치주의의 정립에 큰 획을 그었다는 점에서 각별한 의미를 가진다. 고려시기의 통치가 '법치(法治)'보다는 '인치(人治)'에 가까왔다면 이제 조선의 통치는 법치쪽으로 성큼 다가선 것이다.

법치의 기초가 되는 법전마련에 대한 관심은 태조 이래 꾸준히 계속돼, 태조·태종대에는 「경국대전」의 모태가 되는 「경제육전」이 나왔고, 세종대에 이르러서는 태조·태종대의 무단정치적 분위기를 어느 정도 극복하고 유교적 민본주의와 법치주의가 보다 강화·정비되는 양상을 보였다. 「속육전」이 편찬됐을 뿐만 아니라 3심제 도입, 형벌 남용 금지, 미성년자와 노인 범죄자 구금 금지와 같은 정책이 시행됐고, 감옥내 위생과 난방에 대한 지침이 하달되는 등 유교적 윤리관에 입각한 형벌제도가 정비되었다.

무력 쿠데타로 집권한 세조는 즉위 이후 제2의 창업군주라는 자부심을 가지고 국초 이래의 유교적 법치 노력을 계승하여 「경국대전」 편찬에 착수한 것으로 알려졌다. 실제 「경국대전」에는 건국 이래 추구돼온 각종 문물제도의 유교적 정비, 관료체제의 정비를 통한 중앙집권화, 사회 신분질서의 확립이라는 국정운영의 큰 틀이 반영돼 있다. 「경국대전」이 행정법·민사법·가족법·군법·형사법·재판관계법 등 각종 부문법을 종합적으로 담고 있지만, 그중에서도 국가통치기구의 구성과 기능, 관리의 등용과 파면 절차, 업적평가 등을 규정한 행정법 규정이 대부분을 차지하는 것은 각종 통치기구와 관료질서의 확립을 통한 중앙집권적 통치의 강화가 제1의 목표로 추구됐다는 것을 보여준다.

이후 국정운영은 「경국대전」의 대부분을 구성하는 행정적인 직무 규칙으로 인해 보다 체계적으로 이루어질 수 있을 것으로 전망된다. 법전편찬에 관여했던 서모씨는 "지방관의 전국적 파견, 횡간과 공안에 의한 새로운 재정관리법의 제정, 조세 공물 부역체제 규정마련과 같은 실무 지침들은 관리들의 자의적 행정운영을 제약하는 데 큰 역할을 할 수 있을 것"이라고 내다봤다.

인터뷰 「경국대전」의 입법정신에 대해 서문 집필자 최항

"옛 법을 좇아 백성의 뜻에 따르는 '양법' 마련에 최선"

우선 「경국대전」 제정의 의의에 대해 듣고 싶다.

시대에 알맞고 실용에 적합한 법은 나라를 다스리는 지침이자 백성을 일정한 궤도 안에 들여놓는 역할을 한다는 점에서 꼭 필요하다. 전왕조인 고려는 전문 5백2개 조로 된 당률 중에서 71개조를 모방하여 사용했다. 이에 비하면 「경국대전」을 편찬, 우리 현실과 체계에 맞는 규범을 밝힌 것은 우리 조선의 문명한 정치가 주나라에 비할 만큼 성숙했다는 증거다.

「경국대전」의 입법정신에 대해 말한다면.

먼저 법은 옛법이어야 한다는 점을 밝히고 싶다. 태조 때 만들어진 「경제육전」의 법조문은 큰 글자로 쓰고 개정된 법조문은 그 아래 작은 글자로 쓴 것도 그 때문이다. 역사적 경험을 무시하고 마구 새로운 법을 만들면 법의 타당성과 실효성에 대한 백성들의 신뢰가 무너져 버릴 것이다.

혹시 백성들이 원하지 않는 법이 있다면 백성들의 신뢰는커녕 반발만 불러일으킬 텐데 그럴 경우는 개정해야 하지 않겠는가.

물론 정치를 하는 사람은 백성의 뜻이 어디에 있는지 정확히 파악해야 한다. 백성의 뜻을 따르는 법이 바로 '양법(良法)'이다. 만약 현행 법에 10가지의 폐단이 있고 새로 만들려는 법에 단 한가지의 폐단도 없다는 것이 확실하면 법을 개정하는 것이 좋을 것이다.

법률 제정과정에서 주력한 부분이 있다면.

우선 각 전문행정 분야별로 법을 편찬해서 관료제를 확립하고 행정의 능률화를 꾀하는 데 주력했다. 그리고 백성들의 권리와 의무의 규칙을 밝힌 한편, 이를 위반하는 자는 엄격히 규제해서 치안을 확보하고 민생을 안정시키는 효과를 거두고자 했다.

이전까지의 입법과정과 법률의 성격, 그리고 이번에 달라진 점들

법률행위의 주요주체는 관청 … 의정부 발의로 국왕 거쳐 사헌부 등의 동의 얻어 법률제정

법제정의 기본은 국왕의 명령이다. 황제의 명령을 제조(制詔)·성지(聖旨)·칙지(勅旨)라고 하는데, 국왕의 명령은 '교(敎)'라고 하며 각 관청에 내려간 교지(敎旨)를 수교(受敎)라 한다. 입법은 해당관청이 신청을 하면 국왕이 결재를 함으로써 이루어진다. 결재를 얻은 왕지(王旨)를 판지(判旨)라고 하고, 수교(受敎)에 따라 이를 조문화한 것을 조례(條例)·조령(條令)·조획(條劃)·조건(條件)이라고 부른다. 「경국대전」 〈예전〉에는 입법과정이 상세하게 규정돼 있다. 의첩조(依牒條)를 보면 신법(新法)은 의정부회의를 거쳐 왕에게 전달되고 예조 사헌부 사간원의 동의를 거쳐 정식으로 제정되는 것으로 되어 있다.

지금까지는 해당관청이 사무처리에 필요한 항목을 상부에 보고하고 왕이 승인하면 해당관청에만 유효한 법이 성립돼왔다. 6조가 모두 이런 식으로 입법을 하기 때문에 법률의 수가 크게 증가했고 동일한 사항에 대해 전후 규정이 다르거나 각 관청간에 법을 달리하는 경우까지 심심치 않게 발생한 것은 물론이다. 결국 일선관리들 사이에서 법률적용을 둘러싸고 혼선이 빚어지기 일쑤였고 관리들은 골치아픈 대명률이나 신법보다는 종래의 관습법을 적용하거나 원의 형률을 적용하는 경우가 비일비재했다. 얼마전 정부가 고려 때 쓰던 관습법의 적용을 막기 위해 고려시기 법령집의 목판까지 모두 태워버린 것도 그 때문이다.

법률생활의 주체를 어디에 두는가 하는 점은 고려 때와 달라진 것이 없다. 「경국대전」의 규정 대부분이 국가행정 기구와 그 운영에 대한 행정법이고 관청이나 관리에 대한 직무상의 규칙이다. 물론 민사(民事)에 관한 규정도 적지 않지만 이는 개인간의 법적관계를 규정하는 '순수한' 사법(私法)이 아니라 백성에게 수행을 명령하는 강제규정이라는 점에서 관리가 따라야 할 행정법규로서의 민사법에 지나지 않는다.

그림마당

이은홍

알아봅시다

'일상'에 성큼 다가선 법

"노비는 상전 고발할 수 없고, 상처한 지 3년 후에 새장가 갈 수 있다"

경국대전은 6조의 행정에 바탕을 두고 나라를 다스리는 지침을 밝히고 있을 뿐 아니라, 백성들의 가정 및 사회생활의 권리·의무의 규범까지 자세히 규정하고 있다. 역사신문에서는 우리의 일상생활과 밀접한 관련이 있는 조항들을 간추려보았다.

노비가 상전을 고발할 수 있는가?

〈형전〉 고존장(告尊長)조항 참조

아들과 손자, 아내와 첩 또는 노비가 부모나 가장을 고발하는 것은 반역음모와 역적의 경우를 제외하고는 교수형에 처한다.

매매관련 조항

〈호전〉 매매한(賣買限)조항 참조

토지와 가옥의 매매는 15일을 기한으로 변경시키지 못하며 모두 1백 일 이내에 관청에 보고하고 확인서(立案)를 받는다. 노비의 매매도 마찬가지이다. 소나 말인 경우에는 5일을 기한으로 하되 변경시키지 못한다.

채무관계

〈호전〉 징채(徵債)조항 참조

관청과 개인에 빚을 진 자에 대해서는 설사 본인이 사망하였다고 하더라도 아내나 자식에게 재산이 있는 경우에는 묵은 빚을 받아내는 것을 허락한다. 대체로 개인 빚을 진 경우에는 증인과 증서를 쓴 사람의 수표가 갖추어진 문서를 가지고 있으면 받아내는 것을 허락한다. 그러나 1년이 지나도록 관청에 신고하지 않은 경우에는 소송을 허락해주지 않는다.

상속과 소유권 관계

〈호전〉 전택(田宅)조항, 〈형전〉 사천(私賤)조항 참조

대체로 토지와 주택에 관한 소송은 5년이 넘으면 심리하지 않는다. 3년 이상 묵은 토지는 신고하는 사람이 경작하도록 한다. 임자가 없는 토지는 신고한 사람에게 넘겨준다. 공신전은 자손들에게 물려준다. 조상의 제사를 받드는 자손에게는 3분의 1을 더 준다. 부모가 사망하였을 때 노비는 본처 자녀에게 골고루 나누어주고 가계를 계승하는 아들에게는 5분의 1을 더 준다. 양인 첩 자녀에게는 본처 자녀의 7분의 1을, 천인 첩 자녀에게는 10분의 1을 준다.

혼인과 부부생활

〈예전〉 혼가(婚嫁)조항 참조

남자는 15살, 여자는 14살이 되어야 장가들거나 시집가는 것을 허락한다. 아들딸의 나이가 13살이 되면 혼인을 정하는 것을 허락한다. 사대부는 아내가 죽었을 경우에는 3년 후에야 다시 장가든다. 만일 부모의 명령이 있거나 나이가 40살이 넘도록 아들이 없는 사람에게는 일년 후에 다시 장가드는 것을 허락한다.

저당과 이자

「대명률직해(大明律直解)」〈호율〉 적용

재물을 저당잡고 돈을 빌렸을 경우 그 월 이자는 3분(分)을 초과하여서는 안 되며 오래된 이자도 원금의 단리(單利)를 초과해서는 안 된다. 위반자는 태(笞) 40형에 처하며 그 정상이 무거운 경우 장(杖) 1백 형에 처한다.

형벌과 보석금 「대명률직해」 적용

종류	형량	보석금(5승포)	대명률 상의 보석금(동전)
태형	10대	3필	6백문
	30대	9필	1관 8백문
	50대	15필	3관
장형	60대	18필	3관 6백문
	80대	24필	4관 8백문
	1백대	30필	6관
도형	1년 (형장 60대)	60필	12관
	2년 (형장 80대)	90필	18관
	3년 (형장 1백대)	1백20필	24관
유형	2천리 (형장 1백대)	1백50필	30관
	2천5백리 (형장 1백대)	1백65필	33관
	3천리(형장 1백대)	1백80필	36관
교형·참형		2백10필	42관

◆조선 만화경 2

성역은 없다!

이바구

「경국대전」 법체계의 특성과 중국법의 적용문제

율령 중심의 고려법과는 다른 통일적 성문법전 … 형률은 대명률을 수용

「경국대전」이 고려시기 법과 다른 점

고려 때만 해도 법이라 하면 곧 형법을 의미했다. "징벌은 일어난 범죄를 다스리는 것이요, 법은 일어나지 않도록 미리 방지하는 것인데 징벌하여 사람들을 무섭게 하는 것은 범죄가 일어나지 않게 미리 방지하는 것보다 못하다"는 말이 나오게 된 것도 다 '법=형법'이라고 생각했기 때문이다.

그런데 이제 법은 반드시 형벌을 수반하는 것도 아니고 명령이나 강제만이 법이라는 생각도 더 이상 통용되지 않게 되었다. 법에 대한 관념이 바뀐 것이다.

고려시기 법체계는 통일적인 법전을 갖추지 않고 대체로 당률(唐律) 가운데 71개조를 받아서 사용했는데 형법의 구체적 내용은 우리의 실정에 맞게 더하거나 감해서 적용했다. 또 이를 시행하는 과정에서 필요에 따라 왕명인 '제(制)·조(詔)·판(判)'을 발하여 실제적인 법생활을 운영해나갔다고 할 수 있다.

반면 「경국대전」은 정치·문화·사회의 기본규범을 포괄적으로 규정한 종합적인 성문법전이다. 또 행정법적 성격이 강해 서술체계(이·호·예·병·형·공전으로 구성)도 행정통치체계에 따라 이루어져 있다. 실제로 국가기구의 구성과 직무기능, 관리 등용과 파면 절차, 관리 업적평가 등이 상당한 부분을 차지하고 있다.

중국법의 수용과 적용

중국법의 수용, 즉 대명률을 적용할 것이냐 말 것이냐는 문제를 놓고 조정에서 논란이 많았던 것이 사실이다. 특히 가족제도, 장례절차라든가 혼인금지 범위(근친혼 금지) 등의 부문에서 논란이 많았다.

그간 「대명률」이 국가제도에 관한 규정은 없고 범죄행위와 그에 대한 처벌규정만을 지시하고 있기 때문에 국가정책과 사회경제제도를 포괄적으로 반영할 수 없다는 비판을 받아온 것이 사실이다. 그에 반해 「경국대전」은 6전체계 속에서 국가의 정치·경제·문화 규정을 포괄적으로 담고 있다.

고려 때는 당률 71개조가 있었고 고려말에는 원에서 지정조격(至正條格)이 들어왔으며 지금은 대명률이 일정 정도 영향을 끼치고 있다. 대명률은 명 태조 때만 해도 네 번에 걸쳐 개정됐는데 명태조는 당률을 이상으로 하였기 때문에 당률의 계통에 속하는 규정이 다수 포함되어 있다. 또한 원대(元代)의 풍부한 법률경험의 기초 위에 편찬됐기 때문에 실제적인 법률생활에 도움이 되는 것도 사실이다.

조선에서는 대명률 적용문제를 해결하기 위해 태조 때 이두로 대명률을 풀어 쓴 「대명률서」가 나왔었고, 세종 때는 우리의 실정에 맞게 도(徒)·유(流)·속(贖)·형벌(刑法)을 따로 제정하기도 했다. 대명률에는 귀양을 보내는 유형(流刑)의 거리가 도읍을 중심으로 2천, 2천5백, 3천 리로 규정돼 있지만 이를 그대로 적용했다가는 해외로 유배를 보내야 할 형편이라 유형의 거리를 줄여야 했던 것이 그 예다. 일정 금액을 지불하여 죄를 용서 받는 속형(贖刑)의 경우도 가난한 사람에게는 큰 부담이 되므로 대명률 규정액수의 3분의 1로 줄이는 조치를 취했다.

이번에 편찬된 「경국대전」에는 중국법의 영향을 받지 않은 고유법이 상당수 눈에 띄는데 〈형전〉 사천조(私賤條)에 규정된 자녀균분상속법, 〈호전〉 매매한조에 규정된 토지가옥 등에 대한 사유권의 절대적 보호규정, 〈형전〉의 민사소송 절차에 관한 규정이 그 예이다. 또한 경국대전의 〈형전〉규정과 대명률의 규정이 겹칠 때에는 〈형전〉규정을 우선적으로 적용하도록 규정되어 있는 점도 눈길을 끈다. 물론 〈형전〉의 법조문 숫자가 적은 편이어서 현실적으로는 대명률이 적용되는 경우가 많은 것은 사실이다.

사림 정계진출의 정치적 배경

훈구대신 견제 필요한 성종의 의도와 사림의 정치적 욕구의 만남

사림의 정계진출은 성종의 정치적 의도와 사림측의 정치적 욕구가 서로 맞아떨어지면서 가시화된 것이다.

즉 성종은 세조대에 세력화된 훈구대신들이 국정을 장악하고 있어 이들을 제어할 정치적 필요성이 절실했고, 사림들은 자신들의 성리학적 경륜과 현실에 대한 비판의식을 표출할 출구를 찾고 있었다는 것이다.

여기서 중요한 것은 훈구세력들의 국정장악 그 자체만 문제가 되는 것이 아니라는 데 있다. 훈구세력들은 권력을 이용해 자신의 주위에 막대한 부를 축적해나갔고 이는 지방 향촌세력의 경제적 토대까지 잠식해들어갔다. 이에 지방의 중소지주들인 사림의 불만이 가중돼왔고, 중앙정계로의 진출을 통해 이에 대한 자구책을 마련하려 한 것이다.

특히 영남지방의 사림들이 중앙정계에 선착한 것은 영남지방이 상경화(常耕化)와 이앙법 등 농업발달이 두드러졌고, 이를 토대로 성리학연구로 무장한 사림세력이 건실하게 성장할 수 있었기 때문이다.

그러나 일단 사림의 정계진출 물꼬가 튼 이상 경기지방이나 호남지방의 사림들도 앞으로 정계진출을 시도할 것은 확실해보인다.

그러면 훈구세력은 이를 방관만 하고 있을 것인가? 사림세력이 현재로서는 국왕에게 직접 국정에 대해 간언하는 언관(言官)으로서 홍문관에 포진하고 있고 국왕의 비호까지 받고 있어 이들에 대한 반격이 쉽지는 않을 것이다.

그러나 국왕과 훈구대신과 사림 3자 간의 세력분포는 대단히 유동적일 수 있다. 즉 국왕과 훈구대신 사이에 이해관계가 일치할 경우 사림 세력은 역공을 당할 수 있다. 앞으로의 정국은 이들 3자간의 세력 판도에 따라 짜여져나갈 것이 확실해 보인다.

취재 수첩

폐비 윤씨에게 내려진 사약

1482년(성종 13) 성종의 왕비였으나 폐비가 되어 친정에서 민간인으로 살아오던 윤씨에게 마침내 사약이 내려지고 말았다. 사약을 받던 날 윤씨는 못내 억울하다며 슬피 울었으나, 감히 왕명을 거스를 수는 없어 사약을 마시고 비단적삼에 피를 토하며 죽어갔다고 한다.

성종이 사약을 내린 것은 최근 보고된 윤씨의 행동이 직접적 원인이 되었다. 그동안 비록 폐비지만 여염집에서 생활하게 하는 것은 왕실체통에 문제가 된다고 하여 윤씨의 입궁에 대한 논의가 여러 차례 있던 차에 국왕이 이 문제에 대한 보고를 올리게 하였는데, 오히려 보고서의 내용은 윤씨가 폐비된 뒤에도 전혀 뉘우치는 빛이 없이 화장을 하고 앉아 국왕을 원망하고 있다는 것이었다. 이에 대해 주위 대신들이 왕실의 체통을 지키기 위해 단호한 결단을 내릴 것을 주문했던 것이다.

이에 앞서 1479년 윤씨는 왕비 지위를 박탈당하고 평민으로 강등되어 친정으로 돌아와 있었다. 지엄하신 국왕의 얼굴, 용안을 손톱으로 할퀴어 상채기를 내는 망동이 그 직접적 계기였다. 또 그 몇 년전에는 비상을 이용해 국왕과 시어머니 인수대비를 독살하려다 발각된 적도 있다.

윤씨의 이러한 행동은 누가 보아도 '용서 못할 악처의 행동'임에 틀림없다. 그러나 이번 사건은 정치적으로 보면 왕위계승을 둘러싼 각 세력간 암투의 결과이기도 하다. 아들이 왕위에 오르게 되면 일가는 외척으로서 권력의 한 부분을 차지하게 된다. 자연히 이를 둘러싼 후궁들 사이의 암투는 치열하다. 눈치 빠른 대신들은 차기 국왕이 될 세자를 미리 점찍어 줄을 서고 그 세자가 왕이 되도록, 바꾸어 말하면 다른 세자가 왕이 되지 못하도록 공작을 펴기도 한다.

윤씨는 이러한 암투를 피하지 않고 자신이 적극 나섰고, 결국 시어머니 인수대비와 조정대신들의 연합작전에 밀려 패배한 것이 아닐까. 그렇다면 그에 대한 온갖 악평도 사실은 반대파들이 자신들을 정당화시키기 위해 조작해낸 것은 아닐지.

누구를 위한 장시 금지인가?

새삼스럽게 장시를 열지 못하게 하라는 결정이 내려졌다. 장시를 중심으로 도적이 활동하기 때문이라고도 하고 농민들이 농사를 버리고 상업에 뛰어들고 있기 때문이라고도 한다. 그렇다면 과연 장시를 금지했을 때 이익을 보는 사람은 누구일까?

장시 이전에도 고려 때부터 행해진 '반동(反同)' '호시(互市)'와 같은 교역행위는 있었다. 그런데 반동 같은 경우 권세가들이 이미 실질가치가 상당히 떨어지는 은병을 가지고 농민들의 생산물인 쌀, 콩, 옷감, 인삼, 돗자리, 벌꿀 등을 강제로 사가는 것, 사원이 시주를 빙자해 농민들로 하여금 질 나쁜 종이와 옷감을 강제로 사게 하는 것을 말하는 것으로 일종의 강제적인 상행위였지 결코 농민들이 자발적으로 참여한 것은 아니었다.

이제 농민들이 즐거이 참여하는 시장, 즉 장시가 날로 늘어가는 것은 다 편리한 점이 있기 때문이다. 원래 생산에 드는 비용은 지역에 따라 다르게 마련이지만 농민들이 직접 자신의 생산물을 가지고 장시에 모여 교환을 할 때에는 그러한 강제행위가 없어 비교적 비싼 값에 자신의 물건을 팔고 상인들의 손을 거치는 것보다 싼 값으로 필요한 물품을 구입할 수 있게 된다.

현재 정부에서는 도적의 성행과 농업의 피폐를 장시 탓으로 돌리고 있지만 전후사정을 잘 들여다보면, 역 부담의 가중과 대토지소유 경쟁의 상황 속에서 몰락한 농민들이 도적이 되는 것이고 장시가 이들의 활동무대가 된 것뿐이다. 문제가 되는 것은 직접 생산한 물건을 들고 나와 파는 초립장사나 대장장이가 아니라 한성을 중심으로 활동하는 시전상인들로서 이들은 서로 결탁해서 물품을 공연히 탈취하고 함부로 그 값을 깎아내리는 횡포를 부리고 있는 형편이다. 소작료나 부세를 취급하는 이들 대상인 뒤에 한양의 권세가들이 있고 이들 상인을 통해 조세 수취과정에서 이득을 보는 정부가 있는 것은 모두가 아는 사실이다. 농민이나 소상인을 대상으로 한 '억말(抑末)'이 아니라 대상인을 대상으로 한 진짜 '억말'을 정말로 실행한다면 유통경제를 정부가 장악하고 상업이윤을 독점하고 있는 상황도 무너질 수밖에 없을 것이다.

토성(土性)이 다르고 생업이 다르게 마련인 인간 사회에서 사람과 사람 사이, 지역과 지역 사이에 유무상통의 교환은 필연적인 것이다. 더욱이 농업생산이 늘어남에 따라 농민들이 서로 남고 부족한 것을 바꾸어야 할 필요성이 늘어나게 되고, 사회가 발전하면서 사회적 분업이 촉진되어 상업의 필요성은 점차 확대되어가고 있는 것이다.

농촌 정기시장인 장시금지령

"생필품 어디서 구하나" 농민들 불만

1472년(성종 3) 일종의 농촌 정기시장인 장시(場市)금지 결정이 내려져 농민들 사이에 불만이 일고 있다. 2년 전 전라도 무안(務安)에서 지독한 흉년을 맞은 농민들이 각자 필요한 것을 교환하기 위해 한 달에 두 번 시장을 연 것이 장문(場門)이라는 이름으로 조정에 처음 보고된 이래 장시는 나주·광산·함평 등으로 계속 확산돼왔다.

호조관계자는 "장시가 수중에 있는 것과 없는 것을 서로 교환하는 좋은 장소라고 하지만 이제는 근본인 농사를 버리고 소를 팔아 말을 사서 말업(末業)인 상업에 투신하는 사람이 느는 데다가 물가까지 큰 폭으로 뛰고 있는 상황"이라며 "이미 우둔한 사람이나 남아서 농사를 짓는 것이라는 인식이 널리 확산된 상태"라고 장시금지 조치의 배경을 설명했다.

그러나 장시관계자들과 일반 농민들은 "2년 전 흉년이 들었을 때 관리들이 진휼곡을 이용해서 이자놀이를 하는 데 혈안이 되어 있었던 까닭에 식량을 구하거나 생활에 꼭 필요한 물건을 구하기 위해 줄지어 운봉(雲峰)을 넘어 경상도까지 갔었다"며 "이제 장시는 우리 농민들사이에서 싼 값에 꼭 필요한 물건을 구입할 수 있는 없어서는 안 될 장소"라며 장시금지 조치의 철회를 주장, 장시금지의 효력이 실제로 발휘될 수 있을지는 미지수다.

3포 지역, 왜와 사무역 금지

정부, "양국 상인간 밀무역 일제 단속"

1469년 조정은 부산포, 제포, 염포 등 3포에서 왜와의 사(私)무역을 일체 금지하며 이를 어길 경우 엄벌에 처한다고 발표했다. 이는 원래 3포에서의 왜와의 무역은 법에 의해 하도록 엄격히 규정돼 있으나 최근 들어 양국 상인들 사이에 밀무역이 성행하여 더 이상 좌시할 수 없다는 정부의 강력한 의지를 표명한 것으로 보인다.

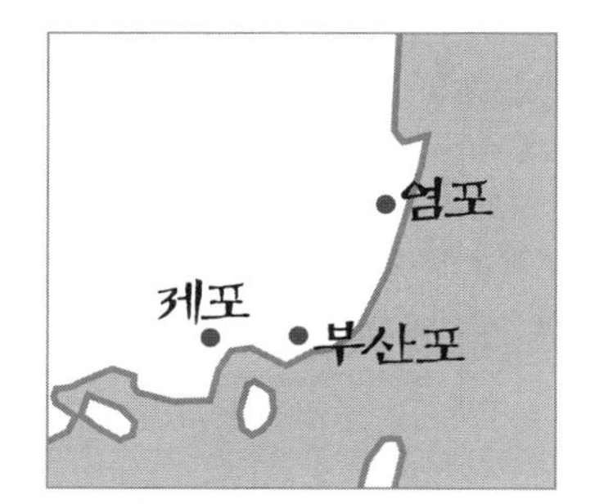

3포의 공식무역인 왜관무역은 5일장으로 열리게 돼 있으며 허가받은 상인만 거래를 할 수 있고 거래시에 관리들이 반드시 입회하도록 돼 있다. 거래품목은 중앙에 보고해야 하며 특히 왜구들의 약탈품은 거래가 일체 금지된다. 주로 우리측의 쌀, 인삼 등과 왜의 동, 유황, 약재 등이 교역되고 있다. 그러나 최근에는 우리측의 금이 많이 밀무역되고 있다는 후문이다.

이번 조치에 대해 3포 외곽 왜인 거주지인 왜관 거리에서는 불만의 소리가 높다는 소식이다. 최근 왜인들의 왕래가 급증하여 왜관의 규모도 커져 이들의 집단적 대응이 우려되고 있다. 3포 무역은 애초부터 왜인들의 끈질긴 요구에 의해 설치된 것이고 따라서 사무역금지로 가장 큰 피해를 보는 측은 그들 왜인들이기 때문이다.

재가녀 자손, 관직 임용 제외 방침 결정

수절 과부 숫자 급증할 듯

1477년(성종 8) 두 번 이상 결혼한 여자의 자손은 벼슬에 천거하지 못하도록 됨으로써 이후 수절과부의 숫자가 대폭 증가할 것으로 보인다.

국왕이 직접 재가녀 자손의 관직천거 금지안건을 내놓아 대신들 사이에서 열띤 토론이 벌어진 자리에서 정창손은 "태종(1406년) 때에도 양반의 정부인으로 세 번 지아비를 섬긴 여자만 행실이 방자한 여자의 명단인 자녀안에 올린 기록이 있을 뿐"이라며 두 지아비를 섬기는 것은 가능하다고 주장하자, 임원준·허종 등은 "태종 때에도 개가한 여자의 자손은 현직임용에서 제외하는 법이 공포되었다"고 반박한 뒤 "부녀자의 재가를 일체 금지하여 그 자손에게 관직임용 기회를 주지 말아야 참된 명교(名敎)의 도를 장려할 수 있다"고 명분론을 내세웠다.

몇몇 대신들은 무남독녀가 자식 없이 과부가 됐을 때 그 가문의 대가 끊긴다는 점, 부모 없이 가난하여 의지할 곳 없는 과부가 생길 수 있다는 점, 젊은 과부가 음성적으로 남자와 관계를 맺어 풍속을 문란하게 할 가능성이 있다는 점 등을 들어 끝까지 반대론을 폈다. 그러나 국왕은 "과부가 된 뒤 실제로 굶어 죽는 여자는 적지만 절개를 잃는 여자는 많다"는 한마디로 반대를 누르고 재가금률(再嫁禁律)을 통과시켰다. 최후까지 반대론을 폈던 이경동씨는 "명분을 가르치려고 새로운 죄를 만드는 것은 아닌지 모르겠다. 이번 조치가 사대부 집안 부녀자뿐만 아니라 서민 부녀자들에게도 족쇄가 될 것 같다"며 어두운 표정을 지었다.

가는 인물, 오는 세상 …

신숙주 사망 … 한명회, 구치관, 서거정 등 노장 훈구대신들 연로
정치 신세대 급부상 … 신진 소장파 중 김종직 돋보여

1475년 신숙주가 세상을 떠났다. 아직 정계에서는 한명회, 구치관, 서거정 등이 훈구대신으로 정사와 학문을 이끌고 있지만 이들 또한 연로하여 머지않아 이들의 시대가 끝나는 게 아닌가 싶다. 반면에 그보다 10여 년 아래로 김종직과 같은 소장학자가 도학을 표방하며 신진사림들을 이끌고 있다. 또 그보다 세 살 아래로 김시습이 세조의 집권에 저항하여 한평생을 초야에 묻혀 절조를 지키며 문학과 사상 부문에 새로운 발자취를 남기고 있다. 앞의 세 사람이 세조 이래 훈구대신으로 부귀영화를 누리며 관학을 이끌어왔다면, 뒤의 두 사람은 절의와 의리를 내세워 세조집권을 비판하며 젊은 사림들로부터 존경을 한 몸에 받고 있다. 세상이 바뀌고 있음을 실감할 뿐만 아니라 역사가 변화하는 길목임을 느끼면서 이들의 생애와 업적을 간단히 정리했다.

신숙주(申叔舟)

1417(태종 17)~1475(성종 6)

세조가 "당태종에게는 위징(魏徵)이 있고 나에게는 숙주가 있다"고 할 정도로 아끼는 세조의 사람이다. 대부분의 집현전 학사들과 달리 수양대군의 집권에 협력하여 세조 즉위 이후 예문관 대제학 등 정부요직을 역임하였으며, 세조 말년 이후 한명회·구치관 등과 함께 원상(院相)으로서 국정을 총괄했다.

또 「동국통감」의 편찬을 총관하였고 「국조오례의」의 개찬과 산정을 주도하였다. 그는 집현전 때부터 여러 나라의 음운을 연구하여 외국어에 밝아 특히 각종 외교문서는 거의가 그의 윤색을 거쳤다.

그가 훈민정음 창제에 공이 많았다는 것은 다 아는 사실. 그는 성삼문과 깊은 우정을 나눠 형제보다 가깝게 지냈으나 세조의 집권을 계기로 생사를 달리하게 되었다. 이와 관련하여 그는 세조를 섬김이 지나쳐 자기 주장 없이 순종을 일삼는 경우가 많았다는 평이 있다.

한명회(韓明澮)

1415(태종 15)년생

개국공신 한상질의 손자로 일곱 달 만에 태어나서 칠삭동이라는 별명이 유명하다. 일찍부터 지략과 권모에 뛰어났으나 과거에는 여러 번 실패. 친구 권람과 더불어 산천을 주유. 한번은 영통사에 놀러갔을 때 한 늙은 중이 "그대의 머리 위에 빛이 있으니 이는 귀하게 될 징조"라고 하여 주위 사람을 놀라게 하였다. 1452년 수양대군에게 접근, 계유정난 때 수양대군의 심복 참모로 큰 공을 세웠고 세조가 즉위한 이후 단종복위 운동을 좌절시키는 데 중요한 역할을 했다. 세조가 '나의 장량'이라며 총애. 4차례나 1등 공신으로 책봉되어 많은 토지와 노비를 받아 부를 누린 훈구대신의 대표격. 1466년 영의정에 올랐고, 1468년 세조가 죽자 원상(院相)으로 국정을 전담. 그는 성격이 번잡한 것을 좋아하고 재물과 여색을 탐해 뇌물 바치는 사람들이 끊이지 않는다는 비판의 소리가 높다. 한강변에 압구정이라는 정자를 짓고 한량들과 풍류를 즐기는 것으로 유명.

서거정(徐居正)

1420(세종 2)년생

1476년 서거정은 접반사로서 명나라 사신들을 영접했는데 압록강에서 서울까지 오는 동안 이들이 산천 경치를 시로 읊은 것에 화답, 붓 휘두르기를 물흐르듯하고 어려운 운(韻)을 만나도 10여편을 화답해내어 "공과 같은 재주는 중국에서 찾아도 두세 사람밖에 없다"고 감탄할 정도로 시에 능하고 문장에도 밝다. 국가의 공문서와 외교문서의 격식이 대부분 그의 손에서 나왔고 「경국대전」 편찬도 그가 주도했다. 그의 학문은 폭이 넓어서 천문·지리·의약·복서·성명·풍수에까지 달통했는데, 학풍은 세종조 이래의 관학의 분위기를 대변하는 동시에 정치적으로 훈구대신의 입장을 반영하고 있다는 평이다.

김시습(金時習)

1435(세종 17)년생

태어나면서부터 세인을 깜짝 놀라게 하는 재주를 지녔으나 세상을 개탄하며 끝내 벼슬길에 나가지 않고 초야에 묻혀지내는 김시습. 그가 어릴 때부터 얼마나 총명했는가를 알려주는 일화는 너무나 많다. 그는 다섯 살 때 「대학」과 「중용」에 통달하여 김오세(金五歲)라고 불리웠다. 훗날 그가 머물던 설악산의 암자를 '오세암'이라고 한 것도 그 때문이다. 그가 방랑의 길로 접어들게 된 것은 수양대군의 즉위 소식을 듣고부터. 21세의 피끓는 나이에 삼각산 중흥사에서 공부를 하다 이 소식을 들은 그는, 대성통곡하면서 책을 모두 불사르고 머리를 깎은 후 전국 각지를 유랑하기 시작했다. 1465년 경주의 금오산에 들어가 금오산실을 짓고 칩거. 여기서 그는 한문소설 「금오신화(金鰲新話)」를 지었고 주옥 같은 시편들을 「유금오록(遊金鰲錄)」에 남겼다.

그는 「금오신화」말고도 각지를 유람하면서 지은 글을 모아 1458년 「탕유관서록(宕遊關西錄)」을 냈고, 1460년 「탕유관동록(宕遊關東錄)」, 1463년 「탕유호남록(宕遊湖南錄)」을 냈다.

김종직(金宗直)

1431(세종 13)년생

병중의 노모를 봉양하기 위해 고향에 내려가 함양군수·선산부사 등을 지내면서 정여창·김굉필·김일손·홍유손 등 총명한 젊은 제자들에게 성리학을 가르치던 김종직이 지금은 임금의 부름을 받아 서울에 올라와 경연 시강관과 우부승지에 올라 있다. 그래서 요즈음 조정의 훈구대신들은 그의 고속승진과 제자들의 대대적인 관직진출에 바짝 긴장하고 있다는 후문이다. 훈구파 학자를 대표하는 서거정은 26년간이나 대제학을 지내 이제 그만 물러나야 한다는 주위의 압력을 받고 있으나 그 자리를 내놓으면 김종직이 차지할 것이라는 예상 때문에 계속 버티고 있다가 후임자로 홍귀달을 천거했다. 그 소식을 듣고 김시습이 "평생의 웃음거리는 홍귀달이 문장(대제학)이 된 것"이라고 시로써 비웃었다. 훈구대신들과 신진사림 간의 세대교체 길목에서 빚어진 갈등과 긴장을 잘 보여주고 있다.

잘 알다시피 김종직은 길재의 학통을 이은 대유학자 김숙자의 아들이다. 김종직은 18살에 성리학 공부에 뜻을 두고 23세에 성균관에 입학, 성리학의 근원을 탐구하기 시작하였다. 그는 특히 절의를 숭상하여 성종에게 '사육신 성삼문·박팽년은 충신이다'는 계(啓)를 올렸다. 이에 왕의 얼굴이 굳어지자 "불행히 또 변고가 있다면 신도 성삼문이나 박팽년과 같이 되겠다"고 하여 노기를 풀었는데, 이처럼 절의를 숭상하는 그의 생각은 제자들을 세속의 이해를 떠나 의리를 생명으로 여기는 사류들로 성장시키고 있다. 사정이 이러하고보니 훈구대신들의 긴장과 경계가 각별하지 않을 수 없다. 장차 정계와 지성계의 대변화를 예고하는 듯한 조짐을 보는 것 같다.

르뽀 양반들의 농장경영, 그 현장을 가다

노비농민 부리거나 반타작 나눠갖는 소작 경영으로 자기 땅 관리

지금 농촌에 가면 주인집을 둘러싸고 옹기종기 모여 있는 10여 호의 노비 가정의 모습을 흔히 볼 수 있다. 노비들은 가사노동에 종사하기도 하지만 일반 농민과 다름없이 주로 농업노동에 종사한다. 이들은 일정량의 토지를 배당(평균 논이면 20두락, 밭이면 22두락)받아 경작하여 주인을 위해 일정액수 이상의 수확을 거두어야 한다. 그 대가로 땅 한 뙈기를 받아 그 땅에서 나오는 수확은 자기 몫으로 챙긴다고 한다. 이 때에도 수확을 주인과 반씩 나누는 경우도 있다.

만약 주인의 땅에서 목표로 책정된 수확을 거두지 못하면 자기 몫의 땅에서 나온 곡식으로 보충해야 한다. 특히 상납액이 부족할 경우 각종 처벌이 따르기도 한다. 한 양반 집안의 노비 금동이는 "우리 주인은 곡물 10두나 땔나무 1동이 부족할 경우 곤장 5대에서부터 시작해서 곡물 5석이나 땔나무 10동이 부족할 경우 곤장 50대에 이르는 처벌규정을 아예 집안의 법으로 정해 놓았다. 그밖에도 상전이나 우두머리 노비에 대해 불손하게 굴거나 묘지관리를 제대로 못했을 경우에도 처벌대상이 된다"며 치를 떨었다. 안사람인 끝순네도 "노비들의 몸가짐에서부터 집안일 하나하나까지 일일이 이르는 우리 마나님 등살에 못살겠다. 우리가 부부싸움을 하는 것까지 간섭을 한다"며 남편을 거들었다.

대지주의 경우 노비농민을 부려서 농사짓는 땅과 다른 사람에게 소작을 주어서 반타작하는(병작반수: 竝作半收) 땅의 비율은 약 1:4 혹은 1:3 정도로 병작반수에 의한 지주제 경영이 우위를 보이고 있다. 대개 주인집 부근지역에 노비사역의 경작지가 많다면 그 외곽지역이나 아예 다른 지방의 연고지 농장은 병작제로 경영되는 경우가 많다. 물론 한성에 거주하는 부재지주의 경우 후자의 비율은 훨씬 높다.

가혹한 노비사역에 대해 질문하자 안동의 농장주 안모씨는 "농장이 여러 곳에 흩어져 있기 때문에 노비들이 게으름을 부려서 땅을 황무지로 만들거나 수확물을 숨겨서 2년간 쌀 한 됫박도 안 보낼 때가 있다. 아니면 내가 파견한 우두머리 노비인 마름이 수취한 곡식을 중간에서 훔쳐먹기도 한다"며 노비노동에 의한 농장경영의 어려움을 토로한 뒤, "농장관리의 효율상 앞으로는 양인이건 노비건 신분에 관계없이 소작인을 끌어들여 토지를 경작시키면서 병작경영을 늘려나갈 방침"이라고 밝혔다.

노비농민들은 일단 파종에서 수확까지 일일이 감독을 받는 방식보다는 경작의 과정에서 부분적으로 자율성이 허용되는 병작제 쪽을 선호하고 있다. 노비농민 돌석이는 "농사를 지어서 나오는 곡식이 매년 일정량 이상이 된다는 보장만 있다면 반타작도 해볼 만하다"며 주인의 경영방침 변경에 기대에 찬 눈길을 보냈다. 한편 이미 양반의 땅을 얻어 소작을 하고 있다는 양인농민 박기석씨는 "그동안 노비들과 섞여 일하면서 사실상 농노와 다름없는 취급을 받았다. 노비들도 몸으로 때우는 부분보다는 땅에서 나오는 수확으로 지주에게 평가받게 된다니 원래 양인인 나 같은 사람은 보다 자유롭고 동등한 계약관계를 맺을 수 있지 않겠나?"며 소작인의 권리향상에 관심을 보였다.

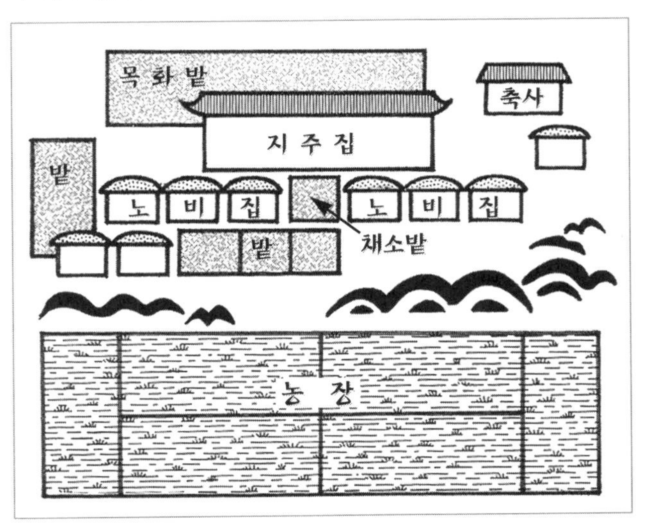

문화 시평

국문은 한문의 시녀?

훈민정음이 창제된 지 40년이 되어간다. 훈민정음이 만들어진 후 한문을 원본으로 하는 책의 번역, 즉 언해사업이 서둘러 추진된 것은 어찌보면 당연한 일이다. 한문의 번역사업은 신라 때 이래의 숙원사업이었기 때문이다.

세종은 훈민정음 창제 이전부터 언해를 통해서 한문을 모르는 백성들에게 교화를 베푸는 데 깊은 관심을 가지고 있었다. 그 결과 「훈민정음해례」, 「석보상절」이 언해되어 나왔고 「사서언해(四書諺解)」, 「두시언해(杜詩諺解)」도 착수되었다. 언해사업은 계속 이어졌는데 세조가 힘을 기울인 분야는 주로 불경의 언해였다.

요즈음 언해사업이 활기를 띠고 있는 분야는 뭐니뭐니 해도 유학의 경전과 유학에 입각한 윤리규범을 펴는 데 소용되는 책들이다. 여기에 덧붙여 문학서·의약서 그리고 생업에 도움이 되는 책들의 언해가 이루어지고 있다. 인수대비가 궁녀들의 기강을 바로잡으려고 편찬한 「내훈(內訓)」이 언해되어 일반 부녀자들에게까지 보급되고 있고, 「분류두공부시언해(分類杜工部詩諺解)」(1481년)와 「언문삼강행실(諺文三綱行實)」(1481년)도 완성됐다.

난세를 맞아 어려운 생애를 보내면서도 임금을 생각하고 나라를 사랑하는 마음이 절절하게 나타나 많은 사랑을 받아온 시성(詩聖) 두보의 작품은 난해한 편이어서 주석과 함께 언해가 요청되는 상황이었다. 언해를 맡고 나선 유윤겸, 조위 등은 철저히 직역을 해서 원문에 대한 이해를 돕는 데에는 성공한 편이다. 다만 일부 독자들은 "우리말의 어법에 맞지 않을 정도로 직역을 해서 두보 시의 문학적 맛은 거의 사라진 것이 아쉽다"고 평가한다.

한편 언해는 유학의 경서를 읽고 새기는 독자적인 방식을 정착시키고 학습을 쉽게 하는 한편, 해석을 표준화해서 사사로운 의견을 개입시킬 여지를 남기지 않는 다각적인 구실을 하고 있다는 평가를 받아왔다.

그러나 유학의 경서는 한문원본의 한 글자라도 소홀히 여기지 않는 것을 철칙으로 하기 때문에 언해본을 대상으로 삼아 우리말로 논의를 전개하는 것은 현재의 학문풍토에서는 기대할 수 없는 일이다. 실제로 한문경전에 대해 주석하고 논의하는 글도 한문으로 쓰지 않으면 학계에서 인정을 받지 못하는 형편이다.

그렇다면 우리생활에서 언해가 차지하는 위치는 어디쯤 와 있는 것일까? 언해사업은 그 대상을 한문을 아는 사람으로 하든 모르는 사람으로 하든 국문이 한문을 보조하는 시녀구실을 하도록 하는 데 지나지 않는 것은 아닐까? 국가가 주도하는 언해사업에 동원되어본 경험이 있다는 한 유학자는 이렇게 말한다.

"한문원문에 충실한 번역을 하는 방침은 내부적으로 굳게 확정되어 있다. 언해본을 보게 되는 젊은이들에게는 이렇게 말하고 싶다. '더욱 본격적인 이해는 원문을 통해서 하라'고".

역대 시문선집 「동문선」 편찬됐다

서거정 책임편집 …
신라 최치원부터 조선 권근에 이르는 5백여 명의 대표시인 총망라

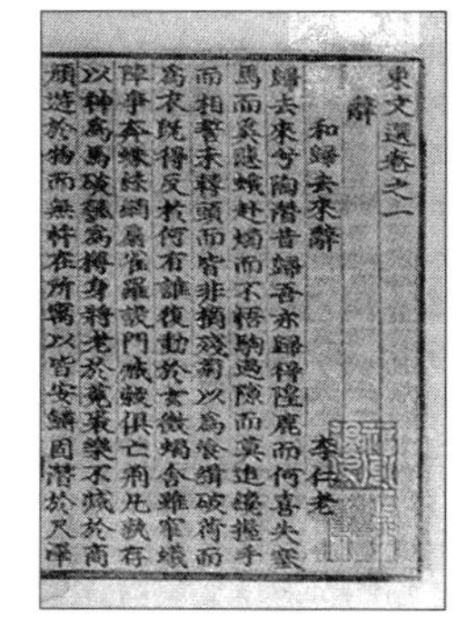
東文選卷之一

辭

和歸去來辭 李仁老

"의례성 문장 너무 많다" 일부 비판

서거정을 필두로 23인(노사신, 양성지, 강희맹 등)이 참여한 역대 시문선집 「동문선(東文選)」(1478년 성종 9년)이 시중에 나왔다. 「동문선」은 신라의 설총, 최치원에서부터 고려의 이규보, 이제현, 이색, 조선 건국 이후의 작가로 정도전, 권근에 이르기까지 약 5백 인에 달하는 작가의 작품 4302편을 수록하여 일단 방대한 규모를 자랑하고 있다. 총 130권과 목록 3권으로 이루어져 있으며 각권은 사(辭), 부(賦), 오언율시, 칠언절구, 조칙, 잡문, 제문, 축문, 행장 등 문체의 종류에 따라 편성되어 있는데 그 종류만 해도 53가지나 된다.

편찬의 최고책임자인 서거정은 서문에서 "문학은 절대적인 기준이 없이 시대에 따라 변한다"고 전제한 뒤 "우리 동방의 문(文)은 송·원(宋·元)의 문도 아니고, 한·당(漢·唐)의 문도 아니며 우리나라의 문"이라고 이야기하며 우리글의 독특성을 강조한다. 또한 "우선 문집으로서의 풍부함을 갖추기 위해 특정기준에 맞지 않는 작품을 잘라내기보다는 방대한 문학유산을 정리한다는 입장에서 작품이 하나밖에 전하지 않는 작가의 작품도 실어주고 도교와 불교 관계 의례문도 195편이나 실었다"는 것이 관계자들의 주장이다. 이에 대해 문단에서 국왕의 총애를 놓고 서거정과 경쟁관계에 있는 성현은 "「동문선」은 정선한 것이라기보다는 종류별로 대충 모은 것"이라고 혹평, 눈길을 끌고 있다.

서거정은 평소 "옛사람을 열심히 따르고 배워야 격조 높은 글을 쓸 수 있다"고 주장하는 등 옛사람의 문구를 받아쓰는 효용을 강조하는 사람으로 문단에 알려져 있는데 「동문선」 편찬 후 가진 인터뷰에서 "심성의 도리를 찾고 사회개혁의 의지를 나타내는 것보다는 아름다운 표현을 갖추는 것이 더욱 긴요한 일"이라고 주장, 「동문선」의 작품선택 기준이 내용보다는 형식에 있음을 은근히 암시한 바 있다. 이에 대해 성현의 형인 성간은 "형식은 내용의 반영이다. 신하가 임금에게 축하나 감사를 올리는 글인 표전(表箋)이 전체 작품 수의 10분의 1이나 차지하고 조칙·교서·축문과 같은 의례성 문장이 1130편이나 되는 것은 「동문선」이 통치자의 권위를 드러내는 데 기여하고 있다는 것을 보여준다"며 서거정을 비판, 자칫하면 문단의 논쟁으로 번질 조짐을 보이고 있다.

"문학은 임금의 덕을 칭송하는 데 만족해서는 안 되며 겉으로 보아 태평스럽기만한 시대 속에 감추어진 고민을 드러내야 마땅하다"고 생각하는 성간과 "무슨 절실한 체험이나 호소해야 할 사연을 노래하는 것은 천한 일이며 태평성대의 한가로운 분위기를 살리는 것이 중요하다"는 서거정의 입장은 당분간 합일점을 찾기 어려울 것으로 보인다.

해외 소식

스페인왕국 기초마련

아라곤 왕 페르난도, 카스티야 여왕 이사벨라와 혼인

1469년 아라곤 왕 페르난도와 카스티야 여왕 이사벨라의 혼인으로 이베리아반도에 스페인 통합 왕국의 기초가 마련되었다. 바르셀로나 백작령·발렌시아왕국·아라곤의 연합체인 아라곤왕국은 1442년부터 나폴리왕국에까지 영향력을 확대, 최근에는 서부 지중해 전역을 지배하는 거대한 해양세력으로 떠오르고 있다. 이베리아반도 서쪽의 카스티야왕국은 포르투갈왕국과 경쟁하며 해양으로의 출구를 모색해왔는데, 한때 카스티야-포르투갈 왕실 간의 혼인이 카스티야측에 의해 추진된 적이 있으나 곧 좌절되었던 것으로 알려져 있다.

카스티야-아라곤의 결합배경으로는, 이베리아반도에 남아 있는 무어족의 그라나다 항구에 대한 공동투쟁 필요성 인식이 지적되고 있다. 한편 통합왕국의 실권자가 된 페르난도는 로마교회가 제공한 돈과 백성에게서 거두어들인 세금, 카스티야 영주들의 야심을 흡수, 그라나다 왕국을 공격하는 소위 '재정복' 활동을 시작했는데 최후의 무어인을 자신의 영토 안에서 몰아낼 때까지 정복의 발길을 멈추지 않을 것으로 보인다.

오스만투르크제국 팽창 계속, 이슬람교 세계화 주목

오스만투르크제국은 지난 1453년 지중해에서 흑해로 들어가는 관문 콘스탄티노플을 함락시키고 이스탄불로 개칭한 이래, 계속해서 영토를 확장하고 있어 유럽은 물론 아시아 방면으로까지 그 여파가 미칠 전망이다. 오스만제국의 확장은 바로 이슬람교의 확장으로 볼 수 있어 더욱 관심이 고조되고 있다. 이런 추세로 나갈 경우, 오스만제국은 유럽쪽으로는 도나우 강 이남 발칸반도 지역, 이집트를 포함한 아프리카 북부 해안 전체, 홍해에서 아라비아만에 이르는 아라비아반도 전체로 영토를 넓힐 것으로 보인다.

오스만투르크족의 이 같은 발전은 기본적으로 이슬람교가 지니고 있는 강한 결속력에 있지만, 그중에서도 '데우시르메' 제도가 독특해 눈길을 끌고 있다. 이 제도는 이슬람 청년은 물론 각 정복지의 비이슬람계 청년들을 이슬람교로 개종시켜 거꾸로 이슬람 전도자로 만드는 제도다. 우선 정복지, 그중에서도 특히 기독교지역에서 젊은 이들을 강제로 차출해서 수도로 모은다. 이스탄불에 도착하면 즉시 회교로 개종하고 할례를 받는다. 숙소는 궁 안이며 궁에서 시동으로 일하며 교육을 받는다. 교과목은 터키어·페르시아어·아랍어 등 언어와 철학·신학·문학·역사를 배우며, 승마·레슬링·검술·궁술 등 기예도 연마한다. 생활시간표는 엄격하며 외부 세계와의 접촉은 일체 금지된다. 부모와 가족은 아예 죽어 없어진 것으로 한다. 이렇게 25세까지 교육받고 나면 제국 정부 각 기관에 관리로 임명된다. 교육을 마친 청년들은 대부분 자신의 지위를 자랑스럽게 생각하며 술탄의 충성스런 신하로 살아간다.

그러나 오스만제국이 종교로 무장해 영토를 팽창하는 한 유럽이나 아시아측과의 충돌은 불가피하다는 것이 전문가들의 대체적인 전망이다. 오스만제국이 그러한 파고를 헤치고나갈 수 있을지 그 귀추가 주목된다.

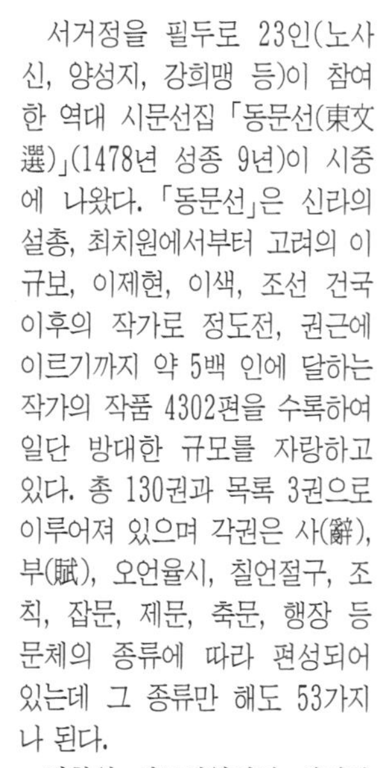

역사신문

사림, 훈구대신과 맞대결

정치세력 형성하여 훈구계열에 포문
훈구대신들의 권력형 비리 강력 비판

향촌사회에 기반을 가지고 있는 사림들의 중앙정계 진출이 가속화되면서 정치 참여층의 지방확산이 이루어지고 있으며 기존 권력자들인 훈구대신과의 마찰도 심해지고 있다.

훈구대신들은 지방의 농장을 노비를 통해 경영하거나, 혹은 퇴직한 후에 지방에 거주하면서 거대지주화하고 있기 때문에, 다른 양반 지주들 사이에서도 비난의 여론이 높은 편이다. 얼마전 대사간 성현은 "양성지와 신정, 두 고관은 농장확대와 고리대로 부를 쌓고 있으니 이는 백성과 이(利)를 다투는 군자답지 못한 행위"라고 비난하기도 했다. **관련기사 2·3면**

훈구계열 대신들의 농장확대와 양인 농민의 노비화에 대해 일부 사림은 균전제나 한전제, 노비소유 제한과 같은 '부의 재분배'까지 정책 수위를 높이기도 하지만 대부분의 사림들은 양인의 천민화로 인한 군역 부담자의 감소, 공물 방납의 비리와 같은 부세 운영상의 문제에 대해 비판하고 있다. 사림 권모씨는 "양계지역에서는 수령이 백성을 관청의 아전으로 속여 점유하는 일이 빈번하고 방납은 중앙관료가 경재소를 매개로 하고 수령을 통해서 조직적으로 수행되니 고위관직자들의 권력형 부조리야말로 모든 병폐의 근원이다. 이 문제는 중앙정치 차원에서 풀어야 할 문제"라며 사림의 중앙정치 진출을 역설했다.

현재 사림들은 어사를 파견하여 수령을 규제하거나, 문음이나 재상의 힘을 빌어 관직에 오른 수령들이 자신의 뒤를 보아준 훈구대신들의 권력형 축재에 함께 맞물려 돌아가는 악순환의 고리를 끊기 위해 천거인 등을 수령으로 임명하는 방안을 추진중이다.

또한 훈구대신들의 비리를 중앙정치에 제보할 수 있는 지방정치 세력의 형성에도 주력하고 있다. 안동의 남모씨는 "유향소와 사마소를 통한 향론 수렴, 주로 언론직에 진출하고 있는 중앙 사림과 지방 사림의 정보망 연결을 통한 사림 전체의 공론형성이 이루어지면 작게는 수령의 독주 견제, 크게는 훈구세력의 축출까지 가능하다"며 사림의 구상을 밝혔다.

훈구계열의 노모씨는 "국초에는 관료들의 서울 거주를 강제할 만큼 정치세력의 지방 거주는 허용되지 않았다"며 "지금 사림들이 대신을 모욕하고 자신의 세를 불리기 위해 향도와 같은 백성들의 조직까지 끌어들이려는 것은 위험한 발상"이라고 주장했다.

"유향소 다시 설치된다"

"도덕적 향촌질서 재건" 김종직 등 사림측의 끈질긴 주장으로
"사림측의 향촌자치 주도 속셈" 일부 훈구대신, 불쾌한 반응

1488년(성종 19) 건국 초기 악질 향리를 규찰하고 향촌 교화를 위해 지방의 품관들이 조직했던 자치기구인 유향소가 사림계열 인사들의 부활운동으로 다시 설치됐다.

유향소 부활운동의 선두 지휘자 김종직은 "다시 부활되는 유향소는 불효하고 형제간에 우애롭지 못하거나 이웃간에 화목하지 못한 사람, 즉 향촌질서를 파괴하는 모든 사람을 통제해야 한다"며 "이전의 유향소처럼 수령을 고소하거나 교활한 향리와 주민을 규제하는 데 머물러서는 안 된다"고 말했다. 이번에 국왕의 유향소 재설치 허가를 얻어내는 데 결정적 발언을 한 장령 김미는 지금 전라도에 도적의 성행, 노비의 은닉, 남녀간의 집단유희와 노숙, 향리의 사치와 주민의 빈곤, 향리의 수령에 대한 우롱 등 나쁜 풍속이 만연했다며, 이를 고치는 방안으로 "강직하고 올바른 사람을 감사로 임명하거나 유향소를 부활시켜야 한다"고 주장하기도 했었다.

훈구계열의 영의정 윤필상은 사림파의 유향소 부활운동에 대해 "이전까지 중앙정권의 시녀 역할을 담당했던 유향소의 지위를 끌어올려 재지 사림이 주도하는 향촌자치의 핵심기구로 삼으려는 속셈"이라며 불쾌감을 표시했지만 "부활되는 유향소를 우리 훈구계열이 장악하면 되지 않느냐"는 유지광의 설득으로 일단 유향소 부활에 찬성표를 던진 것으로 알려졌다.

익명을 요구한 한 관리는 "건국 이후 지금까지는 비교적 관 주도의 향촌질서가 군현제 정비를 통해 체계적으로 굳어져온 편이지만, 한성 거주 관인과 수령 및 품관, 향리 등 재지토호세력들 사이에서 향촌사회의 지배권을 나눠먹는 식으로 향촌사회가 운영돼온 것도 사실"이라고 말하며, "이제 전호나 사노비의 도망 등 농민층의 저항에 직면, 농사를 제대로 짓기 힘들어진 재지지주층들이 중앙관권의 일방성을 배제하고 향리층에 대한 규제를 통해 과도한 수취를 막는 한편 공동체적 유대를 강화해서 농민들의 생산기반을 어느 정도 보장해주려는 것 같다"고 유향소 부활 조치의 배경을 설명했다.

관련기사 2면

유향소 관련 일지

1406년(태종 6)	유향소 혁파, 신명색(申明色) 설치
1417년(태종 15)	신명색 혁파
1428년(세종 10)	부민(部民)의 수령 고소금지법
	유향소작폐금방절목(留鄕所作弊禁防節目) 제정.
	유향소 부활
1435년(세종 17)	경재소 제도 정비.
	유향소에 대한 제도적 견제조치 실시
1468년(세조13)	유향소 혁파
1488년(성종 19)	유향소 부활

노사신, 대간 탄핵으로 물러나

"대신 對 대간의 힘겨루기", 대간측 압승

1495년(연산군 원년) 9월 성종 대부터 훈구대신의 대명사로 불리던 영의정 노사신이 대간의 탄핵으로 관직에서 물러나 부원군으로 임명됐다.

이번 조치는 지난 7월 윤탕로에 대한 대간의 논박과정에서 격분한 국왕이 대간을 의금부에 하옥한 것에 대해 "영명한 군주의 위엄 어린 결단"이라고 칭송한 노사신의 발언이 그 발단이 됐다. 노사신의 발언 이후 홍문관에서는 노사신과의 직접 면담을 요구하고 나섰고 노사신과 대간 사이에는 대간과 대신의 위상과 역할, 대간-홍문관-성균관의 붕당결성론, 홍문관의 언론기관화 문제를 둘러싸고 불꽃 튀는 설전이 벌어졌다.

대신 중심의 정치운영을 고수하려는 노사신과 대간-홍문관의 권한강화를 주장하는 대간 사이에서 고민하던 국왕은, 대간의 노사신 반대 움직임이 워낙 격렬해 결국 노사신 체직 결정을 내리게 됐다. 하지만 국왕은 노사신이 원임대신 자격으로 중요 현안의 논의에는 참여한다고 발표했다.

대간에서는 노사신 외에도 이미 정계에서 은퇴했지만 증경정승으로 강력한 영향력을 행사하고 있는 윤필상과 현 우의정 정문형에 대해서도 성종조 때 도첩제를 주장하는 등 이단에 대해 미온적인 태도를 보인 '전력'을 문제 삼아 탄핵을 준비하고 있어 또 한번의 파란이 예상된다.

도첩제 폐지, "이젠 승려의 국가공인 없다"

1492년 (성종 23년) 국가가 승려에게 그 신분을 인정해주는 증명서인 동시에 군역의 면제증이기도 한 도첩(度牒)이 없어진다. 군역 면제자인 승려의 수를 억제하는 한편, 승려의 질적 향상도 도모하기 위해 태조 때부터 실시돼온 도첩제는 초기의 납포(納布) 규정(양반 1백 필, 서민 1백50필, 천인 2백 필 바쳐야 도첩 발급)이 과중했던 관계로 그동안 수많은 무등록 승려를 양산해왔다. 세조 때에는 30필로 그 규정이 상당히 완화됐었지만 군역을 피해 승려가 되려는 '사이비 중'을 가려내기 위해 금강경시험의 통과가 도첩 발급의 새로운 조건으로 추가되기도 했었다. 현 국왕의 즉위 후에 전개된 무도첩승에 대한 단속은 사림 계열인 정극인, 김종직 등의 척불언론 수위가 높아지면서 각 지방 관찰사의 책임 하에 전국적으로 실시됐었는데 이제 도첩제마저 폐지됨에 따라 중이 되는 길은 공식적으로 봉쇄된 셈이다.

역사신문

새 세대와 새 정치의 함수관계

사림의 언론활동은 활성화되어야 한다

구세대는 가고 새 세대가 온다. 세월이 가면 정치제도도 바뀌게 마련이다. 이는 굳이 오늘이 아니더라도 어느 때나 적용될 수 있는 자명한 진리다. 그러나 '새 세대=새 정치'라는 등식은 언제나 성립하는 공리가 아니다. 새 세대라도 얼마든지 구정치에 물들 수 있고, 구세력이라고 해서 새 정치를 만들어낼 능력이 없다고 할 수 없는 것이다. 다만 우리는 새 세대의 등장이 새 정치로 연결되기를 바란다. 그것이 순조로운 역사발전이라고 믿기 때문이다. 오늘 우리 현실에서 새 세대는 사림세력, 새 정치는 홍문관을 중심으로 삼사(사헌부, 사간원, 홍문관)가 정력적으로 펼치고 있는 언론활동이라고 한다면, 이 양자의 함수관계 역시 일시적 현상일 수도 있고 시대의 대세로서 굳어질 수도 있다.

현재 정계에서 두각을 나타내고 있는 사림세력은 나름의 탄탄한 기반을 갖추고 있어 부동의 정치세력이 될 것으로 보인다. 대부분 지방 중소지주 출신으로서 지역기반이 튼튼하고 최신 성리학을 연마해 학문적으로도 새 세대의 면모는 확고하다. 반면 기존 훈구세력은 비록 조선 건국 당시에는 신진사대부로서 새 세대였으나 오늘의 현실에서는 고려적 속성을 완전히 탈피하지 못한 구 세대다. 앞으로 이 양 세력간에 치열한 권력 경쟁이 예상되는 바, 사림측의 현명하고 지혜로운 대응이 요구된다고 하겠다.

이에 비하면 홍문관을 본거지로 하여 사헌부, 사간원 즉 대간으로까지 확대되고 있는 언론활동은 앞날이 밝은 것만은 아니다. 언론활동이란 게 본질적으로 국왕과 재상들의 업무에 대해 사사건건 간섭하고, 발언하는 것이기 때문에, 질시와 배척의 가능성을 항상 내포하고 있다. 현재 성종의 각별한 배려가 이들 삼사를 받쳐주고 있다는 점이 더욱 우리를 불안하게 한다. 국왕이라는 배경이 사라질 경우 맥없이 무너져 내리지 않는다는 보장이 없는 것이다. 따라서 이 삼사의 언론활동은 어느 한 국왕의 배려가 아닌 정상적인 정치의 한 부문으로서 활성화되어야 한다. 사림측은 바로 이 점에 노력을 경주해야 할 것이다.

국왕과 재상은 엄격한 상하 위계질서상에 있지만 정치공학적으로 보면 국정을 이끄는 두 기둥이라고 할 수 있다. 여기에 언론 부문이 단순히 권력경쟁의 일원으로 끼어드는 제3의 정치세력이 되어서는 우리 정치의 체질은 크게 변하지 않을 것이다. 언론이 국왕권 및 재상권 양자로부터 일정한 간격을 두고 양자를 모두 조정, 보좌하는 견제부문 즉, 진정한 언론기관으로서의 위상을 잡을 때에, 비로소 새 세대에 의한 새 정치의 장이 열릴 것이다.

그림마당

이은홍

쥬라기 궁궐 ②
전하! 통제 시스템의
전면 복구가 시급하옵니다!!
끙!
훈구

사림의 정책구상과 이후 전망

부세 경감, 권력형 비리 근절이 일차적 정책대안 … 백성들 반응은 '썰렁'

양인 농민의 몰락, 노비의 도망, 예의도덕의 상실 등 백성들의 동요를 목격하고 자신의 위치에 불안해하고 있는 사림들은 백성들의 어려움이 ▲역과 부세의 과다한 부과 ▲부세 운영 과정상의 부정에 있다고 보고 있다.

사림들은 군액과 공물 축소, 전세의 하한선 고정 등의 정책을 주장한다. 사림측은 "부국이란 나라의 부라기보다는 백성의 부"라며 "백성의 부담을 줄여줘야 백성들이 농사에 전념, 안정적으로 국역을 부담할 수 있다"고 말한다. 이는 국가의 재정비축을 중시하는 훈구계열의 부국강병론과는 '부국'의 개념 자체가 다르다. 훈구계열에서는 "어려운 국가재정을 여기서 더 축소하면 어쩌라는 말이냐? 사림의 주장은 부의 재원을 지방에 유치하려는 현실적 이해관계가 걸려 있는 것"이라고 사림들을 비판하고 있다.

또 사림들은 부세운영상의 문제와 관련, 중앙의 고관과 연결된 수령의 비리 규제에 관심을 보인다. 어사를 파견, 수령의 비행을 조사하거나 특정 사안의 경우는 경차관을 파견함으로써 수령 권한에 규제를 가하고 문과 출신이나 천거인을 통해 수령의 질을 개선하려는 것이 그 예이다.

한편 사림들은 훈구 비리의 수행기구의 역할을 하는 수령을 적절히 견제하면서 지방문제를 잘 이끌어갈 수 있는 정치집단의 조직화 필요성을 절감, 유향소나 사마소와 같은 향론 결집기구를 정비해나가고 있다. 향론 형성층 또한 확대되고 있는데 유향소에는 품관만이 참여했던 것에 비해 사마소에는 생원과 진사들까지 참여하고 있다.

그러나 백성의 대변자임을 자처하는 사림의 대두에 대해 농민들은 실상 별다른 반응을 보이지 않고 있다. 농민 허모씨는 "중소 지주인 사림들이 거대 지주인 훈구와 농장 크기를 두고 도덕과 염치에 연결시켜가면서 침을 튀기고 있을 뿐"이라고 냉담한 반응을 보였다. 사관 신모씨 역시 "사회 경제 문제를 상대 세력의 도덕심의 부재로만 돌릴 수는 없다. 결국은 명분과 이념을 내걸고 자신의 경제적 처지에 따라 갈라서서 극렬한 정치투쟁이 전개될 것"이라며 이후 정국을 비관적으로 전망했다.

미니 해설

유향소란 ?

유향소는 각 고을 사대부들이 향촌사회를 지배하기 위해 만든 자치기구. 건국초에는 주로 고을의 향리들을 단속하면서 고을질서를 잡아나가는 일을 했으나 점차 중앙에서 파견된 지방 수령들을 능멸하는 경우가 많아지면서 문제가 됐다. 국가의 입장에서는 중앙집권체제를 정비하는 데 유향소가 큰 걸림돌이 되었다. 그래서 태종 때 중앙집권책의 일환으로 수령권이 강조되면서 유향소가 혁파됐고 세종 때 수령, 향리의 불법행위가 문제시되면서 수령에 대한 고소금지를 전제로 다시 부활시켰다. 그러다가 세조 말년, 유향소가 수령과 결탁하여 백성을 괴롭힌다는 여론이 많아 다시 혁파된 바 있다. 이번에 부활되는 유향소는 새롭게 향촌교화를 그 목표로 내걸고 있으나 사림세력의 온상이 될 것이라는 지적도 있다.

유향소 복립, 나는 이렇게 생각한다

찬성론자 김종직 對 반대론자 성준

찬성

"향론 수렴 통한 향촌 운영기구, 반드시 필요 … 정부의 지방통치에도 도움될 것"

반대

"이시애 난의 경우 유향소 통해 반란 모의 … 향촌운영 운운하는 것은 수령의 손발을 묶자는 것"

성준 재론의 여지가 없는 문제다. 세조 때 일어난 이시애의 난에는 함길도의 품관들이 유향소를 중심으로 결집, 적극 가담한 것으로 알고 있다. 지방 세력들이 반역을 모의하고 조직확장의 무대로 삼은 곳이 유향소이기 때문에 선왕인 세조께서 없애버린 것 아니냐.

김종직 세조가 유향소를 없앤 것은 이시애의 난 때문이 아니라 충주 유향소의 품관들이 백성들을 수탈했기 때문이다. 그리고 다시 세워지는 유향소의 목표 중에는 향리와 지방세력가가 수령을 무시하고 모욕하는 것을 규제하는 것도 들어 있으니 오히려 정부의 지방통치를 도우면 도왔지 해가 되지는 않을 것이다.

성준 앞으로 유향소에서는 향사례와 향음주례라는 것을 거행한다는데 이것이야말로 사사로이 모여 먹고 마시며 일종의 향당(鄕黨)을 조직해서 정치에 대해 이러쿵 저러쿵하겠다는 것이 아니고 무엇인가?

벌써 향리의 임명과 처벌까지 좌지우지하려고 하는데 사실은 향리야말로 수령의 손발이다. 수령의 손발을 다 묶어버리고, 그 다음에는 수령이 마음에 안 들면 지방의 공론을 가장해서 떼거리로 감사에게 달려가 고자질이라도 할 셈인가?

김종직 향론을 수렴해서 향촌을 운영해나가는 기구를 세우는 일은 꼭 필요하다. 지금의 수령들은 대부분이 정식 문과급제자가 아닌 관계로 수령에 임명될 때, 그리고 임기 이후에 보다 나은 자리를 보장받기 위하여 권세가에게 각종 뇌물을 제공하기 때문에 이미 빚을 진 상태로 부임을 한다. 들인 밑천을 뽑기 위해 백성들을 수탈하는 수령이 있기 때문에 향촌내의 비판세력이 필요한 것이다.

그리고 같은 선상에서 말하는 것인데, 혹시 중앙정치가 잘못돼가고 있다고 생각한다면 초야의 선비들도 '공론'을 모아 정부에 의견을 개진할 수 있다고 생각한다.

성준 자꾸 수령의 자질을 들먹이는데 괜찮은 수령조차 얻기도 힘든 상황이라면 어떻게 시골 구석에서 반듯한 사람을 구해서 유향소 운영을 맡길 것인지 궁금하다. 향촌의 일은 아예 감사와 수령에게 맡기는 현행제도가 더 낫다.

김종직 열 집이 살아도 그 안에 반드시 충신이 있는데 작은 읍이라 해서 어찌 한두 명의 인물이 없겠는가? 그리고 감사는 임기가 겨우 1년인데 어떻게 향촌의 일을 소상하게 알 수 있겠는가?

우리 사림들도 많은 사족들이 토호로서 향촌의 문제를 일으키고 있다는 것은 알고 있다. 성리학적 이해를 가지고 있는 공정하고 청렴한 품관을 중심으로 유향소를 이끌어가면 된다. 그리고 더 나아가 소수 품관 외에 생원과 진사 학생에 이르기까지 구성원의 폭을 넓혀 사족내의 자기규제를 강조하면서 토호의 개인적 독주를 견제하고 향촌의 완악하고 방자한 자, 불효하고 불화한 자들을 의논하여 다스리게 되면 화목하고 조화로운 향촌공동체를 건설할 수 있을 것이다.

'경상도 선배당(先輩黨)' 그들은 누구인가?

김종직의 그늘 아래 성장한 경상도 핵심 사림
훈구대신들을 서슴지 않고 비판 …'정가의 무서운 아이들'

얼마전 기호지방 출신인 사신(史臣) 이승건은 최근 정계에 새바람을 일으키고 있는 김종직 휘하 사대부들을 비꼬아서 '경상도 선배당'이라고 부른 바 있다. 세조 때 처음 관직에 발을 들여놓은 김종직은 학문적인 소양과 능숙한 시문 작성 실력으로 겸예문관원(兼藝文官員:현재의 홍문관원)으로 특별히 발탁되어 지금까지 이조참판, 시강관, 좌우부승지와 같이 주로 인사권 관련직이나 국왕을 가까이 모실 수 있는 관직을 역임, 다른 신하들의 부러움을 사고 있다. 김종직의 그늘 아래 성장한 경상도 지역 사림의 대표주자로는 김굉필, 정여창, 김일손 등을 꼽을 수 있는데, 이들은 기존의 특권을 지키려는 훈구대신들을 서슴지 않고 비판, 정계의 '무서운 아이들'로 떠오르고 있다. 역사신문에서는 소위 영남 사림이라고 할 수 있는 이들 '경상도 선배당'의 학문적 계통과 경제적 기반, 정계진출 경로와 성향을 알아보았다.

학문적 계통

영남 사림파의 형성배경은 주자학의 보급과정과 밀접한 관련을 가지고 있다. 신진사대부에 의해 수용된 주자학은 고려말 성균관과 지방의 향교교육을 통해 지식인사회에서 서서히 영향력을 확대해왔다. 1367년(공민왕 16년) 성균관 부흥 조치의 일환으로 성균관 대사성에 임명된 이색이 매일 명륜당에서 수업을 할 때 많은 학자들이 운집하였는데, 당시 성균관 교관 중에는 농업의 발전으로 안정된 경제적 기반을 가지고 학문을 닦을 수 있었던 영남지역 인사들이 많았다.

지방에 기반을 가지고 있는 영남지역 신진사대부들은 부모 봉양을 위해 자신의 본관이나 부모가 사는 지역의 수령으로 부임하는 것을 중시했기 때문에, 주로 자신의 고향에서 교육을 장려하고 성리학적 실천윤리 보급에 앞장서는 것이 가능할 수 있었다. 고려 멸망 후 길재가 고향인 선산지방에 내려와서 성리학적 분위기를 조성하였는데, 김종직의 아버지인 김숙자도 한때 길재 밑에서 공부를 한 적이 있다. 또한 아버지 김숙자에게 직접 가르침을 받은 김종직이 아버지 어머니의 고향인 선산과 밀양을 왕래하면서 함양군수로 머무는 동안 길러낸 제자도 상당한 숫자에 이른다.

사제간의 학문적인 전수관계는 그리 간단하지 않은데 어느 정도 학문이 성취된 다음에 한성과 고향을 왕래하는 과정, 과거시험관과 합격자 사이에 성립하는 좌주(座主)-문생(門生) 관계(현재는 폐지되었음), 정계에서의 교류나 학문적인 질의 토론과정 등에서 인연이 맺어지는 경우가 많다. 다른 지역으로의 이동이 드물어 토착적 기반이 비교적 강한 영남지역의 경우는 한성에 진출하기 전까지는 일단 '가학(家學)'과 혼인관계를 통한 학문 전달이 이루어진 것으로 보인다.

오랫동안 과거합격자 발표를 맡아왔다는 한 관리는 "영남지방의 그리 유명하지 않은 가문에서 연속해서 과거 급제자를 내는 경우, 부자·형제 사이, 삼촌-조카 사이인 경우가 많고 조금 더 추적하면 장인-사위 관계도 적지 않다"고 전제한 뒤 "과거 준비방법, 작문연습, 출제경향 예측, 답안지 작성요령이 집안내에서 알게 모르게 가학으로 전달되는 것 같다"고 분석했다.

경제적 기반

훈구대신들에 비해 비교적 청빈한 것으로 알려진 김종직이 얼마전에 기호지방 출신인 대사헌 김여석으로부터 "김종직은 경상도 3개 읍에 걸쳐 농장을 가지고 있다"며 공격을 받았다. 이에 대해 김종직의 제자인 김일손은 "우리 스승은 집안이 가난하여 노비도 없다"고 맞서 과연 어느 쪽이 진실인지 세간의 궁금증을 부채질 한 바 있다. 당시 논쟁을 마무리 지은 이승건은 "상식적으로 생각하면 제사를 모시고 손님을 접대할 정도의 재산은 있어야 주자가례를 따르고 사족의 체면을 유지할 수 있을 것"이라고 단정, 김종직을 비롯한 '경상도 선배당'이 빈털털이는 아니라고 못박기는 했지만 이들의 재산축적 경로의 정당성 여부나 훈구대신과의 상대적 비교 결과에 대해서는 정확한 결론이 나오지 못했다.

김종직 가문의 경우를 영남 사림의 대표적 예로 들어 살펴보면 재미있는 현상이 발견됨을 알 수 있다. 김종직의 아버지인 김숙자는 선산 김씨 가문의 맏아들이지만 밀양에 강력한 경제적 기반을 가지고, 일찍이 서울의 관직에 진출한 박홍신의 외동딸과 결혼, 처가살이를 하면서 부인이 물려받은 토지와 노비를 차지할 수 있었다. 금산에 있는 김종직의 농장은 금산에 기반을 가지고 있는 창녕 조씨 딸과의 결혼을 통해 얻은 것이고, 최근 결혼한 김종직의 아들도 혼인을 통해 개녕(開寧)에 농토를 마련한 것으로 알려져 있다.

사림들이 상속이나 매득을 통해 일정한 노비와 토지를 확보한 뒤에는 이들 노비를 이용해 개간을 함으로써 농장을 늘려가는 경우도 있고 국왕의 총애를 받아 특별히 노비와 토지를 하사받는 경우도 있지만, 그 농장의 규모는 대규모 공신전을 확보하고 있는 훈구대신들에 비하면 미미한 편이다. 김종직이 하사받은 노비는 15구(口)이고 동래부(東萊府) 온정원(溫井員)의 논은 7석락(石落) 정도.

정계진출 경로와 성향

김종직의 경우를 또 한번 예로 든다면, 그가 결코 경상도 성리학의 절대적 영향 속에서만 성장한 것이 아님을 알 수 있다. 아버지 김숙자는 길재의 교육방법을 그대로 계승하여 「소학」「효경」「대학」「논어」「맹자」의 단계를 밟아 자식들을 가르쳤고 그 영향하에 김종직은 평생 「소학」의 실천윤리를 중시해 왔지만, 관직에 진출한 후에는 주로 관학의 학풍에서 중시했던 사장(詞章)이나 책문(策文) 작성 능력으로 인해 세조의 총애를 얻기 시작했다고 볼 수 있다. 현 국왕이 즉위하면서 김종직의 뒤를 밀어준 사람은 훈구대신에 속하는 신숙주, 강희맹이고 성균관생활과 경연 시강과정에서 경험한 한성 출신 문신들과의 토론이 김종직의 학문세계에 영향을 끼친 것은 분명하다.

처음 중앙정계에 진출했을 때 시 속에서도 관가와 이서(吏胥)들이 백성을 수탈하는 모습을 묘사하고 지배층과 일반 백성의 생활상의 차이를 자상하게 비교하던 김종직이 지금에 이르러서는 '경상도 후배당'으로부터 현실에 안주한다는 비판을 받고 있는 실정이다. 이후 '경상도 후배당'들이 훈구대신들을 향해 열어버린 포문을 구체적으로 어디로 조준할지, 그리고 그 강도가 어느 정도일지 주목해볼 일이다.

경상도 선배당 4인방 프로필

김종직(金宗直)
본관 선산. 자는 교환, 호는 점필재. 1453년 진사, 1459년 식년문과에 급제, 1463년 우부승지, 이후 이조참판, 병조참판, 홍문관제학 역임. 정몽주, 길재의 학통을 이은 부친으로부터 수학, 문장과 사학에 능통. 절의를 중시해 도학의 정맥을 잇고 있다는 평을 받고 있다. 1466년에는 「동국여지승람」을 편찬, 문장가로서의 면모를 과시.

김굉필(金宏弼)
본관 서흥. 자는 대유, 호는 사옹. 소학에 심취, 스스로를 소학동자라 칭하기도 함. 1460년 성균관에 입학, 척불과 유학 진흥에 관한 상소를 올렸고, 1496년 군자감 주부에 제수. 곧 사헌부 감찰을 거쳐 형조좌랑이 됨.

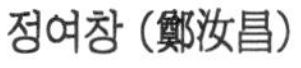

정여창(鄭汝昌)
본관 하동. 김굉필과 함께 김종직 문하에서 학문을 연마. 「논어」에 밝은 성리학 전문가. 1480년 성종이 경학 전문가를 구하자 성균관에서 제일로 천거, 정계에 입문. 1490년 소격서 참봉, 1495년 안음 현감으로 임명됨.

김일손(金馹孫)
본관 김해. 자는 계운, 호는 탁영. 1486년 진사가 된 뒤 승문원에 들어가 관직생활을 시작했으나 사직하고 김종직의 문하에 들어가 학문에 몰두. 이후 병조좌랑, 이조좌랑에 임명됨. 관직에 있는 동안 훈구파 부패 공격에 앞장서고 사림의 중앙정계 진출에 적극 나섬. 훈구대신측의 표적 제1호.

취재 수첩 — 우리 시대의 언론

"말하라, 너희에게 말할 의무가 있다". 국왕 성종이 홍문관에 내린 교시다. 언론이란 입을 열어 말하는 것이다. 정책방향에 대해, 인사에 대해, 상정된 탄핵건에 대해 일방적 집행만 있어서는 안 되고 시시비비를 가리는 논의가 있어야 한다는 것이다.

그런데 성종은 왜 기존 언론기관인 사헌부와 사간원은 제쳐두고 홍문관을 언론기관으로 키우려는 것일까. 홍문관은 이전까지만 해도 서적보관 업무를 담당하는 한직이었다. 백관들이 두려워하는 감찰업무를 맡고 있는 사헌부의 대관, 국왕에게 간쟁하는 것을 임무로 삼고 있는 사간원의 간관(양자를 합해서 대간)이 엄연히 존재하고 있는데도 말이다. 해답은 정치역학으로 풀 수밖에 없다. 현재 대간들은 말하자면 모두 훈구세력이다. 성종은 선왕 대대로 권력의 요직을 차지하고 있는 이들 훈구세력을 적절히 견제해야 왕권이 제대로 기능할 수 있다고 보고, 그 견제세력으로서 신진 사림을 택한 것이다. 훈구측이 장악하고 있는 것이 재상권이라고 한다면, 그를 견제할 수 있는 대응력은 바로 언론권이다. 세종대에 집현전을 통해 강화된 이 언론권을 홍문관에 그대로 부활시킨 것이다.

따라서 앞으로 홍문관이 중심이 돼서 기존 언론기관인 사헌부와 사간원을 이끌어갈 것은 확실해보인다. 벌써부터 대신들 사이에서는 "홍문관에 공론이 있다"는 말이 자연스레 들리고 있다. 사림이 각 지방 사대부 출신이고 또 그를 대표한다고 볼 수 있으므로 전국적 여론이 이 홍문관의 언론권을 통해 중앙조정에 전달된다고 봐도 무리가 없을 것이다. 그리고 이 삼사(홍문관·사헌부·사간원)는 사림들이 중앙정계로 나오는 통로로서도 기능하게 될 것이다. 훈구대신들도 국왕의 의지가 실린 이러한 일련의 추세에 당분간은 순응하지 않을 수 없을 것이다. 바야흐로 언론의 시대가 오고 있는 것이다.

수군(水軍)의 역 세습 제도화
을사년판 경국대전에 규정 실려

"수군은 천역" 인식 팽배 … 대립가 폭등

을사년(1485년) 판 「경국대전」에 수군의 역 세습규정이 실려 기존 수군들의 반발이 예상되고 있다. 현국왕이 즉위하면서부터 본격적으로 제기된 수군의 '신량역천화(身良役賤: 신분은 양인이되 실제 담당하는 역은 천인에 유사한 고역을 담당하는 계층)' 문제는 지난 1474년(성종 5)에 마련된 '부자지간에 수군의 역을 세습한다'는 규정과 같이 현실을 인정하는 방향으로 굳어져왔는데, 이번에 정식으로 수군의 역 세습이 경국대전 법조항에 오른 것이다.

적어도 건국초까지 수군은 양인층이 부담하는 의무병역의 하나로 결코 그 자체가 천역은 아니었다. 처음에 수군이 일반 정병(正兵)보다 불리한 점이 있다면, 복무기간이 1년에 6개월이라는 점(일반 번상병은 3개월)과 1개월 분의 자기 식량을 짊어지고 근무지로 가야 한다는 점 정도였다. 그런데 배의 수리비, 조운과정 중의 손실까지 수군의 책임으로 되고 각종 잡역이 늘어나면서 군적을 개편할 때 부유한 수군은 앞을 다투어 빠져나가는 형편이다. 결국 남아 있는 수군은 모두 "어리석고 재주가 없거나 빽 없는 사람"이라는 인식이 팽배해 있다.

수군 황모씨는 "일단 수군으로 복무하게 되면 명색이 수군이지 온갖 잡다한 일에 동원되는 것이 다반사다. 그동안 나와 내 아들이 둔전 경작과 소금 굽는 일, 해산물의 채취, 병선의 수리, 조운(漕運), 성쌓기, 목장일, 저수지 관리 등 각종 잡다한 부역에 시달린 것만해도 억울해 죽겠는데 손자놈까지 수군이 되면 우리 집은 망한 거나 다름없다"며 억울함을 호소했다.

이번 조치의 배경에 대해 병조의 한 관계자는 "원래 선군(船軍)의 세습화는 건국초부터 배를 다루는 데 익숙한 병졸을 확보하려는 정책적 의지로 추진돼온 일이다. 선군이 번(番)을 설 때, 즉 군 복무를 할 때 처음부터 한 집안에서 아버지와 아들에게 그 역을 나누어 맡게 하면서 다른 병종(兵種)으로 바꾸지 못하게 한 것이 이번 조치의 근원을 이루는 것"이라고 밝혔다.

한편 모두 수군이 되기 싫어한다는 것은 최근 급속히 퍼져나가고 있는 대립(代立)현상에서도 나타난다. 대사헌 김영유가 "수군 정병(正兵) 근무 6개월을 대신 서주는 값이 면포 10여 필까지 올라가 정군과 보인이 함께 망할 지경"이라고 한 것에서 알 수 있듯이 수군의 대립가는 다른 병종에 비해 월등히 높은 편이다.

정부에서는 병종에 관계없이 대립가의 공정가격을 면포 3필로 규제하는 조치를 발표했지만 얼마전 실시된 궁궐 공사에서 선군의 월당 대립가는 9필에 이른 것으로 알려졌다.

조-왜 무역량 증가

최근 조선-왜 간의 상거래가 진헌(進獻) 회사(回賜) 형태의 공무역과 3포의 왜관과 한성의 동평관(東平館) 내에서의 사무역을 통해 활발히 이루어지고 있다.

국초 이래 막부와 대마 도주 및 일본 서해안의 대소 호족들은 해마다 사선(使船)을 보내왔고 왜상들의 흥리선(興利船) 왕래도 빈번한 편이었다. 정부는 날로 증가하는 왜상들의 출입을 통제하기 위해 태종초부터 부산포와 내이포를, 세종초에 염포를 개방하고 왜관을 설치하여 교역과 왕래의 편의를 제공해 오고 있다.

최부, 산동 근해 표류 끝에 귀환

국왕 지시로 여행기 집필 작업 시작

1488년 정월 제주를 출발, 14일간의 표류 끝에 중국 산동지방에 도착했던 제주등삼읍추쇄경차관(濟州等三邑推刷敬差官) 최부(崔溥) 일행 43명이 중국 각지를 떠돌다가 압록강을 거쳐 5개월 만에 무사 귀환했다.

유민과 도망친 죄인을 도로 잡아오기 위해 제주에 파견됐던 최부는 부친의 부고를 받고 자신의 종자(從子)와 제주 목사가 딸려보낸 호송군, 관노비와 함께 악천후가 예상되는 기상상태에도 불구하고 고향인 나주를 향해 출발, 항해를 감행했던 것으로 알려져 있다.

최부는 "북경에 도착해서 황제 효종을 알현한 뒤 접하게 된 명나라 사람들은 '조선에서도 돼지고기를 먹고 차를 마시냐', '조선에서도 경서를 읽느냐'는 질문을 하는 등 우리나라에 대해 무지한 편이었으며 중국 역대의 사상과 제도, 중국 지리에 대한 나의 지식에 놀라는 듯했다"고 말했다.

한편 장장 8천 리에 달하는 최부의 여행에 깊은 관심을 표명한 국왕은 남대문 밖 청파역에 최부를 머물게 하면서 여행기 저술을 명령, 이 기록은 곧 「금남표해록(錦南漂海錄)」이라는 제목으로 발간될 예정이다.

경상·전라 해안 21개소에 성채 축조

수군 진관체제 보완책 … 토목공사 동원될 수군 근무조건 악화 우려

1485년(성종 16) 경상·전라도 해안 요충지에 성채를 지어 외적의 침입에 대비하는 계획이 착수됐다.

수군의 진관체제는 육군의 경우와는 달리 행정조직과 일치하지 않고 전략상 요충지에 포(浦)나 진(鎭)을 설치하는 것이 상례인데 "최근 계속된 왜적의 침입으로 기존 진관의 위치 자체가 부적당하다는 지적과 함께 방어시설의 부족이 문제점으로 지적돼왔다. 특히 일선 수군 지휘관들은 "성보(城堡)와 같은 방어시설이 없어서 우리 수군은 배에 무기와 식량을 싣고 배 위에서 항상 대기 근무하는 어려움이 있다"고 다투어 애로사항을 토로하는 형편이다.

옥포에서 수군으로 근무하고 있다는 서모씨는 "관찰사와는 달리 각 진이나 포의 지휘관들이 나라에서 녹봉을 받지 못하기 때문에 수군 병사들에게서 고액의 포를 받고 역을 면제해 주는 방법으로 자기 배를 불리고 있다"고 말한 뒤 "수군의 근무조건이 계속 악화될 경우, 대신 군역을 서는 사람에게 제공하는 대립가는 계속 치솟을 것이 뻔하다"며 이번 토목공사가 미칠 파장을 염려했다.

성보 축조가 이루어질 지역은 전라도 장흥 회령포, 흥양 녹도·탑포·사량·여도, 순천 돌산포·좌도수영(左道水營)과 경상도의 남해 평산포, 진주 적량, 고성 사도·당포·우도수영(右道水營)·조나포·지세포·옥포·영등포·안골포, 동래 다대포·부산포·염포·제포 등이다. 성보 축조 담당자는 "성보가 계획대로만 세워진다면 수군의 병력이 부족할 경우 육군의 투입이 가능해지는 장점이 있다"고 전망했으나 수군 지휘관 여모씨는 "수군 자체 방어력의 향상은 꾀하지 않고 육군으로 대체 어쩌고 하는 것이 다 눈 가리고 아웅 아니겠냐"며 투덜거렸다.

진단 전통 상제례 아직도 성행

「주자가례」를 바탕으로 하는 장례 절차의 보급이 국가적으로 추진되고 있다. 주자학이 정치이념으로 뿐만 아니라 생활윤리로까지 자리잡도록 하기 위해 정부에서는 불교의 상례인 다비법을 금지하고 「주자가례」에 따른 상제례를 적극 보급하고 있다. 그러나 일반 백성들은 상당수가 아직도 불교식 또는 '음사(淫祀)'라고 불리는 민간신앙의 형식에 따르고 있는 실정이다.

「주자가례」에 따른 상제례가 다른 지방보다 많이 행해진다는 경상·전라도 지방에서도 기존의 상제례 관습이 만만치 않게 남아 있다. 대사헌 송영(宋瑛)에 따르면 장사지내기 전날 큰 장막을 설치해놓고, 그 속에 관을 넣은 뒤 쟁반에 유밀과를 차려서 중과 민간인이 함께 어울려 연극을 하고 술을 마시며 밤새도록 노래하고 춤춘다는 것이다. 경상도 관찰사 김여석과 전라도 관찰사 이집의 보고도 이와 비슷하다. 이들의 보고에 따르면 관을 모셔놓고 연극을 할 때 승려 배우들이 동원되며, 이들이 가슴을 치고 뛰며 슬퍼하는 연기를 할 때에는 사대부 집안의 부녀자들도 섞여서 밤새도록 환호성을 지르며 술을 마셔댄다는 것이다.

불교식 상제(喪祭)는 주로 화장(火葬)이 행해지는데 대개 법석을 설치하고 승려를 불러서 경을 설법하게 한다. 산사(山寺)에서는 식제라 하여 7일제를 지내는데 너나없이 사치스럽게 하려고 힘쓰는 바람에 살림에 큰 부담이 되고 있다. 또 제례에 참여하는 친척과 친구들도 반드시 절에 시주할 옷감 같은 것을 가져와야 한다는 것이다.

민간신앙의 상제례는 지방마다 다양한 형식으로 치러지는데 어디에나 불교적 요소가 가미되어 있다. 특히 병으로 죽을 경우 산간에 초장(草葬)하거나 나무가지에 싸서 매달아놓기도 한다. 야제(野祭)를 행할 때에는 무당을 불러 술과 고기를 성대하게 차리고 승려도 불러 불상을 설치한다. 그리고 그 앞에 향과 꽃과 차와 음식을 차려놓고 가무와 범패(梵唄)를 교대로 행하는 '잡탕식 상제례'가 일반적이다.

심지어 사대부 집안에서도 부모나 조부모의 혼을 무당에게 위탁하는 모습을 흔히 볼 수 있으며, 매장을 마친 뒤에는 산천이나 성황(城隍)에게 제사를 지내기도 한다. 사대부 이모씨에게 나라에서 권장하는 「주자가례」를 따르지 않는 이유를 묻자 "장례 때 술과 음식을 많이 차리고 노래를 부르는 것은 참석해준 손님과 주인이 서로 위로하며 풍부하고 후한 것을 숭상한다는 좋은 뜻을 가지고 있는 것"이라며 태연하게 대답하였다.

국가 공식 권장 모범 상제례 필수코스

습과 염 시체를 목욕시키고 의복을 갈아입혀 관 안에 안치시킨다.

성복 상제들이 상복을 입는 절차. 보통 8촌까지의 범위에서 상복을 입는다.

조상 성복을 한 후, 조문객들이 상주에게 조문하는 것.

발인 영구가 장지로 떠나는 절차이다.

급묘 상여가 장지에 도착하여 매장하기까지의 절차.

소·대상 초상으로부터 1·2주기에 지내는 제사.

탈상 3년상을 마치고 상복을 벗는다.

국가에서 특히 역점을 두어 권장하는 것은 삼년상을 지내라는 것과 사당(祠堂)에서 제사를 지내라는 것이다.

「악학궤범(樂學軌範)」에 나타난 우리 음악의 세계

"악보와 의궤, 음악의 절차, 악기의 모양과 치수에 이르기까지 … 우리 음악의 모든 것 담아"

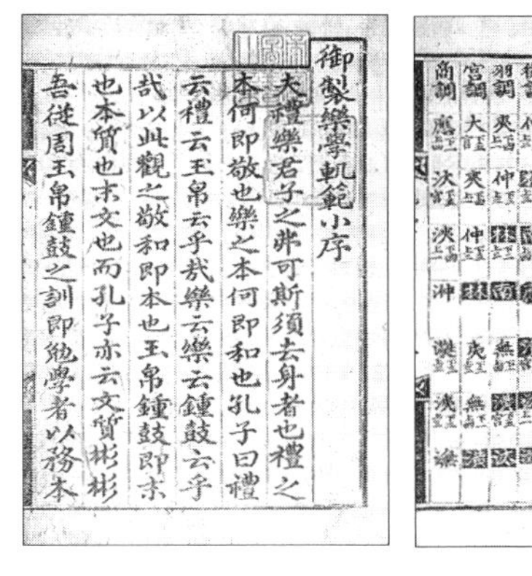
御製樂學軌範小序
夫禮樂君子之非可斯須去身者也禮之
本何即敬也樂之本何即和也孔子曰禮
云禮云玉帛云乎哉樂云樂云鍾鼓云乎
哉以此觀之敬和即本也玉帛鍾鼓即末
也本質也末文也而孔子亦云文質彬彬
吾從周玉帛鍾鼓之訓即勉學者以務本

1493년(성종 24) 음악 연주에 쓰이고 있는 악보와 의궤(儀軌:큰 행사의 내용에 관한 자세한 기록)는 물론 악기 하나하나의 모습까지도 세밀하게 그림으로 그려서 정리한 음악 총서 「악학궤범」이 발간되어 음악계는 물론 문화계 전반에 획기적인 기여를 할 것으로 평가되고 있다.

이 책의 편찬은 예조판서 성현, 장악원 제조 유자광 등이 맡았는데, 기존의 의궤와 악보가 오래되어 대부분이 손상된 상태이고 그나마 남아 있는 것도 너무 간단하거나 틀린 내용이 많아서 제대로 된 악규책(樂規冊)이 필요한 데 따른 것이라고 한다.

이 책에서 특히 주목되는 부분은 우리 음악의 악조(樂調)를 설명한 악조총의(樂調總義), 일종의 악보 표기법인 오음배속호(五音配俗呼), 당악기 대신에 우리 악기인 대금의 음으로 예시한 12율배속호를 설명하고 있는 부분이다.

그밖에 여러 제향과 조회 연향에서 연주되는 악기와 음악의 절차, 곡목, 춤 이름이 자세하게 서술되어 일종의 오례의 또는 의궤와 같은 성격을 띠고 있는 것도 중요한 특성 중의 하나이다. 악기의 치수 또한 꼼꼼하게 기록되어 있어 실제 악기 제작에도 참고할 수 있을 것으로 보인다.

"〈동동〉, 〈정읍〉의 한글가사까지 실은 것은 바로 지금까지 이어져온 음악의 유실을 방지하려는 정부의 노력"이라고 주장한 성현은 이어서 "12율을 결정하는 자신감을 보여준 것도 다 「경국대전」의 완성과 더불어 음악에서도 체계를 잡아보겠다는 정부의 의지"라며 「악학궤범」의 편찬배경을 설명했다.

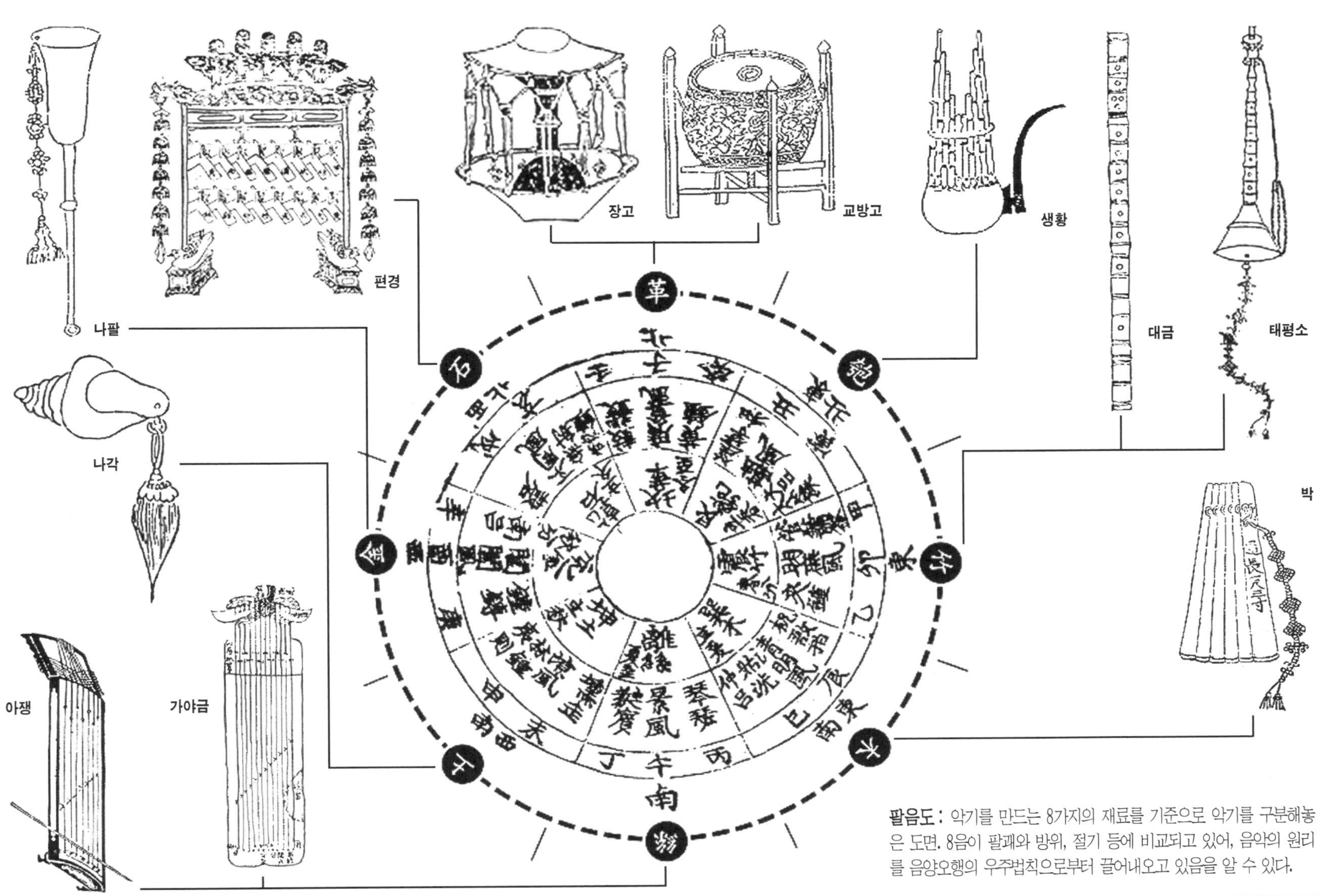

팔음도: 악기를 만드는 8가지의 재료를 기준으로 악기를 구분해놓은 도면. 8음이 팔괘와 방위, 절기 등에 비교되고 있어, 음악의 원리를 음양오행의 우주법칙으로부터 끌어내오고 있음을 알 수 있다.

진단 한성의 주택정책 무엇이 문제인가?

"철거민 신세는 행랑살이"

전(前)국왕인 세조는 창덕궁 후원을 넓히기 위해 73채의 민가를 헐어버렸고 간경도감에 인접해 있는 민가 23채 역시 화재 위험을 이유로 철거를 지시해 물의를 일으켰다. 처음에 집주인들에게는 보상으로 쌀의 지급, 새로 옮겨 지을 집의 재목과 기와의 공급이 약속되었지만, 목재와 기와의 공급 약속은 지켜지지 않았다. 주택관계 법률에는 "공터에 백성들이 집을 짓겠다고 신청하면 허용하는 것을 원칙으로 하며, 사대부들이 여염집을 빼앗거나 사들이는 일은 엄히 다스려 금한다"고 규정되어 있다. 국가가 여염집을 빼앗는 것은 치외법권의 문제인지 의심스러운 사건이었다.

빈 터에 집을 지으려면 한성부의 허가를 얻어야 하는데 어떤 땅이 2년 동안 계속 공터로 있었음이 확인되면 곧 사용을 허가하게 되어 있다. 단 왕명으로 성 밖에서 근무하는 관리, 지방의 관직에 있어서 다른 지역에 나가사는 사람의 소유, 부모상을 당하여 3년 동안 묘를 지키는 사람의 소유는 예외이다.

최근 문제가 되고 있는 것은 왕족이나 권문세가들이 집터 규정을 어기고 갈수록 큰 집을 지으려고 하면서 무주택자가 양산되고 있다는 점이다. 이들 권력자들에게 집터 확장과 부근 민가 철거의 불법성을 지적하면 이구동성으로 "가까이 사는 사람들이 이익을 얻고자 스스로 집을 파는 것이지 억지로 팔게 하는 것이 아니다"라고 자신있게 말한다. 심지어는 국왕 스스로도 왕족들의 사치를 눈감아주고 있는 실정이다. 얼마전 옹주의 집이 규정된 40칸을 넘어서서 비난의 대상이 되자 "궁궐 짓다가 남은 재료를 가져가서 쓰다보니 그렇게 됐다"며 궁색한 변명을 하고 나서기도 했다.

세종 때 집의 규모를 제한하기 위해 도리(道里), 기둥과 같은 부재의 길이와 누(樓)의 칸 수를 제한했지만 요즘 들어 칸 수만 엄격하게 점검하고 부재의 척수 조사는 소홀히 하자, 세력가들은 칸 수는 지키면서 부재의 척수를 증대하여 결국은 큰 집을 짓는 교묘한 방법을 동원하고 있다. 결국 세력가들의 집 규모가 커지면서 백성들은 한성 외곽으로 떨려나가고 있다. 이들 중에는 비탈진 곳에 움막을 치고 살다가 재해를 만나 집이 쓰러지면 대가집 행랑방으로 들어가 어엿한 양인이면서도 '행랑살이'로 전락하는 아픔을 겪기도 한다. 일반 백성의 집은 10칸(약 38평)으로 정해져 있어서 결코 적은 규모는 아니지만 백성들은 경제력 때문에 10칸짜리 집을 꾸려나갈 수 없음은 물론이다.

좌담 「동국여지승람」 편찬을 계기로 살펴본 우리 지리지의 현단계

「세종실록지리지」, 「팔도지리지」 내용 이어받아 전국 8도의 자연과 물산, 사회제도 인물 등 총 망라한 백과전서

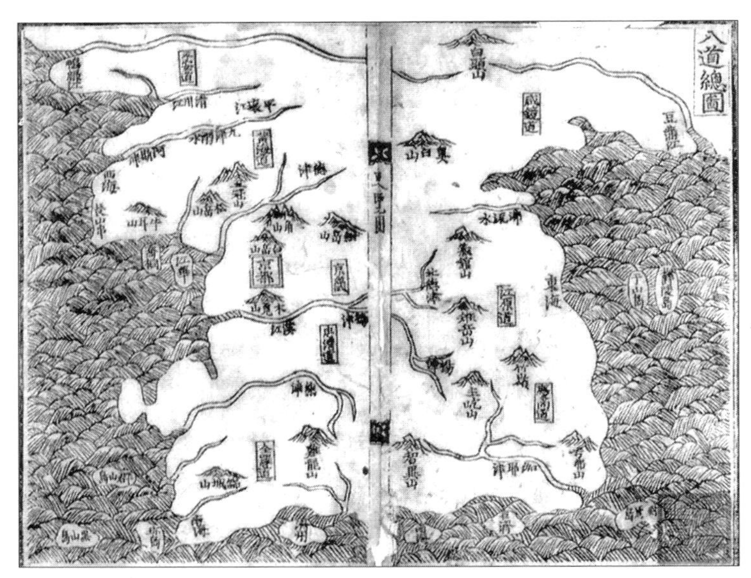

행정·경제 측면보다 인물·풍속 등 인문분야 중시가 특색

팔도총도: 흔히 〈동람도〉라고도 한다. 이 지도가 만들어진 시기에는 세종 때와는 달리 북쪽 영토에 대한 관심이 적어지면서 평안도와 함경도지역을 제대로 그리고 있지 않은 점이 특징이다.

1481년(성종 12)에 일단락되었던 「동국여지승람(東國輿地勝覽)」이 아직은 몇 가지 수정 작업중에 있지만 55권 25책에 달하는 방대한 분량과 8도의 연혁, 관원, 군명, 성씨, 풍속, 산천, 토산, 성곽, 봉수, 학교, 교량위치, 능묘, 고적, 명환(名宦) 인물, 시인의 영(詠)에 이르는 내용의 풍부함으로 인해 세간의 화제가 되고 있다. 역사신문에서는 1481년판 편찬 담당자인 이행씨와 현재 진행중인 1차 교정 담당자인 김종직씨, 지리학자 장두석씨를 모시고 「동국여지승람」의 편찬배경과 특징, 이후 지리지 편찬의 방향에 대해 이야기를 나누어보았다.

사회 원래 「동국여지승람」은 1477년에 양성지가 편찬한 「팔도지리지」에 「동문선」에 실려 있는 시문을 첨가한 것이니 새로운 창작품이라고 할 수는 없겠죠. 먼저 이행씨께서 「동국여지승람」 이전 지리지가 이룩해놓은 성과에 대해 이야기해주시죠.

이행 물론 양성지의 「팔도지리지」는 9년에 걸친 충실한 현지 조사로 만든 것이니만큼, 그 내용도 충실한 편입니다. 이 지지(地誌)의 항목은 「세종실록」에 실린 지리지가 보여주고 있는 꼼꼼함을 그대로 이어받고 있어요.

예를 들어 「세종실록지리지」의 한성부 편에 보면 행정구역인 5부와 그 아래 방(坊)의 이름과 숫자, 왕궁 교량의 명칭뿐만 아니라 5부의 호수와 경작지의 면적, 나루, 제단, 얼음창고, 물방아, 의료시설, 절까지 상세하게 나와 있는데 양성지가 전국에 자료수집을 시킬 때도 이에 못지 않은 열성을 들였거든요. 심지어는 목장 사육가축의 머리 수, 목초의 질, 양어장의 물고기 종류까지 적어 올리라고 했으니까요.

사회 기존의 지리지가 그렇게 자세하다면 굳이 따로 「동국여지승람」을 만들 필요가 있었는지 궁금한데요.

김종직 원래 지리지는 지방에서 감영과 중요한 부(府) 몇 군데에 두는 것으로 되어 있죠. 특히 호구조사라든가 토지조사를 할 때에는 3년 내지 4년 단위로 고쳐나가야 합니다. 제가 선산에 수령으로 나갔을 때 지리지를 찾아 보았는데 찾을 수가 없었어요. 복사본 정도도 마련이 안 되어 있더군요.

결국 내가 따로 지도를 만들어서 가구 수나 토지 결 수를 구역마다 일일이 적어넣었어요. 좋은 지리지가 만들어져 있는 것과 활용이 잘 되는 것은 다른 문제인 것 같습니다.

장두석 김종직씨는 「동국여지승람」이 일선 지방관들 사이에서 인기리에 복사될 것을 확신하고 계시는 것 같군요. 그런데 제 생각은 좀 다릅니다. 「승람」이 남송 축목의 「방여승람(方輿勝覽)」과 명나라의 대표적 통지인 「대명일통지(大明一統志)」를 참고해서 「팔도지리지」의 연혁, 풍속, 인물, 항목을 다듬고 새로 고적 항목을 집어넣어, 종합적인 인문지리서로서의 체제를 갖추려고 노력한 점은 인정할 만합니다.

그런데 세종 때의 지리지가 지녔던 장점인 토지의 면적, 조세, 인구 등 경제·행정·군사적인 측면이 약화되고 인물, 예절과 풍속, 시문 등이 강화된 것은 어떻게 된 일입니까? 각 지방별로 시가 들어 있으니까 양반층 사이에서 시를 지을 때 활용이야 되겠지만 솔직히 실망스럽군요.

이 장두석씨는 다양한 지리지를 수용하려는 자세가 좀 부족한 것 같군요. 「승람」은 지리적인 면뿐만 아니라, 정치·경제·역사·행정·군사·사회·민속·예술 등 지방사회의 모든 방면에 걸친 종합적 성격을 지닌 백과전서식 서적 입니다. 누구나 자신의 관심분야에 대해 찾아보고 만족을 얻으면 되는 것 아닐까요?

물론 「승람」이 어설프게 중국의 통지(統志)들을 따라가려고 했던 점은 인정합니다. 송나라 때 이미 다양한 지방지가 출현했고 이를 기반으로 각 지방지를 총괄하는 「대명일통지」 같은 것이 나올 수 있었던 것인데 사실 우리는 그 정도는 아니거든요.

사회 주로 지리지 일반에 대한 이야기가 나왔는데 이제 「승람」에 실려 있는 〈팔도총도〉와 각 도별 지도, 즉 보통 〈동람도(東覽圖)〉라고 불리는 지도에 대해서 평가해주시죠.

장 〈동람도〉를 보면 역시 실망을 금할 수 없습니다. 우선 남북의 길이가 너무 짧아서 마치 남북으로 심하게 눌린 인상을 주고 있고 도별 지도의 축척도 일정하지 못합니다. 이전에 나온 이회의 〈팔도지도〉나 정척의 〈동국지도〉가 비교적 축척이 정확한 편인데 왜 참고하지 않았습니까?

요즘 중국에서 하천과 산을 강조하는 지도가 유행이라지만 그것까지 그대로 따라서 하천의 폭이 너무 과장되게 그려졌어요. 지금까지 우리 지리학계의 성과를 이런 식으로 무시해도 되는 것인지 답답합니다.

김 〈팔도지도〉나 〈동국지도〉는 일종의 대축척 지도로 자세하고 정확한 행정 또는 군사적인 목적을 가지고 있다면, 〈동람도〉는 「승람」에 딸린 지도로 전체적인 윤곽의 파악이라는 소박한 목적을 가지고 있다고 생각하면 됩니다. 그리고 이 지도가 종이에 그리는 다른 필사본 지도와는 달리 목판본 지도라는 사실도 잊으면 안 됩니다. 가로 세로 비율이 이상하게 되어버린 것은 목판 크기 때문에 어쩔 수 없었습니다.

사회 저도 소박한 질문을 하나 해보겠는데요. 〈동람도〉는 이전의 지도에 비해 두만강과 압록강 이북에 대한 관심이 적어진 것 같아요.

장 지도 제작 당시의 분위기가 많이 작용을 하는 것 같습니다. 세종 때는 국토가 확장되고 국경선이 확정되니까 국경지방의 지도개편을 서두르게 된 것이죠. 물론 당시의 기술수준도 중요해요. 세종 때 혼천의를 통해 경도측정이 가능해졌고 측량기술의 발달로 백두산과 마니산, 한라산의 위도 측정도 해냈습니다. 세조 때 규형 인지의의 개발이 〈동국지도〉와 같은 실측지도를 낳기도 했죠. 이제는 국경문제가 그렇게 급박하지 않으니까 청천강 이북의 서해안과 원산 이북의 함경도 해안선은 완전히 뭉개져버린 겁니다.

사회 어쨌든 「동국여지승람」의 '여지(輿地)'는 천하라는 뜻이라면서요. 양성지가 고려사 지리지를 만들 때 "우리는 만리(萬里)의 나라"라고 말했던 기개는 많이 죽었지만 우리도 천하국가라는 생각으로 이만한 지리지가 나온 것은 역시 나름대로 의미가 있는 것 같습니다.

문화시평

저명 문사들의 잡문과 음담패설

지금 쟁쟁한 유학자들이 음담패설에 가까운 '노골적인' 이야기를 엮은 잡기(雜記)들을 발간하여 독서계에 화제가 되고 있다. 화제가 되고 있는 대표적인 잡기류는 성임의 「태평통재」와 그 아우 성현의 「용재총화」, 서거정의 「태평한화골계전」, 강희맹의 「촌담해이」 등이다.

고려 후기에 나온 이규보의 「파한집」이나 이제현의 「역옹패설」과 같은 작품이 시화와 잡기를 겸하고 있는 것에 비해, 현재의 잡기는 시화와의 결별선언을 분명히 한 것으로 보인다. 성현의 「용재총화」는 고려 초기부터 전해오는 설화를 인물전설 위주로 엮었는데, 신돈이 양기를 돋구기 위해 이상한 짓을 일삼고 누런 개를 보면 깜짝 놀랐다는 식의 황당한 이야기가 많다. 이 책은 단순히 재미있는 이야기만을 골라 실은 흔적이 역력하다.

잡기 중 서거정의 「태평한화골계전」의 성공을 기점으로 독자들에게 폭발적인 사랑을 받기 시작한 골계전류는 대체로 민담을 모으고, 그 가운데서도 특별히 음담패설에 관심을 가졌기에 새로운 문화현상으로 주목할 만하다.

강희맹의 「촌담해이」에는 말뜻 그대로 시골에서 돌고도는 턱이 빠질 정도의 우스운 이야기가 많이 수록돼 있다. 한 예로, "어떤 선비가 아름다운 첩을 친정에 보낼 때 염려가 되어 옥문(玉門)이 미간에 있다는 명청이 하인을 뽑아서 동행하게 했다. 아무래도 미심쩍어 몰래 뒤따라가보았더니 둘이서 즐기고 있는 것이 아닌가. 하인은 물을 건너다가 아씨가 넘어져서 어디 다친 데가 없는가 살피다가 배꼽 밑에 구멍이 나 있는 것을 발견하고 꿰매려고 했다고 대답했다. 선비는 그 말을 듣고 안심을 하고 본래부터 있던 구멍이니 염려할 것이 없다고 했다." 하인이 이런 지혜(?)를 발휘하여 상전을 골탕먹이는 이야기가 버젓이 실리게 된 것은 확실히 이례적이라 할 수 있다.

서거정과 강희맹은 각각 서문에서 "태평스러운 시대이니 한가한 이야기나 하며 즐기겠다"거나 "사실에는 좋고 나쁜 것이 없다"며 여유있는 태도를 취하고 있다. 어떤 내용이든지 흥미롭게 다루는 것이 잡기이지 저자의 입장을 강하게 내세우거나 무슨 불만을 토로하는 형식은 아니라는 이들의 잡기관은 지극히 훈구파다운 발상이다. 정식으로 역사를 서술하여 따져야 할 일이 있는데 그럴 수 없을 때 잡기로 대신한다는 사림파의 잡기관과는 극명한 대조를 이룬다. "이미 기득권을 차지한 훈구파는 심각하게 따지는 기풍을 적당히 눌러두기 위해서 잡기를 짓고 있다"는 김종직의 제자 남효온의 지적이 일면 타당성을 갖는 것도 같은 맥락에서 이해될 수 있기 때문이다.

해외 소식

콜럼버스, 신대륙 도착

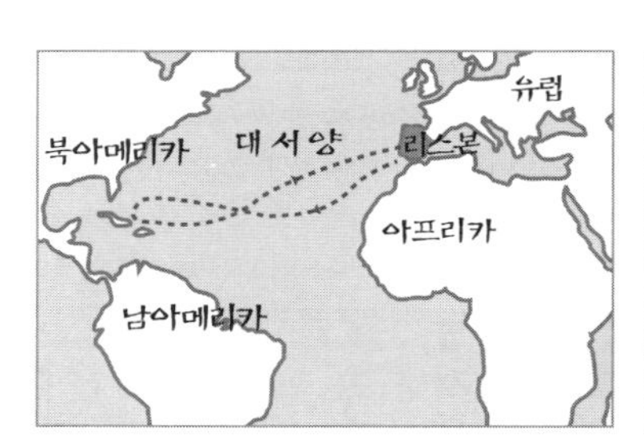

1492년 8월 3일 3척의 배를 가지고 스페인의 팔로스 항구를 떠난 콜럼버스 일행은 약 1백여 일 만에 미지의 대륙 동쪽에 도착, 이곳을 성스러운 구세주라는 뜻의 '산 살바도르'라고 이름붙였다. 제노아의 선원 출신인 크리스토퍼 콜럼버스(46세)는 다이이 추기경의 지리서를 읽은 뒤, 피렌체의 지리학자인 토스카넬리와의 편지 교환을 통해 인도로 가기 위해 아프리카 남단을 돌아가는 것보다 대서양을 서쪽으로 항해하는 것이 훨씬 가깝다는 계산(평균 3노트의 속도로 항해할 경우 약 1개월 안에 도착)을 한 것으로 알려져 있다.

이태리와 이슬람 상인들이 독점하고 있는 향료 무역로 이외에 신항로를 개척하려는 스페인의 이사벨라 여왕의 후원을 받은 콜럼버스는, 갈 때는 대서양의 편서풍을 뒤에서 받으며 항해하고 돌아올 때는 멕시코 만류를 타서 비교적 빠른 시일 안에 탐험을 마친 편이다. 스페인 도착 후 자신이 탔던 2백30톤급 산타마리아호에서 가진 선상 인터뷰에서 콜럼버스는 "대부분의 선원들이 쥐와 바퀴벌레가 들끓는 갑판에서 잠을 자고 아침에 일어나서는 나무배에 끊임없이 스며드는 물을 퍼내는 것이 일과인 가운데서도 소금에 절인 고기와 비스킷, 말린 콩으로 버텨준 것이 고맙다"며 눈시울을 붉혔다. 현재 콜럼버스는 자신이 도착한 곳이 향료의 나라 '인도' 아니면 그보다 동쪽에 있다는 지빵고(마르코폴로의 「동방견문록」에 나오는 황금의 나라)라고 굳게 믿고 있지만 대부분의 항해전문가들은 콜럼버스가 도착한 곳이 새로운 대륙인 것 같다는 결론을 내린 상태다.

역사신문

두 차례 사화, 정치실종 '비상'

무오년, 갑자년 대규모 사림숙청 … 국왕 견제기구, 기능마비
정국, 혼미상태 … "연산군은 왕도를 상실했다" 투서 잇달아

김종직 문인 24명, 반역죄로 처형

"김종직은 조의제문에서 선왕을 비방했다"

연산군, 열람금지된 사초열람

1498년(무오년, 연산군 4) 성종실록에 실릴 예정이던 김종직의 〈조의제문(弔義帝文)〉에 세조에 대한 반역의도가 들어 있다는 판결이 나와 김종직 당(黨)으로 간주되는 사림 24명에게 사형 또는 유형이 선고됐다.

실록청 당상관 이극돈이 유자광에게 "김일손이 기초한 사초 속에 실려 있는 김종직의 〈조의제문〉은 세조가 단종으로부터 왕위를 빼앗은 것을 비방한 글"이라고 말한 데서 비롯된 이번 사태는, 사초라는 작은 문제 하나에서 시작됐지만 그 파장은 일파만파로 번져나가고 있다. 국왕도 볼 수 없는 사초의 일부가 판결을 위해 공개됐고 사초 담당자인 김일손 외에 김종직에게 잠시라도 배운 경력이 있는 사람, 김종직의 문집 간행자까지 붙잡혀와 남빈청에서 심문을 받았다.

김일손은 심문과정에서 "사초를 기록해나갈 때 난신 황보인, 김종서에 대해 '절개로 죽었다'고 한 것은 섬기는 바에 두 마음이 없었다는 뜻이고, 노산군(魯山君:단종)의 시체가 숲속에 버려졌다는 것은 최맹한에게 듣고 쓴 것이지 지어낸 것이 아니니 믿어달라"며 자신의 사초 서술의 본래 의도와 진실성을 주장하며, "이 기록 끝에 신하 항우에게 죽임을 당한 뒤 강물에 던져진 초나라 회왕과 꿈에서 만난 이야기를 쓴 김종직의 〈조의제문〉을 붙인 것뿐"이라며 반역의도를 부인했다.

그러나 심문을 맡은 유자광은 "〈조의제문〉 한 구절 한 구절이 모두 노산군과 세조를 회왕과 항우에 빗대어 서술되어 있다"며 이미 죽은 김종직의 부관참시(剖棺斬屍:죽은 사람의 관을 꺼내어 시체의 목을 벰)를 주장하고, "김일손 역시 〈조의제문〉을 실은 뒤 그 끝에 '김종직은 이로써 충성된 마음을 나타냈다'고 쓴 것으로 보아 선왕인 세조를 비방하는 의도가 있음이 분명하다"고 주장했다.

재판 결과 김종직은 대역죄로 부관참시, 김일손·권오복·허반 등은 간악한 파당을 이루어 세조를 비방했다는 죄명으로 능지처참됐고, 표연말·정여창 등은 불고지죄로 곤장 1백 대에 3천 리 밖으로 귀양, 이원·김굉필 등은 김종직의 제자로 붕당을 이루어 국정을 비방하고, 〈조의제문〉의 삽입을 방조한 죄로 귀양지에서 봉수와 노간(爐干:관청의 횃불을 관리하는 일)업무에 종사하라는 선고가 내려졌다.

재판과정을 지켜본 많은 관리들은 "사초를 보아서는 안 된다는 홍문관 예문관원들의 상소가 있자 이들을 모두 가둔 상태에서 심문이 진행됐고, 김일손과 편지왕래를 한 사람까지 공범으로 모는 무리한 재판"이었다며 어두운 표정을 감추지 못했다. 판결문에서는 "역사를 왜곡하고 딴 마음을 품은 채 국왕을 섬긴 죄"를 강조하고 있지만, 이번 사태의 배후로는 언권을 통해 국왕과 재상들을 견제해온 사림세력을 축출하는 데 이해관계가 일치한 국왕과 훈구대신들이 지목되고 있다. 실제로 심문과정에서 "군소배가 결탁 붕당을 만들어서 다투어 재상을 비방하고 군주를 모역하며 국가의 일에까지 다툼이 미치니 이런 풍습은 개혁해야 한다"며 사림계열의 결집과 능상(凌上)의 풍조, 훈구대신 비판을 경계하는 말이 많이 나온 것으로 알려졌다.

관련기사 2·3면
참조기사 9호 1·3면

사건 일지

사초(史草)에서 사화(史禍)까지

7월 1일 윤필상, 노사신, 한치형, 유자광, 사초문제 국왕에게 고함
7월 11일 사초검열 시작
7월 12일 청도에서 요양중이던 김일손 압송, 문초 시작
7월 17일 김종직 문집 소각. 김종직의 제자, 편지왕래자, 행장 저술자 등 관련자 심문 시작
7월 26일 관련자에게 형량 구형
7월 27일 국왕이 형량 확정. 유자광 등 공신 포상

폐비 윤씨 사건 관련자 52인 처벌

"성종 유언 존중" 홍문관원들 반대 불구 … 연산군, 처벌 주도

1504년(연산군 10년) 국왕의 생모 윤씨의 폐비 사사(賜死)사건 관련자에 대한 처벌이 무오사화 관련자에까지 확대돼 52명이 사형·부관참시·유배를 당하고 그 가족에게는 연좌제 적용지시가 내려졌다.

국왕은 즉위 직후부터 무너져가는 폐비 윤씨의 묘를 옮겨 새로 단장하고 다시 제헌왕후로 봉하는 한편, 효사묘라는 이름으로 입묘하여 친히 제사를 지내는 등 폐비의 추봉존숭을 꾸준히 추진해왔다. 이에 맞서 "내가 죽더라도 폐비의 일을 거론하지 말라"는 성종의 유언을 존중해야 한다며 대간과 홍문관원들의 반대 역시 끈질기게 계속되어왔었다.

이번에 폐비관련자 처벌을 주도하고 있는 국왕은 "대통을 계승한 지 10년 동안 항상 마음속으로 근심하고 아파하면서도 어린 탓으로 제대로 알지 못하다가 20년이 지나서야 그 사실을 알게 됐다. 당시 안에서 얽어 선동한 자, 밖에서 힘써 막지 않은 자를 죄의 경중에 따라 다스려 원한을 풀고자 한다"며 당시의 재상을 비롯한 승지 주서사관 및 성종의 후궁인 정씨, 엄씨와 그 친족, 폐비의 추봉존숭을 반대한 대간과 홍문관원을 3월부터 두 달에 걸쳐 처벌했다.

9월 이후 처벌의 범위는 이미 무오사화 때 유배된 사람들과 무오년 당시의 주요대신들, 현직재상들에게까지 확대되고 있는데 참형에 처해진 김굉필, 최부, 부관참시된 조위, 표연말, 정여창, 능지처참이 선고된 강겸, 허반이 전자의 경우라면 부관참시된 한명회, 어세겸, 한치형과 사약을 받은 성준은 후자의 경우에 속한다.

성종 이래 훈구대신인 윤필상과 현직재상인 영의정 성준, 우의정 이극균이 "무오년 당시 죽을 자는 살리고 살려야 할 사람은 죽이는 등 사사로운 정이 개입됐다"며 처벌대상에 들어간 것에 대해 일부 관료들은 "신구 재상을 축출하고 척신과 승정원을 통해 전제적인 친위체제를 구축하려는 국왕의 의도가 실현단계에 이른 것"이라며 근심을 나타냈다. 현재는 두 번의 사화에 대해 임금의 군도(君道) 상실을 규탄하는 익명투서가 7월 이래 계속되고 있다. 이제 국왕권의 견제기능을 담당하던 양대세력인 재상권과 언권이 극도로 위축된 상태에서 국왕의 폭정이 어디까지 치달을지 아무도 점칠 수 없는 상황이다.

관련기사 3면
참조기사 8호 4면

역사신문

왕도가 흔들리고 있다

하루 빨리 정상적 정치 회복해야

국왕이 각종 상소를 접할 때마다 "나를 요순임금으로 만들려 하지 말라"며 신하들의 말에 귀기울이지 않은 지 벌써 10년이 넘었다. 왕권의 일방통행만이 존재하는 지금, 나라를 걱정하는 우리의 마음은 매우 무겁다.

그나마 예전에는 자신이 '폭정'을 하고 있는 것을 종종 인정하고는 했었는데 요즘 국왕은 "내가 이 나라를 승평(升平)한 단계에 올려놓았다"며 치세에 대한 자신감마저 나타내고 있으니 어이가 없다. 그래도 불안한 구석은 있는지 의정부와 승정원의 전관원과 6조의 관서에게 충성을 서약하는 '경서문'을 작성하게 하는가 하면 대신들의 사모관대 앞 뒤에 '충(忠)'과 '성(誠)'자를 수놓게 하는 웃지못할 일도 벌어지고 있다.

즉위초부터 쟁쟁한 훈구대신 틈에서 정당한 왕권의 행사를 하는 것도 힘겨웠던 선왕 성종이 일종의 대응세력으로서 의도적으로 키운 대간 언론이, 지금의 국왕에게 부담으로 작용했을 수는 있다. 재상 하나를 임명하는 데도 대간의 반대로 몇 달씩 걸릴 때 통치의 효율성을 아쉬워했을 수도 있다. 대간이나 홍문관을 단순히 '붓으로 먹고 사는 관리나 시종' 정도로 보는 국왕의 시각을 전혀 이해 못하는 것도 아니다.

그러나 이상적인 권력관계는 상호비판과 견제가 허용되는 '열린' 관계라는 것이 건국 이후 지금까지의 경험상 타당한 명제라고 생각한다. 국왕집권 초기에 재상권과 언권 사이에 갈등이 일어났을 때 대간에서 "임금은 머리요, 재상은 팔다리이고 대간은 눈과 귀라고 할 수 있다. 임금과 더불어 가부를 논하는 자는 재상이고 임금의 귀와 눈이 되어 시비를 다투는 자는 대간"이라고 말한 것은 군권과 재상권, 언권이 상대적 조화와 균형을 이룬 권력관계를 기반으로 조정의 정사가 운영되어야 한다는 의미였다.

올바른 '임금의 길'을 걷는 것은 외줄타기처럼 어려운 일일 수 있다. 지금의 경국대전 체제가 다소 번거롭고 형식적으로 보일 수도 있다. 국왕이 시의에 맞는 '변통(變通)'을 주장하는 것도 일리는 있다. 그런데 그 '변통'이 친위적 관료의 수를 늘리기 위한 관직의 남설(濫設)이나 각종 유희를 위해 궁녀 수를 증가시키는 것을 위한 변통이라면 이 나라 조정이나 백성들에게 도움이 되는 변통이 아님은 분명하다. 국왕은 변통의 미명 아래 나라의 법도와 관례를 허물어뜨릴 것이 아니라 진정으로 왕도가 무엇인지, '합리적 절차'와 정치의 목적이 무엇인지 다시 한번 생각하기 바란다.

그림마당

이은홍

내 마음이 고요치 못하여…잔잔한 수면마저 시새워 하노라.
한 사람의 마음 탓에 살변을 맞는도다.
뉘 있어 멈추게 할꼬…무심한 팔매질을 !!
미생
대간
사초

초점 <조의제문>에서 문제가 된 구절과 유자광의 해석

"세조를 항우에 비유, 세조가 단종을 죽였다고 비난했다"

사초에서 김종직이 쓴 <조의제문>을 끄집어낸 유자광은 나름대로 성실히 해석을 한 결과 심오한 비유법을 간파, 김종직이 내심 불신의 마음을 가지고 새 왕을 섬겼다는 결론을 내렸다. 문제가 된 구절과 유자광의 풀이는 다음과 같다.

"<조의제문>의 첫머리에서 김종직은 불행하게 죽은 초나라 회왕을 꿈에서 본 후 그를 애도하는 글을 짓게 됐다"고 서술동기를 밝히고 있다. 김종직의 꿈에서 회왕은 "항우가 나를 죽여 강에 던졌다"고 폭로, 김종직은 역사에 나와 있지 않던 사실을 알게 된 데 놀라워하며 "아마 항우가 사람을 시켜 비밀리에 죽이고 그 시체를 강물에 던진 것 같다"고 추측한다. 여기서 항우는 세조, 회왕은 단종을 비유한 것으로, 세조가 단종을 죽인 후 그 시체를 유기한 것처럼 서술해놓았다.

본문에는 회왕의 죽음에 대한 안타까움이 나타나 있다. 민심은 초나라 회왕을 따랐는데 항우의 무력을 미리 막지 못해서 회왕이 죽었으니 하늘도 무심하다는 것이다. 왕위를 얻되 백성의 소망을 따른 초나라 회왕 손심은 노산군 즉 단종을 비유한 것이고 항우가 관군을 함부로 무찔렀다고 한 것은 세조가 단종을 보좌하던 김종서를 죽인 계유정난을 말한다. 또 왜 미리 다스리지 못했느냐는 말은 세조의 야심이 이미 뚜렷이 드러난 상황에서도 단종이 세조를 미리 잡아 없애버리지 못한 것에 대한 안타까움을 표현한 말이다.

특히 글을 마무리하는 부분에서 김종직은 주자 흉내를 내면서 이 글이 정의를 바로세우기 위해 쓰여지는 글인 양 서술하면서 회왕의 죽음, 즉 단종의 죽음과 세조의 즉위에 대해 "하늘의 운수가 정상이 아니었다"고 덧붙여서 역사의 빗나감(?)을 아쉬워하고 있다.

김종직이 쓴 문제의 <조의제문>

정축 10월 어느 날에 나는 밀성(密城)으로부터 경산(京山)으로 향하여 답계역(踏溪驛)에서 자는데, 꿈에 신(神)이 칠장(七章)의 의복을 입고 헌칠한 모양으로 와서 스스로 하는 말이 "나는 초나라 회왕(懷王) 손심(孫心)인데, 서초패왕 항우의 죽인 바 되어 빈 강에 잠겼다" 하고, 문득 보이지 아니하였다 … 역사를 상고해보아도 강에 잠겼다는 말은 없으니, 정녕 항우가 사람을 시켜서 비밀리에 쳐죽이고 그 시체를 물에 던진 것일까? … 드디어 문을 지어 조(弔)한다.

… 옛날 조룡(祖龍:진시황)이 아각(牙角)을 농(弄)하니, 사해의 물결이 붉어 피가 되었네. … 당시 육국의 후손들은 숨고 도망가서 겨우 편맹(編氓)과 짝이 되었다오. 항양(項梁)은 남쪽나라의 장종(將種)으로, 어호(魚狐)는 종달아서 일을 일으켰네. 왕위를 얻되 백성의 소망에 따름이여! … 천하에 진실로 미씨(초나라의 성)보다 큰 것이 없도다. 장자(長者)를 보내어 관중(關中)에 들어가게 함이여! 또한 족히 그 인의(仁義)를 보겠도다. 양흔낭탐(항우를 비유함)이 관군(冠軍)을 마음대로 죽임이여! 어찌 잡아다가 제부(齊斧:징벌하는 도끼. 천하를 바로잡는다는 뜻에서 나온 말)에 기름칠 아니했는고. 아아, 형세가 너무도 그렇지 아니함에 있어, 나는 왕을 위해 더욱 두렵게 여겼지요. 반서를 당하여 해석(젓과 포)이 됨이여! 과연 하늘의 운수가 정상이 아니었구려. … 왕이 문득 꿈속에 임하였네. 자양(紫陽)의 노필(老筆)을 따라가자니, 생각이 진돈(怖畏의 기운이 넘쳐 안정되지 못함)하여 흠흠(欽欽)하도다. 술잔을 들어 땅에 부음이어! 바라건대 영령은 와서 흠향하소서.

현장 중계 문제의 사초 작성자 김일손 심문

"반역의도 전혀 없었다 … 들은 대로 기록했을 뿐"

호조 정랑으로 있다가 모친상을 당해 상을 치루고 풍병이 생겨 청도군에서 요양하고 있던 김일손은 의금부 낭청 홍사호에 의해 끌려들어와 수문당(修文堂) 앞문에서 국왕의 심문을 받았다. 주변에는 윤필상·노사신·한치형·유자광·신수근과 주서(注書) 이희순이 둘러싸고 있었다.

너는 사관으로서 마땅히 직필하여야 하거늘, 성종실록에 세조께서 며느리뻘 되는 덕종의 후궁 권귀인에게 욕심을 내었으나 권귀인이 이에 응하지 않았다는 헛된 사실을 쓰려 했단 말이냐, 어서 들은 곳을 바른대로 말하라.

신이 어찌 망령되게 거짓을 쓰겠나이까. 그러나 사관에게 들은 곳을 캐묻지 않는 것은 불문율인 줄 알고 있습니다.

정히 원하신다면 말씀드리겠습니다. 권귀인의 일은 귀인의 조카 허반에게 들었습니다.

그 권씨의 일을 쓸 적에 반드시 의논한 사람이 있을 것이니, 말하라.

국가에 사관을 설치한 것은 역사를 서술하는 일을 소중히 여겼기 때문입니다. 이같이 중한 일을 어찌 감히 사람들과 의논하겠습니까?

신은 이미 본심을 다 털어놓았으니, 신은 청컨대 혼자 죽겠습니다.

실록이라 한다면 마땅히 사실을 써야 하는데 너의 사초는 모두 헛된 것이니 어떻게 실록이라고 이르겠느냐?

세조조에 관한 일은 허반·정여창·최맹한·이종준 등에게서 들었는데 이들 무리들이 모두 믿을 만한 자들이기 때문에 사실이라고 생각하고 쓴 것입니다.

사초에 "노산군의 시체를 숲속에 던져버리고 한 달이 지나도록 시체를 거두는 자가 없어 까마귀와 솔개가 날아와서 쪼았는데 한 동자가 밤에 와서 시체를 짊어지고 달아났으니 시체를 물에 던졌는지 불에 던졌는지 알 수가 없다"고 한 것은 최맹한에게서 들었습니다.

신이 이 사실을 기록하고 이어서 "김종직이 과거에 급제하기 전에 꿈속에서 느낀 것이 있어, <조의제문>을 지어 충성스러운 마음을 나타냈다"고 쓰고 사초에 그 글을 실은 것뿐입니다.

전번에 상소하여 노산군의 능인 소릉을 복구하자고 청한 것은 무엇 때문이냐?

신이 성종조에 벼슬길에 나왔으니 소릉에 무슨 정이 있으리까? 다만 「국조보감」을 보오니 조종께서 왕씨를 끊지 아니하고 또 숭의전을 지어 그 제사를 받들게 하였으며 정몽주의 자손까지 그 머리를 보존하게 한 것을 알 수 있었습니다.

임금의 덕은 인정보다 더한 것이 없으므로 소릉 복구를 청한 것은 군상(君上)으로 하여금 어진 정사를 행하시게 하려는 것이었을 뿐입니다.

난신들이 절개로 죽었다고 쓴 것은 네가 반드시 반역의 마음을 품은 것이다.

황보인·김종서·정본 등이 섬기는 바에 두 마음을 갖지 않았으니 제왕이 마땅히 추앙하고 권장할 일이기 때문에 정본을 정몽주에 견주었고 황보인 김종서가 절개로 죽었다고 한 것입니다.

연산군대 군신 권력관계의 변화과정 – 무오사화·갑자사화를 중심으로

두 차례 사화로 파탄 맞은 군신관계
… 언관활동 위축되고 왕권 행사 더욱 파행화

집권 13년째를 맞고 있는 연산군 정권은 이제 국왕독주 체제를 완성한 느낌이다. 그런데 문제는 이 국왕독주체제가 군신(君臣)관계의 파탄 위에 세워졌다는 데 있다. 폭정인 것이다. 이러한 연산군의 폭정체제는 두 차례의 사화를 통해 단계적으로 강화돼왔다. 두 사화를 분기점으로 세 시기로 나눠 그 과정을 더듬어보면 군신관계 파탄의 경로가 확연히 드러난다.

사림측의 공세와 훈구측의 왕권 옹호

연산군 집권 초기만 해도 삼사(사헌부·사간원·홍문관)에 포진하고 있던 사림측 대신들은 국정에 대한 발언권인 이른바 언권(言權)을 적극적으로 행사했다.

왕실에서 불교행사인 수륙재를 거행하는 것에 대해, 왕실 외척 신수근, 임사홍 등을 중용하는 것에 대해, 비리 전력이 있는 노사신, 정문형을 재상으로 임명하는 것에 대해 사사건건 입바른 소리를 했고 때로는 실력행사에 나서기도 했다. 이러한 일련의 행동은 우선 연산군에게 국왕권에 대한 지나친 간섭으로 받아들여졌고, 아울러 훈구대신들에게도 기득권에 대한 도전으로 인식됐다. 당연히 연산군과 훈구대신들의 연합공세가 펴부어졌다. 수륙재 거행문제의 경우, 삼사의 대간들에 성균관 유생들까지 가세하여 그 부당함을 주장했지만, 연산군은 성균관 유생 157명을 의금부에 하옥하고 정희량과 이목을 지방으로 좌천시키는 것으로 대응했다. 외척등용에 대해 최부가 "10년이 못 가 조정이 외척판이 될까 두렵다"는 상소를 올린 것을 필두로 삼사 대간들의 57일간에 걸친 복합상소와 60~70 차례의 항의성 사직파동이 이어졌으나 이 역시 연산군은 사직서를 내는 족족 즉시 수리함으로써 대응했다.

훈구대신 노사신은 "선비의 습관이 날로 그릇돼 국왕을 능멸하는 것을 고상하다고 여기고 국왕과 대항하여 버티기까지 한다. 이대로 가다간 권력이 삼사에 집중되고 재상들은 입도 못 열겠다"며 사림측의 붕당적 성향을 강하게 치고 나왔다. 이에 대해 삼사측에서 "군자들을 모함하기 위해 붕당으로 모는 것은 예로부터 간신들이 익히 해왔던 일"이고 "삼사의 언론권 행사는 직책상 보장돼 있는 일상업무"라며 역시 강하게 맞부딪쳤다. 이러한 정면충돌은 결국 무오사화로 이어져 사림측은 심대한 타격을 받았다.

사림의 위축과 훈구세력의 일방통행

무오사화로 권력의 명암은 뚜렷해졌다. 세조 때 이래 공신이며 부원군의 지위에 오른 윤필상과 노사신, 사초문제를 들고 나와 주목받게 된 이극돈과 유자광 그리고 우의정 한치형 등 훈구측 재상들은 양지쪽에 확고하게 자리를 잡은 반면, 삼사에 포진하고 있던 사림측은 무려 27명이 처형 혹은 유배당하는 융단폭격을 받아 어두운 그늘에 휩싸였다.

이제 왕권에 걸림돌은 없어진 듯이 보였다. 연산군은 홍문관이 원래 보조기관이므로 재상들을 탄핵하는 일은 업무가 아니라고 못박았고 이에 따라 언론은 위축됐다. 반면 의정부가 "국정의 우두머리 기관"으로 재조명을 받게 됐고, 국왕 비서실인 승정원의 권한이 강화돼나갔다. 훈구파 세상이 된 것이다.

그러나 사림이 득세할 때는 훈구측이 국왕편에 서서 사림과 대치선을 형성했지만, 이제 그런 대치선이 사라진 국면에서 훈구측은 자신들의 권한을 일방통행식으로 확장해나갔고, 이는 점차 국왕권과의 마찰로 전화됐다. 정부의 재정적자 문제가 불거졌을 때 이 마찰이 표면화됐다. 연산군은 과도한 왕실경비로 재정적자를 자초한 측면이 있지만, 이 문제를 훈구대신들의 재산환수로 해결하려 했다. 그러나 훈구측도 자신들이 비록 권력을 이용해 부를 축적한 것은 사실이지만 국왕의 조치에 순순히 응할 수는 없었다. 재정적자의 직접적 원인은 과도한 왕실경비므로 당연히 왕실경비부터 줄여야 한다는 것이다. 연산군으로서 이는 또 다른 '걸림돌'의 등장이고 이는 결코 좌시할 수 없었다.

훈구세력마저 제거하고 국왕독주

"삼공육경(三公六卿)이 모두 붕당을 이루어 군주를 고립시키니 이러한 군주 능멸의 풍조를 혁파하지 않을 수 없다"는 연산군의 결심으로 이미 예고된 바 있지만 갑자사화는 예상을 훨씬 뛰어넘는 피를 조정에 뿌렸다. 이제는 훈구세력도 괴멸됐다. 삼사의 언론이 극도로 위축돼 있는 상황에서 그나마 국정 경험이 풍부한 훈구대신들마저 제거됐으므로 연산군의 전횡을 제어할 장치는 전무했다. 언론은 없어도 '법'은 살아 있다. 그러나 연산군은 "법이 오래 돼 폐단이 생기면 당연히 고쳐야 한다"며 국가의 기본법인 「경국대전」도 사실상 무시하고 있다.

얼마전 조정에서 예조판서 이세좌가 국왕이 내려준 술잔을 실수로 엎질렀다는 단 한가지 이유로 유배형을 받았는데 이 정도로 그친다면 애교일 수 있다. 홍문관과 사간원이 아예 혁파, 폐지되고, 경연이 중지되고, 예문관과 성균관의 7품 이하 관리를 없애는 등 날마다 새로운(?) 조치들이 잇따르고 있다. 한편 새 관직이 나날이 신설되는데다 외척세력 또한 날로 늘어나 이대로 가다가는 관리들에게 지급할 녹봉이 모자랄 거라는 우려가 높다.

현재 연산군 정권은 한마디로 군주의 도를 상실하고 있으며, 법을 무시한 국정운용으로 신하의 권한은 극도로 위축돼 있다. 연산군의 이러한 폭정 앞에서 현재는 모두 입을 다물고 있지만 대신들 사이에서는 '신권(臣權)'의 명분을 찾기 위해 서로 결속할 수 있는 조직을 만들려는 분위기가 팽배해 있다.

미니 해설 **사초란?**

실록 편찬 1차 자료, 극비 보관

사초란 역사서를 편찬할 때 사용하는 첫번째 자료로서 사관(史官)이 매일 기록한 원고. 사관들은 그날그날의 정치상황과 관리들의 행실을 빠짐없이 기록하는데 이를 시정기(時政記)라 하여 매달마다 1책 혹은 2책으로 묶어, 매년 마지막 달에 왕에게 책수만 보고하고 춘추관에 보관했다가 당대 왕이 승하하고 나서 실록을 편찬할 때에 이용한다. 비밀이 지켜져 실록이 편찬되면 세초(洗草)라 하여 물에 빨아 그 종이는 재생하여 사용하였다. 이 시정기는 일종의 공적 사초였고 그외에 사적인 사초가 있다. 사관은 비밀스러운 일이나 개인의 인물됨 등을 따로 기록해두었다가 실록을 편찬할 때 제출했는데, 간혹 정치적으로 악용돼 커다란 문제가 되기도 한다. 그 일례가 바로 최근의 무오사화다. 사관은 사초를 절대로 누설할 수 없으며 누구도 읽을 수 없는데도 이를 어기면서 정치적 사건으로 비화된 것이다.

한편 실록은 편찬이 완료되고 인쇄가 끝나 사고에 봉안되면 3년마다 건조시키는 작업을 하고 엄중히 관리된다. 보관장소는 중앙의 춘추관과 지방의 성주·충주·전주 등 세 곳에 있다.

취재 수첩 **불행한 국왕, 연산군**

현국왕 연산군에 대해 어떤 내용이든 글을 쓴다는 것은 목숨을 걸어야 할 일이다. 기자도 신변의 위협을 느끼며 이 글을 쓴다. 그러나 연산군이 폭군인 것만은 부인할 수 없는 사실이다. 지난 두 번의 사화를 통해 이미 수많은 나라의 인재들이 사라져갔다. 단순히 권력에서 제거한 것이 아니라 단근질해서 죽이고, 가슴을 빠개서 죽이고, 뼈를 갈아 바람에 날려서 죽였다. 그러면 연산군은 정신이상자인가? 그럴 수도 있다. 그러면 왜? 혹자는 생모 윤비의 비참한 죽음에 한이 맺혔기 때문이라고 한다. 그러나 그것만으로는 충분하지 않다. 요컨대 우리의 정치구조가 연산군과 같은 폭군을 생산해낸 것은 아닐까?

연산군이 즉위할 당시 조정의 권력은 어디에 있었는가? 분명 연산군에게 있지 않았다. 대대로 세력을 구축해온 훈구세력들에게, 그리고 새로이 정계에 강자로 등장한 사림세력에게 있었다. 연산군은 이들을 통제할 어떤 방법도 찾아내지 못했다. 명색이 국왕인 그가 후원에 나가 심심풀이로 활로 사슴을 쏘았을 때조차 대신들은 꼬치꼬치 따지며 "그러시면 아니 되옵니다"를 연발했다. 자신의 생모를 죽인 자들이 말이다. 그는 당연히 자신에게 주어진 권력을 자기 뜻대로 행사하고픈 간절한 욕망에 시달렸을 것이다.

물론 연산군이 한 나라 국왕으로의 성품을 갖지 못했던 것은 사실이다. 그러나 그는 어렸을 때부터 궁중에서 재상들 사이의 치열한 정치적 암투를 보아왔다. 국왕이 수많은 후궁들과 밤의 향연을 즐기는 것을 지겹도록 보아왔다. 이제 국왕의 품성을 결한 그가 국왕의 위치에서 할 수 있는 일이란 무엇이겠는가? 그는 아마도 정치에 대한 환멸, 나아가 인생 그 자체에 환멸을 느끼지 않았을까? 그리고 그의 주위에는 그의 이러한 심리상태를 교묘히 이용해 권력에 접근하려는 세력들이 있었다. 말하자면 연산군은 재상들의 간섭에서 벗어나 왕권을 자유자재로 행사하려고 몸부림을 쳤지만 그럼에도 불구하고 그 역시 왕실 대신들에 의해 휘둘리고만 불행한 국왕이다.

그가 읊은 시 한 수에서 그의 마음을 읽을 수 있지 않을까 한다. "비 개이고 구름 걷혀 밤기운 맑은데 / 달 밝은 대궐 안은 잠 이루기 어렵네 / 해마다 좋은 시절 마음껏 못 즐기니 / 어부의 한평생이 차라리 부럽구나".

화제의 인물

장녹수

노비에서 국왕 총애 받는 후궁으로

연산군을 움직이는 유일한 실력자, 장녹수. 연산군의 총애를 받는 후궁으로 현재 내명부(內命婦) 종3품 숙용(淑容)의 지위에 올랐다. 그녀의 오빠 장복수와 언니의 남편 김효손 등은 모두 천인신분을 면하고 출세가도를 달리고 있으며 재산은 하루가 다르게 불어나고 있는 중. 그녀는 원래 연산군의 당숙 제원대군 집의 종이었다. 연산군이 장녹수를 처음 보았을 때 그녀의 나이는 30으로 연산군보다 연상인데다 다른 종과의 사이에 이미 자식 하나를 둔 유부녀였다. 그런 그녀가 연산군을 첫눈에 반하게 했으니 그녀의 미모와 몸매가 도대체 얼마나 기가 막힐 정도인지는 독자 여러분의 상상에 맡긴다. 연산군의 총애를 독차지하는 데는 밤 침실에서의 기교 또한 특별한 데가 있는 것 아니냐는 풍문이다.

유자광

'승리 이데올로기'의 화신

정가에서 꼽는, 가까이 해선 안 될 요주의 인물 1호. 자신의 경쟁자는 반드시 제거하고 마는 교활한 성격. 예종 때 남이와 최근의 김종직이 모두 그의 손에 의해 제거됐고 성종 때는 한명회를 제거하려다 실패한 적이 있다. 최근에는 노사신을 표적으로 삼고 있다는 풍문이 자자하다. 이시애의 난 평정 때 남이 밑에서 근무했던 그는 상관을 밀고한 의리 없는 부하인 셈이며, 한명회도 같은 훈구대신으로서 한 솥밥을 먹는 처지였으나 그의 비정한 경쟁의식은 그런 것을 개의치 않았다. 이번 김종직의 경우는 이전부터 보복의 칼을 갈아온 경우. 그가 함양군에 있을 때 시를 지어 군자정이란 정자에 걸었는데, 뒤에 김종직이 이를 보고 "유자광이란 자는 군자가 아니다"며 현판을 떼어냈다. 당시는 김종직이 국왕의 총애를 받고 있어 어쩔 수 없었지만 이번에 〈조의제문〉 건을 통해 유자광은 죽은 자에게까지 끝내 보복하는 데 성공했다.

수륙재 항의 성균관 유생 중징계

1백57명 의금부에 하옥, 21명 정학조치

1495년(연산군 원년) 승하한 선왕에 대한 불사(佛事)의 일종인 수륙재(水陸齋) 시행의 부당성을 항의하여 의금부에 갇혀 있던 성균관 유생 중 21명이 정학조치되고 주동자급으로 분류된 정희량, 이목, 이자화는 외방부처(外方付處) 명령을 받았다.

작년 12월 성종의 계비 정현왕후 윤씨의 전교를 받은 국왕이 왕실의 관례행사인 제의거행을 지시한 직후 홍문관에서 "공의에 어긋나는 제의 소문(疏文)을 지을 수 없다"며 반발하기 시작했고, 올해 들어서는 성균관 유생들이 "불교를 배척했던 성종의 뜻을 명심하자"며 '제의 거행 반대운동의 깃발을 높이 들었었다.

"왕이 어린 탓으로 대비와 같은 양전(兩殿)이 자기 뜻을 이루고 노사신이 불경을 해독하여 세조를 그르쳤던 방식으로 이번에는 전하를 우롱하고 있습니다. 예전에 세조가 불교를 숭상하니 역신(逆臣)이 난리를 선동해 날뛰었던 것인데, 이제는 중들이 서로 길에서 얼싸안고 우리의 도가 부흥한다며 기뻐하고 있습니다"와 같은 상소문이 성균관 유생의 이름으로 올라오자 국왕은 즉시 조유형 등 유생 1백57명을 의금부에 하옥시켰다.

이에 대간과 홍문관은 물론 비난의 대상이 되었던 좌의정 노사신마저 유생의 처벌을 극구 만류했으나 "양전이 자기 뜻을 이루고, 노사신이 전하를 우롱하고"와 같이 국왕의 허약한 입지를 지적한 자극적인 문구에 심기가 상한 국왕은 "군주와 대신을 우롱해서 '능상(凌上)'을 초래한 무례는 용서할 수 없다"며 단호한 태도를 취했다.

연산군, 성균관에서 "흥청망청"

1504년 연산군은 성균관을 조속히 이전하고 성균관 터는 창경궁 쪽 담을 헐어 창경궁에 소속시키라고 지시했다. 이에 따라 성균관에 모셔져 있는 공자 위패는 원각사를 헐고 그 자리에 모시도록 하는 한편, 유생들은 일단 동대문 밖에 새 거처를 마련하게 된다.

정통한 소식통에 따르면 며칠 전에 창경궁에서 있었던 사건이 이번 조치의 직접적 계기라고 한다. 당시 연산군은 흥청(興靑) 수백 명을 데리고 연회를 베풀고 있었는데, 담 하나를 사이에 두고 있는 성균관에서 일부 젊은 유생들이 담 넘어 구경을 하다 이를 눈치 챈 일부 흥청들과 눈이 맞아 서로 희희덕거리며 놀았다는 것이다. 이 일이 연산군에게 발각돼 이번 조치가 내려진 것이다. 이에 대해 유생들은 크게 분개했고, 대신들도 이런저런 이유를 대며 성균관 이전의 실행을 미루고 있다.

미녀 선발 담당관 채홍사 경질

"어디서 말기(末妓)만 모아왔냐" 국왕 호통

"신임 채홍사는 안목 있고 호방한 인물로 임명"

1505년(연산군 11년) 지난 8월 13일 채홍준체찰사(採紅駿體察使) 임숭재가 전국에서 뽑아온 미녀들을 직접 심사한 국왕이 불만을 표시, 채홍사의 경질이 예상된다.

이번에 선발된 미녀들은 나이와 외모에 따라 상중하 3등급으로 매겨진 뒤 등급별로 입궐하여 국왕의 심사를 받았는데, 국왕은 "채홍사가 뽑아온 사람들이 다 음악을 알지 못하고 예쁘지도 않은데다가 수줍어하기까지 하니 이런 아이들한테 들인 교통비가 아깝다"며 실망을 표시한 뒤 "두어 달 동안 가르쳐서 들여보내라"고 재교육을 명령했다.

한편 뽑혀온 여자 중에는 사족 출신도 끼여 있어 화제가 됐는데, 성주 사는 박효문의 딸 삼강은 국왕이 무엇을 잘하느냐고 물었을 때 "본디 사족이어서 바느질밖에는 하는 일이 없다"고 대답, 국왕의 진노를 산 것으로 알려졌다. 현재 이 불똥은 사방으로 튀고 있는데 가정교육의 책임을 물어 박효문이 처벌되었고 재교육의 책임을 물어 임숭재도 파면되었다.

"새로운 채홍사로 좀더 안목 있고 호방한 사람을 물색하라"고 지시한 국왕은 아울러 "채홍사의 업무에 지방관들이 적극 협조할 것"을 명령했다.

이미 작년에 국왕이 "지방의 창기 중에 재주와 용모가 있는 자는 지방관들이 관비로 속여 첩으로 차지하고 있으니 남아 있는 사람은 모두 늙고 추한 말기(末妓)"라며 불만을 토로한 적이 있으므로 새로운 채홍사의 어깨가 더욱 무거워질 전망이다.

내가 본 연산군 각각의 소감 다양 … "살아 있다는 사실이 신기하다", "노력형 폭군이다"

연산군 정권이 13년째 접어들면서 폭정도 정도를 더하고 있다. 역사신문에서는 평상시 국왕의 측근에서 혹은 경연 석상에서 아니면 국왕의 궁궐 밖 행차 때 국왕의 모습을 접한 각계각층의 사람들을 통해 스스로 태평성세를 이루었다고 자부하는 현국왕의 실상을 그려보고자 한다.

"내가 살아있는 게 신기하다"
내시 김승원(가명)

연산군 10년 7월에 내관(內官) 박수원이 어전에서 더디 다닌다고 곤장을 맞은 적이 있다. 내관들의 숫자가 느는 동시에 국왕의 마음에 들지 않는 내관에 대한 처벌도 늘어났다.

그해 10월에는 "승지들이 어전에 들어설 때는 달려나아감에 날개 편 듯 움직이라"는 명령을 내리며 국왕은 "발거동을 무겁게 하는 것은 집에서 처첩(妻妾)과 하는 일"이라고 말했다.

현재의 국왕은 아버지인 성종에 대해 열등감을 느끼고 있는 것 같다. 대간들이 상소할 때 매번 성종대의 정사(政事)를 들어 현재의 정책을 비판한 것이 그 원인으로 보이는데, 연산군 11년 12월에는 "세자의 기상이 성종과 닮았다"고 말한 내관을 직접 칼로 치기도 했다.

지금까지 내가 무사히 살아 있는 것이 신기하다.

"군도를 포기한 군주"
사간원 관원 이모씨

연산군 5년 12월에 사간원 사헌부가 함께 "천하는 한 사람의 천하가 아니며 조정 또한 조종(祖宗)의 조정이지 한 사람의 조정이 아니다"라고 말하며 국왕의 전제를 비판하는 상소를 올렸을 때, 국왕은 "종이가 다 없어지도록 상소를 올려도 들어줄 수 없다. 경들은 술이나 마시고 돌아가는 것이 좋겠다"는 강압적이고 냉소적인 반응을 보였다.

갑자사화를 일으켰을 때는 "군주를 지푸라기처럼 여기니 폭정을 안 할 수 없다"며 완전히 군도(君道)를 포기하는 모습을 보여주었다.

"백성들 눈 의식하기도"
경복궁 인근 주민 성모씨

연산군 9년 11월에 경복궁·창덕궁의 담을 높이 쌓더니 부근 인가를 모두 철거하라는 명령이 내려졌다. 우리 마을사람들한테 주어진 것은 변두리의 밭떼기였는데, 물론 생계유지에는 턱없이 부족한 것이었다. 그 뒤에도 금표(禁標)를 세워 통행금지 구역을 정하거나 국왕의 행차시 지붕, 나무, 언덕에 오르거나 수풀 속에서 소리를 지르는 사람을 단속하는 등 주변을 경계하는 조치가 계속 내려졌다. 정치를 잘한다면 그렇게 불안해 할 필요가 없을 텐데 … .

"경연보다 내 몸이 중요하다"
전홍문관 부제학 이세영씨

내가 연산군 4년 7월에 "덕을 닦기 위해선 학문을 부지런히 해야 하는데, 전하께서 즉위하신 이래 경연에 나오신 날은 손꼽을 만하다"고 상소했을 때 국왕은 "경연도 중요하지만 내 몸도 중요하다"며 눈병이나 감기를 핑계로 삼았다. 그런데 그런 날 열린 잔치자리에서 국왕이 늦게까지 노는 모습을 볼 수 있었음은 물론이다. "왜 경연을 빼먹고 잔치에는 갔느냐"고 하면 "연회에 참석하더라도 눈으로 먹느냐"고 대답, 우리 모두를 웃긴 적도 있다. 연산군 11년에는 그나마 명맥을 유지하던 경연도 "경연의 참가 여부로 군주를 평가할 수는 없다"는 이유로 대폭축소됐고 내용도 민폐에 대한 의논을 금지함으로써 금기사항을 가지게 됐으니 안타까운 일이다.

"합리적인 자연관 피력"
전춘추관 기사관원 허모씨

연산군 11년 1월 우리 기사관이 혁파된 것은 시정기(時政記)나 일기(日記)의 편찬에 국왕이 일일이 간섭해온 이래 이미 예견된 사건이었다. 국왕은 "사관(史官)이 시정(時政)만 기록해야지 군주의 일을 쓰는 것은 옳지 않다"는 말을 입버릇처럼 되뇌고 다녔기 때문이다. 국왕의 역사관 중 특이한 것은 자연재해를 바라보는 태도다. 연산군 12년에 자연재해와 폭정을 연관시키려는 관상감(觀象監) 관원들에 대해 "요순 시대에도 9년의 홍수나 7년의 가뭄이 있었는데 이는 우연히 일어난 것이지 요순의 덕이 부족해서 일어난 것은 아니다"라고 말할 때는 제법 합리적으로 보인 적도 있다. 물론 관상감이 무사했을 리는 없다.

"보기 드문 노력형 폭군"
전(前) 고위관료 윤모씨

나는 세 조정에 걸쳐 군주를 모셔본데다가 그 이전 국왕의 행적도 비교적 정확한 소식통을 통해 잘 알고 있어서 우리나라 군주의 일반적 유형에는 정통한 편이다. 그중에는 정말로 어진 '천성적 인군(仁君)'도 있고 주변의 기대에 부응하기 위해 폭군적 본성을 억누르는 '위선적 인군', '노력형 인군'도 있다. 그런데 지금의 국왕은 아무리 생각해도 역사에 다시 없을 '노력형 폭군'인 것 같다. 군주의 행동반경을 가장 옭죄려들게 만드는 것이 "요순(堯舜) 같은 어진 임금을 닮으라"는 말인데 우리의 '노력형 폭군'은 과감하게 "나는 어질지 않아서 요순 같지 못하다"와 같은 말로 사전포석을 깔아버린다. 스스로 폭군이 되겠다는데 누가 말릴 수 있겠는가? 정말로 자포자기한 것 같아서 혀를 차다가도 "내가 어찌 감히 현사대부(賢士大夫)와 말이나 할 수 있겠는가"라든가 "너희가 나를 이기고자 하므로 나 역시 이기려고 한다"와 같은 말을 할 때에는 군권과 언권을 상대로 힘겨루기를 제안하는 것으로 보아 언권이 성장한 현실을 정확히 파악하고 있는 것 같다는 느낌을 줄 때도 있다. 자신의 열세를 솔직히 인정하고 나서 '노력형 폭군'이 되기로 마음먹은 것은 아닌지 모르겠다.

"취향 따라 변통 방향 잡아"
법률전문가 신모씨

갑자사화 이후에 대전체제의 개정 및 변통이 본격적으로 이루어지는 가운데 가장 강조된 것은 '시의(時宜)'의 문제다. 연산군 12년 1월에 국왕은 "화려함을 숭상하거나 소박함을 숭상하는 것은 인군(人君)의 취향문제이다. 만약 하나의 사실에 집착하여 옛법만을 지키려고 한다면 변통(變通)을 하는 것이 아니다. 법을 행하는 도(道)는 일단 세상에 통하도록 해야 편안한 것"이라며 목청을 높인 적이 있다. 사간원, 홍문관의 혁파, 경연의 중지도 모두 '시의'에 적합하게 하기 위해서라는 명분하에 일사천리로 추진됐고, 심지어는 하루를 한 달로 계산하는 이일역월제(以日易月制)로 상제(喪制)를 바꾸는 대담함을 보이기도 했다.

변통의 정신자체는 좋으나 드러나는 결과가 엉뚱한 것이 문제다.

언문 괘서, 투서 잇달아

"살인마, 호색한" 국왕을 노골적으로 비난

정부, 언문서적 소각, 언문학습 금지조치

1504년(연산군 10년) 최근 몇 년 사이 자신의 주장이나 사정을 글로 써서 사람들의 눈에 잘 띄는 곳에 붙이거나 던져놓는 괘서, 투서 사건이 빈발하고 있다.

1502년에 "이조판서 강귀손이 승진청탁을 받고 사례금조로 노비, 토지, 옷감, 금은, 말 등을 받아먹는다"는 내용의 괘서가 태평관과 종루에 붙은 것을 시작으로 얼마전에는 대담하게도 국왕을 비난하는 언문투서까지 발견돼 조정이 발칵 뒤집힌 바 있다. 지난 7월 19일 발견된 익명의 투서에는 "우리 임금은 신하를 파리의 머리 끊듯이 죽인다"든지 "우리 임금은 여자라면 물불을 가리지 않고 무당까지 손대려 한다"는 식의 말이 적나라하게 서술되어 있어 국왕의 심기를 크게 자극한 것으로 보인다. 20일부터 곧바로 언문의 교수 학습 금지 교서가 나왔고 21일에는 조정의 신하들이 가지고 있는 언문서적을 모두 모아 불태우라는 명령이 내려져서 당분간 공개적인 언문학습은 불가능할 것으로 보인다.

취재 수첩

연분(年分) 심의 논란 유감

연산군 2년 11월에 경상도관찰사가 올린 연분평가를 놓고 사간원과 호조가 대립, 재상들까지 편을 갈라 공방전을 벌였다. 사간원에서는 "연분을 내려 수세액을 줄이자"고 주장했고 호조는 조정의 경비를 관장하는 입장에서 "감등하지 않는 것이 예전부터 내려오던 관례"라고 맞섰다. 재상들 사이에서도 논란이 일었는데 "상상년부터 하하년까지 모두 1등씩 감하자"는 홍여의 주장쪽으로 거의 의견이 모아지는 듯했다. 이에 호조판서 이세좌는 자기가 큰 양보를 한다는 듯이 "이번의 감등조치가 선례가 되면 다음해에 비록 풍년이 들더라도 금년의 예를 따라 또 연분을 감해주기 쉬우니 다만 상하등과 중상등만 감하자"고 주장, 이세좌의 의견이 채택됐다.

이와 같은 '연분 시비'는 어제 오늘의 일이 아니다. 이번에 감등불가를 주장한 한 관리는 "대개 민심은 비록 풍년이라도 반드시 세를 조금 내려고 한다. 수령은 감사가 의례 등급을 올릴 것을 예상하는 동시에 백성들이 자기를 헐뜯을까 염려하여 등급을 낮춘다. 감사는 조정에서 으레 그 등급을 올릴 것을 고려하여 또 등급을 낮추는 형편"이라며 목청을 높이기도 했다. '수령→관찰사→조정'의 논의를 거쳐 결정되는 연분이 각 책임자간의 '속마음 읽기'로 정해지는 것도 문제지만 더 이상의 '눈치 살피기'가 없으려면 정확한 양전과 재해의 평가가 선행되어야 할 것이다.

즐거운 귀양살이(?)

최근 사화 등 정치적 사유로 인한 정치범이 급증하고 그들 중 상당수가 주로 유배형을 받아 유배지에서 생활하게 되면서 새로운 현상이 나타나고 있다. 유배지에서 죄인들은 별로 죄인 취급을 받지 않고 있으며, 오히려 마을 젊은이들이 학문을 배우러 모여드는 기현상이 벌어지고 있는 것이다. 뿐만 아니라 마을에 문제가 생기면 유배 죄인에게 가서 도움을 청하기도 한다. 해당지역 수령들도 이에 대해 별로 개의치 않고 있는 것은 물론, 수령까지도 찾아와 향촌의 교화를 위한 자문을 얻는 일이 다반사라고 한다. 원래 유배형이 사형보다는 약하지만 징역형보다는 중한 형벌이라는 점을 감안한다면, 현실과 법 사이의 거리가 한참 멀어져 있는 셈이다.

이런 현상이 일어나는 것은 유배받아 오는 죄인들이 대부분 사림의 쟁쟁한 유학자 출신인데다 중앙 조정에서 고위직을 역임한 경우가 많기 때문이다. 더욱이 최근에는 유배를 받아도 얼마 안 있어 사면을 받아 유배가 풀리는 사례가 빈번하기 때문에, 자연히 일단 유배를 받아 오더라도 죄인이라기보다는 잠시 쉬어가는 유력 정치인 정도로 생각하는 풍조가 확산되고 있다. 관청에서도 이들이 흉악범이나 파렴치범이 아니고 '정치범'이라 요령껏(?) 대우해준다.

이 정도의 유배라면 가끔 가볼 만하지 않은가. 조용한 곳에서 머리 좀 식히고 싶을 때 자, 유배 한번 어떨까.

새로운 은 제련법 발견

민간채굴 허용 여부 주목돼

1503년(연산군 9년) 궁중의 세공(細工)에 동원되어 일하던 양인 김감불(金甘佛)과 노비 김검동(金儉同)이 단천(端川)의 금·은·납 광맥인 연철(鉛鐵)을 질산으로 녹여 은을 분리하는 새로운 은 제련법을 발견했다.

연철덩어리에 은이 다량으로 함유되어 있는 것은 예전부터 알려져 있었지만, 은광개발이 중지된 세종말 이래 분리기술의 전수가 끊어진 관계로 은의 제련이 이루어지지 못해 왔다. 순은(純銀)인 10품은(品銀)보다 은의 함유량이 1/10-3/10씩 적은 9·8·7품은(品銀)이 많았던 것도 그 때문이다. 단천 연은법의 발견 소식이 전해진 중국에서는 벌써부터 신기술의 도입에 관심을 표명하고 있다. 명의 한 기술자는 "유럽에서도 단순히 은광석을 녹여 노(爐)의 밑으로 흘러나오는 용융액을 받아 제련하고 있는 것으로 알고 있다. 은과 아연은 녹는 점이 비슷하기 때문에 이렇게 추출한 은은 단천은에 비해 순도가 떨어질 수밖에 없다"며 단천 연은법이 '과학사적 쾌거'라고 목소리를 높였다.

이번 신기술의 개발로 본래 납산지였던 단천은 은산지로 각광을 받기 시작했으며 영흥 등 많은 아연산지도 은산지로 변모할 것으로 보인다. 한편 단천은광의 채굴문제를 놓고 공조판서 정미수(鄭眉壽)는 납세를 조건으로 민간인의 채굴을 허용하는 방안을 제시한 상태인데, 그동안 사대세공(事大歲貢)의 면제를 위해 소극적인 광업정책을 써온 정부가 어떻게 결정을 내릴지는 미지수다.

은광개발 소식을 접한 한성의 부상(富商)들은 "최근 명의 견직물에 대한 국내수요가 늘어나면서 수입대금을 치르기 위한 은의 물량도 많이 딸리고 있다"며 "이제는 금은을 조공품에서 제외시키기 위해 금은의 국내생산을 억제하던 과거의 낡은 정책을 버려야 할 때"라고 주장했다.

단천식 은 제련법

조정에 보고된 단천식 연은법(鍊銀法)은 다음과 같다. 먼저 은이 포함된 광석을 채취한다. 노(爐) 아래에 조그마한 구덩이를 파고 뜨거운 불을 먼저 깔아둔다. 그리고 그 위에다가 아연덩어리를 깔고 은광석을 펼쳐둔다. 사방에 불티가 남아 있는 재를 덮고 소나무로 덮는다. 부채를 가지고 불을 지피면 불길이 일어나는데, 아연이 먼저 녹아 내리고 은광석은 천천히 녹는다. 그러다가 아연 녹은 물이 끓어오르면서 갑자기 은광석이 갈라지고 그 위로 아연이 흘러나온다. 이때 물을 뿌리면 은이 응고하면서 아연과 분리된다. 다시 재 속에 있는 아연에 불을 가하면서 재를 떨어버리면 아연도 분리할 수 있다.

은광개발의 또다른 배경 … 국왕의 사치와 낭비

은광의 개발을 추진하는 중요한 원동력 중 하나는 현국왕의 사치와 낭비라고 할 수 있다. 이미 왕비 신씨(愼氏)를 위해 금정(金鼎)이 주조됐고 국왕의 놀이기구, 장녹수(張綠水)·전비(田非)와 같은 총희와 수천 명에 달하는 궁녀들을 위한 의상과 하사품을 위해 궁중의 금은 수요는 계속 증가하고 있다.

국왕은 상의원(尙衣院)의 주관 하에 전국의 장인(匠人)들을 부려서 귀금속의 세공작업을 재촉하는 한편, 금은·주옥 류의 국내광산을 개발하는 데 적극성을 보이고 있다. 현재 양주(楊州) 회암사(檜巖寺)의 자수정(紫水晶)과 경주의 백수정(白水晶), 단천(端川)의 청옥(靑玉)이 그 품질을 인정받고 있는데, 국왕은 금의 궐내 반입을 자주 요구했고 그 양은 40근에 달해, 상의원과 공조(工曹)에 비축해둔 금은 이미 탕진된 상태여서 왜금 구입 아니면 국내 금광개발만이 국왕의 요구를 충족시켜줄 수 있을 것으로 보인다.

지금 우리 경제는 … 국내외 금은유통과 광업현황

일본, 명과의 교역에 은 필요한 부상대고들 '민간채굴' 주장

얼마전 새로운 은의 제련법이 발견되어 은광업이 활기를 띠고 있다. 이와 동시에 그동안 소극적인 광업정책을 펴온 정부가 과연 민간에게 은광의 채굴을 허용할 것인가, 만약 허용한다면 어떤 조건을 내세울 것인가를 놓고 정책의 향방을 점치는 움직임도 부산하다.

현재 왕실에 선을 대서 민채의 허용쪽으로 정책방향을 몰고가려는 압력집단의 실체는 대체로 국내상업과 국제무역에서 은이 절실하게 필요한 '부상대고(富商大賈)'들로 알려져 있다. 이들 부상대고들은 일찍부터 민간의 은을 구입하여 명에 가는 사신들에게 전매(轉賣)하거나 왜상들과의 사적(私的) 매매를 통해 일본에도 수출하여왔다. 일본과의 공·사무역이 활발해지면서 성종대부터 왜금(倭金)이 대량으로 유입되기 시작했고, 명나라와의 무역에서 중국비단 수요의 증가로 금은의 필요성은 평창일로를 달리고 있다. 명으로 가는 사행원들이 국내에서 인기가 높은 비단을 구입하기 위해 휴대가 편리하고 가치가 높은 금은을 원하고 있는 것이다.

은의 경우 외국에서 수입되지도 않았고 세종말 이래 명의 공물요구를 염려해 채굴도 중단된 상태여서 금보다 더 구매가 어려운 상황이었다. 그런데 최근 김감불과 김검동이 단천 은광에서 발견한 새로운 은 제련법은 국내 은광개발에 서광을 비춘 셈이다. 개발이 시작된 단천 은광의 채굴을 놓고 공조에서는 은광업자들에게 허가증인 행장(行狀)을 내주고 세를 바치게 하는 '민채납세(民採納稅)'를 제안한 상태이고, 이 제안이 실현될 경우 행장을 따내려는 부상대고들의 각축전 또한 치열해질 것으로 보인다. 현재 은의 시세는 1냥(兩)당 면포 3필이다.

화보 특집 사화에도 아랑곳 않는 선비들의 日常

활쏘고 시 읊으며 토론하는 그들의 활기 속에 조선 정치의 앞날 보여

지금 중앙정계에서는 연이은 사화로 사림의 선비들이 된서리를 맞고 있다. 기득권을 장악하고 있는 훈구세력과 새롭게 성장하는 사림세력의 대립이 한계점에 도달, 이제 피흘리는 권력투쟁으로 격화된 것이다. 그러나 중앙정계의 이런 권력투쟁에도 불구하고 각 지방의 사족들은 서로간의 유대를 강화하면서 유향소 등을 통해 향촌사회의 지배권을 장악하여 중앙정계 진출의 발판을 다지고 있다. 활쏘고 시 읊으며 학문을 토론하는 그들의 일상의 활력 속에서 장차 조선 정치가 누구의 손에 의해 이끌어질 것인가를 엿볼 수 있을 것 같다.

해외 소식

레오나르도 다빈치, 모나리자 완성

"경험적 사고 강조"

1506년 이탈리아의 천재 화가 레오나르도 다빈치(1452년생)의 '라 지오콘다(일명 모나리자)'가 완성됐다. 그림 속 주인공의 신비로운 미소로 유명해진 이 작품은 원근법과 명암법의 능숙한 사용으로 인해 이제 완숙기에 접어든 이탈리아 르네상스의 걸작으로 평가받고 있다.

화가이자 건축가인 동시에 조각가이며 수학자이기도 한 레오나르도는 각종 기계를 설계·구상하는 과학자이며 관찰에 바탕, 인체해부도를 직접 그려내기도 했다. 레오나르도는 평소에 "개별적인 검증을 거치지 않고 고대로부터 전해내려오는 지식에 의존하는 것은 이해가 아니라 단순한 기억일 뿐"이라며 끊임없이 수학에 의존하는 경험적 방식의 우월성을 주장하고 있기도 하다. 레오나르도의 경험주의적 태도는 다른 화가들 사이에서도 찾아볼 수 있는데, 원근법의 도입이나 인간 육체의 아름다움의 발견 등이 그 예이다. 레오나르도의 제자라는 한 화가는 "지금까지 화가들은 그리스도와 같이 중요한 것은 크게, 중요하지 않은 것은 작게 그린다는 원칙을 따라왔지만 이제 원근법의 사용으로 관찰에 바탕한 자기 시각이 가능해졌다"며 르네상스적 화풍의 혁신성을 강조했다.

르네상스 열기 "알프스 넘어 유럽대륙으로"

기독교적 성격 강해 … 에라스무스, 토마스 모어 등 활약

알프스산맥을 넘는 길은 더 이상 춥지 않았다. 이탈리아 르네상스의 열풍이 이미 이 길을 통과하며 뜨거운 인문주의 세례를 퍼부었기 때문이리라. 그러나 알프스를 넘은 르네상스는 이전과는 상당히 다른 변형을 보여주고 있다. 전체적으로 볼 때 이탈리아 르네상스가 예술을 본대로 하여 성장해나왔다고 하면, 알프스 이북 서유럽지대에서는 종교, 즉 기독교를 화두로 삼아 그 허구성을 폭로하면서 사회개혁 운동의 차원에서 전개되고 있다. 말하자면 기독교적 르네상스라고나 할까.

독일 르네상스의 지도자 로이힐린(Johann Reuchlin)은 이렇게 말한다. "구약성경은 최초에 헤브라이어로 쓰여졌다. 지금의 라틴어 성경으로 번역되는 과정에 오류와 왜곡이 없었다고 누가 보장할 수 있는가?" 이 말에는 현 교회세력의 심장부를 겨누는 비수가 숨겨져 있다. 이에 뒤질세라 프랑스의 데타플(Jacques Lef vre d'taples)은 신약성서를 그리스어 원전으로 해석해 화답하고 있다. 말하자면 기독교의 순수함과 원시상태로의 회귀를 주장하는 이러한 일련의 움직임을 집대성한 성직자이자, 알프스 이북을 대표하는 인문주의자는 네덜란드의 에라스무스다. 그가 쓴 「우신예찬(愚神禮讚)」의 핵심이 바로 초기 기독교의 순수성으로 돌아가자는 것인데, 이를 위해 현재 성직자 사회의 부패와 스콜라 철학의 가식적 형식주의를 통렬하게 비판할 수밖에 없었다. 사람들은 주로 비판 부분에만 관심을 갖는다.

이에 반해 영국에서는 이와는 흐름이 약간 다른 인문주의자가 출현해 화제를 모으고 있다. 바로 「유토피아」의 저자 토머스 모어다. 그는 현실에 대한 이러저러한 비판에 머물지 않고 우리가 도달해야 할 이상사회를 구체적으로 제시한다. 유토피아의 시민은 국가의 재산을 공평하게 분배받으며 6시간 일하고 8시간 자고 나머지는 여가와 취미생활을 즐긴다. 다만 취미로는 독서가 좋다. 플라톤의 「국가론」 냄새가 짙게 풍기지 않는가?

그런데 예술, 특히 이탈리아에서 거의 폭발적으로 분출된 회화와 조각 분야는 이곳 북부지역에 별로 영향을 주고 있지 않다. 이곳은 도시가 이탈리아쪽만큼 발달돼 있지 않고 봉건적 지배체제가 상대적으로 강고한 데서 기인하는 것일 게다. 그러나 점진적이나마 변화를 보여주고 있는 것은 사실이다. 특히 음악 분야는 오히려 이탈리아쪽 보다 변화 폭이 크다. 기존 전통을 뛰어넘는 합창과 기악곡이 선보이고 있고, 교회의 틀을 벗어난 세속음악도 시도되고 있다.

한편 이곳의 르네상스는 교회의 높은 벽을 허물고 있지만, 그뒤에 무엇이 나타날지에 대해서는 의견이 분분하다. 에라스무스를 필두로 하는 인문주의자들이 원하는 대로 초기 기독교식의 신앙공동체가 나타날 것인지, 아니면 교회의 대분열로 이어질 것인지, 아무도 장담할 수 없다. 에라스무스는 이렇게 말하고 있다. "나는 어쩌면 보수로부터는 진보로, 진보로부터는 보수로 양쪽에서 다 배척받을지 모른다".

역사신문

"폭군은 물러나라"

반정 성공 … 진성대군을 새 국왕으로

1506년(중종 원년) 9월 2일 파직중이던 박원종(朴元宗), 성희안(成希顔)이 이조판서 유순정(柳順汀)과 군자감 부정 신윤무 등과 함께 정변을 일으켜, 성종의 둘째 아들인 진성대군(晉城大君)을 새로운 국왕으로 추대했다. **관련기사 2면**

진성대군은 "근년에 임금이 도리를 잃어 그 구제할 바를 알지 못했었는데, 왕실의 종척(宗戚)과 문무의 신료들이 나에게 즉위할 것을 권하므로 대위에 나아가게 됐다"며 곧 대사면조치를 발표했다. 한편 창덕궁에서 승지 한순·내관 서경생을 통해 자신의 폐위소식을 접한 폐주(廢主)는 "내 죄가 중대하여 이에 이를 줄 알았다. 좋을 대로 하라"며 연산군으로 강등된 뒤 순순히 정해진 거처인 교동으로 향했다.

거사 지휘부는 신수근·신수영·임사홍 등을 때려죽였고 의금부의 죄수를 풀어 휘하 군사로 이용했다. 소식을 듣고 궁궐에서 입직(入直)하던 도총관 민효증, 승지 윤장 등은 궁궐 안 도랑의 수채구멍으로 빠져나가고 각 문에서 파직(把直)하던 군사들도 모두 담을 넘어 도망쳐, 박원종이 거느린 군사들은 아무런 저항없이 궁궐 안으로 들어오는 데 성공함으로써 상황은 일단락됐다.

한편 반정 성공 이후, 반정 추진 주체들에 대한 공신책봉과 각종 포상조치들이 발표됐다. 박원종·성희안·유순정이 최고의 공훈을 인정받았고, 품계가 3등급 올라가며, 노비 13구(口), 전지 1백 결, 은 30냥, 말 한 필 등이 수여되는 1등공신에는 유자광·신윤무·박영문·장정·홍경주 등이 선정되는 등 총 1백17명에게 공신 포상이 이루어졌다.

조광조 중심 사림들, 개혁의 기치 올려

천거로 관리임용, 세율인하, 소격서 철폐 등 추진

1510년 이후 정계에 진출한 조광조와 그를 추종하는 사림들이 개혁정치의 기치를 높이 들고 다양한 정국개혁안을 추진, 정가에 새바람을 일으키고 있다.

부세운영 과정에서 관직자들의 부정이 심각하다고 판단한 사림들은 좋은 수령을 배치하기 위해 현량과와 같은 천거제 실시를 주장하고 있으나 재상직에 포진하고 있는 훈구대신들은 반대하고 있다. 사림계 인사들은 "문음 출신으로 훈구재상의 비호를 받아 권력형 비리를 저지르고 있는 수령의 양산을 막고, 평소의 인품과 학식을 잘 아는 주변사람들에 의해 관리자격이 공인된 사람을 뽑자는 것이 현량과의 의도다. 현량과가 관리임용 통로로 공식화된다면 자기 사람들을 여기저기 심어놓고 방납과 모리행위를 일삼던 훈구재상들의 범법행위는 사라질 것"이라고 주장했다.

조광조세력은 향약의 실시도 추진하고 있는데, 이들은 "사림이 수령을 견제하면서 지방사회를 이끌어갈 수 있도록 조직화하는 것이 필요하다"며, 이후 성리학적 이해를 바탕으로 사림의 이념에 공감하는 사족층을 중심으로 향론을 수렴, 백성들을 교화하는 한편, 공동체적 유대를 강화해서 민생을 안정시키는 것이 중요하다고 강조했다.

한편 실제적으로 백성들의 부세부담을 줄여주기 위해 부세 운영방식의 개정과 긴축재정 실시도 제안됐다. 군역의 경우 서울에 번상하는 보병의 번수를 늘리고 복무 일수를 줄이는 방법이 논의됐으며, 공납은 이미 생산되지 않는 공물배정의 개정, 다음해 공물을 미리 당겨쓰는 인납의 중지 등이 논의됐다. 전세 역시 연분등제를 낮은 기준으로 책정, 가장 낮은 등급인 '하지하(下之下:1결당 4두)'로 고정시키는 방향이 추진되고 있다. 또한 국가 제사 비용을 줄이기 위해 소격서 혁파, 연산군대 각종 관청 폐지, 공신전과 녹봉의 감소 등이 추진되고 있다.

또한 일부에서는 부세 부담층의 담세능력 증진을 위해 균전제나 한전제, 노비소유 제한 등을 제시하면서 부의 재분배나 집중규제까지 거론하고 있는 것으로 알려졌다.

이와 같은 사림의 다양한 개혁방안은 지방사회에서 수령을 이용, 권력형 비리를 통해 축재를 일삼으면서 재지사족의 경제기반을 침탈해온 훈구대신들을 겨냥하고 있어 훈구계열의 반발 또한 만만치 않을 것으로 보인다. **관련기사 2면**

왜구 5천여 명, 삼포 일대 공격

정부, "삼포 왜인 전원 추방 방침"

1510년(중종 5년) 4월 제포의 왜인 우두머리 오바리시와 야스고 등이 사선(私船) 수 제한과 장기 거주 왜인 농경지의 세 부과에 불만을 품고, 5천의 군사로 부산포(동래), 제포(웅천), 염포(울산)에 공격을 감행했다. 경상우도 병마절도사는 "왜인 5천명이 갑주(甲冑)를 입고 활과 화살·창검·방패를 가지고 성을 포위, 성 밑의 인가를 모조리 불살라 연기와 불꽃이 하늘에 넘치고 성이 함락될 지경"이라고 보고했다.

이조판서 신용개는 전절도사 황형과 전방어사 유담년을 각각 경상도좌·우방어사로 삼아 삼포로 파견하는 등 현재 본격적인 진압대책을 논의중이라고 밝혔다.

왜인측에서는 한편으로 화친을 청해오고 있어, 조정에서는 삼포왜인의 전원추방을 전제로 화친과 토벌 두 가지 가능성을 놓고 논의를 진행하고 있어 이번 사태가 어떤 식으로 결말지어질지 귀추가 주목된다.

참조기사 8호 4면

"향약, 전국에서 시행"

시행지침서 마련 … 훈구계 반발

1518년(중종 13) 4월 김안국(金安國)이 경상감사로 있을 때 주희가 손질한 「여씨향약」에 주를 달아 언해본으로 간행한 「주자증손여씨향약언해(朱子增損呂氏鄕約諺解)」를 전국적으로 반포하라는 명령이 내려져 사림계열이 주장해온 향약의 전국적 실시가 가속화될 것으로 보인다. 향약은 1517년에 의정부의 계목(啓目)으로 시행령이 내려진 상태였지만 실제 향약의 거행은 제대로 이루어지지 않고 있는 상태였다.

한편 향약의 전국적 시행을 놓고 대사헌 김정 등 일부 사림들은 "원래 우리가 가장 불만스러워하는 향촌 불안정의 원인이 바로 관권의 일방적 횡포로 인한 지배·피지배층 사이의 괴리"였다며 관 주도의 성급한 향약실시는 문제가 있다고 지적했다. **관련기사 3면**

훈구계열에서는 일단 경중(京中)에까지 향약을 실시하는 것에 대해서 반대의사를 표명했으며 ▲선악적(善惡籍)의 기재가 개인적인 원한관계로 악용될 가능성 ▲어려울 때 서로 돕는다는 조목 하에 죄인까지 이웃간에 숨겨주는 문제 ▲신분의 높고 낮음에 관계없이 나이순으로 대접받는 양상을 들어 향약실시에 비판적인 입장을 취하고 있다.

역사신문

조광조 개혁정치에 바란다

한 사람의 열 걸음보다 열 사람의 한 걸음을

얼마전 궁궐 안의 한 나무에서 주초위왕(走肖爲王)이란 글자 모양으로 벌레가 파먹은 나뭇잎이 발견돼 조정이 발칵 뒤집혔다고 한다. 주초가 왕이 된다는 뜻인데 주초(走肖)를 합치면 조(趙)가 되니, 바로 현정계의 실력자 조광조를 가리키는 것임은 뻔한 일이다. 우리가 보기에는 누군가가 나뭇잎에 꿀로 그런 글을 써놓아 벌레가 파먹도록 했으리라고 본다. 그러나 우리는 이번 사건이 단지 장난이라고 보지 않는다. 정치과정이 정상적으로 작동되지 않는 어떤 사정이 있음을 강력히 시사하는 것으로 해석하지 않을 수 없다.

현재 우리 시대의 시대정신이라고 한다면 그것이 "개혁"임을 아무도 부정하지 않을 것이다. 지난 연산군 시대에 국왕권의 이성을 잃은 독주와 그로 인한 정치과정 전반의 파탄을 우리는 잊지 않고 있기 때문이다. 따라서 오늘날 개혁의 내용은 정상적인 정치의 회복이다. 대신들이 국정에 대한 소신을 국왕 앞에서 자유로이 개진하고, 삼사의 언관들은 시비의 대상이 되는 사안에 대해 눈치 볼 필요 없이 발언해야 한다.

이러한 개혁을 추진할 주체로서 기존 훈구세력은 분명한 한계를 가지고 있고 이점은 중종도 잘알고 있다. 따라서 중종은 정계에 참신한 새세력의 수혈이 필요하다고 보고, 사림의 '무서운 아이' 조광조를 등용했던 것이다. 그리고 훈구대신들쪽도 이것이 대세임은 부정하기 어려울 것이다.

그런데도 이러한 사건이 일어난 것은 조광조일파가 주도하는 개혁 '드라이브'에 문제가 있지 않나 하는 의문을 불러일으키기에 충분하다. 정책추진이 너무 거칠고 불필요하게 많은 정적을 양산해내고 있지는 않은지 반성해봐야 할 것이다. 소식통에 의하면 훈구측에서는 조광조일파가 자파세력을 요직에 끌어들이기에 혈안이 돼 있고, 나아가 자신들을 고사시키려 하고 있다고 격렬하게 비난하고 있다고 한다. 최근에는 국왕마저도 조광조의 물불 안 가리고 사사건건 따지려 드는 데 대해 피곤해하고 있다는 소리가 들린다. 물론 조광조측에서는 개혁추진의 과정에서 나타나는 일과성 잡음에 불과하다고 할 것이다.

우리는 '개혁'이 이 시대의 시대정신이고 조광조를 중심으로 한 사림이 가장 적합한 주도세력이라고 본다. 그럼에도 우리는 조광조일파에게 좀더 부드러운 정치, 타협을 인정하는 정치, 모두 함께 어깨 겯고 나갈 수 있는 정치기술을 익히기를 간곡히 조언한다. 지금 벌여놓은 판이 깨질 때, 개혁마저 깨져버릴 것이기 때문이다.

그림마당

이은홍

반정(反正) 추진과정과 이후 정국전망

국왕, 반정공신들에 맞서 사림과 손잡을 듯 … 사림의 행보에 관심집중

건국 이래 처음으로 신하가 임금을 갈아치우는 반정이 일어났다. 연산군의 13년 일인통치가 하룻밤 사이에 허무할 정도로 쉽게 무너진데다가, 그 가담세력 중에는 현직 재상들과 국왕의 신임을 받던 군자감과 군기시의 책임자도 끼여 있지만 정가에서는 당연하다는 반응이다.

이번 반정이 연산군의 폭정과 그 기반인 궁금(宮禁)세력에 대항하는 훈구세력의 반격으로 일어난 것은 분명하다. 그러나 반정의 필요성은 훈구세력만이 느끼고 있었던 것은 아니었다. 거사 시기에 즈음하여 전라도에 귀양가 있던 사림계열인 유빈·이과·김준손 등도 각처에 격문을 띄우고 이미 거병계획을 짜고 있는 상황이었다.

그렇다면 이후 정국은 어디로 흘러갈 것인가? 연산군이 저지른 폭정의 수습은 대체로 신속하게 이루어지고 있다. 연산군의 애첩 장녹수와 전비는 목이 달아났고 궁녀들이 가지고 있던 보석도 모두 회수됐다. 사화 피해자에 대한 명예회복도 추진되고 있으며 폐지된 경연도 다시 열리고 있다. 연산군이 궁전 뜰에서 기르던 사나운 짐승들은 모두 사살됐고 많은 군자에 보충됐다.

문제는 연산군집권 초기에 나타났던 대신과 대간의 대립, 즉 훈구와 사림 간 대립의 재연 여부다. 이미 반정공신에 대한 대간을 중심으로 한 비공신들의 정치공세는 치열하게 전개되고 있다. 유자광을 정국(靖國) 일등공신으로 봉하는 것의 부당성이 지적된 것이 그 예다.

공신 수가 이전 어느 시기보다 많은 1백17명이라는 점, 확고한 핵심세력이 없고 대부분이 인척집단의 성격을 띤다는 점, 무과와 음서 출신이 절반을 넘는 등 종래의 공신에 비해 유례없이 이질성을 가지고 있다는 점이 쟁점화됐다.

정가에서는 성종이 집권 초기 강력한 훈구세력을 견제하기 위해 사림을 등용했던 것처럼 자신을 밀어준 공신집단에 둘러싸인 지금의 국왕도 언관직에 포진해 있는 사림에게 손을 내밀 것으로 전망하고 있다. 사림계열의 조광조가 신임을 받기 시작하고 있고 홍문관의 언론활동에 국왕이 관심을 보이고 있으며, 사림계 인사의 등용통로로 이용될 수 있는 현량과 시행이 주목된다.

연산군대 두 차례의 사화는 사림들이 아직 정책결정과 그 실행의 직책을 갖지 않은 상태에서 그와 같은 역할의 수행을 기도했기 때문에 치러야 했던 필연적인 결과였지만 지금은 그때와는 상황이 달라졌다. 반정이 성공할 수 있었던 것도, 조광조의 각종 개혁-향약 실시, 소격서 폐지-이 힘을 갖고 있는 것도 재지사림의 학문적 심화와 정치세력화 움직임이 반영된 결과라고 할 수 있기 때문에 향후 사림들의 행보가 주목받고 있다.

인터뷰 도학정치의 선두주자, 조광조(趙光祖)

"왕도정치, 철인(哲人)정치의 실현이 나의 이상"

반정 이후의 정치운영에 대해 어떻게 생각하는가? 연산군대에 비해서는 나아진 것 같은데.

연산군이 「경국대전」에 규정된 군신관계를 부정하고 폭정을 저질렀기 때문에 반정 이후 성종대의 경국대전체제 복구가 정국운영의 목표가 됐다. 그런데 연산군대에 방만해진 정부의 재정지출과 이에 따른 부세의 증가액은 줄어들 기미를 보이지 않는다. 관료의 녹봉을 감축하고 국가의 제사 비중을 줄이는 등 긴축재정을 실시하지 않으면 백성들의 불만은 계속 커질 것이다.

지금 사간원과 사헌부, 홍문관의 2/3 이상이 사림으로 들어차 있고 '정권이 대간에 있다'는 훈구대신들의 불만이 나올 정도로 언관권이 확대돼 있는 상황이다.

대신이 공론을 제대로 주도하지 못하니까 정권이 대간에 돌아간 것이다. 만약 대간마저 공론을 주도하지 못하면 자연히 초야의 선비에게 돌아가는 것이다. 지금 대신들이 지방 사림의 의견개진을 놓고 '외방의 월가월부'가 정사를 좌지우지한다고 말이 많은 것 같은데 재상이나 대간이 제 역할을 제대로 했다면 이런 현상이 왜 나타나겠는가? 기본적으로는 왕권·재상권·언권이 한집안같이 화목하고 조화를 이루어야 정치가 잘된다고 생각한다.

"조광조의 권세가 재상을 누르고 신진관리들은 모두 조광조를 따르니 '광조의 무리'가 조정을 누빈다"는 말이 무성하다. 붕당결성의 혐의가 짙은데.

예전 무오사화 때 붕당결성 혐의로 처형된 김종직의 문인들 같은 경우 선인(善人)들끼리 유유상종하다보니까 자연히 도(道)가 같아져 서로 추천한 것뿐이다. 지금 천거제하에서 이루어지고 있는 사림의 등용도 이런 식으로 이해하면 된다. 군자의 당은 자기 한몸의 영화를 위해 무리가 되는 소인의 당과 구분돼야 한다. 또다시 끔찍한 사화가 일어나지 않으려면 군자와 소인을 구분해낼 수 있도록 군주는 아침저녁으로 경연에 나가 학문을 독실히 익혀야 할 것이다.

국왕의 대폭적인 지원을 받고 있으나, 군주에게 귀찮을 만큼 철저한 수양을 요구하는 것으로 알고 있는데 국왕에게 바라는 것이 있다면.

사림세력의 진출이 두드러진 것은 국왕이 훈구대신에 대한 대응세력 양성의 필요성에서 이루어진 것이다. 내가 생각하기에 군주도 현인의 경지에 도달해야 바른 정치가 이루어질 수 있다. 지금의 문제는 왕을 비롯한 지배층의 마음이 공자의 도에서 멀어졌기 때문에 나타나는 것이다. 위로는 현명한 군주를 모시고 아래로는 널리 백성을 교화하여 왕도정치, 일종의 철인정치를 실현하는 것이 내 이상이다.

프로필

1482년(성종 13)생. 관직에 나오기 전부터 중앙정계에 이름이 알려질 정도로 촉망받았던 사림의 인재로 이언호가 "조광조는 나이 서른이 되지 않았지만 학문에 큰 뜻을 둔 뛰어난 사람이니 지금 등용하면 공부할 뜻을 빼앗는 것"이라고 관직등용을 말릴 정도.

1510년 알성문과에서 "나라의 기강과 법도가 서지 못하고 있으니 요순의 이상정치를 구현할 방책은 무엇인가"라는 국왕의 문제에 "임시방편으로 일을 처리하거나 단지 문서나 따지는 방법으로 기강을 세우려 하지 말고 마음의 오묘한 진리, 공자의 도로써 다스리라"는 야무진 답안으로 급제. 정6품인 성균관 전적(典籍)에 제수된 이후 전한(典翰), 홍문관 부제학, 부승지, 겸동지성균관사(兼同知成均館事)를 거쳐 불과 4년 만에 종2품의 대사헌에 임명됨.

관직진출 직후 "언로(言路)를 막는 사람과 함께 일할 수 없다"며 훈구계열인 대사헌 이행을 물러나게 하고 체질이 같은 사람과 일해야 한다며 현량과라는 천거제 도입, 향약실시, 소격서 혁파 등 도학정치를 주장, 사림의 여론을 이끌고 있는 선두주자. 즐겨 읽는 책은 「소학」, 「근사록」과 「사서(四書)」와 「통감강목」.

"토지 소유 50결로 제한"

논란 많던 한전론, 세부 시행규정 마련돼 "지주간의 격차조정에 그쳤다" 일부 비판

1518년(중종 13) 5월 토지 소유 규모를 제한하는 한전(限田)방안이 3년간의 진통 끝에 확정, 발표됐다. 지주들의 과도한 토지집적과 농민의 몰락이 가속화되면서 시작된 한전논의는 1510년부터 신용개를 주축으로 계속돼왔는데, 그동안 실제 대지주이기도 한 대신들의 반대가 극심하여 국왕 역시 조정 대신들의 반대 의견이 많은 점을 들어 한전시행에 계속해서 난색을 표해왔었다.

사경(司經) 정응은 "인군(仁君)이 고제(古制)를 시행하지 못하는 것은 속론(俗論)에 구애받고 있다는 증거"라며 임금의 결단을 촉구했고, 신용개 외에 박수량·류성춘·권발의 온종일 계속되는 한전 요구에 시달린 국왕은 결국 대신들에게 한전 방안을 논의하도록 지시, 한전을 실시키로 했는데 논의결과 세워진 구체적인 한전방침은 다음과 같다.

▲토지 소유 규모의 상한은 50결로 하되 한전방안 시행전까지의 소유규모는 문제삼지 않는다.

▲한전방안 위반여부는 수령이 감독하며 다른 사람의 이름을 빌어 토지를 소유하는 것은 엄격히 법으로 금한다.

이번 조치에 대해 참찬관 정순붕은 "10결 소유자도 적은 판에 50결까지로 소유규모를 정해주면 토지소유의 불균형은 더욱 심해질 것"이라며 이번 조치는 거대지주와 중소지주 사이의 격차조정 정도에 그치는 것에 불과하다고 실망을 표했다. 시강관 기준 역시 "소위 만석지기 지주의 땅이 80여 결인데 백성 중에 50결을 소유한 사람이 어디 있겠느냐"며 농촌실정상 50결 상한의 한전책은 출발부터 의미가 없는 것이라며 고개를 저었다. 한전방안의 마지막 조항에는 진전(陳田:오랫동안 묵힌 땅) 개간을 장려함으로써 무전농민들이 토지를 소유할 수 있도록 배려하는 일종의 유인책이 덧붙여진 것으로 알려졌다.

「소학」 언해본 발간

1517년 경상도 관찰사인 김안국이 아동용 유학수신서인 「소학」을 한글로 번역하여 발간했다. 건국초부터 「소학」은 사학·향교·서원·서당 등 모든 유학교육 기관에서 필수과목으로 지정, 아동의 수신서로 장려돼왔지만 사부학당의 생도들은 「소학」을 어린이가 배우는 학문으로 여겨 평소 그 중요성에 대한 인식은 그리 높지 않은 상태였다. 최근 조광조·김안국 등이 소학동자(小學童子)라고 자처하던 김굉필의 뜻을 이어받아 "「소학」이 모든 학문의 기초인 동시에 인간교육의 절대적 원리"라고 역설하여 「소학」에 대한 관심이 일고 있으며 이번 언해작업도 그 결과라고 할 수 있다.

1187년에 주자의 지시에 따라 유자징(劉子澄)이 편찬한 「소학」은 일상생활의 예의범절, 수양을 위한 격언, 충신·효자의 사적 등이 담긴 책으로 유학교육의 입문서라고 할 수 있다.

취재 수첩

왜 다시 소학(小學)인가 ?

국초부터 「소학」을 보급하려는 노력은 있었다. 1천5백 부씩 대량으로 수입되기도 하고 성균관 입학시험의 필수과목으로 지정되기도 했다. 그런데 이러한 '국가적' 노력에 별다른 호응을 보이지 않던 사대부들이 왜 이제 와서 「소학」을 소리 높여 이야기하는가?

주자는 현실사회를 타락했다고 보았고 그 이유를 성인의 가르침이 상실된 데서 찾았다. 그에게 있어서 성인의 교법(敎法)은 바로 「대학(大學)」과 「소학(小學)」이었다. 따라서 성인의 가르침에 따라 인륜을 '교화'하는 것이 유교정치의 구현이기도 했다.

지금 조선의 사대부들은 노비들의 도망이 속출하고 전호농민들의 반발이 두드러지는 현실 앞에 재지지주로서 향촌질서 유지에 위기를 느끼고 있는 것이 사실이다. 이들이 「소학」 보급을 통해 이런 현실을 안정시키려고 한 이유는, 「소학」이 인간사회의 상하·수직 관계를 '인간의 본성에 부합한 것'으로 인정하고, 아랫사람의 순종하려는 '자발적인' 노력을 강요하여 이를 '인륜'으로 미화하고 있기 때문인 것으로 보인다. 예를 들어 「소학」에서 말하는 효(孝)의 실천은 부모에 보답하기 위해 자식된 자의 헌신을 요구한다. 이처럼 군주와 신하, 상전과 노비, 양반과 상민, 지주와 전호 등 일체의 불평등관계는 소학에서 강조하는 '인륜'의 이름으로 정당화되는 것이다.

백성들은 스스로 자신을 다스릴 능력이 없기 때문에 성인의 가르침을 깨우쳐 사람 구실을 하도록 해야 한다는 것이 바로 유교에서 내세우는 '교화'다. 이제 사대부들이 향촌사회에서 「소학」을 통해 본격적으로 '교화'의 깃발을 올리고 있다.

미니 해설

'향약'이란?

향약은 1076년 송나라 신종 때에 중국의 도학자 여대균(呂大鈞)의 4형제가 그들의 일가친척과 향촌 전체를 교화하고 선도할 목적으로 창안한 향촌자치규약이다. 이를 여씨향약이라고 하는데 그후 1백 년이 지나 주자가 풍속의 교화를 목적으로 이를 다소 개정하여 향약을 확정시켰다. 이를 '주자향약'이라고 한다. 처음엔 몇 사람에 의해 제정됐던 일개의 규약에 불과하였던 것이 이제는 지방의 풍속을 교화하기 위한 큰 덕목으로 자리잡아 가고 있다. 향약의 덕목은 대체로 4개로 구성되는데, 좋은 일은 서로 권해야 하고, 잘못은 서로 규제하여야 하며, 예절바른 풍속은 서로 본받을 줄 알아야 하고, 어려움을 당한 사람은 서로 도와주어야 한다는 내용이다.

한마디

1517년 「이륜행실도」 펴낸 김안국씨

「삼강행실도」와 비교하면.

삼강행실도는 주로 가족윤리와 국가윤리만을 다뤘는데 이번에는 지방사회에서 중시해야 할 덕목을 다뤘다. 향촌사회에서 어른을 어떻게 섬길 것인가 하는 '長幼有序'와 동료들끼리의 덕목을 다룬 '朋友有信'이 이륜의 중심내용이다.

長幼과 朋友를 강조하는 이유는 무엇인가.

지방사회의 질서가 무너져가고 있는 지금은 서로 믿고 의지할 수 있는 덕목이 강조되어야 한다.

장유, 붕우의 강조는 사림세력이 지방에서 위치를 확고히 하려는 의도라는 지적도 있다.

부정할 이유는 없다. 그러나 우리 사림세력만을 위해서는 아니다. 사실 지금의 지방사회는 날로 피폐해져가고 있다. 사림들이 앞장서, 무너져가고 있는 향촌사회를 농민들과 함께 일으켜 보려는 것이다.

앞으로의 계획이 있다면.

「삼강행실도」와 이번에 펴낸 이륜행실록을 합한 「오륜행실록」을 편찬, 중국의 「오륜서」에 버금가는 백성을 위한 유교윤리서를 만들고 싶다.

좌담 우리 농촌 어떻게 살릴 것인가 ? 최근의 한전논의를 중심으로

"힘있는 자들 모두가 땅 늘리기에 혈안 … 과중한 세 부담 속에 양인층 남아나지 않아"

토지겸병의 확대, 부세 불균등의 극심, 전호농민·몰락농민의 급증, 상업인구와 유민의 증가, 도적의 성행 등 지금의 농촌현실은 어둡기만 하다. 파행적인 연산군정권을 몰아내고 들어선 새 정부에 걸었던 백성들의 기대도 점차 사그라지고 있다. 역사신문에서는 참찬관 이행, 시강관 김구, 사섬시(司贍寺) 주부 박수량, 농민 조만길 씨를 모시고 한전논의를 중심으로 농촌의 현실진단과 모순타개책에 대해 이야기하는 자리를 마련해보았다.

사회 우리 농촌의 현실을 이야기할 때 누구나 토지 소유의 불균등을 이야기합니다. 그 원인과 구체적인 양상에 대해서 이야기해주시죠.

김 중앙의 권세가와 양반관료들이 자신의 소유지를 넓히기 위해 해안이나 강, 연안, 소택지(沼澤地)에 제언을 쌓아서 신전을 개발하는 추세가 전라도·충청도 지역에 널리 번지고 있습니다. 돈이 급한 기존의 소유주에게서 싼 값으로 토지를 구입하고 진전을 개발한다는 명목 하에 면세조치까지 받고 있는 경우도 있다.

조 중앙관료만 농장 확대에 뛰어든 것은 아닙니다. 우리 마을의 품관·토호들도 고리대를 통해 형편이 어려운 자영농의 땅을 1필지·2필지씩 사들이고 있습니다. 요즈음 각 지방에서는 세 부담을 견디지 못한 많은 양인농민들이 세가(勢家)에 투탁해서 노비·고공(雇工:품팔이)을 자칭하는 경우가 적지 않습니다. 결국 남아 있는 농민들에게 세 부담이 가중되니 악순환인 셈이죠.

사회 토지 소유 규모가 불균등해질수록 가장 문제가 되는 것은 무엇입니까?

이 국가에 세를 부담하는 양인농민들의 숫자가 자꾸 줄어드는 것이 가장 큰 문제입니다. 예전 같으면 토지를 잃은 자영농민들이 기껏해야 권세가의 전호가 되거나 노비가 되었는데 장시가 발달하면서 상인의 길로 나서고 있습니다. '말업(末業)' 인구로 장시가 북적대니까 도적들도 장물을 처분하기 쉬워지고 있는 것 아닙니까? 수령들이 권농(勸農)을 태만하게 하니까 농업생산력도 자꾸 떨어지지요.

박 농민이 열심히 농사를 지어도 나라 세금과 개인 빚에 시달려 토지를 잃게 되는 경우가 많으니 수령의 권농이 무슨 소용이 있습니까? 한 고을의 토지가 점차로 소수의 지주들에게 집중되고 있으니 안타깝기만 합니다. 농민의 동요도 심상치 않습니다. 토지를 똑같이 나누어주는 정전제(井田制)는 시행 못 한다 해도 토지 소유 규모를 제한하는 한전제(限田制)를 실시하면 '부익부 빈익빈'만큼은 피할 수 있지 않나 생각됩니다.

이 한전이라 해서 자기 땅을 다른 사람에게 떼어주게 하면 부자들의 원성이 크게 일어날 것은 말할 것도 없고, 혹 빈민들이 토지를 받는다 해도 제대로 경작할 수 없어 다시 부호들에게 팔게 될 것이 뻔합니다. 한전을 시행하기는 어려우니 먼저 토지겸병을 못 하게 하는 것이 좋을 듯합니다.

김 한전을 해야만 훈구세력의 토지겸병이 없어지지 그렇지 않고는 겸병을 금지할 길이 어디 있습니까? 답답합니다.

사회 얼마전에 발표된 한전방안의 문제점에 대해 이야기해주시죠.

박 기존의 토지 소유를 그대로 인정하고 있는데다가 이후 적용되는 상한선 50결도 한 고을의 수령이 규찰하게 되어 있으니, 다른 도(道)나 다른 고을에서 토지를 집적하는 것은 막아낼 방도가 없습니다. 또 땅 없는 농민들의 토지 소유를 도와주기 위해서 실시한다는 오랫동안 묵힌 땅의 세금면제도 재정부족을 호소하는 호조의 반대로 무산될 위기에 처해 있습니다.

김 상한선만 있고 하한선이 없는 것만 봐도 한전방안이 토지 소유 규모를 균등하게 해서 자영농을 육성하려는 시책이 아니라는 것을 알 수 있습니다. 더구나 상한선이라는 것이 50결이나 되니 대지주가 거대지주로 되는 것을 저지하는 정도에 불과합니다. 농민에 대한 배려는 눈을 씻고 봐도 찾아볼 수가 없군요.

사회 한전조치가 아직은 매우 미흡한 것 같습니다. 유교경전의 정신과 원리를 취하되 우리 조선의 현실에 맞게 이를 구현할 수 있는 길을 모색해야 될 것 같습니다. 자영소농층이 자기 땅을 잃지 않고 안정되어야 농촌의 피폐를 막아낼 수 있을 것 같군요. 참조기사 8호 5면

특파원 보고

조선 면포, 일본에 목면혁명 일으켜

일상복, 군복, 배의 돛까지 … 신성시되기도

부산포에서 대마도를 거쳐 일본 오오사카로 향하는 뱃길은 순탄하기만 했다. 왜인 뱃사공들과 상인들도 표정이 밝아보였다. 단지 뱃길이 순탄해서가 아니라 요즘 조선과의 무역이 활발해 소득이 짭짤하기 때문이다. 그들이 우리 조선에서 수입해가는 것은 주로 면포와 쌀, 콩 등이다. 그중에서도 단연 면포가 으뜸 수입품이다. 조선산 면포가 얼마나 인기가 있는가는 배를 타고 가는 도중에 이미 확인할 수 있었다. 뱃사공들은 이전에는 짚을 엮어 돛을 만들어 썼으나, 조선산 면포로 돛을 해단 다음부터 돛의 수명이 길어진 것은 물론 조종하기가 훨씬 쉬워졌고 선박 적재량까지 늘어 일석삼조라며 좋아했다.

오오사카에 도착해서도 조선산 면포가 일본에서 떨치고 있는 위세는 피부로 직접 느낄 수 있을 정도였다. 길거리에 다니는 사람들의 의복 중 상당수가 이미 조선산 면포를 재료로 한 것이다. 이곳에서는 이를 두고 '목면혁명'이라고 까지 한다나.

현재 이곳 오오사카는 조선뿐 아니라 중국 및 남방과도 무역을 하고 있다. 목면제품으로 친다면 중국산도 우리 것에 뒤지지 않지만 명은 일본과의 무역에 극히 소극적인 상태다. 막부(幕府)가 직접 나서고 많은 다이묘(大名)와 유력 상인들이 애를 쓴 결과 비공식적이나마 무역이 이뤄지고 있으나 명의 하사품은 대개 견직물이어서 서민용으로는 부적합하다.

이래저래 조선산 면포는 이곳 일본에서 독점적 지위를 누리고 있는 셈인데 최근에는 연간 50만 필까지 수입한 적이 있다고 한다. 수요가 급증한 것은 최근 일본이 전국시대(戰國時代)라 막부와 각 다이묘 간의 치열한 전투로 얼룩지면서 군수품 수요가 늘어난 것이 한 요인이라고 한다.

사정이 이러하니 우리 조선측에서 무역을 금지할 경우, 일본측이 입는 피해는 막대하다. 일전에 일어난 삼포왜란도 사실 처우문제라기보다는 근원적으로 목면의 수출입 통제가 계기가 됐던 것이다. 이곳을 떠나는 마지막 날에는 더욱 충격적인 장면을 목격할 수 있었다. 우연히 키후현의 제례의식을 보게 됐는데 조선옷을 입힌 인형에 '조선왕'이라고 써붙이고 그 인형에게 목면으로 만든 신발을 신기는 것이었다. 조선산 목면이 이곳 일본의 서민들에게 얼마나 고마운 존재인지 알 수 있었다.

집 사치의 현장

"평수 넓히기에서 인테리어로 관심 확대돼"

지금 양반층 사이에서는 집단장에 대한 관심이 높아가고 있다. 집의 방향이나 구조뿐만 아니라 담장이나 연못, 우물가의 살림살이 하나하나에도 신경을 쓰는 집이 늘어나고 있는 것도 주목할 만한 현상이다. 더구나 집을 크게 지으려는 추세는 더 이상 상류사회에 국한된 것이 아니라 서민과 천민계층에서도 나타나고 있다.

1478년(성종 9)에 신분에 따라 주택의 규모를 정하는 제3차 가사제한령(家舍制限令)이 발표되면서 건국초의 규정이 완화되기는 했지만 최근 자꾸 커지고 화려해만 가는 소위 '주택사치'에 대해 정부가 강력한 단속의지를 보이자 주택의 크기 경쟁은 일단 주춤했다. 그러나 내부장식이나 공간배치에서 편리함과 멋을 함께 추구하는 경향은 계속되고 있다.

담장의 경우 시골에서는 생울이나 바자울을 치기도 하지만 대처에서는 맞담을 쌓는 것이 일반적이다. 맞담의 자재로는 아이들 머리통만한 산석(山石)을 주어다 쓰기도 하고 그만한 크기로 다듬은 돌을 쓰기도 한다. 깨진 기와를 사이사이에 넣어서 무늬를 만드는 경우도 있다. 조금 여유가 있는 경우, 무늬를 넣는 데에는 전돌을 사용한다. 반반전으로 담벼락을 만들고 거기에 여러 가지 무늬를 조형하는 데 면회의 기법을 써서 아름답게 치장하는 것이 보통이다. 이 방법은 팔작지붕의 거대한 삼각상 합각(合閣)을 꾸미는 데도 활용되고 있다.

예산이 적은 경우에는 거푸집을 안팎에 대고 판축해서 만드는 토장(土墻)을 세우기도 한다. 흙을 사용한 까닭에 빗물에 약한 단점이 있는데, 머리에 이엉으로 마름을 엮어 덮거나 기와를 이어 마감하면 된다. 다소 비용은 많이 들지만 담장 위에 서까래를 걸고 기와지붕으로 덮어 마치 궁궐담과 같은 고급스럽고 색다른 맛을 내기도 한다.

정원의 풍취를 위해서 연못을 파는 집도 늘고 있다. 네모 반듯하게 연당을 만들거나 화강석을 다듬어 호안을 정리해서 깔끔한 느낌을 주기는 한다. 연못 가운데 섬을 만들어 물이 섬 주변을 순환하여 썩지 않도록 하는 경우가 많다. 샘의 물을 끌어서 연당에 흘러들게 하는 방법을 쓰기도 하는데 샘의 우물돌과 귓대, 이어지는 홈통과 연당의 석루조(石漏槽)까지를 화강석으로 다듬어 단정한 느낌을 주고 있다.

눈길이 잘 가지 않아 자칫 소홀하기 쉬운 것이 뒤뜰인데, 뒷동산 산자락 끝에 화계(花階)를 쌓아 나무와 꽃도 가꾸고 괴석을 쌓거나 학을 박제하여 곳곳에 배치하여 마치 신선의 세계에 온 것 같은 분위기를 연출하는 집도 있다.

실생활을 위해서는 각종 편의시설을 집안에 갖추는 모습도 눈에 띈다. 우물 가까이에 돌절구, 빨래돌, 설거지용 긴 돌 등 여러 가지 살림도구를 비치해놓는 경우가 그것이다. 혹시 풍수지리설에 따라 집안에 우물을 파지 못하게 되는 경우 드므(넓적하게 생긴 독)를 두어 물을 길어다놓고 사용하기도 한다.

굴뚝은 보통 통나무의 속을 파서 연통을 만들기도 하고 오지를 구어 만들기도 하는데, 흙과 돌을 써서 반반전으로 무늬를 놓아가며 만드는 것이 최근의 유행이다.

그밖의 유행으로 비교적 유치하지 않고 수준 높은 장식으로 꼽히는 것으로는 꽃담처럼 면회(面灰)한다든지 석가산(石假山)을 만들고 나무를 심어 운치를 더하는 것이 있다.

전돌로 합각을 구성한 팔작지붕 양반가의 멋을 느낄 수 있다

한강변에 정자 건축 유행

부유해진 양반들, 앞다퉈 정자 짓고 풍류 즐겨

성종 때부터 한강변에 새 정자가 하나 둘씩 늘어나더니 최근에는 경치 좋은 곳마다 여러 채의 정자가 들어서 이제 수십여 채나 된다. 워낙 경치가 빼어난데다 한양 중심의 경제권이 확립되면서 양반층의 생활이 전반적으로 부유해지면서 풍류를 즐길 여유가 생겼기 때문이다. 정자들이 밀집해 있는 한강변 명소를 소개한다.

가장 상류쪽 명소는 광나루. 뒤로는 아차산이 병풍처럼 둘러 있고, 강 건너 몽촌 토성은 옛 백제의 영화가 아른거리는 곳이다. 강에서 물고기 잡으며 천렵하는 것도 일미. 이곳에서 남으로 가다보면 강 건너로 잠실이 빤히 보이는 곳에 마치 솥뚜껑을 엎어놓은 듯한 나즈막한 대산(臺山)이 나오고 산정에 낙천정이 있다. 뒤로는 남산과 북악의 산세가 아스라하고, 강 건너로 관악산이 버티고 있는 명승지지만 안타깝게도 일반인은 출입금지. 언덕 뒤편 별궁에 국왕들이 가끔 와서 묵으며 풍류를 즐기는 곳이다. 강변을 따라 좀 더 내려가면 청계천과 중랑천이 합류하여 한강으로 흘러드는 곳, 동호가 나온다. 동호 북안 가파른 언덕 위 전망 좋은 곳에 몽래정, 유하정, 황화정 등 여러 채의 정자가 있다. 세종이 성균관 유생들에게 이런 좋은 경치에서 공부하라고 독서당을 지어주기도 했다.

이곳에서 바로 강 건너 단애 위에 보이는 정자가 그 유명한 압구정. 한명회가 지은 것으로 중국 사신을 접대하는 데 주로 이용했다. 풍광은 좋지만 주인이 안 좋아 인기는 시들한 편. 다시 강 건너서 하류로 내려가다보면 국가의 공식적 사신 접대장소로 유명한 한강정이 나온다. 특히 월경이 뛰어나 명 사신들이 이곳에 와 보고는 우아한 경치에 넋을 잃는다.

여기서부터 하류로는 용산, 마포, 서강, 양화나루가 연이어지며 각 곳마다 추흥정, 영복정, 창랑정, 망원정 등 수십 채의 정자들이 산재해 있다. 이 일대는 강폭이 넓고 유속이 느려 서호(西湖)라고 부른다. 이곳에 배 띄우고 술 한잔 거나하게 걸치면 강태공 아니라도 시구가 절로 입에 맴돈다.

해외 소식

루터, 면죄부 판매 항의반박문 게시

각계 각층에서 큰 호응 … 농민층 봉기 움직임

1517년 10월 독일 비텐부르크 대학의 신학교수 마틴 루터(34세)가 면죄부 판매의 부당성을 지적하는 95개조 반박문을 비텐베르크 성(城)의 교회에 게시, 반(反)교황 움직임이 독일 전역으로 확산되고 있다.

평소 "신에 대한 신앙과 자비로운 신의 은총에 의해서만 인간은 구제될 수 있다"고 주장해온 루터는 면죄부 발행인들이 성베드로 성당의 수축비를 마련하기 위해 "면죄부를 산 돈이 금고에 떨어지는 짤랑거리는 소리와 함께 면죄부를 산 사람의 죄가 용서될 뿐만 아니라, 그의 부모 친지의 영혼까지 연옥에서 튀어나온다"는 과대선전을 하는 데 분개, 일종의 신학토론을 위해 라틴어 반박문을 붙인 것으로 알려졌다.

루터의 처음 의도와는 달리 이 반박문은 곧 독일어로 번역되어 전국에 뿌려져 큰 파문을 일으키고 있는데, 루터에게 지지를 표하는 집단은 독일의 돈이 로마로 흘러나가는 것에 불만을 느끼는 영방제후, 교황청과 밀착해 있는 거상(巨商) 및 대금융업자에 반발하는 도시의 중산적 생산업자나 상인들, 교회의 착취와 봉건적 부담을 증오하는 농민들인 것으로 분석되고 있다.

루터의 목소리가 큰 공감을 얻게 된 데에는 이미 1백년 전부터 계속돼온 평신도들의 자발적인 종교모임이 그 바탕을 이룬 것으로 보이는데, 이들은 교회의 제도적 의식을 떠나 직접 성령을 체험하고자 하는 열정으로 뭉쳐 있어 이후 카톨릭과는 다른 길을 걷는 새로운 종파의 출현도 가능할 것으로 보인다.

한편 독일의 농민들은 '신 앞에서 만인은 평등하다'는 루터의 가르침에 고무되어 농노제를 비롯한 제반 부담의 철폐를 요구하는 봉기의 움직임까지 보이고 있다. 그러나 구원이 인간의 내면에 있음을 강조하는 루터가 이들을 지지할 가능성은 희박할 것으로 예측된다.

역사신문

조광조, 사약받다 …

국왕의 전격 조치 '충격적'

조광조의 개혁정치 4년 만에 종말 고해

1519년(중종 14년 기묘년) 중종의 총애를 한몸에 받으며 각종 개혁을 통해 도학정치 실현에 노력하던 조광조 외 신진사림들이 붕당을 만들어 국정을 어지럽혔다는 죄목으로 전격 유배돼 사약을 받았다.

국왕은 "조광조·김정·김식 등이 붕당을 이루어 자기에게 붙는 자는 천거하고 자기와 뜻이 다른 자는 배척하며, 권세 있고 중요한 자리를 차지하고서 후진을 이끄는 데 있어서 사습(士習)을 버릇없게 하여 국론이 전도되고 조정을 날로 그릇되게 했다"는 것을 이들의 죄상으로 들었다.

정가에서는 한때 사림의 등용에 열심이던 국왕의 돌연한 변심에 대해 다소 놀라면서도 1510년 조광조 등용 이후 계속돼온 훈구-사림 사이의 대립구도에서 국왕이 훈구쪽에 가담한 것에 대부분 수긍하는 분위기다. 반정을 통해 연산군을 내몰고 왕위에 오른 중종은 정권 출범 당시부터 훈구대신들에게 눌려 지내다가, 박원종 등 주요 훈구공신이 사망한 후 의도적으로 사림세력을 언관직에 등용, 훈구의 대응세력으로 양성해왔다.

그 결과 사간원·사헌부·홍문관에 3분의 2 이상이 사림으로 가득 찰 정도로 사림의 언관직 진출이 두드러졌으며 훈구파의 반대에도 불구하고 공신 포상의 축소, 향약의 보급, 천거제의 실시 등이 사림 언관의 주도로 이루어졌다.

이런 움직임을 주도했던 사람이 조광조인데, 그는 이 과정에서 훈구세력과 극렬하게 대결하였고 중종까지도 난처한 지경에 몰아넣었던 것으로 알려졌다. 특히 그는 반정공신에 오른 훈구세력들 가운데 자격 없는 인사들의 문제를 집요하게 거론, 반정 자체를 부정하는 듯한 인상을 줌으로써 훈구세력은 물론 중종의 분노를 크게 사 정국이 급변하게 되었고, 조광조세력의 처형으로 이어지게 되었다는 것이 국왕 측근들의 지적이다. 정부 고관 김모씨는 "국왕이 사림을 등용하여 훈구를 견제하면서 정치의 균형을 잡고자 하였으나, 조광조일파의 급격한 진출에 위기의식을 느낀 국왕과 훈구대신들이 대대적인 반격을 한 것 같다"고 풀이했다.

붕당결성의 죄목으로 조광조, 김정, 기준, 한충, 김식 등에게 사약이 내려지고 김구, 박세희, 박훈, 홍언필, 이자, 유인숙 등은 유배조치됐으며 죄인을 두둔한 것에 대한 책임을 물어 안당과 김안국·김정국 형제는 파직됐다.

한편 신진사림들에 대한 구형이 확정된 후 새로 구성된 내각에는 이번 처벌을 주도한 남곤이 좌의정, 심정이 이조판서, 이행이 홍문관 부제학에 각각 임명됐다. 이번 조치로 그동안 조광조와 그를 따르던 사림세력이 추진했던 정책인 현량과는 천거된 인사들의 합격이 취소되었고 향약보급 운동 등은 중단되었다.

관련기사 2·3면

비변사 위상 높아져 … 기능 확대, 상설문제 논란

"왜구 토벌 끝나면 일상 군사업무는 병조에 맡겨라", 사간원과 홍문관 반대 의견 건의

1522년(중종 17) 조정은 전라도 해안에 왜구가 침입해왔다는 소식을 접하고 즉시 비변사(備邊司)에 통보, 병조와 대책을 논의하도록 하는 한편, 기존의 영의정과 좌·우의정 및 국방 요직 경력자 등 문신 외에 무신을 새로 소속 관리로 임명하였다. 이에 따라 비변사의 위상은 더욱 높아질 전망이다.

원래 군사업무는 의정부와 병조 사이에서 처리되는 것이 원칙이지만 북방의 여진, 남부 해안의 왜구 등이 자주 침입해옴에 따라 그에 대한 신속한 대응 및 대책 수립을 위한 임시기구로 비변사를 설치한 것이다. 그러나 최근 들어 비변사의 업무는 변경지방 업무뿐 아니라 무관의 인사나 수도 한성의 방비에 이르기까지 확대돼왔다. 이 때문에 병조와 자주 마찰을 빚고 있어 문제가 되고 있다. 병조 관리들은 "임시비상 대책기구에 불과한 비변사가 날로 비대해져 이러다가는 국정 전반을 총괄하는 의정부를 대신하게 될지 모르겠다"며 우려하고 있고, 사간원과 홍문관에서도 "왜구 토벌이 끝나는 대로 비변사는 폐지하고 일상적 군사업무는 병조에게 맡길 것"을 건의해놓은 상태다.

그러나 국왕은 "사변은 예고 없이 일어나는 것인데 사변이 일어나면 기구를 설치했다가 곧이어 폐지하고, 이를 매번 되풀이하는 것은 비합리적"이라며 오히려 비변사의 상설화쪽으로 방향을 잡고 있어 귀추가 주목되고 있다.

비변사 관련 일지

1482년(성종 13)	여진인 포당개(蒲堂介) 반역사건 지변사재상이 처리 무장(武將)의 인선에도 참여.
1510년(중종 5)	삼포왜란 대책협의 과정에서 비변사 구성.
1517년(중종 12)	여진 침입 대비, 축성사 설치 후 비변사로 개칭.
1520년(중종 15)	폐사군(廢四郡)지방의 여진 침입 후 비변사 설치. 이후 정토군(征討軍) 편성시 비변사 설치 관례화. 국경방어문제 외에 한성 군사관련 업무처리에도 참여.

보병 수포가(收布價) 3필 반으로 공정

1541년(중종 36) 4월 상승일로에 있던 보병의 수포 가격이 1개월당 3필 반으로 정해지고 각 지방에서 거둔 대립가는 병조 소속의 사섬시에서 일괄 관리하는 규정이 마련됐다. 그동안은 군역을 지는 대신 포를 납부하는 관행에 따라 경주인들이 각 지방에서 대립가를 받아와 대역인을 고용하는 과정에서 중간 수탈이 자행돼왔다. 1538년 9월 전라도관찰사 김정국이 과중하게 책정된 군액의 현실화와 대립가 징수의 국가관리를 건의한 이래 이번에 동지사 양연의 발의로 대립가 공정과 국가관리가 이루어지게 됐다.

관련기사 5면

역사신문

정치판에 규칙이 없다

토론과 승복의 정치규칙을 세우자

작금의 정치판을 보노라면 사림이니 훈구니 하며 편가르기가 극에 달해 심히 우려하지 않을 수 없다. 지난 기묘사화 때 경상도 어느 고을에서는 사화에 연루돼 유배 가는 사람을 배웅하는 친구마저 잡아들여 유배처분을 내리려다, 그가 미친 사람인 척 행세를 해 다시 풀어준, 우리로 하여금 쓴웃음을 짓게 하는 사례가 있었다. 친구에 대한 의리마저 처벌하려 드니 이 나라에서 붕우유신(朋友有信) 덕목은 이제 없어져야 한다는 말인가?

훈구세력측에서는 계속되는 사화의 원인이 사림측의 붕당행위에 있다며 책임을 전가하기에 급급하다. 붕당결성을 개시한 쪽이 사림측인 것은 사실이다. 그러나 우리가 보기에 현재 문제의 핵심은 붕당 그 자체에 있는 것이 아니다. 왕조 건국 이래 100여 년이 흐른 지금, 우리사회는 엄청나게 발전했다. 특히 최근에는 성장의 여파가 농업부문을 넘어 상업부문까지 확산되고 있다. 장날에 장에 나가보면 없는 물건이 없다. 당연히 국부(國富)도 엄청나게 늘어났을 것이다. 문제의 근원은 이 팽창된 국부를 제대로 관리하지 못하는 데 있다는 것이 우리의 생각이다. 한 가정에서 봐도 집안이 어려우면 모두 자신을 희생하고 도와 화목하지만, 갑자기 부자가 되면 가족 구성원들 사이에 그를 둘러싸고 이런저런 말이 많게 마련이다.

따라서 우리는 사림세력이 정계에 진출하는 것 자체는 시대상황의 반영이라고 본다. 다만 사림의 정치세력화가 저급한 권력 나눠 먹기 싸움이 되지 않기를 바라는 것이다. 사실 지금 사림은 우리 정치에 참신한 바람을 불러일으키고 있지만 그들이 우리 정치의 바람직한 미래상을 확실하게 보여주지 못하고 있는 것도 사실이다. 앞으로 사림이 구세대에 대한 견제세력으로서 굳건하게 서서 시시비비를 따지고, 그럼으로써 국왕의 통치가 균형을 갖도록 하는 역할을 제대로 하는 것이 바로 미래형 정치라고 우리는 확신한다.

그러나 기존 정계에서, 특히 훈구세력에게서 이러한 이상적 정치상을 찾아보기 힘들다는 데 문제의 심각성이 있다. 사람을 죽이면서까지 진행되는 사생결단의 정치풍토만 횡행하고 있는 것이다. 따라서 해결책은 우리 정치판에 토론과 승복의 정치규칙을 시급히 재정립하는 것이다. 지금 정부는 백성들에게는 「삼강행실도」다 뭐다 해서 배포하며 유교적 질서를 지키라고 난리다. 그러면서 정작 자신들의 정치판에서는 붕우유신도 뭐도 없이 박터지게 싸움만 하고 있다. 정치인들이 하루빨리 유교적 이상에 걸맞는 정치풍토를 회복하기를 간곡히 촉구한다.

그림마당

이은홍

……어디서 부턴가 우리의 믿음이 깨지기 시작했던건지… 난 알지도 못한채 어색함을 느끼면서 그렇게 함께 만나온 시간이 길어지면 길수록 난 너에서 조금씩 멀어지는 것을 느끼며 난 예감을 했었지, 넌 나보다 개혁에게 관심이 더 있었다는 걸……
…빨리 타셔요!!
조광조
훈구

논쟁 현시국을 보는 상반된 시각 훈구 對 사림

연산군대의 파행적인 정국운영을 되돌리려고 일어난 반정 정국에서 연산군대의 양 사화에 버금가는 참혹한 정치투쟁이 일어났다. 이번 기묘사화의 양대 대립세력인 훈구와 사림계열 대표로부터 각자의 입장을 들어본다.

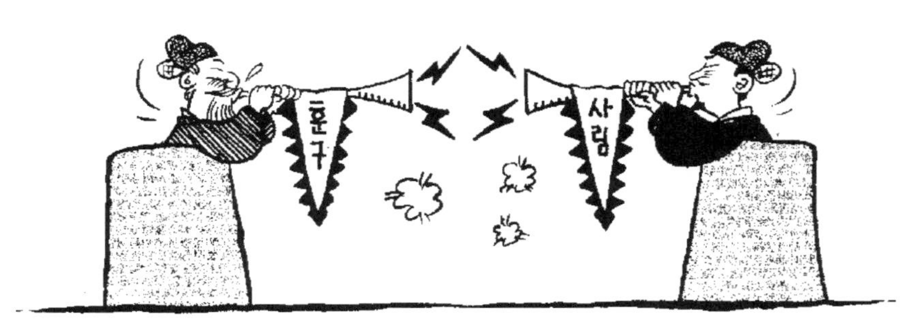

훈구대신 남곤 신진사림 김정

붕당 및 정치운영

"국왕-재상-언관의 균형이 중요하다"

국왕권-재상권-언관권의 균형이 깨지면 곤란한데 기묘사화 직전의 상황은 조광조 중심의 언관들의 발언권이 왕권을 위협하고 재상권을 능멸할 정도로 비대화돼 있는 실정이었다. 또 조광조 무리는 일종의 '붕당'을 결성, 집단적인 정치행동을 벌이며 국정운영의 각종 사안에 영향력을 행사, 대신들조차 감히 반대의사를 표명하지 못하게 할 정도였다. 조광조 일당의 처형은 정치운영의 정상화로 받아들여야 한다.

"군주는 군자의 당과 손잡아야 왕도정치 가능"

언관권의 성장은 전대에 비해서 괄목할 만하다고 할 수는 있지만, 최근 들어서 국왕의 독단과 소수 재상 중심의 정치를 견제할 수 있는 수준에 이르렀다고 하기에는 미흡한 감이 있다. 그리고 이번에 붕당 결성이 죄목이 된 것은 시대착오적인 발상이 아닐 수 없다. 군자의 당과 소인의 당은 구분돼야 하며 군주는 군자의 당과 손을 잡을 때 진정한 왕도정치를 이룰 수 있다는 것을 다시 한번 강조하고 싶다.

반정 후 정국 운영방향

"연산군대의 파행정치, 원상복귀됐다"

연산군대의 파행적 정치운영은 반정 이후 대부분 원상태로 돌아왔다. 경연이 부활되고 언관 숫자가 다시 늘어나는 등 성종대 상황으로 대부분 복귀했는데도 사림들이 "아직도 멀었다"며 갖가지 개혁을 이야기하는 것은 솔직히 자기들의 입지를 굳히려고 '평지풍파'를 일으키는 식이었다.

"반정 이후 나아진 것 하나도 없다"

반정 이후 연산군대에 방만해진 재정은 축소되지 않았고 백성에 대한 수탈문제도 나아진 것은 없다. 특히 농장 확대, 방납과정상의 모리행위는 '권력형 비리'로서 규제조치가 시급한 상황이었다. 균전론, 양민의 노비화 방지, 공신전·직전·녹봉의 축소를 통한 긴축재정 실시를 주장한 것도 그 때문이다.

부국강병의 방향

"나라에 부가 쌓여야 백성이 모인다"

사림들은 자꾸 긴축재정을 이야기하는데 「대학」에서도 국고가 비면 백성들이 흩어진다고 했다. 나라에 부(富)가 쌓여야 그 밑으로 백성들이 모이는 것이다. 개간사업만 해도 그렇다. 토지와 염전, 광산 등이 개발되면 그 이득은 막대한 것인데 우리나라는 그 비옥한 땅을 개간하지 않아 놀리고 있으니 이것이야말로 나라의 부를 길바닥에 흘리는 것과 다름이 없다. 둔전이나 해안가의 염전을 재주 있고 여유 있는 사람이 맡아 이득을 남기는 것이 뭐가 잘못인가? 부유한 개인이 모이다보면 부자나라가 되는 것이다. 그리고 사림들이라 해서 탐욕스러운 지주가 아닌 것은 아니다.

"국가는 백성으로부터 최소한의 세금만 거둬야"

국부의 축적이란 국가의 재정상태만을 의미하는 것이 아니라 백성의 부까지 포함하는 것이다. 국가는 최소한의 운영비용 외의 것을 백성에게서 가져가려 하면 안 된다. 사림들도 부의 개발에 관심이 없는 것은 아니지만 현재 훈구대신들의 재산증식은 그 치부 방식 자체가 비리성을 띠고 일종의 정치적 특권을 매개로 이루어진다는 점에 문제가 있다. 사림들도 농민들이 양잠이나 면포 직조와 같은 가내수공업을 통해 농가수입을 올리는 것, 그리고 훈구대신과 결탁한 상인들이 쌀이나 면포를 이용해서 만든 특권적 유통구조를 깨기 위한 동전의 주조 등에 관심이 많다.

정치참여 범위

"정치의 주체는 군주와 관료"

최근 언관직 사림들이 자기 고향 사림들의 여론을 휘몰아 '공론'이라며 조정을 누비던 모습은 꼴불견이었다. 사족이라 해도 관직을 갖지 않으면 정치에 대해 이러쿵 저러쿵 할 수 없다. 정치의 주체는 군주와 관료이다. 대체로 유생들이 국정에 대해 발언을 하는 것은 자신의 이름을 드러내어 관직을 얻고자 하는 의도가 있기 때문이다. 모름지기 한 나라의 정치는 외방의 입방아에 의해 좌지우지돼서는 안 된다.

"정치 참여층의 확대는 자연스런 추세"

정치 참여층의 확대는 이미 자연스러운 하나의 추세다. 지방 사림들의 상소가 많아진 것은 지방사회가 학문적으로 성숙했다는 뜻이다. 유생들의 정치적 발언을 부정하는 것은 백성의 입을 막는 것과 같다. 그리고 중앙정치가 제대로 이루어지고 있다면 왜 상소가 올라오겠는가? 지금의 관료 집단은 이미 다스리는 자의 자격을 상실한 집단으로 도대체 '애민정치'를 기대할 수 없는 사람들이다. 집권세력의 교체가 절실하다.

향촌사회 운영

"향촌 여론 운운하는 것은 지방토호들의 강짜"

일부 사림들은 '향촌의 여론'을 수렴한다면서 양반 천민 할 것 없이 나이순으로 한 자리에 앉아 지방 수령과 아전들을 헐뜯고 있으나, 이는 위아래를 흐리는 행위이자 집권정치에 방해가 되는 지방토호들의 강짜가 아닐 수 없다. 그리고 무지렁이 농민들의 조직인 향도까지 끌어들이려 했다는 것을 알았을 때는 솔직히 할 말이 없었다.

"향촌의 공동체적 유대 강화 방법 모색"

수령과 아전들이 각종 비리를 저지르지 않았다면 향촌 내에서 이들을 제재하려는 움직임은 없었을 것이다. 또 농민도 향촌사회의 일원이다. 향촌사회의 공동체적 유대관계를 강화하면서 소농민을 안정시킬 때 나라의 근본도 튼튼해질 수 있다. 사림들은 기존 농민조직인 향도를 참고, 향촌자치기구 운영을 시도하고 공동체적 결속을 강화하는 방법들을 모색 중이다.

조광조 '비극으로 막내린 저돌적 개혁파'

현재 조광조에 대한 평가는 정파에 따라 극과 극이지만, 뜻있는 이들은 그가 학문에서 성공하고 정치에서 실패한 불운아라고 안타까워하고 있다. 정치와 학문 양 분야에서의 그에 대한 평가를 들어본다.

"학문에서 성공하고 정치에서 실패한 원칙론자"

현실 정치가로서의 조광조
"목표 향해 돌진하는 저돌형"

한마디로 그는 목표를 향해 좌우를 돌아보지 않고 돌진하는 저돌형이라는 평이다. 그 과정에서 그는 필요 이상의 정적들을 양산해냈고 그것이 결국 그를 죽음으로 몰아갔다는 것이다. 정가에서는 대체로 현량과(賢良科) 실시안과 반정공신 축소안을 통해 자신의 정치생명을 단명으로 몰고갔다고 보고 있다.

현량과는 한마디로 과거시험제도를 입시제에서 내신제로 전환하자는 것이다. 단 1회 시험으로 실력을 평가하는 것은 무리이므로 평소의 학문을 지켜본 동료사림 추천을 받은 자에 한해 시험을 치르게 하자는 것이다. 기존 훈구세력들로서는 사림측의 정계진출을 유리하게 하려는 술책으로 볼 소지가 다분히 있었다. 현실 정치에서는 이러한 갈등을 대화와 타협으로 해결하는 것이 관례인데도 그는 성균관 유생들을 동원해 시위를 벌이는 등 극한적 방법을 동원해 관철시켰다.

훈구파들을 더이상 참지 못하게 한 것이 반정공신 축소재조정안이었다. 중종반정을 이끈 공로로 책정된 공신들은 그 수가 너무 많고 유자광 등 무자격 간신배들이 끼여 있었던 것도 사실이다.

그는 이번에도 타협을 거부했고 뜻을 같이 하는 사간원 대간들을 이끌고 집단 사직서를 내면서 맞섰다. 결국 그의 뜻은 관철됐지만 이를 계기로 중종마저 그에게 등을 돌려 정치생명은 종말을 보게 된 것이다.

도학자로서의 조광조
"조선 성리학계 도학의 창시자"

현재 유생들 사이에서 유학자로서 조광조의 위상은 확고하다. 사실상 그는 조선 성리학에서 도학의 창시자나 다름 없다는 평이다. 우리 조선의 성리학적 전통은 정몽주, 길재, 김종직, 김굉필로 이어져 내려왔고, 그는 바로 김굉필 문하에서 배웠다. 그러나 그동안의 조선 성리학은 주로 사장(詞章) 즉, 문학 중심이었다. 성리학의 이론 및 실천분야 즉 도학은 미개척인 상태였다. 그러던 것을 바로 조광조가 나와서 도학을 성리학의 중심 학풍으로 자리잡게 했다는 것이다.

그의 도학에 대한 집착이 얼마나 강한가는 소격서(昭格署) 혁파에서 극명하게 드러났다. 유교를 기본으로 하는 나라에서 흉사 때 미신에 제를 올리는 부서인 소격서를 둔다는 것은 있을 수 없는 일이라는 게 그의 주장이었다.

그는 중종이 상소를 들어주지 않자 성균관 유생을 이끌고 궐문 앞에서 비를 맞아가며 연좌시위를 벌였다. 빗줄기가 굵어지고 밤이 깊어가도 그는 미동도 않은 채 버텼고 결국 국왕의 재가를 얻어냈다. 이 일화는 지금도 젊은 유생들의 뇌리에 깊이 박혀 있다는 후문이다.

조광조 처형과 중종의 동정

중종, "가슴 아프지만, 정치가 더 잘못되기 전에 …"

조광조 등의 처형이 확정되자 정광필·안당 등이 "이들 사림이 과격했던 것은 사실이지만 붕당이라고 지목하여 역사책에 쓰면 후세에 보기에도 아름답지 않고 지금 처벌하면 기껏 활성화된 언론이 다시 움츠러들 것"이라며, "이들을 요직에 앉혀 그 말을 다 들어준 것도 다 상(上: 임금)께서 하신 일인데 하루아침에 죄를 주면 함정에 빠뜨리는 것과 비슷하다. 요순 같은 임금을 만났다고 생각하고 온갖 이야기를 하다보니 과격해진 것이다. 실제로 조광조는 체포 명령을 듣고 중간에서 누가 농간을 부리는 줄 알고 집에서 나오기를 주저할 정도로 마지막 순간까지 상의 마음을 믿고 있었다"며 국왕의 너그러운 용서를 구했지만, 가슴 아픈 표정을 지으며 중종이 한 대답은 이러했다고 한다. "살리기를 좋아하고 죽이기를 싫어하는 것이 임금의 마음인데 내가 어찌 죄 주고 싶겠는가? 이것은 사사로운 노여움으로 처벌하는 것이 아니다. 다만 지금 처벌하지 않으면 더욱 정치가 그르쳐질 것 같아서 어쩔 수 없이 하는 것이다."

스케치 조광조가 사약받던 날

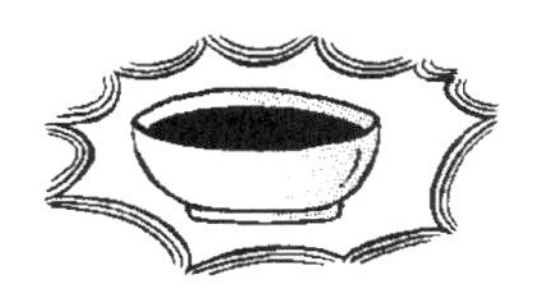

사약을 가지고 능주로 내려간 의금부 도사 유엄에게 조광조는 잠시 시간을 달라고 한 뒤 "임금을 어버이처럼 사랑하였고 나라를 내 집처럼 근심하였네. 해가 아랫세상을 굽어보니, 충정을 밝게 비추리. (愛君如愛父 憂國如憂家 白日臨下土 昭昭照丹衷)"라는 시를 짓고 거느린 사람들에게는 "내가 죽거든 관을 두껍게 만들지 말라. 먼 길 가기 어렵다"는 말을 남기고 사약을 마셨다.

그간 조광조 처벌 반대시위를 주도했던 인사들은 "사림들이 낭관권을 형성해서 사림의 정계진출을 활성화시키고 개혁정치를 펼치는 것에 위기감을 느낀 훈구세력들이 조광조 등을 붕당으로 몰아 아예 사림의 정치기반을 해체시키려 했다"고 이번 사태를 평하면서 "공신 등 훈구세력의 비리를 공론정치로 해소하려 한 사림의 이념이 널리 공감을 얻고 있는데다가 현실적으로 광범위한 재지사족을 모집단으로 해서 꾸준히 중앙정치무대 진출을 도모하는 사림의 행렬이 끝없이 이어지고 있는데, 이 도도한 흐름을 어떻게 막을 수 있겠느냐"며 사림세력의 재기(再起)를 기약했다.

붕당론 유감

이번에 조광조 외 신진사림들이 '군자'로 자처하며 '소인' 대신들을 비판하다가 붕당 결성의 혐의로 처형됐다. 그렇다면 붕당의 의미가 무엇이길래 훈구대신들의 사림 축출의 근거가 될 수 있었을까? 원래 붕당이란 용어는 이미 중국 고전에서 등장하고 있다. 때로는 '붕(朋)'이란 한 스승 밑에서 배우는 벗을 지칭하는 말로 쓰이고, '당(黨)'이란 사사로운 이해 때문에 모인 집단이란 의미로 구분되어 쓰일 때도 있지만 대체로 붕당에 대한 중국인의 인식은 좋지 않은 편이다.

「전국책(戰國策)」이나 「사기(史記)」에서 붕당의 문호를 막아야 한다는 선에서 그치던 붕당배격론이 후한말에 환관들에 의해 이응·진번 등과 그 문인 1천 여 명이 당인(黨人)으로 몰려 숙청되는 '당고(黨錮)의 화(禍)'를 거치면서부터는 아예 붕당이 선비들 사이에서 죄악시되는 지경에 이르렀다. 40여 년간 계속된 소위 '우이당쟁(牛李黨爭)'에 질린 당나라 문종은 "하북지방의 도적을 쳐 없애기는 쉬우나 조정의 붕당을 없애기는 어렵구나"라고 한탄, 이때부터 붕당은 군주권을 침해하고 조정을 어지럽히는 이미지로 굳어지기 시작했다.

특히 북송대 구법당과 신법당 간의 장기간의 대립이 북송 멸망의 원인으로 지적되면서 붕당은 망국의 요인으로까지 간주되기에 이르렀다. 사림의 선두주자 조광조가 북송대 신법당의 무모한(?) 개혁론자 왕안석에 비유될 때부터 기묘사화의 싹은 이미 고개를 내밀고 있었던 것이다.

붕당 혐의가 몰고 온 피바람을 보면서 얼핏 두 가지 생각이 머리를 스친다. 하나는 「논어」에서 인간의 도덕성을 논하는 기준으로 언급된데 불과하던 군자·소인론이 이제 현실 정치활동의 운영원리로 도입되기 시작했다는 것, 그리고 다른 하나는 군자와 소인은 얼음과 숯처럼 함께 있기 어렵다는 것.

발언대 무역 신풍속도

상인 김유광(金有光)이 말하는 '북경 위화도 한성' 길

"면포 밀수로 20여 배의 이익 남겨"

은 유출을 방지하려는 정부의 '금방절목(禁防節目)' 발표에도 불구하고 북경 가는 사신들에 의한 은 유출은 계속되고 있고, 이들 사신들은 동업조합 형태로 맺어진 부상대고의 후원을 받아 공무역을 빙자한 조직적인 밀무역에 앞장서고 있다. 최근에는 국내 부상대고와 명나라 상인들이 북경이 아닌 압록강의 위화도, 검동도에서 직접 만나 교역을 하는 새로운 무역풍속도가 나타나고 있다. 역사신문에서는 얼마전 체포된 상인동업조합인 '동무(同務)'의 일원인 김유광씨의 글을 통해 새로운 면모를 보이고 있는 무역로 답사를 시도해보았다.

나는 김중량, 주의손, 이수복, 안효손과 각각 목면 5백 동(약 2만 5천 필)씩을 출자하여 '동무(同務)'를 조직하고 일본 가는 사신을 통해 수입 금지품목을 수입하는 한편, 북경 가는 사신에게는 금 39냥과 은 74냥 9전을 주어 필요한 물품을 사오도록 하다가 갑사(甲士) 이세손의 고발로 체포됐다. 내가 입만 열면 장안사람 모두가 알 만한 이름들이 쏟아져나올 테니 나를 쉽게 처벌하지는 못할 것이라고 생각한다. 어쨌든 내가 체포되기 전까지 우리 '동무'가 해외무역을 통해 얻은 이익은 매우 짭짤한 편이다. 예를 들어 명에서 1필 당 은 2전에 불과한 백저포(白苧布)가 우리 조선에서는 은 3~5냥에 해당하므로 15배 내지 25배의 이익을 얻을 수가 있다.

> "명에서 수입하는 각종 물품대금 결재 위해 많은 양의 은이 필요했다"

우리의 수입대금 결재를 위해서는 다량의 은이 필요한데 정부의 광업정책은 변덕이 죽 끓듯 하니, 우리 상인들은 왜의 연철을 수입하여 직접 제련하여 은을 만들어내는 자구책까지 마련한 적도 있다. 내가 기억하기로 정부의 은광(銀鑛)정책은 수시로 바뀌어왔다. 한때는 민간업자가 자유롭게 채굴하게 하고 국가에는 일정액의 세금만 납부하게 하더니, 이제는 민간업자의 채굴 자체를 금하고 있으니 어느 장단에 맞춰 춤을 추어야 할지 모르겠다.

단천 은광의 은은 명에서도 그 품질을 인정받아 명나라 사람들은 고품질의 은만 보면 무조건 "아, 단천 은!"이라고 외칠 정도다. 단천 은광이 호황을 누리던 시절에 나는 명에서 수입한 상품을 의주에서 단천으로 수송하여 은과 매매하고 은을 다시 북경 가는 사신에게 주는 방법을 주로 이용했다. 그때 단천에는 명나라 상품이 범람하여 북경과 다를 바가 없었고 단천과 사행로(使行路)가 있는 평안도 사이에는 큰길이 생길 정도였다.

1535년 무렵부터는 우리의 은 제련술이 일본에도 전해져 왜은(倭銀)이 대량으로 생산되기 시작했으니 우리 상인들도 그쪽으로 눈을 돌리지 않을 수 없었다. 주로 한성의 동평관을 통해 왜인들과 밀무역을 했는데 정부에서는 우리가 동평관의 관리들과 짝자꿍이 잘 맞는 것을 눈치채고는 우리와 면식이 없는 번상군사(番上軍士)를 동원해 3일 교대로 동평관 근무를 시키기도 했다.

명나라와의 무역에서도 큰 변화가 일어났는데 여기에 우리가 발빠르게 대응한 것은 물론이다. 북경 가는 사신을 배웅하기 위해 북경에서 요동까지 왕래하는 단련사(團練使)나, 표류자와 도망자를 붙잡아 요녕까지 돌려보내는 해송역관(解送譯官)이 북경의 물건을 요동까지 가져와서 우리 상인들을 기쁘게 하고 있고, 압록강의 위화도와 검동도의 '협강당인(挾江唐人)'들을 통해 명의 상인과 우리 상인들 사이의 밀무역이 성행하고 있기도 하다. 정부의 통관 검사가 심해져서 사신 옆에 따라붙는 것이 점점 어려워지고 있는 현실에서 명나라 상인들이 불타는 상혼으로 우리나라 상인들에게 호응해온 것은 매우 환영할 만한 일이다.

내가 알기로는 북경 가는 사신이 은을 지불하고 수입해온 물건을 궁중에 쌓아놓고 흥정하는 모습이 장시를 방불케 한다고 한다. 은 유출의 혐의로 사형까지 시키면서도 은 유출을 하지 않을 수 없게 만드는 정부의 두 얼굴이 아닐 수 없다.

"은이 흐른다"

명나라, 대금결재로 은 요구 … 국내 수요 증가로 일본산 은 국내 대량 유입

무역 대금 지불수단인 은이 '일본-조선-명'의 통로를 통해 활발히 유통되는 등 삼국간의 사무역이 활기를 더해가고 있다.

명과의 무역형태는 조공무역과 같은 공무역이 원칙이었고, 우리나라의 경우 조공의 부담을 줄이는 데 주력했기 때문에 그동안 양국간 통상은 부진한 편이었다.

그러나 명의 비단이나 그 원사(原絲)에 대한 국내수요가 증가하면서 사신을 통한 일정량의 공무역 체제로는 늘어나는 무역량을 감당하기 힘든 상황이고, 명측이 요구하는 결재수단인 은의 수요 또한 증가하고 있다.

무역에서 은의 비중이 커짐에 따라 북경에 가는 사신 틈에 끼어 실제적인 사무역을 감행하고 있는 부상대고들은, 은광 개발에 소극적인 정부에 압력을 넣어 은광의 민간경영권을 따내려고 혈안이 돼 있으며, 그 결과 단천 은광이 개발됐고 은 제련술의 발명 또한 잇따랐다.

은 제련 신기술은 곧 일본에 전해져 은 생산의 급격한 증가를 가져왔으며, 1523년 이후 명과의 무역 중단을 계기로 판로가 막힌 일본 은이 조선으로 쇄도하여 한꺼번에 1만 5천 냥이 흘러들어오는 경우까지 발생하고 있다. 결국 이와 같은 왜은의 국내 유포로 1530년대 이후 국내 은가는 계속 하락곡선을 그리고 있다.

명과 사무역을 하는 유모씨는 "국제무역에서 은이 주된 결재수단이 된 것은 명의 부세제도가 은납화되었기 때문"이라며 어쨌든 왜은의 대량유입과 시가 하락은 우리 상인들에게는 환영할 만한 현상"이라고 기쁨을 감추지 못했다.

한편 경제평론가 조모씨는 "민간인의 무역 종사를 금하고 정부의 무역독점을 꾀하는 명의 '해금정책(海禁政策)' 하에서도 명나라 사람들은 왜구를 가장하면서까지 교역에 나서고 있고, 일본도 전국시대의 소용돌이 속에서 군사력 유지에 필요한 재원의 마련을 위해 광산개발과 상공업 장려책이 잇따르고 있다"고 해외 경제 동향을 설명한 뒤, "우리나라도 농업 생산의 발전으로 구매력이 상승함에 따라 상공업이 활성화되고 있는 상황이니만큼 은을 매개로 한 무역량 증가는 3국 각각의 유통경제의 진전을 기반으로 한 동아시아적 현상"이라고 진단했다. 참조기사 10호 5면

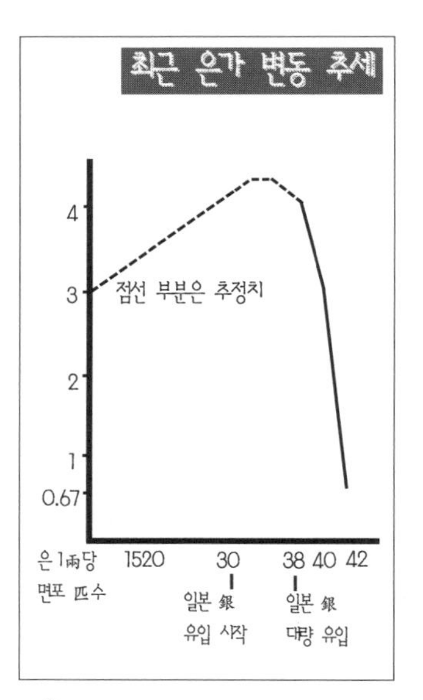

경제 해설 연분(年分)이 점차 내려가는 세 가지 이유

재해 인정 어려운 현실, 공납 요역 부담 과중, 재지 사림 반발

해마다 그해의 풍·흉의 정도에 따라 전세(田稅)의 기준, 즉 연분(年分)을 달리해왔는데, 그 기준이 점차 내려가 '하중년·하하년' 수준인 4 내지 6두로 고정되어가고 있다. 얼마전 의정부에서는 "연분을 너무 높이 책정하면 백성들의 원망이 많을 것이므로 어사가 답험한 것과 관찰사가 보고한 것을 모두 낮추었다"고 국왕에게 보고했다.

이전까지는 현지의 수령·감사가 보고하는 연분에 대해 의정부와 호조에서는 그 등급을 올리는 것이 관례였고 연분이 너무 과하다고 나서는 것은 대간 정도에 불과했다. 그런데 늘 예산 부족을 호소하는 호조 관리들까지 연분 강등에 동의한 것은 확실히 새로운 현상이다.

연분 강등 추세의 배경으로는 다음과 같은 것이 지적되고 있다.

농사짓지 않고 오랫동안 묵힌 땅이나 재해를 입은 땅에서의 세금 감면이 어렵게 되어가고 있다는 점이다. 따라서 연분등제라도 '하하'로 매겨서 백성들의 숨통을 터주려는 것이다.

둘째, 전세 이외의 다른 부역들이 토지 위에 전가되면서 그 부담이 오히려 전세 자체보다도 과중하게 되는 현상이 일어나고 있다는 점이다. 원래 공법상의 수세는 생산량의 1/20을 징수하는 것이지만 전세 자체보다도 공납·요역 등 여타 부역이 훨씬 과중하여 실제로는 1/10세보다 더 무거운 부담이 되고 있다. 따라서 전세는 그 액수를 줄이게 된다는 것이다.

셋째, 지주제가 발달하면서 전세 담당자층인 지방 사림들의 반발 또한 큰 역할을 하고 있다. 이들의 개간과 겸병, 구매에 의한 토지집적이 성행, 순천의 모씨는 1년 수입이 1만 석에 이른다고 한다. 지방 중소 지주층인 사림파가 대두하면서 이들은 '납세자'의 입장에서 연분을 현지 감사의 보고보다 낮추는 조치를 애써 취하고 있다.

취재 수첩

정경유착의 심화

현재 대중국 무역의 규모는 엄청나게 증가하고 있고 이는 국내 경제의 흐름과 뗄 수 없는 관계로 맞물려 있다. 특히 비단 등 사치품의 국내 수요는 꾸준히 증가하고 있다. 상인들은 이들 물품의 무역으로 막대한 이득을 올리고, 이를 다시 상업자본으로 투자, 상업부문의 확대재생산 추세는 뚜렷한 실정이다. 중국, 일본측 상인들도 우리 조선 상인들과의 거래에 큰 비중을 두고 있다고 한다.

그런데 이러한 무역이 대부분 법적으로 금지된 사무역이라는 데 문제의 심각성이 있다. 그런데도 범법 여부를 조사하거나 법 개정을 논의하자는 분위기는 전혀 감지되고 있지 않다. 이것을 어떻게 해석해야 할까.

이는 거대 상인들, 즉 부상대고(富商大賈)들이 조정 대신들 특히 훈구대신들 및 척신들과 결탁해 있기 때문이다. 법적으로 금지된 사무역을 무사하게 운영하기 위해서는 권력의 비호가 필수적인데다가 사실 사치품의 수요자층이 바로 이들이기 때문에, 이 둘 사이의 공생관계는 아주 끈끈한 것으로 알려져 있다. 이러한 정경유착 속에서 피해를 보는 것은 결국 백성들이다. 예를 들어보자. 조정에서는 북변지방에서 더 이상 담비가죽이 생산되지 않는데도 공납대상에서 빼주지 않는다. 상인들은 국경 넘어 여진족과 거래하여 싼값에 담비가죽을 사서 공납을 대행해주고는 주민들에게 엄청난 이윤을 붙여 가죽 가격을 받아낸다.

조정에서는 이러한 현실에 대해 더 이상 눈을 감아서는 안 된다. 상업이 '특권화'될 때 건전한 상업발전은 기대할 수 없는 것이다. 백성들의 원성에 귀기울여 불법적 정경유착을 엄하게 처벌하든지, 아예 사무역 금지를 해제해 문제의 근원을 제거하든지 결단을 내려야 할 것이다.

군역문제 개정안 발표

지방관이 보병의 대립가를 일괄 징수하는 방식 채택

그동안 폐단이 많았던 군역문제에 대한 개정안이 영의정 윤은보의 건의로 이루어졌다. 그 골자는 "지방관이 보병의 대립가를 일괄 징수하여 포의 양 끝에 도장을 찍어 올려보낸다→병조는 이렇게 모인 포를 군역 수요 관청에 나누어준다→각 관청의 관원이 도장을 확인한 후 대신 역을 지는 고용인에게 포를 지급한다" 는 것이다.

이로써 말단관리에 의한 규정 외 포의 징수 폐단이 제거되고, 직접 번상해서 포를 납부해야 하는 번거로움이 없어진 것은 상당한 수확이다.

그러나 각 지방에 할당된 포의 수량은 이미 역을 피해 도망친 사람들을 고려하지 않고 원래의 군적에 의거해서 작성되어 있기 때문에 실제 부담이 줄어든 것은 아니다.

곡성 농민 이모씨는 "직접 서울에 올라가서 포를 내는 번거로움이 없어지고 중간관리가 포를 더 많이 걷는 횡포는 사라질 것 같다"고 좋아하면서도 "우리 마을은 원래 48호가 군역을 진다고 장부에 기록돼 있지만, 사실은 마을을 떠난 사람이 많아 30여 호만 남아 있기 때문에 도망친 이웃의 포까지 부담하고 나면 집 안의 솥단지 하나 남지 않는다"며 실제 거주인구 파악에 기반한 군적의 개정 필요성을 주장했다.

군역 대립의 요인과 그 실태

"4, 5개월 군역 치르면 한 해 농사 끝장" … 울며 겨자먹기로 대립인 써야

직접 서울로 올라오거나 변방으로 가서 군역을 지는 번거로움을 피하기 위해 다른 사람을 대신 군역에 세우고 그 대가를 지급하는 '대립(代立)'이라는 풍조가 최근 성행하고 있다. 이처럼 군역의 대립이 일반화된 데에는 여러 가지 이유가 있다.

첫째는 오랫동안 평화가 지속되면서 군정이 해이해져 실제 병사를 별로 필요로 하지 않게 된 것이다. 둘째로는 농민측의 사정이 크다고 볼 수 있다. 농업이 점점 발달하여 집약적인 농사가 이루어지면서 농사일에 매달릴 사람이 절실히 필요해 군역을 대신 설 사람을 찾게 된 것이다. 그밖에도 국가재정이 어려워지면서 백성들에게 군역을 지게 하기보다는 포를 내게 하여 재정을 보충하는 것이 필요했다. 그런데 말단관리인 이서나 관아 소속 노비가 군사에게 아예 대립을 강요하는 경향도 나타나고 있어 사회적 문제로 비화할 조짐이 보이고 있다. 이들은 천인들이나 서울에 모인 무직자들을 모아서 대립할 인원을 확보해둔 뒤, 상경한 군인들이 대립을 희망할 경우 대립인을 제공하고 대가를 자기 호주머니에 챙기고 있다. 혹시 비싼 대립가 때문에 스스로 군역을 지려고 하면 이를 방해하여 강제로 대립가를 납부하게 하는 관리들도 나타나고 있다.

왜 비싼 대립가를 치르냐는 질문에 농민 최모씨는 "군역 때문에 올라갔다 내려갔다 4~5개월을 소비하고 나면 내 농사는 거의 짓지 못한다. 그리고 서울의 물가고는 대단해서 내 이웃은 보인들한테 포를 받아왔지만 면포 1필이 쌀 한 말밖에 안 되는 바람에 굶어죽고 말았다"고 이유를 밝혔다.

최근에는 대립인이 집단을 형성, 직업화하여 여러 명의 번상병의 역을 대립인 한 사람이 한꺼번에 맡아 짭짤한 수익을 올리는 현상까지 벌어지고 있다. 얼마전 정광필은 경연 석상에서 "부모님 묘지 근처 마을들이 20년 사이에 모두 없어지고, 그 마을사람들이 서울에 올라와 토목공사가 있을 때 역졸의 대립인으로 생활하고 있다는 것에 충격을 받았다" 고 증언했다.

정부에서도 이와 같은 '1인 2역'이 실제 군역담당자의 감소를 초래하자, "여러 사람의 역을 대신하는 사람은 장(杖) 1백 대에 온 집안의 변방 추방"이라는 규정을 「경국대전」〈형전〉에 수록했지만 실효를 거두지는 못하고 있다.

지방관 비리 폭로, 산호투쟁 유행

관찰사 순시 때 산에 올라가 소리질러

1521년(중종 16) 7월 지방관이나 토호의 비리를 밤에 산에 올라가 큰 소리로 외치며 폭로하는 '산호(山呼)'가 유행하고 있다.

지난 7일 충청도관찰사 손중돈의 임천 순시 때, 밤 10시 무렵 어떤 사람이 산에서 "부여 현감은 도둑이나 다름없는데 어찌하여 조정에 보고해서 내쫓지 않느냐"며 소리를 질러대서 주변을 놀라게 했다.

24일 서산 순시 때에도 비슷한 일이 일어났는데, 밤 11시 경 관찰사가 자는 방의 창 아래에 화살이 날아와 숙직하는 사람이 살펴보니 수령의 잘못을 기록한 글이 매여 있었다.

산호(山呼) 소식을 접한 충청도 백성 유모씨는 "오죽 답답했으면 야밤에 산 꼭대기에 올라가서 욕을 했겠느냐"며 부여 현감과 투서의 대상이 된 수령의 비리에 대한 조사를 촉구했다.

갓 규격 개정

1530년(중종 25) 조정은 종래 사용하던 갓이 널리 쓰이지 않음을 감안, 새 규격의 갓을 제정해 선보였다. 원래 갓은 조선조에 들어와 본격적으로 유행하다가 1504년(연산군 10)부터 모자는 높고 테는 작은 것으로 규격을 정했었다. 이에 반해 새로 선보인 갓은 모자 높이와 테 크기가 적당하게 절충되었다.

진단 사치풍조 확산, 어디까지 왔나?

정부의 각종 사치금지법안 '공염불'

연산군 집권기의 사치풍조가 정권이 바뀐 다음에도 계속되고 있어 우려의 목소리가 높다. 현국왕이 즉위 후 곧바로 "사치를 억제하고 검소함을 숭상하자"는 표어를 내걸고 주택이나 탈 것, 의상, 음식에서 나타나고 있는 사치풍조 추방운동 바람을 일으키려고 했지만 이에 대한 호응은 매우 저조한 상태다.

대중국 사무역 발달로 사치 유행 더욱 확산

일부에서는 정치기강의 문란이나 겉치레를 중시하는 풍조를 각종 사치의 원인으로 꼽고 있지만, 사치를 하려면 사치품-주로 중국에서 수입하는 소위 '당물(唐物)'-이 있어야 한다는 점에서 대중국 사무역의 발달이 지금의 유행병 같은 사치가 가능케 된 배경이 되고 있다고 볼 수 있다. 실제로 사간원의 김모씨는 "사무역의 발달은 사치풍조에 기인하는 것이지만 역으로 사치품 수입은 소비심리를 더욱 부추기는 방향으로 작용하고 있다"고 지적한다.

공무역이 약재나 서적을 중심으로 이루어지고 있다면, 사무역은 사라능단(紗羅綾段) 등과 같은 고급 옷감과 보석류가 대부분을 차지하는데 이 중에서도 가장 인기가 높은 수입품은 사라능단이라 불리는 화사한 중국비단이다. 원래 「경국대전」 규정상 당상관 이상 관원의 관복이나 궁중의 대비 중전 이하 궁녀들의 의상에 맵시 있고 빛깔이 고운 고급비단은 필수 품목으로 되어 있지만, 현재 사라능단에 대한 수요는 일반 서민들에게까지 확산되고 있어 법전의 복장 규정이 무효화될 지경에 이르고 있다.

사라능단에 대한 수요가 폭발적으로 증가하자, 사상(私商)들은 백사(白絲)를 대량으로 수입, 염색하여 팔고 있으며 사대부 집에서는 이 실을 가지고 직접 능단을 짜 입는 소위 '향직능단(鄕織綾段)'도 유행하고 있다. 이미 정부는 복식의 사치를 금하는 법령을 여러번 발표했지만 실효를 거두지 못하는 실정이다.

혼인예물 과다 경쟁 "혼수 마련 못해 혼기 놓치는 처녀 속출"

이에 대해 좌의정 남곤은 "복식에서 상하 구별이 없어지고 물가는 하늘 높은 줄 모르고 치솟아서 사치를 법으로 금하려고 해도 안 되는 이유는 우리나라 풍속이 중국 물품을 즐겨 쓰기 때문"이라고 발언, 우리나라 사람들의 외제선호 성향을 꼬집기도 했다.

한편 혼인예물에 대한 사치풍조도 사무역을 번성하게 하는 주요 요인이다. 넉넉한 집안의 평균 혼수에 대해 올린 사헌부 보고에 따르면 신부는 최소 5, 6필에서 10여 필의 채단(彩段)을 갖추어야 할 뿐만 아니라 금선(金線)과 구슬로 장식된 의상을 입어야 한다. 또한 양가가 초례를 행할 때에는 수륙진미의 반찬을 장만하여 금은 그릇에 담아내야 한다는 것이다. 사헌부에서는 보고서 끝에 혼수를 마련 못해 혼기를 놓치는 처녀들이 사대부집안이나 서인 부유층 사이에서 속출하고 있다는 것을 덧붙이고 있다.

물론 이러한 사치풍조의 주역은 가난한 백성들이 아니라 지주와 대상인들이다. 지주들은 토지에서 얻은 수입으로 1~2백 칸짜리 집을 지어 아름답게 장식하고 비단옷을 입으며 값비싼 도자기를 그릇으로 사용하는 데 열을 올리고 있다. 평민으로 사치를 즐기는 사람들은 대부분 대상인들인데 이들은 국내에서 축적한 상업자본을 중국과의 사무역-사치품 수입-에 전용하고 있고 이를 통해 다시 막대한 이득을 보고 있다.

정부에서 1540년(중종 35년)에 반포한 〈혼인사치금단절〉에는 대상인들의 사치를 '신분질서를 문란하게 만드는 행위'라고 비판하고 있다. 이에 대해 대상인 김중량씨는 "흉년이 들거나 군량미가 부족하면 은광 채굴권을 줄 테니 곡식을 바치라는 둥, 아쉬울 때는 우리 상인들은 찾으면서 우리가 좀 번듯하게 해놓고 살려고 하는 것에는 왜 그렇게 배 아파하는지 모르겠다"며 불만을 표시한 뒤 "중국에 가는 사신이나 궁중의 귀하신 어른들은 우리가 없으면 어떻게 필요한 물품을 구입하겠느냐?"며 왕실 및 관료들과의 밀접한 관계를 은근히 강조하기도 했다.

민간 소장 희귀서적 수집

도서목록 작성, 도서 제공자에 포상

연산군 때 학술관청 서적 유출 심해 … 일부선 "서점 만들자" 제안

1542년(중종 37년) 민간에 소장되어 있는 서적들을 모으라는 국왕의 전지가 승정원에 내려짐으로써 〈모구유서절목(募求遺書節目)〉이 작성됐다. 이번 조치는 연산군대를 거치면서 홍문관 등 학술관청 소장 서적의 유실이 심한 가운데 성리학풍의 조성을 위해서도 국가적 차원의 서적 구비와 보급이 필요하다는 요청에서 비롯됐다.

1541년(중종 36년)에는 유실된 책을 중국에서 구입하는 방안이 시도되어 국왕과 김안국이 구입할 서적목록을 작성한 적도 있으나, 원하는 책을 모두 구입하기는 힘들다는 판단 하에 국내 서적부터 모아들이자는 제안이 나온 것으로 알려졌다.

〈모구유서절목〉에는 희귀서적 소장자가 제목과 권수를 한성부와 예조에 보고, 해당 서적이 내부(內府), 홍문관, 문무루에 있는지를 확인한 후, 없는 책인 경우 다시 찍어서 문무루, 홍문관, 의정부 예조에 비치하고 원본과 새로 찍은 책을 주인에게 돌려준다고 규정되어 있다. 또 책의 가치에 따라 사대부에게는 「사서오경」, 「성리대전」을 하사하고, 서민에게는 옷베로 포상한다고도 규정됐다.

한편 서적 수입과 보급 움직임이 활발해지자 일종의 서적 거래처인 서사(書肆)를 설치하자는 제안이 나와서 관심을 끌고 있다.

어득강은 "대가(大家)에는 조상 대대로 전해내려온 많은 책이 좀먹고 있다. 그런데 사사로이 매매되는 책은 값이 너무 비싸서 가난한 유학자는 구해볼 수 없다. 서사를 설치하면 학자가 이미 읽은 책을 팔아 다른 책을 사서 볼 수 있고, 가난해서 책을 살 수 없는 사람도 하루종일 죽치고 앉아 서사에서 책을 볼 수 있다"고 주장했는데 서사 설치를 금하지 않는 수준에서 논의가 일단락된 것으로 알려졌다.

중국어 통역 전문가 최세진, 「훈몽자회」 펴내

아동용 한자학습 교재
새, 짐승, 나무 등 친숙한 사물 중심으로 교육

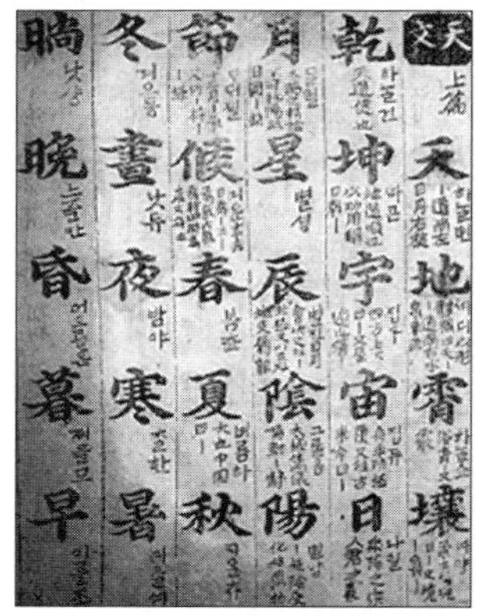

1527년 한문, 이문(吏文 : 중국과의 공용 외교어), 중국어에 능통해서 중국 사신이 올 때마다 통역을 도맡아하는 중국어학자 최세진이 아동들의 한자 학습교재인 「훈몽자회(訓蒙字會)」를 펴냈다.

이미 중국어 교과서 여러 권을 펴내 일반에게 잘 알려져 있는 최세진이 '그동안 쌓은 지식을 바탕으로 제대로 된 한자 학습교재를 만들어 보려는 의욕'으로 각고의 노력 끝에 나온 것이 바로 전 3권의 「훈몽자회」. 각 권당 1천1백20자씩 모두 3천3백60자가 수록되어 있는데 중국 속어에 관한 설명도 적지 않게 들어 있다.

최세진은 지금까지 한자 학습에 사용되어온 「천자문」과 「유합」에 대해 "그 내용이 아동의 경험세계와 직결되어 있지 않아서 교육적 효과가 크지 않다"고 비판한 뒤 '새·짐승·풀·나무의 이름과 같은 실자(實字) 위주 교육'이 「훈몽자회」에서 가장 역점을 두었던 부분이라고 말했다.

앞으로의 집필 계획을 묻는 기자에게 최세진은 "내가 실제로 경험한 이문(吏文)들을 엮고 해설하는 「이문집람(吏文輯覽)」이라는 외교문서 작성 지침서를 구상중"이라고 밝혀 실용성을 존중하는 응용언어학자로서의 면모를 과시하기도.

생활정보 올 봄 모판은 이렇게 가꿉시다

"모아둔 대변에 더러운 물과 재를 잘 섞는다"
모가 튼튼해야 옮겨심는 새 토양에 잘 적응

"지혜로운 농부는 뒷간을 멀리 하지 않는다." 최근 모판에 주는 비료에 대한 관심이 부쩍 늘고 있다. 튼튼한 '모를 키워놓아야 옮겨 심더라도 새로운 토양에 쉽게 적응하기 때문이다. 이번 호에서는 거름주기와 이앙을 중심으로 올 봄 모판 손질법을 소개한다.

▲거름주기 : 흙을 한 군데 모아두었다가 오줌이나 똥물을 섞는다. 닭똥물을 써도 되는데 흙 1석(石)에 1 내지 2석 비율로 섞으면 된다. 말우리나 소우리에 넣었다가 꺼내어 쌓아둔 호마곡(胡麻穀)이나 목면의 씨를 마구간의 오줌과 섞은 것도 효과가 확실하다. 더러운 물이나 빨래한 물도 그냥 내버리는 것은 낭비다. 아침 저녁으로 밥을 지을 때 생기는 재도 물론 잘 챙겨두어야 한다. 더러운 물과 재는 나중에 모아둔 대변과 잘 섞어서 거름을 만들어야 하기 때문이다. 칙간을 거처에서 멀지 않은 곳에 만들어서 다른 사람이 대변을 빼내가지 않게 하는 것도 중요하다.

▲모를 키우고 옮겨 심을 때 시도해볼 만한 방법

①벼를 물에 담가두어 발아시킬 때는 날마다 찬물을 부어주는 것이 좋다. 싹이 나면 모판에 고르게 뿌리고 흙을 덮은 뒤 물을 댄다. 모의 잎이 두 개 나면 물을 빼고 잡초를 제거한다. 물길과 인접한 곳일 경우에는 제초를 하고 이틀간 물을 빼주었다가 다시 물을 대주는 것이 바람과 가뭄에 강한 모를 만드는 데 좋다.

② 물이 있는 논을 10등분해서 1/10에서 모를 키우고 나머지 9/10는 잘 다스려놓았다가 때 맞추어 옮겨 심는다. 이 때 모에 붙어 있는 흙을 전부 씻어내고 뿌리 끝을 잘라주는 것이 좋다.

③벼가 자꾸 뜨는 것은 뿌리가 흙과 제대로 친화하지 못해서 그런 것이다. 모래를 적당히 뿌리고 눌러주면 된다.

④가뭄이 들어 물을 대기 힘들 때에는 밭을 잘 다스려서 흙덩이가 없게 한 다음, 재를 2촌(寸) 두께로 뿌려놓는다. 그 위에 부드러운 흙을 역시 2촌 가량 덮고 씨를 뿌린 뒤, 다시 부드러운 흙을 덮는다. 싹이 나면 적당한 물을 만나는 때를 기다려 옮겨 심으면 된다. 종자 아래에 미리 재를 뿌려놓았기 때문에 모를 뽑을 때 흙이 굳어져서 잘 뽑히지 않는 어려움이 없게 된다.

해외 소식

"지구는 둥글다"

마젤란, 세계일주 성공

카라벨 선

1519년 9월 세빌리아를 출발했던 마젤란 일행이 대서양 태평양을 거쳐 3년 만에 에스파니아로 귀환함으로써 지구가 둥글다는 것을 실제로 증명했다.

포르투갈 출신인 페르디난드 마젤란은 베스푸치 등의 남아메리카 탐험기록을 검토한 끝에 신대륙 남단을 끼고 돌면 향료의 나라 인도에 보다 빨리 도착할 수 있다는 결론을 내리고, 5척의 카라벨 선(船)으로 항해길에 올랐는데 중간에 배가 난파하고 선원 반란이 일어났으며 마젤란 자신도 필리핀에서 원주민과의 전투중 사망하는 등 우여곡절을 겪었다. 결국 마젤란 대신 지휘자가 된 델 카노가 몰루카의 티도레 섬에서 향료를 싣고 남은 배 한 척과 18명의 선원을 거느리고 희망봉을 거쳐 에스파니아로 돌아온 것이다.

이로써 항해왕자 엔리케가 세우타에 선원, 항해장비 제조기술자, 천문학자, 수로(水路)학자 등을 모아들여 인도에 이르는 새 항로탐험을 위한 연구기지를 설립(1415년)한 지 1백여년 만에 세계일주는 성공을 거두었다.

한편 견고함을 인정받아온 기존의 사각형 돛과 방향 전환에 유리한 삼각형 돛을 겸용한 카라벨 선이 이번 항해를 통해 그 유용성이 증명되어 이후 대형선박에도 삼각 사각 돛의 겸용이 유행할 것으로 보인다.

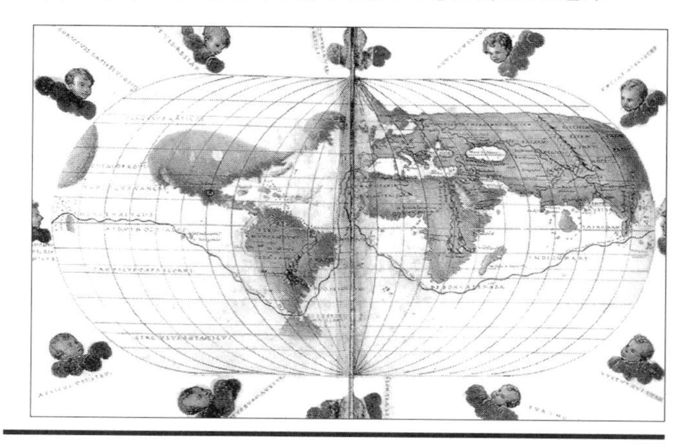

투고 서글픈 나의 기병생활

"예전엔 고급 군인이었던 기병 … 이제는 대표적인 기피 병종"

보병으로 배정된 사람들은 포를 내고 다른 사람을 대신 군대로 보내지만 '한번 기병은 영원한 기병'인 관계로 나는 계속 기병 노릇을 해왔다.

처음에는 말을 키울 수 있을 만큼의 경제력을 가진 사람이 기병이 되었고, 복무기간중 무과시험에 합격하면 갑사나 무반으로의 진출기회가 보장되었기에 기병은 그래도 고급군인에 속했다고 한다. 그런데 이제 권리는 줄어들고 의무만 남은, 그리고 보병과는 달리 반드시 직접 서울까지 가서 군역을 져야 하는 어려움 때문에 기병은 기피 직종이 되고 있다.

내가 전라도에서 한성까지 오는 데 8~9일이 걸리는데다가 오는 길에 다치거나 죽는 이들도 많이 보았다. 서울에 집합하는 시간에 조금이라도 늦으면 곤장 90대를 맞아야 하며 생활하는 곳이 비좁고 더워 불편하기 짝이 없다. 제대로 장비를 구하지 못한 기병들이 남의 것을 훔치는 일도 있어 밤에는 갑옷을 꼭 껴안고 자야 한다. 원래 우리를 도와주는 보인이 있지만 그들도 관아의 부역에 시달리느라 나를 보조할 여력이 없어, 결국 나의 식량과 장비는 내가 해결해야 할 형편이다. 더구나 한성의 물가고는 유명해 철갑 갑옷은 엄두도 못내고 겨우 종이 갑옷을 입을 정도이고, 말 가격도 만만치 않아 빌려 타기 일쑤다.

얼마전 우리는 이런 상황을 개선해 달라고 집단적으로 동맹태업을 하기도 했지만 조정에서는 아무런 조치도 없으니 답답할 뿐이다.

역사신문

또다시 정변 …

외척끼리 권력 다툼

'小尹', '大尹' 제압하고 권력 장악

기묘사화 이후 외척 득세 경향 계속될 듯

1545년(명종 즉위년) 왕실 외척의 양대세력 중 '소윤(小尹)'에 속하는 윤원형이 '대윤(大尹)'의 윤임 등을 처형, 권력 장악에 성공했다.

1517년에 중종의 제1계비 장경왕후 윤씨가 세자 호(岵, 인종)를 낳고 죽은 뒤, 윤지임의 딸이 제2계비 문정왕후로 책봉되어 경원대군(현국왕)을 낳았을 때부터 왕위계승을 둘러싼 외척간의 암투는 치열했다. 문정왕후의 형제인 윤원로·윤원형이 경원대군의 세자책봉을 추진하자, 세자의 외삼촌인 윤임과의 갈등이 시작돼 이들을 세간에서는 각각 소윤·대윤이라 불러왔다.

중종 승하 후 세자 호가 인종으로 즉위하면서 외척인 윤임을 중심으로 하는 대윤파가 권력을 잡았고, 유약한 인종이 재위 8개월 만에 병사한 뒤, 12살의 현국왕(이전의 경원대군)이 즉위하면서 문정대비의 수렴정치와 소윤파의 득세가 시작됐다. 권좌에서 물러난 대윤파는 윤원형의 형인 윤원로를 탄핵, 귀양 보내는 반격작전을 폈으나 대비와 국왕의 후광을 업고 있는 소윤파에게는 역부족이었던 것으로 보인다.

윤원형은 윤임 및 그 일파를 축출하기 위해 자신의 첩 난정을 통해 문정대비에게 대윤 일파가 역모하고 있다는 말을 전달했고, 그 결과 이번에 윤임·유관 등이 처형됐다. 중종대 기묘년의 사화로 사림세력을 격퇴한 이후 계속돼온 국왕과 재상의 밀착관계의 매개자로 등장한 외척의 득세는 당분간 계속될 것으로 보인다.

관련기사 2면

"왜인 왕래, 다시 허용"

사량진 왜변으로 국교 단절된 지 3년 만에 … 정미약조 체결

1547년(명종 2) 사량진 왜변 이후 3년간 금지됐던 왜인의 내왕이 정미약조의 체결로 재개된다. 지난 1544년 4월, 경상도 통영군 강구에서 발생했던 사량진 왜변으로 인해, 그간 대왜 통교문제를 놓고 조정에는 찬반 양론이 팽팽하게 맞서 있었다. 이전까지는 대마도주를 통한 일본측의 국교재개 요청이 거듭되는 속에서도 우리 정부는 국왕사(國王使)의 통교만을 허용했다.

일본측에서는 "국왕사에게 준 물품을 한꺼번에 수송할 수 없다"며 국왕사선(國王使船)을 마중한다는 명목으로 영봉선(迎逢船)을 야금야금 늘리는 편법을 사용, 조·일 간 대외무역은 표면적으로만 중단되었을 뿐 실제로는 여전히 성황을 누려왔다.

"왜인을 믿을 수 없다"는 대다수 의견에도 불구하고 이번에 조약이 체결된 것은 "식량 조달의 길을 막을 경우, 왜구의 급격한 증가가 예상되기 때문"이라고 정부관계자는 밝혔다. 중종의 대상(大喪)이 끝나면서 3년 만에 맺어진 정미약조의 내용은 다음과 같다.

▲세견선 25척은 대선 9척, 중선·소선 각 8척으로 하고 각 선의 인원수를 초과하면 양곡의 양을 반감한다. ▲배의 보급품을 일체 지급하지 않는다. ▲밤에 물고기를 잡고 소금을 채취하는 자, 여러 섬을 몰래 돌아다니는 자, 칡을 캔다고 산에 올라 돌아다니는 자는 영구히 접대하지 않는다.

조약문 작성에 참여한 한 관계자는 "세견선의 크기까지 규정하는 등 세부사항까지 많은 신경을 썼지만 일본 국내의 혼란이 계속되는 한 왜구의 근절은 어렵다"며 조약의 실효성에 대해 의문을 표했다.

을묘왜변, 전라 해안에 왜구 침입

일본정부 통제력 약화 … 왜구 활동범위 확장돼

1555년(명종 10) 5월 왜구 선박 70여 척이 전라도 강진·진도 일대에 침입, 약탈을 자행하고 있다.

달량포에 상륙하여 성을 포위한 왜구는 어란도·장흥·영암·강진 일대를 휩쓸면서 노략질을 일삼고 있는데 왜구 토벌 과정에서 절도사 원적, 장흥부사 한온 등이 전사하고 영암군수 이덕견은 포로가 된 것으로 보고됐다. 사태가 매우 긴박하게 진행되자 조정에서는 방어사 등을 보내 왜구 토벌에 총력을 기울이고 있다.

건국 이래 비교적 너그러웠던 대왜 정책이 1547년의 정미약조로 무역 통제가 강화되는 추세 속에서 일어난 이번 왜변에 대해 일본문제 전문가들은, "일본정부의 통제력이 약화되면서 일본 서부지방 연해민들이 우리나라와 명나라까지 약탈 활동범위를 넓혔다"며 "일본정부에 왜구 단속을 요청하는 외교적인 노력도 큰 수확을 거두지 못할 상황"이라는 전망을 하고 있다.

임꺽정 도적단 황해도 일대 휩쓸어

1559년(명종 14) 3월 황해도 일대에서 임꺽정이 이끄는 도적단의 활동이 점차 세를 더해가고 있다. 임꺽정 집단은 소수의 도적으로 출발했지만 갈수록 가담자가 늘어 수백 명에 이르고 있다. 삼 정승과 병조 형조가 명종에게 올린 합동보고서에 따르면 "도적들이 옥문을 부수고 일당을 구출하는 대담무쌍한 행각을 벌이고 있는 반면, 수령들은 보복이 두려워 도적 체포에 나서지 못하고 있는 실정"이라며 대책마련의 시급함을 지적했다.

백정 출신인 임꺽정은 민첩한 정보전을 전개, 공물 진상로에 매복했다가 값진 물건을 훔치기도 하고, 주로 백성들 사이에서 원성을 얻고 있는 관아나 부호의 집을 습격하고 있는 것으로 보고되고 있다. 현재 정부에서는 무술과 지략이 뛰어난 인물을 각 고을에 파견하여 지역간에 긴밀한 공조체제를 형성, 도적 체포에 나설 것을 명령했으며 도적 집단의 규모가 더 커질 경우, 중앙정부 차원의 대규모 토벌대 편성도 고려하고 있는 것으로 알려졌다.

주세붕, 백운동에 서원 설립

"선현의 제사와 인재 양성의 터전"

1543년(중종 38) 풍기군수 주세붕이 경상도 순흥에 백운동서원을 설립했다. 2년 전인 1541년에 풍기군수로 부임한 주세붕은 이곳 출신의 유학자인 안향을 모시는 문성공묘(文成公廟)를 세워 배향해온 것으로 알려졌는데, 이번에 유생교육의 기능을 더함으로써 명실공히 '선현의 제사와 인재의 양성을 표방'하는 서원이 건립된 것이다. 송나라 때 주자가 백록동서원을 열고 도학 연마의 도장으로 서원 보급에 힘쓴 이후, 중국에서는 서원제도가 정착되어 있는 것으로 알려져 있다.

관련기사 3면

역사신문

서원에 거는 우리의 기대

기회만큼 책임도 있다는 점을 명심하라

백운동서원 창설을 필두로 향촌 사림들의 적극적인 참여 속에서 서원 설립 붐이 일고 있다. 서원의 설립목적은 명목상으로는 후세에 길이 빛날 학문적 업적을 남긴 선현에 대한 제사이지만, 내용적으로는 학술진흥과 인재양성의 두 축이다. 즉 지방교육의 중심기관인 것이다. 그런데 우리가 서원에 대해 발언하려는 것은 서원이 이렇게 단순히 지방교육 기관의 차원에 그치지 않기 때문이다. 바로 사림세력의 본거지이자 인력충원 통로로 기능할 전망을 가지고 있기 때문이다.

서원이 중앙의 성균관과 같은 관학에 대해 비교우위를 갖고 있는 것은 확실해보인다. 성균관은 현재 학문적 성과를 별로 내고 있지 못하다. 우선 선생들에 대한 대우가 형편 없어 양질의 교수요원 확보가 어려운 처지여서 학생들이 기피하고 있다. 더구나 최근에는 고관들 자제의 병역기피처로 변질되는 양상마저 보이고 있다. 이에 반해 서원의 원장은 퇴직한 고위관료나 저명한 유학자가 맡고 있어, 학생들에게 인기가 있을 뿐 아니라 학문 수준도 최첨단이다. 당연히 학생들은 서원으로 쏠리게 돼 있다.

그러나 학생들이 서원으로 몰리는 진짜 중요한 이유는 서원이 중앙정계 진출을 위한 지름길로 인식되고 있기 때문이다. 건국 이래 지금까지 정계는 사실상 건국 및 국가수립 과정에 기여한 공신들을 중심으로 전개돼왔다. 그러나 이제 그들의 세대는 사실상 종말을 고하고 있는 상황이다. 따라서 앞으로 정계는 사림에 의해 주도될 가능성이 높다. 이 과정에서 사림측 정치인들의 충원 메카니즘으로서 서원이 기능할 전망이고 바로 이러한 측면에서도 서원에 학생들이 몰리고 있는 것이다.

그렇다면 서원이 져야 할 책임 또한 결코 가벼운 것이 아니다. 서원이 학문적 소양을 소홀히 한 채 단지 정계입문의 수단으로 전락하지 않기 위한 제도적 장치가 필요할 것이고, 운영주체의 확고한 운영방침 또한 마련돼야 할 것이다. 또 서원건립이 폭발적으로 늘어나면서 본래 취지에서 벗어나는 서원이 발생할 여지도 있을 것이다. 이를 테면 학맥이 아니라 특정 가문의 위세를 과시하기 위한 서원이 설립되지 않는다는 보장이 없다는 것이다. 이렇게 돼서 정부쪽의 제재를 받는 불행한 사태가 발생하지 않아야 할 것이다.

유능한 학자들이 서원을 중심으로 왕성한 학문활동을 전개해 학문의 지방 확산을 도모하고, 그를 토대로 중앙정계에 참신한 정치인을 배출하는 바람직한 서원의 모습을 기대한다.

그림마당

이은홍

사화, 혁신 정치, 그 숨가쁜 정국 변화와 이후 전망

혁신 정치는 과도적 현상 … 향후 유생층 공론에 의한 정치될 듯

네 번의 사화를 거치면서 외척이 권력의 중심으로 등장, 이후 권력관계가 어떻게 정립돼나갈 것인가에 관심이 집중되고 있다. 정가에서는 외척의 등장에 우려의 눈길을 보내면서도 일단 외척의 등장을 과도기적 현상으로 진단하고 있다.

중종반정 이후 '여러 신하들이 공공의 이익을 위해 군주를 교체할 수도 있다'는 인식이 확산되면서 군주의 위치는 하락됐으며, 왕권·재상권·언권의 상호견제를 통한 균형상태는 아슬아슬하게 유지돼왔다. 구세력의 견제를 위해 등용된 조광조를 비롯한 사림들이 떼죽음을 당하는 기묘사화가 일어난 것도, 이들이 언권을 통해 정치운영의 주도권을 장악해나가자 균형의 파괴를 우려한 왕권과 재상권의 연합세력이 반격을 펼쳤기 때문이다.

사림의 기세가 꺾이자 권력의 향배를 둘러싼 암투는 외척세력에게로 옮겨갔다. 중종의 제1계비 장경왕후의 아들이 인종으로 즉위하자, 장경왕후의 오라비 윤임을 필두로 한 이른바 대윤세력이 권력의 중심으로 부상했다. 뒤 이어 중종의 제2계비 문정왕후의 아들이 명종으로 즉위하자, 문정왕후의 오라비 윤원형을 중심으로 한 소윤세력이 대윤세력을 제거하고 실권을 장악했다. 현재 이들 소윤세력은 문정대비가 수렴청정하는 위세를 이용하여 재상 임명권을 장악하고, 관료의 포상과 승진을 관장하는 등 인사권과 전반적인 정치운영을 '대신이 결재'하는 형태로 이끌고 있다.

그러나 주목할 만한 현상은 척신들의 비리에 대한 유생층의 집단적이고 조직적인 공론의 형성이 정치관행으로 용인되고 있을 뿐만 아니라, 실제 정치운영에 대한 영향력을 행사해나가고 있다는 점이다.

사림 권모씨는 "사화와 척신 정치는 모두 정치 참여층 확대의 과정에서 나타난 변화의 국면이었다. 향후 정치운영은 왕권이 성리학의 명분에 의해 제약당하는 반면, 중앙과 지방 유생층의 공론이 결집되어 이에 의해 이루어질 것"이라고 전망했다.

사림의 '가시밭길 50년'

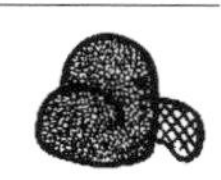

사회·경제 발전 배경으로 한 재야 사림들의 끈질긴 중앙정계 진출 노력
"나름대로 탄탄한 실력 갖추고 훈구세력 이후를 노린다"

조정에서 살육의 피비린내가 가실 날은 정녕 언제일까. 지난 50년 동안 너무도 많은 인재들이 죽어갔다. 혹자는 이의 원인을 국왕의 무능함에서 찾기도 하고 재상들의 끝을 모르는 권력투쟁에서 찾기도 한다. 그러나 지난 네 차례의 사화를 좀더 넓은 시야로 보면, 이는 재야 사림들의 중앙정계로 진출하기 위한 줄기찬 노력과 이에 대한 기득권세력의 강고한 반격으로 점철돼 있음을 금방 알 수 있다. 사화는 훈구와 사림 두 세력 간 권력경쟁의 와중에서 국왕권이 어느 한쪽으로 기울에 따라 세력균형이 파탄에 이르는 과정이었던 것이다.

그렇다면 사림세력이 계속되는 탄압에도 불구하고 끊임없이 중앙정계에 고개를 들이밀어온 저력은 어디에서 나오는 것일까? 일차적으로 훈구세력의 권력독점과 그를 통한 대토지 겸병 등 부의 축적에서 찾을 수 있을 것이다. 조선조에 들어와 전국을 일원적으로 통치하는 체제가 갖춰짐에 따라 중앙의 귀족들은 자기쪽 사람을 지방관으로 파견, 지방의 부를 직접적으로 중앙으로 빨아들여 축적해왔다. 이는 당연히 지역 토착세력들의 위기감을 불러일으켰고 그 위기에 대한 토착세력측의 대응이 바로 중앙 정계진출을 통한 권력 분점 시도였던 것이다. 한편 사림세력이 감히 중앙정계를 넘볼 수 있기까지는 그들 나름의 실력 축적과정이 있었다고 봐야 한다. 오늘날 사림들이 당대 최고의 성리학적 소양을 자랑하는 것이 그 증거다. 그리고 여기에는 그를 뒷받침할 만한 경제적 배경이 있었다. 농업기술 발달, 천방과 같은 새 관개기술의 도입, 저지대의 활발한 간척지개발 등으로 수확량이 이전에 비해 크게 증가했다. 최근에는 지방 간의 물품거래도 왕성하게 이루어지고 있다. 이러한 성장을 배경으로 사림의 학문적 수준도 비약적으로 높아져온 것이다.

이에 반해 기존 훈구세력은 사화에서 일시적으로는 승리했을지라도 그 생명은 사실상 수명을 다한 것으로 보인다. 이에 따라 국왕측에서 오히려 사림을 견제할 측근세력을 키우고 있는 형편이다. 어쨌든 훈구세력의 소멸은 사림의 행동반경을 대폭 넓혀줄 것으로 관측된다.

참조기사 10호 1면, 12호 1면

네 차례 사화 발생 원인과 관련 집단

		사건발단	가해측	피해측
무오사화	1498(연산군 4)	사초 조의제문	훈구파	사림파
갑자사화	1504(연산군 10)	윤비 폐비문제	왕실 측근	사림·훈구파
기묘사화	1519(중종 14)	조광조의 전횡	훈구파	사림파
을사사화	1545(명종 원년)	외척간 정쟁	왕실 외척	사림파

취재 수첩

윤원형의 언관 길들이기

외척이 자신의 세력기반인 왕권의 옹호자인 것은 당연하다. 재상권이 왕권의 견제를 피할 때, 외척의 등용이 항상 강력한 배척을 받는 것도 그 때문이다. 그런데 국왕의 외삼촌인 윤원형이 대비를 등에 업고 지난 5~6년 동안 자신의 형인 윤원로를 비롯, 반대파를 숙청한 숫자는 1백여 명에 이른다.

사림의 권한강화에 위기를 느낀 국왕과 재상이 중종 말기 이래 결속을 모색하면서 외척이 그 매개자로 등장한 것은 어찌보면 자연스러운 일이다. 중종 말기의 김안로나 현재 권력자인 윤원형은 바로 이런 '외척형 권신'의 전형. 이들은 왕의 후광을 입고 재상권의 이해관계를 대변하면서 자신의 지위를 누려왔다.

이들 권신들의 권력장악 방법이 '사화'와 같은 방법에서 사림계 인사가 포진하고 있는 언론권의 분열책동으로까지 진보한 것은 매우 놀라운 일이다. 이들은 재상의 관여가 일부 허용되는 홍문관에 자기 사람을 침투시키고 홍문관이 갖는 대간 탄핵권을 이용, 대간을 길들이는 수법을 구사하고 있다. 김안로는 언권을 장악하는 데 그쳤지만 윤원형은 자파의 인물을 낭관직에 심어 낭관권을 분열, 궤멸시키려 하고 있다.

윤원형의 등장으로 다소 움츠러들어 있는 언관직 종사자 나모씨는 "왕의 이해관계를 일차적으로 대변하는 외척형 권신에 대해 다른 대신들도 불만을 느끼고 있고, 외척의 권력장악이 궁극적으로는 국왕에게도 부담으로 작용할 수 있다"고 주장한다. 권신들의 권력형 부정이 이미 백성의 저항을 야기시키고 있는 상황에서 언관과 낭관들이 힘을 모은다면 정통성 없는 권력의 수명이 그리 오래가지는 않을 것으로 보인다.

"서원, 국가 공인 교육기관으로 정착"

이황, 정부에 백운동서원 지원 요청

1550년 풍기군수 이황은 서원을 전국에 널리 보급하기 위해 백운동서원에 대한 국가의 지원을 요청, 정부에서는 소수서원(紹修書院)이라는 액자를 내리고 서적을 보내는 등 이를 지원키로 했다. 이로써 서원이 공인된 교육기관으로 위치를 확보함에 따라, 그동안 다소 미적지근했던 풍기 사림들도 태도를 돌변하여 적극적으로 서원에 참여하여, 사림의 집결소이자 향촌의 중심기구로 서원의 성격을 만들어나가고 있다.

현재 서원의 숫자는 비교적 빠른 속도로 늘어나 사액서원만도 전국적으로 9개 소에 이르고 있다.

선비정신에 따라 복잡한 장식을 피하고 도리집 등의 간소한 양식이 선호된다. 담장으로 외부공간과의 구획을 명확하게 하고 있지만 담장을 높이 쌓지 않거나 담장 일부를 터서 서원 밖의 자연을 감상할 수 있는 배려도 잊지 않는다. 경내의 조경 또한 철따라 피고지는 꽃과 낙엽수를 심어 계절에 따른 풍치를 느낄 수 있게 하고, 경외에는 소나무나 대나무 등의 나무를 심어 선비의 기상을 기를 수 있게 한 것도 중요한 특징이다.

존덕사
장판고
삼문
입적당
서재
동재
만대루
복례문

동재, 서재 원생·진사 등이 먹고 자는 기숙사
장판고(藏版庫) 문집이나 서적을 펴내는 곳
서고 책을 보관하는 곳
제기고(祭器庫) 제사에 필요한 물건을 보관하는 곳
고사(庫舍) 서원의 관리와 식사를 준비를 담당하는 곳
누각 시문을 짓고 대담을 나누는 곳

음양오행과 풍수도참사상에 따라 수세(水勢)·산세(山勢)·야세(野勢)를 보아 합당한 위치에 서원의 터를 잡는데 건물배치 방법은 문묘나 향교와 유사하여 남북의 축을 따라 동서 대칭으로 건물을 짓는다.

서원설립의 배경

사림세력 결속하여 향촌사회 지배할 구심체 필요

사림세력이 향촌사회에 서원을 설립하게 된 가장 큰 이유는, 서원이 중앙정계나 훈구세력과 연결된 수령권과 충돌하지 않으면서 자신들의 세력을 묶어세우는 데 적당한 근거지가 될 수 있기 때문인 것으로 풀이되고 있다. 사림들이 향촌사회에서 세력기반을 구축하기 위해 다시 세웠던 유향소가 훈구계열에 의해 변질돼 버리자, 향촌사회에서 교육과 교화를 통해 자신들의 세력을 결집시킬 수 있는 구심체 건설의 필요성이 그동안 끊임없이 제기되어온 것이 사실이다. 중종 때 조광조 등 신진사림들이 사림세력의 정치적 입장을 강화해주는 문묘종사 운동과, 도학정치를 담당할 인재양성을 위한 새로운 교학체제의 설립을 추진한 것도 그런 맥락에서 이해될 수 있을 것이다. 주세붕의 백운동서원 설립은 그 결실로 보아도 무방할 것이다.

이와 함께 지적할 수 있는 사원 설립의 또 한 가지 요인은 16세기에 접어들어 향촌사회의 농업경영에 지주전호제가 급속히 확산되면서 지주들인 사림들로서는 전호농민에 대처하기 위해 자신들의 결속을 강화시킬 필요가 커졌다는 점이다. 향촌사회를 통제해나가는 데에도 서원은 필요한 것이다.

이러한 요인들이 작용하여 설립된 만큼 앞으로 서원은 지방사림의 결속처로서 급속히 확산되어갈 것이라는 게 일반적인 예측이다. 더구나 서원은 우선 건물만 있으면 운영이 가능하기 때문에 설립이 용이한데다 지역 유지들의 지원으로 쉽게 자리를 잡을 것이라는 예측이다.

서원운영은 어떻게?

서책을 간행하려고 할 때에는 당회를 거쳐 의결하고 곧 간역소(刊役所)에 딸린 전답에서 적립한 비용과 향내 각 문중에서 조금씩 기부를 받아 경비를 충당한다. 물론 국가에서 서적을 간행, 반포할 경우 별도의 서적 하사가 있다. 서원 장서의 관리를 위해 각 서원은 서적을 원외로 가지고 나가지 못하도록 내규로 규제하고 있다.

서원재정의 중요 재원으로는 서원전(書院田)이 있는데 사액서원에는 3결 지급이 원칙이다. 그 밖의 재정기반으로 지방유지들이 기증하는 원입전(願入田), 자체에서 사들이는 매득전, 관찰사나 지방관이 제공하는 공전, 어물, 식염 등이 있다.

서원교육, 어떻게 이루어지나?

정해진 교재에 따라 유학 고전 학습 … 과거 준비도

서원교육은 사학 특유의 자율성과 특수성이 존중되는 분위기 속에서 이루어지고 있다. 이황이 제시한 교재의 범위와 학습의 순서가 정형으로 자리잡아 가고 있는데 대체로 「소학」·「대학」·「논어」·「맹자」·「중용」·「시경」·「서경」·「주역」·「춘추」의 차례를 따라 학습이 진행된다. 사서오경 외에도 서원 나름대로 선별한 교재로 특유의 교육과정을 마련하기도 하는데 그 중에는 과거에 응시하는 데 필요한 사장(詞章) 중심의 유학도 포함시키는 경우가 있어 과거 합격률을 지나치게 의식하는 것은 아니냐는 비판이 일기도 한다. 물론 불교 등의 이단적 서적이나 음사(淫邪)에 관련된 내용은 철저히 금지되고 있다.

원생 각자에게는 일종의 생활기록부가 있어 원생의 출석 여부를 확인하고, 학업성적을 평가하며 독서지침도 마련해놓고 있는데, 생활이 불량한 자는 서원에서 쫓겨나기도 한다. 학업평가는 대통(大通)·통(通)·약통(略通)·조통(粗通)·불(不)의 5단계 평가가 대표적인데, 대통은 구두(句讀)에 밝고 설명에 막힘이 없어서 책의 취지를 두루 알고 있는 최상위의 학생에게 주어지는 성적이고, 가장 낮은 단계인 불(不)은 낙제를 의미한다.

이와 같은 강학활동 이외에도 서원에서 행하는 춘추제사(春秋祭祀)는 엄격한 의례절차를 수반하는 것으로 원생들에게 바람직한 인간상인 선현을 제시하는 교육적 의미를 갖고 있다.

부상대고, 도성 곡물유통 장악
수단 방법 안 가리고 곡물 사들여

빈민 위한 상평곡까지 장악 … 곡물운반 막기도

나라에서 빈민을 구휼하기 위해 나누어주는 상평곡까지 부상대고(富商大賈)의 손을 거치지 않고는 일반 도시빈민의 손에 들어갈 수 없을 정도로 곡물유통이 일부 상인에게 장악되고 있다. 이들은 상평곡 구입을 위해서는 규정상 고액화폐에 속하는 5승면포가 있어야 되는데 빈민들에게는 소액화폐인 추포밖에 없다는 점을 악용, 도시빈민들에게 싼 값으로 나누어주는 상평곡을 사들이고 있다.

시중 곡가가 1필에 1두일 때 상평창에서 나누어주는 상평곡은 1필에 3두이므로 상인들은 빈민의 이름을 빌어 상평창 곡물을 독점 매입하고 있는데, 한성 주민 박모씨는 "부상대고에게 5승 면포를 빌려 상평창에서 쌀 1두 4승을 받아 2승은 내가 갖고 1두 2승은 상인에게 줄 수밖에 없었다"며 울상을 지었다.

한편 부상대고들은 지방에서 곡물을 처분하는 것이 더 큰 이익을 줄 경우, 곡물을 지방으로 운반하는 것도 서슴지 않고 있다. 곡물을 중간에서 막아 서울로 들어오지 못하게 하기도 하고 서울에서 곡물을 많이 사 모아 각 관에 납부하기도 한다. 북변지방 농민들은 겨울을 나기 위해 혹은 배정된 공물을 방납하는 데 꼭 필요한 면포를 얻기 위해 식량마저도 상인에게 판매하는 입장이다.

사헌부에서는 "도성의 곡식값이 폭등했는데 외방의 곡물 또한 다 없어져 봄이 되면 한톨의 곡식도 없어 사람이 면포를 안고 죽기를 기다려야 할 지경"이라며 부상대고들의 곡물매점 행위를 비난했다.

집중취재 선상(船商)들의 곡물 유통망

쌀이 모이는 곳은 어디에나
"납곡으로 구리, 철, 은 확보, 큰 이익 남긴다"

대규모 선단을 보유한 선상들은 곡물 매입을 위해 장시를 순회하는데 해로에 인접해 있거나 육로와 수로가 만나는 지점의 장시들이 주요 활동무대다. 광주 송파장, 음죽 장호원장, 은율 강경장, 옥구시장, 밀양 삼랑진장, 나주 영산포장, 토산 비천장, 사천 삼천포장, 무안 쌍포장, 창원 마산포장 등이 대표적 장시. 이들 지역들은 주변에 곡창지대가 있어 언제나 곡물의 출하가 가능하며 이중 은율·밀양·나주·옥구·사천 등은 정부의 곡물을 보관하고 운반하는 조창 소재지다.

상인들은 조세미에도 손을 뻗치고 있다. 또한 이들은 지방에서 운반해오는 서울 거주 지주들의 농장 곡식을 중간 길목에서 기다리고 있다가 사들이는데, 이러한 거래는 운반비용을 절감할 수 있다는 점에서 지주들에게 환영받고 있다.

시중 곡물가는 중개인의 수수료(1두 미만)가 붙고 수집·운반·보관에 따르는 상인의 유통비가 가산되기 때문에 생산지와 소비지 사이에 가격 차이는 크게 벌어지기 마련이다. 곡물의 최대 소비지는 서울이기 때문에 선상들은 추수기에 각 지방 장시에서 수집한 곡물을 한강 연안의 용산·마포·서강의 가게에서 판매한다. 그밖에 큰 상인들은 곡물이 부족한 일본과 몰래 교역하여 국내에서 귀한 은·구리와 바꾸기도 한다.

한편 이들은 정부에서 빈민구제를 위해 싼 값에 방출하는 진휼곡을 사들여 이익을 남길 뿐 아니라 정부에 군량미를 납부하는 과정에서도 이익을 챙기고 있다.

평안도 안주·삭주·의주, 함경도 안변과 같이 군자창이 있는 곳에는 곡물상인들이 몰려들어 군량미 납부에 열을 올리는 모습을 흔히 볼 수 있다. 정부에서는 현지 농장의 곡물에 한해서 납부를 받고 있지만 상인들은 농장관리자로 신분을 위조, 공물방납을 위해 면포를 필요로 하는 농민들에게 접근, 농가의 식량을 모아 납부하기도 한다.

상인들이 납곡에 열중하는 이유는 "납곡자의 요구에 따라 대가를 지불한다"는 정부의 납곡장려책 때문이다. 상인 이모씨는 "대가로 지불되는 구리·철·은이 일본과의 밀무역을 통해 수입되는 관계로 값이 비싸 큰 이문을 남길 수 있기 때문"이라고 설명했다.

섬세한 사실화의 대가 신사임당

"포도와 산수는 매우 절묘 … 안견에 비할 만하다"

얼마전 47세로 타계한 신사임당의 그림은 살아 움직이는 듯 섬세한 사실화로, 풀벌레 그림의 경우 햇볕에 말리려고 마당에 내놓자 닭이 쪼아먹으려고 달려드는 불상사(?)가 생긴 적도 있다.

그녀의 그림은 풀벌레·포도·화조·어죽(魚竹)·매화·난초·산수 등이 주된 주제이다. 여류 예술가들의 재능에는 칭찬이 인색한 남성들도 "사임당의 포도와 산수는 매우 절묘하여 안견에 버금 간다"며 호의적인 평가를 내리고 있다.

그녀는 시·글씨·그림에 능한 여류 예술가이자 현모양처의 전형으로 알려져 있다. 1504년(연산군 10)에 외가인 강릉 북평촌에서 태어나 19세에 이원수(李元秀)와 결혼하여 2남 1녀를 두었다.

'전인미답의 기일원론 창시자' 화담 서경덕 별세

1546년(명종 1) 7월7일 화담 서경덕이 향년 56세를 일기로 세상을 떠났다. 평생을 독학으로 학문에 매진, 나름의 특유한 사상체계를 확립한 인물로 추앙받던 서경덕의 죽음에 많은 선배 후학들은 애도의 뜻을 표하고 있다.

서경덕의 학풍은 주돈이 소옹 및 장재의 철학사상을 조화시켜 지금 시대를 풍미하고 있는 성리학의 이론과는 다른 독창적인 체계를 확립, 그간 학계의 주목을 받아왔다. 학계에서는 서경덕이 전인미답의 기일원론(氣一元論)적 학설을 창조했다고 평가하고 있다.

서경덕은 우주공간에 충만해 있는 하나의 원기(原氣)를 형이상학적 대상으로 삼아 "기는 우주에 충만해 있으며 기는 곧 태허(太虛)이고 태허(太虛)는 곧 기"라고 자신의 우주관을 설명한 바 있다. 이는 무에서 유가 생성된다는 식의 사고가 아니라, 우주를 공간과 질량의 통일체로서 설명하려 했다는 점에서 학계의 큰 주목을 끌었다.

서경덕은 이러한 우주 공간에서 음기와 양기가 동(動), 정(靜)의 상태에 따라 변화하고 감응함으로써 현상계가 생성된다고 보고, 기의 움직임을 주재하는 것이 리(理)며, 이 리는 기 밖에 존재하지 않는 것임을 논증, 일원론적 이기론을 주장했는데, 이황은 "다른 주석서를 보지 않고 스스로 연구하여 이런 경지에 이른 것은 대단히 놀라운 일"이라고 평한 바 있다.

서경덕은 「화담집」을 남겨 주요 학술 저작인 〈원리기(原理氣)〉, 〈이기설(理氣說)〉, 〈태허설(太虛說)〉, 〈귀신사생론(鬼神死生論)〉 등을 실었으며, 박순, 허엽, 박민헌, 이지함, 홍인우 등 10여 명의 제자를 두었다.

일반인들 사이에서 서경덕은 황진이와의 일화로도 유명한데, 황진이는 서경덕을 흠모, 그를 오랜 기간 유혹하다가 다음 같이 말했다. "지족선사는 30년간 면벽하고 불도에 정진했지만 나에게 홀려 하루밤 사이에 그간 쌓은 공을 무너뜨렸다. 그러나 화담 선생은 내가 가까이 한 지 여러 해 되었지만 마음과 몸을 더럽히지 않았다. 참으로 성인이시다."

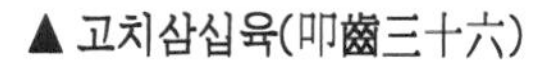

건강교실 이퇴계 선생과 함께 하는 활인심방의 도인 체조

각종 질병에 시달리다가 관직 생활을 정리할 무렵 이황이 펴낸 「활인심방」의 도인 체조가 평소 운동량이 부족한 선비들의 체력관리 지침서로서 가치를 인정받고 있다. 퇴계가 호흡법과 안마술, 의약제조에도 일가견이 있다는 소문이 퍼지면서 도인 체조의 명성 역시 높아지고 있다. 이황의 도인 체조는 전통 체조의 맥을 잇고 있는데, 체조의 도입단계에서 단전호흡과 같은 호흡 중심의 동작을 통해 기(氣)의 집중을 시도하고, 음양의 원리에 따라 자연의 모습을 모방한 동작으로 구성되어 있다. 독서를 하다가 피곤함이 느껴질 때 잠깐 책을 덮고 방안에서 쉽게 할 수 있는 몇 가지 동작을 소개해보겠다.

고치삼십육

▲ 고치삼십육(叩齒三十六)
반좌를 하고 편안한 마음으로 눈을 감는다. 두 손으로 머리 부분을 감싸고 어금니 마주치기(叩齒)를 서른여섯 번 하면 두개골운동이 된다.

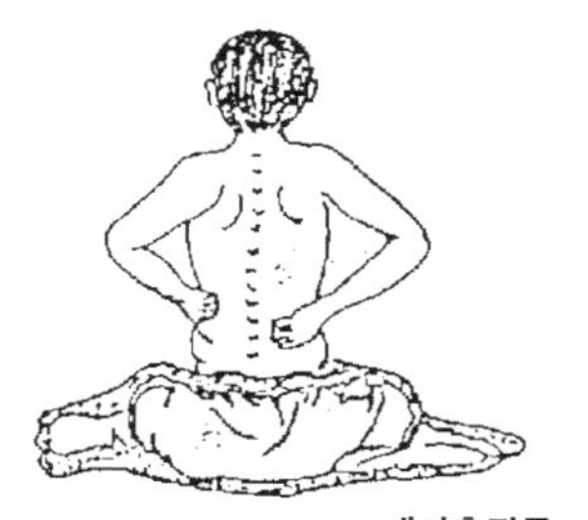

배마후정문

▲ 배마후정문(背摩後精門)
허리 뒤쪽 신장부위를 정문(精門)이라고 하는데 거기에는 외신(外腎)이 있다. 두 손을 뒤로 돌려 허리 뒤 신장부위를 서른여섯 번 꽉꽉 주무른다. 다시 숨을 죽여 호흡을 정지한다. 그후 마음 속으로 화기를 배꼽 아래 단전으로 내려보내고 열기를 돌게 한다. 코로 서서히 새 기를 들여마시고 한참 숨을 멈췄다가 다시 내보내면서 열기를 단전으로 보내는 방법을 반복한다.

저두반족빈

▲ 저두반족빈(低頭攀足頻)
두 손으로 발바닥 중심부를 끌어당기면서 윗몸을 앞으로 구부리고 숨을 들여마신다. 이 동작을 숨을 깊이 참으면서 열세 번 계속한 다음, 다시 반좌의 자세로 앉는다. 이때에 목구멍 속에서 물이 솟아나오는 기분으로 입안에 침이 고여야 한다. 이렇게 해서 생겨난 신수(神水)는 마치 붉은 용이 물을 휘젓듯이 세 번에 나누어 단단한 물건을 삼키듯 힘주어 삼킨다. 동작을 마친 후 다리를 거두고 반좌로 앉는다.

생활정보 기근시 대처법 「구황촬요(救荒撮要)」를 중심으로

1554년 최근 계속된 흉년으로 배를 곯고 있는 백성들을 위해 배고픔을 때울 수 있는 갖가지 방법이 소개된 책, 「구황촬요」가 나왔다. 이런 종류의 구황서로는 이미 세종 때에 「구황벽곡방」이라는 책이 나온 적이 있었다. 「구황촬요」에 실린 기근시 대처법 몇 가지를 옮겨본다.

"기근에 빠진 사람에게 갑자기 많이 먹이거나 뜨거운 것을 먹이면 죽기 십상이니 간장즙에 물을 타서 먹인 다음에 시원한 죽을 먹인다. 일단 살아났는데 부은 것이 안 풀리면 천금나무 껍질을 끓여 마시거나 이 즙액에 죽을 끓여 먹인다. 또 솔잎에다 느릅나무 즙이나 콩가루 혹은 날콩을 몇 알 함께 씹으면 배고픔을 잊는 것은 물론 변비도 예방할 수 있다. 메밀이 반쯤 익었을 때 연한 줄기와 잎을 따서 말린 다음, 볶아서 가루로 만들어 먹는다. 칡뿌리죽, 마(麻)를 쪄서 가루로 만든 것도 배고픔을 면하는 데 좋고 토란도 효과가 크다. 상수리를 가루로 만들어 죽·떡·다식을 만든다든지 도라지를 곡식가루에 섞어 찌거나 밥지을 때 섞어 넣거나 또는 그대로 먹어도 허기를 면할 수 있다. 밀랍(蠟)을 씹으면 사방 한 치 정도의 작은 것으로 하루의 허기를 면할 수 있다. 대추와 함께 씹으면 한결 부드럽다. 밀가루 1근과 황납(黃蠟)으로 전병을 만들어 포식하면 1백 일 동안 배고프지 않다는 이야기가 있을 정도이니 믿어도 좋다. 그밖에 검은 콩과 삼씨를 섞어서 찹쌀죽에 뭉쳐 큼직하게 빚어 찐 다음, 말려두고 먹은 방법도 권할 만하다."

왜인의 불꽃놀이 관람 허용 문제 논란

"위력 과시, 침략 막자" 주장에 "화포 기술 유출"

1542년(중종 37년) 왜인에 대한 불꽃놀이(火戲) 관람 허용문제를 놓고 예조와 병조 사이에 논란이 있었다. "우리 화포의 성능을 과시할 수 있는 화희를 보여주어 왜인으로 하여금 감히 우리나라를 침범할 생각을 못하게 하자"는 예조의 주장에, 병조는 "왜인들이 이미 은의 제련법과 활 만드는 기술을 배워간 사실을 고려해본다면 군사상 중요한 화포가 등장하는 화희는 절대로 보여줄 수 없다"고 맞섰다.

왜인들 사이에서 화희 관람 열기는 매우 높아서 실제로 우리나라에 온 왜인들이 가장 원하는 것 세 가지는 관화(觀火), 관사(觀射), 금강산 유람인 것으로 알려져 있다. 결국 "야밤에 공연해서 화약의 제조나 장전 같은 주요 기술은 왜인들이 볼래야 볼 수 없게 하자"는 영의정 윤은보의 의견이 최종적으로 채택됐다.

일본, 화약무기 기술 습득

최근 일본이 명으로부터 화약무기 관련기술을 습득, 제주도 약탈시 철환(鐵丸)을 발사하는 등 화약무기 기술에서 비약적인 발전을 보이고 있다. 왜구와 합작하여 약탈을 일삼는 명나라 복건성 일대 주민 중 일부가 국가기밀인 화포 관련기술을 일본인에게 전달했으며 화포도 제공한 것으로 확인되고 있다. 화약무기 관련기술의 해외 유출을 엄중하게 단속해온 정부는 명나라에 사신을 파견, "명나라 사람들이 왜구와 합작하여 무기를 공급하고 화포기술을 가르쳐 주는 것은 양국에 다같이 불리하다"며 정부의 단속을 촉구했다.

해외 소식

예수회 선교사 자비에르 일본에 기독교 전파

포르투갈의 예수회 선교사 프란시스 자비에르가 일본의 녹아도(鹿兒島)에 상륙, 선교활동을 시작했다. 일본인들에게는 기독교가 불교의 한 분파쯤으로 간주돼 쉽게 수용되고 있으며 영주들이 입교할 경우 백성들도 따라서 입교 절차를 밟기 때문에 신도 수는 급격히 증가할 것으로 보인다.

포르투갈인과 일본인과의 첫 만남은 1543년 중국 연안을 지나던 포르투갈의 한 상선이 사쓰마 남쪽의 종자도(種子島)에 표류하면서 부터. 이때 조총 두 자루가 일본인의 손에 들어갔다. 포루투갈인은 마카오를 기지로 삼아 일본산의 은과 중국산의 생사, 견직물을 교환하는 중개무역에 종사했다. 영주들은 조총과 화약을 얻기 위해 포르투갈 상인과 교역하는 상인에게는 10년 간의 면세혜택까지 주고 있다고 한다.

역사신문

임꺽정 일당, 황해도 일대 '종횡무진'

정부, 체제 도전으로 규정 대대적 토벌 나서 … 마침내 체포

1562년(명종 17) 정월 황해도 개성 청석골을 근거지로 3년여 동안 진상공물을 탈취하는 등 경기, 강원까지 세력을 떨치던 도적 두목 임꺽정이 붙잡혀 처형됐다.

관련기사 2·3면

1559년경부터 활동을 시작한 임꺽정 집단은 경기, 황해도 일대에서 부호의 창고를 털거나 관아를 습격하기도 하면서 세력이 급속히 팽창하기 시작, 1560년에는 서울에까지 출몰, 한성 부호들을 공포에 몰아넣었다. 정부에서는 서울로 들어오는 길을 봉쇄하고 삼엄한 경비를 펼쳤으나 임꺽정 집단은 평안도와 강원도로 거점을 확대, 황해도에서 빼앗은 재물을 개성에서 팔기도 하고 서울에 거점을 두어 미리 관군의 움직임을 정탐해내는 민첩함을 보여줬다. 이해 11월에 숭례문 근처에서 암약하던 임꺽정의 참모 서림을 체포한 정부는 임꺽정의 봉산 습격 계획을 알아내고, 평산부와 봉산군의 군사 5백 명을 모아 평산 마산리로 진격했으나 대패했다.

이후 정부는 황해·평안·함경·강원·경기도 각 도에 대장 1명씩을 임명, 대규모 체포작전을 개시했다. 5도의 군졸들이 각 지역을 누비는 동안 관군의 물자를 대는 백성들의 불만은 고조됐고, 무고한 사람들이 도적으로 오인돼 처형되는 불행한 사태가 잇따랐다. 1561년 들어서 정부는 황해 토포사(각 진영의 도둑 잡는 일을 맡은 벼슬)에 남치근, 강원 토포사에 김세한을 임명, 정예병을 편성하고 도적 소굴 초토화작전에 돌입, 산악지역과 개성 성내를 샅샅이 수색하는 한편, 서울에서는 동대문과 남대문의 수문장 수를 늘리고 날짜를 정해 새벽부터 일시에 수색을 개시하거나 장사를 중단시키고 관청 일을 중지하는 비상경계령을 발하기도 했다. 또한 황해도는 전세와 요역을 면제해주고, 평안도는 그 절반을 줄여주는 조치를 발표, 백성들의 도적집단 가담을 막으려고 시도했다.

올해 들어 토포사 남치근이 근거지를 봉쇄한 뒤 군사들을 풀어 숲을 샅샅이 뒤지며 올라가자 임꺽정 일당의 상당수가 자진해서 항복해 온 것으로 알려졌다. 포위망이 좁혀지자 민가로 숨어든 임꺽정은 주인집 노파를 시켜 "적이 달아났다"고 외치게 한 뒤, 군인처럼 가장하고 병사들 틈에 섞여 빠져나가려다가 예전의 참모로 관군의 앞잡이가 된 서림의 눈에 띄어 붙잡혔다.

임꺽정 일당의 행적 및 토벌 일지

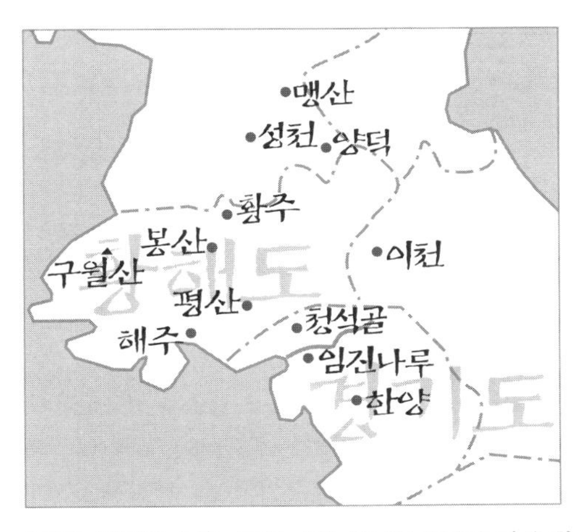

1559년(명종 14) 양주 백정 임꺽정 일당이 개성 청석골을 근거지로 황해도 일대에서 도적 행각. 대낮에 관청을 포위, 옥문을 부수고 일당을 구출.
1559년 가짜 금부도사 행세. 임진나루에서 봉산군수 윤지숙의 행차 습격. 황해감사 친척임을 사칭하며 각 읍에서 도둑 행각.
1559년 한양 물상객주 한온과 결당하여 재물 처분. 임꺽정, 한양에서 활동하다 장통방에서 발각됨. 임꺽정 도망, 아내와 부하 여러 명 체포됨.
1559년 3월 임꺽정 일당, 개성에 나타나 활동. 개성부 포도관 이억근이 추격하다 이들로부터 일곱 대의 화살을 맞고 죽음.
1560년 9월 임꺽정 일당, 어둠 틈타 성안의 감옥문을 부수고 임꺽정의 처를 구출하려다 중지.
1560년 10월 평안도 성천·양덕·맹산과 강원도 이천으로 확대 활동.
1560년 11월 서림, 한양에서 체포되어 신임 봉산군수 이흠례를 죽이기로 모의한 사실 자백. 정부 선전관 정수익을 봉산으로 급파.
1560년 11월말 선전관 정수익, 평산부사 장효범, 봉산군수 이흠례, 금교찰방 강여, 관군 5백여 명으로 임꺽정 일당과 접전하였으나 대패.
1560년 12월 황해도 순경사 이사증, 임꺽정 체포 보고 올림. 서림을 데려다 대질시킨 결과 그의 형 가도치로 판명됨.
1561년 9월 의주목사 이수철, 해주군사 윤희정을 임꺽정으로 거짓 자백케 하여 조정에 허위 보고.
1561년 10월 임꺽정 출몰소식에 한양 검문검색 강화하고 대대적 수색.
1561년 12월 토포사 남치근, 대대적인 토벌작전으로 임꺽정 일당의 주력을 사살함.
1562년 정월 임꺽정 체포됨.

왕실 외척 윤원형, "부정비리 극심"

호화 생활 … 백성 수탈 마구잡이로

영의정 윤원형 일가의 권력형 부정부패가 날로 심해져 백성들의 여론이 들끓고 있다. 윤원형은 현재 서울에만 집이 열여섯 채에다 전국에 걸쳐 남의 노비와 전답을 부당하게 빼앗은 것이 이루 헤아릴 수 없을 정도라고 한다. 거기다 최근에는 정경부인을 내쫓고 난정이라는 기생을 첩도 아닌 정경부인에 들어앉혀 뜻있는 유생들을 경악케 하고 있다.

또 영의정의 권한을 남용해 친인척들에게 마구 관직을 나누어주고 있다. 이에 그에게 조금이라도 피붙이가 되는 이들은 너도나도 그의 집 사랑채로 몰려들고 있다. 심지어 그의 첩의 자식들과 혼인을 맺으려는 사람들도 줄을 서 있을 정도라고 한다. 그에게 관직을 받고 부임한 관리들이 각지에서 주민들을 마구잡이로 수탈하는 바람에 여론은 더욱 들끓고 있다.

이에 대해 한 왕실관계자는 "국왕께서도 사정을 들어 잘 알고 계시다. 그러나 윤원형은 국왕 어머니이신 문정왕후의 동생 아니냐. 문정왕후가 살아계신 한 국왕께서도 어쩔 수 없는 게 현실"이라며 문정왕후 사후에 모종의 조치가 있을 것임을 암시했다.

관련기사 2면

부상대고들에게 은광개발 허용, 민채세납제 실시

정부, 부상대고들에게 빌린 진휼미 상환 어려워 … 부역 저항 막는 데도 어려움

1561년(명종 16) 부상대고들에게 빌린 진휼미 상환이 어려워진 정부는 부상대고들이 은광을 개발하고 대신 정부에 일정액의 세금을 내게 하는 민채세납제를 실시키로 했다.

2년 전인 1559년(명종 14)에 단천군민의 절반이 유망할 정도로 엄청난 물난리가 났을 때 정부는 이들을 구제하기 위한 진휼미를 마련하기 위해 부상대고들에게 은과 면포로 보상하기로 하고 많은 곡식을 빌려 사용했던 바 있다. 이번에 부상대고들에게 그에 대한 대가로 채굴권이 주어지면서 '민채세납'이 결정된 것은 부상대고들이 오래전부터 민채를 원해왔기 때문이기도 하지만, 민채를 통해서만 부역농민들의 피역저항을 받지 않고 부족한 국가재정을 충당할 수 있다는 정부의 판단이 크게 작용한 것으로 보인다.

관련기사 4면

역사신문

'나라도둑' 잡아야 '백성도둑' 없어진다

지방관과 지주의 수탈, 한도 넘어섰다

임꺽정은 정부로부터는 '흉악한 도둑떼의 수괴'로, 백성들로부터는 '의적' 두목으로 불리고 있다. 한 사람에 대해 이처럼 극단적인 평가가 내려지는 일도 드물 것이다. 이는 우리 사회에서 계층간 갈등의 골이 그만큼 깊다는 것을 보여준다. 따라서 이제 그 골을 메우고 좁히려는 노력이 지금 당장 경주되지 않는 한, 제2, 제3의 임꺽정은 계속해서 출현할 것이다.

우선 지방민들의 생계가 안정돼야 한다. 지방민들이 임꺽정 일당을 보고도 신고하기는커녕 오히려 그 일당에 가담하는 것은 그만큼 먹고살기가 힘들기 때문이다. 그리고 이렇게 먹고살기가 곽곽해진 것은 자연재해에도 원인이 있겠지만 기본적으로는 지방관 및 지주들의 농민수탈이 어느 한도를 넘어섰기 때문이다. 임꺽정만 해도 백정의 신분으로서 갈대로 갓이나 소쿠리를 만들어 생계를 잇고 있었는데, 멀쩡한 들판의 갈대에 난데없이 세금을 내라는 데 격분해서 도적의 길로 들어섰다고 한다. 그 갈대밭이 어느 한성 귀족이나 대지주의 소유였는지는 모르지만 한 사람의 백정에게 못할 짓을 한 것이다. 이렇게 지방민의 생계는 일차적으로 지방관들의 수탈을 엄히 다스리는 데서부터 지켜질 수 있을 것이다.

그리고 이를 위해서는 위에서부터 부정과 비리를 척결해야 한다. 얼마전 척신 이량의 아들 이정빈이 과거시험 문제를 미리 알고 장원급제를 한 것이 들통 나 문제가 된 바 있다. 관리임용에서 금전거래가 횡행한다는 것은 더 이상 비밀이 아니다. 돈 주고 산 자리니 부임하자마자 돈 거둬들이기 시작하는 것은 당연한 이치다. 또 부상들은 권력과 결탁해 공물 대납과정에서 엄청난 폭리를 취하고 있다. 현재 양 한 마리의 방납가가 포 50필, 담비 한 마리의 방납가는 포 수백 필에 이르고 있다. 이런 가운데서도 국가 재정은 오히려 부실해지고 있다. 백성들로부터 수탈한 부가 중간에서 관료들과 부상들의 호주머니로 다 들어가버리기 때문이다. 이건 국가적인 문제다. 시급히 바로 잡지 않으면 고려가 말기에 겪었던 상황을 되풀이 하지 말란 법은 없을 것이다.

정부에서도 이러한 위기상황을 극복하기 위해 노비 소유 억제책, 토지 소유 제한책, 공물규정 개정 등의 조치를 구상하고 있다고 하나 기득권층의 반발로 시행이 계속 늦춰지고 있다고 하니 실로 통탄스러운 일이다. 국왕 이하 양심적 관리들이 정국의 주도권을 확실히 잡고 개혁의 채찍을 과감히 휘둘러야 할 것이다.

그림마당
이은홍

도적활동 전국적 확산의 사회적 의미

중앙정부, 지방 수령의 수탈로 군현 피폐 … 농민 '유리도산'

정부에서는 임꺽정의 활동이 극성을 이룰 때 "지금 꺽정의 무리는 단순한 좀도적이 아니라 반역의 도당"이라며 대책마련에 부심한 것으로 알려져 있다. 실제로 최근 도적활동의 양상은 이전 15세기와는 다른 모습을 보이고 있다. 15세기의 도적이 주로 자연재해와 전염병으로 인해 발생했다면, 지금의 도적은 역 부담의 과중과 지주제의 발달 속에서 토지를 잃고 농촌에서 밀려나와 도적이 된 뒤 보다 조직력을 갖추고 장시와 같은 유통기구까지 이용하는 진전된(?) 모습을 보이고 있다.

농민들의 도적단 가담 내지는 동조가 늘어나는 것은 지금 현재 전국적으로 나타나는 군현의 피폐상과 관련이 깊다. 많은 지역에서 농민들이 땅을 잃고 유랑하고 있는데, 백성들이 빠져나간 지역에서는 각종 세금을 거두어들이기 어렵게 되고 중앙정부가 배당한 액수를 채워 넣지 않으면 해직되는 수령들은 남아 있는 농민들에게 두세 번의 징수도 강행하지 않을 수 없는 상황이다. 결국 이중 삼중의 부담을 이겨내지 못해 남아 있는 농민들마저 유망의 길로 나서는 악순환이 계속되고 있다. 특히 경기도와 황해도 지역은 진상과 같은 공물이 집중적으로 부과되는 지역이기 때문에 농민들의 유리도산 정도가 심각한 것으로 알려져 있다.

군현이 피폐해지는 것은 중앙정부나 지방관의 수탈에도 원인이 있지만 향촌사회 재지사족들의 지주제 확산과도 깊은 함수관계가 있다. 이들의 토지증식은 결국 같은 지역에 살고 있는 빈한한 농민들의 토지를 빼앗고 이들을 노비로 만든다. 재지사족들은 고리대나 권세를 이용한 위협을 통해 농민들의 토지를 얻거나 싼 값에 구입하고 있으며, 역 부담을 피하려는 농민들을 노비로 받아들이거나 자신의 노비를 양인과 결혼시켜 노비 수를 늘려나가고 있는 것으로 알려졌다.

현재 도적의 활동은 경기도 적성·안산·고양, 황해도 장단뿐만 아니라 전라도 연산·진산과 경상도 경주·영천 등 피폐된 군현을 중심으로 거의 전국적 확산양상을 보이고 있다. 국가에서는 피역·유랑 농민이 늘어나 이들이 도적화하자 이의 진압에 나서고 있지만 몰락농민층에 기반을 둔 도적활동은 사회경제적인 모순이 심화될수록 더욱 활발해질 전망이다. 특히 집단적인 도적활동은 피역·유리하는 어려운 처지의 농민들과 연결되면서 점차 지배층에 대한 농민저항으로 확대될 조짐 또한 보이고 있다.

집중취재 윤원형·심전 등 척신들의 비리 백서

수단 방법 가리지 않고 사욕 채운 권력형 비리

언전 확대

▲명종 21년 6월 척신인 이량은 권신·신사헌·윤백원과 함께 경기도 승천부의 제언이 전답으로 만들기에 적합한 것을 알고 윤백원의 장모인 효혜공주의 이름을 도용하여 주민 동의를 구해 배당 받은 뒤 당시 관찰사 이언충의 도움으로 주민을 동원하여 제언을 메우고는 이익을 서로 나누어가졌다.

▲명종 17년 4월 척신인 심전은 전주부윤으로 있으면서 제언을 차지하여 자신의 소유로 삼았으며, 둑을 쌓아 농장을 만들고는 오히려 백성들을 시켜 "부윤께서 선정을 베푸셨다"는 보고를 올리게 했다.

해택 개발

해택 개발은 일시에 많은 인원을 동원해야 하는데다가 실패의 위험부담이 크기 때문에 결국 지방관을 통해 다수 인력을 동원할 수 있는 권세가들에 의해 주로 이루어졌다. 일단 농지가 조성되어도 경작에서 수확·운반까지 모두 수령이 관가의 곡식을 지급하면서 유향소 등을 통해 백성을 부리기도 하였다.

▲윤원형을 위해 명종 15년 7월 해주목사 윤행은 방죽을 쌓았고 명종 20년 10월 이숙남은 평산과 해주를 잇는 두 곳에 방죽을 쌓아 농토를 만들었다.

▲윤원형은 "바다에 방죽을 쌓아 농장을 만들고 싶다"는 자신의 청을 정주목사 유경심이 거부하자 대간을

사주, "유경심의 승진이 너무 빠르다"며 종성부사로 좌천시켰다.

공유지의 사점과 양민 예속

▲권세가들은 서울 주위 30리 안의 시장(柴場)을 거의 모두 차지, 도성 백성들의 땔감 걱정을 가중시켰다. 명종 20년 윤원형은 목락산을 차지, 자신의 전용 땔나무 공급지로 삼고는 원 거주민을 내쫓았다.

▲명종 21년 심전의 경우 과천현감 경용에게 부탁하여 능을 지키는 수호군을 동원, 이들을 자신의 해택 개발에 사역하였다. 직접 사역을 시키지 않는 경우엔 대신 포를 징수하기도 했다.

밀무역 참여

▲명종 11년 정월 문정왕후의 소생인 은혜공주의 한경록 집안에서는 혼례를 구실로 역관에게 부탁하여 명나라에서 흑단자를 구입하였는데 그 양이 77필이나 되었다.

▲명종 11년 11월 척신인 심통원이 명에 동지사로 갈 때 불법적인 은 유출을 감찰하는 대동찰방 곽정이 역관의 수중에 있던 은을 적발하였다. 그런데 역관에게 은의 운반을 부탁했던 심전은 도리어 큰소리를 치며 잡혀 있는 역관을 빼내갔을 뿐 아니라, 압수된 은도 가지고 유유히 발길을 돌렸다.

유향소 통한 지방여론 조작

권세가들은 경재소와 수령권을 통해 사림파가 세운 유향소를 장악하고 지방민의 반발을 무마하는 방법을 구사했다. 권세가에게 부탁하여 지방관으로 나간 사람들은 지방민을 시켜 "수령이 선정을 베풀었다"는 보고를 감사에게 올리게 하는데, 이때 앞장서서 바람을 잡고 나서는 것이 주로 유향 품관들이다. 이런 식의 조작적인 상소로 자리를 보장받거나 품계가 올라간 경우가 많다.

▲윤원형에게 붙은 정준은 광주목사로 선정을 베풀었다는 이유로 품계가 올라갔고(명종 11년 3월), 역시 윤원형 추종세력인 권찬과 권소는 효행이 뛰어나다는 유향품관의 보고로 품계가 올라갔다.

▲이량과 가까운 이언신은 평안도 관찰사 이량에게 뇌물을 주어 이량이 백성들을 동원, 상소를 올리게 해서 통정대부가 되었다(명종 19년 2월).

▲외척인 심전은 전주부윤으로 있을 때(명종 17년 4월), 문정왕후의 인척인 남필성은 안악군수로 있을 때(명종 18년 6월) 여론을 조작, 자리를 지키고 품계를 올려받았다.

"누가 이들을 도적으로 만들었나?"

양주골 백정 임돌이의 아들로 태어난 임꺽정의 원래 이름은 '놈'인데 어렸을 때부터 보통 사람보다 월등한 힘으로 가지가지 사고를 쳐서 부모를 걱정시킨다고 하여 걱정이라고 하던 것이 부르다보니 '꺽정이'로 굳어졌다고 한다.

임꺽정의 젊은 날은 베일에 싸여 있는데 전하는 바에 따르면, 10세 때 한성에 가서 글을 배우기도 하고 검술을 익혔으며 전국을 유랑하며 백성들의 고난에 찬 삶을 직접 목격한 뒤 고향에 돌아와서는 가정을 꾸리고 평범한 생활을 한 것으로 알려지고 있다.

장년이 되어 봉산 황주에서 도적활동에 투신, 38세 때 청석골을 본거지로 한 뒤 관군에 의해 토벌될 때까지 3년간 황해도 도적집단을 지휘. 평소 출신성분에 따르는 멸시와 천대로 인해 양반사회에 대해 강렬한 반감을 가지고 있었던 것으로 전해진다.

임꺽정 활동의 뒷이야기 — 대담무쌍한 행적 … 정부, 고발자에 각종 포상조치

▲임꺽정 집단의 특성은 뭐니뭐니 해도 대담무쌍함. 대낮에도 관아에 쳐들어가 나졸을 사살하고 옥문을 부순 뒤 갇혀 있던 식구와 부하들을 구하는가 하면, 관원이나 감사의 일가라고 사칭하고 관아의 허점을 정탐하기도. 가끔 사신을 호송하는 관리를 살해한 뒤 그 신분증을 관청에 걸어놓아 관리들의 심기를 자극하는 취미도 있다.

▲기동성과 조직력도 정평이 나 있다. 관군의 추적으로 황해도에서 활동이 어려워지면 평안도의 성천·양덕·맹산과 강원도의 이천 경계로 들어가버리기 때문에 병조판서 권철도 혀를 내둘렀다는 후문. 서울에도 소굴이 있어 훔친 물건을 처분하는 데 큰 어려움이 없었다는 것도 놀라운 사실. 임꺽정 체포에 결정적으로 공을 세운 참모 서림 역시 엄가이로 이름을 바꾸고 숭례문 밖에서 암약하다가 붙잡혔다고 한다.

▲영의정 상진이 "황해도 도적은 왜인이나 야인과 달리 의복과 언어가 일반 백성과 다름이 없어 고발이 없으면 수천의 병사를 동원하더라도 손쓸 수 없다"며 한탄한 끝에 마련된 고발자 포상조치는 제법 빵빵해서 정부의 다급한 심정이 빤히 들여다보였다는데…. 한 예로 도적의 자취를 탐지, 고발하여 도적을 잡게 한 사람이 양인일 경우 군직을 제수하고, 천인일 경우 양인으로 만들어주는 한편 도적의 재산을 지급한다는 것. 물론 잘못을 뉘우치고 자수하는 사람이나 일당을 함께 설득해서 산을 내려오는 사람의 경우 죄를 묻지 않고 정착대금을 제공한다는, "자수하여 광명찾자"는 식의 포고문이 깊은 산속 절간에 배포된 것도 알만한 사람은 다 아는 사실.

〈독자투고〉 임꺽정은 우리에게 희망이었다

우리 두목 임꺽정이 처형된 후 한때 머물던 청석골 산채 자리를 찾아보았다. 비록 흉악한 도적으로 낙인 찍혀 토벌의 대상이 된 우리들이었지만, 사실은 한때 가족과 함께 농사를 지으면서 단란한 생활을 꾸려나가던 평범한 백성들이었다. 언제 죽을지 모르는 산채생활을 택한 것도 도둑질을 좋아해서가 아니라 이 짓이 아니면 먹고 살 길이 막연해서 청석골을 찾은 사람들이 대부분이다. 내 친구 곽오주의 경우는 아이가 배고파 우는 것에 흥분하여 아이를 방바닥에 던진 것이 아이를 죽게 만들자 아이 울음소리만 들으면 난폭해지는 신경증 증세에 시달렸다.

황해도 백성들의 곤궁에 대해서는 정부에서도 들은 바가 없지는 않을 것이다. 대표적인 예로, 장연현의 경우 원래 매우 큰 마을이었는데 지금은 백성들이 절반 이상 흩어져 인적이 드물어졌다. 장연곶에서는 소나무가 많이 나는데 집을 짓거나 배를 만든다며 서울 사람들의 요구가 끊이지 않고 토산물인 무쇠 공납과정에서 아전과 서울의 관리가 결탁해서 착복이 심하다. 특히 갈대로 삿갓이나 그릇을 만들어 생계를 유지하던 봉산·황주지역 백성들이 우리 집단에 적극적으로 가담한 것은 최근 권세가들이 갈대밭을 불법으로 빼앗도록 눈감아준 조정에 대한 불만이라는 것도 아는지 모르겠다.

우리 두목 임꺽정은 백정 출신으로서 겪는 멸시와 천대로 인해 양반세계 자체에 대해 강렬한 증오심을 가졌던 것은 사실이지만, 실은 이 나라가 양반 중심으로 돌아가면서 나타나는 문제에 더 분개했던 사람이다.

산채에서 함께 밤을 지새면서, 그리고 내가 표창 던지는 연습을 할 때 두목은 옆에 앉아서 "무슨 잘못을 해서 멸시를 받는 것이라면 내 허물을 고치면 되지만 백정이라고 천대받는 것은 죽기 전에는 벗어날 방법이 없다"고 우울해하고는 했다. 그러다가도 이내 두 주먹을 불끈 쥐고 "내가 도둑놈이 되고 싶어서 된 것은 아니지만 조금도 후회하지 않네. 진짜 도둑놈들은 나라에서 녹을 먹여 기르고 있네. 갓을 쓴 도둑놈이 시골에 가도 골짝골짝에 다 있고 서울 가면 조정에 득실득실 많이 있네. 윤원형이니, 이량이니 모두 흉악한 도둑놈이지 무언가!"라면서 결연히 자리를 차고 일어나던 두목의 모습은 우리에게 '희망'이었다.

토포사 남치근은 토벌의 공로로 노비 1백 명과 농지 50결을 받았다고 한다. 그는 우리 두목의 아들, 손자, 서너 살 어린아이에 이르기까지 모조리 처형하면서 그 앞에서 태연하게 밥상을 놓고 밥을 먹었다. 그는 '꼬마 임꺽정'까지 모조리 씨를 말렸다고 생각하겠지만 농민들의 삶이 나아지지 않는 한 제2, 제3의 임꺽정은 계속 생길 것이다. **박유복**

스케치 — 요즘 도적들 어떻게 활동하나?

낮에는 농사짓다 밤이면 지주, 관아 습격 '두 얼굴'
"농토 주어지면 칼 대신 호미 잡을 농민들"

임꺽정의 주무대 황해도는 원래 명나라-평안도-서울 사이의 교통로를 중심으로 산적의 집단활동이 활발히 일어나던 지역이며, 건국 초기부터 구월산의 험한 지형을 배경으로 신백정이 활약한 도적활동의 '전통'을 가지고 있다. 또한 서울에 가까운 관계로 한성 거주 부재지주들의 적극적인 개간에 따라 농장경영이 활발히 이루어지면서 일반 농민들은 토지를 잃고 농장의 노동자로 전락해가는 상황이었다.

일시적으로 그리고 개별적으로 활동하는 도적은 언제나 있게 마련이지만 최근 도적들은 국가의 파악을 피해 산골짜기나 섬 등에 장기간 숨어살면서 일정한 거점을 중심으로 조직을 갖추고 있다는 점에서 주목할 만하다. 대략 20명 내지 40여 명이 한 부대를 이루는 것이 보통이며 한 부대는 대략 10명 내외의 소조직들로 나뉘어 활동함으로써 기동성을 살리고 있고 부모나 처자식들까지 거느리면서 친척이나 친구들을 중심으로 조직을 운영, 결속감이 강한 편이다.

포도관 남모씨는 "도적들은 기본적으로 농민이기 때문에 관아의 추적이 심해지면 다른 지역으로 옮겨서 노비나 머슴이 되어 농사를 짓기도 하고 낮에는 화전을 일구거나 해산물을 채취하다가도 밤에는 지주·상인·고리대업자·관아를 습격하는 '두 얼굴'을 가지고 있다"며 지금의 도적들이 여건만 나아지면 칼 대신 호미를 잡을 순박한 농민들이라는 사실을 강조했다.

도적들은 훔친 물건이 관청 물건일 경우 장물의 처리를 위해 관아의 아전들과 연결되기도 한다. 한때 도적단에서 활동했다는 이모씨는 "아전 중에 친척이나 아는 사람이 있으면 값진 물건이 들어왔다는 정보를 제공받고 훔쳐낸 뒤 장물을 나누어갖기도 한다"고 말했다.

정부에서는 큰 나루와 고개에 초소를 설치하고 통행을 통제하는 한편 각종 방범대책과 도적체포 요령이 적힌 포도절목(捕盜節目)을 발표하면서 강력한 진압책을 실시하고 있지만 토벌군에 대한 도적들의 저항은 더욱 강해지고 있으며 동조하는 농민들의 숫자도 늘어나고 있다.

내가 만난 임꺽정

단천령(端川令) 이주경
(李周卿 : 태종 소생 익녕군의 증손. 본명은 억순(億舜))

나의 피리소리에 '눈물' … 모두가 이 땅의 백성들

황해도에 갔다가 개성 청석령을 넘는데 활과 칼을 든 도적 수십 명이 길을 막더니 짐을 빼앗고 나를 끌고가기 시작했다. 좁은 계곡을 따라 수십리를 들어가니 스무길쯤 돼보이는 암벽 위에 도적의 산채가 나왔는데 갖가지 색깔의 천막이 쳐져 있어 장관이었다. 나그네 중에 붉은 콩 20말을 지고 곧장 암벽 위에 오르는 자는 부하로 삼고 그렇게 하지 못하는 자는 가진 것만 빼앗는다고 하는 바로 그 암벽인가 싶어서 주의 깊게 올려다보았다.

산채에는 부하들이 각각의 지위에 따라 무기를 들고 쭉 늘어서 있는데 그 가운데 위엄 있게 앉아 있는 사람, 그가 바로 임꺽정이었다. 누구냐고 하길래 왕실 사람 단산수라고 했더니 곧바로 "피리 잘 분다고 소문난 단산수냐?"고 물어왔다. 술을 권하며 피리를 한두 곡 청하길래 소매 속에서 피리를 꺼내 먼저 흥겨운 곡으로 분위기를 띄웠다. 달이 휘영청 밝은 가운데 빙 둘러앉아 듣던 도적들이 모두 이리 뛰고 저리 뛰며 어지럽게 춤을 추어 그 기세가 자못 흥겨웠다. 분위기를 바꿔서 슬프고 처절한 곡을 불었더니 가락이 끝나기도 전에 그 우악스럽던 도둑들의 눈가에 이슬이 맺히는 것이 아닌가? 임꺽정 역시 슬쩍 눈가를 훔치면서 "금지옥엽같이 자란 왕족을 붙잡아 놓았자 쓸데도 없으니 돌려보내라"고 명령한 뒤 차고 있던 조그만 칼을 끌러주면서 "혹시 길을 가로막는 무리가 있으면 이것을 보이시오"라고 말했다. 이튿날 장단에 이르렀는데 말을 탄 몇 놈이 달려들길래 임꺽정이 준 칼을 보였더니 "이것을 어디서 얻으셨습니까?" 하더니 혀를 내두르며 사라졌다.

지주층, 산지(山地)·어장 독차지

도성 사람들, 소금, 생선 구경해본 지 오래

양반지주들이 그동안 수조권의 일환으로 농민들에게 관습적으로 부과해오던 시(柴), 탄(炭), 초(草), 어염(魚鹽)의 징수가 과전법의 폐지와 농민의 저항으로 어려워지자 직접 산지와 어장의 확보에 나서고 있다.

특히 정부가 군자곡의 마련이나 빈민구휼을 위해 곡식을 납부하는 지주에게 그 대가로 어장을 지급하면서 이러한 추세는 날로 확대되고 있다. 내수사를 비롯한 왕실에서 일반 사대부에 이르기까지 납곡한 값을 지불하라며 어장을 다투어받는 바람에 "망망창해를 모두 지주가 차지했다"는 말도 심심치 않게 들리고 있다. 호조 관리 여모씨는 "바다에 어선이 나타나면 지주들이 그 배가 정박하기를 기다렸다가 왜 이곳에서 고기를 잡느냐며 잡은 것을 강제로 빼앗으니 5~6년 이래 어상이 장사를 못해 소금이 극히 귀해져 도성 사람들은 그 꼴도 못 본다. 뿐만 아니라 관어장도 탈취당하여 관청에서 필요한 어물을 각 민호에 배당하니 백성 또한 부담을 견디지 못해 달아난다"며 답답해했다.

최근에는 도성 주위 30리 내에 있는 땔나무 벨 곳은 모두 권세가가 차지하여 도성의 빈민들은 땔감 부족으로 큰 고통을 겪고 있다. 산지나 어장 외에도 지주층은 고가의 호랑이가죽과 담비가죽 등의 진상물에서 갈대에 이르기까지 다양한 물품을 수중에 모아들이고 있다.

백운동서원 국가 사액 받아

풍기군수 이황의 요청으로

1550년(명종 5) 풍기군수 이황의 요청으로 백운동서원에 국가로부터 '소수서원(紹修書院)'이라는 현판과 서적이 하사되었다.

이황은 "학교의 쇠퇴와 사풍(士風)의 부정을 바로잡고 사림이 의지할 만한 곳을 마련하기 위해 서원에 액자를 내려 국가공식의 인정을 널리 알리는 동시에 서적과 토지의 하사가 있었으면 좋겠다"는 요지의 상소문을 경상감사 심통원을 통해 올렸던 바 있다.

조정에서는 영의정 이기, 좌의정 심연원, 우의정 상진, 예조판서 윤개 등이 사액서원 논의에 참가, "지방 유생을 조금 격려해주는 것도 나쁘지 않다"는 쪽으로 의견이 모아지자 백운동서원에 사액과 서적 하사 결정이 내려졌다.

참조기사 13호 1면

공물 구매 상납 전문 상인 등장

권세가, 일선관리들과 결탁 … 방납 이익 독점

공물을 구매해 상납하고 후불을 받는 소위 방납(防納)을 전업적으로 담당하는 상인인 방납사주인(防納私主人)들의 횡포가 심해지고 있다.

그동안 방납사주인들은 지방관리가 공물을 구매 납부하기 위해 상경할 때, 이들을 숙박시키고 공물의 중개매매를 주선하는 역할을 담당해왔는데 공물방납의 이익이 막대해지자 관청의 말단관리나 부상대고 혹은 권세가의 노비까지 사주인으로 등장하고 있다. 이들은 온갖 계략을 써서 반드시 자기 물건으로 납부하게 함으로써 막대한 이익을 취하고 있을 뿐만 아니라, 단순히 공물의 대납에 머무르지 않고 각 고을이 필요로 하는 공물을 미리 마련하여 납부하고 그 대가를 후불로 받을 정도로 적극성을 보이고 있다.

아직까지는 방납이 원칙적으로 금지되어 있기 때문에 이들 상인들은 방납을 독점하고 이를 실현시키기 위해 관리들과의 결탁도 서슴지 않고 있다. 방납사주인들은 각 고을의 수령으로부터 방납물품 내역을 얻기 위해 권세가에게 청탁하거나 수령과 직접 선을 대는 방법을 쓰고 있다.

익명을 요구한 수령 윤모씨는 "권세가의 청탁을 거절할 수 없기도 하거니와 중앙에서 지정한 공물을 제때에 납부하기 위해서라도 방납인에게 협조하는 것이 수령에게도 이롭다"며 방납사주인과의 공모를 인정했다.

중앙관청의 말단관리가 시전상인이고 이들이 곧 방납을 전담하는 사주인인 상황 하에서, 지방관청에서 자납하는 물건은 품질에 하자가 없더라도 각 관청의 하리들에게 인정되지 않았다. 결국 방납사주인들은 지방관청의 자납품을 퇴짜 놓은 뒤 자신이 준비한 물건으로 방납함으로써 방납을 독점하는 횡포를 자행하고 있는 것이다. 한편 형조관리 장모씨는 "방납사주인들이 불법적인 방납행위로 고발당해도 이들 뒤에는 방납의 이득을 함께 누리는 권세가가 버티고 있어서 어디선가 날아온 편지 한 장이면 무사해진다"며 '정경유착' 현상을 꼬집었다.

참조기사 13호 1면

취재 수첩

부상대고와 관리들의 밀월

얼마전 세목면(細木綿) 판매를 둘러싸고 시전상인들이 한성부에 돌입, 난동을 부린 사건이 있었다. 이들이 한성부 당상의 집무실에 뛰어든 것은 부상대고와 관리들의 각별한(?) 사이를 잘 보여주어 화제가 되었다.

부상대고로 성장한 사람들은 왕실·권세가의 외거노비로부터 중인인 역관, 시전상인에 이르기까지 그 신분이 다양하지만 한 가지 공통점은 권력층과 긴밀한 관계를 맺고 있다는 점이다. 권세가의 문전에는 항상 상인들이 폭주하여 권세가와 인연을 맺기 위해 애쓰는 모습을 쉽게 볼 수 있다. 최근에는 부상대고들이 가능성 있는 관리지망생에게 미리 투자를 하는 장학사업(?)도 벌이고 있다. 상인들은 과거급제자에게 잔치비용을 빌려주기도 하고, 뇌물로 벼슬을 얻고자 하는 사람에게는 수십 동의 면포를 대부해주기도 한다. 지방에서의 원활한 활동을 위해 지방의 세력가들과 혼인을 맺기도 하고 고을의 아전들에게도 서운하지 않게 잔치를 베풀어 상업활동에 도움이 될 수 있는 크고 작은 권력과 각별한 사이를 유지하려고 애쓰고 있다.

상업활동의 주된 분야가 관청의 물품이나 사무역 및 양반가의 일상적인 수요를 대상으로 하고 있기 때문에 상인과 관리들의 밀월은 당분간 지속될 것이다. 하지만 상인들이 기존의 국가 유통체제에 편승하는 것에 만족하지 않고 이를 뛰어넘으려 한다면 어떻게 될까? 이미 그러한 불화의 조짐은 조금씩 보이고 있다.

소수서원의 패권 다툼

소수서원 관리 책임자인 유사(有司) 김중문의 유생 구타에 대한 소수서원 유생들의 공원(空院:서원을 비우고 집으로 돌아가 버리는 것) 항의가 장기화될 전망이다.

유생들에 따르면 "김중문은 특별히 학문이 뛰어난 것도 아닌데 주세붕이 처음 서원을 건립할 당시 몇 가지 도움을 준 공로를 인정받아 유사로 임명됐고 덕분에 한성관리들과도 친분을 맺게 된 후에는 자기 '줄'을 믿고 평소 유생들에게 교만하게 구는 것은 말할 것도 없고 욕설까지 서슴지 않았다"는 것이다. 특히 김중문은 소수서원이 제향(祭享)하는 인물인 안향 후손 순흥 안씨들의 전폭적인 지지를 받고 있는데, 풍기에서 대대로 살고 있는 순흥 안씨 중심의 토착세력들은 한성의 관료세력과 긴밀한 연관을 맺고 있는 것으로 알려져 있다.

김중문과 유생간의 충돌로 '공원사태'가 발생하자 풍기군수 한기는 김중문의 유사직을 박탈했는데 김중문은 곧바로 이웃 영천군수로 있는 안상에게 달려가 억울함을 호소, 현재 안상은 김중문을 두둔하고 나서고 있다. 이에 대해 이황의 문인인 황준량씨는 "백운동서원 건립 당시 재정적 지원을 했던 순흥 안씨들은 김중문을 내세워 서원운영을 좌지우지해왔다. 그런데 이번에 퇴계 선생님의 노력으로 사액서원이 되면서 소수서원이 풍기지역 신진사림들의 결집기반이 되니까 자기 세력을 잃을까봐 겁이 난 모양이다. 어디 누가 이기나 한번 해보자"고 응수했다.

독자 투고

훈구와 사림은 '초록이 동색'

농암 이현보와 퇴계 이황의 영지산 다툼을 보며 …

"군자는 백성과 이익을 다투지 않는다"면서 훈구파를 소인으로 몰아붙이던 사림들도 자기 마을에서는 일반 백성들과 혹은, 자기들끼리 땅을 다투느라고 눈알이 벌개져 있다. 우리 마을에서 지도자의 위치에 있고 사림의 모범이라는 농암 이현보와 퇴계 이황이 영지산을 놓고 다툰 것이 그 예다.

영지산(靈芝山)은 농암과 퇴계의 거주지 사이에 위치해 있는데 동쪽은 분천이고 북쪽은 온혜다. 농암은 벼슬에서 물러난 다음해에 영지산에 있는 영지사를 접수해서 이를 관리하던 중을 시켜 내부 수리를 한 뒤 '영지정사'라는 팻말을 달고 유유자적해왔다. 그런데 곧이어 퇴계가 이 산 북쪽 끝에 집을 지어 '지산와실'이라 하고 자신을 '영지산의 신선'이라고 하면서 문제가 시작됐다. 농암은 즉시 시와 편지로 소송(?)을 제기했고 퇴계 역시 시와 편지로 화답(?)하는 접전이 벌어졌다. 결과는 농암의 승리로 끝나 퇴계는 그 이후에도 적당한 집자리를 찾아 4번이나 집을 옮겨야 했다. 서로 멱살을 잡지 않았다 뿐이지 이익을 다투는 데는 시정잡배와 무엇이 다른가?

농암은 조상대대로 살아온 분천을 중심으로 예안 일대와 영주의 이산에 농장을 가지고 있다. 그런데 그것도 부족해서 애일당·긍구당·명농당과 같은 각종 건물을 신축하면서 주위 황무지를 개간하는 한편 영지사·병풍암·임강사와 같은 사찰과 암자를 개축 또는 인수하여 자신의 정자로 삼았는데, 이 과정에서 우리 농민들의 땅이 같이 먹혀들어갔을 뿐만 아니라 위세를 이용해서 농민들을 사역하기도 했다.

원래 숲과 냇물은 공공의 것인데 경치 좋은 곳에서 학문을 한다는 핑계로 이렇게 횡포를 부려도 되는 것인가? 퇴계만 해도 그렇다. 청량산을 '우리 집안의 산'이라고 하는가 하면 도산 일대의 강과 산을 독점해서 우리 농민들은 자유롭게 출입조차 못 하고 있다. 훈구파와 같은 부재지주들이 수령이나 향리를 통해 농민을 수탈하는 것도 문제지만 마을에 떡 버티고 앉아서 땅과 노비를 늘려가는 사림들이 있다는 것도 우리 농민들에게는 가혹한 시련 그 자체다. 훈구와 사림은 적어도 우리 농민들에게는 '초록이 동색'인 것은 분명하다.

예안 농민 박춘배씨

학계, 활발한 움직임

'학문 발흥의 시대'

국내 학술계가 역동적인 발전을 거듭하고 있다. 퇴계 이황을 필두로 한 국내 성리학의 수준은 이미 상당한 수준에 올라섰으며, 여러 교육기관이 활성화되고 과거제가 뿌리를 내리면서 정통 유학연구자층이 두터워지고 있다.

최근에는 사단칠정 문제를 놓고 몇 년간에 걸쳐 진지한 학술토론이 지속되는 등 국내 학술계는 질량면에서 점차 성숙한 단계로 접어들고 있다.

현재 국내 학술계는 재야에서 비교적 자유로운 학문연구로 탁월한 업적을 내고 있는 서경덕류와 관료집단의 젖줄이 되고 있는 광범한 성리학 학자층으로 크게 나누어볼 수 있다.

서경덕류는 비록 소수이지만 노장사상, 기철학, 상수학(象數學) 등에 이르는 폭넓은 학문적 관심영역을 갖고 나름의 발전을 모색하고 있으며, 성리학계는 인성론, 도학 방면으로의 발전이 두드러지게 나타나고 있다.

우리 사회의 학문적 배경이라 할 중국에서는 지금 현재 양명학이 새로운 학문의 주류로 등장하고 있어 양명학이 향후 국내학계에 어떤 변화를 가져올지도 관심사다.

미니 해설 사단, 칠정 그리고 이와 기

사단(四端)이란 맹자가 말한 '측은(惻隱), 수오(羞惡), 사양(辭讓 또는 공경 恭敬), 시비(是非)'의 네 가지다. 맹자는 소위 본능적인 '식색지성(食色之性)'은 인간의 성이라고 할 수 없다면서 인의예지라는 네 가지 성만이 인간의 성이라고 했는데, 이 네 가지 성의 단서가 되는 감정이 바로 사단이다.

칠정(七情)이란 「예기」에서 말하는 '희노애구애오욕(喜怒哀懼愛惡欲)'의 일곱 가지 감정을 뜻한다. 이것은 인간의 감정을 총칭한 것으로 보아도 좋다.

한편 이와 기는 서로 떼어서 논할 수 없는 것으로, 모든 존재와 변화는 이와 기의 합으로 이루어진다고 말해진다. 따라서 모든 구체적인 사물들은 이와 기의·합으로 이루어진 것이다. 그러나 이와 기는 결코 하나의 물(物)은 아니다.

이(理)는 존재와 변화가 있게 하는 이유가 되는 것이며(소이연지리 所以然之理), 그렇게 되도록 당위성을 부여해주는 것이다(소당연지리 所當然之理). 이 자체는 지선(至善)한 것이며 인간에 있어서는 본성 또는 이성으로 설명되기도 한다.

기(氣)는 사물을 이루는 질료 또는 사물의 현상세계의 내용이라 할 수 있다. 기란 형이하(形而下)의 성질을 드러내는 것이다. 인간에 있어서는 육체적인 것, 본능적인 것을 기질지성(氣質之性)이라 표현한다.

학계 동향

새로운 사상 양명학

현재 중국학계는 양명학이라는 새로운 사조가 출현, 주자학이 누렸던 학문의 권위를 계승하고 있다. 중국학계의 변화가 우리에게 예사롭지 않게 느껴지는 것은 조선사회가 확고한 성리학의 전통 위에 서 있고 현재도 성리학은 국가를 지탱해나가는 강력한 사상적 기반이기 때문이다. 양명학은 성리학적 전통에 대한 일종의 반작용이라고 볼 수 있고, 또 변화하는 사회를 능동적으로 반영하고 있는 면도 있다.

양명학의 시조로 불리는 왕양명(王陽明 1472-1528)은 중국 지성사에 있어 가장 역동적인 사상가로 평가받고 있다. 양명이 주창한 사상의 요체는 지행합일(知行合一)의 정신이다. 주자학은 이기론적 세계관의 틀 안에서 격물치지론 및 수양론을 전개하기 때문에 다분히 주지주의적 성향을 갖는다. 양명은 이러한 주지주의적 측면을 철저하게 실존적 체험의 결단으로 순화시키려고 노력한다.

양명에게 있어 핵심적인 문제의식은 주자의 사상 가운데 현실주의나 윤리주의적 성격을 고수하면서 어떻게 인간평등의 보편주의를 확립하는가에 있다. 그리고 이러한 문제의식은 주자가 살았던 송대와 비교할 때 보다 분화되고, 독립적인 지주계층과 상인계층이 등장한 명대 사회계층의 본질적인 변화를 반영하는 것이어서, 중국 청년 지식인들 사이에서 대단한 파급력을 갖고 있다.

성리학자들은 "수·당 시대의 불학에 대한 반동으로 정립된 것이 주자학인데 다시 불학으로 돌아가려는 반동이 양명학"이라며 우려하고 있다. 이러한 견해는 우리나라 성리학자들이 양명학을 바라보고 있는 시각과도 일치하는 면이 적지 않다. 또 양명이 마음을 윤리의 지표이자 행동의 주체로 삼고 있는 것에 대해서도 성리학자들은 강하게 비판하고 있다. 실제로 퇴계는 양명학을 배운 박영의 이학(理學)을 비판하여 "그의 학문은 궁리(窮理)·문자(文字)의 밖에 있다"고 한 뒤 "주정학적(朱程學的) 지행(知行)을 명덕(明德) 외에서 찾고 있는 것이 문제"라고 비판한 바 있다. 최근 명과의 왕래가 빈번해지면서 김안국을 비롯한 몇몇 학자들이 왕양명의 저술들을 국내로 들여오고 있다고 한다. 바야흐로 국내에 '양명학 원전시대'가 개막되고 있는 셈인데, 과연 양명학이 어떤 형태로 조선에 뿌리내릴지 주목되고 있다.

지상토론 사단칠정(四端七情) 논쟁 이황 對 기대승

이황
이의 순수성은 인간 본성의 근본

이와 기는 서로 떨어질 수 없는 것
기대승

7년간 계속된 국내 학술사상 유례 없는 학술토론

1559년부터 1566년까지 편지왕래를 통해 7년간 계속된 이황, 기대승 간의 사단칠정 논쟁은 국내 학술사상 유례 없는 본격적인 학술토론이었다는 점에서, 또 논쟁의 주제가 성리학의 근간을 이루는 인성론의 핵심적 내용을 천착, 나름대로 고유한 학술상의 성과를 남겼다는 점에서 큰 의미를 부여받고 있다. 더욱이 논쟁의 당사자인 이황과 기대승 두 사람은 비록 치열하게 자신의 주장을 개진해나갔을지언정 항시 예의를 잊지 않고 자신의 오류를 인정하는데 주저하지 않아 후학들에게 순수한 학자적 양심과 철저한 학구적 태도의 모범을 보인 것으로 평가되고 있다. 역사신문에서는 논쟁의 당사자였던 석학 이황과 기대승 선생을 모시고 이야기를 들어보는 자리를 마련했다. 사회는 신진학자 이이 씨가 맡아주셨다.

이이 이 논쟁은 어떻게 시작됐습니까.

이황 제 이웃 중에 추밀이라는 분이 계신데 그 분께서 「천명도설」이라는 책을 쓰시다가 교열과 감수를 제게 부탁해오셨습니다. 「천명도설」의 개정작업 중에 "사단은 이가 발한 것이고 칠정은 기가 발한 것"이라고 제가 수정한 구절이 있습니다. 이 구절을 본 기대승 선생께서 제게 몇 가지 질의를 하면서 서로 편지왕래가 시작됐습니다.

기대승 저의 질의는 "사단과 칠정은 모두가 하나의 감정, 감성이라 할 수 있고, 감정은 하나의 사물로서 이와 기가 합해서 생긴 것이다. 그런데 어떻게 어떤 정은 이가 발한 것이고 어떤 정은 기가 발한 것이라 할 수 있는가? 또 이와 기는 서로 나누어 설명할 수 없는 것인데, 어떻게 이에서만 발한 것이라든가 기에서만 발한 것이라는 말을 할 수 있는가?" 라는 것이었습니다.

이황 그 질문에 대해 저는 "사단이 발했다는 것은 순수한 이가 드러난 것이므로 선하지 않음이 없고, 칠정이란 기가 함께 드러나는 것이므로 선악이 있기 때문"이라고 답했습니다. 이 답에 대해 기대승 선생께서는 "사단과 칠정을 별개의 것으로 대립해서 말할 수 없는 것"이라고 논박하셨습니다.

기대승 사실 이의 바깥에 기가 있지 않고 기의 바깥에 이가 있지 않다는 것은 하나의 공리입니다. 사단이란 칠정 가운데서 발한 것으로 외부조건과 합당하게 들어맞은 윤리적 상황의 시작점이라고 저는 생각합니다.

이이 두 선생의 주장에 어떤 차이가 있는 것인지, 또 왜 이것이 문제가 되는지 일반독자들을 위해 설명해주시기 바랍니다.

이황 문제의 핵심은 애초의 선, 즉 이의 차원에서 말하는 선이 선악을 겸하고 있는 현실상황 속에서의 선과 같은가 아니면 다른가라는 문제입니다.

기대승 이황 선생께서는 이와 사단을 순수성과 창조원의 주체로서 높이고자 하는 확고한 윤리론적 유학관을 갖고 계시기 때문에 어찌 보면 이원론적인 주장을 하신 것이지요.

이이 다시 압축해본다면 두 선생께서 벌이신 논변의 중심은 이와 기의 관계에 있다고 이해됩니다. 기대승 선생의 경우에는 이기가 분리될 수 없는 것임을 강조하시는 반면 이황 선생께서는 이의 주재성을 보다 강조하시고 있는 것이지요.

이황 저는 성과 정, 이와 기, 천리와 인욕이 어느 정도 구별되어야 할 것으로 봅니다. 세상의 이치로서 모든 변화를 주재해나가는 것으로서의 이가 표현되는 바는 순수한 선의 상태입니다. 이것이 바로 성이며, 인간의 참다운 본성이라는 점을 강조하고 싶습니다.

기대승 이황 선생님의 그러한 입장이 너무나 확고하기 때문에 선생님께서 말씀하시는 '마음을 삼가고 공부에 정진하는 자세(敬)'가 종교적이라는 평가를 받는 것 같습니다. 저 역시 선생님의 기본입장에 동조하기 때문에 결국 이가 발한 것으로서의 사단, 기가 발한 것으로서의 칠정을 어느 정도 수긍할 수 있었던 것입니다.

이이 사실 방금 기대승 선생님의 말씀은 우리 성리학자들 모두의 기본태도라고 할 수 있겠습니다. 두 분 선생님께서 결국 어떤 합의에 도달했는지 그 결론을 소개해주시지요.

이황 이번 토론과정에서 제가 깨우친 바가 많다고 할 수 있습니다. 결국 제가 "사단은 이가 발하여 기가 따르는 것이요, 칠정은 기가 발한 것으로 이가 여기에 타고 있는 것"이라는 수정안을 내게 됐습니다.

기대승 저는 이황 선생님의 결론을 "칠정은 이기가 함께 있는 것이지만 사단은 단지 이에서만 비롯된 것"으로 받아들였고, 이 설에 수긍한다는 점을 이황 선생님께 말씀드렸지요.

이이 두 분 선생님께서 고심 끝에 내리신 결론을 후학들은 소중하게 받아들여야 할 것으로 봅니다. 과연 성과 정, 이와 기, 천리와 인욕의 구별이 어느 정도로 엄격한 것인지, 또 이와 기의 구별로부터 시작되는 이원적인 세계관이 과연 합리적이고 논리적인지에 대한 연구와 천착은 후학들의 주요한 과제로 남겨진 것 같습니다. 두 분 말씀 감사합니다.

"누구나 쉽게 자기 운세 점칠수 있는 책 나왔다"

이지함의 「토정비결(土亭秘訣)」

태세(太歲)·월건(月建)·일진(日辰)을 숫자적으로 따져 신수를 보는데 사용할 수 있는 도참서 「토정비결」(이지함 저)이 일반에 공개됐다.

마포 강변 흙담 움막집에서 생활하여 '토정(土亭)'이라는 호를 갖게 된 이지함은 서경덕의 문인으로 수리·의학·복서·천문·지리·음양·술서에 통달해 있는 것으로 알려져 있다. 의학과 복서에 밝은 사람이 마포 강변에 산다는 소문이 장안에 퍼지면서 일 년 신수를 보기 위해 찾아오는 사람들로 흙담집 앞이 장사진을 이루자 이지함이 "각자 집에서 자기 신수를 보라"며 내놓은 책이 바로 「토정비결」.

괘상·괘사 및 월별 길흉을 말하는 총 6천4백80구로 구성되어 있는 「토정비결」은 「주역」에 뿌리를 두고 있기는 하지만, 1백44개의 괘로 분류된 유형은 「주역」의 원리와는 상당히 다른 모습을 보이고 있다. 「주역」이 인간의 수덕(修德)을 중심내용으로 하고 있는데 비하여 「토정비결」에는 부귀·화복·구설·여색·가정 등 개인의 길흉을 중심으로 그 내용이 이루어져 있다.

"자기 몸 하나, 아니면 자기 가정의 화복만이 일차적 관심사로 등장한 최근의 천박한 시류에 편승한 책"이라는 비난도 일고 있지만 "흉년과 지배층의 수탈로 내일을 기약할 수 없게 된 곤궁한 백성들이 이전부터 행해오던 오행점이나 신수점 정도에 만족하지 않고 좀더 자세한 예언을 갈구하게 된 현실을 반영하는 것"이라는 「토정비결」 옹호론도 만만찮다.

인터뷰 「토정비결」의 저자 이지함과의 만남

「토정비결」은 얼마나 믿을 만한가.

「토정비결」에는 괘가 총 1백44가지 경우밖에 없다. 수천 년 역사에 수많은 사람들의 운명이 어찌 이 경우밖에 없겠는가.

그렇다면 민중을 우롱하는 것 아닌가.

앞날이 불안하니까 점괘를 보려고 하는 것이다. 백성들의 마음이 불안한 것은 위정자들이 백성들을 돌보지 않고 권력유지와 치부에만 골몰하기 때문이다.

「토정비결」에 사람들을 홀리는 내용은 없다. 괘가 좋으면 희망을 가지고 살고, 괘가 나쁘면 더욱 조심해서 살게 되니 결국 다 좋은 일 아닌가.

그동안 어떤 일을 해왔는가.

천문, 지리, 음양에 관한 책을 많이 읽었다. 특히 서경덕 선생한테서 많이 배웠고, 조식 선생에게서도 배웠다. 율곡 이이 선생과는 각별하게 지내고 있는 사이이다.

양반주택 구조에 담긴 정신

내외의 윤리에 따라
안채와 바깥채
엄격히 분리
…
웬만한 종가집은
사당 짓고
조상위패 모셔

양반주택의 특성으로는 우선 강한 폐쇄성을 들 수 있다. 양반으로서의 권위를 지키기 위해 자기 가족의 일상생활이 밖으로 노출되는 것을 꺼렸기 때문에 솟을대문이나 높은 담장으로 철저한 방위벽을 두르는 것이 보통이다. 하인들의 거처인 행랑채 역시 대문 근처에 두어 방어적인 형태를 취하는 한편 이들의 생활영역을 주인의 생활공간인 안채나 사랑채와는 철저하게 격리시켜 '대문채'라는 명칭까지 생긴 것이다.

대문채가 있는 바깥마당을 지나 중문을 열고 들어서면 대부분 사랑마당과 사랑채에 도달하게 된다. 남녀구별을 엄격히 하는 소위 '내외(內外)'의 윤리에 따라 사랑채는 안채와 엄격히 분리된다. 때때로 사랑채와 안채를 붙여 짓기도 하지만 이 경우는 안채의 여자들이 사랑채의 남자를 시중들기 편하게 하기 위한 배려(?)일 뿐이다. 여자들의 생활공간인 안채는 폐쇄적인 구조로 되어 있는데, 이는 여자가 살림을 맡아야 한다는 의미 외에 바깥 출입을 삼가해야 한다는 엄중한 경고를 동시에 내포한다.

안채에는 안마당을 중심으로 침실과 마루, 부엌, 창고 등이 있는데 안방은 어머니나 시어머니가 사용하고 건넌방은 딸이나 며느리가 사용한다. 이러한 구분 역시 어른을 공경해야 한다는 유교윤리에 따른 것인데 시어머니가 늙으면 며느리가 안방을 차지하는 '안방물림'도 가능하다는 점에서 다소의 가변성이 있는 편이다.

조상숭배의 유교윤리에 따라 각 가정마다 제사를 지낼 수 있는 제실(祭室)을 만들어야 한다는 국가적 차원의 지시가 계속되면서 이제는 웬만한 종가집에서는 사당(祠堂)을 쉽게 찾아볼 수 있다. 사당이 입구에서 가장 먼쪽에 배치되어 있고 주변에 대문과 담장을 설치하는 것은 사당에 대한 외부인의 접근을 막아서 신성한 조상의 위패를 지키기 위한 일종의 방어책이라 할 수 있을 것이다.

문예시평

기녀시조의 신선한 충격

"동짓달 기나긴 밤 한 허리를 버혀내어 / 춘풍 니불 아래 서리서리 너헛다가 / 어룬 님 오신 날 밤이여든 구비구비 펴리라".

님이 오지 않는 긴 겨울밤을 저축해 님이 오는 짧은 봄밤을 보충하겠다는 이 야무진(?) 시조는 물론 여염집 아낙의 작품은 아니다. 바로 송도에서 명기(名妓)로 이름난 황진이(본명 黃眞, 기명은 明月)의 작품이다. 기생이 시조를 짓기 시작한 것은 어제 오늘의 일은 아니지만 최근 황진이, 홍랑 등이 사대부의 시조에서는 보기 힘든 독자적인 서정시의 세계를 펼쳐보이고 있어 문단의 화제다.

시조는 술자리에서도 부를 수 있는 노래이므로 사대부의 술자리에서 시중을 들면서 시조 한 수는 읊을 줄 알아야 격이 높은 기생이라는 평가를 받을 수 있다. 가무, 음률을 두루 익히고 한시에도 입문을 해야 하는 것은 기생사회에서는 상식에 속한다. 그런데 술자리의 분위기를 돋구는 양념구실이나 하던 기녀의 시조가 이제 상투화되어 가는 시조에 역으로 생기를 불어넣고 있는 것은 분명 놀랄 만한 일이다.

10년 동안 수도에 정진하여 살아있는 부처라고 불리던 천마산 지족암의 지족선사를 파계시킨 것으로 유명해진 황진이는 미모와 가창뿐만 아니라 서사(書史)에도 상당한 수준에 도달해 있으며 대학자 서경덕과는 사제관계를 맺고 있는 것으로 알려져 있다. 황진이의 시조는 '사랑의 노래=이별의 노래'라는 고려 속악가사의 전통을 그대로 잇고 있지만 그 구성과 어휘가 기발하고 신선해서 결코 진부한 '사랑타령'으로 떨어지지 않는 것이 큰 장점이다. 앞에서 소개한 〈동짓달 기나긴 밤에〉만 해도 님과 함께 있는 시간을 벌기 위해 "밤의 허리를 잘라 이불 속에 넣는" 대담한(?) 표현까지 서슴지 않는다.

함경도 경성에서 북병사로 있다가 돌아온 시인 최경창의 손에 들려 있던 시조 한 수로 유명해진 경성기생 홍랑은 황진이의 시조보다는 청순한 느낌을 준다.

"묏버들 같이 꺾어 보내노라 임의 손에 / 자시는 창밖에 심어두고 보소서 / 밤비에 새닢 곧 나거든 나인가도 여기소서".

홍랑의 〈묏버들〉에서는 비에 흩뿌려지는 꽃잎이나 가을바람에 날리는 낙엽같이 '사랑을 마구 흔들어 상처 입은 사연'을 나타내는 격정적 표현이나 "저장해놓은 밤을 구비구비 펴겠다"는 다소 관능적인 목소리를 찾아볼 수는 없지만 청승맞은 자학의 슬픔이 비치지 않는 것이 특징이다. 새잎이 돋을 멧버들 가지로 자기의 마음을 나타낸 것은 이별을 이별 아닌 것으로 바꿔놓고 싶은 지은이의 소망인 것은 물론이다.

해외 소식

"양이 사람을 잡아먹는다"

양모가격이 곡물가보다 비싸 농토에서 농민 몰아내고 양 사육

"양이 사람을 잡아먹는다"는 영국 대법관 토마스 모어의 말은 식인양의 등장을 말하는 것은 아니다. 양모가격이 곡물가격보다 빠른 속도로 상승하면서 상업적 농업경영자들이 이제까지 곡물재배에 이용해오던 땅을 양을 기르기 위한 목초지로 전환시킨 결과 불필요한 잉여노동력이 되어버린 소농민들이 생활기반을 상실하게 된 냉정한 현실을 지적한 것이다.

영국은 오래전부터 토지를 공동체적으로 이용해왔는데, 최근 상업적 농업을 주도해온 요우먼이나 젠트리 계층이 일반농민들로부터 토지를 사들여 토지보유 규모를 확대하고 있다. 또 여러 지역에 흩어져 있던 자신의 토지를 교환·매매하여 한곳에 집중시키면서 자신의 토지에 울타리를 친 뒤 토지에 대한 배타적인 권리를 확보하는 소위 '엔클로우저'가 급속히 번져가고 있다. 황무지·목초지 등의 공동지도 분할되어 개별 농업경영자들의 소유지로 전환되었고 늪지대·황무지 등에 대한 개간사업도 활발히 이루어지고 있다.

역사신문

사림 내에 선후배 갈등 … 동서로 분당

척신 심의겸 처리 놓고 … "강력 처단" 동인 후배에, 선배 서인 "동인 축출"로 맞서

1575년(선조 8) 척신(戚臣)정치 잔재의 청산을 둘러싼 사림 내 선후배간의 갈등이 동서 분당으로 이어졌다. **관련기사 2·3면**

현국왕 즉위 이후 정계에 진출한 새로운 후배 사림들은 기존의 선배 사림들이 구체제를 용인하는 모습을 비판해왔는데, 특히 명종비인 인순왕후의 동생으로 척신출신이라 할 심의겸을 사림의 '동조자'로 간주하는 데 대해 노골적인 불평을 개진해왔다.

관직 추천권과 자신의 후임자 지명권을 갖는 이조정랑으로서 후배 사림의 진출에 중요한 역할을 해온 김효원은 자신의 이조정랑 후임으로 심의겸의 동생 심충겸이 거론되자, "전랑(銓郞:관원 천거의 권한을 가진 직책)의 직분이 어찌 외척의 집안 물건이 될 수 있느냐"며 단호히 반대한 것으로 알려졌다.

현재 성리학적 차원에서나 척신정치와의 투쟁이라는 측면에서나 선배사림들은 '동인'을 형성한 후배들의 공격에 열세를 면치 못하고 있다.

그러나 명종 말기에 척신 이량이 획책하던 사화를 막아준 심의겸에게 큰 신세를 지고 있는 선배 사림들은 소수이지만 일단 '서인'으로 결집해나가고 있다.

한편 동·서인 간의 중재에 나선 이이는 분쟁 당사자인 심의겸과 김효원을 각각 개성유수와 함경도 경흥부사로 발령을 내는 것으로 사태를 마무리지으려 했으나, 김효원이 더 변방으로 부임하게 된 것에 대한 동인의 항의가 거세게 일고 있고 정철을 비롯한 서인 강경파 역시 동인 축출을 계속하고 있어 동·서 분당의 골은 더욱 깊어질 것으로 보인다.

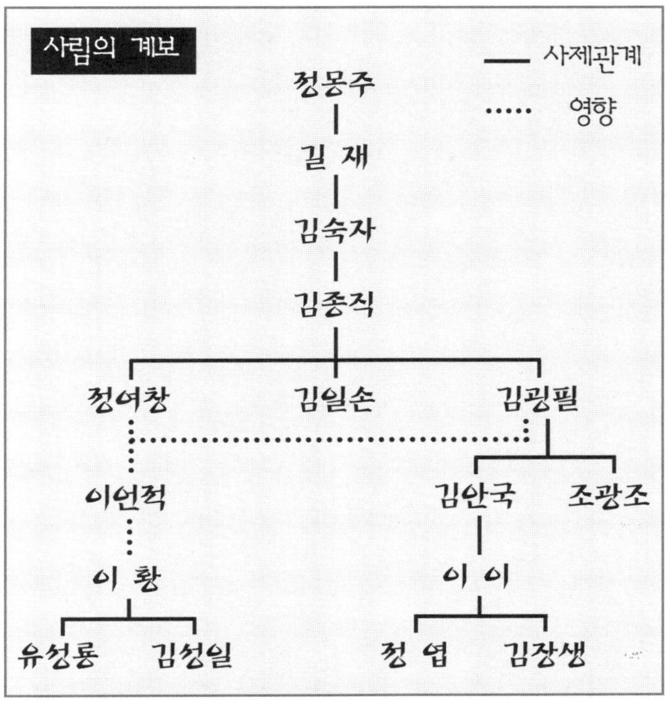

이이, 서인의 중심인물로

동인 견제 위해 그간의 중립적 입장에서 선회

1581년(선조 14) 동·서인 간 분쟁 중재에 힘쓰던 이이가 동인측의 지나친 서인 공격을 비판하며 서인쪽에 가담, 이후 서인의 학연 중심 결집이 가속화될 것으로 보인다.

평소 "심의겸은 자신의 덕과 힘의 한도를 헤아리지 못한 것이 문제이고, 김효원은 선배를 깔보고 사림을 두 편으로 갈라놓은 것이 문제"라며 동·서인 사이에서 중립적 입장을 견지해온 이이는, '양비론자' 내지는 진정한 '군자의 입장'이라는 상반된 평가를 받아왔다.

최근 이이는 동인들의 ▲심의겸과 선배 사림의 동일시 ▲서인인 윤근수·두수 형제의 수뢰에 대한 지나친 처벌 주장 ▲사림으로서의 순수성 상실에 염증을 느끼는 동시에 동인의 지나친 세력확장에 대한 견제의 필요성을 느끼게 된 것으로 보인다.

실제로 그는 "비판의 초점이 심의겸과 선배 사림에게 두어지고 동인이 주도권을 장악하자, 시류에 편승한 무리들이 다투어 동인에 가담하고 있다"며 현시국을 한탄했다.

어쨌든 이이의 서인 참여는 그의 문인(門人)의 서인 가담을 동반할 것으로 보여, 수적 열세에 몰려 있던 서인의 정파로서의 면모를 일신시킬 것으로 보인다.

서인, 일단 우위 확보

국왕, 동인 견제에 나서 …

1583년(선조 16) 동서 분당 이래 줄곧 수세에 몰리던 서인세력이 국왕이 동인 견제에 나섬에 따라 정국운영에서 우위를 확보해나가고 있다.

1582년 "동인인 유성룡·이발·김효원 등이 전권을 휘둘러 나라를 그르치고 있다"는 경안군 요(瑤)의 발언이 왕에게 받아들여지면서 시작된 동인세력의 축소는, 곧이어 동인 세력 등용의 중요 통로였던 이조정랑의 관직 추천권이 박탈되면서 가시화되기 시작했다.

재기를 노리던 동인들은 올해 병조판서 이이가 이탕개의 난을 처리하는 과정에서 ▲조정의 합의 없이 관료의 녹봉을 깎아 군량에 보탠 점 ▲국왕의 부름에 즉시 응하지 않은 점을 들어 서인에 대한 반격의 포문을 열었다.

이에 대해 국왕은 "이이는 격무에 시달리다가 현기증을 일으켜 내 부름에 응하지 못한 것으로 알고 있다. 당이 있는 것이 걱정이 아니라 군자의 당이 적은 것이 걱정스러우니 나는 오히려 이이와 성혼의 당에 가입하고 싶을 지경"이라며 동인의 공격을 일축했다.

이이, 전세 인상 주장

1/20에서 1/10으로

1583년(선조 16년) 2월 병조판서 이이가 국가재정 확충을 위해 전세율을 현행 1/20에서 1/10로 올릴 것을 제안했다.

이이는 "국초의 연분 9등법은 시행한 지 이미 오래돼 관리는 게을러지고, 수령들은 재해 인정을 해주는 것으로 선정을 베푼다는 명성을 얻는 밑천으로 삼고 있다"고 지적했다.

이어서 이이는 "연분이 하중(下中)·하하(下下)로 고정되면서 전세액이 4~6두로 떨어진 반면, 나라의 경비는 그대로이므로 적자재정이 계속될 수밖에 없다. 매년 전왕대에 비축해놓은 것을 까먹고만 있으니 2백 년이나 된 나라에 1년의 비축도 없다"고 한탄했다.

실제로 전세 수입은 계속 줄어, 중종 20년 수세액이 27만 석에 불과했고 명종 즉위년에 지출은 31만 석, 전세 수입은 쌀과 콩을 합쳐 26만 석에 불과, 부족액이 5만 석에 달하기도 했다.

사림의 계보

— 사제관계
····· 영향

정몽주
길재
김숙자
김종직
정여창 김일손 김굉필
이언적 김안국 조광조
이황 이이
유성룡 김성일 정엽 김장생

미니해설 동인, 서인

김효원파를 동인, 심의겸파를 서인이라 하는 이유는, 김효원의 집이 도성 동쪽 낙산 아래 건천동에 있고 심의겸의 집은 도성 서쪽 정동에 있기 때문이다. 동인과 서인은 소장파와 노장파라는 차이만큼이나 학풍에 있어서도 대비를 보이고 있다. 즉 동인은 주리철학적 도학을 중심으로 하는 이황, 조식 등 영남학파를 잇고 있는 반면, 서인은 주기철학적 성격이 짙은 이이, 서경덕 등의 기호학파를 대변하고 있다.

여진족 이탕개, 경원부에 침입

병조판서 이이 기민한 대응 … 위기 넘겨

1583년(선조 16) 5월 함경도 회령지방 여진족 추장 이탕개가 2만여 병사를 이끌고 종성을 포위 공격해왔다.

이번 공격은 지난 1월, 전직 만호(萬戶) 최몽린의 여진족 부락 약탈을 성토하며, 여진족 추장 우을지내·이탕개·율포리가 1만여 병사를 이끌고 경원성을 포위한 것에 이어 두 번째 침입이다. 군관 권덕례를 비롯한 많은 병사들의 전사와 북병사 김우서의 포위소식을 접한 조정은 급히 활 잘 쏘는 사람을 모집하고 군량을 거두는 등 긴급한 대처에 나섰다.

병조판서 이이는 한성에서 1만 명의 사수 모집에 착수했는데 말이 잘 모아지지 않자 3등 이하의 사수들은 말을 바치는 것으로 역을 면해준다는 지시를 내려 신속히 말을 확보하여 징집된 2백 명의 병사에게 말을 지급했다.

또한 비축해놓은 군량이 거의 없음을 확인한 이이는 우선 군자감의 면포를 출전병사의 옷으로 지급하고 관리와 종친의 녹봉을 1석씩 깎아서 군량으로 수송하는 응급조치를 취했다.

이탕개 난의 전말을 지켜본 병조의 한 관리는 "이이의 기민한 조치와 승자총통의 위력으로 이탕개 군은 일단 격퇴되었으나, 두만강 유역의 몇 개 부락 여진족의 침입에 온 나라가 흔들리는 것을 보면 정말 대군이 쳐들어오면 어떻게 될지 불보듯 뻔하다"며 한숨을 쉬었다.

역사신문

향약의 실체를 분명히 하라

자치 아닌 수탈기구 될까 걱정스럽다

최근 향약보급운동이 다시금 고개를 들고 있다. 지난 중종 때 대대적인 보급운동에도 불구하고 사림이 사화를 당해 퇴조할 때마다 그와 함께 쑥 들어갔던 것이 최근 사림의 재기와 함께 다시 대두하고 있다. 사림이 새 세대 정치세력으로 등장하면서 정계에 신선한 바람을 불러일으켜온 것은 주지의 사실이다. 그러나 우리는 사림의 정치노선과 향약을 동일시할 수 없는 아픈 과거를 가지고 있다.

향약이 향촌 사람들끼리 덕을 권하고, 잘못을 바로 잡으며, 예절을 세우고, 재난에 공동대처한다는 취지인 이상 다 좋은 것이고 문제를 삼을 이유는 없을 것으로 보인다. 그러나 우리는 향약에 형벌권이 규정돼 있다는 점을 간과할 수 없다. 이 점이야말로 논란의 핵심이다. 형벌권이란 것은 권력 속성 중에서도 가장 중요한 요소다. 향약이 형벌권을 가진다면 이는 곧 권력기구라는 말이 된다. 그런데 지방에는 이미 수령과 감사라는 공식적 국가권력기구가 있다. 자연히 이 둘은 충돌할 수밖에 없었던 것이다. 성종 때의 유향소 및 경재소 파동, 중종 때의 향약 논란이 모두 이러한 권력기구의 중복으로 인한 혼란이었던 것이다. 그 와중에서 한때 이들 기구에 지방민이 아닌 중앙의 권신들이 참여하여 국가기관인 수령과 감사를 능멸하고, 나아가 지방주민들을 수탈한 불행한 사태가 일어났던 것이다. 따라서 앞으로의 향약보급운동은 바로 이러한 혼란과 불행이 되풀이되지 않도록 조정과 배려가 있어야만 하는 것이다.

또 우리는 사림이 그토록 끈질기게 향약보급에 집착하는 이유에 대해서도 짚고 넘어가지 않을 수 없다. 혹자는 사림이 향촌사회에 대한 지배권을 장악해 그를 중앙정계 진출의 토대로 삼으려 한다고 말한다. 그러나 이는 충분한 설명이 아니다. 사림들은 향약이 아니더라도 이미 지방의 유지로서 사실상 지배적 지위에 있다. 그럼에도 향약을 통해 지방민 교화에 나서려 하는 것은 역설적으로 그만큼 향촌 사회에 모종의 변화가 있다는 것을 반영하는 것이다. 우리는 그것이 최근 상업의 비약적 발전과 그에 따른 인구유동성 증대에 있다고 본다. 서민들이 한 곳에 붙박혀 있지 않고 이 마을 저 마을로 마구 돌아다니게 되니까 그만큼 사림의 지배적 지위는 흔들리고 있는 것이 아닐까. 문제가 이렇다면 향약은 사림만의 것이 돼서는 안 될 것이다. 향약의 본뜻이 자치에 있다면 사림과 일반백성들이 모두 이득을 얻을 수 있는 방향으로 조직되고 운영돼야 할 것이다.

동서 분당의 배경과 전망

척신정치 처리 두고 선후배 사림 반목 … 서로 다른 학연도 한몫

붕당이 출현했다. 표면상으로는 심의겸과 김효원의 개인적 갈등이 그 원인으로 부각되고 있지만 그 속사정을 들여다보면, 척신정치의 잔재 청산을 둘러싼 사림 내 선후배 갈등이 분당으로 이어졌다고 할 수 있다.

명종 20년 이후 외척인 심의겸의 도움으로 정계에 진출한 선배 사림들이 어느 정도 척신 정치적 체질을 묵인하고 있는 반면, 선조 즉위 후 심의겸의 도움 없이 정계에 진입한 후배 사림들은 조정에 심의겸과 같은 외척이 남아 있는 것에 불만을 토로하면서, 보다 매섭게 구시대적 정치행태의 청산을 촉구해왔다. 선배 사림에 속하는 정모씨는 "명종말 심의겸이 척신 이량의 사화 획책을 막아주지 않았다면 어떻게 됐을지 지금 생각해도 아찔하다. 우리가 관직에 나올 때만 해도 재상과 같은 요직은 대신들이 차지하고 있는 상황이어서 정책건의와 실행에서 좌절되는 경우가 많았다"고 당시 분위기를 회상한 뒤 "후배 사림들은 너무나 편한 시절에 관직에 나와 위기상황을 겪어보지 않아서 그런지 큰소리만 친다"고 불만을 토로했다.

선후배 사림들이 정치적 입장 차이로 인해 각각 서인과 동인으로 정착되고 있는 데에는 학문적 입장 또한 중요한 배경이 되고 있다. 서인은 학연적 요소가 희박한 편이지만, 이발·김성일·김우와 같은 동인의 경우 대개 퇴계 이황과 남명 조식의 문인들로 구성되어 있어 학연적 동질성이 강한 편이다. 구체제적 요소의 잔존에 대한 근원적 불만과 선배에 대한 엄격한 비판의식은 심성을 극히 중시하는 퇴계의 학문적 입장에서 근원하는 것으로 보인다. 실제로 "마음의 상태가 온전하지 않고서는 올바른 정치가 이루어질 수 없다"고 주장하는 동인들은 서인을 모두 소인으로 몰아 정계에서 축출하려는 시도를 계속하고 있는 형편이다. 한편 정철·김계휘·박순과 같은 선배 사림들은 후배 사림들로부터 강도 높은 비판을 받으면서, 일종의 연대의식을 느끼고 서인으로 집결하고 있다. 이후 이러한 대립은 단순한 개인의 도덕성 시비를 넘어서서 "누가 공론을 대표하는가"와 같은 정당성 논의로 그 범위를 확산해나갈 것으로 보인다.

집중취재 재지사족의 향촌지배

향리세력 통제, 수령 견제, 농민과의 상호부조 등의 방법 동원

지방 사족(士族) 출신의 관료, 즉 사림파가 중앙정계의 주도권을 장악한 지금, 이들을 배출한 향촌사회의 재지사족들의 근황은 어떠한가? 사족들은 현재 소농경제의 안정을 위해 수령권과의 타협을 바탕으로 향리 통제, 부세 균등 분배, 경제적 상부상조, 사족 자신을 포함한 토호적 무단 행위 규제에 나서고 있다.

우선 향촌사회를 실질적으로 장악하고 있던 향리세력, 즉 이족(吏族)들을 향안(鄕案)에서 몰아내는 작업이 시도됐다. 안동에서 1530년에 작성된 향안에만 해도 향리의 자손이 사족의 자손과 함께 나란히 기록돼 있었지만, 1581년에 나온 향안 관련 조항에는 "향리의 자손은 반드시 4, 5대를 사족과 결혼한 후에 이름을 올리는 것을 허락한다"는 내용이 추가됐다.

국가권력과의 관계에서 사족들은 견제와 타협을 적절히 구사하면서 향촌지배의 일익을 담당하는 쪽으로 방향을 잡아나가고 있다. 수령의 행정에 대한 시비는 자제하지만 행정실무를 담당하고 있는 향리의 천거와 활동 전반을 통제함으로써, 수령에 대한 간접적인 견제를 꾀하고 있다. 이러한 규정은 이황의 〈예안향약〉, 이이의 〈해주향약〉, 안동의 〈향규〉에서 쉽게 찾아볼 수 있다. "향리가 품관, 즉 사족을 모욕하면 유향소에 알려 벌을 준다"는 조항 등이 그 예이다.

또 농민의 계를 향약 속에 흡수, 사족 중심의 향촌지배 규약을 만들어나가고 있는 현상도 주목할 만하다. 사족들은 정기적으로 열리는 향회를 통해 사족 상호 간의 경제적 상부상조를 통한 결속력의 강화, 소유 노비의 공동통제뿐만 아니라, 사족의 농민침탈에 대한 엄격한 규제, 사족과 농민 간의 상호부조까지 모색하고 있다.

사족의 자기규제 가운데서도 특히 주목되는 내용은, 농민에 대한 직접적 또는 공권력을 통한 침탈이나 관권을 무시하는 무단토호적인 행위를 엄격히 규제하고 있다는 점이다. 실제로 〈예안향약〉에는 "농민을 윽박질러 토지를 빼앗는 자, 양인을 노비화하는 자, 환곡을 갚지 않고 부역에 응하지 않는 자"에 대한 벌칙이 규정돼 있다.

이에 대해 예안의 이모씨는 "민중이 일단 노하게 되면 막기가 어렵고 그들을 형벌로 다스린다면 온통 피비린내가 나면서 백성들이 더욱 겁을 먹고 난동을 일삼아 사방에서 서로 뭉치게 될 것"이라며 "얼마전 발생한 임꺽정의 난을 보라"고 말했다.

그림마당
이은홍

취재 수첩

붕당의 계절

가히 붕당의 계절이라고 할 만큼 붕당 논의가 풍년을 이루고 있다. 붕당이라는 말 자체도 꺼내지 못했던 시절을 생각하면 격세지감을 느낀다.

물론 조광조가 붕당결성 혐의로 처형되던 시절에도 좋은 의미의 붕당론이 조심스럽게 제기된 바 있었으니 바로 구양수의 진붕·위붕론이다. 북송대 왕안석의 신법 시행을 둘러싸고 신법당과 구법당의 대립이 60여 년간 계속되는 가운데 구법당의 우두머리인 사마광 등이 계승한 것도 "어진 군주는 소인의 거짓된 붕[僞朋]을 물리치고 군자의 참된 붕[眞朋]을 불러써야 한다"는 구양수의 붕당론이었다.

그후 중국에서는 붕당의 폐단을 없애기 위해 붕당 간의 조정과 화해를 꾀하고 궁극적으로는 붕당의 소멸을 꾀하는 주장이 등장했다. 여대방·범순인의 '조정론'이 그것인데, 이를 계승한 증포, 한언충에 의해 신·구법당의 연합정권을 꾀하는 정책으로까지 발전한 적도 있다.

남송대 주희의 경우는 군자라 하더라도 붕당 결성의 혐의를 받으면 등용하지 않는 태도를 비판하였고 동시에 붕당 내에서의 군자와 소인의 구별을 엄격히 할 것을 주장했다. 특히 승상 유정에게 보내는 편지에서는 "승상께서는 자기 스스로 붕당이 되는 것을 꺼리지 말아야 하며 나아가 임금까지 끌어 그 당에 속하게 하는 것조차 꺼리지 말아야 한다"는 구절이 있어 눈길을 끈다. 실제로 얼마전 선조는 "이이·성혼의 서인당에 가담하고 싶다"고 발언, 정가에 충격을 던진 바 있다.

지금은 붕당 자체는 죄악이 아니다. 한가지 의문은 이후 치열하게 전개될 정치투쟁에서 고른 인재등용을 통한 붕당 간 조정과 화해와 같은 이상론이 발붙일 수 있을까 하는 것이다.

대담 동서 분당, 어떻게 바라보아야 하나?

"군자, 소인 따지기, 민생에 이로울 것 하나 없어"

역사신문에서는 '군자소인판'의 문제에 의문을 제기하면서도 동·서인 간의 분쟁조정 방법에는 의견을 달리하고 있는 율곡 이이와 동강 김우의 대담을 마련했다.

이이 현재 동·서인은 정치이념이나 구성인원의 정치성향이 대비되는 상이한 집단이 아닙니다. 동·서인 모두 하나의 사림에서 갈라져 나온 정치집단일 뿐이죠. 굳이 시비를 따지자면 동서 양쪽 모두에 옳고 그른 점이 있습니다. 심의겸은 명종대에 이량이 사화(士禍)를 일으키려 할 때 사림을 보호한 적이 있고, 김효원은 현명한 사림들을 추천하여 조정을 맑게 한 공로가 있으니 둘 다 올바른 면이 있습니다. 반면 심의겸은 외척이면서도 정치에 관여하려 하였고, 김효원은 유생신분일 때 권력자의 집에 드나든 적이 있으니 둘 다 옳지 못한 점이 있습니다.

김우옹 물론 저도 "동인은 군자이고 서인은 소인"이라는 식의 동인들의 주장에는 반대합니다. 그렇지만 율곡 선생의 '양시양비설'은 옳고 그름을 확실히 하지 않아 오히려 혼란을 초래할 수도 있습니다.

이이 사실 동인이 군자의 이름을 얻고 서인이 소인으로 낙인 찍힌다 해서 그것이 피폐한 민생에 무슨 도움이 되겠습니까? 심의겸과 김효원의 개인문제말고 공적인 문제에서 옳고 그름은 엄격히 따져야 합니다. 그렇게 엄격히 따진 후에 당파 구별 없이 인재를 등용하는 '조제수용(調劑收用)'을 해야 하는 것이죠.

김우옹 율곡 선생의 '조제수용론'은 이상적이기는 하지만 현실정치의 역관계에 끼칠 파급력을 생각하셔야 합니다. 관리채용시 당파별로 인원을 할당하는 식이 된다면 좋아할 당은 현재 수세에 있는 서인일 수밖에 없습니다. 율곡 선생의 양시양비설과 조제수용론은 "동인은 옳고 서인은 그르다"는 동서시비설(東西是非說)을 희석시켜 서인의 세력 확장을 조장하고 있습니다.

이이 주자도 말했듯이 만약에 한쪽이 군자이고 다른 한쪽이 소인이라면 같이 한 조정에 있을 수 없습니다. '조제'는 어느 한쪽이 소인이 아니고 양쪽이 모두 군자인 사림이기 때문에 화해가 가능한 것입니다. 물론 제가 말하는 '조제'는 동서인에 대한 무조건적 조제가 아니라, 개인의 자질에 대한 엄정한 판단이 이루어진 후에 실행되는 것입니다. 예를 들어, 서인 중에서 심의겸이나 뇌물을 받아 물의를 일으킨 윤두수·근수 형제는 요직에 등용해서는 안 되겠지만 나머지 서인들은 그 재능에 따라 뽑을 사람을 뽑아 올려야죠. 그리고 동인 중에서 알맹이 없는 과격한 언사로 자신의 선명성을 부각시키는 것을 능사로 삼는 사람, 동인의 세력이 커지니까 그냥 동인에 붙어서 부화뇌동하는 사람은 배척해야 합니다.

김우옹 시비를 분명히 한 후의 조제수용에는 저도 찬성합니다. 그런데 붕당이 왜 발생하게 됐는지 한번 상기해보는 것도 좋을 것 같습니다. 사림으로서는 그동안의 급격한 세력 신장과 수적 증가에 따르는 부작용을 최소화하고, 사림세력의 건전한 육성을 위해 자체 내부의 비리와 약점을 미리 척결하지 않으면 안 되었던 것입니다. 율곡 선생은 당파 간의 시비판별 논쟁을 조화시켜 전사림을 하나의 붕(朋)으로 재결합하려고 하시는 것 같은데, 만약에 율곡 선생 자신이 지금처럼 계속 서인옹호자로 몰리다가 완전히 '서인'으로 낙인찍히면 그때는 어떻게 하시겠습니까?

이이 글쎄요. 그때는 공론의 수립에 의한 시비의 판별을 보다 강조해야 하겠죠. 물론 현실정치에서 무엇이 공론이냐 하는 것에 당연히 의문이 존재할 수 있고 그 문제를 둘러싼 당파 간의 또다른 대립이 생길 수는 있겠죠. 다만 현안의 민생문제 해결을 놓고 붕당 간에 건전한 경쟁이 붙는다면 참 괜찮은 한판이 될 것 같은 생각이 드네요.

현장 르뽀 번성하는 장시

농촌 나름의 유통경제 활력 "억상 고집하던 정부도 대세 거스를 수 없을 것"

한때 도적 번성과 상업인구 증가를 우려하는 정부에 의해 금지 조치가 내려지기도 했던 장시가 이제는 농촌시장으로 자리를 잡아가고 있다. 현재 장시에서 거래되고 있는 물품들은 농업생산을 보완하고 농민생활을 보충하는 데 필요한 것들이 대부분이다. 농민이나 수공업자들이 직접 만들어 시장에 내놓은 상품들은 솜옷·농기구·술·곡물·초립(草笠)·놋그릇·솥·달걀·미역·소금·사기그릇·숯·칼 등 그 품목이 다양하다.

이 상품을 생산하는 데는 일정한 시간이 걸리고, 소비자들 역시 매일 이러한 물자를 구입해서 살아갈 만큼 수요가 크지는 않기 때문에 아직 상설시장의 필요성은 대두하지 않고 있다. 대개 하루 안에 거래가 가능한 30리 내외의 거리에서 5일마다 한 번씩 장시가 열리는 것이 특징이다.

솜 옷, 농기구, 술, 그릇, 미역, 소금 석탄 등 거래 품목 다양

충청도 임천장(林川場)처럼 물산이 풍부한 지역에서는 초하루·엿새마다 열리는 닷새장이 일반적이다. 장시가 열리는 날은 주변 장시가 열리는 날과 같은 경우도 있고 다른 경우도 있다. 장시가 확산됨에 따라 장시를 왕래하는 소상인층의 활동도 증대하고 있는데 이들의 활동에는 장 서는 날짜가 서로 다른 것이 유리하다고 할 수 있다. 상인 임모씨는 "장시가 하루 왕복거리마다 정기적으로 날짜가 다르다면 아주 이상적"이라고 말했다.

아직은 일정 지역 안의 모든 장시들이 날짜를 달리해서 열리고 있지는 않다. 즉 고립·분산되어 있는 장시가 많은 편인데 점차 하나의 시장권으로 묶여지는 추세이다. 충청도 임천장 주변에는 표와 같은 홍천장·한산장이, 그리고 금강 건너에는 전라도에 속하는 함열장이 열리고 있는데 이 장시의 출시일은 각각 열흘마다의 1·6일, 1·6일, 3·8일이다.

모두 5일장이면서 30~40리 간격으로 열리고 있고 다른 도에 속하는 함열장만 날짜가 다르다. 아직은 여러 장시가 완전히 하나의 시장권으로 연결되어 있지는 않은 것을 말해준다. 그러나 전반적으로 장시의 수가 증가하고 5일장이 늘어나고 있는 것은 농민층의 교역이 늘어나고 교역물자에 대한 수요 또한 증가하고 있음을 반영한다.

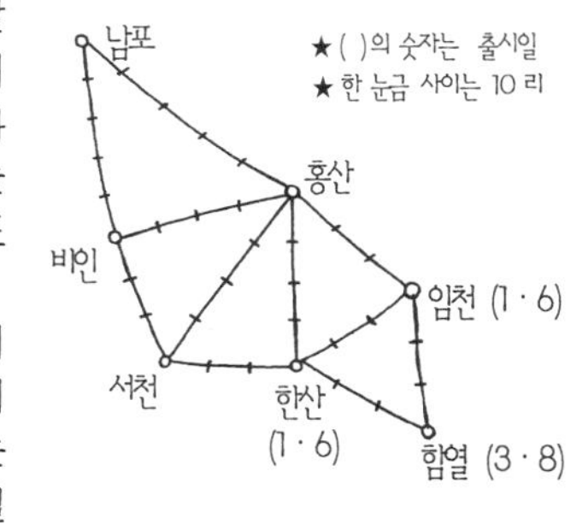

농민층이 적극적으로 장시를 이용하는 모습도 볼 수 있는데, 일례로 오모씨가 임천장을 이용하는 양상을 추적해보았더니, 4월 21일에 쌀 10말을 가지고 장에 나가 나무로 바꾼 뒤 다시 5월 28일에는 이것을 보리로 바꾸어 양식을 마련하는 모습을 발견할 수 있었다. 쌀로 술을 빚거나 떡을 만들어 장시에 내다 파는 경우도 심심치 않게 볼 수 있었다. 앞의 경우가 각 물품간, 그리고 시기상의 가격차를 이용하는 방법이라면, 뒤의 경우는 직접적인 생계유지를 위해 취해지는 조치라고 할 수 있다. 때로는 함열장 부근의 웅포까지 가서 제주도 선상(船商)으로부터 해산물을 구입하는 경우도 있다.

농촌 내에서 농업과 수공업이 분리된 것도 장시 발전의 한 요인

농촌 내에서 농업과 수공업의 분리가 어느 정도 이루어져 있는 것도 장시 번성의 한 요인이 되고 있다. 대표적인 업종이 농기구를 만드는 대장장이, 모자를 만드는 초립장(草笠匠)이며, 겸업이기도 하지만 말을 치료하는 마의(馬醫)까지 등장하고 있다. 물론 농민들의 교역이 전적으로 장시에 의존하고 있는 것은 아니다. 교통·운수 조건이 좋은 지역, 즉 해안이나 큰 강을 끼고 있는 지역의 장시에는 도와 도를 연결시키는 선상(船商)들의 왕래도 있고 놋그릇·소쿠리 등을 팔며 각 고을을 왕래하는 보부상도 상당수가 활동하고 있다. 어쨌든 농민들 스스로의 필요에 기반한 장시는 유통경제의 발달에 따라 날로 번성하고 있고 이러한 농촌의 활력은 '억상(抑商)정책'을 강조하는 정부로서도 거스를 수 없는 흐름이 되어버린 것으로 보인다. 참조기사 8호 4면

도산서원 창건

1575년(선조 8) 안동지방 유림은 이황 서거 4주년을 기념하여 이황이 생전에 제자들을 가르치던 도산서당 뒤편에 도산서원을 창건하고 이황 선생의 위패를 모셨다. 조정에서는 명필 한석봉이 쓴 '도산서원(陶山書院)' 액자를 내려 사액서원의 지위를 보장했다. 도산서원은 작년에 유림들이 수차례 회합해 논의한 결과, 지방 유생들의 학문을 진작시켜야 한다는 이황 선생의 유지를 받들어 서원을 건립하기로 결의하고 공사에 시작, 1년여 만에 완공된 것이다. 한편 최근 서원 설립이 활발한 것과 관련, 일부에서는 사림의 정계 진출이 부쩍 늘어난데다 이들 사이에서는 학맥이 절대적 영향력을 가지기 때문에 정계인물 충원책으로서 서원이 각광을 받고 있다는 해석을 내놓고 있다.

이이, 해주향약으로 사림 결속 나서

최근 이이가 해주지방에서 〈해주일향약속(海州一鄕約束)〉을 만들어 지방 사림들의 결속과 교화에 나서 관심을 끌고 있다. 이는 그가 일전에 조정에서 관 주도로 〈주자증손여씨향약〉을 실시하려고 할 때 "지금은 양민(養民)이 먼저지 교민(敎民)은 차후의 일"이라며 반대했던 것에 비추어 이례적인 일이다.

그런데 〈해주향약〉은 그 대상이 사족에 국한되는 것인지 상민 및 천민을 모두 포괄하는 것인지 불분명해 초기에 관계전문가들 사이에 혼란이 조성된 바 있다. 일단 상·천민의 현저한 선악행위에 대해 상·벌 규정이 있는 것으로 보아 지역민 전체를 포괄한다고 볼 수도 있지만, 꼼꼼하게 따져보면 규정의 대부분이 지방 사족 및 품관들의 상호협력과 위계질서에 관한 것임을 알 수 있다. 상벌행위도 사실 사족 등 지방 지배층이 주체이고 일반민은 단지 대상에 불과한 것이 아닌가 싶다. 이 점에서 이것은 향약이라기보다는 향권(鄕權)의 내용과 행사절차를 규정한 향규(鄕規)라고 부르는 편이 정확하다.

해주지방에 정통한 한 소식통은 이번 〈해주향약〉은 중앙과 지방 사이, 그리고 지방 내의 품관층과 사족층 사이에 조성돼 있는 지방통치권을 둘러싼 갈등관계를 원만하게 해결하기 위한 한가지 방안이라고 분석했다. 참조기사 11호 1면

토막 상식

한양까지 며칠?

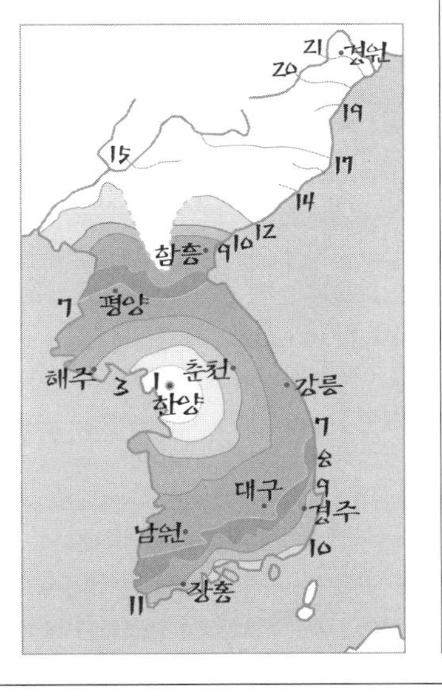

문예시평

송시(宋詩)에서 당시(唐詩)로

고려 이래 우리 문단의 한시를 지배하던 송시(宋詩)의 사변적이고 기교적인 시풍을 배격하고 나선 세 명의 시인이 있다. 바로 '삼당시인(三唐詩人)'이라고 불리는 백광훈·최경창·이달이 그들이다. 이들은 사대부문학이 더욱 송시와 밀착하면서 시가 자연스러운 감동에서 멀어지고 인정이나 세태의 절실한 경험을 받아들일 수 없게 됐다며, 자신들의 문학은 규범이나 격식을 파괴하는 것을 능사로 삼지 않고 모든 반발을 작품으로 구현하자는 성실한 자세를 지닌다. 또 규범을 위한 문학이나 탈출을 위한 문학이 아닌 경험을 위한 문학을 이룩해서 문학을 누구나 함께 겪는 일상적인 정감의 차원으로 끌어내렸다.

백광훈의 「용강사(龍江詞)」에는 서울 가서 돌아오지 않는 님을 기다리는 농촌 아낙네의 심정을 묘사한 다음과 같은 구절이 있다.

"거시재복아미생(去時在腹兒未生) 떠나실 때는 뱃속에 든 아가가 태어나지 않았는데, / 즉금해어기죽행(卽今解語騎竹行) 이제는 말을 익히고 죽마도 타고 다닌답니다. / 편종인아학호야(便從人兒學呼爺) 곧잘 다른 아이들을 따라 아빠 부르는 것도 배웠네요. / 여야만리방문성(汝爺萬里邦聞聲) 너의 아빠 만리 땅에서 그 소리 들으시겠니."

이처럼 남편이 없는 서러움에다 아기가 아버지를 찾는 서러움을 보태고 남편에게 하던 말을 아기를 달래는 말로 바꿨다. 떠나간 님을 그리워하는 노래는 오랜 내력을 가지고 있지만, 백광훈의 경우 그리움이 추상적인 정서로 머물지 않게 하는 새로운 길을 열었다고 할 수 있다.

기생 홍랑과 정이 깊어 유명한 최경창은 「우박(雨雹)」에서 우박이 떨어져 곡식을 망쳐놓는 광경과, 돌림병마저 돌아 처참하게 된 사정을 표현했다. 어머니가 기생이어서 천덕꾸러기로 지내고 있는 이달은 「낙중유감(洛中有感)」이라는 시에서 신분상 겪게 되는 소외감을 이렇게 표현했다.

"호작고관처처봉(好爵高官處處逢) 좋은 자리 높은 벼슬아치 곳곳에서 만나자 / 거여유수마여룡(車如流水馬如龍) 수레는 물처럼 흘러가고 말은 용과 같구나 / 장안맥상시회수(長安陌上時回首) 장안 길 위에서 이따금 머리를 돌리니, / 지척군문격구중(咫尺君門隔九重) 가까이 있는 그대 집 문이 아홉 겹이나 닫혔네."

서울거리에 나서면 물처럼 흐르는 수레, 용과 같이 우람한 모습으로 달리는 말 위에서 벼슬한 이가 뽐내고, 글을 배울 때는 서로 통했던 사람이 아홉 겹 대문 안 딴 세상에 자리잡고 있는데 시인은 충격이 겹쳐 움직이지 못하고 머리를 돌리는 것조차 어색해진다. 이달은 「화학(畵鶴)」이라는 시에서 먼 하늘로 날아가는 자유를 누려야 할 학이 수난의 땅에 서느라고 다리 하나는 들고 서 있는 모습으로 자화상을 그려보기도 하고, 「만랑가(漫浪歌)」에선 신선의 세계를 향해 칼춤을 마음껏 추는 노인을 설정해서 마음속 깊이 간직한 탈출의 의지를 거칠 것 없이 표현했다.

그렇다면 이제 "당시(唐詩)를 재현하자"는 삼당시인들의 깃발은 현단계 사대부문학의 한계를 극복하기 위해 내세운 일종의 위장전술이다. 혹시 복고를 구실로 혁신을 하자는 논법이라는 것을 너무 쉽게 눈치챈다면 그들에게 일종의 실례가 될른지?

율곡 이이 서거

1584년(선조 17) 정월 16일 대학자이며 명재상인 율곡 이이가 향년 49세로 한성 대사동 자택에서 숙환으로 별세했다. 그의 죽음은 나라 전체를 슬픔의 도가니로 만들어 성균관 유생들과 각 관청 관리들의 조문으로 온 동네가 인산인해를 이루었으며, 국왕께서도 그를 잃은 애통함으로 3일 동안 조회를 중지하였다. 발인 날에는 조문객의 곡성이 동네를 진동했고 그들이 밝힌 횃불이 장안을 밝힐 정도였다. 장지는 파주 자운산의 선영이다.

한편 임종 전날 그를 문안한 정철에 의하면 그는 마지막 순간까지도 "사람을 채용하는 일에 편중됨이 없도록 하라"며 국사를 걱정했다고 한다. 또 임종 후 시신을 수습한 일가 친지들에 의하면 집에 남긴 재산이 없어 수의도 이웃집 친구의 것을 빌어다 썼다고 한다. 현재 백성들 대부분이 그의 죽음에 대해 애통해하고 있다.

율곡 이이 선생의 영전에 부쳐

아, 이제 다시는 선생을 뵐 수 없게 됐습니다. 이제 우리 유자들이 자문을 구하려 할 때 누구를 찾아야 할까요. 생각할수록 애통함이 깊어만 갑니다. 전국의 유생과 백성들이 선생을 존경하는 것은 8세 때에 이미 명시를 지은 총명함 때문이 아닙니다. 아홉 차례나 과거에서 장원급제한 천재성 때문이 아닙니다. 사화(士禍) 이후 깊어가던 학문과 정치의 분리 경향을 몸소 관직에 몸담으면서 실천으로 통합시키려 노력하셨기 때문입니다. 선생께는 정치와 학문이 서로 모순, 길항하는 관계에 있는 것이 아니라 서로 얽혀 있는 하나의 사회현상이었지요.

선생께서는 항상 '사람의 마음'을 사고의 중심에 두셨습니다. 특히 최고통치자인 국왕의 마음이 바로 잡혀야 나라가 평안해진다고 하셨습니다. 또 〈시무육조〉에서는 나라가 위난에 처할 것을 미리 걱정해서 한성에 2만 각도에 1만씩 모두 10만의 병사를 대비해둬야 한다고 역설하셨습니다. 선생께서는 사림이 동서로 분당하여 대립하는 것에 대해서도 "양파의 대립은 끝이 없을 것이다. 각자 옳은 점과 그른 점을 다 가지고 있기 때문이다. 따라서 양파의 장점만을 취해 중용을 이뤄야 한다"고 하셨습니다. 일부에서는 이를 두고 '양시론'이니 '양비론'이니 하며 비판했지만 선생께서는 관직을 훌훌 털고 일어나 낙향함으로써 당신의 사심 없음을 증명해보이셨습니다.

선생이 가신 지금 후학들이 선생의 학문과 경륜을 이어받아야 마땅하겠으나 변변치 못해 부끄러울 따름입니다. 부디 저승에 가서서도 나라와 백성들에 대한 애틋한 사랑을 변함 없이 내려주시기를 간절히 바랍니다.

정월 17일 이조참판 성 혼

화제의 인물

관념론 배격하며 관직 거부한 명망가 … '좌 이황, 우 조식'

남명 조식

최근 좌 이황 우 조식이란 말이 유행하고 있다. 이황은 경상좌도 지방에서 왕성한 학문활동을 하고 있는 반면, 조식은 경상우도 진주지방에서 학문적 명성을 떨치고 있기 때문이다. 조식은 이황이 초급 유생들에게 심성(心性)의 수련을 가르치는 것에 대해 반대하고 있다. 그것은 실용성 없는 관념론에 불과하다는 것이다. 처음부터 「소학」, 「대학」, 「논어」 등 실용성 있는 학문을 중심으로 삼아야 한다고 한다. 그 방법도 스스로 해석하고 깨달아야 한다는 이른바 '자해자득(自解自得)'법을 주장하고 있다. 흥미로운 것은 그러한 그가 정작 실용의 현장인 관직에는 절대로 나가지 않고 있다는 사실이다. 주위에서 수없이 권유하고 급기야는 국왕이 불러도 나가지 않고 있다. 나중에는 조정에서 일방적으로 관직에 임명을 해놓고 나오라고 해도 요지부동이었다. 지난 1567년에 국왕이 상서원 판관에 임명해놓고 두 번씩이나 부르자, 마지 못해 국왕께 나가 국정에 관해 자문을 하고는 곧바로 돌아와버린 적이 있을 뿐이다.

아프리카로부터의 통신

"우리도 역사와 문화가 있다네"

지난 1500년경 포르투갈의 바스코 다 가마가 우리 아프리카 대륙 남쪽 끝 희망봉을 돌아 인도 캘커타에 도착했다. 대단한 항해였음은 틀림없지만 그 뒤 들리는 말로는 그는 우리 아프리카를 '발견'했고, 따라서 그들의 소유라고 한다는데, 그런 식이라면 우리 아프리카인 역시 그들 일행을 처음 '발견'했으니 그들은 우리 노예라고 주장하겠다.

최근 서양인들의 아프리카 방문을 보면 서해안을 따라서 내려오는 양상을 보이고 있고, 내륙으로는 전혀 방문이 이루어지고 있지 않다. 따라서 그들은 마치 우리 아프리카를 문명도 없고, 야만인들만 사는 암흑대륙으로 묘사하는데 이는 전혀 사실과 다르다. 이는 우리 아프리카 대륙의 지형적 특성을 모르는 데서 연유한 것이다. 아프리카는 대부분이 평지지만 해안에 이르면 갑자기 절벽을 이루는 탁상형 지형을 이루고 있다. 강도 해안에 이르러 수백 미터의 폭포를 이루는 것이 대부분이어서 강을 따라 내륙으로 들어가는 것도 불가능하다.

그러나 실제 내륙에서는 아주 높은 수준의 문명과 번성한 도시들이 활발하게 성장하고 있다. 특히 중부 동해안의 이디오피아나 소말리아는 수천 년의 역사를 가진 문명국으로 일찍부터 인도양을 통해 아라비아 및 인도와 교역을 해왔고, 11세기에 이미 중국에 사신을 파견했다. 최근에도 명의 영락제와 교류가 있었다. 서양인들은 제발 자신들이 최고인 양 뽐내지 말기를 바란다.

송가이제국의 이슬람사원

서쪽 내륙지방에도 송가이제국이 금광개발을 통해 크게 융성하고 있다. 이곳은 북쪽 사하라사막에 가로막혀 지중해와의 교통이 어려운 점이 있지만, 낙타를 이용한 대상교역은 오랜 역사를 가지고 있다.

해외 소식

마테오 리치, 마카오에

변화된 선교전략 '현지화' … 중국 옷 입고 중국말 배워

이탈리아 출신의 예수회 선교사 마테오 리치가 마카오에 도착, 중국 선교 준비를 서두르고 있다.

마테오 리치에 앞서 처음 중국 땅에 들어갔던 일행 중의 한 사람인 프란시스 자비에르가 상천(上川)이라는 작은 섬에서 중국 본토를 바라보며 숨을 거둔 것이 30년 전의 일. 그동안 예수회의 선교전략은 상당한 변화를 보여준다.

지금까지 선교사들이 서양 관습을 강요하고 종교의식에서 라틴어를 사용하려고 애써왔다면, 이제는 먼저 중국어를 배우고 중국문화에 대한 지식을 얻는 것이 가장 중요한 일로 간주되고 있다.

열심히 중국어를 익히고 있다는 마테오 리치는 "중국인들에게 처음부터 교회법을 분명히 가르치려 하지는 않는다. 주로 사람들을 방문한 뒤 남는 시간에 중국의 언어, 문화, 관습, 예절을 배우면서 중국인들의 호감을 사려고 애쓰고 있다"고 말했다.

마테오 리치는 일단 소주(蘇州)로 가서 유학자 구태소에게 수학의 기초를 가르치고, 그 대신 중국의 고위관리들을 소개받을 계획을 세우고 있으며 옷차림도 중국 선비의 의상을 갖출 계획이다.

역사신문

정여립, 반역모의 … 정계에 대파란

정부, 첩보 확인 즉시 군사 파견 … 정여립 일가족과 함께 자살

서인 강경론자 정철, 사건 맡아 … 동인 대대적 숙청

1589년(선조 22) 10월 황해도와 호남의 대동계 조직을 이용한 반역음모 주모자로 지목돼, 관군의 추적을 받던 정여립이 자신의 별장이 있는 죽도(竹島)에서 자살했다.

관련기사 2면

"전주의 정여립(鄭汝立)이 안악의 변숭복·해주의 지함두·운봉의 승려 의연 등과 모의하여, 한강이 얼어붙으면 황해도와 호남에서 동시에 한성으로 진격하여 대장 신립과 병조판서를 살해하고 병권을 잡으려 한다"는 급보가 황해도관찰사 한준, 안악군수 이축·재령군수 박충간, 신천군수 한응인 등의 이름으로 지난 2일 조정에 올라왔다. 조정에서는 즉시 전주 일대로 군사를 파견했는데 관군을 이끌고 간 현감 민인백은 "정여립이 죽도(竹島)의 바위 사이에서 심복과 아들을 먼저 칼로 친 뒤 땅에 칼을 꽂고 스스로 목을 찔러 자결했다"고 보고했다.

이번 정여립의 모반사건은 서인인 우의정 정철이 맡아 수사하게 되었는데 이발, 이길, 김우옹, 백유양, 정언신 등 동인의 지도급 인물 다수가 연루되어 처형 또는 유배에 처해졌다.

또 12월에는 호남 유생 정암수를 비롯한 50여 명의 상소로 이산해, 나덕명, 정인홍, 정개청, 유성룡, 우성전 등 30여 명이 연루되어 처형 혹은 유배되었다. 그뒤로 정여립과 친분이 있는 동인계열 인사 1천여 명이 처벌되는 대옥사가 진행되어 정계에 대파란을 일으키고 있다.

역모사건 고발과 관련하여 호남지역 사림들 사이에 반목과 대립이 심화될 조짐을 보이고 있으며, 우의정 정철의 사건확대와 강경처벌로 대타격을 입은 동인들의 반격이 예상되고 있다.

일본 침략 가능성 놓고 논란

"전쟁 위험" 첩보 잇달아 … 국내 거주 왜인들 모두 귀국

1591년(선조 24) 일본의 군사 움직임을 정탐하고 돌아온 통신사 일행의 보고가 엇갈려 국방강화책이 잠시 중단된 가운데 국내 왜관의 일본인들은 일제히 귀국을 서두르고 있다.

서인인 정사 황윤길은 한달 전에 부산에서 올렸던 보고내용을 그대로 반복, "일본이 많은 전함을 준비하고 있으니 곧 침략이 있을 것"이라고 주장했으나 동인인 부사 김성일은 "풍신수길의 눈이 쥐와 같은 것을 보아 군사를 일으킬 위인이 못 된다"며 전쟁가능성을 부인했다. 김성일을 제외한 통신사 일행 대부분이 일본의 침략을 경고했으나 동인의 발언권이 강한 현상황에서 국왕은 김성일쪽으로 기울어, 일단 축성(築城) 중단을 지시했지만 정부는 ▲북방의 여진족 방어에서 실전 경험을 쌓은 평안병사 신립과 함경도 병마사의 서울 발령 ▲전군사의 총포 사용 실습 ▲전략상 요충지의 수령 교체 ▲충청·전라·경상 3도 수비병의 처우개선 등에 착수했다.

한편 일본 승려 현소는 "일본이 내년에 조선의 길을 빌려 명나라를 정복할 준비를 하고 있다"는 말을 남기고 귀국했으며 종의지는 부산포 앞바다에 배를 멈춘 뒤 "풍신수길이 합선을 준비, 침략계획을 세우고 있다"고 소리치다가 10일 만에 돌아갔다. 또한 국내에 거주하고 있던 일본인들이 속속 귀국, 현재 왜관은 텅 빈 상태이다.

도요토미, 양국 수교 위해 통신사 요청

"거절시엔 전쟁 일어날지도 모른다"

1589년(선조 22) 대마도주 종의지와 성주사 주지 현소 일행이 부산포에 도착, 조정에 통신사 파견을 요청했다.

일본의 새로운 집권자 도요토미 히데요시는 2년 전인 1587년에도 대마도주를 통해 양국간 수호와 통신사 파견을 요청한 바 있다. 당시 도요토미 히데요시의 국서에 "천하가 짐의 한줌 손안에 들어 있다"는 무례한 구절 외에 조·일의 동맹을 통한 명나라 정벌의도가 들어 있어 조정에서는 통신사파견을 거절했었다.

일본의 거듭되는 통신사파견 요청에 대한 대책회의에서 전적(典籍)허성은 "통신사를 보내는 것을 거절하면 양국 간에 전쟁이 일어날지도 모른다"며 일본측 제의를 수락할 것을 주장했다. 논의 끝에 "조선인이면서도 왜구 앞잡이 노릇을 하며 일본에 살고 있는 반역자들을 잡아다 주면 고려해보겠다"고 대답하는 선에서 대응 수준이 정해졌는데, 종의지가 곧 사화동 등 10여 명을 잡아다 바침으로써 통신사파견은 더 이상 피할 수 없는 사정이 된 것으로 알려졌다.

호군 이산보가 끝까지 통신사파견 반대를 주장하고 조헌은 유배지에서 "일본사절과의 접촉을 끊으라"는 상소를 올렸지만, 일단 조정은 통신사 파견을 통해 일본의 실정과 도요토미의 저의를 탐지하는 쪽으로 낙착을 보았다.

통신사 일행은 정사에 황윤길, 부사에 김성일, 서장관에 허성으로 결정됐다.

동인, 남북으로 갈라서다

정여립사건 때 '동인 사냥' 했던 정철 처벌문제 놓고 이견

서경덕·조식계와 이황계로 … 학연 따라 정치적 입장 나뉘어

1591년(선조 24) 정여립사건의 연루자 구출문제와 이 사건 담당자 정철에 대한 징계를 둘러싸고 동인이 남인·북인으로 자체 분열했다.

당파 성립 당시부터 서경덕·조식계통과 이황계통이 공존하면서 항상 분열의 조짐을 보이던 동인은, 정철의 응징을 강력히 주장하는 서경덕·조식계의 이산해·정인홍 중심의 북인과, 정철의 응징을 반대하는 이황계통의 우성전·유성룡 중심의 남인으로 갈라섰다. 정여립사건 연루자들은 서경덕·조식의 학통에 바탕해서 급진적인 체제혁신을 도모한 인사들로 알려져 있는데, 주자학의 정통적 입장이라고 할 수 있는 유성룡 중심의 퇴계학파는 사건 당시 같은 동인이면서도 연루자 구출에 시종 방관적인 입장을 취했었다. 최근 서인 실각 후 정여립사건 담당관이었던 정철의 '동인 사냥'이 문제가 되면서 동인 내에서도 정철에 대한 처벌을 둘러싸고 기존의 학파간 불협화음이 공식적으로 드러난 것이다.

남북 분당을 지켜본 조정 대신들은 "바야흐로 학파 간의 이질성이 한 정파 내에서 한솥밥을 먹는 것을 불가능하게 만드는 단계에 이르렀다"며 "정치적 주장이 학문적 근거를 갖게 되었으니 앞으로는 싸움이 더 치열해질 것"이라고 전망했다.

관련기사 3면

일본 침략 방어책 마련에 분주

경상도 일대 성 수축 작업 한창 … 현지 인부 "부실공사다"

일본의 거듭된 통신사파견 요청과 정에서 차츰 일본의 침략의도가 드러남에 따라 2년 전인 1589년부터 국방강화책이 추진되고 있다. 비변사에서는 하삼도의 병사·수사 교체와 요충지의 성쌓기를 주로 추진하고 있는 것으로 알려졌다. 비변사의 추천 무관 중 눈에 띄는 새 인물로는 여진족과의 녹둔도전투에서 공을 세운 이경록, 이순신 등이 있다.

방어시설 조사결과, 특히 경상도의 성 수축이 절실한 것으로 드러나, 현재 영천·청도·부산·동래·진주·안동의 병영이 그 대상으로 선정됐다. 성 수축에 동원된 진주 농민 강모씨는 "규모를 크게 해서 많은 인원을 수용하는 것을 능사로 할 뿐 험한 지형이 아닌 평지에 성을 쌓으니 그야말로 전시용이 아니냐"며 "성벽 높이도 겨우 2, 3장(丈)에 불과하고 참호도 모양만 갖추고 있으니 그야말로 눈가리고 아웅인 격"이라고 불평했다.

관련기사 3면

역사신문

조·일 관계 심상치 않다

거국정부 구성, 전쟁에 대비해야

지난번 우리측 통신사들이 일본에서 가지고온 국서가 원본을 수정한 것이라는 사실이 밝혀져 충격을 주고 있다. 통신사를 이끌고 간 김성일이 도요토미 히데요시로부터 받은 국서 원본에는 "조선 국왕은 일본으로 와서 신하의 예를 갖추라. 만약 그렇게 하지 않으면 머지않아 군대를 파병할 것이다"라는 내용이 들어 있었다고 한다. 김성일은 이 원본을 갖고는 도저히 귀국할 수 없어 이 부분을 삭제해가지고 귀국했다는 것이다. 만약 이것이 사실이라면 이는 국가적으로 중대사가 아닐 수 없다.

우선 일본이 어느새 우리 조선을 이렇게 얕보게 됐는지 실로 의아스러운 일이다. 어떤 이들은 이는 도요토미의 개인적 성품에서 기인하는 것이지 일본인들 다수의 생각은 아니라고 한다. 그러나 도요토미가 누군가. 현재 태정대신으로서 사실상 최고 통치자인데다가, 1590년에는 시코쿠와 규슈의 정복을 완료함으로써 분열돼 있던 전국을 통일한 강력한 지도자다. 만에 하나 그가 전국통일에 기고만장해서 조선이나 명도 정복하겠다는 망상을 실천에 옮긴다해도 현재 일본의 정세는 그를 따르게 돼 있다. 더구나 믿을 만한 소식통에 의하면 일본의 각지 다이묘들은 명이 일본과의 무역을 금지한 데 대해 극도의 불만을 표출하고 있어, 도요토미가 이를 이용할 경우 전쟁이 허황된 가설만은 아니라고 말한다.

이러한 상황에 대처하는 우리 조정의 대응을 보면 참으로 딱하다. 정여립 모반사건 뒷처리를 둘러싸고 파를 나누어 갑론을박에만 몰두하고 있는 가운데, 이러한 일본의 정세에 대한 대응마저 혼선을 빚고 있다. 얼마전에는 일본측의 통신사 파견요구를 들어줄 것이가를 두고 찬반 양론이 들끓더니, 최근 귀국한 통신사들의 보고마저 정파에 따라 내용이 정반대여서 이러다가는 국익보다 정파의 이익이 앞서고, 나라가 정파별로 다 쪼개져버리는 것이 아닌가 하는 생각이 들 정도다. 게다가 결국 "전쟁위협이 없다"는 쪽으로 결론이 나 각 도에서 전쟁에 대비해 하던 성 쌓기 작업 등이 모두 중단됐고, 전쟁임박 첩보를 보고하는 지방관들은 오히려 파직당하고 있는 실정이다.

그러나 최근 정보에 의하면 일본에서는 병선 2천 척 건조에 박차를 가하고 있고, 부산포 인근 왜관의 일본인들이 속속 귀국하고 있다고 한다. 지금이라도 조정에서는 사태의 심각성을 깨달아야 한다. 정파간 정쟁은 일단 멈추고 일치단결해서 정보수집 및 분석능력에 구멍이 뚫려 있는 것은 아닌지 점검해야 한다. 그리고 일찍이 율곡 선생이 제안한 대로 각지에 군사를 모집, 훈련시켜 유사시에 대비하도록 해야 한다.

그림마당

이은홍

정여립 반역미수 사건, 모반설과 조작설

정여립은 정쟁의 희생물인가? 희대의 반역자인가?

정여립사건 수사의 몇 가지 미스테리

"체포 임박한 사람이 증거자료를 고스란히 남겼다?
자신의 별장으로 도피?
정여립 자결은 허위보고?
정철은 왜 사건 처리 담당을 자원했나?"

정여립의 반역미수 사건을 둘러싸고 실제로 왕좌를 노렸다는 모반설과, 동인을 정계에서 축출하려는 서인의 정치적 음모라는 조작설이 팽팽히 맞서고 있다.

먼저 조작설의 근거로는 4가지가 거론되고 있다. ▲정부 발표에 따르면 정여립의 도피는 안악 교생 변숭복의 급보로 이루어지는데, 그가 체포가 임박했음을 알고서도 집안에 증거가 될 만한 편지 같은 문서를 남겨놓았을 리가 없다는 점 ▲실제로 도피였다면 자신의 별장과 같은 곳이 아니라 지리산 같은 산속으로 방향을 잡았을 것이며, 가족에게도 행선지를 알리지 않았을 것이라는 점 ▲죽도에서 놀고 있던 정여립을 선전관 등이 죽여버린 후 자결했다고 보고했다는 일부 주장 ▲한성 관리 대부분이 정여립 본인의 상경과 해명을 기대하고 있을 때, 유독 정철만이 정여립이 도망칠 것이라고 예언한 뒤, 사건 처리 담당을 자원한 점 등이 의문으로 제기되고 있다.

반면 그의 모반을 뒷받침하는 증거로는 ▲천하는 만인의 것이니 일정한 주인이 없다는 천하공물설(天下公物說)과 '누구를 섬기던 임금이 아니겠는가'라는 하사비군론(何事非君論)과 같은 평소의 불경스러운 언동 ▲이씨는 망하고 정씨가 흥한다는 유언비어의 신봉과 그 전파 ▲가택수색 결과 나온 제사문 내용에 "선조가 이미 덕을 잃어 조선왕조의 운수가 다했으니 천명의 조속한 이행을 바란다"는 문구가 있었던 점 등이 지적되고 있다.

사건 처리과정을 지켜본 대부분의 사람들은 "지금 사건의 당사자가 죽고 없는 상황에서 정여립 자신이 반역음모를 가지고 있었느냐 아니냐가 문제가 아니라, 사건처리 과정에서 1천여 명에 이르는 무고한 사람들이 정여립과의 친분을 이유로 반역의 도당으로 몰리는 것을 막는 것이 중요하다"고 주장하고 있다.

초점 정여립은 누구인가?

통솔력 강하고, 두뇌 명석, 경전에도 밝아
"그의 대동계는 왜구 침입에 대비한 것" 이라는 주장도 있어

'나무 목자(木+子= 李氏) 왕조는 망하고 전읍(奠+邑=鄭氏)은 흥한다'는 도참사상을 이용, 왕조를 뒤엎으려는 생각을 한 정여립은 누구인가? 양반과 노비를 가리지 않고 대동계를 조직, 활쏘기 시합을 자주 개최했다는 정여립은 과연 때를 기다리고 있다가 사전에 발각된 것인가? 서인 정철 주도의 사건처리과정에서 정여립과 친분이 있는 동인 인사 1천여 명이 숙청을 당하면서 동인측은 물론 사건의 전말을 지켜본 많은 사람들이 "정여립은 정치적 희생양에 불과하다"며 정여립의 반역의사 자체를 부정하고 있는 형편이다.

전주 출신인 정여립(1546년 생)은 통솔력 있고 두뇌가 명석하며 각종 경전, 제자백가에 통달한 인재로 알려져 있다. 1570년 문과에 급제한 후, 서인인 이이와 성혼의 각별한 후원을 받으면서 정가의 유망주로 떠올랐는데 1583년 이후 당시 집권세력이던 동인쪽으로 전향, 서인의 비난을 받았다.

이후 고향에 돌아와 진안 죽도에 별장을 지어 책을 읽으면서 대동계를 조직, 전라도 일대 명망가로 떠올랐고 황해도 안악의 변숭복·박연령, 해주의 지함두, 운봉 승려 의연 등을 끌어들여 대동계 조직의 확대를 꾀했다.

한편 이번에 반역의 골간 조직으로 지목된 대동계에 대해 전주 부윤 남언경은 "정여립은 조만간 전쟁이 있을 줄 알고 전주·금구·태인 등 부근 읍의 무사 및 공·사노비 중에서 건장한 사람을 뽑아 술과 음식을 즐기면서 무예를 닦는 장을 마련한 것뿐"이라고 말한 뒤, "그의 대동계는 신분차별이 없고 군현의 경계를 넘는다는 점이 특징이다. 왜구에 대비한 지역방어를 위해 일부러 광역적 조직을 만든 것"이라며 반역음모를 일축했다.

취재 수첩

붕당 긍정론

붕당정치의 개막은 정치사적으로 볼 때 정치여론권의 확대라는 의미를 가진다고 볼 수 있다. 선조 이후 드디어 집권에 성공한 사림들은 훈척세력을 정계에서 배제하는 한편, 국왕까지도 제어하면서 정치를 주도해나가고 있다. 이러한 양상은 조선 건국 초기 강력한 왕권을 정점으로 정치가 운영돼, 그 체제 아래에서 양반은 왕정을 보필하는 충실한 관료 이상이 아니었던 시절과는 상당히 달라진 양상을 보여준다.

이제 사림(士林:문자 그대로 '선비의 숲'이라는 뜻으로 현직 관료보다는 재야의 지식인을 포괄하는 용어)의 정치참여는 단순한 관료로서가 아니라 붕당이라는 정치세력으로서 이루어지고 있다. 정치세력으로서의 붕당은 정국운영의 구도를 붕당 상호간의 역학관계에 두고, 이를 건전하게 이끌어가기 위해 성리학에서 정치이념을 모색, 도덕적 정통성을 찾아나가는 쪽으로 방향을 잡아가고 있다. 또한 사림들은 정국운영의 주도권을 확고히 하기 위하여 붕당의 개념과 당위성을 밝혀나가는 한편, 서원 등을 통해 학문연구와 후진양성에 몰두함으로써 붕당정치의 토대를 구축하는 데에도 열심이다. 이처럼 붕당은 학통을 기반으로 하여 혈연이나 지연에 의해 결속력을 강화하면서 결집되고 있는 셈이다.

지금 계속되는 분당에 대해 비판적인 시각이 존재하는 것은 사실이다. 그러나 어느 정치과정에서나 정치 주도세력에 대한 비판세력은 존재하기 마련인만큼 붕당간의 대립을 정상적인 정치운영과정으로 바라보는 시각이 필요하다. 다만 이러한 붕당간의 대립은 이해관계를 달리하는 정치집단간의 대립인만큼, 자칫 무한 대결로 치달을 가능성을 안고 있는 것이며, 그런 점에서 정치적 파행을 불러올 가능성도 아울러 갖고 있다. 따라서 붕당 사이의 견제와 균형을 통해 갈등과 대립을 완화하고 조절할 수 있는 정치풍토와 윤리를 확립하는 일 또한 중요한 과제라고 할 수 있을 것이다.

긴급 진단 군정, 무엇이 문제인가?

'백성들은 죽도록 고생하지만 국방은 허약' 지금의 현실 직시하자

군정(軍政)의 문란은 곧바로 국방력의 약화로 이어진다는 점에서 국가존립의 문제와 직결된다. 면포를 내면 군역을 면제해주는 관행이 거의 공식화된 가운데, 백성들은 면포 마련에 등골이 휘고 실제 병력은 줄어들어 국방력에 큰 구멍이 나 있는 상황이다.

군적(軍籍)의 정비 시급

원래 6년마다 작성하게 돼 있는 군적이 오랫동안 방치되다가 재정비된 것이 지난 1553년(명종 8)의 일이다. 당시 정책 입안자들은 병사수의 확보를 지상목표로 내세우자, 각 지방의 일선 관리들은 할당액을 채우기 위해 거지의 이름까지도 군적에 올리는 웃지 못할 일이 벌어졌다. 군적의 장부상 숫자와 실제 군역담당 주민 숫자의 큰 차이 때문에 1인당 군역의 부담이 늘 수밖에 없다. 억지로 수를 채우려 하지 말고 군적을 사실대로 작성해야 족징·인징의 폐단도 사라질 것이다.

방군수포의 중간수탈 봉쇄해야

군관들이 면포를 받아 군역을 면제해주는 과정에서 각종 비리가 발생하고 있다. 봉급이 지급되지 않는 변방의 군관들이 자기 주머니를 채우기 위해 면역을 바라는 백성들에게서 과다하게 포를 거두고 있는 것이다. 군사들이 각종 공사에 동원되는 실정에서 결국 진영에 남아 있는 병사들의 작업량만 늘어나게 마련인데 한 병사는 "기름불 속에서 들볶이는 것 같다"고 고충을 토로했다.

양반, 부유층 군역 이탈 막아야

무예를 익혀 고급군인인 갑사(甲士)가 되던 한량이나 사족 자제들이 아예 군역을 지지 않거나 보다 대접받는 유학공부로 돌아서고 있다. 얼마전 경상좌도 병마절도사인 황형이 병역기피중인 지방세력가의 자식들을 강제 징집, 아들을 징집당한 사람들이 "경상도내 사람들이 모두 왜놈의 손에 죽는 것이 황형의 손에 죽는 것보다 낫다"며 들고 일어났다. 이에 조정에서는 황형의 잔혹함(?)을 비난하며 황형의 교체를 논의할 정도이다.

진관체제로 방어체제 전환해야

을묘왜변 이후 정착된 제승방략(制勝方略) 체제는 각 진관(鎭管)의 병력이 줄어들어 진관의 방어거점 기능이 사라지자 나타난 고육지책이다.

제승방략체제는 남아 있는 병사들을 긁어모아 한곳에 집결시키고 중앙에서 파견되는 장수를 기다리게 하는 체제인데, 일단 방어선이 붕괴되면 그 뒤에 아무런 방어벽을 만들 수 없고 현지 실정에 어두운 새로운 지휘관과 병사들 사이에 손발이 맞지 않는 상황이 발생하기 쉬운 위험한 체제이다. 지역 중심 방어체제인 진관체제는 한 진관이 함락되더라도 이웃 진관이 적에게 대적할 수 있는 장점이 있으므로 다시 진관체제로 돌아가야 한다. 특히 소규모의 병력이 아닌 대규모 적군의 침입이 있을 경우 제승방략 체제로는 방어에 아주 불리하다.

사림세력의 분화, 단계별 점검과 이후 전망

학연·정치적 이해 달라 동서, 남북으로 갈라져

동서 분당에 이어 동인마저 남인·북인으로 자체분열, 사림내의 가지치기가 핵분열처럼 전개되고 있다. 이에 따라 '붕당' 관련 논의도 열기를 더해가고 있는데 역사신문에서는 사림내 정치집단의 분화원인, 각 당의 결집배경을 분석한 뒤 향후 붕당정치의 전개양상을 점쳐보고자 한다.

▲명종 1563년~1575년

명종은 집권 후반기에 어머니 문정대비와 윤원형 등의 소윤세력의 간섭에서 벗어나고자 외척 이량을 불러들였다. 이량은 척신세력을 형성해 '사화(士禍)'를 계획하였는데 이때 심의겸이 그 계획을 미리 탐지, 이량을 제거하여 몰살 직전이었던 사림의 '은인'이 되었다. 명종 20년 문정왕후의 죽음은 이후 사림들이 정치세력으로서의 우세를 가져오는 중요한 계기였다. 위직을 차지한 이준경·권철 등이 사림들에 의해 '구신', '상신'으로 지목되었고, 이준경은 "조정에 붕당의 조짐이 있다"며 사림들을 공격했다. 당시 이준경을 중심으로 한 세력은 노당(老黨), 사림세력은 소당(少黨)으로 불리기도 했다.

▲1575년~1581년

심의겸의 도움으로 관직에 등용된 사림들은 '전배(前輩)'로 불리는데, 심의겸의 도움 없이 관계에 진출한 다수의 '후배(後輩)'사림들로부터 비판을 받게 되었다. 후배들의 불만은 "전배들이 당면과제인 체제혁신에 대해 너무나 미적지근하다"는 것으로 요약될 수 있고 여론 또한 후배쪽으로 크게 기울었다.

김효원이 심의겸의 동생을 자신의 후임으로 이조정랑에 추천하는 것을 거부하면서 시작된 두 사람의 갈등을 해결하는 과정에서, 김효원이 심의겸보다 더 변방의 외직으로 발령이 나자 김효원을 따르던 세력에서 불평이 나오기 시작했다. 이이는 대립을 보이고 있는 정철·김계휘 등과 김우·김성일 사이를 왔다갔다 하며 화해를 권유했으나 오히려 양측으로부터 의심을 받고 해주로 낙향했다.

심의겸을 포함한 전배가 대부분 서인이 되고 김효원을 중심으로 한 후배가 동인을 이루었다. 서인이 학연적 요소를 거의 가지고 있지 않았던 것에 비해, 동인은 대개 퇴계 이황과 남명 조식의 문인들로 구성되어 강한 학연적 동질성을 가지고 있었다. 이에 비해 서인은 후배로부터 비판받는 입장에서 하나의 유대가 이루어졌을 뿐 학연상의 공통점은 희박한 편이었다.

▲1581년~1592년

1581년 이이가 서인쪽에 자리를 잡은 결과 이이의 문인들이 속속 서인에 가담, 동서 붕당이 학연적 색채를 분명히 하기 시작했다. 서인 중에서 윤근수·윤두수·이항복 등은 지지기반이 약하고 비교적 중도적 입장을 취하고 있는 것으로 알려져 있으며, 이귀·오우길 등은 이이·성혼의 문인이다. 이들은 당파에 관계 없는 인재등용으로 사림간의 화합을 도모하는 이이의 '조제보합론'에 영향을 받아, 엄정한 시비의 분별보다는 이견의 존재를 인정하면서 다른 붕당과의 공존체제를 유지하려고 노력하는 편이며 현실문제의 해결에 관심을 가지는 편이다.

1588년경부터는 서인세력에 대한 태도의 차이로 동인 내에서도 서인의 뿌리를 뽑으려는 북인과 동서인의 겸용을 주장하는 남인으로 분기의 조짐이 일기 시작했다. 특히 정여립사건 이후 정철의 처벌문제를 둘러싸고 가시화된 남북 분당은 그 연원을 거슬러올라가면 학파에 따른 것인데, 이황의 제자들이 남인, 조식의 제자들이 북인을 이루게 되었다. 남인으로는 유성룡·김성일·김우·이원익 등이 지목되고 있는데, 이들은 기본적으로 다른 붕당의 존재에 긍정적인 편이며 시비의 분별을 엄격히 하기보다는 정국의 안정을 도모하는 성향이 있다. 실제로 김성일은 "나와 견해가 다른 사람이 반드시 소인이 아니며, 나와 견해가 같은 사람이라도 반드시 군자는 아니다"라고 발언, 당파를 불문한 인재등용을 주장한 적이 있다. 동인 중에서 남인이 갈라져나가자 남은 사람들이 북인으로 불리게 되었는데, 엄격한 시비의 분별을 내세우고 중도적인 입장을 인정치 않는 경향이 있어 젊은 사림들 사이에서 인기가 높다.

단독 입수 예조참판 유희춘의 '뇌물일기'

"어물전 차렸나?"
조기, 전복, 민어, 고등어, 바지락 … 종목도 다양

관료들의 청탁과 선물 수수가 관행으로 자리잡고 있다. 이조와 병조의 당상관(정3품 이상의 벼슬)의 집에는 관직후보자들이 '문안'의 명목으로 선물공세를 하며 수령 자리를 놓고 치열한 경쟁을 하고 있다. 또한 어렵게 지방관이 되어 내려가면, 관직 구득에 쓴 비용과 후임 자리를 보장받기 위한 비용을 뽑아내기 위해 가렴주구를 일삼고 있다. 지금 선조와 사림파 관료로부터 신임과 존경을 받고 있는 예조참판 유희춘의 일기를 입수, 부패가 일상화된 현실을 살펴보았다.

선물 명세서 쌀 1백75두, 깨 3두, 송어 13마리, 죽순 15개, 평계(平桂) 460엽(葉), 배 7개, 밤 3승, 잣 24매, 조기 1동 5속, 은어 12속, 전복 3접 1백개, 바지라기 1두 5승, 새우 5승, 민어 5마리, 숭어 19마리, 고등어 68마리, 종이 27권, 첩석(貼席) 1부, 부채 8자루, 초 1척, 홰 10자루, 낙폭 1결 등.

선물 제공자 장원서별좌, 경기·황해감사, 해주목사, 전주부윤, 삼척·부평·안변부사, 능성현령, 흥양현감, 순천별좌 등과 몇몇 고향사람.

받은 만큼 노력하는 모습 (8일) 충청도 경차관 이경에게 이산에 거주하는 조석철의 처, 은진에 거주하는 서익의 모친, 상인 배옥순의 뒤를 부탁. (28일) 이조관서 정유길을 찾아가 권영과 유세무의 벼슬자리를 부탁. 서울생활 동안 권영으로부터 많은 경제적 도움을 받고 있어 벼슬 청탁에 적극적으로 나섬. 첩 소생 딸의 남편 김종려를 광양현감으로 만듦.

스케치 사족들의 군역 피하기

"군대 안 가려면 열심히 공부해라"

남쪽에서는 왜구의 침입이, 북쪽에서는 여진족의 움직임이 심상치 않아 국방의 중요성은 날로 커지고 있지만 군역담당자의 명단인 군적은 날로 허술해지고 있다. 현재 군역 자원의 총수는 14만 5천6백20명인데 그 가운데 정예병의 수가 7천9백20명을 지나지 않은 실정이다. 결국 약 8천 명의 정예병이 온 나라의 국방을 담당하고 있는 셈이다. 정부에서는 군사를 정예병화하려는 노력의 일환으로, 정예병의 필수조건인 갑옷과 말을 마련할 수 있는 양반 사족층을 군역에 충당하는 쪽으로 방향을 전환, 현재 사족들의 강한 반발을 불러일으키고 있다. 그동안 대립제를 이용하거나 학생을 사칭, 군역을 지지 않던 사족들의 군역기피를 위한 각종 노력을 정리해본다.

향교 교생은 군역이 면제된다는 것을 이용, 정원 외에도 이름만 걸어두고 군역을 면제받아 온 사족에 대해 시험을 실시, 성적 불량자를 군대에 보내는 '낙강자충군법(落講者充軍法)'이 통과되면서 시험결과에 불복하는 유생들의 집단난동이 심상치 않게 일어나고 있다. 1574년(선조 7) 경상도에서 시험에 참가한 응시자 가운데 4분의 1 정도가 떨어지자 유생들은 집단을 이루어 "군적 경차관 정이주가 뇌물을 받고 공정하지 않은 심사를 했다"며 사헌부에 고소한 것이 그 예이다.

향교에 들어가지 않고 과거준비를 하던 사족들은 서둘러 향교에 들어가고 있으며, 군역이 면제되는 진사·생원에 합격하기 위해 각처에서 열리는 향시를 모두 좇아다니는 열성파도 있다. 군역을 피해 도망다니거나 유력자에게 부탁하는 사례도 속출하고 있다. 유희춘의 경우 이종 사촌 나사침의 아들 덕윤을 빼내기 위해 동분서주한 것으로 유명하다.

명종 8년의 사족들에 대한 군역 부과가 엄격해지자, 당시 서울에 거주하던 대사헌 이황은 안동에서 향시를 준비하고 있는 아들 준에게 다급한 편지를 보냈다. 명분을 중시하는 대유학자 이황이지만 아들을 군대에 보내지 않으려는 애틋한 사랑(?)이 잘 나타나 있다. "관료의 자제라도 소속된 곳이 없으면 군대에 가야 한다고 하니, 향교에라도 이름을 걸어두는 것이 좋다. 경서 1권과 사서 1권을 시험본다고 하니 열심히 공부해라. 그리고 여러 조카들에게도 이 사실을 알려라."

'미인'이 보여준 한글 가사문학의 미학

"정치판에서 인간사의 온갖 더러움을 맛본 그가 이렇게 고혹적인 언어로 상큼한 작품을 빚어낼 수 있다는 것을 어떻게 설명해야 할까 …"

송강 정철, 「미인곡」 펴내

1536년(중종 31) 서울 출생. 호는 송강(松江). 아버지가 을사사화에 관련돼 유배되면서 아버지를 따라 전전하다 전라도 담양 창평에 정착, 이곳에서 자라며 후일 서인측의 지도자가 되는 기대승에게 학문을 배우고 이이 등과 친교를 맺음. 1562년(명종 17)에 과거에 급제하여 벼슬길에 올랐으나 40세 때인 1575년(선조 8)에 벼슬을 버리고 낙향, 곧 다시 관직에 나왔으나 동인의 탄핵받아 실직하고 다시 낙향. 1580년(선조 13) 강원도관찰사가 되었고 이때 〈관동별곡〉 발표. 이후 승진가도를 달리다 다시 동인측 탄핵을 받아 49세 때 창평으로 낙향, 4년간 은거하며 〈사미인곡〉, 〈속미인곡〉 등 발표. 54세 때 다시 관직을 받아 영의정을 역임하다 모략에 빠져 파직, 유배중. 성격이 호탕하고 술을 좋아함.

"오라며 나리며 해뜨며 바자시니 / 져근덧 力盡하야 풋잠을 잠간드니 / 精誠이 지극하야 꿈의 님을 보니 / 玉 갓탄 얼구리 半이나마 늘거세라 / 마음의 머근 말삼 슬카장 삼자하니 / 눈물이 바라나니 말삼인들 어이하며 / 情을 못다하야 목이조차 메여하니 / 오뎐된 鷄聲의 잠은 엇디 깨돗던고 / 어와 허사로다 이님이 어대간고".

이 글을 읽고 책장을 가리며 주위를 두리번거렸다면 안심해도 좋다. 이것은 금지된 외설문학의 한 구절이 아니다. 여기서 애닯게 그리는 미인(美人)은 다름 아닌 국왕 선조니까.

송강 정철이 정치판에서 밀려나 창평에 은거하면서 최근에 내놓은 〈속미인곡〉의 한구절이다. 그는 정치에서는 실패자이지만, 이번 〈속미인곡〉에서 지난번 〈관동별곡〉과 〈사미인곡〉에 이어 또 한번 가사문학에 있어 자신은 부동의 승리자임을 우리에게 각인시켜주고 있다. 구절마다 감칠맛나는 우리 한글이 보석처럼 박혀 영롱한 빛을 발하고 있고, 연이어 읽다보면 굽이치는 가락에 흥이 절로 난다. 굳이 정치적 문맥을 살피지 않고 생이별한 연인들의 애틋한 그리움을 노래한 것으로만 봐도 아무 손색이 없다. 절절이 배어나오는 연인에 대한 정감은 때로는 직설적이면서도 한편으로는 극적이다. 사대부들보다는 오히려 시정 서민들의 정서에 호소하는 이러한 작품은 이미 시조 분야에서 황진이가 보여준 바 있지만, 가사 분야에선 송강이 단연 으뜸임을 확인하게 된다.

정치판에서 인간사의 온갖 더러움을 맛본 그가 이렇게 고혹적인 언어로 상큼한 작품을 빚어낼 수 있다는 것을 어떻게 설명해야 할까. 정치의 덧없음을 알기에 속세를 초월하겠다는 의지를 표현한 것일까. 정녕 '꿈'의 세계일까. 그렇지 않다. 〈사미인곡〉과 〈속미인곡〉 속의 미인이 정확하게 국왕 선조를 겨냥하고 있음은 그가 여전히 정치인임에 대한 증거다. 그렇다면 그가 노리는 정치적 효과는? 적어도 국왕 선조에게 내미는 구차한 구제의 손길은 아니다. 치열하게 전개되는 정쟁 속에서 의리와 절개와 명분이 사라져가는 현실을 익히 알기에, 보석과 같이 아름다운 작품 그 자체를 통해 국왕에게 '변하지 않는 가치'를 일깨워주려는 것은 아니었을까. 이 '변하지 않는 가치'에 대한 탐구는 이미 〈관동별곡〉에서도 보여준 바 있다.

"千尋絶壁을 半空에, 세여두고 / 은하수 한구배랄 寸寸이 버혀내여 / 실같이 풀쳐 있어 뵈같이 걸었이니 / 圖經 열두 구배 내보매난 여러히라 / 李謫仙 이제 있어 고쳐 의논하게 되면 / 廬山이 여기도곤 낫단말 못하려니."

이 역시 금강산의 아름다움을 금강산만큼이나 절묘하게 그려낸 작품이다. 이때도 그는 정치적 탄핵을 받아 강원도관찰사로 부임해 있었다. 정치적 패배자로서의 울분이나 허무감이 이 작품에서 느껴지지 않는 이유가 무엇일까. 오히려 힘차게 우리 국토를 찬양하고 한없는 긍지를 내보이는 것에서 우리는 건강한 재기의 의지를 감지하게 된다. 대국 중국의 여산보다도 더 아름다운 우리 금강산의 '변하지 않는 가치'를 미적으로 형상화시킴으로써 낙천적 인생관을 획득하고 있는 것이다.

이렇게 시조에 이어 가사에서까지 한글을 사용한 문학작품이 양산되고 있는 것은 흥미로운 일이다. 사실 우리 노래는 더 이상 한문으로 우리의 흥과 가락을 표현하지 못할 정도에 와 있다. 유학자 이황마저 이미 "한문 시는 읊을 수는 있어도 노래부를 수는 없다. 노래로 부르려면 반드시 우리 글로 써야 하나니 이는 우리 국어의 음절이 그렇게 하지 않을 수 없게 돼 있기 때문"이라며 스스로 한글로 〈도산12곡〉을 지었던 것이다. 이러한 추세가 도달한 한 정점이 바로 송강 정철이다. 송강은 우리 앞에 한글문학의 새 지평을 열어준 것이다.

'여류문학계의 별' 허난설헌 타계

남성 중심 사회에서 진보적 여성으로 온갖 어려움 겪어

황진이, 이계랑, 신사임당을 이어 여류문학계를 이끌어온 허초희씨가 1589년 28세의 꽃다운 나이로 세상을 하직했다. 난설헌(蘭雪軒)이라는 호로 더욱 널리 알려져 있는 허초희는 그 누구보다도 문학을 하는 자세가 적극적이었으며, 여성에게 주어진 한계를 받아들이지 않으려는 주체적인 태도로 세간에 유명했었다.

허엽의 딸이고, 허균의 누나이며, 이달에게서 시를 배웠던 그녀의 생애는 매우 불행했다. 김성립의 아내가 되었는데, 부부사이가 좋지 못했으며 남성 중심의 신분사회 속에서 지적으로 앞선 여성으로서 온갖 수난을 겪었다고 한다. 게다가 딸과 아들이 연달아 죽는 불운까지 겹쳐 마음의 상처가 더 심해졌다. 그러기에 시를 짓는 데 온 힘을 기울여 그 고통을 잊고자 했던 것 같다.

허초희의 한시는 두 계열로 나눌 수 있다. 하나는 신선의 세계를 동경하며 초탈을 염원한 것과 또 하나는 자기 삶의 고민을 그대로 나타내고 관심을 확대해서 미천한 여성의 처지까지 다루는 것이다. 자기 처지에 대한 불만을 호소하는 방법이 극단적인 대조를 이루고 있어 흥미롭다. 다음의 〈빈녀음(貧女吟)〉은 두 번째의 부류에 속하는 대표적인 한시이다.

"손으로 가위를 잡느라고 / 밤은 추운데 열 손가락 곱는다. / 남들을 위해 시집갈 옷 지으면서 / 해가 거듭 돌아와도 혼자만 지낸다."

사대부 남자들의 한시가 대부분 수양이나 수덕을 주제로 이루어진 반면, 허초희와 같은 여류문인들의 한시가 이렇게 일상생활의 절실함을 표현하고 있음은, 한시가 그동안의 구속을 떨쳐버리고 새로운 길을 찾아갈 수 있는 가능성을 보여주는 것이라 할 수 있겠다.

특파원 보고 일본, "전쟁준비 완료" 해외소식

병선·무기 생산으로 분주

도요토미, "정권안정 위해 조선, 명과 전쟁"

현재 이곳 나고야에서는 대규모 병영이 설치됐고, 그 지휘 하에 병선과 무기생산이 분주하게 이루어지고 있다. 일본측 관계자에 의하면 이미 수년 전부터 병선 2천 척 건조를 위해 전국 산의 나무들을 엄청나게 벌채해왔으며, 최근에는 서양 선교사들에게 서양군함 2척의 구입을 의뢰했다고 한다. 선술집에서 마주친 한 무사는 전쟁을 우려하는 특파원에게 "우리는 워낙 전쟁에 이골이 나서 별 감정이 없다. 그쪽 조선 병사들은 어떠냐"며 전혀 불안한 기색을 보이지 않았다.

정통한 소식통에 의하면 도요토미 히데요시가 전쟁을 도모하는 것은 이들과 같은 막강한 무사들을 거느리고 있는 다이묘(大名)들의 불만을 잠재우기 위한 방편이라고 한다. 때마침 명이 왜구들의 준동을 이유로 일본과의 교역을 전면 중단하여 다이묘들의 불만이 높은 것을 교묘하게 이용하자는 것이다. 게다가 현재 명은 환관들의 정쟁이 극에 달해 외침에 대한 대비가 거의 없는 실정이다. 도요토미측 관계자에 따르면 곧 조선에 사신을 파견하여 이러한 의도를 통보하고 길을 열어줄 것을 요청할 예정이라고 한다. 명으로 진출하기 위해서는 반드시 조선을 경유해야 하기 때문이다.

그동안 일본 정국은 1573년 무로마치 막부의 마지막 쇼군(將軍) 요시아키가 물러난 이래, 전국시대가 전개돼 일본은 수백 명의 다이묘들에 의해 분할되어 왔다.

그 와중에서 최근 도요토미 히데요시가 최강자로 떠올라, 동부지역의 실력자 도쿠가와 이에야스와 연합하여 전국을 통일시켜가고 있는 상태다. 이 과정에서 도요토미는 전국의 다이묘들을 하나로 결집시킬 정치적 필요가 있었고, 이를 위한 대외적 출구로 조선과 명의 정벌을 내걸고 있다고 한다.

역사신문

1592년(선조 25) 임진왜란 발발

일본, 전쟁도발

왜군, 파죽지세 … '건국 이래 최대 위기'

조령 방어선 무너져 … 한성 함락 초읽기

1592년 4월 일본의 도요토미 히데요시가 전쟁을 도발하여 휘하 9개 부대 21만여 명을 부산진에 상륙시켜 부산성과 동래성을 함락하고 파죽지세로 북상하고 있다. 믿었던 신립의 조령 방어선이 무너져 한성 함락이 임박함에 따라 지금 조선은 건국 이래 최대의 위기상황을 맞고 있다.

일본군 선봉대의 상륙 직후 14·15일에 연달아 부산성과 동래성이 함락되자 정부는 황급히 이일을 파견, 상주에서 일본군의 북상저지에 나섰지만 역부족이었으며 한성 방어의 최후 보루인 조령에서 신립마저 패배, 상황은 거의 절망적이다.

일본군은 선봉 5만 2천5백 명이 6일 만에 상륙을 완료하는 기동성을 보여주었으며 상륙 직후 3로로 나누어 북상을 계속하고 있다. 부산포와 동래성을 함락한 고니시의 1번대는 중로(中路)를 택하여 양산·밀양·청도·대구·인동·선산을 거쳐 상주에서 이일의 저지선을 뚫었다. 19일 부산에 상륙한 가토의 2번대는 경상좌도를 택해 장기·기장을 거쳐서 좌병영 울산을 함락하고, 경주·영천·신령·의흥·군위·비안을 거쳐 풍진을 건너 문경으로 빠져 중로군과 합하여 문경으로 들어왔다. 구로다의 3번대는 동래에서 김해로 침입하여 경상우도를 따라 올라와 성주의 무계에서 지례·김산을 지나 추풍령을 넘어 영동으로 나와 청주방면으로 침입해 들어왔다. 모리 요시나리가 이끄는 제4번대는 김해에서 제3번대와 함께 창녕을 점령한 다음 성주·개령을 거쳐 추풍령 쪽으로 길을 잡았고, 고바야가와 등이 이끄는 제6번대와 모리 등이 이끄는 제7번대는 후방을 지키며 북상중이다. 그밖에 우키다의 8번대와 하시바의 9번대는 아직 대기중이다.

현재까지 파악된 일본군 부대의 지휘관과 병력은 다음과 같다.

▲제1군: 고니시 유키나가, 1만 8천7백 명 ▲제2군: 가토 기요마사, 2만 2천8백 명 ▲제3군: 구로다 나가마사, 1만 1천 명 ▲제4군: 모리 요시나리, 1만 4천 명 ▲제5군: 후쿠시마 마사노리, 2만 5천 명 ▲제6군: 고바야카와 타카가게, 1만 5천7백 명 ▲제7군: 모리 테루모토 3만 명 ▲제8군: 우키다 히데이에, 1만 명 ▲제9군: 하시바 히데카쓰, 1만 1천5백 명 ▲수군: 구키·도도, 9천 명 ▲후방경비: 미야베, 1만2천 명 ▲선척관리: 하야가와.

부대의 편성과 규모로 보아 예전의 소규모 왜구집단의 난리가 아니며 조·일 간의 국운을 건 대규모 전쟁이 시작된 것으로 보인다.

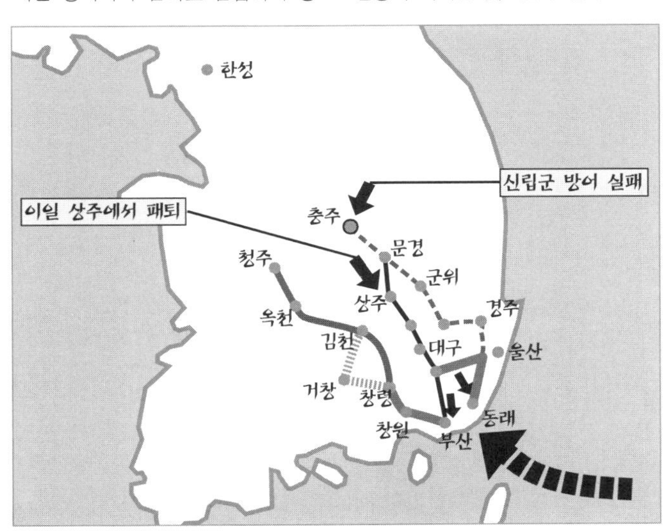

선조, "전국민 총궐기" … 교서 내려

지역별 군사책임자 파견 … 일군 북상저지에 총력

1592년 4월 경상좌수사 박홍으로부터 부산진성 함락 보고를 접한 조정에서는 황급히 대책을 논의, 일본군의 북상 저지에 나섰다.

이일을 순변사로 삼아 조령·충주 방면의 중로(中路)를 방어하게 하고 성응길을 좌방어사에 임명, 죽령·충주 방면의 좌로(左路)를 방어하게 했으며 조경을 우방어사로 삼아 추풍령·청주·죽산 방면의 서로(西路)를 담당하게 했다. 유극량을 조방장으로 삼아 죽령을 지키게 하는 한편, 변기를 조방장으로 삼아 조령을 사수하게 했으며 전 강계부사 변응성을 경주부윤에 임명, 각자 관군을 뽑아서 임지로 떠나도록 명령했다. 여진족 토벌로 이름이 높은 신립을 도순변사로 삼아 이일의 뒤를 이어 파견하고 유성룡을 도체찰사로 삼아 전시정국의 총지휘를 맡겼다. 또한 "국가적 위기를 맞아 전국민이 일어나 적에게 저항할 것"을 권고하는 선조의 교서(**2면**)가 경상도지방에 내려졌고 군사모집을 위해 전국에 선전관(宣戰官)과 안집사(安集使) 파견이 이어지고 있다.

14일, 부산성 함락-전군 항전 끝 전사

1592년 4월 14일 부산진에 상륙한 일본군 제1번대 주장(主將) 고니시가 이끄는 일본군 1만8천7백 명이 부산첨사 정발 외 1천 명이 수비하던 부산성을 공격, 성이 함락됐다.

일본군은 13일 유시(酉時 : 오후 6시)에 부산 앞바다에 도착, 해가 진 후 부산진성 정찰에 나섰고, 이를 목격한 첨사 정발은 전선(戰船)을 적의 손에 넘기지 않기 위해 모두 침몰시키고 통소를 불어 백성들을 진정시킨 뒤 성의 수비를 명령했다.

14일 이른 아침, 짙은 안개를 이용해서 우암동으로 상륙한 일본군은 성을 포위하고 서문 밖 언덕에 조총수를 배치, 일제 사격을 가하면서 성벽을 기어올라왔다. 이에 맞서 정발은 검은 갑옷을 입고 대궁(大弓)을 이용, 왜병을 쏘아맞히며 부하들을 격려했고 부녀자들까지 돌을 던지고 화살을 운반, 총력전을 펼쳤으나 성 북쪽의 방비가 허술한 곳으로 일본군이 들어오면서 성이 함락됐다.

정발은 "일단 성을 나가서 구원병을 기다리자"는 비장(裨將)의 권유를 물리치고 끝까지 싸우다가 조총 탄환에 맞아 전사했으며 그의 첩 애향은 자결한 것으로 알려졌다. 부산진성을 점령한 일본군은 곧 군사를 나누어 서평포와 다대포를 함락시켰는데 성 안의 전 군사가 항전 끝에 전사했다. 조정에서는 멀리서 부산성 싸움을 목격한 경상좌수사 박홍을 통해 "적의 깃발이 성에 가득하다"는 보고를 받았다.

15일, 동래성 함락-전력차 뚜렷

1592년 4월 15일 고니시가 이끄는 제1번대에 의해 부산진성에 이어 동래성이 함락됐다.

15일 아침 6시에 부산진을 떠난 일본군은 8시부터 동래성 주변에 집결하기 시작했다. 일본군 대부대의 침략보고를 접한 경상좌병사 이각은 동래부사 송상현에게 "부사는 이 성을 지키시오. 나는 뒤에 가서 구원병을 보내리다"라는 말을 남기고 동래 북쪽 소산역으로 달아났고, 경상감사 김수 역시 진주에서 동래로 오던 도중 일본군 도착소식을 들은 뒤 발길을 돌린 것으로 알려졌다.

일본군 주력부대 중 제1종대는 황령산 기슭에서, 제2종대는 서대로쪽에서, 제3종대는 취병장쪽에서 공격해 들어왔고 당황한 동래부민(東萊府民)들이 일제히 성안으로 피난, 성안은 매우 비좁은 상태였다. 일본군은 우리측 군사의 항전으로 희생자를 끊임없이 내면서도 성벽을 기어오르는 것을 멈추지 않은 끝에 동래성 함락에 결국 성공했다.

양산군수 조영규는 대궁(大弓)을 휘어잡고 조방장, 홍윤관과 군관 송봉수 등은 장창을 휘두르며 부사와 함께 항전했으나 모두 전사했다. 1년 전에 동래부사로 부임한 송상현은 성 주위에 참호를 파고 방책을 만드는 등 만일의 사태에 착실히 대비해왔으나 엄청난 병력의 차이를 극복할 수는 없었던 것으로 보인다. 부산일대에서의 전투가 일본측의 압승으로 끝남에 따라 일본군은 본격적인 북상에 나서고 있다.

25일, 상주戰 패배-신립, 한성 방어의 최후보루

1592년 4월 25일 국왕의 명을 받아 상주를 방어하던 순변사 이일의 군대가 일본군 제1번대에 의해 무너지면서 충주의 신립부대가 한성을 방어하는 최후의 보루로 남게 됐다.

4월 23일 순변사 이일이 상주에 도착했을 때 상주목사 김해는 "순변사를 마중한다"는 핑계로 산속으로 들어가, 나머지 군관들도 흩어져 버린 상태였고 판관 권길만이 남아 상주 일원을 지키고 있는 상태였다.

상주성 북쪽의 북천강변에서 농민군 훈련이 한창 실시되고 있을 때, 좌우익으로 편성된 적군이 쳐들어왔다. 일본군의 조총이 일제히 발사되면서 우리측 군사 10여 명이 한꺼번에 쓰러지자 진영에 심각한 동요가 일었고, 이일은 급히 군사들에게 활을 쏘게 했지만 제대로 훈련을 받아보지 못한 농민병사들의 활은 10여 걸음 앞의 빈 땅에 떨어질 뿐 적군을 하나도 맞히지 못했다. 종사관과 판관들이 남아 끝까지 싸우는 가운데 이일은 단신으로 탈출에 성공했다. 뒤따라 오는 적 몇 명을 말로 밟아죽인 이일은 산길을 타고 달아나 문경에 도착해서 패전 소식을 조정에 보고한 뒤, 도순변사 신립이 있는 충주로 떠났다.

> 선조의 교서
>
> **"비분강개하여 국난 막으라 … 후한 상 내릴 것"**
>
> 내가 생각하건대 영남지방은 진실로 우리나라 인재의 고장이다. 60여 개 읍의 선비가 팔을 걷어붙이고 비분강개하여 국가적 위기에 뛰어들 사람이 어찌 없으랴 … 진정 손바닥에 침을 뱉고 불끈 일어나 이 나라 선조들께서 끼치신 은혜를 저버리지 않는다면 관직과 창고에 쌓인 물건으로 상 주는데 인색하지 않을 것이다. 내가 비록 도적을 끌어들인 책임은 있으나 임금이 욕을 보면 신하는 죽는 것이 도리이니 너희들 가운데 충성된 뜻이 어찌 없겠는가?

28일, 탄금대서 신립 전사-한성 함락 시간문제

1592년 4월 28일 도순변사 신립이 이끄는 관군 8천 명이 충주 방어에 실패, 한성 함락이 눈앞에 다가왔다.

26일 충청도의 병력 약 8천 명을 단월역에 주둔시킨 신립은 조령으로 진출해 지형을 살핀 뒤 "적은 보병이고 우리는 기병이니 넓은 들에 맞닥뜨려놓으면 우리가 이길 것이 분명하다. 더구나 적이 이미 조령 밑에 와 있다니, 우리가 고개 위까지 나아가서 진지를 확보하기 전에 적과 부딪히게 되면 위험하다" 고 말하며 "우리 군사는 새로 뽑은 병사여서 훈련이 부족하고 상하의 단결이 충분치 못하니 사지에 몰아넣지 않으면 그 투지를 드높일 수 없을 것"이라는 이유로 탄금대에 배수진을 쳤다.

한편 26일 아침 상주를 떠난 고니시의 부대는 27일 새벽 4시에 문경을 지나 조령을 넘고 28일에는 충주 남쪽 단월역에 도착, 전열을 정비했다.

적이 3면을 둘러싸고 공격해오자 신립은 기병 1천 기에게 1차 돌격 명령을 내렸고, 기병의 공격이 되풀이 되는 동안 적은 단월역 쪽으로 밀리는 듯하다가 곧 죽은 자의 시체를 넘고 계속 밀려와 전세는 아군에 불리하게 전개됐다.

신립은 종사관 김여물과 최후의 총돌격을 감행, 적진으로 돌격하였으나 참패했다. 이에 신립은 김여물 등과 함께 남한강에 투신, 순절했다.

한편 이일은 강변을 따라 번개같이 도망쳐 산으로 들어간 다음, 적 하나의 목을 베어 꽁무니에 차고 한강을 건너 조정에 패배를 알리는 장계를 올렸다.

저녁에 충주성에 들어간 고니시 부대는 이튿날인 29일 제2번대인 가토부대와 합류, 한성 공략작전을 세운 것으로 알려졌다. 작전회의 결과 1번대는 우로를 택하여 여주를 경유, 동대문 쪽으로 향하고 2번대는 좌로를 택하여 죽산·용인을 거쳐 남대문 쪽으로 진격하기로 합의, 30일에는 두 부대가 조령을 출발했다.

전쟁도발자, 도요토미 히데요시, 그는 누구인가?

분열돼 있던 전국시대를 마감하고 일본 전역을 통일한 사무라이 출신의 최고실력자. 1536년 오와리(尾張) 쿠니(國)의 나카무라에서 가난한 농민의 아들로 태어났다. 그가 자라던 시기는 명목상으로는 아시카가(足利) 막부시대였지만, 실제로는 일본 전국이 각지 다이묘들에 의해 분열돼 상쟁하던 혼란의 시기였다. 그는 중부지역을 장악하고 있던 오다 노부나가 밑으로 들어갔는데 총명함을 인정받아 사무라이로 발탁됐다. 이후 노부나가를 수행하여 수많은 전투에 참가, 무공을 세웠다.

노부나가가 죽고나서 오다 가문이 후계를 둘러싸고 분열되자, 자신이 노부나가의 전국통일 유업을 완수하고자 전국정벌에 나섰다. 지난 1584년에는 동부지역의 최고실력자 도쿠가와 이에야스와 일전을 겨뤘으나 승부를 가리지 못하고 서로 동맹을 맺어 일본을 동서로 양분했다.

일본을 통일한 이후 그의 정책은 일관되게 통일된 체제의 유지에 초점을 맞추어왔다. 우선 농부, 상인, 승려 등의 계층에게 무기사용 금지령을 내렸고, 무사·농민·장인·상인의 신분질서를 엄격히 했다. 한편으로 전국적으로 토지측량을 실시해 조세징수에 힘써 통일의 기반을 튼튼히 했다. 그럼에도 불구하고 각지 다이묘들의 준동에 대해서는 항상 불안해했고 이번 임진전쟁도 다이묘들의 불만을 외국으로 돌리기 위한 한 방편이라는 해석이 우세하다.

역사신문

조선, 초반 패전 딛고 반격 나서

수군, 의병활약으로 왜군 진공차단 … 정부, 명에 원군요청

조·명 연합군 반격 평양 탈환에 성공 현재 전선 교착상태

신립의 충주 패전소식이 조정에 전해진 후 국왕을 비롯한 관료들은 피난길에 올랐다. 충주에서 잠시 합류했던 고니시와 가토부대는 다른 길로 북상, 각각 5월 2일과 3일에 한강에 도착했으며 한성 방어담당 도원수 김명원은 전세의 불리함을 깨닫고 철수, 도성이 함락됐다.

도성 함락소식을 들은 선조는 평양을 거쳐 의주에 도착, 명에 원군을 요청했다. 한성에서 잠시 전열을 가다듬은 일본군은 3군으로 나뉘어, 고니시의 군은 평안도 방면으로 침입, 6월에 평양에 입성했으며 구로다의 군대는 황해도 해주를 본거지로 삼았고, 함경도로 침입한 가토의 군대는 왕자 임해군과 순화군을 포로로 잡았다.

한편 관군이 저항조차 제대로 못하고 깨지는 상황에서 6월 이후 8도 전역에서 의병이 봉기했고, 이순신이 이끄는 수군의 활약으로 전세를 만회할 수 있는 길이 트이기 시작했다. 우리 수군은 7월의 한산도 대첩을 비롯, 4차에 걸친 해전을 통해 제해권을 장악, 일본군의 수륙병진작전을 좌절시켰으며 승병까지 가담한 의병들은 유격전술을 구사, 일본군의 보급로 차단에 일조했다.

10월에는 진주목사 김시민을 중심으로 군관민이 합세, 진주성을 사수, 일본군의 전라도지방 진입이 저지됐고 12월에는 이여송이 이끄는 명나라 구원병이 압록강을 건너왔다.

1593년에 접어들면서 조·명 연합군은 대대적인 반격에 나서서 1월에 평양성 탈환에 성공, 일사천리로 남진을 계속했으나, 벽제관 싸움에서 크게 패해 전선은 잠시 소강상태에 들어갔다. 다소 사기를 회복한 일본군은 권율이 지키고 있던 행주산성에 대대적인 공격을 가했으나 실패했고, 명이 파견한 심유경과의 화의 교섭 끝에 4월 18일 한성에서 철수, 전군을 남하시켜 서생포에서 웅천에 이르는 사이에 성을 쌓고 화의의 진행을 기다리고 있다.

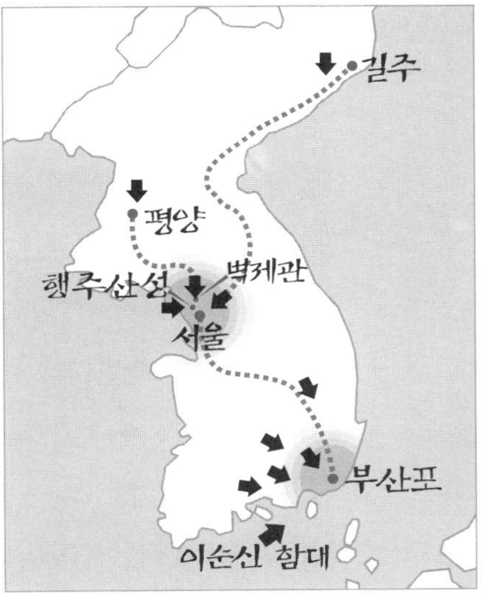

국왕, 피난 … 한성 함락, 궁궐 불타

1592년(선조 25) 4월 30일 국왕과 세자 광해군 및 1백여 관료들이 한성을 떠나 피난길에 올랐다.

신립의 패전소식을 접한 대신들은 "평양으로 가서 명에 구원병을 요청하자"며 국왕의 피난을 주장했고, 사헌부 장령 권협 등 소수 관료만이 한성 고수를 주장했다. 국왕은 광해군을 세자로 세우고 임해군을 함경도로, 순화군을 강원도로 보내 군사를 모을 것을 지시했다.

국왕의 피난이 결정된 직후부터 궁궐을 지키던 군사와 하인들은 모두 흩어져버렸으며, 아침 일찍 국왕은 군복차림으로 말을 타고 비빈, 왕자, 신하들과 함께 돈의문을 통해 한성을 빠져나갔다. 5월 3일 한성은 일본군에게 무혈 함락당하고 말았고 이 과정에서 경복궁, 창덕궁, 창경궁이 모두 불타버렸다. 이에 대해 일군이 궁궐에 난입, 무차별 약탈하는 과정에서 불이 났다는 주장과 노비들이 노비문서 보관소인 장예원에 불을 질러 전궁궐로 번졌다는 주장이 있으나 난리통이라 확인은 불가능하다.

명나라에 원군요청 … 자주국방론 실종

1592년 7월 북경에 있던 조선 사절단이 명에 일본군 침입으로 인한 국내의 위급한 사정을 전했다. 이에 명나라 조정에서는 대책마련에 나섰는데 처리방안을 놓고 의견이 분분해서 재차 의견조정에 들어간 것으로 알려졌다.

한편 우리 조정에서는 명에 대한 원군파병을 공식요청할 것으로 보인다. 그 주창자는 대사헌 이항복인데 "이제 8도가 다 무너져 어찌할 도리가 없으니 중국에 자세히 아뢰어 원병을 요청하는 것이 좋을 것"이라고 주장했다. 이에 대해 좌의정 윤두수는 "삼남과 북도의 군사가 머지않아 마땅히 모일 것이니 스스로 힘쓰는 것이 우선 할 일"이라며 "혹 구원병이 온다 해도 이들은 북방 오랑캐인 타타르와 다름없이 포악한 무리"라며 자주국방을 역설했다.

이항복과 더불어 이덕형이 이틀동안 조정대신들을 설득, 원병요청 쪽으로 분위기가 흐른 가운데 국왕은 평양성에 들어오는 대로 한윤보를 일단 요동에 보내 원병을 요청했다.

대반격 … 보급로 차단

이순신의 수군, 한산도에서 대승

1592년(선조 25) 7월 8일 전라좌수사 이순신·전라우수사 이억기가 거느린 수군 연합함대가 기요사카가 거느린 일본함대를 괴멸시키는 큰 승리를 거두었다.

수군 연합함대는 일본 수군이 정박하고 있는 견내량을 목표로 약한 북동풍을 받아가며 순조롭게 항해, 미륵포 입구에서 적의 척후선을 발견, 접전이 시작됐다. 이순신은 유인작전에 따라 선봉부대의 철수를 명령했고 일본군은 우리측 수군을 추적하다가 한산도 앞의 큰 바다로 나오게 됐다.

신전포 앞 북서해역에서 후퇴를 멈춘 우리 수군은 미리 세운 작전계획에 따라 일제히 학익진을 형성, 지자·현자·승자 총통을 쏘며 적의 대선(大船)을 집중공격했다.

정오부터 오후 5시경까지 계속된 전투 끝에 일본 수군은 73척 중 59척(대선 35척, 중선 17척, 소선 7척)이 격파당했고 적장인 기요사카는 필사적인 후퇴 끝에 겨우 탈출하여 견내량을 거쳐 김해에 도착했다.

우리측은 사망 19명, 부상 1백19명의 피해를 입은 것으로 집계되었는데 날이 어두워진 관계로 일단 견내량에서 정박한 뒤 안골포쪽으로 이동할 예정이다.

의병, 빛나는 승리쟁취

곽재우 의병부대, 왜군의 남강 도하 저지

1592년(선조 25) 6월 곽재우가 이끄는 경상도 의령, 삼가 등지의 의병 연합부대가 정암진에서 유격전술을 전개, 일본군의 남강 도하를 저지하는데 성공했다.

곽재우는 의병 상호간에 각종 신호수단을 정해주고 일본군의 진군정보를 분석했고 적의 도강이 예상되는 남강의 얕은 여울과 정암진 북안 주변 기습이 용이한 곳에 주력을 분산 배치했다.

일본군 선발대는 주력부대가 쉽게 강을 건널 수 있도록 진흙뻘이 아닌 단단한 곳에 나무를 꽂아놓았는데 이를 간파한 곽재우는 야간에 부하를 시켜 진흙이 많은 곳으로 적의 나무표시를 옮겨놓았다. 이를 알지 못하고 강을 건너려던 일본군은 진흙탕에 빠진 상태에서 의병들의 공격을 받았고, 강을 건너 정암진 북안으로 진출한 일본군은 복병의 기습을 받고 후퇴하기 시작했다. 의병들은 마른 잎으로 무성한 갈대밭에 풍향을 이용하여 사방에 불을 질러 적의 퇴로를 차단하는 기지를 발휘, 후퇴하는 적에게 큰 타격을 입혔다. 전란이 터진 이후 가장 먼저 의병을 일으킨 곽재우는 낙동강과 남강의 합류지점인 기강에서 은거하며 지내던 터라 주변지형에 익숙해 전술구사가 용이했던 것으로 알려져 있다.

역사신문

승리의 길은 있다

지도층 반성하고 민의 힘 모아 반격에 나서라

전쟁 초기에 파죽지세로 밀리던 때만 해도 전세는 절망적이었지만 최근 희망의 조짐들이 나타나고 있다.

처음 왜군이 부산포에 상륙하고 나서 불과 20일이 안 돼 수도 한성이 함락될 정도로 우리 군사력은 형편 없었고, 국왕이 일찌감치 도망간데다 중국으로의 망명의사까지 비쳐 백성들의 사기는 땅에 떨어졌었다. 그러나 얼마 안 있어 우리측 이순신이 이끄는 해군이 남해안에서 적을 대파, 왜군의 해상수송로를 차단해 결정적 타격을 가하는 한편, 전국 각지에서 의병이 봉기, 왜군의 진격을 저지하고 보급로를 차단하는 전과를 올리고 있다.

따라서 이 시점에서 국왕 이하 조정의 백관들은 패배주의를 버리고 심기일전하여 왜군의 침략을 물리치는 데 적극적으로 나서야 할 것이다. 지금 전국 각지에서 의병이 벌떼처럼 봉기하고 있는 만큼 이러한 민의 역량을 잘 조직화해낸다면 전세는 결코 절망적이지 않다고 우리는 확신한다.

이론적으로 봐도 전쟁에서는 기본적으로 공격보다는 방어가 군사적, 정치적으로 강점을 지닌다는 게 원칙이다. 일단 우리 땅에서 벌어지는 전투이기에 지형·지리적으로 우리가 우세한 위치에 있음은 물론이고, 왜군은 바다를 건너왔기에 보급상 애로가 큰 게 약점이다. 더구나 명 나라의 참전은 예상 외로 일본에게 타격을 주고 있는 것으로 밝혀지고 있다. 왜군이 진격을 멈추고 동남해안 일대로 퇴각하고 있는 것은 바로 이러한 사정을 반영하는 것이다. 조정 대신들은 이러한 전세를 정확히 파악하고 좀더 자신감 있게 전투 독려에 나서야 한다는 말이다.

전략수립의 3대 구성요소는 적의 병력, 자원, 사기라고 말한다. 그런데 왜군은 병력에 있어서는 비록 양과 질 모든 면에서 우세하지만 자원과 사기에 있어서는 여러 가지 장애에 부딪쳐 이 부분에서는 이미 우리측 우세로 역전되고 있다. 따라서 우리측 전략의 핵심은 병력 대 병력으로 맞서는 전면전보다는, 식량·무기 등 적의 자원을 고갈시키고 심리전을 통해 적군의 사기를 하락시키는 데 모아져야 할 것이다.

전쟁이란 정치적 교섭의 한 수단이다. 이런 관점에서 볼 때, 이번 전쟁은 명 및 우리 조선이 일본과의 무역에 대해 부정적 태도를 가졌던 데 대한 일본측의 보복이라는 성격이 짙다. 따라서 일본과의 무역재개를 허용하는 문제를 일본에게 카드로 제시할 경우, 일본의 태도는 상당히 달라지지 않을까 예상된다. 이 점 또한 전략 수립에 참고해야 할 것이다.

그림마당

그림 이은홍

일본의 침략강행 동기

무역 열세 타파하려는 '동아시아 무역체제변혁 전쟁'

일본이 명나라 침공을 명분으로 내걸고 조선에 침략해온 이유는 무엇일까?

정치적인 면에서 도요토미의 개전 구상은 영토를 확대하여 다이묘들의 영지를 확보, 국내 비판세력의 불만을 무마하고 자기 정권의 기반을 굳히려는 의도로 풀이된다.

그러나 경제적인 면에서 보면, 이번 전쟁이 일본 국내 정치 사정의 안정을 기하려는 의도 외에 기존 동아시아 무역체제 변혁까지 그 의도가 확장돼 있음을 발견할 수 있다.

일본의 대외교역은 삼포왜란을 계기로 조선이 통교량을 절반으로 줄임으로써 최초의 타격을 입었고 명이 일본인의 난동인 영파(寧波)의 난을 계기로 1547년 이후 공식무역을 폐쇄시켜버린 이후, '강요된' 감축과정을 밟아왔다.

일본은 공식적인 무역이 축소된 상황에서 '왜구'라는 비공식 통로를 이용해서라도 이러한 무역 활성화에 한몫 끼려 했지만, 마침 들이닥치기 시작한 포르투갈 상인의 우세에 밀려 제대로 기를 펴지 못해왔다.

이와 같은 무역제제 속에서 일본 국내 상공업은 대외적 판로의 대폭 확대를 요구할 만큼 꾸준히 성장해왔다.

전국을 통일한 도요토미 정권은 일본 국내의 이러한 상공업상의 요구를 수렴하여 그 출구를 찾을 필요가 있었고, 조선 침공은 그 출구찾기의 하나였다는 것이 전문가들의 지적이다.

긴급 인터뷰 영의정 겸 4도 도체찰사 유성룡

"현재 전선은 고착상태 … 명과 왜, 회의교섭 국방체제 정비, 소금 무상배포 등 긴급복구책 마련중"

현재 전황은.

왜군이 동남부 부산 인근지역을 장악한 상태에서 전선은 교착돼 있다.

왜군이 의외로 빨리 퇴각했다.

명군의 참전이 왜에게 타격을 줬고, 또 전국 각지에서 의병이 봉기, 왜군의 보급로를 차단하는 효과를 가져온 것, 또 해전에서 우리측이 절대 우세를 보인 것도 왜군을 빨리 후퇴케 한 요인이 됐다.

화의교섭이 진행중인가.

명과 왜 사이에서 화의가 진행중이다. 개인 생각으로는 왜군이 지금 열세에 놓여 있으므로 다시는 침략행위를 못 하도록 총공세를 펼쳐야 한다는 것인데, 이 점은 이미 명측에 전달했다. 그러나 명의 국내 사정이 여의치 않은 것 같다.

영의정께서는 율곡 선생이 10만양병설을 제기했을 때, 반대했었는데 지금 심정은 어떤가.

물론 당시에는 국가재정이 어려워서 반대했지만 역시 율곡 선생은 선견지명이 있으신 분이다. 나같이 우둔한 자가 이 자리에 있는 것 자체가 부끄럽다.

앞으로의 복구사업 계획은.

도성 궁궐이 모두 불타버린 상황이고 전국 각지의 백성들도 고생이 이루 말할 수 없을 것이다. 우선 전쟁대비책을 철저하게 수립해야겠다. 성곽을 보수·신축하고, 훈련도감 같은 기관을 설치, 병사를 훈련시키고, 화포나 조총 같은 무기류 개발에도 박차를 가할 것이다. 백성들에게는 우선 정부에서 소금을 제조, 무상으로 배급해 건강회복에 도움을 주도록 할 작정이다.

상주싸움을 통해 드러난 방위체제의 문제점

제승방략 체제 무기력 … 중앙 파견 지휘관, 지방군사 손발 안 맞아

1592년 4월에 있었던 상주전투를 지켜본 군사전문가들은 우리 방위체제의 한계가 여실히 드러났다고 말하고 있다. 을미왜변 이후 진관체제는 각 진관에 주둔하는 병사의 수가 줄어들어 그 효용성을 상실했고 뒤이어 제승방략(制勝方略) 체제로 전환된 것은 주지의 사실이다. 제승방략 체제에서는 해당지역에서 동원가능한 병사를 한곳에 집중시키고, 중앙에서 파견돼온 지휘관이 이들을 통솔하게 하는 제도이다.

일본군의 침략소식을 접한 조정은 이 제승방략 체제에 따라 각지에 파견할 지휘관을 임명하는 한편, 각지 수령들에게는 군사를 동원, 집결시킨 뒤 한성에서 파견될 지휘관을 기다리라는 전령을 내렸다. 명령을 받은 문경 아래쪽의 수령들은 각기 군졸들을 이끌고 대구 냇가에 나와 순변사가 당도하기를 기다렸지만 여러 날이 지나도 아무도 오지 않고 왜군이 압박해오면서 군졸들이 동요하기 시작했다. 비가 내리는 가운데 군량미 보급마저 끊어지자 싸워보지도 못하고 모두 흩어지고, 수령들은 단신으로 순변사가 있다는 문경으로 갔으나 그곳은 이미 텅비어 사람구경조차 할 수 없는 상황이었다.

뒤늦게 상주에 도착한 순변사 이일은 군사가 한 사람도 없는 것에 분노, 홀로 남아 있던 권길을 죽이려고 했으나 군사를 모아오겠다는 권길의 말에 그를 풀어주어 수백명의 군사를 모았는데 싸움이 무엇인지 모르는 농민들이 대부분이었다. 창고를 열어 관가의 곡식을 나누어주며 산골짜기에 숨어 있던 백성들을 수백 명 더 끌어내기는 했지만 전투경험이 없는 것은 마찬가지였다.

취재 수첩

임금의 피난길

이미 가족들을 시골에 피난시켜놓은 뒤 "도성문을 굳게 닫아 주민들이 함부로 나가지 못하게 하고 궁중에서 잡신과 백금(白金)을 거두어 없애자"며 결사항전의 의지를 자랑하던 관료들이 막상 국왕의 피난이 결정되자 가장 먼저 모습을 감췄다. 비가 쏟아지는 가운데 국왕 일행이 임진강에 이르렀을 때에는 배가 겨우 5~6척밖에 없었다. 사람들이 서로 먼저 건너겠다고 다투는 바람에 큰 혼란이 빚어졌고 국왕은 밤 2경(9시)까지 저녁도 먹지 못한 채 배 안에 앉아 있어야 했다.

국왕이 "술이나 차라도 가져오라"고 했지만 준비된 것이 없었고 겨우 내의원 소속 용운이라는 사람이 상투속에 넣어온 사탕덩어리를 강물에 타서 바쳤다. 밤이 깊어 동파관에 도착하니 파주목사 허진이 저녁식사를 마련해 올렸는데 사람들이 함부로 먹어버려서 세자 이하는 밥구경도 못하고 배고픔에 시달리다가 유성룡이 겨우 쌀을 구해와 아침에야 밥을 지어먹었다.

"나라가 망한다"는 유언비어가 급속히 퍼지고 있고 병조판서 김응남이 호위군사를 모으려 해도 장단부사 구효연은 숨어버린 상태이고 경기감사 권징은 드러누워 일어나지도 않았다. 이제 국왕이 겁먹은 얼굴로 이렇게 이야기하고 있는 것도 무리는 아니다. "경상도 사람들은 모두 적군에 붙었다고 하는데 참말인가?"

권율, 행주산성서 큰 승리

관민 혼연일치, 3만여 일본군 완전격퇴

1593년(선조 26년) 2월 22일 전라도순찰사 권율이 지휘하는 1만여 아군이 3만 병력의 일본군에게 큰 타격을 주었다.

행주산성은 한강 남쪽 독성산성을 지켜온 권율이 진지를 물색하던 중 발견한 고지대인데 2일 만에 목책을 세워 일종의 야전용 산채로 산성이 급조됐다.

7개 부대로 편성된 일본군은 22일 새벽 공격을 감행했는데 권율은 이미 화차(火車)·수차석포(水車石砲) 등의 신무기를 준비시키고 돌을 쌓아놓게 했으며 가마솥을 진영 후방에 걸어놓아 방화용수까지 준비한 상태였다. 제1대부터 시작된 일본군의 공격은 수차석포와 진천뢰·총통에서 쏟아내는 불덩이와 돌, 화살에 막혀 실패를 거듭했다.

승장 처영은 서북쪽에 있는 자성(子城)에서 1천여 명의 승병을 거느리고 잘 싸웠으며 권율은 구리로 만든 솥을 머리에 쓰고 지휘하다가 적의 공격이 조금 뜸해지면 이 솥에 물을 담아 화기를 다루는 병사들에게 먹여주는 자상함을 보였다. 화살이 다 떨어져가자 아군은 미리 허리에 차고 있던 젖은 수건에 배당받은 횟가루를 싸서 적군에게 던지는 재주머니 전법과 미리 준비한 돌던지기 전법을 구사하며 시간을 벌었다.

이때 부녀자들은 치마를 짧게 잘라 허리에 묶고 거기에 돌을 담아 날랐다. 그 사이 경기수사 이빈이 보낸 화살 수만 개가 두 척의 배에 실려 보급되자 아군의 사기가 충천, 적군을 완전히 격퇴하는데 성공했다.

권율은 "지형이 워낙 좁고 남쪽이 한강으로 가로막혀 적의 대부대가 나란히 진격하는 방법밖에 쓸 수 없었던 것이 승리의 큰 이유"라며 "인근 주민들이 도끼를 들고 전열에 참가했으며 아녀자들까지 행주치마(?)를 만들어 입고 전투를 지원한 것이 큰 도움이 됐다"고 말했다.

우리 수군 "잇달은 승전보"

연전연승 … 초반 불리하던 전황 반전시킨 원동력

우리 수군의 연전연승은 개전초 일방적으로 불리하게 전개되던 전황을 우리쪽으로 돌려세우는 데 결정적으로 기여했다. 일본군은 해전에서의 참패로 보급이 차단됨으로써 더 이상의 진격에 실패하고 오히려 후퇴하는 양상을 보이고 있다.

전란발발 직전 경상·전라 양도의 우리 수군진용은 경상좌수사에 박홍, 경상우수사에 원균, 전라좌수사에 이순신, 전라우수사에 이억기 지휘하에 있었다. 전란 직후 원균의 함대는 일본 수군에 거의 전멸당했고 경상좌수사 박홍은 전세가 불리하자 스스로 전선과 무기를 모두 바다에 침몰시켜버렸기 때문에 전라좌·우수사 특히 이순신 휘하의 수군이 전선의 주축을 이루게 됐다.

4차에 걸친 출동으로 일본의 수륙병진 작전을 좌절시키고 불리하던 전쟁국면을 전환시키는데 결정적인 활력소가 된 우리 수군의 활약상은 옆의 표와 같다.

조·일 간 주요 해전일지

▲1차 출동 5월 4일~8일
옥포·합포·적진포 해전에서 적선 37척을 부수며 개전을 승리로 장식. 아군 피해 경상 1명.

▲2차 출동 5월 29일~6월 10일
사천·당포·당항포·율포 해전에서 왜선 72척을 침몰시키고 적병 88명을 참획. 아군 피해 전사 11명, 부상 26명. 전라우수사 이억기와 원균도 가세, 연합함대를 구성, 전투에 임했으며 특히 사천해전부터 선보인 거북선이 위력을 발휘, 일본 수군의 주력은 거의 괴멸.

▲3차 출동 7월 6일~13일
6일 견내량에 정박중이던 일본의 대선단을 한산도 앞바다로 유인, 학익진 전법을 이용, 대승을 거둠. 10일에는 안골포에 정박중인 적선에 포격을 가해 모두 파괴하고 육지로 도망친 적까지 소탕. 한산도·골포 양 해전에서 전선 1백여 척을 격파하고 적 2백50명의 목을 베서 개전 이래 최대의 전과를 거둠. 적군의 서해진출은 완전히 차단됨.

▲4차 출동 8월 24일~9월 2일
적선의 본거지인 부산포를 기습. 왜선 4백70여 척이 정박하고 있던 부산포 깊숙히 거북선을 선두로 돌진, 적선 1백여 척을 파괴. 본거지를 기습당한 일본군은 이후 해전을 기피하고 육군화해서 싸움을 걸어도 바다로는 나오지 않는 기현상이 벌어짐.

명 원군 4만여 명, 압록강 건너와

국왕, 친히 마중 "잘 부탁한다"

1592년(선조 25) 12월 25일 이여송이 이끄는 명의 원병 4만 3천 명이 압록강을 건너왔다.

국왕은 의순관까지 마중을 나가 "과인이 나라를 잘 지키지 못하여 황제께 염려를 끼치고 여러 대부께서 멀리 정벌하시는 수고를 하시게 되었다"며 이들을 맞았다.

지난 12월 8일에 요동에 도착, 경략 송응창과 작전회의를 가진 이여송은 휘하부대의 편성과 장비를 갖춘 뒤 13일에 부총병 왕필적이 이끄는 1천 명의 보병을 선봉대로 파견한 뒤 자신은 주력부대를 이끌고 봉황성을 거쳐 압록강을 건넜다. 명군은 28일경 의주를 출발할 예정인데 1차 공격목표는 평양성인 것으로 알려졌다.

관군, 의병 상호비난 … 상호 공조체제 요구돼

경상도 의병장 곽재우가 의령에서 의병을 일으킬 때 감사 김수간을 규탄한 것을 시작으로 의병과 관군 간의 상호비방이 가열되고 있다.

곽재우는 김수간에 대해 "한 도의 책임자로서 적이 나타나기도 전에 주진(主鎭)을 버리고 수백 리 밖으로 도망친 주제에 의병이 전세를 회복시켜놓은 뒤 얼굴을 내미니 얼마나 염치없는 사람이냐"며 목소리를 높였고 도체찰사 정철은 "오늘의 의병은 제각기 장수가 되어 총사령관도 없고 떼를 지어 서로 모여서 연결도 되지 않으며 남을 이기려고만 하고 서로 흘기기만 한다"고 의병을 비난했다.

관군의 한 지휘관은 "의병집단은 의병장이 전법을 모르는 일개 서생이고 의병 역시 훈련과 규율이 없는 오합지졸이며 사사로이 모집하여 군대를 만든 것 자체가 부당하다"며 의병의 관군 귀속을 주장하기도 했다.

조헌 밑에서 의병으로 활동했다는 나모씨는 "수령들은 적의 기세가 점점 꺾이는 것을 엿보다가 비로소 움츠렸던 머리를 들고나와 이미 모여진 군사를 낚아채서 그 군사로 자기를 호위하게 하니 이런 법이 어디 있느냐"며 "충청도감사와 수령들이 약속대로 군사를 보내주었다면 금산에서 조헌과 7백 명의 의병이 전사하는 것을 막을 수 있었을 것"이라며 의병과 관군 사이의 공조체제 부재를 아쉬워했다.

국왕, "명나라로 망명" 발언 파문

1592년 6월 평양에 피난중인 국왕이 왕비와 후궁만을 데리고 요동으로 들어가 명나라의 백성으로 살겠다는 의사를 표시, 파문이 일고 있다.

지난 13일 임진강 방어선 붕괴소식을 접한 국왕은 "지금 백방으로 생각해봐도 내가 가는 곳은 적도 갈 수 있으므로 본국에는 발붙일 곳이 없다"며, "명나라가 허락하지 않더라도 나는 비빈(妃嬪)을 데리고 압록강을 건널 것이니 경들은 세자와 함께 북도(北道:함경도)로 가서 명의 원군을 기다리라"고 말했다. 국왕의 발언은 이후 피난 진로를 둘러싼 논란으로 이어졌는데 윤두수는 "북도의 군사는 강력하고 함흥·경성이 천혜의 요새"라며 북행을 주장했고 유성룡은 "지금 의병들이 나라를 구하고자 일어나는 때에 어찌 가벼이 나라를 버리자는 의견이 나올 수 있느냐. 임금의 가마가 한 걸음이라도 우리땅을 떠나면 조선은 이미 우리 것이 아니다"라며 흥분했다.

중신들의 반대에도 불구하고 국왕의 피난행로는 "의주로 가서 여차하면 명에 망명하자"는 이항복의 의견을 좇아 평안도 쪽으로 정해질 것으로 보인다. 영의정 최흥원은 "요동의 인심이 몹시 험해서 위험하다"며 국왕을 달랬지만 "천자의 나라에서 죽는 것은 괜찮으나 왜적의 손에 죽을 수는 없다"며 요동행을 고집하는 국왕의 결심은 의외로 굳은 편이다. 명에서는 "조선 왕이 굳이 들어오겠다면 요동의 빈 관아를 빌려주겠다"며 허락했다.

조·일 양국의 군선(軍船) 비교

우수한 우리 군선 … 수군 연승의 실질 주역

우리측 주력 군선 판옥선, "우리 전술에 맞게 설계" … 모든 면에서 일본 군선보다 뛰어나

우리 함대는 판옥선(板屋船) 편대에 한두 척의 거북선을 돌격선으로 보유하고 있다. 그밖에 정찰과 연락에 사용되는 작은 배로 사후선(伺候船)이 있다. 일본 함대는 크고 작은 관선(關船)이 중심이고 여기에 대장군이 탑승하는 안택(安宅)과 정탐·연락용의 소조(小早)로 이루어져 있다.

아군의 판옥선은 명종 10년에 등장한 배로 외판이 두께 4치나 되는 두꺼운 널판으로 되어 있어 매우 튼튼한데 비해 일본의 배는 엷은 판자를 쓰고 섬세하게 만들기 때문에 매우 빈약하다. 특히 관선의 경우 가늘고 홀쭉하며 다수의 노를 보유, 속력을 내는데 중점을 두어 가볍게 건조되기 때문에 우리 배와 충돌할 경우 깨어지기 쉽다.

판옥선의 갑판은 매우 넓은 편이어서 포를 유리한 데에 배치, 적중률을 높일 수 있고 병사들이 싸우기에도 편리하다. 갑판을 이중으로 하여 노젓는 사람이 아래층에서 안심하고 노를 저을 수 있는 것도 큰 장점이다. 또한 이층구조의 판옥선은 상당히 높기 때문에 병사들이 높은 자리에서 적을 내려다보며 전투에 임할 수 있게 되어 있고 적이 접근해서 배 안에 뛰어들기 어렵게 되어 있다. 적선에 접근해서 백병전을 벌여 적선을 송두리째 점령해버리는 일본 수군의 전통적 장기가 통하지 않게 된 것이다. 실제로 오카와라는 일본군은 "우리가 저마다 출격하여 판옥선 밑에 달라붙었으나 선체가 커서 자루가 두 칸이나 되는 창으로도 미치지 못함으로 배에 뛰어드는 것은 어림도 없다"고 말했다.

우리 수군의 전통적 전술은 적선을 어느 정도의 거리에 떼어놓은 상태에서 활로 적을 사살하고 불화살을 쏘아 적선을 태워버리든가 포탄을 사용하여 격침해버리는 식이기 때문에 판옥선의 갑판이 넓고 높은 것은 명중률을 높이는데 유리하다. 일본의 배는 좁고 길어서 안정이 좋지 못하고 포를 구사하기도 부적합하다. 또한 일본의 안택선(安宅船)은 배 밑이 뾰족해 선회반경이 크기 때문에 제자리에서의 회전이 신속하지 못한 반면 우리의 판옥선은 밑이 평평해서 제자리 선회능력이 뛰어나다. 일본군의 배가 자랑하는 속력도 전투의 북새통 속에 몇십 자루에 이르는 노를 손맞추어 저어대기가 어려워 실제로는 우리 판옥선보다 빠를 것도 없다는 평가다. 일본의 돛은 매우 단순하고 주행성능도 좋지 못한 4각 홑돛이어서 우리의 쌍돛과는 상대가 안 된다는 점도 일본 수군의 불행이라고 할 수 있을 것이다. 일본의 돛이 순풍이 아닌 경우는 활용할 수 없어 오직 노젓기에 의존해야 하는 반면 우리 돛은 역풍에도 항해가 가능하기 때문이다.

일본 군선 안택선

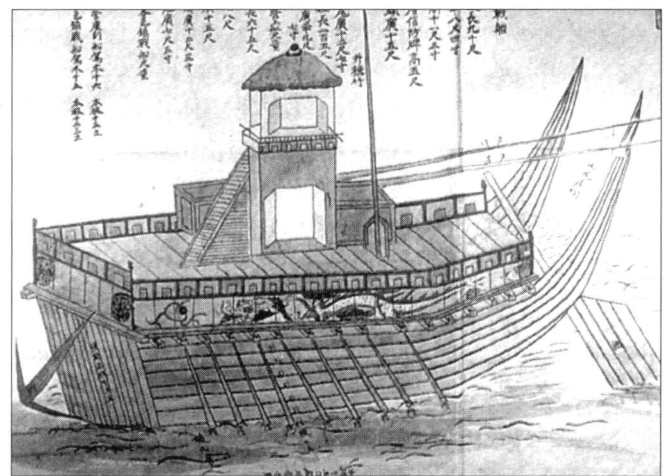
판옥선

토끼보다 날쌘 거북선 … 해전승리의 견인차

우리측 군선 중 이순신이 특수제작한 거북선은 폭이 넓고 갑판이 두터운데다가 철갑지붕을 얹어 그 위에 쇠못을 박고 군데군데에 천자총통 포를 장착해 겉보기에도 일본측 군선과는 비교가 되지 않는다.

일본의 해전전술은 배를 적선에 가까이 댄 뒤 적선에 직접 뛰어들어 백병전을 벌이는 것이 전형이다. 그러나 거북선은 쇠못 박힌 철갑으로 덮여 있어 도대체 적군이 뛰어오를 수가 없다. 따라서 거북선은 적선에 얼마든지 가까이 접근해 장착돼 있는 천자총통 등 화포를 발사해 적선을 박살낸다. 심지어 왜선을 직접 들이받으면 거북선은 멀쩡한데도 왜선은 부숴져 침몰해버리고 만다.

우리 거북선의 전투력을 본 왜장들은 물론 명나라 장수들까지도 혀를 내두르며 "세계 역사상 이런 병선은 처음 본다"고 말하고 있다.

인터뷰 해전의 영웅, 이순신을 만나본다

"적에게 퇴로 주지 않으려 망망대해로 유인 … 학익진 전법으로 적 함대 궤멸시켰다"

학익진

한산도해전의 승리로 일본군의 수륙병진 작전이 좌절돼 평양의 고니시군은 더 이상 진군을 못하고 있다. 견내량 서쪽해역의 해상통제권은 완전히 우리 수군의 손에 들어와 전라도지역이 안전하게 된 것도 한산도해전의 성과 중 하나다. 역사신문에서는 승전의 주역 전라좌수사 이순신을 직접 만나보았다.

승전의 가장 큰 요인은.

일본군보다 우리가 먼저 전투장소를 원하는 대로 선택할 수 있었던 것이 가장 중요한 승인이다.

연합함대의 사전 작전회의에서 결정된 것은 무엇인가.

적선 수색항로 선정, 식수와 땔감 획득을 고려한 정박지 선정, 정탐선 운용, 예하 장수들의 전술임무 부여, 전투시 공격함대와 지원함대의 역할을 구체적으로 협의했다.

이번 전투에서 이용된 '학익진'전법이 화제가 됐다.

우선 유인작전을 쓴 이유를 먼저 이야기하겠다. 견내량 부근은 좁고 암초가 많아 우리의 판옥선 같은 대선은 기동이 불편하다. 또 일본군은 조금 불리하다 싶으면 육지로 기어올라가므로 망망대해로 나와야 적에게 퇴로를 주지 않을 수 있다고 판단했다.

일단 선봉대를 협수로 안에 들여보내 적과 교전하다가 서서히 후퇴하게 했고 협수로를 빠져나온 뒤에는 순풍을 받아 신속히 퇴각했다. 일본 함대는 신이 나서 우리를 추적하다가 그만 함대가 길게 분산되어 버렸다. 나의 함대가 일렬횡대로 학익진을 형성하고 왼편에 이억기 함대가 종열진으로 적 선단의 서쪽 방향으로부터 그 중심과 후미로 돌진, 적 함대를 한산도쪽으로 완전히 포위한 뒤 마음 놓고 공격했다.

패전 후 한산도에 상륙한 일본군 4백여 명이 솔잎과 해초를 먹으면서 연명하다가 뗏목을 만들어 탈출한 것으로 알고 있다. 아예 한산도에 상륙하여 적을 소탕하지 않은 이유는 무엇인가.

내가 공훈을 탐내는 장수라면 적의 목을 노리고 부하들을 상륙시켰을 것이다. 그러나 함대병력이 육상전투에 가담할 때 그 함대는 가장 위험한 순간을 맞게 된다는 것쯤은 수군장이라면 반드시 알고 있어야 할 원칙이다. 바다로 침입해온 적이 아무리 지상에서 날뛰더라도 그 함선만 격파해버린다면 최후의 승리는 우리 것이라는 확고한 전략개념을 갖는 것이 중요하다.

프로필 업무에 엄정하고 전투에 과감한 '독종'

1545년 서울 출생. 그의 가문은 홍문관 부제학 등 고관을 많이 배출한 사림이다. 그러나 할아버지가 기묘사화에 연루, 처형당한 뒤 가세가 기운 형편에서 자랐다. 유성룡과는 같은 동네에서 자란 소꿉친구. 유성룡은 당시를 회상하며 "전쟁놀이를 좋아했고 자기 뜻에 안 맞는 아이는 눈에 화살을 쏴버릴 정도로 지독해 어른들도 피했다"고 말한다. 28세 때 훈련원별과시험에 응시했으나 실기시험 도중 말에서 떨어져 불합격. 좌절하지 않고 4년 뒤(1576) 식년 무과에 합격한 뒤 관직의 길로 나섰다. 이때 강직한 무관이라는 평을 얻었다. 47세에 전라좌도 수군절도사가 되어 재임중 임진왜란을 맞음. 옥포대첩, 노량해전, 당포해전, 한산도대첩 등 왜군에게 연전연승하여 최근 3도수군통제사로 승진. 업무처리에 엄정하고 전투에 과감하며 부하에게 자애롭다는 평.

왜군과 조선군의 전술 및 화기 비교

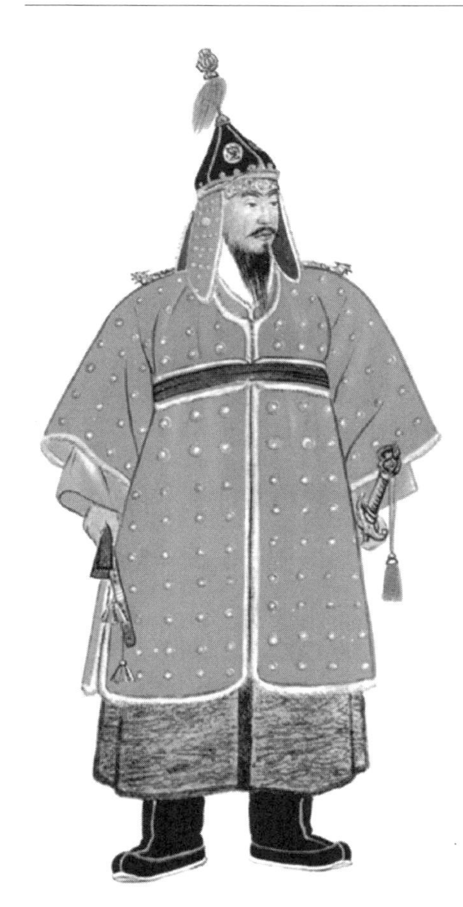

기본 전술 비교

임진년 왜군침입 당시 수도 한성은 왜군이 부산진에 침입해온 지 불과 20일 만에 함락됐다. 군사전문가들은 이러한 왜군의 파죽지세는 무엇보다도 전술상의 우위에서 비롯된 것이라고 입을 모으고 있다. 왜군은 근 1백여 년에 걸친 내전을 통해 전술개발과 훈련이 고도화돼 있었던 반면, 우리 조선군은 구태의연한 훈련만 하고 있었고 실전경험도 거의 없는 상태였다는 것이다.

조선군의 전술	왜군의 전술
무기 총통류의 화기가 있었으나 활, 칼, 창이 위주. **구성** 보병과 기병. **배치 및 작전**은 별다른 구상이 없음. 이와 관련해 유성룡은 다음과 같이 한탄하고 있다. "우리 장수들은 진법(陣法)을 모른다. 그저 활만 쏠 줄 알면 군관으로 삼아 작전을 짤 생각은 않고 적군을 향해 활만 쏘아댈 뿐이다. 진격할 때도 무질서하게 우 몰려나가서는 복잡하게 뒤얽혀 시끄럽게 떠들어대기만 한다. 이러니 조금만 형세가 기울어도 병사들이 겁먹고 도망가버린다."	**무기** 조총 위주. 활, 창, 칼 병용. **구성** 전방 보병 후방 기병. **배치** 전(깃발부대) · 중(조총 및 활부대) · 후(창 · 칼로 무장한 보병 및 기병) **작전** 적군과 부딪치면 전방의 깃발부대는 좌우로 갈라지며 적군을 포위한다. 이때 조총부대가 나와 일시에 조총을 발사한다. 재장전을 위해 조총부대는 뒤로 빠지고 활부대가 앞으로 나와 활을 쏜다. 이렇게 조총부대와 활부대가 번갈아 공격하여 적진을 최대한 교란한다. 그뒤 창부대가 적진으로 진격해 적군을 살상하고 마지막으로 칼로 무장한 보병과 기병이 적군으로 돌진, 적을 완전히 섬멸한다.

조선 · 일본 · 명 3국의 주요 무기 종류와 성능

조선 40연발 승자총, 행주산성에서 위력 발휘

우리나라 전래 무기는 활과 칼이며, 고려 때 개발된 것으로 투석기와 화약이 있다. 이번 전쟁에서는 6기(技)가 눈에 띈다. 6기 중 곤봉(棍棒)은 7척 길이의 나무 막대기에 2촌 길이의 칼날이 꽂혀 있는 것이고, 등패(藤牌)는 등나무로 된 원형의 방패로 가볍게 제작돼 보병이 휴대하기 간편하다. 활은 대나무로 된 것과 고래수염으로 된 것 2가지 종류가 있으며, 화기(火器)로는 천 · 지 · 현 · 황의 4종류 총통(銃筒)과 승자총(勝字銃)이 있다. 행주산성전투에서 위력을 발휘한 승자총은 40발까지 연속발사가 가능하며, 지자총통은 무게가 1백50여 근에 이르는 대형무기이다. 전(箭)에는 대장군전(大將軍箭) · 차대전(次大箭) · 대기전(大岐箭)이 있으며, 각 총통은 이러한 불화살을 발사하는 기구이다.

또 진주성전투에서 김시민은 일본제를 모방, 조총 1백70여 개를 만들어 어느 정도 성과를 거뒀다. 전란의 와중에서 개발한 신무기 비격진천뢰(飛擊震天雷)도 빼놓을 수 없는 주요 무기. 비격진천뢰를 발사하면 5, 6백 보를 날아가 곧바로 자체 폭발한다.

일본 "조총 성능 대단히 좋다" … 이순신 평가

일본에서는 검술이 발달해왔지만 전국시대 이후 조총이 성행하면서 칼은 일단 호신용 정도로만 쓰였다. 도(刀)는 칼날이 한쪽에만 있는 것을 말하며 검(劍)은 양쪽에 칼날이 있는 것을 말한다. 검보다는 도가 일반화되어 있으며, 이번에 침입한 일본군들은 대 · 소도를 모두 함께 차고 있다. 창(槍)은 다른 어느 무기보다도 보유하고 있는 숫자가 많으며, 활 중에 실전용으로 가장 많이 쓰이고 있는 것은 대나무제품으로 화살촉의 재료로는 돌 · 구리 · 뼈 · 나무 · 철 등을 쓰고 있다.

일본에서 '테포'라고 불리는 조총은 모두 총구에서 화약을 집어넣는 방식으로 되어 있으며 화약은 흑색의 염초(焰硝)가 사용되고 있다. 염초는 유황(硫黃) · 초석(硝石) · 목탄(木炭) 성분으로 일본군 각자가 포대에 넣어서 휴대하고 있다. 이순신은 일본군에게서 빼앗은 조총의 성능을 시험해본 뒤, "총신이 길어서 총의 탄도를 깊이 팔 수 있기 때문에 포의 기운이 더욱 맹렬하여 여기에 스치는 자는 반드시 부서지게 되어 있다"며 조총의 성능을 높이 평가했다. 조총의 사정거리는 1백 내지 2백 보인데 야전에서는 50보까지 접근한 뒤 사격하는 것이 원칙이다.

조총 조작법

1. 화약을 총열에 넣는다.
2. 총알을 넣고 다진다.
3. 약실에 화약을 넣고 심지에 불을 붙인다.
4. 정확히 조준한 뒤 방아쇠를 당긴다.

명 화포 성능 탁월 … 대장군포, 벽력포 등

명나라가 가장 성능을 자랑하는 무기는 화포(火砲)인데 이 가운데에서 대장군포는 길이가 8~9척, 무게는 1천 근에 달해 돌로 된 성도 뚫을 수 있는 위력을 가지고 있다. 발사시 천둥치는 소리가 난다는 벽력포(霹靂砲)는 산탄(散彈)을 쏘게 고안돼, 적진에 떨어졌을 때 많은 타격을 줄 수 있는 장점을 가지고 있다. 평양성 공격과 노량해전에 사용된 호준포는 일시에 산탄 백발을 쏠 수 있는 성능을 자랑하며 불랑기총통은 하나의 총 내부에 3개의 통이 있어 3명이 조작하게 되어 있는 특이한 무기다. 그밖에 칼날 양쪽에 분통(噴筒) 2개가 있어 화기와 장창 겸용으로 기병이 가지고 다닐 수 있게 고안된 쾌창(快槍)이라는 무기도 있다. 이여송이 평양성 공격 때 활용한 화전 전법도 명나라 군사들이 보유한 화기의 뛰어난 성능에 기반하고 있다고 볼 수 있다. 이여송은 평양성 3면에 호준포를 배치하고 독화전(毒火箭) · 신화전(神火箭) 등 각종 불화살을 성안으로 쏘아댔고, 성 안에 있던 일본군은 독성 연기에 질식, 기절하거나 구토를 하느라고 성을 방어해내지 못했다.

임진왜란 초기 조 · 일 군사력 비교

"정예군 30만에 10만이 맞서"

조선 관군 17만 2천4백 명
(이는 문서상 전국 각지의 주 · 군 · 현에 분산 · 배치되었던 병력으로 실제 병력 수는 극히 적었다)
의병 2만 7천명
명, 원군 4만 3천 명(전쟁 발발 8개월 후 도착)

일본 침공군 육군 15만 8천7백 명 수군 6만 명
후방군 11만 9천 명

전투도 신토불이

남쪽 출신 왜장 추위 앞에 꼼짝 못해

1월 중 평균기온

전쟁 초반 승승장구하던 일본군이 1592년 겨울 이후 급격히 전력이 약화돼 패전을 거듭하면서 남쪽으로 후퇴를 계속하고 있다. 일본군 패전의 일차적인 요인으로 이순신의 수군이 바닷길을 막아 보급로를 차단했던 것이 가장 큰 요인으로 지적되고 있다. 이와 함께 일본군 지휘관들이 조선 겨울의 추운 날씨에 적응하지 못한 것도 중요한 요인이라는 주장이 제기돼, 관심을 끌고 있다. 이 주장에 따르면 일본군 장수들의 고향은 대부분 북위 34도 부근의 남쪽지방으로 한겨울에 아무리 추워도 영하로 내려가는 경우가 드물다는 것. 반면에 이들이 싸워야 하는 조선 중북부지역은 영하 10도를 오르내리는 강추위가 맹위를 떨치는 곳이다. 한겨울에 이들의 사기가 떨어질 것은 자명한 이치. 그래서 모두들 싸울 의욕을 잃고 그저 남쪽으로 퇴각하기에 바쁘다는 것이다.

"승려도 나섰다" 전국 각지에서 승병부대 조직

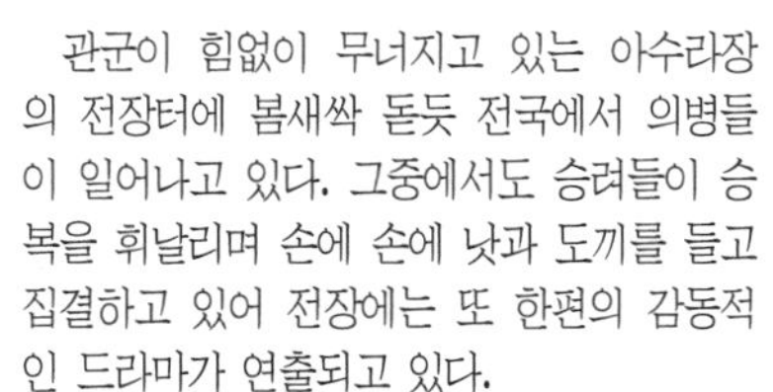

의병장 조헌과 함께 싸운 영규
사명당 유정
처영 등 호국정신 빛나

사명당(왼쪽)과 서산대사

관군이 힘없이 무너지고 있는 아수라장의 전장터에 봄새싹 돋듯 전국에서 의병들이 일어나고 있다. 그중에서도 승려들이 승복을 휘날리며 손에 손에 낫과 도끼를 들고 집결하고 있어 전장에는 또 한편의 감동적인 드라마가 연출되고 있다.

8월 1일 청주성 외곽 의병장 조헌이 이끄는 3천여 의병이 성을 포위한 채 전열을 가다듬고 있다. 이중에는 승병장 영규가 이끄는 1천여 승병도 포함돼 있다. 의병은 한복, 관군은 갑옷, 승병은 승복에다 무기도 칼, 창, 활 외에 낫과 도끼와 곤장 등 그야말로 총천연색. 왜군이 오합지졸로 판단하고 성문을 열고 선제공격해왔다. 왜군은 알몸에다 훈도시(우리의 기저귀)만 걸친 기괴한 꼴. 의병장 조헌이 "저놈들 생가죽 갑옷을 입었구나. 옷이나 입고 나와라" 하고 소리치자 승병들은 긴장한 가운데서도 한바탕 웃음. 곧이어 맞붙은 백병전에서 승병들의 낫 다루는 솜씨는 역시 탁월했다. 들판에 잡초 베듯 낫을 휘두르는데 왜군의 목이 수없이 떨어져나갔다. 이날 밤 왜군은 아군의 기세에 도저히 대적할 수 없다고 판단, 자진하여 도주하고 말았다. 이로써 용인까지 진출한 왜군 제3대의 보급로는 허리가 끊겨 막대한 타격을 입을 전망.

8월 18일, 왜군 1만여가 지키고 있는 금산성 조헌은 겨우 1천 3백여 의병으로 금산성을 공략하기로 결정했다. 승병장 영규는 권율의 지원군이 올 때까지 작전을 연기하자고 건의했으나 조헌은 요지부동. 영규는 "비록 패배가 눈앞에 보일지라도 조헌을 도와야 한다"며 합세했다. 왜군이 먼저 숫적 우세를 믿고 선제공격해왔다. 병법상 식상 10대 1의 전력은 금방 끝날 전투였으나 영규가 이끄는 승병은 최후의 한 사람이 쓰러질 때까지 싸우고 또 싸웠다. 날이 한참 저물고 나서야 아군 전멸. 한 사람도 살아남으려고 하지 않았다. 왜군 전사자 또한 엄청나 그들을 성 안으로 옮기는 데만 3일이 걸렸다는 후문. 백성들이 겨우 아군 시신 7백여 기를 수습해 인근 금산 경양산에 합장했다.

조선 건국 이래 푸대접만 받아온 승려들이지만 멀리 삼국시대 이래 이어져내려온 호국정신은 이렇게 여전했던 것이다. 그렇기는 하지만 국왕 선조가 서산대사 휴정과 각별한 인연을 맺고 있었던 것이 결정적으로 도움이 됐다. 일전에 '정여립 모반사건'에 휴정과 유정이 무고하게 연루된 적이 있는데, 이때 선조가 이들의 인간됨에 감복해 무죄를 선고한 적이 있었다. 이에 선조는 평양으로 피신하면서 부근 묘향산에 있던 휴정을 불러 자문을 구했고, 이에 휴정은 전국에 승병궐기의 사발통문을 띄웠던 것이다. 조정은 휴정이 불교계의 정신적 지도자이므로 도총섭의 지위를 부여해 승군을 이끌도록 했으나 그는 이미 연로하여 실질적인 지휘는 사명당 유정의 몫이 됐다. 유정은 평양성 탈환, 한성 탈환에 참가했을 뿐만 아니라 왜장과의 화의회담에도 대표로 참가하면서 지(智)와 용(勇)을 한껏 발산하고 있다. 뿐만 아니라 전국 각지에서 이름 없는 승병들이 벌이고 있는 활동은 이루 헤아릴 수 없다. 이순신 장군의 해전에도 승병이 일조를 하고 있고, 온 백성의 환호를 받은 행주산성대첩에서도 승병장 처영이 눈부신 활약을 했다.

현재 도총섭 유정 아래에 전국 8도에 총섭 2인씩을 두어 승병의 전국적 조직화가 진행되고 있다. 그런데 최근에 조정은 이 총섭을 1인으로 하라는 지시를 내려 승려들의 고개를 갸우뚱하게 하고 있다. 조정은 애국승병들의 사기를 헤아릴 줄 알아야 할 것이다.

독자 투고

백성을 못 믿는다면 누구를 믿겠다는 것인가?

나의 부친은 왜군이 24일에 이미 선산에 들어온 것을 목격하고 이일 장군에게 달려가서 "왜군이 가까이 몰려들어왔다"는 보고를 올렸는데 이일 장군은 "민심을 흔들리게 하려는 수작이 분명하다"며 당장 목을 베려 했다. 부친은 "내일 아침에 보아서 왜적이 쳐들어오지 않거든 그때 소인의 죄를 다스려달라"고 애원해서 겨우 목숨을 연장했고 적은 이날 밤에 상주 남쪽 20리 지점의 장천까지 육박해서 진을 쳤다. 그러나 이일 장군은 밤새 척후병이라고는 단 한 조도 내보내지 않고 "적병이 안 보인다"며 여러 군사들 앞에서 기어이 부친의 목을 베고 말았다.

상주 북천강변에서 우리 군사들이 훈련을 받고 있을 때 남쪽에서 정체불명의 몇 사람이 숲 사이로 나타나서 이쪽을 주의 깊게 살피다가 돌아가 모두 수상쩍게 생각했지만 아침에 목이 달아난 우리 부친을 생각하고는 모두 아무 말을 하지 못했다. 상주성 쪽에서 검은 연기가 치솟자 그제서야 이일 장군은 군관 한 사람을 시켜서 진상을 살펴보게 했다. 이 군관은 역졸 두 사람을 말 양옆에 세우고 어슬렁어슬렁 상주성 쪽으로 가다가 북천강 다리 밑에 매복해 있던 적병의 조총을 맞아 말에서 떨어졌고 적병은 재빨리 군관의 목을 베서 유유히 사라져버렸는데 우리 병사들은 언덕 위에서 이 광경을 멍청히 바라볼 수밖에 없었다.

사람들 동래성의 열녀와 상주의 3종사관

적을 막는 데 앞장서야 할 감사와 목사, 장수가 다투어 도망간 자리에 남아 절개를 지킨 여성들, 적과 끝까지 싸운 판관·종사관들의 이야기가 전해져 듣는 이로 하여금 눈시울을 붉히게 하고 있다.

▲동래부사 송상현의 첩 이양녀 이양녀는 적의 침공을 알게 된 송상현이 억지로 서울로 보냈지만 길 떠난 지 하루 만에 부산성 함락 소식을 듣고 "첩은 차라리 남편 있는 곳에서 함께 죽고 싶소"라고 통곡한 뒤 동래성으로 돌아왔다. 이미 동래성마저 적의 수중에 떨어지고 송상현은 전사한 상태였고 이양녀는 몸종 만개·금춘과 함께 포로가 되어 바다를 건너가게 됐다. 이양녀는 용모는 그리 아름답지 못했지만 젊고 청순하여 여러 적장들이 때로는 달콤한 말로, 때로는 칼로 위협하며 범하려 했지만 그 정조가 금석같이 굳어서 왜장들은 더 이상 그녀를 건드리지 않았다. 이양녀는 항상 송상현의 채영(綵纓:오색비단으로 만든 갓끈)을 몸에 지니고 있었는데 먼저 귀국하게 된 몸종 금춘에게 채영을 주며 "대감의 부인에게 신표로 전해달라"고 부탁한 것으로 알려졌다.

▲상주의 3종사관 상주싸움에서 전세가 불리해지자 이일은 혼자 도망치려다가 옆에 서 있던 종사관 윤섬과 박호 등을 돌아보며 "그대들도 나를 따르라"고 하였으나 윤섬은 "장차 무슨 면목으로 돌아가서 주상(主上)을 뵈오려 하리이까"라고 말한 뒤 홀로 적중에 뛰어들어 싸우다 전사했다. 윤섬은 외아들인 친구를 대신해 지원했는데 떠나기전 동생이 "형은 어찌 친구 한 사람만을 불쌍히 여기시고 자신은 조금도 근심치 않으며 더구나 어머니를 저버리려고 하시나이까"라고 울며 매달려 이를 목격한 이웃사람들의 마음을 아프게 했었다. 이일이 달아난 뒤에도 군사를 이끌고 싸우다 퇴로를 뚫어 상주 북쪽 산골짜기에 들어가게 된 박호는 "내가 18세에 장원급제를 하고 임금의 은혜를 입었거늘, 오늘 군사를 잃고 패장이 되었으니 장차 무슨 면목으로 임금님을 뵙겠냐"며 자결했다. 박호는 당시 홍문관 부수찬으로 있다가 이일을 따라내려온 인재로 경상감사 김수의 사위이기도 하다. 그밖에 조방장 변기의 종사관으로 한성에서 내려와 있던 예조좌랑 이경류는 변기의 소재를 알지 못하게 되어 상주에 와서 머물러 있다가 이일이 도망친 뒤에도 적과 격전 끝에 전사했다.

종군기 5일 간의 사투 - 진주성 사수

목사 김시민의 결사항전 … 의병 가세하며 끝내 진주성 지켜내

1592년 10월 10일 목사(牧使) 김시민의 지휘 하에 진주성 수비군 3천8백 명은 일본군 2만 명의 진주성 공격을 5일간의 사투 끝에 막아냈다. 다음은 그 사투의 기록이다.

6일 아침 일찍부터 시작된 일본군의 공격은 3개 부대로 나뉘어져 진행됐는데 진주성 안에서는 조금의 동요도 없이 적군이 다가오기를 기다렸고, 일본군은 민가에 뛰어들어 대문짝을 뜯어서 성밖 1백 보 되는 지점에 엄호물로 세우고 그 뒤에서 조총을 난사했다. 적장들은 양반집을 접수, 지휘본부로 삼기도 했다.

이날 밤에는 목사 김시민의 무기 보급 요청에 따라 김성일이 보낸 화살 백여 통이 남강을 통해 무사히 성에 도착한데다가 곽재우, 최강, 이달 등이 이끄는 의병 수백여 명이 진주성 부근 산에 올라가 횃불을 들고 함성을 질러 일본군을 위협, 성안의 사기가 올라갔다.

7일 일본군의 사격이 아침부터 저녁까지 계속됐으며 일본군의 성 공격용 장비제작도 진행됐다. 인근 대나무와 소나무가 모두 베어져 성벽 높이로 엮어졌고 민가는 모두 불태워졌다.

밤에는 일종의 선전전도 있었다. 우리 어린아이들을 시켜서 서울 말씨와 지방사투리를 가지가지로 구사하며 성벽 주위를 돌게 했는데, 그 내용은 "한성이 떨어지고 팔도가 모두 무너졌는데 진주성은 새장 같으니 너희들이 어찌 지켜낸단 말인가"라는 내용이었다. 이에 맞서 목사 김시민은 악공을 시켜 피리를 불게 해 병사들의 심리적 안정을 돕고 적들에게 여유 있는 모습을 보여주었다.

8일 공격용 장비가 완성된 8일부터는 성 함락을 위한 본격적인 작전이 시작되었는데, 일본군의 장비 중 눈에 띈 것은 폭이 넓은 대나무 사다리와 바퀴 달린 산대(山臺)였다. 사다리는 대나무로 촘촘하게 엮어서 그 폭이 한 간(間)이나 되었는데 멍석으로 그 위를 덮어서 기어올라가기 쉽게 만들어져 있었고 산대의 높이는 3층에 달해 성안을 내려다볼 수 있을 정도였다.

아군은 화약을 나무 사이에 넣고 불을 붙여 성밖으로 던져 일본군이 만든 사다리 언덕을 불살라버렸고 3층 산대는 자루가 긴 도끼와 낫을 휘둘러서 파괴해버렸다. 비격진천뢰와 각종 화포 외에도 끓는 물, 돌을 이용해서 적군의 성곽접근을 성공리에 저지했다.

9일 의병장 최경회와 임계영이 2천 명을 이끌고 와 적을 견제했으며 정유경은 응원군 3백 명을 거느리고 나타나 남강변에서 약탈과 소나무 벌채에 열심이던 일본군 일부를 모조리 쳐죽이고 여유 있게 퇴각, 적병의 추적을 따돌렸다.

이날 밤 자정에 적군은 일부러 불을 환하게 켜고 소와 말에 군용 자재를 가득 실어 퇴각하는 모습을 보여준 뒤 다시 불을 끄고 살금살금 돌아오는 거짓 퇴각전술을 구사했지만 목사 김시민은 이를 간파, 성 수비를 더욱 굳건히 했다.

10일 새벽 2시에 적군은 병력을 둘로 나눠 1만 명이 먼저 동쪽 신성쪽으로 쳐들어왔고 나머지 1만 명은 북문 밖으로 밀려왔는데 3층으로 된 허수아비를 만들어 사다리로 올려보낸 다음 주력부대는 성벽으로 기어오르는 전술을 구사했다. 김시민은 동문의 북격대에서 전투를 지휘했고 판관 성수경은 동문 옹성에서 부하들을 독려했으며, 노약자와 부녀자들까지 돌을 던지고 끓는 물을 퍼붓거나 불붙인 짚단을 던져서 적에게 대항했다.

일본군은 오전 10시경부터는 퇴각하기 시작했는데 동료의 시체는 민가에 던져넣고 불을 질러 화장했고 상관의 시체는 망태에 넣어 짊어지고 달아났다. 한편 김시민은 전투중 적이 쏜 유탄에 왼쪽 이마를 맞아 중상을 입은 뒤 며칠 있다 사망했다.

역사신문

1597년 1월(정유년) 3년에 걸친 화의교섭이 결렬된 후, 일본군이 다시 침입해왔다. 명군은 형개를 총독으로 삼아 다시 원병을 파견했으며 조선군은 체찰사 이원익, 도원수 권율의 지휘 하에 8도의 군사를 모아 방어에 들어갔다. 이순신 대신 원균이 지휘한 조선 수군은 4월의 칠천량해전에서 일본군에 대패, 일본군은 전라도로 진입했다. 8월에 남원과 전주가 연달아 일본군의 손에 떨어졌고 한성 주민들이 동요하는 가운데 9월의 직산전투에서 조·명 연합군이 승리, 일본군의 북상이 차단됐다. 원균이 전사한 뒤, 다시 기용된 이순신은 9월 16일 명량해전에서 크게 승리, 일본군의 서쪽 진로를 봉쇄했다. 추위에 약한 일본군은 10월부터 남해안에 집결, 울산에서 순천에 이르는 8백 리에 성을 쌓고 농성에 들어갔다.

명군은 남원 탈환 이후 적극 전세를 펴서 수륙 양면으로 일본군을 죄어들어갔다. 1598년 7월 수군제독 진린은 통제사 이순신과 합류했으며, 육군은 4로로 나뉘어 일제히 남진을 시작했다. 8월 18일 도요토미가 회군 유언을 남기고 사망함으로써 형세는 일변, 일본군의 전면 퇴각이 시작됐다. 명나라 제독 유정은 9월 중순, 순천의 고니시군이 철수한다는 보고를 받고 9월 20일부터 육상에서 일본군을 공략하고, 이순신과 진린은 수상에서 봉쇄작전을 폈다. 그러나 곤경에 처한 일본군에게서 뇌물을 받은 유정이 퇴로를 열어줌으로써, 조·명 연합군의 수륙협공 작전은 수포로 돌아갔다. 11월 18일 노량에서는 퇴로를 열려는 시마즈군과 이순신의 함대가 격돌, 이 과정에서 이순신이 전사했으며 고니시와 시마즈는 간신히 탈출에 성공했다. 일본군 퇴각 후 명군도 철수를 시작, 1599년 1월부터 1600년 9월 사이에 본국으로 돌아갔다.

기나긴 전쟁 끝났다 …

화의교섭 결렬 후 정유년, 일본 재침 감행

이순신 함대 분전, 도요토미 사망 … 왜군 퇴각

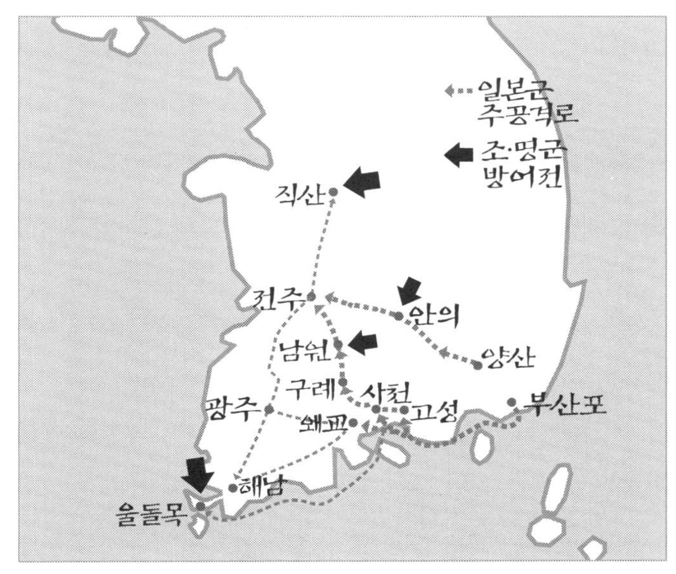

화의교섭 끝내 결렬

일, 무리한 요구 … 허위보고 심유경 명으로 송환

1596년 일본과 화의교섭을 진행해온 명의 심유경이 본국으로 송환되면서 일본과의 화의교섭은 원점으로 돌아갔다. 심유경이 소환된 이유는, 그가 일본측이 제시한 화의조건을 임의로 왜곡, 조작하여 상부에 보고한 때문이다.

심유경은 얼마전 일본의 화의조건으로 "도요토미를 일본 왕으로 책봉하고 조공을 허락하는 것"이라고 보고했고, 명은 이를 즉시 받아들였었다. 내정이 혼란한 명으로서는 그 정도의 화의조건이라면 충분하다고 판단했던 것이다. 그러나 일본측은 즉각 반발했고 이 와중에서 일본측의 원래 화의조건이 공개됐다. 즉 ①명 황녀를 일본 왕의 후비로 삼을 것 ②무역관계를 재개할 것 ③조선 8도 중 4도를 할양할 것 ④조선의 왕자 및 대신 12명을 인질로 보낼 것 등이 원래 화의조건이었다는 것이다.

현재 양측간 화의교섭은 회복불능인 상태다.

도요토미 사망, 일본군 총퇴각

"부산포 집결 후 퇴각하라" 명령

명·일 장수들, 퇴각일정 협상중

1598년 11월 도요토미의 사망이후 일본군의 철수가 진행되고 있다.

지난 8월 18일, 도요토미가 복견성(伏見城)에서 병사하면서 그의 유언을 받은 섭정원로들은 모리·아사노·이시다 등을 보내 철수작업을 진행시키고 있다. 동시에 도쿠에이와 미야모토가 조선 현지의 왜군에게 "11월 15일 부산포 집결 후 철수"라는 명령을 전달하기 위해 파견됐다.

한편 명나라 제독들은 일본 장군과 협상을 벌여 퇴각날짜와 경로를 조정중인 것으로 알려졌다.

전라좌수사 이순신, '허위보고, 명령불복종' 체포

국왕, "극형 주장" … 일부 대신들 "반대"

1597년(선조 30) 3월 전라좌수사 이순신이 허위보고와 명령불복종 죄목으로 체포됐다.

이순신의 죄목은 ▲부산 왜영 방화사건에 대한 허위보고로 조정을 속인 죄 ▲적 가토를 쫓아 치지 않은 죄 ▲원균의 공을 가로채고 모함한 죄 ▲방자하여 세자의 명령을 거역한 죄인데, 대명률을 적용할 경우 참형(斬刑)이나 교형(絞刑)에 처해지게 된다. 이순신의 처벌문제로 열린 어전회의에서 국왕은 "신하로서 임금을 속인 자는 반드시 죽어야 한다"며 극형을 주장했지만 판중추부사 정탁·우의정 이원익·병조판서 이덕형 등은 "전시상황에서는 이순신과 같은 인재가 아쉽다"며 이순신에 대한 처벌을 반대하고 있다.

조·명 연합군, 노량해협서 일본 대파

일본군 1만여 명 '몰살' … '바다 수호신' 이순신 장군 장렬한 전사

1598년(선조 31년) 11월 19일 삼도수군통제사 이순신과 명나라 제독 진린의 조·명 연합함대가 노량해협에서 일본군을 크게 무찔렀다.

퇴각로를 차단당한 채 왜교(倭橋)에 머물러 있는 고니시 휘하 일본군을 구출하기 위해 시마즈·소오요시 휘하 1만2천여 명의 일본군은, 5백 척의 선박에 나누어 타고 10일 노량해협으로 진군해오자, 1만 5천 명에 이르는 조·명 연합군은 각종 총통과 불화살을 쏘아 일본 전선을 공격했고, 낙안군수 방덕룡·흥양현감 고득장 등은 직접 적선에 뛰어들어 많은 일본군을 베어죽였다. 일본 전선은 썰물에 밀려 암초나 여울에 좌초하는 경우도 많았다. 시마즈의 부장 기쥬는 바다에 뛰어들어 남해도에 기어올라가 있다가 뗏목을 만들어 타고 창선도로 도망쳤고, 소오요시·다찌하나 등은 결사적으로 거제도까지 퇴각하는데 성공했지만, 일본군은 전선 2백여 척이 모두 불타 없어지는 큰 피해를 입었다.

한편 전투 도중 삼도수군통제사 이순신이 조총에 맞아 사망했는데, 역관 이문욱이 자기 옷으로 이순신의 시신을 가리고 그대로 북을 울려 다른 배의 장수들은 전투가 끝날 때까지 통제사의 전사를 알지 못했다.

역사신문

담배가 뭐길래 …

유·무해 판정과 예절 제정 시급하다

양대 전란으로 사회가 극심한 혼란을 겪고 있는 가운데서도 왜군들이 남기고 간 것들이 우리 생활에 큰 변화를 주고 있다. 그중에는 고추나 호박과 같이 맛은 비록 특이해도 일단 먹거리인 것은 틀림없어 별로 문제가 안 되는 것도 있지만, 그렇지 않고 사회문제로까지 번질 우려가 되는 것도 있다. 바로 담배가 그런 것 중 하나다.

담배는 말린 담뱃잎에 불을 붙여 그 연기를 들이마셨다 내뱉는, 일종의 기호식품이다. 왜인들에 의하면 그들과 상거래를 하고 있는 포르투갈인들에게서 처음 받은 것이라고 하는데, 포르투갈인들은 또 얼마전에 남아메리카 원주민들로부터 입수했다고 한다. 이렇게 전래된 지 얼마 안 되는 것이라 그것이 건강에 이로운 것인지 해로운 것인지가 아직 밝혀져 있지 않다는 데 문제가 있다. 일설에 의하면 중국에서 콧병이 유행을 했는데 담배를 피웠더니 말끔히 나았다고 한다. 현재 우리 민간에서도 담배를 남초(南草) 혹은 남령초(南靈草)라 하며 횟배 아픈 데 특효가 있는 것으로 알려져 있다. 그러나 그 어느 것도 의학적으로 입증된 것은 아니다. 오히려 담배를 많이 피워본 사람들은 머리가 띵하고 목이 아프다고 호소한다. 겉으로 보기에도 이가 누렇게 변색돼 이것이 과연 약초인지 의심이 간다.

더욱 심각한 것은 예절의 문제다. 무릇 음식이나 기호품도 모두 문화의 한 부분이기에 그 문화에 걸맞는 사용법도와 예절이 있게 마련이다. 이를테면 우리는 길 가면서 음식 먹는 것을 상스러운 것으로 본다. 그런데 담배는 아무 데서나 피우고 남녀노소의 구별도 없다. 들리는 소문에 의하면 조정에서 대신들이 국왕과 함께 국정을 논하는데 대신들이 마구 담배를 피워대서, 연기가 높은 용상에 앉아 있는 국왕에게 다 올라가 국왕께서 참다 못해 "앞으로 내 앞에서 담배 피우지 말라"고 했다고 한다. 그런가 하면 국왕 자신도 경연에서 학자들과 토론하면서 담배를 피우다 곤룡포 자락을 태워먹었은 뒤, "담배 피울 때 조심해야겠다"고 말했다고도 한다. 윗분들이 이 정도니 일반 백성들 사이에서야 말할 필요도 없다.

애연가들은 이루지 못한 사랑을 하다 죽은 어느 기생이 "살아서 못한 입맞춤 죽어서라도 해야지"라며 담배연기로 환생했다는 야담을 나누며 게슴츠레한 눈빛을 하고 담뱃대를 쪽쪽 빨아댄다. 그러다 진짜 황천 가서 그 기생과 만나게 될른지 누가 알겠는가. 조정에서는 하루빨리 담배가 건강에 미치는 영향을 밝혀내고, 아울러 끽연예절도 정해줘야 할 것이다.

그림마당

이은홍

아이고오~ 아이고오~
이 몹쓸 놈의 전쟁, 잠시 피난 갔다 와보니
죄~ 요모양이여… 엉…엉…

임진전쟁 승전의 바탕

"사회 전반의 수준이 전쟁의 승패 좌우했다"

일본은 전쟁 초반 기습공격으로 기선을 제압했을 뿐, 조·명 연합군의 반격으로 애당초 목표했던 영토의 확대도 무역질서의 변화도 달성하지 못하고 물러났다. 전쟁 초반 기세를 올리던 일본군은 조선 수군의 활약으로 수륙 병진작전이 좌절되고, 각지에서의 의병의 봉기로 후방이 교란됨으로써 큰 타격을 입은 것으로 보인다. 그러나 일본이 무릎을 꿇은 보다 근본적인 이유는 조선이나 명에 비해 사회 전반의 수준이 아직 후진국이었기 때문인 것으로 풀이된다.

일본이 16세기 후반에 전국통일을 앞두고 크게 발전한 것은 사실이나 그것은 어디까지나 일본 경제 자체내의 한단계 발전일 뿐, 명이나 조선을 앞지르는 수준은 아니었다. 일본은 16세기 초반에 조선으로부터 목면 제조술과 은 제련법을 전수받았고, 포르투갈 상인으로부터 수입한 조총에 쓰인 화약은 한동안 중국으로부터 사들여야 할 만큼 기술 후진국이었다.

일본군의 조총이 위력을 발휘한 것은 사실이지만 화약무기가 조총 하나뿐이었다는 것은 실상 문화적인 취약점을 그대로 드러낸 것이다. 해전의 경우, 조총 하나만으로 무장한 일본군은 대형화포로 무장한 조선 수군을 결코 이길 수 없었고, 육전에서도 조선군은 오랜 전통의 화약무기 기술의 힘을 발휘하여 다양한 공격용무기를 만들어 초반의 열세를 만회해갔다.

이후 일본의 새정권 도꾸가와(德川)막부는 조선과의 통교 회복을 서둘러 기존 동아시아 질서의 일원으로 복귀를 모색할 것으로 보인다. 그러나 여건이 되면 언제라도 팽창주의로 선회할 가능성이 있으며 조총의 개발에서 보이듯이 발빠른 기술 흡수를 통해 '선진'으로 나아갈 수도 있을 것으로 보인다.

초점 한성 수복 1년 후 … 군사력 정비 어디까지 왔나

중앙, 훈련도감 '신병법 도입' … 지방, 속오군 체제 구축

한성 수복 1년이 지난 현재, 조정의 노력은 일단 군사력 정비로 모아지고 있다. 우선 명군측의 충고로 화포교습을 명 군관에게서 받고 있고, 변방에서 포수 양성에 공이 있던 이일로 하여금 병사들을 선발하여 각종 화기 및 창검을 다루는 기술을 가르치게 하고 있다. 가장 큰 변화는 중앙에 훈련도감을 설치하여 화포술의 교습뿐만 아니라 말위에서 활을 쏘는 기사법·걸어다니며 활을 쏘는 보사법 등 절강병법(浙江兵法)의 훈련에도 박차를 가하고 있다는 점이다.

평양성 수복 이후 일본군과의 싸움에서 그 유효성이 입증된 절강병법은 명 장수 척계광이 개발하여 명나라에 침입한 왜구 소탕에 큰 위력을 발휘한 새로운 병법이다. 기효신병법이라고도 불리는데, 병사들 개개인의 적성에 따라 무기를 지급하고 대오의 단속과 조직편성에 연대성을 강조한 것이 특징이다.

훈련도감에서는 군사들을 절강병법에 따라 영(營)-사(司)-초(哨)-기(旗)-대(隊)의 편제를 갖는 속오법(束伍法)에 의하여 편성하고 조총병인 포수(砲手)·창검병인 살수(殺手)·활을 다루는 사수(射手)를 양성하고 있다.

한편 지방에서는 속오법에 따라 속오군을 편성, 삼수(三手)의 훈련을 시키는 동시에 산성을 신축 또는 개량하고 명·왜의 선진적인 무기제조 기술과 전투기술을 도입하는 등 전력강화에 힘을 기울이고 있다. 한 사람의 지휘관이 통솔할 수 있는 폭을 5명 단위로 묶어서 부대를 편성하는 속오군 체제는 과거 진관체제의 훈련이 관아에서 이루어지면서 발생했던 시간적·물적 낭비를 줄일 수 있을 것으로 기대된다. 속오법의 경우 리·촌 등 향리에 교장을 두고 여가를 이용하여 수시로 훈련이 가능하기 때문에 먼 곳으로 훈련에 참가하러 가는 불편과 군량을 낭비하는 폐단이 나타나지 않는다.

취재 수첩

이순신 자살설

전투중 지휘관은 가장 안전한 곳에서 작전을 지휘하는 것이 관례인데 이순신은 왜 갑판 맨 앞에서 손수 일본군을 쏘다가 적탄에 맞았을까? 과연 이순신은 4각 철판이 부착된 방탄용 환삼(環衫)을 입고 있었는가? 노량해전의 승리 이후 통제사 이순신의 죽음에 대한 의혹이 꼬리를 물고 있다.

전사 형식의 자살론을 주장하는 사람들은 허위보고와 명령불복종으로 한때 통제사 직을 박탈당하고 백의종군한 경험이 이순신에게 큰 상처를 남겼고, 백성들의 추앙을 받는 의병장 김덕령 등이 국왕의 시기로 인해 차례로 제거되는 공포정치가 이순신에게 자살을 선택하게 했다고 이야기한다. 실제로 이순신의 곁에 있었던 많은 사람들은 "오직 한 번 죽는 것만 남았다"는 이순신의 말을 자주 들었다고 증언하고 있다. 특히 이순신의 정치적 후원자인 유성룡이 강화론자로 몰려 관직박탈이 임박한 상황에서 이순신 스스로 '정치적 희생양'이 될 것을 미리 짐작, 명예로운 전사 형식을 빌려 역적의 오명을 쓰지 않으려 했다는 소문도 널리 퍼지고 있다.

물론 "온 힘을 다해 적을 막다가 전사한 통제사의 죽음을 욕되게 하지 말라"며 '순국론'을 주장하는 사람들이 대다수인 것은 사실이지만, 최근에는 "어딘가에 이순신이 살아 있다. 노량해전에서는 죽은 체했을 뿐"이라는 이야기까지 돌고 있다. 이와 같은 '자살론', '전사 위장론'이 날개 달린 말처럼 자꾸 퍼지고 있는 것에 대해 일부에서는 '유언비어'라며 일축하고 있지만, "전쟁 기간중 국민의 신망을 상실한 정부의 공포정치가 얼마나 심했으면 이런 일이 일어나느냐?"며 고개를 젓는 사람들이 더 많은 게 사실이다.

명나라 군사의 귀향

전란이 끝난 지 1년이 지난 지금 명나라 군대의 개선행렬이 압록강가에 이어지고 있다. 4월 18일 경략(經略) 형개는 2만 명을 제외한 전군 철수를 지시했고, 명나라 병사들은 1차 점검과 2차 점검을 통해 그 머리수가 명 조정에 보고된 뒤에야 각자의 길을 가게 된다.

기자는 4월 26일에 점검광경을 목격했는데 명나라 병사들은 한 명씩 관등성명이 불리워 점호가 끝나면 머리를 가지런히 자르고 눈썹을 깎은 뒤, 해산하는 절차를 밟아나갔다. 이번 전란에 동원된 명나라 병사는 22만 1천5백 명에 달하는 것으로 집계되고 있으며, 명측이 은 8백여 만 냥을 지불해 가며 군량을 대기는 했지만 이들이 먹어치운 실제 군량은 수십 만 가마에 이른다. 이들이 원군 특유의 자만심으로 우리나라 백성들에게 민폐를 끼친 것도 사실이다. 하지만 일일이 점호를 받고 흩어져가는 명나라 병사들의 모습이 더 이상 당당한 '동정군(東征軍)'이나 '개선부대'로 보이지 않는 것은 왜일까?

만약 우리나라 백성들이 해외 정벌에 동원되었다가 개선을 하게 된다면, 그때 우리 백성들의 얼굴에도 지금 명나라 병사들의 얼굴에 보이는 피로가 나타나지 않는다고 보장할 수 있을까?

원균, 칠천량에서 대패

삼도수군 일시에 무너져 … 일본군, 수륙병진작전 돌입

1597년 7월 16일 칠천량에서 삼도수군통제사 겸 전라좌수사 원균 휘하 우리 수군이 후지도가 이끄는 일본 해군에 크게 패했다.

지난 7월 10일 일본의 주장 후지도는 조선군을 수륙 양면작전으로 분산시켜 섬멸하기로 결정, 3천 명의 병력을 거제도에 상륙시켜 칠천량 연안에 포진한 채 공격을 준비해왔다. 원균은 부산의 적 본진을 공격하기로 결정, 14일 이른 아침 1백여 척의 함선을 동원, 한산도를 출항했다. 출항 직후 "칠천량은 수심이 얕고 좁아서 함선의 거동이 불편하니 다른 해역으로 이동하자"는 건의가 있었으나 원균은 이를 묵살하고 항해를 계속하다가 절영도에서 일본군의 기습공격을 받았다. 원균은 모든 장수들을 독려하여 싸울 것을 재촉하였으나 하루종일 항해에 지친 병사들은 함선을 빨리 몰 수가 없었고, 풍랑이 심해 사방으로 흩어져 공격목표를 제대로 찾지도 못한 채 갈팡질팡했다.

반면 우리 수군의 진로를 미리 파악한 일본군은 웅천·안골포·영등포·가덕도·김해·죽도 등 해안의 성 곳곳에서 교란 및 기습작전을 감행, 우리측은 병사 4백 명을 잃고 칠천량 포구로 퇴각했다.

16일 오전 6시에 일본군 주력함선 6백여 척의 공격이 시작되었는데, 원균은 모든 군영에 명하여 돛을 내려놓은 채로 반격을 명령했지만 중과부적으로 전세가 기울었다. 배에서 내린 원균은 해안가 언덕에서 일본군 병사에게 살해되었고 전라우수사 이억기와 충청수사 최호는 끝까지 싸우다가 바다에 몸을 던져 자결했다.

이번 해전으로 삼도수군이 일시에 무너지면서 일본군은 수륙병진작전으로 돌입할 것으로 보이며 예상되는 적의 공격 목표 1호는 남해도와 순천부가 될 것으로 보인다.

기근·역병 심각 … 병력 수급 차질

"당장 연명할 곡식 없다" 명나라 군사까지 민폐

1594년(선조 27년) 역병(疫病)이 2년째 계속되고 있다. 경상도 일대 시찰을 마친 유성룡은 "문경부터 밀양까지 수백 리 사이가 사는 사람 없는 텅빈 땅이 되어버렸다"고 보고했으며, 경주에서 병사를 모집하던 관리는 "기근으로 장정은 거의 다 죽었고 살아남은 자도 병약해서 군사로 뽑으려 해도 뽑을 수가 없다"며 군대모집의 어려움을 털어놓았다.

수군의 사정도 마찬가지여서 전라좌수영의 실태를 보고하는 문서에는 "역병이 크게 번지고 군량까지 부족, 계속 굶던 끝에 병이 걸리면 반드시 죽는다. 사망자는 6백여 명에 이른다. 이제 남아 있는 군졸들은 아침 저녁으로 먹는 것이 2~3홉에 지나지 않아 활을 당기고 노를 젓는 일을 감당할 수 없다"고 기록되어 있다.

전란 초기 관군의 패주로 일본군에게 많은 군량을 빼앗겼고 밭의 보리는 성채 공격과정에서 성호(城壕)를 메우는 데 사용돼 당장 연명할 곡식이 없는 형편이다. 더구나 수복지구의 주민들은 하루에 1백여 마리의 소를 잡아먹고 닭과 개도 씨를 말리는 명의 원군에게 시달리고 있다. 노동력의 감소로 또다시 기근을 부르는 악순환이 예상되는 가운데, 현재는 명나라 군대의 군량미 보급이 호조의 가장 큰 과제로 남아 있다.

이몽학 반란 … 충청지역 장악

농민들 큰 호응 … 병력 수천에 달해

1596년(선조 29년) 7월 선봉장 한순의 군량 담당관 이몽학이 정산성에서 군사를 모아 충청도 주요지역의 관아를 습격, 그 세력이 크게 확장되고 있다.

처음 반란을 지시한 것은 한순으로 알려져 있으며 이몽학은 부여 도천사에서 모의, 김경창, 이운, 승려 능운 등과 함께 6~7백 명의 군사를 모아 홍산·임천·정산·청양·대흥현을 점령했다. 이몽학 군은 일단 관아를 습격, 현감이나 군수를 묶어두고 무기를 탈취하는 식으로 점령지역을 확대해가고 있는데, 점차 추종세력이 늘어나 그 병력이 수천 명에 달하는 것으로 집계되고 있다.

이몽학은 "적장 가토가 다시 쳐들어 올 것이니 의병을 일으켜 이를 치자"는 말로 군사를 모았는데 각종 부역에 시달리던 백성들이 호응, "밭 가는 자는 삽을 가지고, 보따리장사를 하는 자는 지팡이를 가지고 반란군에 가담하는 실정"이라는 보고가 조정에 올라오고 있다. 특히 "5도가 같은 날에 군사를 일으켜 한성에 쳐들어가는데 의병장 김덕령과 곽재우가 군사를 일으켜 도와주며 병조판서 이덕형, 각도의 병사와 어사들이 호응하고 있다"는 이몽학군의 유언비어 작전이 먹혀들어가면서 정부의 대응에 혼선이 빚어지고 있는 상황이다.

현장취재 이몽학의 난이 휩쓸고 간 자리

마구잡이 수사 … 무고한 피해자 속출

이몽학이 홍주성 공격중 부하에게 살해되면서 반란군은 힘없이 무너졌다. 반란진압 후 정부는 반란 수뇌부의 집을 늪이나 논으로 만들어버리고 연루자 색출을 마을 단위로 철저하게 진행하고 있다.

홍산의 전좌수 백원길은 자기 집에 숨어서 떨고 있었다. 특별히 반란군에게 동조한 것은 아니고 그 기세에 눌려 대접을 좀 했을 뿐인데 역적에게 협력한 혐의가 걸린 것이다. 이몽학군은 백원길을 좋게 보고 고을을 관아와 향교를 맡기고 떠났고, 공주판관 홍경방과 선봉장 조광익, 감사군관 이시호가 들이닥쳐 곧 '적군의 앞잡이' 백원길 체포에 나선 것이다.

백원길의 경우는 '부역'혐의가 어느 정도 있지만 관군들은 마을을 이 잡듯이 수색해, 여자들은 숲속으로 달아나 숨고 남자들은 만나는 대로 묶어 데려가니 마을은 비고 살림살이는 모두 없어졌다.

충청도에 피난와 있는 선비 오희문의 집에는 체포의 손길을 피하기 위해 마을 남녀들이 떼거리로 몰려들어와 있었고, 반란군 가담자인 홍복남의 어머니와 처는 다급한 나머지 한밤중에 오희문이 자는 방으로 뛰어들어오기도 했다. 더욱 문제가 되는 것은 임천군의 전대수 박진국이 자기도 반란군에게 투항한 주제에 반란군 가담자를 근거 없이 마구 고발, 의병장 김덕령까지 잡혀들어가는 등 의병장 출신들이 의심의 눈초리를 받게 되었다는 점이다. 이몽학군이 의병을 사칭, 반란을 꾀한 것은 사실이지만 대다수 의병장들은 결백하다.

반란이 일어났을 때 따라나섰다가 관군에게 붙잡혔다는 최인복씨의 동생은 "형이 감옥에서 병으로 죽었다고 홍성에서 연락이 와서 지금 시신을 가지러 가는 길"이라고 말한 뒤 "형과 비슷한 수준으로 반란군에 연루된 사람들은 대개 다 풀려 나왔는데 우리 형님은 아무래도 감옥에서 맞아죽은 것 같다"며 울먹였다.

개정 납속사목(納粟事目) 실효성 의문

군량미 확보 위해 실시했으나 별 무소득 … 국왕 "실제 관직 줘라" 논란

1594년(선조 27년) 곡식을 바치고 천역을 면제받거나 관직을 부여받는 것을 규정해놓은 납속사목의 기준이 낮게 조정된 지 1년이 지나도록 큰 효과를 보지 못하고 있다.

국왕이 머물고 있는 행재소의 운영은 전화를 덜 입은 전라도지역의 곡식으로 그럭저럭 꾸려왔으나 명나라 원군의 도착으로 현재 조·명 연합군의 군량미 확보가 가장 큰 문제로 대두되고 있다. 이전의 경기·황해도 어사별사목(御史別事目)에서는 납속 하한이 1백 석이었던 데 반해 개정된 사목에는 3석부터 1백 석까지 다양한 구분을 해서 능력껏 곡식을 바치고 역의 면제를 받을 수 있도록 규정해놓았다.

납속이 매력을 발휘하지 못하자 국왕은 "납속하는 사람에게 명예직에 불과한 영직을 주니, 쌀을 바치려다가도 실망하고 돌아서는 경우가 많다. 이것은 마치 들어오라고 하고 문을 닫는 것과 마찬가지"라며 실직을 주자는 의견을 피력했다. 이에 심충겸은 "만약 납속자들을 모두 정식으로 기용하면 이는 조정이 오로지 납속으로써 사람을 쓰는 셈이 되니 이 또한 난처하다"며 실직 제수를 반대했다.

아직까지는 납속으로 당상관 이상에 오른 사람이 흔치 않은 편이다. 전쟁이 나던 해 5월에 국왕이 머무는 행재소의 운영비용으로 재빨리 4천 석의 곡식을 바쳐 당상실직을 받은 개천의 부민호 이춘란은 주위의 부러움에 찬 시선에 대해 "내가 원한 것은 현령인데 실제로 받은 자리는 위장(衛將)에 불과했다"며 납속이 결코 '남는 장사'가 아님을 강조했다.

공명첩(空名帖) 남발 이모저모

누구나 귀하신 몸, 신분질서 와해
기생과 노비 자제 과거급제하기도

공명첩의 남발로 일선행정의 차질이 빚어지고 목표했던 군량미 확보도 제대로 이루어지지 않아 문제가 되고 있다.

공명첩은 국가에 공을 세운 사람에게 즉석에서 발행해주는 인정서이기 때문에 해당부서에서 발행될 때에는 받는 사람의 인적사항이 기재되어 있지 않다. 공명첩은 곡식을 바치는 납속자뿐만 아니라 소나 말, 은을 바치는 사람에게도 주어지는데, 명의 2차 원군 도착 후 주로 군사나 곡식을 모으기 위해 각지에 파견된 관리에 의해 인기리에 판매되고 있다.

공명첩의 종류는 각종 역의 면제·신분상승·서얼의 굴레 탈피·향리 역의 면제 등 매우 다양해서 구매자가 일정한 재정적 출혈을 하면 자기 구미에 맞춰 선택할 수 있게 되어 있기 때문에 일부지역에서는 없어서 못파는 것으로 알려졌다. 실제로 선유관 이귀는 "황해도·강원도에서는 소량의 곡식이라도 거두어 군수물자로 삼고 곡식을 바친 사람들의 이름은 일일이 장부에 올려주었다"고 보고하면서 영세농민들의 호응이 의외로 높다는 것을 강조했고, 조도사 백유함은 "잘 사는 농민들에게 곡식을 바치면 역을 면제해주겠다고 하니까 순식간에 5백여 석이나 모였다"며 싱글벙글했다.

"강 중간에서 배를 잃게 되면 한 개의 표주박도 천금의 가치가 있는 것이니 소량의 곡식도 받아주어야 한다. 만약 먹을 것이 없다면 정예부대 수만 명과 허다한 계책이 무슨 소용이 있겠냐"며 공명첩발행에 열심인 유성룡의 경우는, "보리와 밀이 익어가고 있는 전라도 고을에 가서 공명첩을 사용하면 수천 석을 모으는 것은 문제 없다. 그런데 예전에 보니까 비교적 단가가 싼 4품 이하 관직제수에 해당하는 공명첩이 인기가 있었다"며 단가가 싼 공명첩의 대량발급을 주장해서 관심을 모으기도 했다.

한편 공명첩이 무제한으로 발급되면서 발급관청인 이조와 납속액을 관리하는 호조의 업무 사이에 혼선이 빚어져 '누구에게서 몇 석을 거두었는지', '거두어진 곡식이 어디에 쓰였는지' 전혀 알 수 없는 상황이 벌어지고 있다. 도장까지 위조해서 가짜 공명첩을 발급하는 사람도 늘고 있고, 납속을 맡은 관리들이 개인적으로 곡식을 챙기는 경우도 급증하고 있다.

사관(史官) 여모씨는 "노비문서와 군적에 기록된 사람들의 숫자가 급격히 줄고 있다. 동네사람이 모이는 곳에는 당상관의 장복(章服)을 입은 사람이 서로 섞여 있고 옥관자(玉貫子)를 달고 홍대(紅帶)를 맨 사람이 지게를 지고 뛰어다니는가 하면 스스로 소와 말을 끌기도 한다. 기생이나 노비의 아들이 과거에 급제해서 벼슬길에 오르는 것도 볼 수 있다"고 말했다.

특집 의병의 모든 것

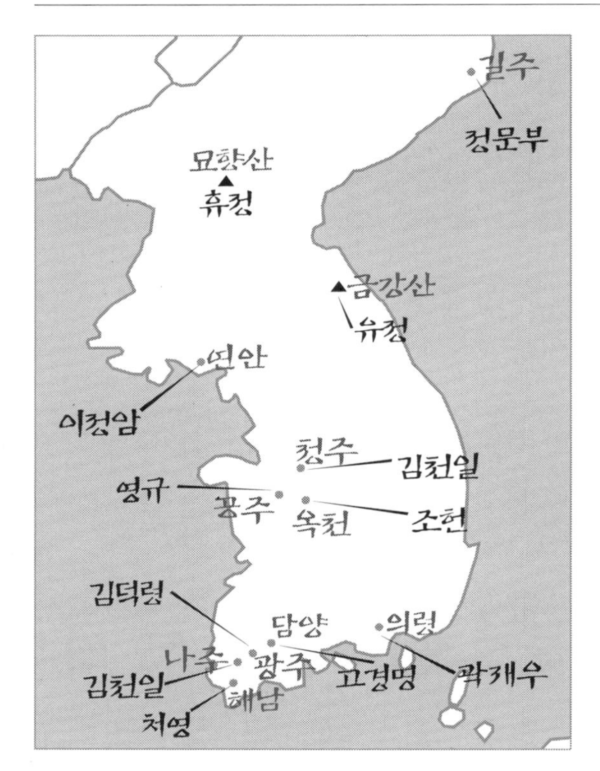

참된 애국이란 이런 것…"이 한

대부분 유력 양반들이 봉기 주도 남도에서 북도까지 전국 곳곳에서 거병

의병의 형성과 규모

관군이 형편없이 깨지는 상황에서 국왕의 의병봉기 격려교서를 접한 유생들, 특히 전직관리들은 자신의 문하생이나 집안사람, 친분이 있는 사람들을 중심으로 의병을 구성했다.

의병집단은 1592년 11월 당시 1백 수십여 개를 넘는 것으로 집계됐는데 〈표 1〉에서 보이듯이 10여 명에서부터 6~7천 명의 대집단에 이르기까지 그 규모에는 상당한 차이가 있다.

의병장의 출신성분을 분석해보면 〈표 2〉에서 볼 수 있듯이 현직자는 단 2명(김준민：현감, 정문부：북병사)에 불과, 의병봉기의 주도자는 대부분이 전직관리이다. 전직자 중에서도 문반(81%)이 무반(19%)보다 압도적으로 많다.

의병장의 인적 배경을 살펴보면 의병집단의 결집배경이 비교적 잘 드러난다. 의병장 대부분은 지방의 유생과 백성들을 끌어당길 수 있는 인망과 재산을 갖춘 인물들이다.

특히 관직 경력자의 경우는 백성들의 사랑을 받을 만큼 선정을 베푼 지방관(이정암)이거나 지역주민이 두려워 복종하는 위엄 있는 관리(정인홍), 지방교사와 학생들이 존경하는 선비(조헌)들인 것으로 나타났다.

그밖에 지방의 명문가로 자리잡고 있었던 의병장은, 중앙에서 파견된 관리의 '행정적 권세'와는 이질적이며 어느 정도 자율적인 권위를 발휘하는 모습도 나타났다.

관군 지휘관 이모씨는 "아무리 군주를 받들고 나라를 지키자고 떠들어도 말을 듣지 않던 백성들이 똑같은 말을 지방 유력자가 하니까 따라나서는 것을 보면서 느낀 것이 많다. 의병들이 '근왕(勤王)'의 기치를 올려 세를 모을수 있었던 것도 그동안 그들이 향촌사회에서 쌓아놓은 기반 때문에 가능한 일이었다"고 말했다.

물론 이러한 기반으로 관군과 마찰을 빚어 반역의 무리로 오인받아 처형된 의병장 김덕령과 같은 불행한 사태를 빚기도 했다.

지역별 의병 활약상

▲경상도：현풍 유생 곽재우는 사재를 털어 경상도 의령에서 기병, 낙동강을 오르내리면서 일본군과 싸워 의령·삼가·합천·창녕·영산 등 여러 고을을 수복하였으며 정암진싸움에서 일본군의 호남진출저지에 성공했다. 합천에서 의병을 일으킨 전장령 정인홍은 전란 발발 이듬해 3천 명의 의병을 모아 성주·합천·함안 등지를 방어했다. 김해는 9월 예안에서 일어나 경상도 북부지방을 제압, 적군의 전라도 침입을 견제했다.

▲전라도：고경명은 전부사 유팽노 등과 의병모집을 의논하다가, 5월에 담양에서 의병대장으로 추대된 후, 각도와 제주도에까지 격문을 보내고 근왕의 기치를 올리며 국왕이 있는 행재소로 향하던 도중, 금산전투에서 전사했다. 나주에서 의병을 일으킨 김천일은 수백 명을 이끌고 선조가 피난한 평안도로 향하다가 강화도로 들어갔으며, 적 점령하에 있는 도성에 결사대를 잠입시켜 백성들로부터 많은 군자금을 얻었으며 한강변의 여러 적 진지를 기습공격, 큰 피해를 주었다.

▲충청도：조헌은 전(前)도사 수십 명과 유생의 뜻을 모아 공주와 청주 사이를 왕래하며 의병을 모집, 옥천에서 봉기했다. 온양·정산·홍주·회덕 등 여러 읍에서 1600명의 의병을 모아 승려 영규가 이끄는 의승군 500명과 합세하여 청주성을 회복했다. 금산전투에서 약속했던 관군이 오지 않아 일본군 대부대와 접전 끝에 700명의 부대원 전원이 전사했다.

▲경기도：홍계남은 아버지 홍언수를 따라 의병을 일으켜서 양성·안성을 주무대로 용맹을 떨쳤다. 적의 움직임을 미리 파악, 동서로 이동하며 유격전을 전개, 경기도에 인접한 충청도지역까지 안전하게 지켜냈다. 우성전은 강화·인천 등지에서 의병을 일으켜 강화 수비에 일익을 담당했다.

▲황해도：구로다가 지휘하는 일본군이 황해도 전역에서 약탈을 자행하고 있는 상황에서 전(前)연안부사이자 전이조참의 이정암은 연안성을 중심으로 의병활동을 벌였다. 1592년 8월 27일~9월 2일 아침에 이르기까지 4일 밤낮을 싸워 구로다의 5천 병력을 물리치고 연안성을 사수한 것으로 유명하다. 이정암의 활동으로 '호남과 호서-강화-연안-의주의 행재소'에 이르는 해상교통로가 유지될 수 있었다.

▲함경도：북평사 정문부는 경성에서 의병장에 추대되어 9월에 경성을 수복하고 길주·쌍포 등에서도 가토의 군대를 격파, 함경도 수복에 많은 공을 세웠다. 가토의 군대가 함경도 깊숙이 들어와 주둔할 수 없게끔 수시로 위협을 가하며 치고 빠지는 전술을 구사한 것으로 유명하다.

표 1

의병 집단의 규모 (의병 기병 당시)

기병지	의병장	병력수 (기병시)
의령	곽재우	용사 60→병사 1천
창녕	성천희	수십 명
담양	고경명	6만7천 모집
인동	장사진	용사 수십명
나주	김천일	7백(정예 수백)
연안	이정암	수백명 → 수천명
옥천	조헌	1천 → 수천명
관북	정문부	장사 수백명

표 2

의병장 출신 분석

관직 경력자				관직 미경력자				
현직		전직						
문반	무반	문반	무반	진사·생원	유생	무사	서얼	상민
1	1	43	9	17	19	9	2	1
계			54명					48명

표 3

전란 이듬해 1593년 명나라 군대에 보고된 관군과 의병의 숫자

지역	관군	의병(의병장)
서울에서 서쪽으로 1일 경과 지역	8천4백	2천 우성전, 3천 김천일
서울에서 동쪽으로 1일 경과 지역	2천	6백 이일
서울에서 1일 반 경과 지역	3천3백	
서울에서 남쪽으로 4일 경과 지역	5천8백	5천 각처 의병
서울에서 남쪽으로 10일 경과 지역	6만 5천	1천 성안, 1천 신곤, 3천 정인홍, 2천 곽재우, 5천 김면
계	8만 4천5백	2만 2천6백

의병의 모든 것 특집

몸 바쳐 나라를 구한다"

격문 "동향 동지들에게 거듭 고함"

"무지하고 망령된 늙은 이 몸은 쏟아지는 눈물을 닦으며 동향 동지인들에게 거듭 고한다. 우리들이 평소에 배운 것이 무엇이며 또 강론한 것은 무엇이었던가. 그것은 신하로서 충에 죽고 자식으로서 효에 죽는다는 것이 아니었는가. 평소에 배우고 강론한 바가 과연 여기에 있다면 어찌 오늘에 한개 아니 반개라도 충에 죽고 효에 죽었다는 사람을 볼 수 없단 말인가."

예안의 한 의병장

사례소개 상주지방 의병 이렇게 활동했다

의병의 활약에 대해서는 '전세 역전의 계기', '공동체의식에 바탕한 지역방어의 쾌거'라는 찬사에서부터 '전투력 없는 오합지졸', '도적의 무리'에 이르기까지 평가가 엇갈리고 있다. 역사신문에서는 상주지방에서 의병으로 활약한 김억돌씨의 일기 일부를 게재, 의병의 활약상, 내적·외적 조건에 의한 한계점들을 정리해보았다.

상주지방은 관군에 대한 의병의 보조적 역할이 두드러진다는 점에서 의병이 독자적 활약을 보인 지역과는 다른 양상을 보이기는 하지만 '의병집단의 형성 - 관군 공백기의 활약 - 관군 활동기 이후의 위축과 소멸'에 이르는 과정을 비교적 충실히 보여주고 있다.

▲1592년 4월 19일
동래가 함락되고 밀양이 포위됐다는 소식을 듣고 보따리를 싸서 피난길에 올랐다. 상주목사 김해, 방어사 조경 등은 싸우지도 않고 도망쳐버렸다. 관군에게는 더 이상 의지할 수 없을 것 같다.

▲5월 1일
미처 식량을 준비 못한 백성들 일부가 약탈행각을 시작했다. 양반들은 일본군과 도적화한 하층민들로부터 재산을 지키기 위해 일명 '촌병(村兵)'을 조직하고 있다. 일부에서는 유생·포수·약초꾼을 중심으로 의병결성의 논의가 조심스럽게 나오고 있다. 촌병에 대한 일본군의 보복은 잔인해서 피회촌에서는 마을사람 70명이 촌병결성에 대한 보복으로 살해됐다.

▲7월 30일
의병들이 지방세력의 '사병(私兵)'으로 의심받는 상황에서 혹시 반역의 무리로 몰릴까봐 의병결성을 하는 데 많이 망설였다. 결국 전직관료와 유생층을 중심으로 결단을 내리고, 청주에서 활동하고 있던 이봉을 궁수 18명과 함께 맞아들여 대장으로 삼고 창의군을 조직했다. 양반들은 농민, 노비, 궁수, 약초꾼들을 모아들였는데 농민이나 노비의 경우 동계(洞契) 등을 통해 양반들의 영향력 안에 있던 사람들이 대부분이다. 그리고 수령의 도망으로 지휘체계가 무너지면서 흩어졌던 관군도 의병에 지원해왔다. 이들에게는 의병에 들어오는 것이 군역회피의 수단이고 이미 생존의 근거를 상실한 상태에서 군량미로나마 먹고 살려 하는 의도도 있는 것 같아서 좀 불쾌했다.

▲8월 28일
지난 10일부터 우리가 거둔 전과를 기록해보고 싶다. 21일에는 백갈촌에 복병을 배치, 적 5명의 목을 베고 소와 말, 군량미를 획득했다. 24일에는 울원·기도에서 매복했다가 기습공격을 펼쳐 적 20여명을 사살하고 화통과 화약을 빼앗는 전과를 올렸다. 그리고 오늘은 지례에 주둔중인 적을 공격, 과반수 이상을 사살하는 승리를 거뒀으니 기뻐서 잠이 제대로 안 올 지경이다.

▲1593년 1월 7일
작년 10월 정기룡을 대장으로 하는 관군의 활동이 재개되면서 우리 의병은 관군과의 합동작전을 계속 수행하고 있다. 우리 대장에게 벼슬이 내려지는 등 표면적으로는 우대를 받고 있기는 하지만 아무래도 관군의 보조적 위치로 떨어져버린 것 같아서 서운하다.

▲1월 20일
선산부사의 합동작전 공문에 따라 우리 보은군 400여 명이 죽현에 집결했는데 선산군은 전혀 없고 상의군 40명과 횡간군 몇몇이 우왕좌왕하고 있었다. 곧 일본군 대부대가 기습적으로 공격해오는 바람에 우리는 큰 피해를 입고 흩어졌다. 관군과 의병의 손발이 이렇게 맞지 않아서야 어떻게 효율적으로 작전을 수행할 수 있겠는가?

▲4월 26일
군량이 다 떨어져 기껏 모은 의병이 다시 흩어져야 할 상황이다. 우리가 의병을 일으킨 경위와 전과, 공을 세운 자의 서열을 매겨 임금이 있는 행재소에 상소해서 군량 신청을 했다. 그리고 조정에게 호서지방으로 가서 군량을 구해오는 임무를 맡겼다.

▲5월 7일
일본군에 포위됐던 명나라 장군을 구출했다. 이제 의병은 거의 독자적인 전투를 하지 않는다. 관군과 함께 명군의 식량조달과 말먹이·땔나무·임시가옥 준비, 즉 명군의 진군에 대비한 지원업무만을 담당할 뿐이다. 기근이 기승을 부리고 명군의 식량을 조달해야 하는 상황에서 굶어죽는 사람이 속출하고 있으니 의병에게까지 돌아올 식량은 거의 없다. 의병장에 대한 관직 수여를 통해 의병은 점차 관군으로 흡수되고 있고 의병에 참가했던 사족들도 점차 옛 터전으로 복귀, 이제는 무기를 놓고 농사짓는 데 힘을 쏟게 되었다.

충절의 화신 3인의 이야기

전략전술의 귀재 권율

행주산성대첩을 승리로 이끈 명장. 문신출신으로 지략이 뛰어나고 통솔력이 있다는 평. 행주대첩은 왜군 침입 이래 아군이 거둔 최초의 대승으로, 이후 왜군의 퇴각에 결정적인 영향을 준 것으로 평가되고 있다.

그가 전라도로부터 올라와 행주산성에 진을 친 것은 관군 및 명 지원군과 합동작전으로 한성을 수복하기 위한 것이었다. 왜군도 바로 턱 아래에 적군이 와서 진을 치고 있는 것을 용납할 수 없어 3만 병력으로 공격해왔고 이에 권율은 승병장 처영과 합세하여 일사분란하게 대응, 왜군을 막아냈다.

이에 앞서 그가 전라도 순찰사 이광의 휘하 부대장으로 한성을 향해 진격하던중 용인에 이르렀을 때의 일화에서부터 그의 지략이 널리 알려지기 시작했다. 이광은 용인 경내의 소규모 왜군 진영들을 먼저 공격하려고 했으나 그는 "적은 규모의 적과 싸워 전력을 소모해서는 안 된다. 우선 한강을 건너 임진강으로 진출해 서해안변 보급로를 확보한 뒤 관군과의 연합작전을 도모해야 할 것"이라며 전략을 제안했으나 이광은 그의 말을 듣지 않고 진격하여 대패했다. 할 수 없이 그는 광주로 후퇴했으나 금산지방에서 전주로 들어오는 왜군을 무찔러 곡창 호남지역을 전화로부터 지켜냈다.

진주성 지키고 순직한 영원한 군인 김시민

1592년 10월 6일부터 7일간, 2만여 왜병을 불과 4천의 병력으로 끝내 막아낸 무신출신의 명장. 그가 진주성 전투를 승리로 이끌 수 있었던 것은 8월 진주목사로 부임하자마자 화약 5백 근과 총통 70여 자루를 만들고 정예병력을 뽑아 훈련을 시키는 등 전투에 대비해 만반의 준비를 갖춘 것이 효과를 발휘한 때문이다. 전투에 임해서도 성중에 노약자와 부녀자 모두 남장을 하도록 해 위용을 과시하고 화살을 함부로 쏴 낭비하지 않도록 하는 등 전투에 관한 한 그를 따를 자가 없다는 평을 들었다.

그는 소신도 있어 일전에 훈련원 판관으로 있을 때 군사에 관한 자신의 건의가 받아들여지지 않자 기꺼이 사직서를 던진 전력이 있다. 그의 전임 진주목사 이경은 왜군이 진격해온다는 말만 듣고 지리산으로 도망가버렸는데 그는 발령을 받지 않고도 스스로 목사직을 대신하여 주민들과 함께 전투준비를 하여 인근 지방으로 출정, 수차례 왜군을 무찔렀다. 그 공으로 진주 목사에 정식 발령을 받게 됐다.

진주성을 지켜냈으나 순시 도중 시체더미 속에 살아남은 왜병의 조총을 맞아 며칠을 병상에 있다 절명하고 말았다. 진주 성민들은 모두 대성통곡하며 그의 죽음을 애통해 했다는 후문이다.

남강에 진 화사한 꽃잎 논개

1593년 6월말 경, 진주 남강 촉석루에서 왜장 게다니를 껴안고 남강으로 뛰어든 기녀. 당시는 10일간에 걸친 전투 끝에 왜군이 승리하여 촉석루에서 자축연이 베풀어지던 중이었다. 왜장들은 승리감에 도취해 술을 과하게 마셔댔고, 점령자로서의 위세로 조선 여성들 또한 점령하려들었다. 여기 불려나온 논개는 바로 그 자리에서, 치욕보다는 죽음을 택하려 하루 전에 몸을 던진 김천일 장군, 최경회 장군, 고종후 장군이 눈앞에 선했을 것이다. 그들에 대한 보답은 아무래도 왜장을 죽이고 자신도 죽는 것뿐. 술 냄새를 확확 풍기며 슬그머니 허리에 손을 감아오는 왜장 게다니를 논개는 촉석루 아래 으슥한 바위로 유인한 뒤 게다니의 허리를 꽉 부둥켜 안은 채 남강으로 뛰어든 것이다.

한편 조정에서는 임진란 중에 백성들의 귀감이 된 충신과 효자와 열녀를 뽑아 책으로 편찬할 예정으로 있는데, 진주사람들의 애타는 진정에도 불구하고 논개는 수록할 수 없다는 입장을 고수하고 있다. 한낱 기녀를 충절의 표상으로 삼을 수 없다는 것이다. 또 그녀가 원래는 양반출신이라는 둥, 최경회 장군 혹은 황진 장군의 애첩이었다는 둥 말이 많지만 전란 중이라 그 어느 것도 확인할 수는 없다.

독자 투고

창검보다 무서운 조선군의 청야전(淸野戰)

포르투갈 신부 루이 프르와

내가 보기에 지금 일본군이 고전을 하고 있는 중요한 이유 중의 하나는 식량부족 문제이다. 조선인들은 은둔처로 피난가면서 싸들고 갈 수 있는 것은 모조리 가지고 떠나버렸고, 아직 추수하지 못한 들판의 곡식까지 일본군의 손에 들어가지 못하게 깡그리 망쳐놓고 산성(山城)으로 들어가버렸기 때문이다.

거기다가 조선군은 일본군보다 우세한 함선을 보유하고 있어서 해상을 완전히 장악하고 있으니 일본에서 보내는 식량을 실은 선박마저 기착할 포구를 찾기 어려운 형편이다. 각 지방마다 조선 민간인은 무리를 지어 일본군을 공격하니 부산포에서 서울까지의 길은 3백 명, 서울에서 평안까지의 길은 5백 명 이상이 되어야 안심하고 통과할 수 있는 지경이니 식량운반은 생각도 할 수 없다.

가장 처참한 처지에 놓여 있는 일본군은 울산의 도산성에서 명군과 조선군의 포위공격에 시달리고 있는 병사들이다. 이들은 성을 다시 쌓기 위해 아침 안개를 헤치고 산에 올라가 나무를 베다 저녁별을 보며 돌아온다. 조금이라도 쉬려고 하면 채찍에 맞고 조금이라고 마음을 놓으면 조선군에게 목이 베어 넘어진다. 물줄기가 끊겨서 낮에는 물을 길을 방도가 없으므로 밤에 물 길러 밖에 나가면 못물에는 많은 시체가 떠 있다. 피가 섞여 있는 물을 길어와 갈증은 모면하나, 식량이 떨어져 종이를 씹고 흙담을 헐어내 끓여서 연명하는 형편이다. 조선군에 투항하는 일본군이 늘어나고 있는 가장 큰 이유는 식량부족 때문인 것 같다.

달면 삼키고 쓰면 뱉는다? 투항 왜병 대우, 문제 있다

투항 왜병 여여문(呂汝文)

나는 특별히 조선정부의 신임을 받아 검술이 능한 아동들 중에서 시험에 합격한 이들로 구성된 〈아동대〉의 훈련과 지휘를 맡고 있어 비교적 좋은 대우를 받고 있었다.

그런데 얼마전 조선정부가 발표한 투항 왜병대책을 보고 놀라지 않을 수 없었다. 북방 여진족의 동태가 심상치 않다며 우리들 보고 북도(北道)로 이주하라니 마치 뒤통수를 얻어맞은 기분이다. 전쟁이 한창일 때에는 우리 투항 왜병들한테서 조총·화약 제작기술과 칼 쓰는 법을 배우기도 하고, 기술이 없는 투항 왜병들도 땅을 주어 농사짓고 살게 해준 것이 불과 수년 전의 일이다.

"투항하면 벼슬도 주고 먹고 살 기반도 마련해 준다"고 해서 투항한 친구들이 많은 것으로 알고 있다. 투항한 후에 어엿한 조선군으로서 혁혁한 전공을 세운 투항 왜병들이 많은 것은 물론이다. 1597년 10월의 달미현전투에서는 충청병사 이시언 휘하의 투항 왜병들이 얼마전까지 아군이었던 일본군 진영에 돌격하여 조총을 난사하는 무용을 발휘하기도 했다.

그런데 이제 "철천지 원수인 왜인에게 하루 세끼 밥을 꼬박꼬박 먹게 하는 것을 보면 분통이 터진다"며 우리 투항 왜병들을 보는 눈초리가 따갑기만 하다. 우리가 밥값을 안 하고 있는 것도 아닌데 우리를 '식충이' 내지는 '군식구' 취급을 하니 어떻게 억울하지 않을 수 있겠는가? '달면 삼키고 쓰면 뱉는다' '변소 들어갈 때 마음과 나올 때 마음이 다르다'는 말이 요즘처럼 절실하게 느껴지는 때가 없는 것 같다.

내가 겪은 노비들

오희문

지방에 볼일이 있어 내려갔다가 장현에서 전쟁소식을 들은 나는 충청도에서 농사를 지으면서 난리를 피했다. 피난살이가 고생스러운 것은 말할 것도 없지만 밑에 있는 노비들이 말을 안 들어서 마음고생을 심하게 했다. 나와 비슷한 경험을 한 양반들이 많이 있을 것 같기는 하지만 틈틈이 적어놓은 일기가 있어서 일부를 역사신문에 보낸다.

▲계사년(1593년) 정월 17일

종 말질손을 병영에 보내 식량을 얻어오라고 했는데 책임자인 병사가 백미 1가마, 잡깨 3말, 조기 2묶음을 주었다는데도 아직까지 소식이 없다. 2월 20일 새벽 인시에는 안손과 명복이 도망했는데, 말에다 양식을 싣고 달아났으니 통분함을 이길 수가 없다. 안손은 작두 한 개, 낫 세 자루를 훔쳐갔다. 양식과 찬거리가 바닥나서 오직 병영의 쌀만을 기다려 먹으려 했는데 불의에 도둑질까지 당했으니 더욱 분한 마음을 가눌 수가 없다. 더구나 상전의 오직 하나밖에 없는 말은 피난할 때 의지하는 중요한 것인데 이것을 훔쳐 달아났으니 그 뼈아픔을 어찌 다 이르리오.

▲정유년(1597년) 7월 26일

어제 한복이 놋화로를 가지고 가면서 말하기를, 군량포 2필을 바치기 위해 내일 싣고 갈 거라고 했다. 그러나 오늘 새벽닭이 세 홰를 운 후에 강비를 데리고 도망하였는데 그 즉시 이를 알고 덕노 및 춘금이, 김담과 이웃사람 김억수, 김풍 등을 시켜 말발굽 자국을 따라 좇게 했더니 반 식경쯤 되는 거리의 숲속에 숨어 있는 것을 잡아가지고 돌아왔다. 비단 우리집 종만 데리고 도망한 것이 아니라 허찬의 말도 또한 훔쳐갔으니 더욱 밉다. 강비를 50여 대를 때리고 한복은 결박하여 덕노, 춘금이로 하여금 관청으로 잡아가지고 가서 관찰사에게 보고하여 법에 따라 형벌로 다스리도록 편지를 써보냈다.

한복은 잡혀오면서도 조금도 후회하는 마음이 없고 잡아오는 종들을 보고 "만일 나를 놓아주지 않으면 다음날 마땅히 중한 보복을 받을 것이다"라고 말했다니, 만일 없애지 않으면 후환이 있을까 두렵다.

▲무술년(1598년) 7월 13일

노비들이 밭 매는 곳에 갔더니 오전에 이미 다 매고 얼마 안 남았을 뿐인데, 모두 냇가 나무 그늘 밑에 누워서 자고 있다. 그 맨 곳을 보니 어제도 넉넉히 마칠 수 있었던 것을 풀이 무성하다고 속이고, 힘써 하지 않았던 것이다. 여러 사람을 일시에 내보내지 않으면 오늘도 끝내지 못할 것 같아서 일부러 품까지 얻어 8명을 보냈더니, 내가 가서 보는데도 여전히 먼저 습관을 버리지 않고 게으르기가 심하니 통분함을 이길 수가 없다.

집안살림이 궁색한 것은 생각을 못하고 매양 먹는 것이 적다고만 하여 들에 나가면 놀거나 쉬고 힘을 쓰지 않으니 더욱 밉살스럽다.

종군기 명나라 군대는 소걸음 군대

벽제관에서의 패배 이후, 느려지기 시작한 명나라 군대의 발걸음이 한성 수복 이후 아예 멈춰 추격전에 마음이 급한 우리 병사들을 안타깝게 하고 있다. 더구나 유성룡의 특별지시로 일본군 추격에 나선 우리 병사들의 공격을 명나라 군대가 방해하는 일까지 발생, 조·명 공조체제에 대한 근본적인 회의까지 일고 있다.

기자는 한강유역을 중심으로 명나라 군대의 소걸음 진군과 아군 공격방해 행위를 취재해 보았다.

한성 수복 다음날인 21일 추격전을 권하는 유성룡에게 이여송은 "급히 추격하지 못하는 것은 한강에 배가 없기 때문"이라며 피곤해 했다. 유성룡은 경기감사 성영과 의병장 김천일 등으로 하여금 밤을 새워가면서 경기·충청도 수사가 보유하고 있던 전선을 용산을 거쳐 한강으로 오게 하고, 적이 남겨놓은 배 50여 척과 우리나라 너벅선 4척을 급히 끌어모았다.

핑계거리가 없어진 이여송은 1만 5천 명의 군사에게 추격전을 명령했는데 날이 저물어가자, 한강가까지 진출했던 병사는 물론 이미 강을 건넌 병사들까지 다시 강을 건너 성안으로 들어오기 시작했다.

돌아오는 명나라 군사를 붙잡고 물어보니 이여송의 동생이며 지휘관인 이여백이 발병이 나서 교자를 타고 다시 성안으로 들어가버렸기 때문이라는 것이다.

한편 조선 군대는 명나라 군대의 방해공작도 받았다. 이여송은 한밤중에 권율을 잡아다가 마음대로 강을 건넌 것을 질책하였고, 이빈과 고언백은 명나라 군사들이 강변에 늘어서서 건너지 못하게 하는 바람에 진격을 못하고 말았다.

명나라 군대는 이빈의 선봉장인 변량준의 목을 밧줄에 매어 끌고다니는 바람에 변량준은 중상을 당하여 피를 토하였고 명의 부총병 사대수는 직접 군대를 거느리고 나와 고언백의 앞길을 막았다.

유성룡의 군관인 장예원사평 이충(李忠)은 죽산땅 내동리에서 일본군의 머리 다섯을 베었는데, 갑자기 사대수의 부하들이 나타나 급히 베어놓은 적의 머리를 자기 것인 양 가져가버렸다. 이충은 상을 받기는커녕 사대수에게 매를 맞아 중상을 입었다.

지휘관들이 명나라 병사들에게 수모를 당하는 것을 지켜본 아군 병사 윤모씨는 "강을 건너려 할 때마다 명나라 군사가 나타나 방해를 하니 완전히 싸울 맛을 잃었다"며 고개를 내저었다.

해외 소식

프랑스, 낭트칙령으로 신앙의 자유 보장

1598년 프랑스의 앙리 4세가 위그노의 권리를 보장하는 낭트칙령을 발표, 신앙의 자유 확립에 일보를 내디뎠다.

프랑스의 칼뱅주의자들인 '위그노'는 앙리 2세(재위 1547-59)의 치세 하에서 칼뱅주의를 억압하기 위한 각종 조치에 시달려왔으나 많은 귀족들의 개종으로 세력을 확장해왔다. 특히 강력한 부르봉 왕가를 자파로 끌어들이는 데 성공했는데, 이에 맞서 프랑스의 카톨릭 교도들 역시 유력한 왕족가문인 기즈가(家)를 끌어들여 종교갈등은 국가의 정치적 지배를 둘러싼 분쟁으로 이어지는 양상을 보였다.

한 예로 성 바돌로매 축일 밤(1572년 8월 23일~24일) 파리에서는 어머니의 선동에 따라 샤를 9세가 신교도 살해를 명령, 3천여 명의 위그노들이 학살되는 참극이 빚어지기도 했다.

종교분쟁에 왕위계승 문제까지 얽혀 복잡하게 전개되던 프랑스의 정세는 나바르의 왕이며 칼뱅주의자인 앙리 드 부르봉이 앙리 4세로 즉위하게 되면서 전환국면을 맞았다. 프랑스의 카톨릭 교도들과 스페인의 펠리페 2세의 반대 속에서 왕위에 오른 앙리 4세는 일단 자신의 칼뱅주의 신앙을 포기하는 결단을 한 뒤 '위그노들의 ▲공직취임권 ▲도시관할권 ▲예배의식 거행권'을 골자로 하는 '낭트칙령'을 발표했다.

40년 가까이 계속된 분쟁 끝에 종교적 관용이 실천에 옮겨진 프랑스의 경험이 이웃국가에도 파급될 수 있을지 여부에 대해서는 아직까지 추측이 무성하다.

역사신문

국가 재건작업 표류

총체적 난국, 전후 정치·사회 불안 극심 … 체제정비 방안 백출

7년간의 전쟁이 막을 내린 지금 줄곧 주전론의 입장에 섰던 강경파 북인이 정치적 주도권을 장악, 전후 복구와 체제정비, 즉 '나라 다시 세우기'에 나서고 있지만 정치적 분열과 악화된 경제상황 속에서 표류하고 있다.

임란 중에 정인홍·곽재우 등 조식계통의 사림들이 의병활동에서 크게 공을 세움으로써 일본과의 정전협정을 주도했던 남인보다 명분상 정치적 우세를 점하게 된 북인들은 학연에 의한 결집력이 약한 까닭에 뚜렷한 정치세력을 구축하지 못하고 현재 대북(大北)·소북(小北) 등의 자체분열을 겪고 있다. 이에 대해 국왕 선조는 혼미한 정국의 난맥상을 수습하기 위해 척신계 인물인 유영경을 중용, 이에 의존하려는 경향을 보이고 있다. 유영경을 중심으로 한 소북정권은 권력장악을 위해 왕위계승 문제에 집착, 세자인 광해군이 적자가 아님을 들어 선조의 계비의 아들 영창대군을 세자로 밀고 있어 현재 광해군을 지지하는 대북과는 심각한 갈등 상태다.

이미 전쟁 전부터 악화된 국가재정 상태와 소농민들의 처지는 전란을 겪으면서 파탄상태에 이르러 사대부들도 기근을 면치 못할 지경이며, 도적의 횡행으로 지방수령들이 제대로 공무를 집행할 수 없을 지경인 것으로 보고되고 있다. 체제위기라고 할 수 있는 총체적 난국을 수습하기 위해 정부는 일단 농업생산력 증대와 과세제도 개편, 해이해진 신분질서 수습에 나서고 있다. 구체적인 정책의 폭은 지주제 철폐와 같은 근본적인 개혁보다는 소폭의 개선책이 주류를 이루고 있는데, 일단 국가재정 확보, 국방의 강화, 변화된 사회조건에 맞춘 세금제도 등으로 나타나고 있다.

서인들은 이이 이래의 학문적 전통 속에서 백성의 부담경감과 방납의 폐단을 해결하기 위해 대동법 실시를 주장하고 양반에게도 군포를 부과하는 호포론을 주장하고 있으며, 영남에 기반을 둔 남인들은 전란의 가장 큰 피해지역이었던 만큼 직업군인의 양성이나 군량확보와 같은 국방문제에 대해 다양한 의견을 제시하고 있다. 서인이나 남인이 공통적으로 양반중심의 질서를 재구축하기 위해 예론과 같은 의리명분론에 관심을 보이고 있는 반면 북인계열 관료들은 성리학 이외의 사상에도 관심을 가지면서 병농일치적 군제개혁론과 화폐의 유통, 은광개발, 수산물 개발 등 상품유통 경제의 발달을 수용하는 방향의 경제정책을 제기하고 있다.

향후 '나라 다시 세우기' 작업의 방향은 일단 양반지배층이 자신의 이해관계를 지켜나가는 가운데 국가체제 전반의 안정을 위해 부분적인 제도개혁을 시행해나갈 것으로 관측되고 있다. 그러나 정가에서는 이런 정책이 얼마나 나라를 안정시킬 것인지에 대해 의문을 제기하는 견해들이 많다.

관련기사 2·3면

前의병장들, 제주도서 반란모의

사건 발각, 전원 체포 … 정부, 민심수습 나서

1601년(선조 34) 6월 전란 도중 의병으로 활약했던 길운절·소덕유 등이 제주도에서 군사를 일으켜 한성으로 진공하려던 반란사건이 사전에 발각됐다.

제주목사 성윤문이 흉년이 든 상황에서도 폭정을 일삼아 민심이 흉흉하다는 정보를 입수한 소덕유는 2년 전인 1599년 소장수로 가장하여 제주도에 잠입, 제주 토호인 문충기와 유생들을 포섭, 치밀한 사전계획을 세운 것으로 알려졌다. 소덕유 일행은 일단 군사를 일으켜 정의·대정을 습격하여 목사 이하 관리들을 죽이기로 하고 거사일을 6월 6일로 잡은 뒤 이후 일정을 술집에서 모의하던중 기생이 엿듣는 바람에 계획이 탄로나자 소덕유가 자수, 전원 체포됐다.

길운절은 경상도 선산사람으로 전란중 의병으로 활동한 전력이 있으며 전라도 익산출신인 소덕유는 정여립의 처사촌으로 정여립사건 이후 중이 되었다가 전란중 승병장으로 활약한 경력의 소유자다.

의병출신의 반란모의에 충격을 받은 조정에서는 성균관 전적(典籍) 김상헌을 어사로 발탁, "제주의 형세를 살피고 선정을 베풀어 왕의 은혜와 위엄을 보이라"고 명령하는 등 서둘러 민심 안정조치에 나섰다.

일본, 수교요청 계속

머지않아 양국관계 정상화될 듯

1607년(선조 40) 7월 일본에 파견됐던 사절단 여우길 일행이 전란중 납치됐던 남녀 1천4백 명과 함께 일본측 국서(國書)를 갖고 돌아왔다.

전란이 끝난 이듬해 식량난에 시달리던 대마도주 소오요시의 수교 요청은 대마도 정벌론이 나올 만큼 경직된 조정 분위기 속에서도 꾸준히 계속되어왔다. 일본에 새로 들어선 도쿠가와 정권은 "임진년에 도쿠가와는 간토에 있어 침략군에 관여하지 않았다"며 도요토미정권과의 단절성을 강조하는 한편 조선인 포로의 송환에도 다소나마 성의를 보이는 등 유화의 몸짓을 계속해왔다. 이에 정부는 사신을 보내 일본의 재침 가능성을 타진하는 한편 일본정부에 전란중 왕릉을 범한 죄인의 압송을 강력히 요구했다.

작년부터 정부는 일본측의 성의를 받아들여 부산에 왜관을 신축하는 것을 허용했고 여우길 일행을 파견, 직접 도쿠가와와의 만남을 갖는 것을 허락했다. 아직 조·일 양국의 접근은 조심스럽지만 양국간의 수교는 멀지 않은 것으로 보인다.

일본에 도착한 우리 사절단 일행이 일본인들의 관심 속에 도쿠가와 막부가 있는 에도성에 들어서고 있다.

비변사, 국가 핵심 권력기구로 부상

6조 업무 대부분 이관 … "국가기밀 다룬다" 감찰서 제외

전란중 강화된 비변사의 위상이 고위관직자의 대거참여로 더욱 상승하고 있다.

비변사는 국가존립의 위기를 초래한 전란에 대한 종합적 대책수립과 복수 붕당의 존재상태에서 여러 당론을 수렴하여 정책의 정당성을 확보해야 할 필요성에서 그 인원과 기능확대를 거듭해왔다. 실제로 전란중 모든 행정이 국방문제와 관련을 맺게 됨에 따라 6조의 업무가 대부분 비변사로 이관됐다. 6조 업무 중 이조의 전략요충지 지방관 임명, 예조의 외교문서 작성과 사신 접대, 형조의 군법위반자 처리문제, 공조의 방어진지 구축 등이 비변사에게 넘겨졌고 그외에도 여러 가지 업무가 비변사 소관이 됐다.

국가기밀을 다룬다는 이유로 비변사의 업무가 사헌부의 감찰대상에서 예외가 되면서 비변사의 '성역화'를 우려하는 목소리 또한 높다. 비변사의 주요문서들을 대간들이 열람하려고 해도 저지되는 경우가 많고 각도에서 올라오는 보고서까지 비변사가 장악하고 있다는 것이다.

비변사 폐지론을 펴고 있는 한 관리는 "비변사에 당파에 관계 없이 다수의 당상관이 참여하여 이들의 합의에 의해 운영되는 것같이 보이지만 실제로는 대신과 핵심 관료들을 중심으로 하는 정국 주도집단에 의해 주도되고 있다"고 지적한 뒤 "결국 정권을 독점한다는 비판을 받지 않기 위해 비변사에 상대세력을 포용하는 듯한 외양을 갖추려 한 것뿐"이라고 역설했다.

정부, 충신·효자·열녀 포상

전란으로 문란해진 사회기강과 윤리의식을 확립하기 위한 시책의 하나로 정부에서는 충신·효자·열녀를 찾아 포상하는 정책을 꾸준히 추진하고 있다.

정부 관계자에 따르면 전쟁 기간 유공자나 효자, 열녀를 찾아 그 자손을 관리로 임용하거나 역을 면제해주고 쌀을 하사하는 포상조치가 취해지고 있다고 한다. 또 해당자에게는 포상과 함께 포상자의 집앞에 붉은 칠을 한 정문(旌門)을 세워준다.

충신 선별사례는 의병장이나 그 지역 지방관으로 전사한 경우이며, 열녀는 왜군의 폭행에 저항하여 절개를 지키려다 목숨을 잃은 경우, 효자는 왜군으로부터 부모의 살해나 납치를 막고자 생명을 걸고 구하거나 함께 죽은 경우이거나 전쟁 기간중 3년상을 제대로 지킨 '상례 충실형' 효자가 포상자의 대부분을 이루고 있다. 포상자의 신분을 보면 노비가 주인의 살해나 납치를 막으려다 피살된 경우도 충신 명단에서 발견되듯이 충신·효자·열녀에 신분상의 차별은 없는 편이지만 기생의 경우는 "원래 지킬 만한 순결이 없었다"는 이유로 제외돼 눈길을 끌고 있다.

역사신문

정부 재건정책에 문제 있다

합리적이고 장기적인 안목을 가져야

7년간의 전란으로 국토는 황폐화 되었고, 국토의 황폐화만큼이나 백성들의 마음도 상처투성이다. 백성들은 이제 어디서부터 다시 시작해야 할지, 어디를 향해 가야 할지 막막한 심정이다. 이러한 상황에서 정부가 고심 끝에 복구정책을 내놓아 일단은 기대가 되고 있다. 그러나 그 내용을 들여다보면 일반 백성들의 기대와는 거리가 있는 것도 있어 우려 또한 하지 않을 수 없다.

현재 통계로 잡힌 농지는 54만여 결. 이는 전쟁 전 150만 결에 달하던 것에 비하면 3분의 1에 불과한 수준이다. 너른 벌판에는 잡초만 우거져 논두렁과 논이 구별되지 않는 상태다. 왜군에게 당하고, 명군에게 시달리고, 조정에 군량미 바치느라 뼈가 빠진 농민들은 금기야 정든 집과 땅을 버리고 떠돌아다니다 혹은 굶어 죽고, 혹은 도적이 되고, 혹은 명나라 병사로 위장해 법망을 빠져나갔다. 그중에는 왕자를 사로잡아 왜군에게 바치고 포상을 받은 자, 조직을 결성해 정부에 대항한 반역자들도 있다. 사회기강이 전반적으로 와해된 것이다.

이에 따라 정부의 전후 복구정책은 크게 두 방향으로 전개되고 있다. 하나는 농지개간과 농서편찬을 통해 농업생산력을 높이는 한편 농민 부담을 줄이는 방향으로 조세제도를 개편하는 것이고 다른 하나는 유교적 사회질서를 강화해 향촌사회의 기강을 바로 잡는 것이다. 전자가 경제질서의 동요에 대한 대책이라면 후자는 사회적·사상적 동요에 대한 대응일 것이다.

이러한 복구정책에서 가장 문제가 되는 것은 대다수 소농민들의 처지가 고려되지 않고 있다는 점이다. 이를테면 농지확보 차원에서 개간을 적극 장려하고 있는데, 재력 있는 유지들과 관리들과 심지어 왕실관계자들까지 이때다 하고 나서서 토지를 차지하는 바람에 정작 여력이 없어 자기 땅에 손을 못 보고 있던 농민들이 쫓겨나는 사태가 빈발하고 있다. 또 유교교육의 강화 및 향약실시 등은 신분질서의 동요에 초점을 맞춘 것으로 보이는데, 이는 전쟁중에 납속과 공명첩을 남발한 데 그 근본원인이 있다는 것을 생각한다면 책임소재는 백성들보다는 관에 있다는 점을 우선 명확히해야 할 것이다.

정부가 추진하는 전후 재건정책은 어느 특정계층이 아닌 전 백성들을 대상으로 해야 할 것이다. 아울러 사회분위기의 쇄신은 단지 전쟁 전 상태로 돌아가는 것이 아니라 변화된 상황을 고려해서 보다 개방적인 방향으로 이루어져야 할 것이다. 정부는 복구정책이 단순히 땜질식이 아니라 뿌리가 튼튼하도록 해서 장기적으로 효과를 나타내는 방식이 되어야 한다는 점을 깊이 명심하기 바란다.

그림마당

이은홍

특별 방담 전쟁이 남긴 것, 그리고 남은 자의 길찾기

7년간의 전쟁은 많은 상처를 남기고 슬며시 꼬리를 감췄다. 전쟁 이후 사람들은 "뭔가 크게 바뀌었다"고 말한다. 또 어떤 사람들은 "진작부터 보이던 변화의 조짐이 노골적으로 드러나고 있는 것일 뿐"이라고 이야기한다. 그렇다면 이제 살아남은 자가 슬픔을 되씹으며 가야 할 길은 어디인가? 역사신문에서는 사회 각계 인사들을 한자리에 모아 자유롭게 이야기하는 자리를 마련해보았다.

참석자 이항복(서인계 정치가), 정인홍(북인계 정치가), 유성룡(남인계 정치가), 허균(소설가) 이정구(예조관료), 김판식(상주주민)

"무너진 사회윤리의 회복이 무엇보다도 절실한 과제"

"전국의 주민들이 크게 동요 … 농사에 전념할 수 있도록 해줘야"

"자기 재능 마음대로 발휘할 수 있는 사회가 빨리 왔으면 …"

사회 먼저 인심 돌아가는 이야기부터 해볼까요? 전쟁이 끝난 후 눈에 띄게 달라진 세태에 접해본 것이 있으면 이야기해보시죠.

유 가장 큰 피해를 당한 경상도뿐만 아니라 평안·함경도와 같은 북방지역의 주민들까지 동요하고 있습니다. 정부 군사력에 대한 불신이 뿌리 깊은 것 같아요. 농민들이 농사에 전념할 수 있도록 하는 것이 시급합니다.

이정 얼마전에 경상도 의성의 향교가 습격을 당해 현판이 평상 아래 팽개쳐져 있는 모습을 보고 충격을 받았습니다. 겨우 명륜전의 서재(西齋)를 다시 세운 성균관에 무려 천백여 자에 달하는 벽서가 붙은 것도 놀라운 사건이었죠. 궁인(宮人)·내관(內官)의 이름이 열거되고 인물평이 빽빽히 쓰여져 있었는데 제가 보기에는 성균관 유생의 소행인 것 같습니다. 빨리 학교교육을 바로 세워야 하는데…….

이항 한성 환도 후 국왕께서 가장 놀란 것이 무엇인지 아십니까? 전쟁중 사망자가 많아 한성주민 중 절반은 소복(素服)을 입었을 것으로 예상했는데 막상 환도해보니 거리에 백성은 가득차 있으나 소복입은 사람이 한 사람도 없어서 놀라셨다는 겁니다. 더구나 요즘 백성들 사이에서는 '성인(聖人)', '신인(神人)', '생불(生佛)', '거사(居士)'를 자칭하면서 백성들을 현혹하고 '만인동갑회(萬人同甲會)' 같은 비밀결사까지 조직하는 형편입니다. 그뿐입니까? 아무리 승병들의 활약이 컸다지만 양종(兩宗)의 부활을 허가받으면서 불교도들이 도성의 창의문(彰義門) 밖에서 수륙회(水陸會)를 개최하니 도성의 남녀들이 철시(撤市)까지 단행하며 참여하는 이상 현상이 나타나고 있어요.

허 백성들 입장에서 이야기하자면 믿고 기댈 만한 곳으로 마음이 기울게 마련이라는 점을 지적하고 싶군요. 현정부에 대한 불신감의 표현이 체제외적 사상에 사람들이 빠져드는 중요한 이유거든요. 기존 관념에 따라 예정되었던 삶의 과정이 뒤집히고 품위나 위신을 젖혀둔 채 살기 위한 투쟁만 남은 상태, 어쩌면 지금은 새로운 문학출현의 훌륭한 토양이 될 것 같은 생각이 드네요.

사회 지금 상황에서 불만이 있다면 한번 허심탄회하게 털어놓아 보시죠.

정 전쟁중에 권한이 강화된 비변사에 대해 한마디 하고 싶습니다. 이런 말을 쓰고 싶지 않지만 남인세력의 경우 서인세력 중 비교적 지지기반이 약한 인물을 일종의 명예직인 '지변사재상'으로 앉혀놓고 마치 중의(衆意)를 수렴하여 정치를 하는 것처럼 꾸미고는 실제 정국운영은 자파(自派)의 입맛에 맞게 요리해나갔거든요. 서인들의 경우도 공안(貢案)의 수정논의, 관둔전의 운영방안 개선 같은 화려한 구호를 내걸었지만 막상 양전사업을 하자고 하면 흉년이라든가 농사철이라든가 하는 지엽적인 문제를 내세워 적극적으로 추진을 하지 않더라구요. 민생안정과 국방력 강화를 위한 근본적인 대책이 아니라 정치적인 열세를 만회하기 위해 단기적인 '인기전술'을 쓰는 병폐는 이제 그만 정계에서 사라져야 할 것입니다.

이항 정인홍씨의 정치개념은 일당 위주의 획일적인 체제에 가까운 것 같아 위험스럽다는 생각이 드네요. 이이 선생님께서는 일찍이 "정치적 입장은 엄정한 시비의 분별보다는 다른 의견의 존재를 인정하면서 다른 붕당과의 공존체제를 유지하는 것이 중요하다"는 주장을 하셨던 적이 있습니다.

사회 멀리 상주에서 상경하신 김판식씨의 이야기를 들어 보죠.

김 우리 마을에 요즘 붉은 칠을 한 정문(旌門)이 세워지는 집이 꽤 생겼거든요. 뭐 효자의 집이라나? 전쟁중에 3년상을 지켰대나, 어쨌대나? 정문 앞을 지나는 백성들에게 삼강오륜에 대한 산교육을 시키는 것이 주목적이라고 하더라구요. 농민들이 농사도 안 짓고 군역을 피하는 것이 전쟁중에 제대로 교화를 받지 못해서라는데, 내 참 답답해서…. 우리 농민들이 토지를 잃고 헤매기 시작한 것은 이미 오래전 일입니다. 동네친구 중의 한명은 한성 '토막촌'에 거주하면서 군역을 대신 서주는 것으로 먹고 산 지가 벌써 한참 되었어요. 이제는 전후 복구사업한다며 각종 공사에 시달리고 있어요. 어떻게 살아야 할 지 앞날이 캄캄합니다.

이정 아무리 인심이 흉흉해졌다고는 하지만 노비 신공(身貢)을 받으러 온 노비주인을 노비가 죽여버리는 일까지 일어나고 있는 것은 정상적인 사회라고 볼 수가 없습니다. 중앙의 성균관과 4학은 국가 차원에서 빨리 복구하고 지방의 향교는 지방 사족들이 주머니돈을 털어서라도 다시 세워서 교육이 정상화되어야 합니다. 그리고 「소학」이나 충신·효자·열녀의 행적을 기록한 서적을 언문으로 써서 각 도에 널리 반포, 백성들을 가르치도록 해야 합니다.

허 백성에는 수탈당하기만 하는 '항민(恒民)', 행동은 못하고 원망만 하는 '원민(怨民)', 틈을 보아 들고 일어서는 '호민(豪民)'이 있습니다. 그런데 호민이 한번 거사하면 원민은 물론 순하기만 하던 항민까지 가담해서 일이 커지게 마련입니다. 지금 우리 사회에는 자기 재능을 제대로 발휘하지 못하고 살아가는 서자와 같은 불만세력도 상당수 있습니다. 보다 이상적인 사회를 건설하기 위한 실제 행동이 무르익고 있는 분위기인 것은 분명합니다.

사회 끝으로 일본과 명에 대한 인식변화를 지적할 수 있을 것 같은데요.

정 전란중 일본과의 강화에 노력했던 남인세력에 대해서는 저는 지금도 유감이 많습니다. 강화 협상 기간 동안 그들에게 시간을 줌으로써 결과적으로 정유재란이 일어난 것 아닙니까? 그리고 마치 명나라의 은혜로 우리가 살아남은 것처럼 말하는 사람들을 보는 것도 역겹습니다. 예전의 '사대(事大)'는 무조건적 맹종이 아니라 국제간의 세력균형을 유지함으로써 국제적 안정은 물론 우리 조선의 국익을 꾀하는 것이었는데 이제는 정말 마음으로 '사대'를 하는 풍조인 것 같아서 안타깝습니다.

유 일본을 씹어먹어도 속이 후련치 않다는 사람들의 마음은 이해합니다. '고래ㅈㅈ[鯨兒]', '개ㅈㅈ[犬羊]' 등의 호칭이 일본을 가리키는 데 쓰이고 있다고는 하더군요. 하지만 그동안 우리가 일본을 너무 몰랐다는 생각이 듭니다. 특히 일본의 정치·군사적 측면에 보다 관심을 가져야 할 것 같아요.

수많은 우리 문화재, 전란으로 큰 손상 입어

불에 약한 목조건물, 서적, 문서류 가장 큰 피해
경복궁, 창덕궁 등 한성 궁궐들도 대부분 화재손상

실록 보관 사고, 대부분 불에 타 … 송광사, 직지사, 불국사 등 주요사찰 대부분 소실

이번 전쟁으로 선조들의 숨결이 서려 있는 많은 문화재가 불에 타거나 약탈당해 그 모습을 볼 수 없게 됐다. 현재 집계되고 있는 바로는 임진년 당시 왜군의 진격로 주변뿐만 아니라 퇴각로, 주둔지역에 걸쳐 광범위한 문화재가 손실된 것으로 보인다.

해당지역에서는 일단 불에 약한 목조건물, 서적·문서와 같은 종이류가 가장 많은 피해를 입었으며 금은세공품들도 불에 타거나 약탈의 손길이 미쳐 거의 남아 있지 않은 형편이다.

특히 깨지지 않고 상하지 않는 금동불과 범종이 약탈 인기품목이었던 것으로 보이며 이들 대부분이 지금 대마도 서해변 사찰에 고이 모셔져(?) 있다. 그밖에 미술적 가치보다는 실용적 목적으로 일본군의 약탈품목에 오른 것으로 금속활자가 있는데 현재 일본에서는 이를 본딴 목활자 제작이 한창이다.

경복궁·창덕궁 등 한성의 궁궐 대부분이 불에 탔으며 실록을 보관하는 사고(史庫) 역시 전주사고만 빼고 모두 소실됐다. 그밖에 각 지방의 관아와 향교, 사찰은 불에 타거나 울타리·사다리와 같은 방어용·공격용 무기의 목재로 이용되어 대부분 해체됐다.

일본군은 주둔지역에서 멀리 떨어진 깊은 산골까지 일부러 찾아가 불을 지르기도 했는데 법주사 팔상전이 그 사례로 꼽히고 있다. 법주사는 보은 읍내에서 50여 리나 떨어진 속리산 산골짜기에 자리를 잡고 있었으나 일본군의 방화의 손길을 피하지는 못했다.

이번에 소실된 주요사찰에는 송광사, 직지사, 화엄사, 불국사, 금강사, 통도사, 봉정사, 전등사, 유점사, 대흥사 등이 있으며 해인사는 보관중인 팔만대장경과 더불어 다행히 화를 면했다.

진단 우리 사회 어떻게 바뀌고 있는가?

붕당정치 계속 … 농업생산 비약적으로 발전할 듯
신분질서 동요 … 학술계, 주자학 중심 벗어나 다양한 시도

정치-붕당정치, 전망 어두워

사림들은 유교적 사회질서의 이완을 강하게 비판하면서 사림의 결속을 강화할 것으로 보인다. 그런 가운데 붕당정치 운영은 계속될 것이다. 현재 정가의 쟁점은 왕위계승 문제, 관료의 인사문제를 둘러싼 논란 등이다. 정가에서는 이들 쟁점을 두고 심각하게 논란을 벌이고 있지만 백성들이 피부로 느끼는 생활문제와는 거리가 있어 정치와 민 사이의 괴리현상은 심화될 전망이다.

장기적으로 본다면 현재와 같은 신분제의 동요가 확산될 경우 사림의 존립기반이 위험에 처하게 될지 모른다. 사족의 사회경제적 기반은 향촌인데 신분제가 이완될 경우 사림의 향촌지배는 타격을 받을 것이 확실하기 때문이다.

경제-각 부문 비약적 발전

전쟁으로 황폐화된 논밭을 복구하고 황무지를 개간하는 사업이 활발하게 이루어질 전망이다. 또 농업생산력도 큰 폭 성장을 보일 것으로 전망된다. 전쟁 전부터 이앙법(모내기 기술)과 시비법(비료주는 기술)이 이미 보급돼 있던데다 새로운 발전요소들이 속속 등장하고 있기 때문이다. 모내기나 김매기에서 집중적인 노동력이 요구되자 집단적으로 일하는 것이 관행화 되고 있다. 지주와 소작농 관계도 예전에 비하면 훨씬 계약적이고 평등한 관계로 전화될 조짐을 드러내고 있다.

잉여농산물이 늘고 작물재배가 지역적으로 분화됨에 따라 장시는 더욱 활발해질 것이다. 국가가 상품유통에 직접 관여하는 기존의 시전체제는 이러한 상품유통 활성화 경향 속에서 거센 도전을 받을 수밖에 없을것이다.

관영수공업 체계에도 커다란 변화가 일고 있다. 기존의 수공업자들은 부역부담을 포 납부로 대신하는 경향이 많아 관영수공업은 점차 수납한 포를 재원으로 다시 수공업자들을 고용하는 추세로 나가고 있다. 따라서 수공업자들은 앞으로 보다 자유로운 처지에서 민간의 상품수요에도 대응해나갈 수 있을 것이다.

사회-신분제 이완, 향약강화

전란중 군량미 확보를 위해 공명첩을 남발하고 납속책을 무분별하게 실시한 결과 양반의 수가 급격히 늘어난 상태다. 이것이 어떤 효과를 가져올지 지금으로서는 예측하기 힘들지만, 향촌내에서 사림측과 이들 신흥양반(?) 사이에 갈등이 있을 것이란 점은 쉽게 가늠할 수 있다. 사림들은 기득권을 지키기 위해 향약과 같은 구조를 구축해 지방민들을 통제하려 들 것이다. 즉 이전의 향약 구성원은 사림이나 품관층에 국한되는 경우가 많았는데 이제는 향촌민 전체를 대상으로 향약의 틀을 강요하려 할 것이다. 반면 농·공·상업에 종사하여 부를 축적한 신흥실력자들은 그것이 자신에게 과거 신분으로의 복귀를 강제하는 것이라고 보는 한 그에 대해 저항하려 할 것이다. 그럴 경우 집단 노동을 통해 별도로 결속을 모색할 가능성도 있다.

한편 사대부들 사이에서는 문중의 재산을 온전하게 보전하기 위해 이전의 균분상속 관행을 버리고 적장자 상속으로 전환하는 추세를 보이고 있다.

사상-사회혼란 반영, 다양화

기존 주자학에 대한 회의가 널리 퍼지고 있다. 주자의 틀을 벗어나 옛 고전 속에서 새로이 유학이념을 정립하려 하는 경향이 있는가 하면 최근 중국에서 태동한 양명학에 관심을 기울이는 층들도 늘어나고 있다. 그런데 이들에게서 공통적으로 발견할 수 있는 것은 '예(禮)'를 강조하는 예학적 관점을 중시한다는 것이다. 아마도 전란 후 향촌사회내의 신분질서 이완을 반영하는 것일 게다.

일반민들 사이에서는 민중적 불교사상인 미륵사상이나 도교적 신선사상은 물론 다소 황당하다 싶은 예언사상까지 퍼져나가고 있다. 전란이 가져다준 충격, 그리고 오늘 우리가 처한 불안한 현실이 이러한 사상의 토대일 것이다.

참조기사 18호 3면

르뽀 일본에 끌려간 우리 동포, 어떻게 살고 있나?

"고향에 돌아가 죽으려고 10년을 버텼다"

종전 10년 만에 대일 수호사절로 파견된 회답겸쇄환사(回答兼刷還使) 오우길 일행은 국교수복 외에도 강제로 끌려간 우리 백성을 귀국시키는 사명을 가지고 여행길에 올랐다. 기자는 7개월에 걸친 여정 동안 동행하면서 처참한 지경에 놓인 우리 동포들을 만날 수 있었다. 1597년부터 조·일 간의 국교재개 교섭이 시작된 이래 1606년까지 일본측의 성의표시로 귀환한 동포는 5천7백20명에 이르지만 왜란 7년 동안 일본에 끌려간 백성의 숫자가 10만여 명에 이르는 것으로 추정되고 있어 계속적인 귀환작업이 요구되고 있다.

우리 백성들 대부분은 규슈·시코쿠와 혼슈 지방으로 납치되었는데, 시코쿠의 오끼나미주 다이신에 들렀을 때는 수천 명의 우리 백성들이 노비로 사역당하는 모습을 볼 수 있었다. 아침 저녁으로 마을과 논밭에서 서로 부르고 울며 무리를 이루자 왜인들이 화를 내며 매질을 했는데 슬피 우는 것을 막을 수는 없었다. 정희득씨는 "일본으로 끌려오기 전에 진도에 잠시 머물렀는데 적선마다 우리 백성들이 가득해서 신음하는 소리가 여러 배에서 들려왔다. 창원이 일종의 집결지였던 것 같고 그다음에는 바로 일본땅에 들어왔다"고 납치 당시를 회상했다.

일본 승려 게이넨(慶念)씨는 "부산에서 조선인을 사들여서 새끼로 목을 묶은 후 줄줄이 엮어매어 몽둥이로 때려가며 배에 싣는 것을 목격했다"고 말했다. 가장 흔히 볼 수 있었던 것이 농촌에서 경작노예로 사역당하는 모습이었고 권세가 가문에서 잡다한 일을 하는 노비로 전락하는 경우도 심심치 않게 볼 수 있었다. 그밖에 소지하고 있는 기술 때문에 공장(工匠)노예로 일하는 백성도 있었고 군량수송이나 성쌓기에 동원되는 경우도 흔했다.

현재 일본에서는 무가(武家)와 선원(禪院)에서 차를 마시는 풍속이 한창 유행이어서 다기류(茶器類)를 만들 수 있는 도공들은 비교적 대우가 좋은 편이다. 출전했던 왜장들의 영지에는 어김없이 우리 도공들이 도요(陶窯)를 중심으로 모여 있었다. 학식 있는 유학자의 경우는 일본학자에게 가르침을 베풀면서 비교적 우대를 받는 것을 확인할 수 있었고 도쿠가와 막부 궁내인 대오(大奧)나 여러 다이묘들의 거처에서는 몸은 편해도 마음은 불편한 우리나라 여인들이 많이 머물고 있었다.

한편 이국땅에서 마음 붙일 곳이 없는 많은 백성들이 키리스땅(예수교) 신자가 되는 모습도 흔히 볼 수 있었다. 나가사키에는 우리 동포 신도가 2천 명이나 돼서 이미 한글로 된 교리서가 시중에 나와 있고 규슈 히미에의 유바지방에서는 조선인 키리스땅의 수가 일본인 키리스땅의 수(1천1백80명)를 넘어서 있었다. 빠제 신부는 "우리가 직접 찾아가 설득해도 전도가 어려운 일본인에 비해 조선인들은 스스로 교회의 문을 두드리고 있다"며 기쁜 빛을 감추지 못했다. 조선인 전도가 쉬운 것을 발견한 예수회 결사 [미제리코르디아]에서는 기금을 모아 우리 백성들을 사서 교회기관에 수용, 전도를 계속하고 있는데 이중에는 신학교육을 받고 전도사가 된 사람도 있다.

일본내에 머물러 있는 백성들은 본국으로 귀환할 수 있다는 희망이나마 가지고 있는데 비해 포르투갈 상인에 의해 인도와 동남아시아 일대로 팔려간 백성들은 되돌려받을 방법이 없다. 포르투갈 상인들은 부산 등 우리 백성들이 납치되어 모이는 곳까지 배를 파견하는 열성을 보이고 있고, 기자가 일본의 대외무역 중심지인 나가사키·헤이코에서 본 것은 싼 값에 팔려나가는 우리 동포들의 안타까운 모습이었다. 포르투갈 상인들은 유럽·인도·중국에서 가져온 조총·비단·담배 등의 물건을 일본인에게 주고 조선인을 사가는데 규슈, 도요코에서 부녀자·어린아이의 몸값은 2, 3문(文)에 불과했다. 세계일주 도중 일본에 들른 프란시스코 카를레티씨는 조선 소년 5명을 12스큐도에 사들여 인도 고아에서 4명을 자유민으로 풀어주고 안토니오 꼬레아라는 이름을 붙여준 소년 하나를 모국인 이탈리아까지 데리고 간 것으로 알려졌다.

일본에 끌려온 동포 중에는 어느 정도 자리를 잡아서 본국귀환을 희망하지 않는 경우도 있지만 대부분의 동포들은 우리 일행이 지나갈 때마다 함께 데리고 가달라고 애원을 계속해서 일행이 눈시울을 붉히게 했다. 정치일선에서 물러난 도쿠가와가 조선인 귀환을 약속하기는 했지만 지방세력가들은 싼 값에 사들인 '노예'들을 좀처럼 내놓으려 하지 않고 있어 일본땅에 울려퍼지는 동포의 울음소리가 쉽게 그칠 것 같지는 않다. 어느 마을 태수 부하의 여종으로 일하는 권여인은 기자의 손에 언문편지를 쥐어주며 전라도 순창 고향에 전해달라고 부탁했는데 그중에 한 구절은 다음과 같다. "이곳에서 가장 귀한 것이 호랑이가죽이니 만약 한 장만 얻으면 그것을 팔아서 고향에 돌아갈 수 있을텐데……. 남들은 모두 시집갔지만, 저는 살아돌아가 고향에서 죽으려는 생각으로 10여 년간 홀로 살아왔습니다."

각종 전쟁기록물 홍수

생생한 체험담은 실기에서부터 하층민의 대담한 소망 담은 소설까지

전쟁중에 사람들은 실제로 어떻게 살았으며 무엇을 느꼈는가? 전쟁이 끝난 지금, 물질적 피해와 정신적 충격에 사람들은 어떻게 대처하고 있는가?

지금 문단에는, 전쟁중의 상황을 생생히 기록한 각종 실기(實記)문학, 임란체험을 토대로 한 각종 설화와 소설이 쏟아져나오고 있다.

성실한 기록자체가 현실을 직시하는 문학적 기풍을 조성하고 있는가 하면 설화와 소설에서는 하층민의 소망이 대담하게 표현되고 있다.

평단에서 '전후문학 증후군'이라고 이름붙인 이러한 현상은 전쟁의 상처를 앓는 하나의 방식일 수 있다.

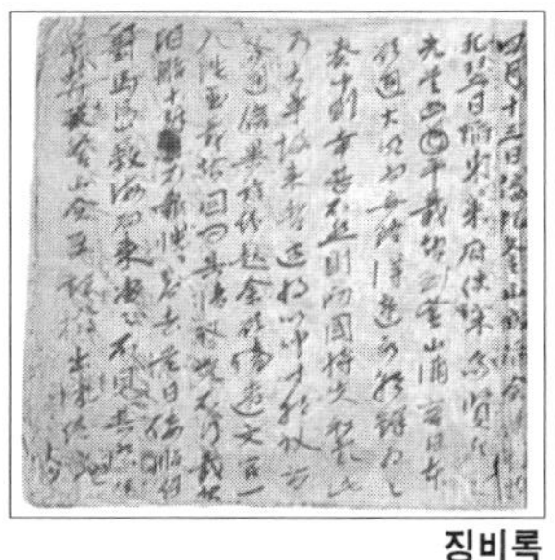
징비록

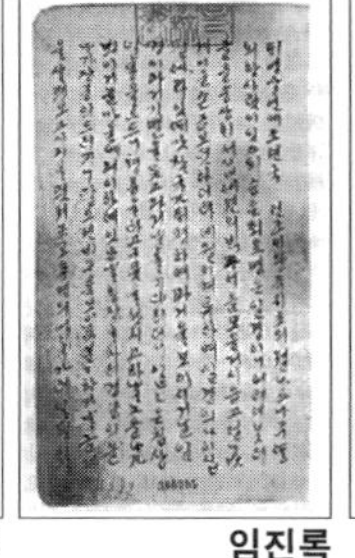
임진록

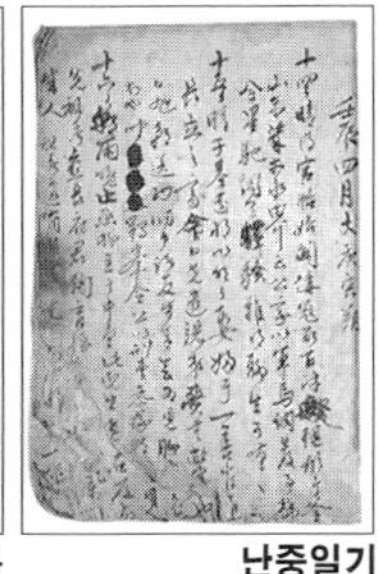
난중일기

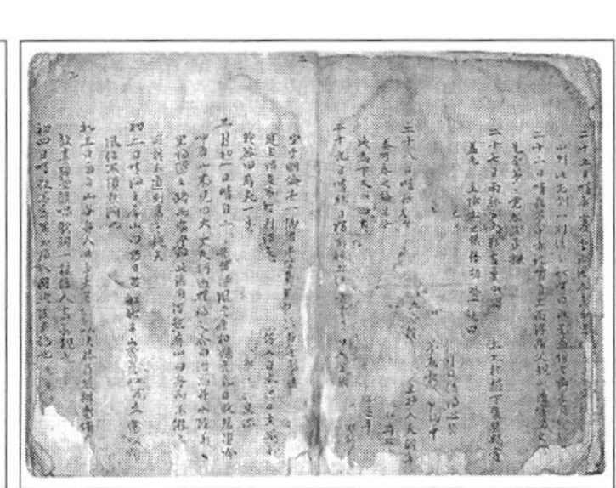
금계일기

주요 전쟁기록물

▲「징비록」(유성룡)
1592-98년까지의 기록. 정부요직에서 직접 전란을 처리한 저자의 발언이 담겨 있다.

▲「난중일기」(이순신)
1592-98년까지의 일기. 전란중 필자의 진중생활과 해전의 자세한 전과, 원균과의 갈등, 고난상 등을 사실적으로 기술.

▲「임진왜란일기」(조정)
1592-정유재란까지의 일기. 초야의 선비가 의병에 참여, 참모와 서기직을 맡아 군량미와 무기공급에 헌신하면서 겪은 체험담을 솔직히 기록.

▲「쇄미록」(오희문)
1591-1601년까지 난중의 고생을 기록한 피난일기. 저자의 생활상 외에 각종 교서, 의병의 격문, 장군의 성명서 등 각종 문서도 첨부, 사실성을 높임.

▲「임진록」(유진)
유성룡의 아들 유진이 11세 때 임란으로 유랑하면서 겪은 사실을 기술한 회상록

▲「매헌실기」(체휴징)
정기룡 장군의 전기 집성. 연보뿐만 아니라 유격전의 박진감 넘치는 전황 묘사, 인물의 형상화가 뛰어난 전기.

▲「용사일기」(이노)
경상우도에서 군사모집과 식량조달에 고군분투한 초유사(招諭使) 김성일의 막료였던 필자의 경험담. 김성일의 1590년 일본행으로 시작, 93년의 진중 사망에 이르는 시기중 특히 진중 사망에 이르는 시기의 전투상황이 자세히 기록돼 있다.

▲「기제사초」(박동량)
승정원 사관이었던 필자가 1591년에서 1592년까지의 임란의 상황을 기록한 사초(史草).

▲「간양록」(강항)
정유재란 때 적국에 유폐된 4년간의 체험을 적은 한문실기. 문인학자로서 민족적 비극에 대처하는 역사적 안목과 반전(反戰)의 유교적 평화논리가 돋보이는 작품. 일본에서 느낀 바를 적은 한시, 귀국 후 정부에 제출한 보고서도 실려 있다.

▲「금계일기」(노인)
정유재란 때 일본에 끌려갔다가 탈출, 중국을 거쳐 귀향한 광주목사 노인(魯認)의 유랑기록. 중국쪽 사정과 중국 조야의 관심을 증언, 임란의 동아시아적 관련상황을 전해준다는 점에서 독특한 포로일기.

▲「월봉해상록」(정희득)
정유재란 때 포로가 된 정희득의 포로일기. 일본의 포로가 된 동포들과 일본 승려들과 나눈 한시 4백여수가 실려 있어 비교적 안정된 문학적 분위기를 풍긴다.

▲「조선일일기」(게이넨)
규슈 성주의 측근이었던 중 게이넨의 9달 동안의 조선체제 종군기록. 340여 수에 이르는 일본시 화가(和歌)와 전쟁보고로 이루어진 기록으로, 적국인 조선인의 참상을 곳곳에서 기술, 전쟁비판과 종교적 평화사상이 돋보이는 작품이다. 종군중 풍물이나 이국의 견문보고, 조선인 포로를 팔아넘기는 인신매매단의 존재언급은 역사적으로도 중요한 증언이 되고 있다.

▲「모하당문집」(김중선)
귀화한 일본인 포로 김중선의 기록. 전쟁체험보다는 저자 자신의 유교체험이 귀화에 끼친 영향, 조총제작의 공로에 대한 자화자찬식 언급이 많다.

허균, 우리말 소설 「홍길동전」 썼다

"민중적 영웅을 동경하는 일반의 상상력을 자극하는 데 성공한 사회소설"

1607년 정부 고관의 서자가 신분상의 제약으로 도적 두목이 되어 활빈당 활동을 하다 결국 섬나라의 왕이 된다는 다소 황당한 이야기가 독자들 사이에서 대단한 인기를 끌고 있다. 한글본이라는 점도 광범한 독자포섭에 일조하고 있는 것은 물론이다. 화제의 책은 바로 허균의 「홍길동전」.

「홍길동전」은 연산군대의 실제 도적 홍길동이 소재이기는 하지만 한문학에서 이야기하는 단순한 '전(傳)'은 아니다. 작품구성은 탁월한 능력을 지녔으나 비정상적으로 태어난 영웅이 어려서의 죽을 고비와 성장기의 도전을 물리치고 마침내 승리를 거둔다는 전통적인 '영웅의 일생' 형식을 취하고 있는데 주몽이나 탈해 이야기와 같은 영웅서사시의 전통에 서 있다.

홍길동이 도술을 발휘하는 것은 영웅서사시의 주인공이 가지고 있는 신화적인 능력의 연장이라고 할 수 있지만 적대적인 세계와의 대결이 도술로 일거에 해결될 수는 없다는 메시지를 담고 있는 점은 이전의 작품들에서 볼 수 없는 신선함이다. 자신도 서얼출신이라는 한 선비는 "홍길동이 반역을 하면서도 아버지나 임금에 대한 의리를 저버리지 못하는 약한 모습이 오히려 호소력 있게 다가왔다"며 눈가를 훔쳤다.

불교·도교는 물론이고 천주교까지 두루 섭렵한 것으로 알려져 있는 허균은 평소 "문학은 당대의 일상어를 택해야 한다", "하늘은 사람에게 재능을 균등하게 부여했다", "천하에 참으로 두려운 것은 백성"이라는 주장을 펴 지식인사회에서는 이단자적인 인물이다.

「홍길동전」의 집필동기에 대해 허균은 "대단한 인재가 신분적·사회적 제약 때문에 뜻을 펴지 못하는 모습을 그린 소설"이라며 담담하게 말했지만 대부분의 평자들은 "도적의 무리를 이끄는 주인공이 지배질서와 맞서서 싸우는 과정을 긍정적으로 그려 민중적 영웅을 동경하는 상상력을 자극하는 데 성공한 사회소설"이라는 점에 동의하고 있다.

해외소식

임진·정유 양난 이후 명·일 정세

일, 권력 암투 치열

1598년 8월 일본의 최고실력자 태정대신 도요토미 히데요시가 지병으로 별세했다. 그는 죽음에 앞서 도쿠가와 이에야스 등 5인의 원로들에게 아직 6세에 불과한 어린 아기인 자신의 아들 히데요리를 잘 보좌해 나라를 이끌어나갈 것을 부탁했다고 한다.

그러나 정통한 소식통에 의하면 히데요시가 전국시대를 통일한 국가적 지도자이긴 했지만 말년에 조선과의 전쟁에서 의도와는 달리 사실상 패배한데다 원래 빈농출신의 일개 무사였기 때문에 그의 가문이 권력을 세습하기는 어려울 것으로 보고 있다. 현재 정국은 5인의 원로들이 섭정을 하고 있는 형태지만 실제로는 그들 사이에 이미 최고권력을 향한 암투가 이미 진행되고 있다는 것이 정가의 분석이다. 5인 중 돋보이는 자는 물론 일전에 히데요시와 일전을 겨룬 바 있는 동부지역 실력자 도쿠가와 이에야스다. 그러나 서부지역에서 새로이 세력을 구축하고 있는 이시다 미츠나리(石田三成)도 도쿠가와에게 만만한 상태는 아니어서 머지않아 이 두 세력 사이에 일대결전이 벌어질 것이란 관측이 많다.

명, 민중폭동 전국확산

명은 최근 정쟁으로 정국이 극도로 혼미한 가운데 각지에서 농민항쟁이 격렬하게 전개되고 있다. 이번 농민항쟁은 정부의 재정고갈로 인한 조세징수 강화가 직접적 원인이며 이는 또 조선에의 군대파병에서 파생된 것이라는 해석이 유력하다.

특히 상공업자들에게 기존 세 외에 새로이 상세(商稅)를 부과하면서 도시민들의 폭동이 눈에 띄게 증가하고 있다. 산동의 임청에서는 정계 실력자들인 중앙의 환관들이 와서 단순 화물운반인이나 영세상인들에게까지 마구잡이로 상세를 부과하자 이들이 격분, 세무서에 불을 지르고 관원 37명을 때려죽이는 사태로 발전했다. 견직물 주산지 소주에서는 직기와 직물에 따로 세금을 매기고 성문 곳곳을 막고 세관을 세워 급기야 견직물 유통이 중지되고 수천 명의 직인들이 실직하는 사태로 발전했다. 이에 직인들을 중심으로 2천여 명이 조직적으로 봉기하여 환관을 공격하고 향리들의 가택에 불을 지르는 등 폭동은 위험수준으로 치닫고 있다. 이런 추세로 간다면 명의 멸망도 멀지 않았다는 것이 관계 전문가들의 분석이다.

일본, 조선도공 납치
"도자기 생산의 오랜 염원 풀어"

투항왜병들에 따르면 도요토미의 명령을 받은 참전 다이묘들은 일본인의 오랜 염원이던 도자기의 자국 생산을 위해 다투어 조선 도공을 납치해간 것으로 밝혀졌다.

사가이 성주 나베시라는 충청도 도공 이삼평을 데리고갔는데 유전(有田)의 천산(泉山)에서 도자기 제작에 알맞은 흙을 발견한 이삼평은 곧 천구곡(天狗谷)에 등요(登窯)를 만들고 도자기를 굽기 시작해서 일본인들을 놀라게 했다.

심당관(沈當官) 등 80명에 달하는 도공을 끌고간 사쓰마의 시마쓰는 남원사람들을 주로 데리고갔는데 이들이 현재 사쓰마 요를 이끌어가고 있다. 그밖에 총대장 모리에게 납치된 이표광·이경 형제 등도 요를 만들어 도자기를 제작하고 있다고 한다.

연 표

국 내

연 대	내 용
A・D	
1392	이성계 수창궁에서 즉위
1393	국호를 조선으로 결정
1394	
	정도전「조선경국전」편찬
1396	한성 도성 완성
1397	요동정벌 계획 추진
	정도전「경제육전」간행
1398	전국적으로 양전 실시
	성균관의 문묘와 명륜당 건립
	제1차 왕자의 난(무인정사)
1399	명의 연호 건원 사용
1400	제2차 왕자의 난
	사병혁파
1401	신문고를 처음으로 설치
1402	무과의 과거를 처음으로 실시
	저화 유통 시작
	호패법 실시
1403	주자소 설치, 계미자 제작
1405	의정부의 서무를 6조에 귀속시킴
1407	백관의 祿科를 정함
1408	명나라사신이 와서 미녀를 구함, 동녀(童女) 징집
1410	주자소에서 서적 간행, 판매
	시전(市廛)을 정함
1412	경회루를 새로 지음
	의홍부를 폐지하고 병조에서 군정을 맡음
	도성 좌우행랑 472칸 완성
	조운법 시행
1413	호패법을 정함
1414	의정부에서 담당하던 업무를 6조에 귀속시킴
1415	김제 벽골제 중수
1416	백관(朝官)의 관복을 정함
	도첩제 실시
1417	과전의 3분의 1을 하삼도로 이급
	「향약구급방」중간
1418	처음으로 경연을 실시
1419	이종무, 대마도 정벌
1420	집현전 설치
1423	재인・화척을 백정으로 개칭
	지방 의녀를 제생원에서 학습시킴
	조선통보 주조
1424	선・교 양종 36사(寺)로 정리
1426	한성부에 큰 불, 방화법 제정
	공노비에게 출산 후 100일 휴가
1428	결부제를 정함
1429	정초,「농사직설」저술.
	상고행상에 대한 납세법을 전국에 실시
1431	4품 이상을 대부(大夫), 5품 이하를 사(士)라 칭함
1432	맹사성 등「신찬팔도지리지」・「세종실록지리지」편찬
	「삼강행실도」편찬
	간의대 축조
1434	4군6진 완성
	갑인자 제작
	앙부일구로 시간 측정, 자격루 설치
1435	비격진천뢰 발명
1436	의정부 서사제 회복
	대・중・소호 편성 규정 개정
1437	공법 실시
1438	김시습의「금오신화」간행
1440	성혼기를 남 16세, 여 14세 이상으로 정함
1441	측우기 설치하고 양수표 세움
1443	계해약조 체결
	훈민정음 창제
1444	전분 6등, 연분 9등제를 정함
	「칠정산내외편」간행

국 외

연 대	내 용
A・D	
1392	(독일) 한자동맹 체결
1397	(명) 대명률 반포
1401	(일본) 무로마치 막부, 처음으로 명과 통교
1404	(일본) 무로마치 막부, 명과 감합(勘合)무역
	(티무르) 중국 원정길에 오름
1405	(명) 정화(鄭和), 남해원정(~1433)
	(투르크) 오스만투르크의 재건, 마호메 트 1세 즉위(~1421)
1408	(명)「영락대전」완성
1414	로마교회, 콘스탄츠 공의회 개최(~1418)
1415	로마교회, 후스를 화형
1417	로마교회, 후스를 화형
	로마교회, 교황선거로 교회대분열 종식
1424	(터어키) 콘스탄티노플을 제외한 전 동로마 영토 점령
1429	(일본) 아시카가 요시노리, 쇼군이 됨
1431	(영국) 잔다르크를 사형
1441	(유구) 시마즈(島津)에 복속됨
1443	(일본) 아시카가 요시노리, 쇼군에 오름(~1473)

국내

연대	내용
1445	「용비어천가」,「의방유취」 편찬
1446	훈민정음 반포
	대성산 근거로 민란 발생
1447	「석보상절」,「월인천강지곡」 완성
1448	「총통등록」 편찬, 비장케 함
1452	김종서 등「고려사절요」 편찬
1453	수양대군, 김종서 등을 죽이고 정권 장악(계유정란)
1454	계룡산에서 철화분청(鐵畵粉靑) 제작 시작
1455	의정부 서사제 폐지, 6조 직계제 부활
1456	사육신 처형됨
1458	「국조보감」 완성
	진관제 실시
	「고려사」 완성
1460	「경국대전」 호전(戶典) 간행
	신숙주, 여진 정벌
	하삼도민 4500호 북방 사민
1461	공물의 대납을 금함
	간경도감 설치
1462	군적이 작성됨
1463	홍문관을 세움
	「동국지도」 찬진
1464	전폐(箭幣) 주조
1466	직전법 실시
1467	잡색군을 둠
	원각사 10층석탑 건립
	이시애 반란
	규형·인지의 제작
1468	남이 사형
	신백정 중심의 농민반란 발생
1470	화장(火葬)의 풍습을 금함
	직전세를 관수관급하게 함
	「경국대전」 교정 완성
1472	수군의 대립(代立)을 금함
1475	인수대비,「내훈」 3권3책 간행
	「국조오례의」 완성
1477	부녀재가의 금지를 논함
1478	서거정,「동문선」 편찬
1481	서거정,「동국여지승람」 찬진
1482	폐비 윤씨에게 사약을 내림
1491	여진족, 경흥에 침입
1493	성현 등「악학궤범」 완성
1494	삼포 거주 왜인에 농경세 징수
	쌀값 폭등으로 전국 빈민 봉기
1496	가묘의 제도 정함
	최부, 명의 수동식 수차 보급
1498	무오사화 일어남
1500	과부의 재가를 금함
1503	삼포 거주 왜인수 증가 추세, 제포에만 2000여명
	승려의 도성 출입을 엄금
	김감불·김검동, 은 제련법 발명
1504	갑자사화 일어남
	경연 폐지
	언문의 교수·학습 금지
	성현의「용재총화」 간행
1506	연산군의 비행 폭로하는 괘서사건 빈발
	중종 반정

국외

연대	내용
1445	(포르투갈) 바르톨로뮤 디아스, 희망봉 발견
	(이탈리아) 르네상스 번성
	(독일)구텐베르크, 최초의 인쇄본 성서 간행
1448	(덴마아크) 올덴부르크가의 크리스찬 1세, 노르웨이 병합(~1814)
1453	(프랑스) 카스티옹 싸움에서 영국군 격파 (백년전쟁 끝남 : 1399~)
	(투르크) 마호메트 2세, 콘스탄티노플 점령(동로마 멸망)
1455	(영국) 장미전쟁 일어남(~1485)
1460	(터어키) 그리스의 전 영토 점령
	(덴마크) 슐레스비히·홀시타인을 영유
1467	(일본) '오닌의 난' 일어나 전국시대가 시작됨(~1477)
1470	(이탈리아) 보카치오,「데카메론」 간행
	(잉카제국) 정복활동 시작
1472	교황청, 면죄부 다수 발행
	(모스크바공국) 이반 3세, 동로마제국황제의 여동생 소피아와 혼인
1474	(이탈리아) 토스카넬리, 〈세계지도〉 제작
1476	(명)「자치통감강목」 올림
1476	(모스크바공국) 이반 3세, 노브고로드 정복
	(이탈리아) 팟치의 음모가 실패하여 메디치가의 독재체제 확고해짐
1479	(스페인) 아라곤왕 페르디난도, 카스틸랴 여왕 이사벨라와 결혼, 스페인 왕국 성립
1480	(모스크바공국) 이반 3세, 킵챠크 한국을 멸망시키고 몽고의 속박에서 벗어남
1487	(포르투갈) 바르톨로뮤 디아스, 희망봉 도착
1492	(스페인) 그라나다 함락시켜 이베리아 반도에서 이슬람 세력 축출
	콜럼버스, 아메리카 대륙 발견
1494	(이탈리아) 메디치가 피렌체에서 축출됨
	(명) 나관중,「삼국지연의」 간행
1497	(이탈리아) 제노아의 존 카보트, 아메리카 본토 발견
1498	(포르투갈) 바스코 다가마, 인도 캘커타에 도착
1499	(스위스) 독일과 바젤화약을 맺고 스위스동맹을 체결, 독립
1500	(인도) 티무르 제국 멸망
1501	(명) 타타르족 침입으로 영하(寧夏) 함락됨
1502	(명)「대명회전」 완성
1503	(일본) 막부, 조선에 통신사를 요청
	알프스 이북에 르네상스 발흥
1506	(이탈리아) 레오나르도 다빈치, 〈모나리자〉 완성
	(네덜란드) 에라스무스,「우신예찬」 편찬
1509	

국내

연대	내용
1510	삼포왜란
1511	유숭조, 조광조 천거
1512	임신약조 체결
	신사임당의 [화초군첩도(秋草群蝶圖) 그림
1516	승려의 국역 회피 방지 위해 「경국대전」에서 도첩승 조항 삭제
1517	김안국, 「여씨향약」 반포
	축성사를 비변사로 개칭
1518	소격서 혁파
	「이륜행실도」 간행
1519	현량과 실시
	기묘사화 일어남
1522	서후가 창안한 벽력포를 군기시에서 제작
	비변사 설치
1524	각지에 상평창 설치 , 물가조절 시도
1525	갓의 형식을 고쳐 정함
	일본 사신이 가지고 온 석류황 2만9천 근의 3분의 2를 사들임
1527	최세진, 「훈몽자회」 지음
1529	하삼도의 조운에 사선(私船)을 이용
1530	표류해온 유구국 사람으로부터 한해에 두번 수확하는 벼종자를 얻음
1533	책방 설치 문제를 논의
1537	모화관에 영은문(迎恩門)을 세움
	군포법 실시
1540	명나라로 가는 사신들이 은을 가지고 가서 사무역하는 것을 금지
1541	비변사를 확충하고 의정부의 삼정승이 비변사 제조 겸임
	혼인사치의 금단절목을 정함
1542	일본에서 은 1만 5천냥 수입, 5년 동안 단천은광의 채굴 금지
1543	주세붕, 백운동 서원 건립
	인삼 재배 시작
1545	을사사화 일어남
1546	전라·충청·경상도에서 정기적인 장시가 열림
	서경덕, 「화담집」을 남기고 죽음
1547	정미약조 체결
1550	백운동 서원에 소수서원의 편액 하사
1551	문정왕후, 양종선과를 다시 설치하고 도첩제 부활
	3승포를 폐하고 5·6승포를 전용, 기민이 급증
1553	명종, 친정 시작
1554	비변사, 국방문제 전담
1555	을묘왜변 발생
	중화기 천·지·현·황자총통 수백대 주조
	「제승방략」 반포
1556	이황, 「주자서절요」 완성. 〈예안향약〉 만듬
1559	임꺽정 활동 시작
	이황과 기대승 사이에 4단7정에 관한 서신왕래 시작(~1566)
1560	이황, 도산서원 건립
1561	이지함, 「토정비결」 지음
1562	황해도 농민 봉기의 주모자 임꺽정 처형됨
1565	보우, 제주도에서 장살됨
	〈황진이 시조〉 간행됨

국외

연대	내용
1510	(포르투갈) 인도총독 알부켄케, 고아 점령
1511	(포르투갈) 수마트라·자바를 발견, 말래카 및 실론 차지
	(폴란드) 농노제 시작
	(명) 환관의 전횡이 극심해짐
1512	(이탈리아) 미켈란젤로, 성 시스티나 성당 벽화 완성
1513	교황 레오 10세, 성 베드로 사원 건립 위해 면죄부 판매 시작
	(이탈리아) 마키아벨리, 〈군주론〉 저술
1514	(영국) 런던 부근에서 엔클로저에 반대하는 폰동 발생
1516	(영국) 토마스 모어, 「유토피아」 간행
	(아라비아) 「아라비안나이트」 완성
1517	(독일) 루터, 면죄부 판매에 항의하는 95개조 반박문 발표(종교개혁의 발단)
	(투르크) 이집트 점령. 셀림 1세. 칼리프 칭호를 사용(술탄 칼리프제가 성립)
1518	(명) 포르투갈이 조공품을 바침
	(스위스) 츠빙글리, 종교개혁을 제창
1519	(포르투갈) 마젤란 일행, 세계일주 항해(~1522)
	코르테스, 멕시코 점령
1521	(신성로마제국) 보름스 국회에서 신교를 금지하고 루터를 이단으로 결정
1522	(독일) 루터, 〈신약성서〉 제1판 간행
1523	(일본) 細川高國·大內義興의 사신들이 명의 寧波에서 통상특권을 다툼
1526	(인도) 무굴제국 건국(~1858)
1528	(프랑스) 페르네르, 지구의 크기를 측정
1530	(폴란드) 코페르니쿠스, 지동설 제창
1531	(명) 일조편법 실시
1532	(스페인) 피사로, 페루 정복
	신대륙으로부터 은의 수입이 격증, 가격혁명이 일어남
1533	잉카제국 멸망
	(모스크바공국) 이반 4세 즉위, 짜르의 칭호 사용
1534	(영국) 헨리 8세, 수장령 발표(로마교황과 절연)
1536	(스위스) 칼뱅, 제네바로 망명, 종교개혁 창도
1537	(포르투갈) 마카오에서 식민 시작
1540	(스페인) 이그나티우스 로욜라, 예수회 창설
1541	(투르크) 헝가리 및 알제리 정복 (헝가리 대부분이 투르크 영토가 됨)
1542	(영국) 아일랜드 왕국 성립
1543	(일본) 포르투갈의 배가 種子島에 표류해옴(총포·화약 전래)
	무명옷이 일반에게 보급되기 시작
1544	남미, 포토시 은광(銀鑛) 발견(스페인이 소유)
	로마교회, 트리엔트공의회 개최
1549	(일본) 왜구들, 명의 절강 연해 대약탈.
	예수회 선교사 프란시스 자비에르 기독교 포교
	(영국) 국교 통일령을 내림
1551	(일본) 감합부(勘合符) 제도를 정지
1552	(러시아) 카잔 한국을 병합
1553	(포르투갈) 명의 마카오를 침략하여 점령 시작
1555	(일본) 왜구, 명을 침입하여 남경 안정문을 불태우고 4500명을 학살
	(신성로마제국) 아우구스부르크종교회의에서 루터파의 신교를 공인
	(포르투갈) 일본에 砲術을 전함
1556	(인도) 무굴제국, 악바르대제 즉위(~1605)
	(네덜란드) 스페인령이 됨
1559	(일본) 오오토모, 붕고(豊後)를 개항하여 외국인의 무역을 허가
1560	(일본) 막부, 교토에 기독교 포교 허가
	(명) 복건 각지에서 유민이 봉기
1562	(프랑스) 위그노 전쟁 발발(~1598)
1565	(일본) 교토의 선교사를 추방
	브라질, 리오데자네이로 시 건설

국내 연대	국내 내용	국외 연대	국외 내용
			(포르투갈) 마카오 시 건설
		1566	(일본) 나가사키 항에 포르투갈 선이 내항
		1567	(일본) 오와노부나가, 아시카가 요시아키를 받들고 입경
1568	조광조를 영의정에 추증. 조식·성혼·이항 등 특별히 등용	1568	(네덜란드) 스페인으로부터 독립전쟁 일으킴
	이황, 「성학십도」 지음		
1570	관학 유생들, 김굉필·정여창·조광조·이언적의 문묘종사 운동 시작		
1571	왜변에 주효했던 投石이 장려됨	1571	(일본) 나가사키 항 개항
	한성에 백호(白虎) 출몰, 착호군 편성 호랑이 7마리를 잡음		(스페인) 레판토 해전에서 투르크에 승리
			필리핀에 마닐라 시 건설
1572	이준경, 붕당 조짐 예언, 정가에 파문 발생	1572	(프랑스) 성 바르톨로뮤의 대학살(콜리니 등 위그노 피살됨)
	이이와 성혼 사이에 4단7정에 관한 서신 왕래 시작(~1578)		예수회, 아메리카 전도
		1573	(명) 장거정의 개혁
			(일본) 무로마찌 막부 멸망, 오다노부나가 실권을 잡음
1574	안동에 도산서원 건립		
1575	대마도주, 일본 침략 경고	1575	(명) 스페인이 광동에 상륙
	동서 당론 일어남(乙亥黨論)		
		1576	(일본) 대포 전래
1577	이이, 해주향약 실시		
1578	경상도 군사, 고된 잡역에 항의, 폭동	1578	(명) 포르투갈인에게 광동무역을 허용
			(러시아) 우랄산맥을 넘어 시베리아로 진출
		1580	(명) 이탈리아 선교사 마테오 리치가 중국에 옴
		1581	(영국) 롤리, 버지니아에 식민지 개척
1582	제주도에 명나라 사람과 서양인 표착		
1583	승자총통 제작	1583	(명) 건주여진 추장 누루하치의 발흥으로 동북부를 상실
	이이, 10만 양병설 건의		(이탈리아) 갈릴레이, 진자의 동시성을 발견
	이탕개의 침입 격퇴		
	송순, 「면앙정가」 지음		
		1586	(영국) 롤리, 담배를 처음으로 들여옴
1587	이순신, 경흥 녹둔도에 침입한 여진족 격퇴		(일본) 도요토미 이규슈를 평정. 선교사 추방령을 내림
1588	조헌, 일본과의 관계를 끊을 것을 주장	1587	(명) 누르하치에 의해 만주 전 지역을 상실
	일본사신 와서 통신사 요청	1588	(영국) 스페인의 무적함대 격파
	정철, 「사미인곡」, 「속미인곡」 지음		(러시아) 러시아 정교, 그리스 정교로부터 독립
1589	경상·전라·충청도의 방어 강화 위해 수사·병사·군수 등을 선발 배치	1589	(이탈리아) 갈릴레이, 피사의 사탑에서 낙하의 법칙을 실험
	정여립 모반 사건		(일본) 도요토미, 전국을 통일
1590	일본에 통신사 파견	1590	서양 인쇄술이 전해짐
	동인이 남·북인으로 나누어짐		
1591	통신사 엇갈린 보고 올림		
	명에 사신 파견, 일본이 명을 침략할 준비를 한다고 통보		
1592	임진왜란 시작	1592	(일본) 도요토미, 조선 침공
	한산대첩, 진주대첩		(영국)스코틀랜드에서 장로파 교회 성립
	명군, 압록강을 건넘		(네덜란드) 기니의 황금해안에 도달
	서양식 화포 불랑기(佛郞機)를 제작		
1593	평양수복	1593	(영국) 셰익스피어, 「로미오와 줄리엣」 지음
	강화교섭 재개		
	한성 수복		
1594	속오군 편성	1594	(명) 이시진, 「본초강목」 지음
	역대실록을 해주에서 묘향산으로 옮김		
1596	이몽학의 난 발생	1596	무굴제국의 악바르, 인도 북부를 정복, 인도를 통일
1597	정유재란		(일본) 도요토미 사망, 조선에서 총퇴각
	칠천량 해전에서 원균의 조선 함대 대패		
1598	도요토미 사망 이후 일본군 철수 시작	1598	(프랑스) 낭트칙령 발표
	이순신 함대, 노량에서 일본수군 대파		여진 누르하치, 몽고의 글자로 국어를 창제
	이순신, 「난중일기」 씀	1599	(일본) 세키가하라 전투(도쿠가와측 승리)
1600	공명첩 발급, 군비 보충	1600	(영국) 동인도회사 창설(--1858)
	명나라 군대 철수 완료		(명) 마테오 리치가 북경에 도착
1601	대마도의 소오요시도시, 수호 요청	1601	(이탈리아) 마테오 리치 「곤여만국전도」 간행
1602	성균관·문묘·대성전을 중수	1602	(네덜란드) 동인도 회사 설립
1603	중강에 개시하고 은을 상업세로 징수		
	무산보에 국경 무역장 설치		
1604	전란으로 없어진 책을 전국적으로 수집. 「紀效新書」「鍊兵實記」「操鍊圖式」 등	1604	(스페인) 세르반테스, 「동키호테」 지음
1605	유정, 포로 3천명 데리고 귀국	1605	(네덜란드) 앤트워프에서 유럽 최초의 신문 발행
1606	오대산과 태백산에 사고(史庫)를 재건,	1606	(네덜란드) 지브롤터에서 스페인 함대 격파. 오스트레일리아 발견
1607	부산에 왜관 신축	1607	(명) 마테오 리치와 서광계가 유클리드의 「기하원본」을 번역
	허균, 「홍길동전」 지음		

찾아보기

신문으로 엮은 한국 역사 3

역사신문

1996년 4월 15일 1판 1쇄
2022년 6월 30일 1판 41쇄

지은이 | 역사신문편찬위원회

편집 관리 | 인문팀
제작 | 박홍기
마케팅 | 이병규 · 양현범 · 이장열
홍보 | 조민희 · 강효원

출력 | 블루엔
인쇄 | 천일문화사
제책 | J&D바인텍

펴낸이 | 강맑실
펴낸곳 | (주)사계절출판사
등록 | 제 406-2003-034호
주소 | (우)10881 경기도 파주시 회동길 252
전화 | 031) 955-8588, 8558
전송 | 마케팅부 031) 955-8595 편집부 031) 955-8596
홈페이지 | www.sakyejul.net 전자우편 | skj@sakyejul.com
페이스북 | facebook.com/sakyejul 트위터 | twitter.com/sakyejul
블로그 | blog.naver.com/skjmail

ⓒ 사계절출판사, 1996

값은 뒤표지에 적혀 있습니다.
잘못 만든 책은 구입하신 서점에서 바꾸어 드립니다.

사계절출판사는 성장의 의미를 생각합니다.
사계절출판사는 독자 여러분의 의견에 늘 귀기울이고 있습니다.

ISBN 978-89-7196-305-0 04910

宗 御 製 訓 民 正 音

ᄂᆞᆫ 글 지ᅀᅳᆯ 씨니 御ᅌᅥᆼ製졩ᄂᆞᆫ 님금 지ᅀᅳ샨 라 訓훈ᄋᆞᆫ ᄀᆞᄅᆞ칠 씨오 民민ᄋᆞᆫ 百ᄇᆡᆨ姓셩 音ᅙᅳᆷᄋᆞᆫ 소리니 訓훈民민正졍音ᅙᅳᆷ ᄇᆡᆨ姓셩 ᄀᆞᄅᆞ치시논 正졍ᄒᆞᆫ 소리라

之징語ᅌᅥᆼ音ᅙᅳᆷ이

國귁ᄋᆞᆫ 나라히라 之징ᄂᆞᆫ 입 겨지라 語ᅌᅥᆼᄂᆞᆫ 말ᄊᆞ미라

나랏 말ᄊᆞ미 中듕國귁에 달아

乎ᅘᅩᆼ中듕國귁ᄒᆞ야 異잉ᄂᆞᆫ 다ᄅᆞᆯ 씨

라 乎ᅘᅩᆼᄂᆞᆫ 아모 에 ᄒᆞ논 겨체 ᄡᅳᄂᆞᆫ 字ᄍᆞᆼㅣ라 中듕國귁 皇ᅘᅪᇰ帝뎽 겨신 나라히니 우리 나랏

文문字ᄍᆞᆼ와로 서르 ᄉᆞᄆᆞᆺ디 아니ᄒᆞᆯᄊᆡ

런 젼ᄎᆞ로 어린 百ᄇᆡᆨ姓셩이 니르고

ᄒᆞᇙ 배 이셔도

ᄋᆞᆫ 새라 制졩ᄂᆞᆫ 밍ᄀᆞᄅᆞ실 씨라 二ᅀᅵᆼ十씹八밣ᄋᆞᆫ 스믈여들비라

새로 스믈여듧 字ᄍᆞᆼᄅᆞᆯ ᄆᆡᆼᄀᆞ노니

欲욕使ᄉᆞᆼ人ᅀᅵᆫ人ᅀᅵᆫᄋᆞ로 易잉習씹ᄒᆞ

便뼌於ᅙᅥᆼ日ᅀᅵᇙ用용耳ᅀᅵᆼ니라 使ᄉᆞᆼ ᄂᆞᆫ ᄒᆡ여 ᄒᆞ논

리라 人ᅀᅵᆫᄋᆞᆫ 사ᄅᆞ미라 易잉ᄂᆞᆫ 쉬ᄫᅳᆯ 씨 라 習씹ᄋᆞᆫ 니길 씨라 便뼌ᄋᆞᆫ 便뼌安ᅙᅡᆫᄒᆞ 라 於ᅙᅥᆼᄂᆞᆫ 아모그에 ᄒᆞ논 겨체 ᄡᅳᄂᆞᆫ 字 ㅣ라 日ᅀᅵᇙᄋᆞᆫ 나리라 用용ᄋᆞᆫ ᄡᅳᆯ 씨라 耳 ᄂᆞᆫ ᄯᆞᄅᆞ미라 ᄒᆞ논 ᄠᅳ디라

사ᄅᆞᆷ마다 ᄒᆡᅇᅧ 수ᄫᅵ 니겨 날로 ᄡᅮ메

便뼌安ᅙᅡᆫ킈 ᄒᆞ고져 ᄒᆞᇙ ᄯᆞᄅᆞ미니라

宗御製 訓民正音

ᄂᆞᆫ 글지ᅀᅳᆯ씨니 御엉製졩ᄂᆞᆫ 님금 지ᅀᅳ샨
글이라 訓훈ᄋᆞᆫ ᄀᆞᄅᆞ칠씨오 民민ᄋᆞᆫ 百ᄇᆡᆨ姓셩
이오 音흠ᄋᆞᆫ 소리니 訓훈民민正졍音흠
ᄋᆞᆫ 百ᄇᆡᆨ姓셩 ᄀᆞᄅᆞ치시논 正졍ᄒᆞᆫ 소리라

國귁之징語엉音흠이
國귁ᄋᆞᆫ 나라히라 之징ᄂᆞᆫ 입
겨지라 語엉ᄂᆞᆫ 말ᄊᆞ미라

나랏 말ᄊᆞ미 中듕國귁에 달아
乎ᅘᅩᆼ 中듕國귁ᄒᆞ야
異잉ᄂᆞᆫ 다ᄅᆞᆯ씨라 乎ᅘᅩᆼᄂᆞᆫ 아모
그에 ᄒᆞ논 겨체 ᄡᅳᄂᆞᆫ 字ᄍᆞᆼㅣ라 中듕國귁
ᄋᆞᆫ 皇황帝뎽 겨신 나라히니 우리 나랏
文문字ᄍᆞᆼ와로 서르 ᄉᆞᄆᆞᆺ디 아니ᄒᆞᆯᄊᆡ
이런 젼ᄎᆞ로 어린 百ᄇᆡᆨ姓셩이 니르고져
ᄒᆞᇙ 배 이셔도

ᄋᆞᆫ 새라 制졩ᄂᆞᆫ ᄆᆡᇰᄀᆞᄅᆞ실씨라 二
ᅀᅵᆼ十씹八밣ᄋᆞᆫ 스믈여들비라
새로 스믈여듧 字ᄍᆞᆼᄅᆞᆯ ᄆᆡᇰᄀᆞ노니
欲욕使ᄉᆞᆼ人ᅀᅵᆫ 人ᅀᅵᆫᄋᆞ로 易잉習씹ᄒᆞ
便뼌於헝日ᅀᅵᇙ用용耳ᅀᅵᆼ니라 使ᄉᆞᆼᄂᆞᆫ ᄒᆡ여ᄒᆞᄂᆞ
리라 人ᅀᅵᆫᄋᆞᆫ 사ᄅᆞ미라 易잉ᄂᆞᆫ 쉬ᄫᅳᆯ씨
習씹ᄋᆞᆫ 니길씨라 便뼌ᄋᆞᆫ 便뼌安한ᄒᆞ
ㅣ라 於헝ᄂᆞᆫ 아모 그에 ᄒᆞ논 겨체 ᄡᅳᄂᆞᆫ 字
ㅣ라 日ᅀᅵᇙᄋᆞᆫ 나리라 用용ᄋᆞᆫ ᄡᅳᆯ씨라 耳
ᄂᆞᆫ ᄯᆞᄅᆞ미라
ᄒᆞ논 ᄠᅳ디라
사ᄅᆞᆷ마다 ᄒᆡᅇᅧ 수ᄫᅵ 니겨 날로 ᄡᅮ메
便뼌安한킈 ᄒᆞ고져 ᄒᆞᇙ ᄯᆞᄅᆞ미니라